ORDRE DE MALTE

HISTOIRE

DU

GRAND-PRIEURÉ

DE TOULOUSE

ET

DES DIVERSES POSSESSIONS DE L'ORDRE DE SAINT-JEAN DE
JÉRUSALEM DANS LE SUD-OUEST DE LA FRANCE, LANGUEDOC,
PAYS DE FOIX, DE COMMINGES, DE BÉARN, GASCOGNE,
GUYENNE, PÉRIGORD, QUERCY, ALBIGEOIS,
ROUERGUE.

Avec les Pièces Justificatives et les catalogues des
Commandeurs.

PAR

M. A. DU BOURG

TOULOUSE

Louis SISTAC et Joseph BOUBÉE
Éditeurs-Libraires,
14, RUE SAINT-ÉTIENNE. 14.

1883

À Mr. Léopold Delisle
Membre de l'Institut de France
hommage respectueux de l'auteur

Ch. del Bourg

Pas de double.

HISTOIRE
DU
GRAND-PRIEURÉ DE TOULOUSE

ORDRE DE MALTE

HISTOIRE

DU

GRAND-PRIEURÉ

DE TOULOUSE

ET

DES DIVERSES POSSESSIONS DE L'ORDRE DE SAINT-JEAN DE
JERUSALEM DANS LE SUD-OUEST DE LA FRANCE, LANGUEDOC,
PAYS DE FOIX, DE COMMINGES, DE BÉARN, GASCOGNE,
GUYENNE, PÉRIGORD, QUERCY, ALBIGEOIS,
ROUERGUE.

Avec les Pièces Justificatives et les catalogues des
Commandeurs.

PAR

M. A. DU BOURG

TOULOUSE

Louis SISTAC et Joseph BOUBÉE
Éditeurs-Libraires.
14, RUE SAINT-ÉTIENNE, 14.

1883

# INTRODUCTION

En étudiant l'histoire des temps passés, il est impossible de ne pas se sentir attiré par un sentiment de sympathique curiosité vers le moyen-âge, et surtout vers ce XIIe siècle en qui il semble se résumer tout entier. C'est qu'on y sent la vie palpiter de toutes parts, sous son écorce encore rude et presque barbare, poussant les peuples dans ces entreprises follement héroïques, auxquelles notre époque, toute positive qu'elle soit, ne peut refuser son admiration. La foi vive de cette époque ne se contentait plus de bâtir des églises ou de peupler des cloîtres; il lui fallait des modes de manifestation plus actifs et plus énergiques. Le besoin de locomotion, qui avait jadis entraîné les hordes barbares vers l'empire Romain, semblait se réveiller de nouveau et allait ramener les peuples de l'Occident vers leur antique berceau, avec une impulsion d'autant plus grande, qu'à cette force inconnue venait s'ajouter l'élan des sentiments religieux, arrivés alors à leur efflorescence la plus pure et la plus vivace. Aussi à peine un appel à la guerre sainte est-il parti du haut de la chaire de Saint-Pierre, que les peuples se soulèvent en masse, et se jettent sur les chemins inconnus pour courir à la délivrance de Jérusalem.

A la tête de cette foule immense et enthousiaste, marchait un moine qui n'avait pas trouvé dans les austérités de son hermitage un aliment suffisant à sa foi et dont la parole ardente, avait été comme l'étincelle qui avait allumé ce vaste incendie. Ce fut le même sentiment qui donna naissance alors à de nouveaux ordres religieux, dont le caractère tout-à-fait particulier est la reproduction vivante de toute une époque. Voyez-vous marcher à la tête de l'armée des croisés ces deux troupes à l'aspect étrange, ces chevaliers, aux regards austères, à la figure brûlée par le soleil d'Orient, qui cachent sous des manteaux monastiques l'éclat sombre de leurs armures. La charge sonne ; les deux phalanges se précipitent au plus fort de la mêlée, faisant des trouées sanglantes dans les masses de l'armée infidèle; elles luttent ensemble de fol héroïsme, et arrosent les sables du désert du plus illustre sang avec une admirable prodigalité. Ces moines-soldats, ces hommes voués à la croisade perpétuelle, ce sont les chevaliers de l'Hôpital et du Temple, maintenant animés entre eux d'une noble émulation de gloire et d'héroïsme, et dans quelques temps de là rivaux et même ennemis.

I. — *Hospitaliers.*

L'Ordre de l'Hôpital de Saint-Jean de Jérusalem, qui devait dans la suite jeter un si vif éclat et jouer un rôle si brillant dans l'histoire, fut tellement humble dans ses commencements qu'on est encore peu fixé sur la date certaine de la fondation et les caractères primitifs de l'institution naissante. Suivant Guillaume de Tyr et, après lui, Mabillon, l'Ordre de l'Hôpital aurait dû son origine à des

marchands d'Amalfi, qui obtinrent, vers le milieu du
XI⁰ siècle, dans l'enceinte de Jérusalem, une concession
de terrain, où ils élevèrent un établissement destiné à
soulager et à recueillir les pèlerins, s'acheminant vers les
Saints Lieux et exposés à toutes sortes d'épreuves et de
mauvais traitements. Cette opinion, malgré les attaques
dont elle fut l'objet dans la suite, trouve sa confirmation
dans les archives du Grand-Prieuré de Toulouse [1].

Toute respectable qu'elle pût être, cette ancienneté ne
satisfit pas, paraît-il, les Chevaliers de Saint-Jean. C'était
alors l'époque des généalogies fabuleuses où *Francus*, fils
de *Priam*, était proclamé le père de notre race. Je ne
puis résister au plaisir de citer la page suivante, extraite
d'un manuscrit de 1493, qui nous fournira, à défaut de
grands éclaircissements historiques, un spécimen de la
littérature naïve et de l'imagination ardente des historiens
de l'époque.

« Selon la vérité des anciennes et sainctes histoires,
« l'hospital et saincte maison, Religion de la Chevalerie
« des Hospitaliers de Saint-Jean-Baptiste de Jérusalem,
« a pris ce commencement. Après que Alexandre-le-
« Grand, roy de Macédoine, eust conquesté les Indes et
« son trespaz en Babylone, l'année de sa mort, les vail-
« lans et valeureux chevaliers, les Machabées, par leur
« vertu boutèrent hors de Jérusalem les Gentils, profanes
« générations, et le peuple des Juifs, intentif au service
« divin, fut reduyct en sa franchise; despuys contre
« iceulx de Jérusalem les voysins firent de grans guerres;
« finablement quant le très noble chevalier et champion
« de la cognoissance divine et victorieux triomphateur,
« Judas Machabée, qui ung Dieu adouroit, eust deslivré

[1] Voyez à ce sujet le mémoire : *Les Origines de l'Ordre de l'Hôpital*, par
G. Saige, archiviste (1864).

« de la thirannye des Gentils la saincte citée de Jérusalem,
« et de rechef appareillast armées contre les ennemys
« voysins payens, ordonnées en la saincte cité les choses
« nécessaires, deslibéra avec grant courage assaillir les
« Gentilz. En icelle bataille, plusieurs du peuple d'Israël
« furent tuéz, blesséz et faiz impotenz. Avant fust retourné
« en Jérusalem, considérant qu'estoit chose saincte et
« dévote prier pour les trespasséz en la bataille, ordonna
« et institua que èz Saincts-Lieux se fist continuelle prière
« pour ceulx qui estoient occis en la bataille, et que aux
« malades et impotens, fust donné subvencion. Soubs
« ceste institution passé aulcun temps, très dévôt *Jehan*
« *Hircanus*, prophète et généreux chevalier du peuple
« d'Israël, institua ung hospital, que on appelait *Xéno-*
« *doche*, du résidu des deniers du trésor qu'il avoit prins
« de la sépulture du roy David; desquels avoit deslivré
« la saincte cité de Jérusalem, du siége que tenoit devant
« icelle le roy *Antiochus*, nommé *Epiphanès*, qui la
« combattoit, persécuteur des Hébreux pour le nom de
« Dieu, qui destruit le Temple de Salomon, lequel après
« fust rédiffié et restauré par les Machabées. Auquel hos-
« pital, comme imitateur de Judas Machabeus, ordonna
« fussent faictes continuelles prières et les impotens et
« foibles pèlerins et malades, dévotement fussent receus
« recréés et nourrys. Par succession du temps, l'édifica-
« tion et institution de cet hospital dura jusqu'à l'Incar-
« nation de Nostre Rédempteur et Saulveur ; se doibt
« dévotement considérer que souventes foys, ledict hos-
« pital par corporelle présence, visita et plusieurs sainctes
« œuvres et miracles en icelluy, par sa divine clémence
« démontra et que ou dict lieu les saints apostres et disci-
« ples de Jésus-Christ, ont faict œuvres de miséricorde.
« Certainement aulcung ne doibt doubter, veu que Nostre-
« Seigneur, Saulveur, Jésus-Christ, durant sa passion a

« magnifesté plusieurs prophanes lieux de Jérusalem,
« par sainctes œuvres que aussy par sa lumyère. Puys
« apprès la saincte Passion de Nostre-Seigneur Jésus-
« Christ, à occasion de peschéz et iniquitéz du peuple des
« Juifs, la saincte cité de Jérusalem souffrit grant désola-
« tion au temps de Titus et Vespasianus, qui firent la ven-
« geance du sang de Nostre Seigneur Jésus-Christ, et
« par diverses coustumes des Gentilz, a esté poluée et de
« diverses nacions subjuguée et destruicte. Et par ces
« dictes destructions, le Temple de Salomon, restauré par
« les Machabées et ledict hospital, fondé par Jean Hir-
« canus, ensemble les autres Saints-Lieux ont esté dé-
« soléz, ruynéz, destruictz, en manière que la religieuse
« observance de chevalerie et hospitalité, pour aulcuns
« temps a esté laissée. Et, après, restituée premièrement
« derechef la cité et le Temple de Jérusalem par Adrian,
« empereur. Et à ceste cause, estoit le royaulme d'Israël,
« destitué et privé de toute bellesse et de tout ornement,
« ouquel règnèrent en ce temps diverses générations de
« payens. Les Chrestiens de tout le monde tant d'Occident
« comme d'Orient et ailleurs, allèrent en grand foulhe
« en Jérusalem, pour visiter le sainct sépulchre et dévotz
« lieux. En laquelle cité les chrestiens latins, soubmis à
« l'Esglise romaine, n'avoient aulcung reffuge ni habita-
« tion et pour ceste cause, souffroient grantz énormités,
« périlz, domaiges, nécessitéz, pouretéz de vivres et
« subventions corporelles, batus, blecéz, calumpinéz et
« maltraictéz des infidèles et habitans de ceste saincte
« cité, en manyère que plusieurs mouroyent par les che-
« mins et rues, comme les bestes, non sans vergongne de
« la foi catholique; car n'y avoit homme qui les consollast
« pour la cruaulté et inhumaineté des habitans. Meu donc
« par ces causes et induict du Saint-Esprit, un homme de
« saincte et vertueuse vie nommé Gérart, très dévot pèle-

« rin, craignant Dieu et désirant le salut de son âme, qui
« peu de temps avant estoit pèlerin en Jérusalem, voyant
« et considérant la soubmission, domaiges et périls des
« dévotes personnes, qui là venoient, deslibéra faire et
« édiffier ung nouveau hospital, reffuge et habitation des
« malades, pèlerins impotens et pouvres à l'exemple du
« premier Xénodoche et renovant par imitation la saincte
« observance, du très vaillant chevalier Judas Machabeus
« et Jehan Hircanus très nobles combattans... »

Toutefois, contrairement à l'opinion du naïf auteur de la page précédente, la suite de cette étude va nous prouver que les Hospitaliers de Saint-Jean de Jérusalem, possédaient déjà plusieurs domaines dans le Midi longtemps avant la fin du XIe siècle et que par conséquent la fondation de l'Ordre est antérieure, à Gérard et à la première Croisade. Ce ne fut que plus tard, que Raymond du Puy, qui gouverna l'Ordre après lui, le transforma complètement et prescrivit à ses compagnons de ceindre à l'avenir, pour la défense des Saints-Lieux, sur leurs robes de moines, cette épée que beaucoup regrettaient d'avoir déposée (1118). C'est de cette transformation, que date la prospérité et l'immense développement de l'Ordre de Saint-Jean et peu de temps après, le second but de leur institution avait fait oublier aux chevaliers qui se pressaient dans ses rangs, les œuvres d'hospitalité que se proposaient uniquement ses premiers fondateurs.

II. — *Templiers.*

De l'Ordre de Saint-Jean se détacha bientôt après sa naissance, un rameau qui devait dans la suite rivaliser avec lui, et dont le but plus exclusivement militaire devait même lui attirer tout d'abord une grande faveur. A la tête de quelques compagnons, réunis pour servir d'escorte aux pèlerins et les défendre contre les agressions des Musulmans, Hugues de Payens, obtint en 1120, du Pape Honoré II et du concile de Troyes, l'approbation de son entreprise et Saint-Bernard fut chargé de dresser les statuts de l'Ordre naissant. Les nouveaux Templiers revinrent en Palestine, revêtus de leurs longues robes blanches à croix rouge, qui allaient être pendant longtemps la terreur des infidèles. Dès lors, les chevaliers se pressèrent dans les rangs de la nouvelle milice, apportant à l'Ordre, avec leurs personnes et leurs épées, de riches et importantes donations. Sa puissance devint en peu de temps si considérable qu'au dire de *Brompton*, historien anglais presque contemporain, la société naissante, fille de l'Ordre de Saint-Jean, sembla devoir éclipser sa mère [1]. C'était certes un spectacle profondément civilisateur et grandement glorieux pour la religion, que la vue de ces fiers barons, qui, après une existence souvent consacrée à la violence, venaient s'agenouiller pour recevoir l'humble habit de l'Ordre et se consacrer sous sa bannière à l'exil et à la guerre sainte jusqu'à la mort, et dont Saint-Bernard pouvait tracer cet éloquent portrait : « Cheveux tondus, poils hérissés, souillés de poussière, « noirs de fer, noirs de hâle et de soleil... Ils aiment les « chevaux ardents et rapides, mais non parés, bigarés, « caparaçonnés... Ce qui charme dans cette foule, dans « ce torrent qui coule à la Terre Sainte, c'est que vous « n'y voyez que des scélérats et des impies. Le Christ « d'un ennemi se fait un champion, du persécuteur Saul, « il fait un Saint-Paul. »

Les deux Ordres se trouvaient partout en présence, en Palestine comme sur le continent. Dans bien des

---

[1] Vertot, Liv. I.

endroits, à Saint-Gille, à Toulouse, à Agen, leurs établissements s'élevaient à peu de distance les uns des autres. Ce voisinage ne tarda pas à présenter des inconvénients. Distinctes dans l'origine, ces deux institutions étaient devenues, grâce à leurs transformations successives, trop identiques de but pour ne pas se porter réciproquement ombrage, et pour ne pas faire succéder à la noble émulation des premiers jours une sourde jalousie et plus tard même la guerre ouverte ; la suite de cette étude permettra de constater dans leurs établissements du Midi le contrecoup des dissentiments qui se produisaient dans les champs de la Judée entre les chevaliers de l'Hôpital de Saint-Jean et ceux de la milice de Salomon. Nous pourrons du reste conclure de l'inégalité de la répartition des commanderies des deux Ordres qu'ils ne jouissaient pas tous les deux d'une faveur égale dans les différents pays. C'est ainsi que les Hospitaliers étaient prépondérants dans le Toulousain et les Templiers dans l'Agenais. En général les premiers rencontraient dans le Midi une sympathie qui dans le Nord s'adressait spécialement aux seconds. Le comté de Toulouse fut peut-être le pays où l'Ordre de Saint-Jean trouva le plus bienveillant accueil et se développa le plus rapidement. Les seigneurs de cette contrée entraient en foule dans les rangs de la milice de l'Hôpital, tandis que les chevaliers du Nord venaient se ranger de préférence à l'ombre de l'étendard du Temple. Aussi, lors de la croisade contre les Albigeois, quoique les deux Ordres soient restés simples spectateurs d'une lutte, politique autant que religieuse, surtout dans sa dernière partie, pût-on constater chez les Hospitaliers pour les comtes de Toulouse et leur cause une secrète sympathie que les Templiers semblent avoir témoignée aux guerriers du Nord. Nous nous contenterons de citer comme preuves, la sépulture donnée par eux au roi d'Aragon après la bataille de Muret, et la réception du malheureux comte Raymond VI dans leur Ordre, malgré la sentence d'excommunication qui pesait sur sa tête, et, de l'autre côté, les Templiers allant enlever le corps de l'infortuné Baudouin de Toulouse pendu par ordre de son frère et lui donnant un tombeau dans leur cloître de la Villedieu.

CHAPITRE I

Grand-Prieuré de Toulouse.

§ I. — *Prieurés de l'Ordre de Saint-Jean dépendant du Grand-Prieuré de Saint-Gille, avant l'érection de celui de Toulouse.*

Les domaines que les Hospitaliers reçurent dans le principe, furent organisés par eux en *commanderies* confiées pour un temps plus ou moins long à des religieux de l'Ordre, qui étaient chargés d'en surveiller l'administration et d'en faire passer une partie des revenus au trésor commun. Mais l'éloignement de la Palestine, la difficulté des communications, amenèrent bientôt une modification dans cette organisation primitive. Dès les premières années du XIIe siècle, nous voyons qu'à Saint-Gille, une des plus anciennes et des plus importantes maisons de l'Ordre sur le continent, résidait un lieutenant du prieur de Jérusalem ; et vers 1113, son autorité, complètement organisée, s'étendait sur tous les domaines de l'Ordre compris entre le Rhône et l'Océan. Le résultat de la création du Prieuré de Saint-Gille, fut de provoquer immédiatement un développement très considérable de la puissance des Hospitaliers dans nos contrées. Les comtes de Toulouse leur témoignèrent depuis ce moment une faveur qui ne se démentit point dans la suite, exemple qui fut suivi par la plupart de leurs principaux vassaux. Comme preuve de l'immense développement que prit l'Ordre dans la contrée dès son origine, nous publions parmi les pièces justificatives, les extraits d'un vieux cartulaire de ses possessions datant des premières années du XIIe siècle. On y remarque que la plupart des donations consistent en églises dont les noms n'existent plus de nos jours, avec des espaces de terrains plus ou moins considérables pour y construire des villes ou *salvetats*. Ce cartulaire conservé dans les archives de Saint-Clar, concerne principalement la contrée avoisinante et surtout le pays de Comminges [1].

Le Grand-prieuré de Saint-Gille, fut divisé dans le principe en autant de prieurés partiels qu'il comprenait de contrées différentes. C'est ainsi que nous trouvons des prieurs du Carcassès, du Toulousain, du Rouergue, de l'Agenais, du Bordelais, du Quercy, du Périgord, etc., mesure décentralisatrice nécessitée par la difficulté des communications à cette époque. Chacune de ces circonscriptions était partagée en un certain nombre de *préceptoreries* [2], dont le nombre allait toujours en croissant, avec celui des villes ou châteaux donnés à l'Ordre et dont l'administration était confiée, comme nous l'avons dit plus haut, à des Hospitaliers; ces précepteurs étaient, ou des chevaliers revenus de leurs expéditions d'Outremer, ou des chapelains, ou des frères servants. Ces deux dernières classes étaient même les plus nombreuses dans les premiers temps; car la guerre Sainte réclamait un très grand nombre de bras, et les chevaliers étaient, immédiatement après leur entrée dans la sainte milice, envoyés rejoindre leurs frères de Palestine.

Dans ces temps de foi vive et de vitalité profonde, on dirait que la faiblesse est chose inconnue; tout y revêt un caractère d'énergie et de virilité qui peut surprendre à juste titre des siècles plus civilisés, mais moins forts. Dans cette foule que le désir de visiter les saints lieux, jetait sans cesse d'Occident en Orient, on pouvait compter un grand nombre de femmes, qui s'armaient elles aussi du bourdon des pèlerins et n'étaient arrêtées dans leur entreprise, ni par les fatigues ni par les périls qui semblaient devoir la leur interdire. Aussi, pendant que se fondait l'hôpital de Saint-Jean, une noble

---

[1] Pièces justificat., n° 1.
[2] Le mot *Préceptorerie* était synomime de *Commanderie*. Il était même employé plus ordinairement dans le principe et ne disparut qu'au XVIe siècle.

dame romaine du nom d'Agnès, créait dans son voisinage un établissement analogue et soumis au premier, pour servir d'asile aux femmes chrétiennes qui voudraient y chercher un refuge. Cet exemple avait été suivi sur le continent, et la plupart des maisons de l'Ordre comptèrent dans leur sein un certain nombre de sœurs Hospitalières. Elles étaient employées au service des pauvres femmes, et, sous l'autorité du prieur ou du commandeur, formaient une catégorie complètement distincte dans le personnel de l'hôpital. Elles faisaient en général partie de la classe des religieux de l'Ordre, qu'on désignait sous le nom de *donats et sœurs données*; c'étaient des personnes de l'un ou l'autre sexe, qui, en même temps qu'elles faisaient donation d'une certaine partie de leurs biens, promettaient de ne pas entrer dans un autre Ordre que dans celui de l'hôpital, à qui on accordait d'attendre dans une vie moitié séculière, moitié religieuse, le moment où elles désireraient revêtir le manteau d'Hospitalier et qu'on admettait dans *la participation de tous les biens spirituels et temporels de l'Ordre en deçà et au-delà de la mer*. Exceptionnellement les *donats* pouvaient parvenir aux dignités de l'Ordre; nous voyons même en certaines circonstances figurer à la tête des circonscriptions des *sœurs commanderesses*, quand leur illustre origine leur donnait une véritable influence dans le pays et que l'Ordre voulait témoigner sa reconnaissance pour les bienfaits qu'il en avait reçus.

Le précepteur était obligé de payer au Trésor de l'Ordre, une rente annuelle dont le taux était fixé proportionnellement aux revenus de sa commanderie, et qu'on désignait sous le nom de *responsion*; il était de plus chargé d'instruire dans les devoirs de leur profession les religieux nouvellement admis dans l'Ordre; au-dessous de lui, dans chaque maison un peu importante, nous trouvons d'autres dignitaires, dont les principaux étaient le *chapelain* et le *chambrier*.

Les principales questions d'administration étaient réglées dans des *chapitres*, ou assemblées de précepteurs, tenus tous les ans à époque fixe dans la maison prieuriale de Saint-Gille. Mais les distances trop considérables et la difficulté des communications empêchaient la plupart du temps les précepteurs de se rendre à ces chapîtres. Aussi voyons-nous les Grands-Prieurs, occupés sans cesse à se transporter dans les différentes circonscriptions soumises à leur autorité, en faire la visite et convoquer sur divers points des chapîtres partiels composés des précepteurs de la contrée.

La seule modification que nous ayons à signaler dans cette organisation jusqu'au XIVe siècle, est la suppression du titre de **Prieur** dans les provinces du Grand-Prieuré de Saint-Gille, titre qui fut remplacé par celui de Vice-Prieur donné au précepteur le plus ancien ou le plus considéré dans chaque circonscription.

Devenus plus puissants, les Frères de Saint-Jean, cherchaient à augmenter leurs privilèges dans le domaine spirituel, et à se soustraire plus complètement à la juridiction épiscopale. L'évêque de Toulouse, après avoir essayé vainement de s'opposer à ces empiètements, porta ses plaintes au Saint-Siège. Une bulle d'Alexandre IV, vint ordonner à Féraud de Baras, Grand-Prieur de Saint-Gille, et aux Frères de la Langue de Provence, de mettre un terme par une transaction, aux discussions qu'ils avaient déjà depuis longtemps, avec Raymond évêque de Toulouse et son chapître [1]. En conséquence, les deux parties remirent la décision de l'affaire à l'arbitrage de Guillaume l'Écrivain, précepteur de Montpellier et vice-prieur du Toulousain, et de Guillaume d'Ysarny, archiprêtre de Rieux. Dans leur sentence rendue le 4 mai 1254, ces arbitres désignèrent les églises qui devaient être soumises à la juridiction ecclésiastique de l'Ordre ; c'étaient : Sainte-Marie de Puysiuran, Saint-Martin de Pébrens, Gaulège, Saint-Antoine du Pin, Saint-Saturnin de Renneville, Saint-Etienne de Caignac, Saint-Jean de Caprescorjade, Rival, Saint-Remy de Toulouse, Saint-Jean de Garidech, Saint-Bibian, Saint-Thomas, Saint-Boisse de Bersac, Saint-Jean de Léguevin, Sainte-Foy de Rozelaigue, Saint-Jean de Fronton, Saint-Saturnin de Noye, Saint-Jean de Montaigut,

---

[1] Arch. Toulouse, L. XL.

Saint-Pierre de Bousquet, Sainte-Marie de Reyniès, Sainte-Raffinie, Saint-Saturnin de Montpelerin, Saint-Jean de Vaysse, Saint-Pierre de Clermont, Saint-Jean et Saint-Thomas d'Orgueil, Saint-Saturnin de Verlhac, Saint-Jacques de Castelsarrasin, Sainte-Marie de *Lima*, Saint-Médard, Saint-Jean de l'Isle ; Mauza, Fajolles, Saint-André de Cortibals, Saint-Léonard du Burgaud, Saint-Michel de Bociac, Sainte-Marie de Onez, Sainte-Marie de Belleserre, Sainte-Anastasie, Saint-Pierre de Pelleporc, Saint-Martin de Poucharamet, Sainte-Marie de Campbernard, Saint-Pierre et Sainte-Barbe près de Castelnau-de-Picampeau, Sainte-Marie de Plagne, Saint-Jean de Fonsorbes, Saint-Jean de Condomol, Serres, Saint-Martin de Marignac, Saint-Pierre et Saint-Jean de Cunans, Saint-Jean de Bolbone, Saint-Vandille-d'Aignes, Saint-Laurent de Gabre, Saint-Sulpice, Saint-Etienne de Caumont (près de Saint-Sulpice) ; Sainte-Marie d'Aderulède (id). Les Hospitaliers, possédaient en outre, des portions de la dîme dans les paroisses de Marienville, Sainte-Marie de Cortelles, Sainte-Colombe de Vecinac, Sainte-Boisse (sous Avignonet) ; Sainte-Marie de Venastville, Saint-André de Berelles, Graville, Saint-Julien, Saint-Michel de Lanès, Campferrand, etc. Les arbitres décidèrent que l'évêque ni ses successeurs ne pourraient prétendre à aucun droit canonique sur les paroisses de la première catégorie, conformément aux privilèges de l'Ordre mais que de leur côté, les Hospitaliers devraient renoncer à certaines de leurs prétentions contraires aux règlements ecclésiastiques, tels que l'institution des curés [1].

Ne terminons pas cet aperçu rapide, sur les Prieurés de l'Ordre de Saint-Jean dans le Midi, sans dire un mot d'une charte concédée par Alphonse de Poitiers comte de Toulouse. C'était au moment où ce prince, accompagné de sa femme la comtesse Jeanne, préparait à Aymargues, près d'Aygues-Mortes, son départ pour la croisade, où ils devaient finir leurs jours ; voulant attirer sur leur expédition les bénédictions du ciel, il adressa à son *aimé* Guillaume de

---

[1] Arch Toulouse, L X.

Villaret, Drapier de la maison de Saint-Jean de Jérusalem, et lieutenant du grand-maître dans le prieuré de Saint-Gille, une charte dans laquelle il confirme les donations octroyées à l'Ordre, ou les acquisitions faites par lui dans le Toulousain, l'Agenais, le Quercy, l'Albigeois, le Rouergue et dans les autres parties du comté de Toulouse, ne se réservant sur ces possessions que l'Incours des biens des hérétiques, le droit de *cavalcade*, et le *ressort* c'est-à-dire, le droit de pouvoir recevoir les appels des causes jugés par les tribunaux suprêmes du Prieuré. Le comte avait eu des discussions avec les Hospitaliers au sujet des juridictions de Renneville, de Fronton, de Noye et de Saint-Sulpice de Lézat. La dernière partie de la charte contient l'abandon que fait le comte de toutes ses prétentions à ce sujet. S'associant à la pieuse libéralité de son noble époux la comtesse Jeanne approuva toutes ses dispositions et son sceau fut appendu à côté de celui du comte. (Juin 1270) [1].

§ 2. — *Baillies de l'Ordre du Temple, dépendant de la maîtrise de Saint-Gille, avant la suppression des Templiers.*

Comme nous venons de le voir pour les Hospitaliers, les Templiers établirent le centre de leur autorité dans le midi de la France, à Saint-Gille où ils possédaient une maison et qui leur présentait des avantages sous le rapport des communications avec l'Orient. Du reste leur organisation provinciale semble avoir été calquée sur celle des Hospitaliers. Ils partagèrent leur maîtrise de Provence en un certain nombre de *baillies*, à la tête desquelles se trouvaient placés les maîtres du Toulousain, de l'Agenais, etc. La même modification que nous venons de signaler pour l'Ordre de l'hôpital, se produisit précisément à la même époque dans celui du Temple : vers 1250, en même temps que les prieurs par-

[1] Pièces justificat., n° XXVIII.

tiels des provinces de l'hôpital, nous voyons disparaître les maîtres des baillies du Temple, et être remplacés par des lieutenants du maître de Saint-Gille.

§ 3. — *Grand-Prieuré de Toulouse* (1315-1790).

Ainsi que nous l'avons fait remarquer plus haut, les deux Ordres du Temple et de l'Hôpital étaient trop semblables, trop également puissants et trop en présence sur tous les points pour ne pas se nuire réciproquement. Tant que la guerre de Palestine avait duré, tant qu'il y avait eu des pèlerins à protéger et à recueillir, des croisés à seconder dans leur entreprise, tant qu'on avait eu l'espoir maintenant déçu de conserver à la chrétienté le berceau de sa foi, la reconnaissance pour les services rendus par ces chevaliers, avait empêché de mettre en question leur utilité. On voyait les deux milices se partager les postes les plus dangereux et lutter ensemble à qui s'exposerait d'avantage, à qui répandrait le plus de sang pour le service de la foi ; on ne s'était pas demandé si une seule n'aurait pas suffi à la tâche. Mais les guerres saintes prirent fin ; l'Europe avait dépensé un enthousiasme et une énergie incroyables dans ces expéditions immenses qu'elle avait jetées successivement depuis près de deux siècles en Orient ; elle avait déjà beaucoup perdu de sa foi et paraissait se résigner à la perte de ses illusions sur la conquête de Jérusalem. Dès lors on sentit que pour contenir les Musulmans dans l'Orient, dont on renonçait à leur disputer désormais la possession, un seul des deux Ordres était bien suffisant ; il devait arriver infailliblement que l'un d'entre eux fût absorbé par l'autre.

On a accusé les chevaliers de Saint-Jean, d'avoir intrigué pour obtenir la perte de leurs rivaux dont ils auraient convoité les dépouilles. Mais il me semble que beaucoup d'autres causes indépendantes de toute participation de leur part, devaient amener ce résultat et qu'il est complètement inutile, pour l'expliquer, de faire peser sur cet Ordre une accusation contre laquelle vient protester le noble caractère du grand-maître qui était alors à sa tête [1].

Après avoir vaillamment arrosé de leur sang le champ de bataille de la Mausourah, les Templiers avaient considéré leur mission comme terminée en Orient. Laissant à peine quelques garnisons au-delà des mers, ils s'étaient retirés sur le continent, où, derrière les murailles de leurs nombreuses citadelles ils jouissaient des immenses richesses accumulées dans leurs trésors. Cette molle oisiveté, succédant brusquement à leur vie de luttes héroïques, avait fait dégénérer l'Ordre de sa pureté primitive. « Soldats délaissés, sentinelles « perdues ; s'écrie Michelet, faut-il s'étonner si, au soir de « cette bataille de deux siècles, les bras leur tombèrent. « La chûte est grave après les grands efforts. L'âme, montée « si haut dans l'héroïsme et la sainteté, tombe bien lourde « en terre... Malade et aigrie, elle se plonge dans le mal « avec une faim sauvage, comme pour se venger d'avoir « cru [2]. » Quoiqu'il en soit le peuple était naturellement conduit à comparer ces chevaliers arrogants, qui faisaient servir à leur ambition ou à leurs jouissances les donations pieuses des fidèles et dont l'existence restait enveloppée d'un sombre mystère, aux Hospitaliers, à qui ils avaient abandonné presque entièrement le poids de la guerre contre les infidèles et que leurs luttes incessantes protégeaient contre les défaillances des Templiers. D'ailleurs soumis à l'autorité absolue de leur grand-maître et ne reconnaissant d'autre pouvoir temporel que le sien, ces derniers formaient en France, où avait été transporté le siége de l'Ordre, une puissance assez considérable pour inspirer de l'ombrage à la royauté.

Nous ne nous arrêterons pas sur cette sombre tragédie qui ne rentre pas dans le cadre de cette étude toute spéciale et dont les lugubres épisodes sont dans toutes les mémoires. Un grand nombre de Templiers échappèrent à l'immense holo-

---

[1] Foulques de Villaret avait même combattu dans un mémoire envoyé au Pape le projet de réunion des deux Ordres, réunion qu'il savait devoir se faire en sa faveur (Vertot, livr. IV.)

[2] Histoire de France, liv. V, chap. III.

causte de tout leur Ordre ; ils furent, quand le calme se fut rétabli, repartis dans différents monastères. Nous trouvons en effet dans les archives, une bulle que le pape Jean XXII, adressa d'Avignon le 16e jour des kalendes de janvier de la 3e année de son pontificat (15 décembre 1318) aux évêques de France, pour les avertir qu'un certain nombre de Frères de l'Ordre supprimé du Temple, « avaient repris les vêtements « laïques et que quelques-uns, se plongeant dans les voluptés « du monde, avaient pris des femmes avec lesquelles ils vi- « vaient publiquement » et pour leur ordonner d'employer contre eux, s'ils ne se soumettaient pas au premier avertissement, la censure ecclésiastique, de supprimer la pension qu'on leur fournissait pour leur entretien et enfin de les faire entrer, soit comme frères, soit comme pénitents dans différents monastères [1].

L'apreté avec laquelle le roi, Philippe-le-Bel s'empara tout d'abord de l'argent contenu dans les trésors du Temple et le triste état de ses finances ont fait douter à beaucoup que, dans cette affaire, l'amour de la justice, la haine du crime et le zèle de la religion eussent été les seuls mobiles qui l'eussent déchaîné d'une manière si impitoyable contre un Ordre, que la veille encore il couvrait de sa plus éclatante protection. En 1310, nous le voyons dépêcher d'Avignon son chambellan, Enguerrand de Marigny, qui se rendit à Carcassonne, pour se faire remettre tout l'argent des trésors des maisons du Temple dans le midi et revint vers son maître avec cette riche proie [2]. Mais ce n'étaient pas de simples revenus, c'étaient les domaines des Templiers qui faisaient l'objet de ses convoitises et il les avait fait mettre tout d'abord sous le séquestre royal. Aussi ce fut avec un désappointement, qu'il ne chercha pas à dissimuler, qu'il vit le concile de Vienne adjuger cette riche dépouille à l'Ordre de Saint-Jean. Ce ne fut qu'après bien des tergiversations et des pourparlers que les Hospitaliers purent en obtenir la remise par les employés royaux ; encore furent-ils obligés pour cela de verser au

[1] Arch. Toulouse. Bulles.
[2] Dom Vaissette, livr. XXIX.

trésor de la couronne de fortes sommes, sous le prétexte de l'indemniser des frais du long procès des Templiers. Ce ne fut guère, qu'en 1330, que la question fut définitivement conclue, et que l'ordre de Saint-Jean put jouir sans conteste des biens immenses qui venaient de lui être adjugés.

Cet accroissement de possessions dût forcément amener une division dans les circonscriptions de l'Ordre de Saint-Jean. Le Grand prieuré de Saint-Gille, trop considérable désormais pour être confié à une seule administration fut divisé en deux parties ; la partie occidentale en fut détachée pour former le Grand prieuré de Toulouse (1315). Cette nouvelle circonscription comprenait les domaines de l'Ordre situés dans le haut Languedoc, la Guyenne, la Gascogne, la Bigorre, la Biscaye, le comté de Foix ; tandis que la Provence, le bas Languedoc, l'Albigeois, le Rouergue, le Quercy continuaient a faire partie du Grand-Prieuré de Saint-Gille [1].

Le premier Grand-Prieur de Toulouse fut Pierre de l'Ongle, chancelier de l'Ordre, un des membres les plus distingués et les plus dévoués de son conseil. Pendant toute la durée de sa charge, il eut à lutter de tous côtés pour faire rentrer dans le domaine de l'Ordre les biens des Templiers. Les administrateurs séculiers, à qui ils avaient été confiés pendant la durée du sequestre, n'oubliaient rien pour convertir en propriétés définitives les biens dont ils n'étaient que les fermiers temporaires. Forcé par les plaintes du Grand-Prieur de Toulouse et du Grand-Maître, Elyon de Villeneuve, de mettre un terme à des abus, qu'il tolérait sans peine en faveur de ses courtisans, détenteurs des principaux fiefs en question, Charles IV accorda le 31 mai 1324 des lettres patentes, ordonnant la remise de toutes ces possessions, notamment de la maison de Toulouse avec ses dépendances, régie par Raymond de Soubiran et celle de Vahours qui l'était par Bertrand de Roquenégade, chevalier [2].

Outre ces difficultés, les Hospitaliers en rencontrèrent bien

---

[1] La bulle d'érection du Grand-Prieuré de Toulouse n'existe pas dans ses archives.
[2] Arch. Toulouse, L. I

d'autres, avant de jouir paisiblement de l'héritage qu'on venait de leur attribuer. Le procès des Templiers et son dénouement avaient excité bien des convoitises, tous ces seigneurs laïques ou même ecclésiastiques, qui avaient assisté au partage de la riche dépouille, étaient mis en goût. Ils trouvaient que la ruine d'un Ordre puissant était chose profitable, et n'auraient pas mieux demandé que d'étendre une opération qui avait paru si fructueuse. C'est ce qui peut expliquer le déchaînement de haines et de jalousies qui eut lieu à cette époque contre l'Ordre de Saint-Jean et qui se traduisit par des agressions de toute nature. Le pape Jean XXII, à la requête du grand-maître, s'empressa de porter secours aux Hospitaliers par une bulle datée du 27 septembre 1316 : « Ayant appris, dit-il, que quelques archevêques, évêques, « clercs, personnes ecclésiastiques, tant régulières que sécu- « lières, ainsi que des marquis, des ducs, des comtes, des ba- « rons, des nobles, des chevaliers et des universités de cités, « de villes, de villages et autres laïques, ont fait occuper les « possessions, terres et droits des Hospitaliers, tuer les vas- « saux, les hommes et les personnes de cet hôpital ou les « emmener prisonniers, » le Souverain Pontife délégua l'évêque d'Agen, l'abbé de Moyssac, et le Prévot du chapitre de Nisme, pour protéger en son nom les chevaliers de la Langue de Provence et leur faire restituer ce qu'on leur avait enlevé; il enjoint, en terminant, à ses commissaires d'employer contre les récalcitrants l'excommunication et s'il était nécessaire, le recours au bras séculier [1].

Nous venons de voir que la succession des Templiers avait été chèrement achetée par l'Ordre de Saint-Jean, si chèrement même que son trésor s'en trouvait pour le moment complètement épuisé. Et pourtant il approchait alors d'une crise, qui allait nécessiter l'exercice de toutes ses forces vives. L'invasion musulmane, arrêtée et réprimée quelque temps par l'effort des croisades, allait recommencer son mouvement formidable. L'Europe, déchirée en tous sens

[1] Arch. Bulles.

par des guerres incessantes, était hors d'état de prêter une oreille bien attentive au bruit de ce flot lointain, qui menaçait d'engloutir à la fois la chrétienté et la civilisation. C'est alors que commença le rôle héroïque et vraiment admirable des chevaliers de Saint-Jean. Jusqu'ici leur dévouement s'est trouvé perdu au milieu de tant d'autres, qu'il a pu passer inaperçu. Mais maintenant, seuls sur leur rocher, ces enfants perdus de l'Europe ne se laissent pas effrayer par la grandeur de la tâche. Constamment en lutte avec les forces écrasantes d'une puissante nation, ils ne cèdent qu'à la dernière extrémité. Chassés de leur poste avancé, ils ne se découragent pas et vont reformer en arrière leurs rangs éclaircis, mais sans cesse reconstitués, et soutiennent, pendant toute la durée du moyen-âge, une lutte héroïque, qui sauve le monde civilisé de la barbarie hurlant à ses portes.

A la vue de la pénurie du Trésor, le grand-maître de Villeneuve s'adressa à ses chevaliers pour augmenter les responsions sur tous les biens de l'Ordre et au Pape, qui lui accorda l'autorisation d'aliéner une portion de ces domaines pour la somme de 193,000 florins d'or. Voyant la difficulté d'exécuter immédiatement ces mesures et la détresse de l'Ordre, Pierre de l'Ongle, Grand-Prieur de Toulouse, Emmery de Thurey, Grand-Prieur de Saint-Gille, et Odon de Montaigut, Grand-Prieur d'Auvergne, offrirent généreusement en 1318 les revenus entiers de leurs Prieurés pendant 2 ans, ce qui permit au Grand-Maître de pourvoir aux dépenses les plus urgentes [1].

Ce fut peu de temps après que ce même Grand-Maître vint visiter le Prieuré de Toulouse et tint à son retour un Chapitre général à Montpellier (1330). Il y modifia divers statuts de l'Ordre au sujet de la discipline intérieure des couvents, et réforma un grand nombre d'abus qui s'étaient introduits chez les chevaliers de Saint-Jean. Un registre en langue romane conservé aux archives du Prieuré contient ces diverses ordonnances; il commence par ces mots :

---

[1] Naberat, *Hist. des Grands-Maîtres de l'Ordre*, livr. III, chap. III.

In nomine Domini. Amen. — *Aïsso les establimens fayt et ordenat al Capitol de Montpellier per l'honorable Religios Helio de Vilanova e per lo cosselh delos prodes homes de la mayso. En l'an de la Incarnacion de Nostre Senhor XIII cent et XXX, à XXIV jorns del mès de otobre* [1].

Le Grand-Maître profita aussi de la tenue du Chapitre général pour y organiser les circonscriptions et les commanderies du nouveau Grand-Prieuré. La commanderie de Puysubran fut déclarée *Chambre magistrale;* c'est-à-dire qu'elle appartenait au Grand-Maître, qui la faisait administrer par un procureur. Le Grand-Prieur n'eut dans son apanage primitif que la commanderie de Toulouse à laquelle on avait adjoint plusieurs dépendances du Temple de cette ville, et qui forma ainsi la première Chambre Pricurale. Dans la suite, on modifia cet ordre de choses en augmentant le nombre des Chambres Prieurales ainsi que nous le verrons dans le courant de cette étude.

Pour récompenser les services rendus par un homme qu'il aimait et estimait, Elyon de Villeneuve avait nommé Pierre de l'Ongle au Grand-Prieuré de Saint-Gille, vacant par la mort d'Emmery de Thurcy, de sorte que cette immense étendue de possessions se trouva de nouveau réunie dans les mains du Chancelier. Après la mort de Pierre de l'Ongle, arrivée en 1334, le Pape écrivit au Grand-Maître pour l'engager à ne plus réunir les deux Prieurés sous la même main, de peur des inconvénients qui avaient motivé leur séparation [2].

Ce ne fut que sous le successeur de Pierre de l'Ongle que fut complètement terminée l'affaire des biens des Templiers, car nous voyons le Grand-Prieur, Aycard de Miramont, déléguer le précepteur de la maison de Toulouse pour aller prendre possession de quelques fiefs du Temple détenus encore par les officiers royaux (1339) [3].

Signalons, parmi les chevaliers qui gouvernèrent le Grand-

---

[1] Arch. du Prieuré. Registres.
[2] Naberat, *Hist. des Grands-Maîtres.*
[3] Arch. Toulouse, L. VIII et L XL

Prieuré de Toulouse, Raymond de Lescure, qui joua un rôle important dans l'histoire de son Ordre. Doué d'une grande prudence et d'une bravoure à toute épreuve, il fut employé par le Grand-Maître dans plusieurs missions diplomatiques et se signala par de brillants faits d'armes. Ses services lui valurent les dignités de Grand-Commandeur, Grand-Prieur de Toulouse, lieutenant du Grand-Maître et administrateur du trésor de l'Ordre. Il signala son administration dans le Prieuré par les soins qu'il prit de faire élever ou réparer et agrandir les fortifications d'un grand nombre des villes soumises à son autorité. Se conformant à l'esprit de son Ordre, ce fut lui qui demanda et obtint, comme nous le verrons ailleurs, l'érection de l'ancien Temple de Toulouse en un hôpital destiné aux pauvres pèlerins de Saint-Jacques de Compostelle. Quelques années après, Raymond de Lescure terminait glorieusement sa carrière dans une expédition qu'il commandait contre la garnison turque de Macri (1411) [1].

Son successeur, Bertrand d'Arpajon, qui, malgré les prescriptions précédentes, réunit les deux Prieurés de Toulouse et de Saint-Gille, s'occupa activement de faire respecter les anciens privilèges de l'Ordre. A sa requête, le nouveau Parlement de Toulouse rendit un arrêt qui déclara les Hospitaliers exempts de tous droits de péage, de leude et autres impositions, tant dans les villes que dans les ports de rivières ou de mer (13 mai 1429) [2].

Le 29 mai 1453, un évènement formidable vint jeter le trouble et la stupeur parmi les nations européennes. Les Turcs, s'élançant des côtes de l'Asie, venaient de planter le croissant sur les murs de Constantinople. Désormais l'ennemi de la chrétienté avait pris pied sur son territoire et de sa nouvelle position il était une perpétuelle menace pour sa sécurité. Il semblait, du reste, qu'elle fût une proie bien facile à saisir dans l'état de déchirement où nous venons de la voir plongée. Parmi tous ses états ébranlés sur leurs bases, pas un ne pouvait se lever pour la défense de tous

---

[1] Bosio, *Dell'istoria della Sacra Religio*.
[2] Arch. Toulouse, L. XL.

et offrir une barrière sérieuse à l'Islamisme vainqueur. Dans cette détresse universelle, tous les regards se tournèrent vers cette petite île, poste perdu au milieu des mers, où une poignée de chevaliers de toutes les nations, oubliant leurs querelles particulières pour ne plus songer qu'à la défense de la chrétienté, attendait bravement le flot terrible de l'invasion musulmane. Pour lui procurer les moyens de repousser l'ennemi, les Papes ne cessent à cette époque de prodiguer à l'Ordre de Saint-Jean les témoignages de leur faveur. C'est ainsi qu'Eugène IV, pour faciliter la rentrée des responsions dans le trésor de l'Ordre, charge les évêques de surveiller par eux-mêmes cette opération (1440), que Sixte IV accorda aux Français toutes les indulgences qu'on gagne à Rome l'année sainte, à la condition de donner à l'Ordre le quart des sommes qu'ils auraient dépensé pour faire ce pèlerinage [1]. Charles VII, qui venait de reconquérir la plus grande partie de son royaume, voulut lui aussi, malgré l'épuisement de ses finances, contribuer à une œuvre dont il comprenait l'intérêt véritablement européen. Par ses lettres patentes du 1er avril 1445, il exempta les biens de l'Ordre de la taxe consentie à Bourges en 1440 par l'Assemblée générale du clergé sur toutes les possessions ecclésiastiques. — « Il fait cette concession, est-il dit dans l'acte,
« en considération les grandes pertes et dommatges que nos
« bien aimés les Religieux de l'Ordre de Saint-Jehan, fondé
« en nostre Royaulme ont eu et soustenu à l'occasion des
« guerres et divisions d'icelluy nostre Royaulme, à l'occasion
« desquelles leurs rentes, revenus et possessions sont moult
« diminués et amoyndris et aussy leurs esglises, hospitaulx,
« maysons et métairies, tournées en grandes ruynes et déso-
« lation... » Mais la véritable raison était le danger qui menaçait Rhodes dans ce temps-là plutôt que les désastres de la guerre qui avaient frappé les autres biens du clergé de France tout aussi bien que ceux de Saint-Jean [2].

Au nombre des privilèges les plus précieux des religieux

[1] Arch. Toulouse, Bulles.
[2] Arch. Toulouse, L. X.

de Saint-Jean était le droit de n'être justiciables que des tribunaux de leur Ordre ; faveur qui leur avait été concédée dans l'origine et confirmée plusieurs fois dans la suite, qu'ils conservaient avec un soin jaloux, mais qu'ils étaient souvent obligés de défendre contre les empiètements de la magistrature du royaume. Nous trouvons dans les archives de cette époque plusieurs témoignages de ces luttes. Ainsi en 1430, Durand du Faur, chevalier, viguier de Narbonne, Pierre d'Yssault, juge de cette même ville, Jean Spondelherii, bailli d'Ouveilhan, et Raymond Valentin, notaire et officier du roi, firent saisir frère Jean de Raymond, précepteur de Peyrusse (commanderie située dans leur juridiction et dépendant à cette époque du Prieuré de Toulouse), qui était accusé de certains crimes, et le firent enfermer dans la prison du roi ; requis par l'Ordre d'avoir à le remettre à son tribunal, ils s'y refusèrent, s'empressèrent d'instruire son procès, et, après sa condamnation, de le faire suspendre à un gibet. Pierre de Rota, doyen de Saint-Agricole à Avignon, chargé par le pape de veiller aux intérêts de l'Ordre dans toute l'étendue de la Langue de Provence, enjoignit à ces officiers, sous peine d'excommunication et en requérant même au besoin le concours du bras séculier, d'enlever de leurs propres mains le corps du frère de Raymond du gibet, où il était resté attaché, de le faire ensevelir décemment et avec honneur et de faire satisfaction à l'Ordre pour cette offense. Le viguier et ses assesseurs, ayant refusé d'obtempérer à cet ordre furent frappés d'interdit par P. de Rota ; ils en appelèrent au pape Martin V, qui évoqua l'affaire à son tribunal. Malheureusement les archives ne contiennent pas la sentence ; mais il est à supposer que la Cour de Rome dut saisir avec empressement cette occasion de proclamer les immunités ecclésiastiques, si contestées à cette époque, et sanctionner les foudres de son délégué contre les juges récalcitrants [1]. Quelques années plus tard, le Grand-Prieur Pons de Malevielle vit se renouveler ce débat sous une forme

---

[1] Arch Toulouse, Bulles.

analogue et parvint à faire respecter ses privilèges. Il s'agissait d'un religieux, R. Gétule, qui, s'étant rendu coupable de quelques excès et violences à Fontenille en Périgord avait été traduit devant le Parlement de Bordeaux. Le Grand-Prieur réclama énergiquement contre la compétence de ce tribunal et obtint en effet la remise de l'accusé dans les prisons de l'Ordre ; après quoi, cet accusé s'étant évadé et refusant de comparaître devant le chapitre provincial pour y être jugé, Pons de Malevielle ordonna à tous les frères de l'Ordre de s'emparer de la personne du fugitif, partout où ils le rencontreraient [1].

L'administration du fisc faisait aussi des tentatives souvent renouvelées pour prélever des impositions sur les possessions de l'Ordre, malgré les privilèges concédés ; et ce ne fut que grâce à la vigilance et à l'énergie des divers Grands-Prieurs, que les droits de l'Hôpital ne furent pas entamés. L'un d'entre eux, François Flotte, obtint du roi François Ier la confirmation des privilèges de l'Ordre par lettres patentes du 5 janvier 1518 [2].

Du reste toutes les ressources de l'Ordre de Saint-Jean allaient lui devenir indispensables. Après s'être relevés de leur premier échec contre Rhodes, les Turcs aspiraient à prendre leur revanche et à laver leur honte dans le sang de ces chevaliers. A la nouvelle de l'armement formidable qui se préparait, le Grand-Maître, Philippe de Villiers de l'Isle-Adam, appela tous ses chevaliers au poste d'honneur et de péril et on y vit accourir aussitôt tous ceux qui étaient en état de porter les armes. Nous n'avons pas à faire ici l'historique de ce siège mémorable, après lequel le Grand-Maître suivi des quelques survivants de cette lutte héroïque n'abandonna à l'ennemi qu'un monceau de décombres arrosés de sang. Nous dirons seulement que parmi les chevaliers dont les noms sont inscrits à cette belle page de l'histoire brille au premier rang le Grand-Prieur de Toulouse, Gabriel de Murat de Lestang-Pomeyrol, grand commandeur, lieutenant du Grand-Maître ; on le distin-

[1] Arch., Toulouse, Registres.
[2] Arch. Toulouse, L X.

guait toujours, soit dans le conseil, soit dans le combat; il périt d'une chute dans une tranchée, le 4 septembre 1522 [1].

Son successeur fut frère Désiré de Tholon de Saint-Jal, bailli de Manosque, qui s'était grandement distingué comme chef de l'artillerie pendant le siège. Il gouverna le Grand-Prieuré de Toulouse jusqu'à sa nomination à la Grande-Maîtrise, qui eut lieu le 1er novembre 1535. Il était à Toulouse quand il reçut la nouvelle de son élection; il se mit en route pour se rendre à Malte, tomba malade à Montpellier et y mourut le 26 septembre 1536 [2].

Si le courage des chevaliers avait été admirable pendant cette terrible période, il n'en est pas moins vrai que la discipline s'était relâchée de sa sévérité primitive. L'esprit d'indépendance s'était propagé parmi ces religieux que nous venons de voir si prodigues de leur sang et de leur dévouement, de nombreux abus s'étaient glissés, principalement parmi les Hospitaliers de la Langue de Provence, si nous en pouvons juger d'après une bulle adressée le 23 décembre 1526 à l'official de Saint-Etienne par le pape Clément VII, à la requête du Grand-Maître de l'Isle-Adam. Ce dernier s'était plaint de ce que, contrairement aux statuts qui défendaient aux frères et aux précepteurs de voyager sans la permission de leur supérieur, plusieurs Hospitaliers des prieurés de Saint-Gille et de Toulouse, portant l'habit de l'ordre et jouissant de ses privilèges, « ne craignaient pas d'enfreindre cette prescrip« tion et de mener une vie fort éloignée de la religion, refu« sant d'obéir aux juges délégués par le Saint-Siège... » Le Pape, considérant *que là où la discipline est méprisée, la religion est exposée au naufrage*, ordonna d'employer l'excommunication contre les délinquants, chevaliers, chapelains, ou servants d'armes, quelque fut leur rang, fussent-ils même pourvus de bénéfices ecclésiastiques [3].

Diverses modifications dans les commanderies du Prieuré, opérées à cette époque, de nombreux membres détachés des

[1] Bosio, *Dell'istoria*.
[2] Vertot, livr. X
[3] Arch. Toulouse, Bulles.

circonscriptions existantes pour être affermés séparément et augmenter ainsi les revenus de l'ordre, témoignent du zèle des grands-prieurs et de la pénurie du trésor, alors épuisé par les dépenses du siège de Rhodes et un peu plus tard par celles de la prise de possession de Malte et de la mise en état de défense de cette île, jusques-là complètement ouverte à toutes les attaques des ennemis. La nécessité de ces fortifications ne tarda pas à se faire sentir, car, en 1565, les Turcs vinrent mettre le siège devant le nouvel établissement des Hospitaliers. Grâce à la valeur du Grand-Maître de la Valette et de ses chevaliers, les infidèles furent forcés, après un siège long et meurtrier, de regagner leur vaisseaux.

Ce fut du reste le dernier choc que les chevaliers eurent à supporter de l'invasion musulmane. Réduit à une décrépitude hâtive par ses mœurs, son gouvernement et sa religion, l'Empire turc vit de jour en jour sa vitalité et ses forces s'évanouir et ne tarda pas à cesser d'être un épouvantail pour le reste de l'Europe. Dès lors le rôle de l'Ordre de Saint-Jean va se réduire beaucoup ; son action se bornera désormais à capturer quelques navires turcs et à faire la chasse aux corsaires de la Méditerrannée. Avec le sentiment de la haute mission qu'il avait à remplir, il n'est pas longtemps avant de perdre son ancien esprit. Pleins comme leurs devanciers d'une bravoure qui ne cherchait qu'une occasion pour se démontrer, les chevaliers ne trouvaient pas dans les luttes désormais insignifiantes de l'Ordre de quoi satisfaire leur activité. Après avoir passé quelques années de leur jeunesse à faire des courses sur les vaisseaux de la Réligion, ils retournaient sur le continent pour jouir des revenus de leurs commanderies et n'avaient plus de rapports avec l'Ordre que pour obtenir de nouvelles faveurs. C'est alors que l'on vit les souverains de la chrétienté s'immiscer dans le gouvernement de Malte et faire distribuer les grandes dignités de l'Ordre à leurs courtisans ou aux membres de leurs familles.

Du reste, l'utilité de cette institution ayant ainsi diminué, on ne tarda pas à vouloir lui retirer une partie de ses privilèges concédés précédemment. Mais la noblesse était tout

entière trop intéressée à la conservation d'un Ordre qui n'ouvrait ses portes que pour elle, pour ne pas prendre énergiquement sa défense. Elle préférait pour ses fils le manteau à la croix rouge de chevalier de Malte, fort peu gênant du reste à cette époque, à la robe de bure de moine. Les considérations, les honneurs et les riches commanderies attendaient le pauvre cadet de famille dont le plus clair du patrimoine consistait en parchemins suffisants pour lui donner entrée dans la milice de Saint-Jean. Aussi dans le cahier présenté par les députés de la noblesse du Languedoc aux Etats généraux de 1614, pouvons-nous lire une supplique très-pressante à ce sujet avec l'exposé naïf de leurs motifs : « Votre Majesté est
« aussi très-humblement suppliée de vouloir bien maintenir
« et conserver ceux de l'Ordre et Religion de Saint-Jean de
« Jérusalem en la jouissance de leurs biens et privilèges et
« faire lever et cesser tous les troubles et empêchements qui
« leur sont donnés au préjudice de leurs dits privilèges, suc-
« cessivement confirmés par les Rois vos prédécesseurs et
« même par Votre Majesté, tant pour les grands et signalés
« services qu'ils rendent à la République chrétienne, comme
« aussi par la décharge d'une infinité de maisons nobles de
« votre royaume, qui se trouvent grandement décorées et
« relevées par les grandes et belles charges, à quoi la piété
« et la vaillance font arriver journellement leurs enfants et
« avec un grand avantage sur toutes les autres nations [1]. »
Cette requête fut couronnée de succès puisque nous trouvons les privilèges de l'Ordre confirmés par Louis XIII, en 1621 et plus tard par Louis XIV en 1651 [2].

A cette époque le Grand-prieuré de Toulouse était passé par une crise très agitée. La terrible période des guerres religieuses, si désastreuse pour toute la France, l'avait été surtout pour nos provinces du Midi, où les protestants avaient leurs principaux centres. Naturellement les chevaliers de Saint-Jean étaient les champions les plus dévoués de la grande cause catholique et les places fortes de l'Ordre jouèrent un

---

[1] Dom Vaissette, Pr. CLXIV, Liv. V.
[2] Arch. Toulouse, L. X.

rôle important dans cette période tourmentée. A la tête du Grand-prieuré, nous trouvons un homme qui s'est conquis une place dans l'histoire. C'est Antoine-Scipion de Joyéuse, dont la famille était à la tête du parti catholique et qui avait lui-même inspiré la terreur aux huguenots du Languedoc. Après la mort de son frère aîné Anne duc de Joyéuse, à Coutras, pour empêcher l'extinction d'une race illustre et chère à l'Eglise, le pape Sixte V le délia de ses engagements dans l'ordre de Malte, et le rendit à la vie séculière et au commandement des armées catholiques du Midi.

La Ligue rencontrait de vives sympathies parmi les Hospitaliers. Nous en donnerons comme preuve le passage suivant que nous traduisons dans la relation latine de la mort du président Duranti (1589), publiée par un témoin occulaire et citée par Dom Vaissette. « Ayant résolu de le faire
« périr misérablement dans un bref délai et ne pouvant ac-
« complir assez commodément leur dessein chez les Domini-
« cains, ils résolurent de le conduire dans la grande tour
« (*immanem turrim*) de Saint-Jean, appartenant aux chevaliers
« de Malte, pour le soumettre à une garde plus sévère et plus
« sûre..., ils disaient pour prétexte qu'il vivait trop libre-
« ment chez les Jacobins, qui, touchés par le malheur de ce
« grand homme, le visitaient plus fréquemment qu'il ne con-
« vient à des geôliers [1]. »

On comprend sans peine avec quel acharnement les Huguenots tâchaient de nuire aux chevaliers de Saint-Jean et dévastaient leurs possessions, quand les circonstances le leur permettaient. Aussi la désolation était-elle générale dans les domaines de l'Ordre, surtout quand dans le voisinage s'élevait quelque place protestante. Les villages étaient brûlés les moissons saccagées, les habitants massacrés. C'est ce lugubre tableau que vient dérouler devant nos yeux messire André de Puylobrier, chevalier de Saint-Jean, Commandeur de Condat et receveur de l'Ordre au Grand-Prieuré de Toulouse, dans les réclamations qu'il adresse à Jean de la Valette-

---

[1] Dom Vaissette, Pr. CXLI, tom. V.

Cornusson, sénéchal de Toulouse, le 14 mars 1588. — L'Assemblée générale du clergé de France avait voté dans sa séance du 3 juin 1586 un subside de 1,300,000 livres tournois, impôt dans lequel les *Rhodiens* figuraient pour 37,857 livres. Le Receveur demanda un dégrèvement pour la commanderie de Condat, dévastée par les garnisons de Turenne, Bergerac, Sainte-Foy-la-Grande et Castilhon ; pour la commanderie d'Argenteins, ravagée par les protestants de Nérac et de Casteljaloux; pour celle de Caignac, ruinée par les hérétiques de Pamiers, Mazères et Saverdun; pour celles de Golfech, de Renneville, de Caubins et Morlas, de Gouts, de Gabre et de Capoulet, qui avaient été aussi mises à sac par les garnisons des environs. Cette réclamation, dont la vérité fut affirmée par un grand nombre de témoins, fut accueillie favorablement et un jugement rendu le 16 mars 1588 par MM. les Trésoriers généraux de France déchargeait les commandeurs de ces circonscriptions de leurs parts dans cet impôt [1].

Citons parmi les Grands-prieurs de Toulouse, Alexandre de Vendôme, fils d'Henri IV et de Gabrielle d'Estrée, prince doué, comme son frère César, d'un esprit inquiet, de talents assez remarquables et d'une ambition qui fit son malheur; sa naissance et ses mérites l'avaient fait revêtir malgré sa jeunesse des premières dignités de l'Ordre. Il avait été nommé général des galères de la Religion et envoyé, en 1615, comme ambassadeur d'obédience auprès du pape Paul V. En 1619, il échangea le Grand-Prieuré de Toulouse contre celui de France, dignité qui lui permettait le séjour de la cour de son frère, qu'il croyait devoir être favorable à ses desseins ambitieux et qui devait emmener sa perte quelques années plus tard.

C'étaient du reste de riches et puissants seigneurs que ces Grand-Prieurs de Toulouse, appartenant tous aux principales familles du royaume, ils exerçaient leur juridiction sur une grande province et jouissaient d'énormes revenus. Petit à

---

[1] Pièces justificat. no II.

petit, le nombre des fiefs, qui, sous le nom de chambres prieurales, composaient leur domaine particulier, s'était augmenté et avait atteint des proportions si considérables que le Conseil de l'Ordre s'en préoccupa vers le milieu du XVIIIe siècle et en détacha quelques commanderies.

Le Grand-Prieuré de Toulouse était possédé par le baron de Sade au moment de la révolution française dont le flot niveleur emporta cette institution avec un si grand nombre d'autres. Cet Ordre, français par son origine, tirant de la France son lustre et ses revenus, fut mortellement frappé par ce coup ; il sentait ses destinées liées à celles de la monarchie et de la noblesse française. Retirés sur leurs rochers de Malte, les chevaliers attendaient avec un sombre découragement leur fin qu'ils sentaient approcher. Elle ne se fit pas longtemps attendre. Quand en 1799, Bonaparte, en allant en Egypte, voulut s'emparer de Malte et porter le dernier coup à ce respectable vestige d'un passé héroïque, il y eut un simulacre de résistance contre cette inqualifiable tentative. Après en être sorties pour la forme, toutes ces épées rentrèrent dans le fourreau; tous ces fronts se courbèrent sous le coup qui les frappait avec une résignation qu'ils n'auraient point connue dans les siècles précédents.

1° Liste des Prieurs du Toulousain (1113-1313).

1106-1121. Gérard, diacre.
1134. Bernard Hugo.
1145-1146. Fortou.
1147-1148. Bernard de Puysiuran.
1154-1161. Bernard d'Azillan.
1162-1163. Pons de Lordat.
1163-1165. Guiraud de Corneillan.
1166-1168. Raymond Petit.
1168-1169. Foulques de Nesse.
1169-1170 Guiraud de Saint-André.
1170-1171. Raymond de Clavel.
1172-1173. Raymond de Verdun.
1174-1175. Pierre de Saint-André.
1177-1180. Pierre d'Alsen.
1181-1183. P. de St-André. (2e fois).
1184-1185. Raymond Garsie.
1185-1186 Pons de Lordat (2e fois).
1186-1188. R. Garsie. (2e fois).
1188-1191. Guillaume Raymond.
1193-1194. Sicred de Léran.
1194-1195. Aymeric 2e fois).
1195-1198. Pierre d'Hélie.
1198-1199. Guill. Raymond(2^e fois).
1199-1201. Sanche Garsie d'Aure.
1201-1202. Aymeric. (3e fois).
1202-1203. G. Raymond. (2e fois).

1204-1205. Sanche Garsie d'Aure. (2e fois).
1206-1207. Bertrand de St-André.
1207-1209. Pierre Barravi.
1210-1211. Sanche Garsie d'Aure. (3e fois).
1212-1215. Bernard de Capoulège.
1215-1219. Guillaume l'Ecrivain.
1219-1225. Bertrand de Cobirac.
1227-1236 Sanche de l'Epée.
1233-1240. Pierre de Cayrane.
1240-1244. Guillaume de Barége.
1245-1246. Pierre de Cayrane (2e fois)
1247-1248. Jourdain de Saint-André.
1250 (*Etablissement des Vices-Prieurs du Toulousain*).
1250-1255 Guillaume L'Ecrivain, précepteur de Montpellier.

1256-1260. Pierre de Montbrun.
1260-1266. Bernard d'Aure, précepteur de Rayneville.
1267-1272. Pierre du Port, précepteur de Saint-Sulpice.
1272-1278. Albert de Roset, précepteur de Poucharamet.
1278-1280. Pierre de Corneillan, précepteur de Bolbone.
1280-1282. Guillaume Arnaldi, précepteur de Toulouse.
1282-1309. Pierre de Florence, précepteur de Toulouse
1309-1310. Bernard de Maurin précepteur de Toulouse
1310-1311. Aymeric de Tarin, précepteur de Toulouse.
1311-1313. Pierre de Caylus.
1313-1315 Guillaume de Rotbald.

2°. Liste des Prieurs de l'Agenais et du Bordelais.

1155. Etienne Ayquilin.
1202. Wilhelm de Montmaurcu.
1215-1220. Wilhelm Amanieu de Bouglon.
1220-1221. Hélie de Marinhac.
1223. Hélie de la Rivière.
1225-1228 Pierre de Loupe.
1235-1236. Sans-Arcis.

1243-1251. Jourdain de St-André.
1257. Arnaud de Botenac. —
1265-1284 Ermengaud des Aguilhiers, vice-prieur.
1298-1289. Raymond Prévost.
1301-1306 Bertrand de Savinhac, vice-prieur.

3°. Maîtres du Temple dans la baillie de Toulouse.

1134. Gérard de *Nocura*.
1148 Deusde Hugo.
1150 Guillaume de Verdun.
1162. Dieudonné de Girbert.
1164 Durand.
1165-1167. Pierre d'Astugue.
1167-1179. Pierre de Toulouse.
1180-1183. Pierre Bérenger.
1184-1191. Raymond Oalric
1192-1198. Guillaume de la Mothe.
1201-1204. Fourtanier d'Astiage.
1204-1205 Bermond.
1205-1208. Bertrand de la Salle.
1211-1212 Pierre de Castelnau.
1212-1213 Bermond (2º fois).

1213-1214 R. Guizoard ou Chézoard.
1214-1215 Guillaume de la Roque.
1215-1218. Guillaume Catel.
1218-1219 Bertrand de la Roque.
1221-1224. Arnaud de Toulouse.
1225-1228. Raymond Focald.
1228-1229. Pierre de Dieu.
1229-1230. Hugues Carbonnel.
1230-1232. Rigald des Roches.
1233-1236. Martin de Nesse.
1237-1244. Guill. de Bruguières.
1244-1245. Hugues de Marmande.
1245-1250. G. de Bruguières (2e fois)

En 1250 suppression de la maîtrise de Toulouse.

4°. Maîtres du Temple dans la baillie d'Agen.

11... Fort Sans de Vidalhac.
1155-1158. Augier de Bédeisan.
1159-1165. Hélie de Focald.
1165-1170. Pierre de Stugues.
1170-1175. Jourdain de Corbarrieu.
1176-1180. Gaston de Castelmaurou.
1230-1236. Forlamer de Seados.
1236-1243. Arn.-Raym. de la Mothe.

1245-1262. Guillaume-Bern. d'Aspet
1263-1275 Arnaud d'Auron.
1276-1285. Pierre de Sombrun.
1286-1290. Cenebrun de Pins.
1290-1295 Bertrand de la Selve. Lieutenant du maître.
1298-1300. G. de Bernard. id.
1305-1306. Ratier de Lemosin.

5°. Maîtres du Temple dans la baillie de Périgord.

1223. Hélie de la Barthe.
1240. Raymond Ayz.

1275-1306. Géraud de Lavergne.

6°. Maîtres du Temple dans la baillie du Bordelais.

1170. Wilhelm Panet.
1264. Guy de Basemville.

1269. Jean Le Français.

7°. Liste des Grands-Prieurs de Toulouse.

1315-1332 Pierre de l'Ongle, chancelier de l'Ordre, grand-prieur de Saint-Gilles.
1332-1339. Aycart de Miramont.
1340-1346. Marquiot de Gozon (1re f)
1346-1347. Esconte de Ryaterio, grand-prieur de Navarre.
1347-1360. Marquiot de Gozon (2e f)
1360-1368 Raymond de Savin.
1371-1380. Gaucher de la Bastide-Rolland.
1380-1390. Pierre d'Hauterive.
1391-1395. Jean de Lautur.
1395-1411. Raymond de Lescure, grand commandeur.
1412-1427 Pierre du Tilleuil, grand commandeur.
1427-1431. Galhot de Montet.
1432-1435. Hugues Ricard.
1436-1448. Bertrand d'Arpajon grand prieur de Saint-Gilles.
1448-1453. Bérenger de Gozon.
1453-1475 Pierre de Montlezun.

1475-1476. Pierre de Raffin.
1476-1484. Pierre de Ferrand.
1484-1489. Pons de *Malruitulœ*, grand commandeur.
1490-1512. Jean de Ranguis, grand commandeur.
1512-1520. François Flotte.
1520-1521. Jean de *Johanis*.
1521-1522. Gabriel de Murat de Lesting de Pomeyrols, grand commandeur.
1523-1536. Didier de Tholon de Saint-Jal, Grand-Maître eu 1536.
1536-1544 Pierre de Grâce.
1544-1552. Foulques de Charitad.
1552-1555 Claude de Gruel de la Bourelh.
1555-1569 Pierre de Beaulac-Tresbons.
1570-1575. Balthazar des Comtes de Vintimille.
1575-1581. Mathurin de Lescur-Romegas, Prieur d'Irlande, général des Galères.

1581-1589. Ant.-Scipion de Joyeuse.
1591-1595. J.-Pierre de Montauban Viguedenar.
1595-1597. Jean de Soubiran Arifat.
1597-1610. Raymond de Gozon Melac.
1613-1619. Alexandre de Vendôme frère naturel de Louis XIII.
1620-1622. Jean de Mars Livière.
1622.1630. Joachim de Montaigut-Fromigières, Gouverneur de Metz et du pays Messin.
1630-1645. Georges de Castellane d'Aluys.
1646-1655. Henri de Merles-Beauchamp.
1656-1662. Denys de Polastron-la-Hillière.
1664-1668 Horace de Blacas d'Aups.
1668-1672. Antoine de Roubin-Granson.
1673-1688. François Paul de Béon-Masses-Cazaux.

1689-1701. Frédéric de Berre-Collongue.
1702-1708. Gaspard de Pontèves-Bargène.
1719-1731. Octave de Galléan.
1732-1734. René du Pré.
1735-1743. Charles d'Ayguières-Frignand.
1744-1746. Antoine de Robin Barbentane.
1747-1748. Charles de Roquefort Marquein, général des Galères.
1749-1756. Henri-Louis de Chalvet-Rochemontès.
1757-1767. François-Antoine d'Albertas, dauphin de St-Muyme.
1768-1772 Louis-Hippolyte de Varague-Belesta-Gardouch.
1773 1786. René de Léaumont.
1788-1792. Richard Jérôme, baron de Sade.

Liste des Receveurs Généraux de l'Ordre dans le Grand-Prieuré de Toulouse [1].

TRÉSORIERS

1315-1330. Bernard de Gironde.
1330-1350. Jean des Affaires.
1351-1360. Pons de Raffaud.
1360-1375. Arnaud-Bern. Ebrard.
1377-1380. Bernard de *Lupia*.
1380-1388. Pierre de Salinier.
1400-1410. Arnaud de Vise.
1419-1420. Durand de Maljean.
1421-1438. Etienne de Raffin.
1440-1450. Arnaud de Piton.
1451-1452. Pierre du Puy.
1453-1464. Antoine de la Font.

RECEVEURS GÉNÉRAUX

1477-1490. Oddet de las Graulas.
1497-1502. Bertrand d'Esparvès de Lussan.

1511-1514. Bernard de Goulard.
1524-1530. Géraud de Massas.
1537-1545. Philippe du Broc.
1547-1548. P. de Beaulac Tresbons.
1553-1562. François de Doncet Mussaguet.
1563-1566. Hugues de Loubens-Verdalle.
1569-1570. Etienne d'Arzac.
1570-1579. Jean de Maignant-Montégut.
1586-1588. A de Martin Puylobrier.
1600-1605. René de Chabaud-Tourette.
1614-1615. Pierre de Blancard Naites.
1618-1620. Georges de Castellane.
1626-1627. Denis de Polastron la Hillière.

[1] Ces dignitaires jouaient un rôle important dans l'administration du Prieuré, jusques vers le milieu du XVe siècle, on les désignait sous le nom de *Trésoriers*.

1628-1638. Phil.-Emmanuel de Chabaud Tourette.
1640-1646. Melchior de Barras-Clamens.
1648-1650. Jacques de Pichon.
1653-1656. J. Paul de Béon-Masses-Cazaux.
1661-1663. J. Paul de Cardailhac d'Ouzon.
1664-1675. François des comtes de Vintimille.
1671-1673. L. d'Estuard de Besaure.
1678-1694. J. F. de Robin Barbentane.
1696-1712. Claude de Seignoret de Fabrezan.
1730-1733. Octave de Galléan.
1740-1750. Joseph de Chalvet Rochemontès.
1750-1775. J. Sébastien de Varagne Gardouch Bélesta.
1780-1789. J. Gabriel de Lordat.

CHAPITRE II.

Commanderie de Saint-Jean de Toulouse.

CHAMBRE PRIEURALE [1]

§ I. — *Toulouse.*

A côté de l'église de Notre-Dame de la Dalbade s'élevait, dans les premières années du XIIe siècle, un hôpital. C'est là que nous trouvons établi tout d'abord un lieutenant du Prieur de Saint-Jean de Jérusalem, le lévite Gérard, qui, avec quelques autres religieux, prodiguait des soins aux pauvres malades et plus spécialement aux pèlerins. Depuis quand cette fondation existait-elle? C'est ce que nous ne pouvons préciser. Est-ce au comte Bertrand, est-ce à Amélius, évêque de Toulouse, que les Hospitaliers durent leur premier établissement dans notre ville? Aucun document ne vient éclaircir cette question. Grâce à la faveur dont ils jouissaient auprès de l'autorité épiscopale, ils s'étaient même emparés de l'église de la Dalbade, qui dépendait du prieuré de la Daurade. Les auteurs du *Gallia Christiana* nous introduisent en 1110 dans le cloître de Saint-Sernin, où était réuni le Concile de Toulouse, et où, en présence des nombreux prélats et abbés qui le composaient, Gérard, serviteur et ministre de l'hôpital Saint-Jean de Toulouse, restitue, d'après les conseils de l'évêque Amélius, l'église de Sainte-Marie de la Dalbade à Radulphe, prieur de la Daurade, assisté de Pons, abbé de Cluny, et d'Asquillin, abbé de Moissac [2].

---

[1] Nous nous conformerons dans cette étude à la disposition des différentes commanderies telle qu'elle existait en 1790.
[2] *Gallia Christ.*, livr. XIII.

Bientôt après, de nouvelles donations vinrent compenser pour l'hôpital Saint-Jean la perte que cette restitution leur avait fait éprouver. Plusieurs seigneurs du pays, Toset de Toulouse, dame Guilia, sa mère, dame Poncia, sa femme, Athon d'Adhémar, Pierre Garcin d'Auterive, se réunirent pour donner l'église de Saint-Remy, voisine de la Dalbade, et le dîmaire, qui en dépendait, à l'hôpital de Jérusalem, au lévite Gérard, qui en était le Prieur, et aux autres frères de l'Ordre. Cet acte n'est pas daté, comme il arrive trop souvent à cette époque ; mais il contient certaines indications qui vont nous permettre de suppléer à cette omission. Voici, en effet, la traduction de la fin de cette charte :

« ... Ces choses furent données devant Amélius, évêque
« de Toulouse, Arnaud Raymundi, prévôt, Aycard, archi-
« diacre, Arnaud Raymond de Bédous... Donation faite du
« temps de Louis, roi des Français, de Guillaume de Poitiers,
« comte de Toulouse, de la comtesse Filippia, sa femme.
« Charte écrite la quatrième férie du mois de mai par
« Vitalis [1]. »

Or, nous savons que Guillaume IX d'Aquitaine, comte de Poitiers, se fondant sur les prétendus droits que sa femme tenait de son père Guillaume IV, ancien comte de Toulouse, sur des états que ce dernier avait vendu à son frère Raymond, de Saint-Gille en dépouilla le jeune Alphonse Jourdain, qui se retira en Provence en 1114; et qu'il resta paisible possesseur de son usurpation jusqu'en 1119, époque à laquelle les Toulousains se soulevèrent et rappelèrent le jeune comte [2]. La date de l'acte que nous étudions se trouve donc comprise entre les années 1114 et 1119. Deux circonstances du reste nous permettent de la renfermer entre des limites moins éloignées. Nous voyons, en effet, en premier lieu, que parmi les témoins de cette donation figure le prévôt Arnaud Raymundi. Or, le nécrologe de Saint-Etienne nous apprend que ce dernier décéda le 12e jour des kalendes de mai (12 avril 1118). La donation, ayant eu lieu dans le courant du

---

[1] Pièces justificat. n° III.
[2] Dom Vaissette, livr. XVI.

mois de mai, n'a pu donc être faite avant l'année 1117. D'un autre côté, nous savons que la comtesse Philippia s'était retirée selon toute apparence, en 1116 [1], au couvent de Lespinasse, qu'elle avait fondé près de Toulouse et où elle avait établi une succursale de Fontevrault. Son nom se trouvant placé à côté de celui de son mari sur cet acte, elle ne devait pas encore avoir dit adieu au monde. Nous pouvons donc en conclure que la donation de l'église Saint-Remy à l'hôpital Saint-Jean eut lieu entre les années 1114 et 1116.

Amélius, évêque de Toulouse, que nous venons de voir présider à cette donation et que quelques auteurs croient parent de Raymond du Puy, premier Grand-Maître de l'Ordre, favorisait le nouvel établissement de tout son pouvoir et ne contribua pas peu à l'immense accroissement des possessions des Hospitaliers dans son diocèse. Le treizième jour des kalendes d'octobre (19 septembre) de l'année 1121, il accorda à Gérard, lévite, prieur de l'hôpital de Jérusalem de la contrée et aux autres frères de la maison de Saint-Remy, Bernard de Puysicuran, Raymond Humbert, Pierre d'Anduze, Pons de Montlaur, la faculté d'acquérir des fidèles de son diocèse tous les biens tant ecclésiastiques que séculiers qui leur sembleraient utiles à la prospérité du nouvel établissement; il exempta de plus, sauf dans quelques cas particuliers, tous les hommes habitant sur les terres de l'Ordre des interdits épiscopaux; il établit une communauté très intime d'intérêts et de prières entre son clergé et les Hospitaliers. De son côté, Gérard donnait à l'évêque et à son Eglise *le meilleur homme* dans chacune des *Salvetat* de l'Ordre dans le diocèse et sur celle de Léguevin une rente annuelle de 7 sols, payables à la Saint-Thomas. Dans cet acte, le Prieur de Toulouse agit au nom de Gérard, l'ancien Prieur de Jérusalem, qui avait terminé à cette époque sa sainte et utile existence, de Roger qui lui avait succédé, et de Pierre, Prieur de Barcelone. Preuve naïve et touchante de la vénération et de la reconnaissance inspirée à tous, que la pensée

---

[1] Dom Vaissette, Liv. XVI.

d'évoquer dans cette charte le souvenir du saint homme qui venait de mourir et dont la pensée était censée revivre après lui dans les actes des continuateurs de son œuvre. Constatons enfin l'existence de *Roger*, le successeur de Gérard, dont la plupart des auteurs qui ont écrit l'histoire de Malte ont négligé de faire mention ; malgré le peu de renseignements que nous pouvons avoir sur ce Roger, l'œuvre qu'il contribua à consolider a trop d'importance pour qu'il ne mérite pas d'être inscrit sur la liste de ceux qui gouvernèrent l'Ordre de Saint-Jean pendant tout le cours de sa longue existence [1].

Dans la longue série des donations faites à la maison de l'Hôpital de Toulouse, nous pouvons constater que la population tout entière l'entourait de sa bienveillance. Parmi les bienfaiteurs de l'Ordre à Toulouse, nous trouvons, à côté de personnages les plus illustres et les plus puissants, de pauvres artisans qui venaient apporter leur modeste offrande pour coopérer à l'œuvre dans ce temps-là, si universellement populaire, de la défense de la foi. Dans l'impossibilité d'énumérer toutes ces donations, nous nous bornerons à signaler les plus importantes.

En 1146, nous voyons Alphonse Jourdain, comte de Toulouse, donner à l'hôpital Saint-Remy et à Forton *hospitalier*, une lande déserte de Blagnac qui servait de résidence à un ermite du nom de Bernard ; ce dernier accompagna cette donation à l'Ordre, de celle de sa propre personne [2].

Enregistrons les donations que firent simultanément deux chevaliers issus des races les plus illustres du Midi, Pons de Villeneuve et Arnaud de Boville ; sans doute deux de ces amis comme le moyen-âge en produisait souvent, liés par des serments solennels, inséparables dans la bonne comme dans la mauvaise fortune et qu'on désignait alors sous la poétique appellation de *frères d'armes*. Le même acte contient la cession de leurs biens à l'hôpital et c'est en même temps que le

---

[1] Pièces justificat., n° IV
[2] Pièces justificat. n° V.

Prieur Bernard d'Azillain les reçut et leur accorda, selon la formule consacrée *l'eau, le pain et l'humble habit de l'ordre* [1].

Les comtes de Toulouse continuèrent à marquer leur bienveillance à l'hôpital par de nouveaux bienfaits. C'est ainsi que nous voyons en 1175 Raymond V donner à Pierre de Saint-André, Prieur, et à tous les habitants de l'hôpital Saint-Jean la faculté de faire bâtir un four dans leur fief, sans exiger aucune redevance de leur part. Cet acte fut passé en présence de Pierre de Toulouse, ministre de la milice du Temple, de Guillaume *Silanus*, viguier [2]; d'Ispaniol, sous-viguier, de Bernard Gavaldan, Pierre de Tréville, Pons du Verger, Arnaud de Cabanes, Bernard de Puysiuran, hospitaliers [3]. Deux ans après, Raymond V accordait, comme nouvelle faveur à l'Ordre, le droit de pâturage pour leurs troupeaux dans toute l'étendue de ses domaines, exemptait les Hospitaliers de tout droit de *péage* et de *leude* dans ses états et autorisait toutes les acquisitions qu'ils pourraient faire à l'avenir [4]. Pour terminer la liste des témoignages de bienveillance donnés par ce comte à l'ordre de Saint-Jean, citons l'acte par lequel il exempta Raymond Garin, prieur de Toulouse, de toutes les redevances qu'il lui devait pour le dîmâge de Saint-Remy, « à la condi-
« tion de faire brûler un cierge d'une livre devant l'autel de
« leur chapelle la veille de la fête de Saint-Remy et d'y faire
« chanter la messe de la Sainte-Trinité pour que Dieu, la
« Vierge-Marie et les saints protègent le seigneur Comte de
« tous maux, lui donnent la victoire sur ses ennemis et la
« vie éternelle (septembre 1184) [5]. »

Toutes ces donations successives avaient accru considérablement les possessions primitives de l'Ordre à Toulouse. Elles comprenaient outre le moulon de Saint-Remy qui s'étendait de la rue de ce nom jusqu'à la Garonne, de nombreux fiefs au-delà de la Porte-Narbonnaise, au Pech-David,

[1] Arch. Toulouse, L. II.
[2] G. Silanus ne figure pas sur les listes des viguiers de Toulouse qui ont été publiées jusqu'ici.
[3] Pièces justificat. n° VI.
[4] Pièces justificat., n° VII.
[5] Pièces justificat., n° VIII.

au Faletrar. Comme nous le verrons dans la suite, de nombreuses dépendances situées dans la campagne environnante étaient venues accroître l'importance de la maison de l'Hôpital de Toulouse : Saint-Léotaire, Saint-Pierre-de-Salinières, Estaquebiau, la Devèze, Pibrac, Cornebarrieu, etc.

Avant de poursuivre plus loin cette étude qu'on me permette de jeter un coup d'œil rapide sur les actes les plus importants relatifs à cette période que les archives nous ont conservés à côté des donations et des ventes. Nous signalerons tout d'abord une discussion qui s'éleva entre les Hospitaliers et les Templiers dont l'établissement s'élevait dans le voisinage immédiat de l'hôpital Saint-Jean, et qui fut terminée par une transaction conclue à l'amiable (vers 1150), entre Bernard d'Azillan, prieur de Saint-Remy et Guillaume de Verdun, maître du Temple de Toulouse [1].

Par reconnaissance pour les services signalés que la Religion avait reçus de l'Ordre depuis sa fondation, les papes lui avaient concédé successivement un grand nombre de privilèges ecclésiastiques, qui lui donnaient une position presque indépendante de la juridiction épiscopale. Ces faveurs toutes particulières ne tardèrent pas à inspirer des prétentions exagérées aux Hospitaliers et de l'ombrage aux Evêques et au clergé qui ne voyaient pas sans déplaisir cette puissance à demi ecclésiastique prendre un accroissement continuel, malgré leurs réclamations. Aussi la lutte ne tarda-t-elle pas à éclater.

Malgré la décision du concile de 1110 et la restitution que les Hospitaliers avaient faite alors de l'église de la Dalbade au prieur de la Daurade, et grâce sans doute à la protection de l'Evêque Amélius, il paraît que les frères de Saint-Jean avaient renouvelé leur tentative d'usurpation. Mais, après la mort de ce prélat, Guillaume prieur de la Daurade, s'adressa à son successeur, Raymond II de Lautrec, pour obtenir la fin de cet abus. Différentes tentatives furent faites dans ce but, puisque nous voyons Guiscard d'Aymeric, prieur de Saint-Gille,

---

[1] Arch. Toulouse, L. XLII.

ratifier en 1140 une transaction conclue à ce sujet entre le prieur de la Daurade et frère Bernard, recteur de Saint-Remy [1]. Mais il ne parait pas que cet arrangement ait eu un résultat définitif et les choses restèrent quelque temps encore dans le même état, lorsque le prieur Guillaume, voyant que l'Evêque n'était pas assez puissant pour lui faire rendre justice, porta directement ses plaintes aux pieds du pape Adrien IV. Celui-ci remit l'affaire à l'arbitrage de l'Evêque de Toulouse et de l'abbé de Saint-Sernin; ces derniers rendirent, le 13 septembre 1158, leur sentence, d'après laquelle le prieur de Saint-Remy dût remettre l'église contestée entre les mains de celui de la Daurade, en faisant quelques réserves en faveur des Hospitaliers. Les deux parties acceptèrent ce concordat et promirent de le faire approuver par leur supérieur et par le Pape.

Deux ans après (1er avril 1160) l'Evêque Raymond II, à la prière du pape Alexandre III et de Guiscard, prieur de Saint-Gille, accorda au prieur de Saint-Remy la permission d'avoir près de son église un cimetière destiné à la sépulture de tous ceux *qui seraient vraiment frères de l'Ordre et porteraient la croix sur leurs vêtements, ainsi que de leurs écuyers et leurs serviteurs*, mais il était défendu d'y enterrer des fidèles des quatre paroisses de la ville, savoir : Saint-Etienne, Notre-Dame-de-la-Daurade, Saint-Sernin et Saint-Pierre-des-Cuisines [2].

La famille des Villeneuve avait parait-il, certains droits sur la portion de la ville où se trouvait l'hôpital de Saint-Jean. Nous voyons en effet en 1165 Adalbert de Villeneuve, sénéchal de Toulouse, appelé à mettre fin à une discussion survenue entre Guiraud de Corneillan, prieur de Saint-Remy et Pons de Villeneuve qui contestait la validité de la donation de Toset de Toulouse, mais dont les prétentions furent écartées par le tribunal [3]. Cette sentence mit fin à ces discussions et l'année suivante nous voyons le même Pons de Villeneuve et dame Mabriane sa femme, léguer par leur testament à l'hôpital un

---

[1] *Gallia Christiana*, t. XIV; preuves.
[2] *Id.*
[3] Arch. Toulouse, L. II.

droit d'albergue pour 6 hommes et un sergent, qu'ils avaient sur le dîmaire de Saint-Remy [1]. Depuis cette époque les membres de cette noble maison ne cessèrent d'être les protecteurs de l'Ordre de Saint-Jean qui compte un de leurs descendants parmi ses plus illustres Grands-Maîtres.

Les différends entre les Hospitaliers et les Bénédictins de la Daurade, apaisés pour un temps par la sentence de 1158, ne tardèrent pas à se renouveler sous une autre forme. Le prieur de la Daurade se plaignit de l'ensevelissement de plusieurs de ses paroissiens de la Dalbade dans le cimetière de Saint-Jean. L'affaire fut portée devant l'Evêque de Toulouse, l'abbé de Saint-Sernin et le Prieur de Saint-Pierre-des-Cuisines, qui donnèrent raison au plaignant et l'autorisèrent même à faire exhumer ceux qui à l'avenir y seraient indûment ensevelis. Ce fut sans-doute pour se venger de cette sentence que le Prieur de Saint-Remy, Pierre d'Alsen, fit comparaître devant ces mêmes arbitres quelques frères Hospitaliers et plusieurs autres témoins, qui affirmèrent sous la foi du serment que les nouveaux fondements de l'église de la Dalbade dont on venait de poser la première pierre, étaient creusés en partie dans le terrain de l'Hôpital [2]. C'était une sorte de pierre d'attente pour toutes les discussions qui pourraient surgir dans la suite entre les deux puissances rivales.

Nous voici arrivés aux portes du XIIIe siècle, qui devait être pour notre pays une ère de calamités et qui, après de longues et cruelles luttes, devait voir tomber le comté de Toulouse, et cette puissante autonomie absorbée à son tour dans cette immense unité française que la royauté était en train de constituer. Quand, vaincu à la bataille de Muret, Raymond VI fut obligé d'abandonner pour un temps ses états qu'il ne pouvait plus défendre et de se retirer à l'étranger, Toulouse, devenue la proie des vainqueurs, fut traitée, malgré les promesses de Simon de Montfort, en ville conquise et eut à passer de longs et cruels moments pendant lesquels, livrée sans ressources au pillage et aux désordres de toutes

---

[1] Arch. Toulouse, L. II.
[2] Arch Toulouse, L. XLII.

sortes, elle devait sentir vivement et son malheur actuel et sa splendeur passée. Les archives du Prieuré, quoique presque muettes sur ces quatre années de la domination étrangère, (1213-1217), nous en racontent pourtant quelques épisodes qui nous disent les désolations que Toulouse eut à subir alors. Nous trouvons, par exemple, un acte qui nous apprend que le troisième samedi de février de l'année 1217, une troupe de gens armés, commandés par Bernard-Raymond Affre, Pierre de Saint-Martin et Arnaud Aldebert, pénétra dans l'église Saint-Remy et surprit les frères qui ne purent s'opposer à son entreprise audacieuse. Après avoir forcé les portes, les assaillants se précipitèrent dans la sacristie, où étaient renfermées les archives, but de leur expédition; là, sans être arrêtés par les protestations d'Arnaud de Cabanes, précepteur de l'hôpital et des autres frères qui invoquaient la protection de *Dieu, de la Vierge Marie, de la sainte Eglise, du seigneur Comte et des Capitouls*, ils enfoncèrent les portes des coffres où étaient entassées toutes les chartes de l'établissement, et, après en avoir enlevé le testament de Pons de Saint-Martin qu'ils devaient avoir intérêt à faire disparaître, ils se retirèrent avec leur prise. Cette agression est attestée par les frères et par plusieurs autres témoins oculaires [1].

Voici un second témoignage, assez bizarre, des troubles du temps que nous rencontrons dans les archives. La rédaction d'un acte de 1213 avait été confiée à un certain Bernard de Puysiuran, mais ce dernier, qui s'était compromis en faveur de Simon de Montfort, surpris par la rentrée du comte Raymond dans sa fidèle capitale en 1217, ne s'y crut pas en sûreté et prit le parti de s'enfuir, sans prendre le temps d'achever la phrase qu'il avait commencé à écrire (on voit que la fin en a été tracée par une autre main et avec une encre différente). Il fut déclaré par les Capitouls [2] ennemi du comte Raymond et de

[1] Arch. Toulouse, L. I.
[2] Ce document est encore précieux en ce qu'il nous donne les noms des dix-huit Capitouls de la ville et du faubourg pour l'année 1218, liste qui manque dans nos annales capitulaires, malgré les services que ces magistrats rendirent à leurs concitoyens; ce sont : Pons de Castelnau, Arnaud de Villeneuve fils de Jourdain, Oldric de Gameville, Pierre de Roaix,

toute la ville de Toulouse et remplacé pour la rédaction de la fin de l'acte par un notaire de la cité, Guillaume de Saint-Pierre [1].

Nous avons déjà fait observer dans le chapitre précédent que les Hospitaliers se montrèrent pendant toute cette période sympathiques à la cause des Toulousains. Nous voyons en effet le comte Raymond conserver avec les religieux de l'hôpital Saint-Remy des relations non interrompues. C'est vers eux qu'il se tournait dans les moments difficiles ; c'est de leur entremise qu'il se servait pour tâcher par des donations de gagner la protection du ciel et de protester de la sincérité de sa foi. Le 20 septembre 1209, en partant pour Rome, où il allait porter ses protestations et ses plaintes contre l'acharnement de ses ennemis, il avait légué, dans le cas où il ne reverrait pas ses états, aux Hospitaliers et aux Templiers tout le blé et tout le vin qui auraient été recueillis cette année-là sur ses domaines, pour être distribués aux pauvres par leurs soins, il donnait de plus, comme gages de sa bienveillance, aux premiers son jeune cheval et aux seconds son armure et son dextrier de bataille [2]. En 1218, pendant le siège de sa capitale, sentant le besoin d'implorer le secours d'en haut, il fit, en présence de Bertrand comte de Comminges, de Dalmace de Creissel, de Roger-Bernard (de Foix), de Raymond de Recalde, un nouveau testament par lequel il laissait tous ses états à son fils Raymond et faisait aux Templiers et aux Hospitaliers de Toulouse des legs analogues à ceux du testament précédent (29 mai 1218) [3].

Le 5 juillet de la même année, devant la porte de l'église Saint-Jean, se présentait le vieux comte, entouré de ses plus fidèles vassaux, Dalmace de Creissel, P. de Recalde, Déodat d'Alaman, Aribert son chapelain : — « ... Touché à la

Bernard-Raymond Borrens, Arn.-Guillaume Pilet, Etienne de Devèze, Pons de Morlas, maître Bérnard-Raymond d'Escalquens, Etienne de Courtesole, Raymond Bérenger, Embrin, Bern.-Raymond Aster, Bernard *Signarii*, Pierre-Guill. de l'Ort, Hugues Johan, Arnaud Mancip.

[1] Arch. Toulouse, L. II.
[2] Dom Vaissette, L. XXI.
[3] Pièces justificat., n° IX.

« vue des bienfaits que l'Ordre de l'Hôpital répand dans le
« sein des pauvres et tremblant à la pensée du dernier juge-
« ment; » Raymond se donne à Dieu, à la bienheureuse Marie
sa mère, à saint Jean et à l'hôpital de Jérusalem, donation
qu'il ne fait que renouveler l'ayant déjà faite depuis longtemps, est-il dit dans l'acte ; il demande à Arnaud de Cabanes
précepteur de la maison de Toulouse, de le recevoir pour
frère et de lui promettre une sépulture parmi eux après sa
mort. Malgré l'excommunication lancée contre ce malheureux
prince, le frère de Cabanes n'hésita pas à lui octroyer ses demandes, au nom de Bertrand, prieur de Saint-Gille et le rendit *participant de tous les biens spirituels et temporels de l'Ordre en-deçà et au-delà des mers* [1].

Quelques années après, en 1222, quand Raymond VI eût enfin
vu des jours plus tranquilles et que, retiré dans sa capitale,
il cherchait à lui faire oublier par son gouvernement paternel
les maux de la guerre, une maladie subite vint le saisir, ne
lui laissant pas même l'usage de la parole pour se réconcilier
avec l'Eglise qui l'avait expulsé de son sein. Toutefois les
Hospitaliers accoururent autour du lit d'agonie de celui qu'ils
considéraient comme frère de leur Ordre ; ils le recouvrirent
de l'humble habit de l'hôpital, comme pour le défendre de
l'accusation d'hérésie portée contre lui ; et il expira en baisant
avec ferveur la croix blanche cousue sur son manteau d'Hospitalier. Ils emportèrent son corps dans leur hôpital de Saint-
Remy, suivant le vœu qu'il avait exprimé. Après que tous les
efforts faits par Raymond VII pour obtenir à son père les honneurs de la sépulture ecclésiastique eurent échoué, les chevaliers de Saint-Jean n'oublièrent pas la bienveillance que ce
prince leur avait toujours témoignée pendant sa vie, et donnèrent au milieu d'eux un asile à ces restes qui ne devaient
pas reposer dans la terre bénite d'un cimetière.

Son fils Raymond VII continua la tradition paternelle à
l'égard de l'Ordre de Saint-Jean. Après avoir confirmé en
1222 à Emmanuel, Grand-Prieur de Saint-Gille les privilèges

---

[1] Pièces justif., n° X.

accordés aux Hospitaliers par ses ancêtres [1], il fit octroyer par Bringuier de Prinilhac, viguier de Toulouse, au prieur Guillaume de Barèges et à frère Jacob, précepteur de l'hôpital Saint-Remy, l'autorisation de démolir leur four, pour le reconstruire dans quelque endroit de leur fief qui leur serait plus favorable. Cette charte fut concédée le 8 mai 1243, *au château Narbonnais, dans l'église Saint-Michel*, en présence de Bertrand, frère du comte Raymond, Sicard d'Alaman, Pierre de Toulouse, Arnaud d'Escalquens, etc. [2].

Quoique moins fréquentes que dans le siècle précédent, des donations importantes venaient encore de temps à autre augmenter l'importance de l'hôpital Saint-Jean de Toulouse. Nous nous contenterons de mentionner les suivantes : en 1240, Bertrand de Comminges, mari de dame Blanche d'Hunault de Lautar, demande par son testament à être enterré parmi les Hospitaliers de Toulouse et leur lègue son cheval de bataille, l'armure de son corps et de son cheval, *tant en fer qu'autrement, comme il convient à un chevalier d'être armé pour être employé outremer au service de Jésus-Christ* [3]. Quelques années plus tard nous voyons Mancip de Toulouse et Pierre de Toulouse son frère, Bernard de la Tour de Laurac, Raymond Barravi, Odon de Noé et plusieurs autres seigneurs faire cession à Pierre de Cayrane, prieur, à Bertrand de Fraxine, précepteur de Toulouse, d'un établissement de bains, situé au port de la Dalbade et allant de la route hors des murs de la ville jusqu'à la Garonne (1246) [4]. Mais la donation la plus importante est celle que Gui de las Tours, chevalier, et dame Mabriane, sa femme, fille de Guillaume de Gameville, firent, le 8 janvier 1261, à Dieu, à l'hôpital, à Pierre de Montbrun, vice-prieur de Toulouse, *de leurs corps, de leurs âmes*, de tous les biens qu'ils possédaient dans la ville ou les environs, à Cugnaux, à Léguevin, à Pibrac, de leur forteresse de Gameville, de leur fief de Saint-Etienne de Verfeil, avec leurs

---

[1] Pièces justificatives, n° XI.
[2] Arch. Toulouse, L. IX.
[3] Dom Vaissette, livr. XXV.
[4] Arch. Toulouse, L. III.

hommes, leurs femmes et tous les droits qui y étaient attachés [1].

Un procès survenu en 1301, entre le précepteur et la chapitre de Saint-Etienne au sujet de la procession de la *Fête-Dieu*, nous apprend, entre autres détails, que le curé de la Dalbade et son clergé devaient marcher *sous la croix et l'étole* du recteur de Saint-Jean, dans les actions publiques et notamment dans les processions du patron de l'Ordre et du *Corpus Dei* et que l'église de Saint-Jean était considérée alors *comme la principale de la paroisse et comme la cinquième de la ville, à cause, soit de son ancienneté, soit de sa dignité prieurale* [2].

Tel était l'état prospère de la maison de Toulouse lorsque la chute de l'ordre du Temple et l'érection du Grand-Prieuré de Toulouse vint en accroître si notablement l'importance. Le château-fort qui s'élevait auprès de l'église de Saint-Remy devint la résidence des Grands-Prieurs quand ils étaient sur le continent, et les dépendances de l'hôpital de Toulouse, augmentées de celles du Temple de cette ville, formèrent leur apanage primitif. La chambre prieurale de Toulouse se composa donc dans le principe de ce que les deux Ordres possédaient dans la ville ou dans les environs, à Cugnaux, Larramet, Léguevin, Pibrac, Larmont, La Devèze, Pompertuzat, Verfeil, Fonsorbes, etc. Dans la suite plusieurs modifications, que nous aurons l'occasion de signaler, dans le courant de cette étude, furent apportées dans l'étendue de cette circonscription de l'ordre.

En poursuivant l'étude des archives de la maison de Saint-Jean de Toulouse, nous rencontrons le récit d'un épisode assez singulier des troubles qui agitaient l'Europe et surtout la France au commencement du XVe siècle. Un grand personnage de la ville, Etienne de Montigny [3], avait, paraît-il, des griefs personnels contre l'Ordre de Saint-Jean et, comme

[1] Arch. Toulouse, L. III.
[2] Arch. Toulouse, L. XLVI.
[3] Nous n'avons pu découvrir de quelles fonctions il était revêtu; il n'en est pas fait mention dans les archives et son nom ne figure dans aucune annale de l'époque.

tant d'autres, profita de l'absence complète d'autorité où la
guerre et la démence du roi Charles VI avaient réduit le
royaume à cette époque, pour se livrer à son ressentiment.
Sans tenir compte des anciens privilèges qui exemptaient les
religieux de Saint-Jean de se rendre aux cérémonies publiques, il envoya, au mois d'août 1408, son commissaire, *maistre Bernard Jehan*, au Prieuré, intimer au recteur *frère
Gérart*, et à tout le couvent l'ordre de se rendre en procession,
croix en tête, à l'église Saint-Etienne, pour y ouïr la publica-
tion des lettres royaux de Charles VI au sujet de la *neutralité* [1]. Le recteur, après avoir exposé ses privilèges, répondit qu'il en référerait au chapitre des Frères de la maison.
Mais sans attendre leur réponse, le vendredi suivant, maistre
Bernard Jehan revint à la charge, accompagné cette fois d'une
douzaine de sergents, péné'ra dans la maison, fondit sur le
recteur qu'il aperçut dans le cloître, *ouquel a cymetière et
lieu de franchise et immunité, mist la main à luy injurieusement
et s'efforça de le mener en prison et extraire de la maison.*
Effrayés de cette première attaque et n'ayant aucun secours
à implorer, les Hospitaliers se rendirent auprès de leur ennemi et tâchèrent de l'appaiser en promettant de se rendre à
Saint-Etienne suivant ses ordres, ce qu'ils exécutèrent en effet
ponctuellement. Mais cette soumission ne faisait pas le compte
de Montigny qui ne trouvait pas sa victoire assez grande, ni
l'humiliation des Hospitaliers suffisante; sans chercher d'autres prétextes, il organisa une nouvelle expédition contre
eux. Par son ordre, le lundi après la Toussaint, le sous-viguier
de Toulouse revint au Prieuré avec plusieurs sergents, ils
trouvèrent le recteur debout sur la porte de son église.
N'osant se rendre coupables d'un nouveau sacrilège en exerçant leurs violences dans l'enceinte sacrée, — « ils y entrè-
« rent comme s'ils voulsissent Dieu prier, et quant ils furent
« dedans icelle esglise vindrent par derrière le dict recteur
« et par force le boutèrent hors de la dicte esglise, lui firent
« plusieurs griefs et oppressions et s'efforcèrent de le mener

---

[1] Par l'acte de neutralité Charles VI déclarait qu'on n'obéirait en
France ni au Pape de Rome, ni à celui d'Avignon (mai 1408).

« en prison... » Pendant ce temps, Etienne de Montigny, à la tête d'une autre troupe de sergents avait envahi le couvent par un autre côté, il y fit arrêter tous ceux qu'il y trouva, trois frères et cinq serviteurs ou donnats ; il fit conduire ces religieux enchaînés entre deux files de sergents, depuis le Prieuré de Saint-Jean jusqu'au lieu « *de la salle Neuve* (au « Palais de Justice), *où il y a grant distance* et les fist empri-
« sonner en dures et obscures prisons, ès quelles on a accous-
« tumé metre les accusés des caz criminelz. » Ils y restèrent détenus pendant 31 jours ; durant tout le temps de leur captivité, Montigny avait placé 18 sergents en garnison au Prieuré qu'ils traitèrent tout à fait en pays conquis, enfonçant les coffres des frères et pillant tout ce qui leur tombait sous la main, l'or, l'argent et jusqu'aux vases sacrés. Le procès-verbal de cette agression fait remarquer que, pendant l'emprisonnement des Hospitaliers, « ou grant vitupère de
« Dieu furent les portes de la dicte esglise tenues fermées.
« telement que personne ne y ala cependant faire oraison ne
« offrande, jà soit ce qu'il y ait grant pèlerinage en l'onneur
« de monseigneur Saint-Jehan... » Après quoi Montigny fit « apeler à ban et bannir du royaulme... » le recteur et quatre autres religieux, sans aucune accusation pour motiver cette sentence, et exigea que le trésorier payât comme rançon du Prieuré 30 écus aux sergents qui l'occupaient.

A la nouvelle de ces actes inqualifiables, le Grand-Prieur, Raymond de Lescure, réclama hautement justice et satisfaction « pour le grand esclande et lésion de justice et
« injures de la religion. » Il obtint des lettres de Charles VI (9 mai 1409), qui enjoignait aux sénéchaux de Toulouse et de Carcassonne, au viguier de Toulouse et à leurs lieutenants d'instruire secrètement cette affaire et de sommer ensuite « à haulte voix et à son de trompe » Étienne de Montigny et ses complices à comparaître devant « le présent parlement
« et qu'il leur soit faict un bon et brief accomplissement de
« justice [1]. »

---

[1] Arch, Toulouse, Documents généraux.

Ce fut dans cette maison de Saint-Jean que le Grand-Prieur Bertrand d'Arpajon offrit, en 1440, l'hospitalité à son compatriote Jean, vicomte de Lomagne, capitaine général pour le roi en Languedoc et en Aquitaine ; ce fut aussi dans la salle d'honneur[1], située au centre du donjon des Hospitaliers, que ce seigneur convoqua le 12 avril de cette année, Bertrand de Nogaret, juge-mage de Toulouse, Étienne Nogaret, viguier, Guillaume de Flambard, sous-viguier, pour leur communiquer les lettres patentes par lesquelles Charles VII destituait de sa dignité de sénéchal Jacques de Chabanes, coupable d'avoir été l'un des chefs de la conspiration tramée contre lui par les princes du sang et le Dauphin lui-même, et nommait à sa place Galaubias de Panassac[2].

Des deux buts de l'Ordre, l'hospitalité envers les pèlerins et la guerre contre les infidèles, le premier avait été complètement absorbé par le second. Si les Hospitaliers offraient encore leurs asiles aux pauvres malades, à défaut de pauvres pèlerins, c'était pour ne pas rompre complètement avec la tradition primitive ; mais leurs occupations guerrières leur laissaient peu de temps à consacrer aux soins de la charité chrétienne. Aussi l'hôpital Saint-Jean de Toulouse était-il à cette époque tombé déjà depuis longtemps dans un presque complet délaissement et ne jouait-il qu'un fort petit rôle dans une ville où pullulaient les établissements de ce genre. Mais auprès de l'hôpital en décadence, nous pouvons signaler vers la fin du XVe siècle l'existence d'une nouvelle institution, établie depuis peu dans la maison prieurale de Toulouse. Dû à la générosité de quelques-uns des Grands-Prieurs, le collège de Saint-Jean, que nous voyons mentionné alors pour la première fois, devait fournir l'entretien et l'instruction pendant 6 années à 4 *escholliers* ou *collégiats*. Ces derniers étaient soumis au choix des Grands-Prieurs, qui décidaient de leur admission ou de leur exclusion[3].

Outre l'église prieurale de Saint-Jean, il existait encore,

---

[1] *In camerâ paramenti quæ est in medio turris.*
[2] Dom Vaissette, liv. XXXIV.
[3] Arch. Toulouse. Registres.

adossée à l'établissement des chevaliers, une petite chapelle ou plutôt un simple oratoire. Ce fut là que se passa, dans les dernières années du XVe siècle, un évènement étrange qui occupa pendant quelque temps l'opinion publique de Toulouse[1]. Dans les premiers jours du mois de juillet 1497, le bruit se répandit dans la ville qu'un miracle s'opérait dans cette chapelle, que le Christ placé sur l'autel suait et pleurait comme s'il était animé. Aussitôt la foule d'accourir, avide de contempler ce prodige. Il semblait, en effet, que, des yeux de la sainte image s'échappassent d'abondantes larmes. A cette vue, la population est saisie d'un enthousiasme tout méridional et l'enquête rapporte qu'on entendait de tous côtés des femmes s'écrier en levant les bras au ciel : « Garatz! garatz! que lo sanct crucifix semble que ploure!... « Semble que clugne l'huel!... Senher Dieu!... misericorde! « vos ques a la semblansa d'aquel ques laïsus![2]. »

L'archevêque de Toulouse, Hector de Bourbon, averti du prodige, envoya pour le constater l'official, Antoine de Sabonière. L'enquête minutieuse faite par ce dernier amena la découverte de la cause naturelle du prétendu miracle. La chaleur du luminaire qui brûlait aux pieds de la croix avait fait fondre certaines substances résineuses qui avaient été employées dans la confection de la figure du Christ et qui en découlant sous formes de gouttes le long du corps avaient produit une illusion complète. Après avoir expliqué au peuple les causes de sa méprise, l'official, pour faire tomber la croyance à ce faux miracle, ordonna de couvrir le crucifix en question d'un voile et de fermer la chapelle jusqu'à nouvel ordre. Quelques jours après, devant l'attitude de la population qui, peu convaincue par les explications du phénomène, croyait au miracle et s'était fait ouvrir les portes de

---

[1] Les détails que je vais donner sont extraits d'un mémoire lu à l'Académie des sciences de Toulouse, par M. Belhomme, ancien archiviste du département.

[2] Voyez! voyez! le saint crucifix! il semble qu'il pleure! il semble qu'il cligne l'œil. Saigneur Dieu! miséricorde, vous qui êtes à la ressemblance de celui qui est au ciel!

la chapelle, l'official fit transporter le crucifix derrière le chœur, dans l'église Saint-Etienne, et décréta la fermeture définitive de l'Oratoire, malgré les réclamations du recteur de Saint-Jean.

Pendant que le grand drame du siège de Rhodes se déroulait au delà des mers, le Prieuré de Toulouse continuait sa tranquille existence troublée de temps à autres par quelques tentatives des employés du fisc municipal pour prélever des tailles sur les biens des Hospitaliers. C'est surtout du maintien des privilèges de l'Ordre que nous voyons le plus généralement occupés les trésoriers ou les chapelains chargés de l'administration en l'absence des chevaliers. C'est ainsi qu'en 1525, lorsque la procession de la Dalbade faite à l'occasion des prières publiques ordonnées pour la paix et pour le roi, se présenta pour passer dans la collégiale Saint-Jean, le recteur de cette église vint, au nom des privilèges de l'Ordre, en défendre l'entrée ; il fallut négocier sur place et ce ne fut que sur la promesse solennelle des paroissiens de ne plus recommencer et de respecter à l'avenir les exemptions accordées à cet établissement, que le recteur fit ouvrir les portes et consentit à ne pas s'opposer pour cette fois à la station demandée [1].

Une discussion analogue se produisit encore quelque temps après. La reconstruction de l'église de la Dalbade venait d'être terminée et sa consécration devait être faite par Messire Laurens Allemand, évêque de Grenoble et abbé de Saint-Sernin, en l'absence du Cardinal de Chastillon archevêque de Toulouse. Le jour de la cérémonie était fixé au 6 mai 1548. La veille, Maître Jean Daigua, avocat-général du roi et *ouvrier (fabricien)* de la Dalbade vint requérir frère Dominique de Bigorre, recteur de Saint-Jean, d'autoriser l'évêque consécrateur à passer dans le terrain des Hospitaliers pour faire le tour extérieur de la nouvelle église, partie nécessaire de la cérémonie du lendemain. Le recteur ne céda qu'après de longs pourparlers et après avoir fait déclarer par acte public

[1] Arch. Toulouse, L. XLII.

le maintien des exemptions de l'Ordre par rapport à la juridiction ecclésiastique [1].

Nous avons déjà constaté plus haut l'amoindrissement successif de l'Hôpital Saint-Jean de Toulouse ; au commencement du XVI° siècle, il cessa d'exister. Frappés de l'inconvénient que pourrait présenter le nombre de ces établissements charitables répandus dans les différents quartiers de la ville, les Capitouls obtinrent le 25 février 1524, un arrêt prescrivant la réunion à l'Hôtel-Dieu Saint-Jacques, de la plupart de ces hôpitaux. Parmi ces derniers, se trouvaient ceux du Temple et de Saint-Jean [2].

D'après les statuts, les Grands-Prieurs devaient résider habituellement au siège de l'Ordre, où ils formaient le conseil du Grand-Maître. Mais comme tant d'autres, cette prescription était souvent méconnue, surtout depuis que la guerre contre les infidèles s'était ralentie. Ces dignitaires quittaient fréquemment le rocher de Malte pour venir faire de longs séjours sur le continent. Ceux de Toulouse ne tardèrent pas à s'apercevoir que leur sombre demeure, dominée par son fier donjon, avait trop l'air d'une citadelle. Cet aspect guerrier, dépourvu de toute ornementation, qui allait si bien pour l'habitation des rudes chevaliers du moyen-âge, n'avait plus alors sa raison d'être. Les chevaliers du XVII° siècle trouvaient, sans doute, qu'ils étaient fort incommodément logés dans ces vastes salles voûtées, où le jour ne pénétrait qu'avec parcimonie ; ils se dirent qu'ils pourraient facilement se passer, et du cloître pour se livrer à leurs méditations pieuses, et de l'enceinte crénelée pour se défendre. Aussi les voyons-nous occupés sans relâche à détruire les anciens bâtiments pour élever à leur place un hôtel prieural bâti dans le goût de l'époque. Vers 1630, le Grand-Prieur, Georges de Castellane d'Aluys, avait dû commencer les restaurations de l'intérieur, et notamment de la chapelle, sur le portail de laquelle on pouvait voir naguère son écusson de *gueules au château ouvert crénelé et sommé de trois tours*

---

[1] Arch. Toulouse, L. X.
[2] Catel.

d'or, maçonnées de sable. En 1668, un de ses successeurs, Antoine de Robin-Granson, avait fait démolir tout l'ancien bâtiment qui s'étendait entre l'église de la Dalbade et celle de Saint-Jean. A la place occupée par le vieil édifice, l'habile architecte J.-P. Rivalz fut chargé d'élever l'hôtel prieural qui existe encore et dont les formes simples et élégantes sont sans contredit un spécimen fort remarquable des constructions de cette époque. Mais cette entreprise ne fut pas menée à terme sans encombre. *MM. les ouvriers de la grande table de l'Œuvre de la Dalbade* soulevèrent plusieurs fois des difficultés sur des questions de mitoyenneté. Un arrêt du Grand-Conseil vint les trancher, en prescrivant, pour empêcher le renouvellement de contestations entre les deux parties, que « les ouvriers de la Dalbade seront tenus de donner chaque « dimanche de l'année le pain bénit à l'église de Saint-Jean « et que le prédicateur de la paroisse ira y prêcher le « 27 décembre, jour de la fête du patron de l'Ordre [1]. » Cette construction fut terminée en 1685, par les soins de François-Paul de Béon, qui avait succédé à Antoine de Robin. Ces deux prieurs avaient, du reste, généreusement contribué de leurs deniers à cette entreprise, ainsi que le constatent les rapports des commissaires nommés par les chapîtres provinciaux pour vérifier les comptes du Prieuré [2].

En 1663, le Grand-Prieur de Granson s'était occupé à réformer le régime intérieur de l'hôtel prieural, pendant qu'il en reconstruisait les bâtiments. Il traita avec les collégiats, à l'entretien desquels les Grands-Prieurs étaient obligés de pourvoir, et se déchargea de leur nourriture, moyennant une rente de 184 *livres*, 12 *pagelles de bois* et 200 *fagots*. Il se débarrassait ainsi « de deux domestiques, savoir : d'un som-« melier et d'un cuisinier et d'une infinité de plaintes, tant « pour le peu d'assiduité que les dicts officiers avaient à bien « administrer la pitance, qu'à cause du vin qui la plupart du

---

[1] Arch. Toulouse, L. XL.
[2] Arch. Toulouse. Registres.

« temps était tourné ou moysi, ce qui produisait bien du
« chagrin de part et d'autre [1] ».

Dans la suite nous ne trouvons à noter que les discussions survenues entre les Collegiats de Saint-Jean et les Oratoriens de la Dalbade, au sujet de l'enterrement des chevaliers; une transaction fut conclue entre eux; on arrêta que, lorsqu'un membre de l'Ordre serait malade ou viendrait à mourir *dans la maison de M. le Grand-Prieur*, le curé de la Dalbade n'aurait rien à voir dans l'administration des sacrements, ni dans l'enterrement qui se ferait dans l'église Saint-Jean; tandis que, si l'Hospitalier venait à mourir hors de la maison prieurale, le clergé de la paroisse ferait la levée du corps, à laquelle assisteraient les prêtres Collegiats sans leurs étoles, le conduirait à la porte de l'église Saint-Jean, où les chapelains de l'Ordre chanteraient l'office et feraient le reste de l'enterrement (1692) [2].

Les Grands-Prieurs de Toulouse et les principaux chevaliers étaient ensevelis, quand ils mouraient sur le continent, dans la chapelle Saint-Jean. Lors de la démolition de cette dernière, on a transporté au Musée ces tombes et ces pierres sépulcrales. Nous citerons entre autres un tombeau du XIIIe siècle bien orné, et où l'écusson *chevroné à 7 pièces* n'a pas été suffisant pour nous indiquer le personnage à qui il fut destiné. On y voit aussi les pierres tombales de Charles de Roquefort-Marquein, général des galères de la religion et Grand-Prieur de Toulouse, et de Joseph de Chalvet, commandeur de Rayssac et receveur du Prieuré.

L'hôtel des Grands-Prieurs a été depuis transformé en un vaste entrepôt de draps. Sa grande tour carrée, dont nous avons eu plusieurs fois l'occasion de parler dans le courant de cette étude, sombre donjon à quatre étages, surmonté d'une double galerie de créneaux et d'un pinacle au-dessus duquel s'élevait une grande croix [3] fut démolie en 1813. L'église de Saint-Jean, partie la plus ancienne de cet établis-

---

[1] Arch. Toulouse; registre de visite.
[2] Arch. départ; Oratoriens.
[3] Arch. Toulouse; registre de visite.

sement, eut le même sort en 1839. Les propriétaires de l'hôtel firent hommage au Musée de Toulouse de quelques portions remarquables de cet édifice, entre autres du tympan de son portail avec son chrisme élégant et son inscription du XII° siècle.

En 1841, les chevaliers de Saint-Jean, qui existaient encore à Toulouse, ont obtenu l'autorisation de recueillir les restes de leurs devanciers, disséminés au milieu des ruines et des tombes fracassées. Ils les ont fait ensevelir dans une chapelle de l'église de la Dalbade. Un monument en marbre, placé au fond de la chapelle, porte l'inscription suivante composée par M. le marquis de Castellane, pour conserver le souvenir de cette translation.

D. O. M.
ÆTERNÆ MEMORIÆ
EQUITUM SACRÆ DOMUS HOSPITALIS
SANCTI JOHANIS HIEROSOLYMITANI
PIETATE NECNON ET ARMIS ILLUSTRIUM
DEFUNCTORUM TOLOSÆ
EMERITOS, CHRISTIANE, VENERARE CINERES
INFELICITATE TEMPORUM SEPULCRO ORBATOS,
QUI DEMUM,
HINC IN SANCTA ECCLESIA
DEIPARÆ VIRGINIS MARIÆ DEALBATÆ
RECEPTI
TUTISSIMUM INVENERE PRÆSIDIUM.
EQUITES QUI SUPERSUNT
ET EXTERNI CONSANGUINEI INVICEM,
SACRÆ HIEROSOLYMIANÆ SODALITATIS
MILITES
RURSUS CONDI ATQUE PONI CURAVERUNT,
PRÆSIDE ET SACRIS PERFUNCTO DD. P. TH. D'ASTROS.
ARCHIEPISCOPO TOLOSANO
ANNO DOMINI MDCCCXLI.

De nos jours l'ancien établissement des chevaliers a reçu une affectation plus en rapport avec sa destination primitive. Monseigneur le Cardinal Desprez l'a acheté pour y établir les cours des différentes facultés de l'Université Catholique de Toulouse et la résidence du recteur de cette dernière. Dans notre siècle, ce n'est plus seulement le Saint-Sépulcre que l'ennemi du Christ veut arracher à la chrétienté. C'est son existence même qu'il menace, c'est sa mission divine d'enseignement qu'il veut anéantir. Comme les Pontifes du moyen âge, nos Evêques se sont levés pour dénoncer le péril et prêcher cette nouvelle et formidable croisade. Ils sont bien les dignes successeurs des chevaliers, ceux qui ont déclaré la guerre sans trêve ni merci à la révolution doctrinaire et triomphante. Ils lui disputent pied à pied les âmes de nos enfants, dont on voudrait chasser Dieu pour les asservir ensuite sans obstacle.

§ 2. *Laramet* (T)

C'est dans ce petit village, situé aux environs de Toulouse, que vinrent s'établir les Templiers bientôt après la fondation de leur ordre. Un mercredi du mois de septembre de l'année 1134, dans l'église Saint-Jacques de Toulouse, l'évêque Amélius accompagné d'Aycart, prévôt de Saint-Etienne, donnait, au nom du chapitre, à Dieu et à la milice du Temple, représentée par Gérard de *Nocura*, lieutenant d'Hugues de Payens, la chapellenie de Sainte-Marie-de-Laramet et la dîme de toute la terre comprise en ce lieu entre le Touch et l'Aussonnelle ; il ajoutait à cette donation certains privilèges ecclésiastiques, notamment l'exemption des excommunications diocésaines. A son exemple, tous les seigneurs qui possédaient des droits sur ce territoire, Guillaume, archevêque d'Auch, Vital *de Iscio*, son frère, Bernard-Jourdain de l'Isle, Wilhelme sa femme et leurs enfants, Gérard Engelbert, Raymond Sarrasin, Raymond Ratier, Bernard de la Tour et B. de Campian, prieur de Saint-Michel-del-Castel, s'empressèrent de se dessaisir en faveur de la nouvelle maison, entre les mains de l'évêque Amélius, de leurs parts du dimage de cette église [1].

En prévision de la bastide que les Templiers avaient l'intention de bâtir sur leur nouveau fief, ces seigneurs

---

[1] Pièces justificat., n° XII.

ajoutèrent le privilège suivant qui nous donne des indications intéressantes sur les usages féodaux de nos contrées : ils accordent que, si un de leurs hommes se réfugie dans la nouvelle ville, il pourra y être reçu à la condition d'en avertir son ancien seigneur et de lui payer une redevance, faute de quoi, il devra être jeté hors de l'enceinte, *lui et son argent*, pour revenir à son ancienne condition. C'était l'abandon ou du moins un adoucissement très-grand du *droit de chasse*, par lequel les seigneurs pouvaient poursuivre leurs vassaux fugitifs et dont ils devaient se dessaisir avec grande peine en présence de l'empressement que mettaient partout les habitants des campagnes à aller chercher derrière les murailles des bastides la sécurité et l'allègement de leurs charges [1].

Quelques jours après, au mois d'octobre 1134, nous voyons Raymond de Saysse et Baron de Quaterpech donner l'un après l'autre 46 *casals*, de 4 perches chacun, aux chevaliers du Temple de Salomon, pour y construire la ville appelée *le Ramed*. Raymond, Prieur de Sainte-Marie de la Daurade, faisait en même temps cession de tous les droits que son couvent avait sur ce fief; chacun de ces donateurs se réservait de plus dans l'intérieur de la nouvelle ville, quatre maisons, pour lesquelles il promettait de payer, comme les autres habitants, quatre deniers de cense annuelle, la dîme, les droits de justice, etc. [2]. Quelques années plus tard, la ville de Laramet existait déjà, puisque nous trouvons en 1142 la reconnaissance faite aux chevaliers du Temple par un certain Guillaume, pour la maison, dont il venait d'achever la construction dans l'enceinte de Laramet [3].

Bientôt après, le Temple de Laramet fut réuni à celui de Toulouse, dont la fondation eût lieu presqu'à la même époque, comme nous le verrons tout à l'heure. Des donations postérieures vinrent augmenter la prospérité de la maison de Laramet. Un vendredi du mois de mars de l'année 1188 (1189) Babot de Saysse se rendit à l'église de Sainte-Marie de Lara-

---

[1] Pièces justificat. n° XIII.
[2] Pièces justificat., n° XIV.
[3] Arch. Laramet, L. III.

met, où il céda à Oalric maître du Temple de Toulouse, à Jean de Nougayrol, précepteur de Laramet, tous les droits qu'il avait conservés sur ce fief et leur donna de plus la faculté de dépaissance pour leurs troupeaux dans son territoire de Quint [1].

Les Templiers furent successivement troublés dans leur tranquille possession des biens de Laramet par les Bénédictins de la Daurade et par les chanoines de Saint-Etienne. La discussion avec les premiers, portée devant le pape Honorius III, fut renvoyée par lui au jugement de l'archevêque de Narbonne (1216) [2]; celui-ci, après avoir fait faire une enquête par l'abbé de Saint-Sernin et le prévôt de Saint-Etienne, rendit un arrêt favorable aux Templiers [3]. Une transaction à l'amiable rétablit le 19 avril 1234, la paix entre Martin de Nesse, maître du Temple de Toulouse, et Pierre de Gazenches, *par la grâce de Dieu*, prévôt de Saint-Etienne [4].

Vers la fin du XIIIe siècle, les consuls de la Bastide-de-Plaisance, voulurent s'emparer du droit de pâturage dans les bois de Laramet qui appartenaient aux Templiers. Ceux-ci portèrent leurs réclamations au Sénéchal de Toulouse. Les habitants de Plaisance vinrent déposer qu'Eustache de Beaumarchais en 1286, le jour où il avait planté son pal au milieu de l'emplacement de la future ville, avait accordé aux habitants, le droit de mener paître leurs troupeaux dans les territoires voisins *aussi loin qu'ils pourraient aller dans un jour, en revenant* le soir à Plaisance. Selon les consuls, c'était une coutume généralement adoptée pour les bastides du Toulousain et de la Gascogne; ils citaient à l'appui de leurs dires l'exemple de la Bastide-de-Beaumont fondée en 1275. Mais l'arrêt du Sénéchal G. de Villeneuve, rendu en 1296, écartant les prétentions des consuls de Plaisance vint consacrer les droits du Temple de Laramet [5]. Après la réunion des

---

[1] Arch. Laramet, L. I.
[2] Arch. Toulouse, bulles.
[3] Arch. Toulouse, L. XV.
[4] Arch. Laramet, L. III.
[5] Arch. Laramet, L. I.

biens du Temple à ceux de l'hôpital, la maison de Laramet devint tout naturellement un *membre* ou dépendance de la commanderie Saint-Jean de Toulouse. Ainsi que nous aurons souvent l'occasion de le constater pour les membres des autres commanderies, Laramet fut administré de temps à autre par des religieux ne jouissant pas de toutes les prérogatives des autres précepteurs, mais qui en prenaient néanmoins le titre ; nous les ferons figurer dans les listes que nous donnons à la fin de chaque chapitre.

Les biens dépendant de la maison de Laramet consistant surtout en bois, les chevaliers de Saint-Jean, dans le but d'en retirer un plus grand revenu, formèrent le dessein d'en défricher une portion. Pour réaliser ce projet, dans la première partie du XVIIe siècle, ils en détachèrent une partie qu'ils cédèrent au chevalier Annibal de Blacas de la Redorte, sa vie durant. Ce dernier pour être plus à même de faire exécuter les améliorations agricoles projetées, fit construire un château qu'on appela le *Marquisat* de Laramet et qui revint à l'Ordre à sa mort [1].

§ 3. — *Pibrac* (H).

Parmi les possessions de l'Ordre de Saint-Jean dans les environs de Toulouse, nous trouvons une partie du territoire de Pibrac, village jadis à peu près inconnu et illustré aujourd'hui par le tombeau d'une humble bergère que l'église a naguère placée sur ses autels. Le 9 janvier de l'année 1216, le seigneur Arnaud Raymond, léguait par son testament à l'Ordre de l'Hôpital toutes ses possessions situées à Pibrac et dans les contrées voisines [2]. Cette donation fut même assez considérable pour obliger les Hospitaliers à créer dans Pibrac un établissement destiné à la surveillance et à l'exploitation de leurs nouveaux domaines. Nous voyons en effet Raymond

[1] Registres visites.
[2] Arch. Pibrac, L. I.

de Pibrac et dame Vierne, sa sœur, inféoder, en 1241, à Guillaume de Barèges prieur de Saint-Jean de Toulouse, un emplacement dans l'intérieur de la ville pour y construire une maison [1].

§ 4. — *Léguevin* (H).

En l'année 1108, Amélius évêque de Toulouse, accompagné d'Arnaud Raymond, Prévôt de son chapître, du chevalier Bernard de Marestang et de plusieurs autres personnages marquants, assistait à une donation importante faite à l'Ordre de Saint-Jean. Baron de Quaterpech et ses sœurs donnaient en franc alleu, à l'hôpital de Jérusalem et au prieur Gérard, le fief qu'ils possédaient dans le territoire de Léguevin, entre les deux ruisseaux (le Courbet et son affluent de Brax); en même temps d'autres seigneurs du voisinage W. de S., Fort *Anerii*, son frère, Hugues de la Forge, ajoutaient à cette donation celle de 50 perches de terre qu'ils avaient des deux côtés de la route vers Toulouse au-delà du ruisseau [2]. Un peu plus tard, différents privilèges, concessions de droits, de justice, de seigneurie et d'usages, furent octroyés à la maison de Léguevin, par ce même Baron de Quaterpech et par Bernard-Jourdain de l'Isle (1140). Nous n'avons que la mention de cette libéralité dans la confirmation qu'en fit un siècle plus tard, un des descendants du dernier donateur, noble Jourdain de l'Isle (1240) [3]. Ici ne se termine pas du reste la liste des marques de faveur, accordées aux Hospitaliers par l'illustre famille de l'Isle. Jourdain V, leur concéda en 1299, la faculté de couper dans sa forêt de Bouconne les bois nécessaires à leurs constructions, et chargea son bailli de Mondonville de l'exécution de sa volonté à cet égard [4].

Nous avons vu dans l'étude sur la maison Saint-Jean de

---

[1] Arch. Pibrac, L. I.
[2] Pièces justificat., n° XVI.
[3] Arch. Léguevin, L. I.
[4] *Id.*

Toulouse, qu'en 1261 elle avait reçu du seigneur Guy de las Tours d'importantes donations, parmi lesquelles figurait une portion du territoire de Saint-Etienne située entre Léguevin et Pibrac. Au commencement du siècle suivant, nous trouvons les Hospitaliers occupés à partager ce territoire, avec les filles de Jourdain de l'Isle et de dame Vacquière de Monteil-Adhémar, dame Jehane femme du noble Amalric *par la grâce de Dieu*, vicomte de Narbonne, dame Gausserande femme de noble Etienne Colonna et dame Titburge femme de noble Gauthier du Fossat seigneur de Barousse [1] (1306) [2].

Quoique nous ne puissions préciser l'époque de sa fondation, la commanderie de Léguevin était fort ancienne et remontait, tout au moins, au commencement du XIIIe siècle. Grâce à toutes les libéralités que nous avons mentionnées plus haut, l'hôpital de Léguevin prenait de jour en jour une plus grande importance. Ce qui fit naturellement germer dans l'esprit de ses précepteurs le projet d'en profiter pour remplacer leur ancienne ville peu habitée, et sans doute dépourvue de fortifications, pour une belle bastide entourée de solides murailles. Ils entrèrent en arrangement à ce sujet avec Jourdain de l'Isle et, après la mort de ce dernier, avec son fils Bernard Jourdain. Celui-ci consentit à se charger de la construction de la ville projetée, dont il devait avoir la haute juridiction. Mais au moment de se mettre à l'œuvre, pour remplir ses engagements, le seigneur Jourdain se dit qu'une bastide dont il aurait, à lui seul, l'entière possession, lui serait bien plus avantageuse, et il résolut de prendre les moyens pour n'avoir pas à partager dans la suite son autorité avec les chevaliers de Saint-Jean. Dans ce but, il alla planter son pal et jeter les fondements de la future ville à Saint-Martin, au-delà du ruisseau qui servait de limite au dîmaire de Saint-Jean de Léguevin et par suite, aux possessions de l'hôpital. A la vue du danger qui les menaçait, les Hospitaliers firent appel à la bonne foi du comte, en lui montrant

---

[1] Leur frère Bertrand de l'Isle étant mort à cette époque, elles étaient les seules héritières de cette partie des domaines paternels.
[2] Arch. Léguevin, L. II.

l'engagement qu'il avait pris vis-à-vis d'eux. Mais celui-ci paraissait inébranlable dans ses desseins, lorsque des amis communs parvinrent à lui persuader d'en suspendre pendant quelque temps l'exécution. Instruit de ce qui se passait, Aymeric de Thurey, précepteur de Puysiuran et lieutenant de Draconet de Montdragon, Grand-Prieur de Saint-Gille, chargea frère Bernard de Gironde, précepteur de Léguevin, de s'opposer à tout prix à la construction de la bastide de Saint-Martin, qui, non seulement ne leur rapporterait pas les avantages qu'ils s'en étaient promis, mais leur enlèverait infailliblement une notable partie de leurs propres vassaux. Muni de ses pleins pouvoirs, après bien des pourparlers, le frère de Gironde signa une transaction avec Bernard de Goffas, damoiseau, sénéchal et procureur de Bernard-Jourdain, transaction dans laquelle les Hospitaliers furent obligés de faire d'énormes sacrifices à la partie adverse. Le sénéchal de l'Isle s'engagea à faire transporter le pal de son maître et construire la ville dans le dîmaire de Saint-Jean, du côté du château de Léguevin; les Hospitaliers devaient fournir l'emplacement, ils cédaient toutes les oblies qu'ils retiraient des habitants de tout leur territoire, le four, la forge et la *messeguerie* [1]; ils se contentaient de se réserver quelques privilèges : ainsi il leur était permis de faire aiguiser gratuitement leurs instruments aratoires à la forge de la future ville; et de faire construire un four chez eux à l'usage de leur maison et de tous leurs gens; leurs animaux étaient exempts de tout droit de garde etc. (28 novembre 1309) [2]. Ils comptaient, avec juste raison, être dédommagés plus tard de tous leurs sacrifices par l'augmentation du nombre des habitants de Léguevin, dont ils avaient toujours la seigneurie spirituelle, et par l'accroissement des dîmes qu'ils retireraient du pays mieux cultivé.

Le Seigneur Jourdain ne mit-il pas beaucoup d'empressement dans l'exécution de la promesse donnée en son nom

[1] Droit de garde des moissons et amendes qui en étaient le produit.
[2] Pièces justificat. n° XVII.

par son lieutenant, ou bien le besoin d'agrandir les murailles de la bastide se fit-il bientôt sentir, soit à cause d'un accroissement inespéré de population, soit à cause de la terreur inspirée par les invasions anglaises; toujours est-il qu'au milieu du XIV° siècle, on travaillait encore aux fortifications de la ville. Nous voyons en effet noble Pierre de Gajac, *viguier et châtelain du château de l'Isle, procureur du magnifique et puissant Jourdain, par la grâce de Dieu, comte de l'Isle, en vertu de la commission à lui donnée par illustres et puissants Arnaud, par la grâce de Dieu, vicomte de Caraman et Jourdain de l'Isle seigneur de Clermont, gouverneurs généraux de la terre du seigneur comte,* se transporter à Léguevin, pour inféoder aux habitants certains terrains vacants dans l'intérieur de la nouvelle enceinte du fort (30 octobre 1363) [1].

Au commencement du XV° siècle, Léguevin cessa de former une commanderie séparée et fut réunie à celle de Renneville, dont elle constitua un des membres les plus importants jusque vers le milieu du siècle suivant. Un des commandeurs de Renneville, Philippe du Broc, eut à soutenir à Léguevin des luttes assez vives pour le maintien des privilèges de son Ordre. Le roi François Ier avait convoqué le ban et l'arrière ban de la noblesse du royaume pour le servir dans sa guerre contre Charles-Quint et avait ordonné de saisir les biens de ceux qui seraient *defailhants aux monstres*: Le commandeur, se fiant aux exemptions accordées aux chevaliers de Saint-Jean et à sa qualité de membre du clergé, ne s'était pas rendu à l'appel du sénéchal d'Armagnac, qui, d'après les ordres reçus, fit saisir les biens nobles de la maison de Léguevin. Le commandeur de Renneville envoya le 7 décembre 1588, au château de l'Isle en Lomagne, son procureur frère George de Manas, recteur de Montréal et de Gimbrède, qui remit au sénéchal une requête du chevalier contre cette violation des immunités de l'Ordre et une protestation contre la façon brutale et irrégulière dont la saisie avait été opérée par le lieutenant, — « Maistre Guy de Nogueyrolles, qui ayant conceu

---

[1] Arch. Léguevin, L. I.

« grosse hayne et malice contre ledist suppliant et taschant
« luy nuire et donner fascherie par moyens exquis et réprou-
« vés, a faist saisir toutes les pièces nobles appartenant à la
« juridiction de Léguevin, sans avoir appelé le procureur du
« Roy ny le représentant du commandeur. » Le sénéchal,
se fondant sur les instructions du roi qui n'admettaient
d'exception pour personne, refusa d'entendre la requête et
d'ordonner la main-levée des biens de Léguevin, que le commandeur dut obtenir dans la suite en adressant ses réclamations au Roi lui-même, protecteur zélé de l'ordre de l'Hôpital [1].

L'année suivante, des difficultés étant survenues au sujet
des limites du territoire de Léguevin et de celui de Pibrac
qui dépendait de la maison de Toulouse, le Grand-Prieur,
Pierre de Grasse, et le commandeur, Philippe du Broc, conclurent un arrangement par lequel le premier cédait au second Fonsorbes, en échange de Léguevin qui devint ainsi
membre de la Chambre Prieurale de Toulouse (1539). Cette
mutation fut confirmée par une bulle du Grand-Maître, Jean
de Homedès (11 septembre 1540) [2].

§ 5. *Estaquebiou* (H).

Les Hospitaliers possédaient aux environs de Toulouse un
assez important territoire appelé *Estaquebiou* et situé dans la
paroisse de *Saint-Jean de Kyrie Eleison*, aujourd'hui de
l'*Union*. Au mois de juillet de l'année 1138, Arnald Adalbert
fit donation à l'Hôpital, à Arnaud de Gardouch, à Raymond
Humbert et aux autres frères de Saint-Jean, de son fief d'Estaquebiou [3]. Quelques années plus tard, Etienne Caraborde
et son fils Oalric ajoutaient à ce premier fief celui de *Bolenes*, situé au-delà de l'Ers (jour des Kalendes de juillet

---

[1] Arch. Léguevin, L. I.
[2] *Id.*
[3] Pièces justificat., n° XVIII.

1141) [1]. Ces différentes donations furent complétées par la cession que firent de leurs droits sur ces deux fiefs, leurs seigneurs Arnaud et Bernard de las Tours (1236) [2].

§ 6. *Verfeil* (H)

Vers le milieu du XIIe siècle, nous trouvons les Hospitaliers établis dans le voisinage de Verfeil. Une donation dont l'acte n'est pas conservé dans les archives, avait ajouté aux domaines de l'Ordre l'église et le dimaire de *Saint-Symphorien*, dont il ne reste plus de traces aujourd'hui, et qui étaient situés jadis dans le territoire de Verfeil. En 1168 nous trouvons la donation faite par Guillaume des Bruguières, de sa terre de *la Cardonède*, *à l'hôpital de Jérusalem de Saint-Symphorien, près Verfeil* [3]. Un peu plus tard, une noble dame, Flandine du Fossat et ses enfants, Raymond, Adhémar et Naalde donnaient à ce même hôpital toutes les terres qu'ils possédaient dans le voisinage de l'église de Saint-Symphorien (1177) [4].

Comme nous ne trouvons plus de mention de cette possession de l'Ordre à partir du XIVe siècle, il est à supposer qu'il dut être aliéné vers cette époque ou du moins échangée contre quelque autre fief plus à la convenance des Hospitaliers.

§ 7. *La Devèze* (H).

Non loin de Toulouse, dans la baronnie de Balma, Wilhelm Petit donna en 1172 à l'hôpital de Saint-Remy le territoire de *la Devèze* situé dans *l'Albarède Episcopale* [5]. Peu de temps après, Bernard Manadier, ce bourgeois de Toulouse, qui signala sa bienfaisance par la fondation de l'hôpital appelé *de*

[1] Pièces justificat. n° XIX.
[2] Arch. Estaquebiou, L. I.
[3] Arch. Verfeil, L. I.
[4] *Id.*
[5] Arch. La Devèze.

la *Mainadière*, donna à Pierre d'Alsen Prieur de l'hôpital de Toulouse, tous les droits sur les dimes de *Ramerville*, paroisse voisine de la Devèze 1176 [1]. Cette donation fut suivie d'un accord conclu entre Bertrand abbé de Moyssac et Raymond Garsia Prieur de l'hôpital de Toulouse ; au mois de juin de l'année 1185, en présence de Guillaume abbé de Lézat, du Prieur de la Daurade, de celui de Saint-Pierre des Cuisines ; le Bénédictin céda au chevalier de l'hôpital, tous les droits qu'il avait sur les fiefs donnés en 1176 par Manadier et en reçut en échange les droits que la maison de Saint-Remy avait sur l'hôpital construit près de la porte Lascrozes et donné à l'église de la Daurade [2]. Mais, si ce traité affranchissait les Hospitaliers de la juridiction des Bénédictins sur leurs fiefs de la Devèze et de Ramerville, ils relevaient toujours de la seigneurie des Evêques de Toulouse, barons de Balma depuis la croisade des Albigeois. Ce qui amena plus d'une fois dans la suite des discussions entre les deux autorités, tantôt pour les redevances à payer, tantôt pour un hommage féodal en retard.

§ 8 *Pechabou* (T) *Pompertuzat* (H).

L'établissement des Hospitaliers à Pompertuzat remonte à la fin du XIIe siècle, tandis que celui des Templiers à Pechabou ne date que du milieu du siècle suivant. Après la suppression de l'Ordre du Temple ces deux domaines réunis composèrent une dépendance assez importante de la maison de Toulouse.

Liste des Précepteurs de l'Hôpital Saint-Jean de Toulouse.

1121. Bernard de Puysiuran.	1185-1186. Guillaume-Raymond.
1145 Arnaud de Puysiuran.	1186-1194. Roger de Rivière.
1160. Pierre de Gardouch.	1199-1207. Pons Chapelain.
1166. Benoist.	1212-1215. Athon de Vacquiers.
1167. Raymond de Nugol.	1208-1219. Arnaud de Cabanes.
1174-1185. Bernard de Gavaldan.	1219-1225. Arnaud de Bouziac.

[1] Arch. La Devèze, L. I.
[2] *Id.*

1225-1227. Gérard de Saint-André.
1227-1243. Jacob.
1246-1248. Bertrand de Fraxines.
1248-1251. Raymond de Pailhès.
1251-1254. Jacob, (2e fois).
1254-1256. Raymond Tolosan.
1256-1260. Pierre de Villemur.
1260-1561. Bernard de Gardouch.
1261-1263. Bernard de Caminières.

1264-1267. Albert de Roset.
1267-1278. B. de Caminières, (2e fois).
1278-1280. Jean d'Astarac.
1280-1282. Guillaume Arnaldi.
1282-1309. Pierre de Florence.
1309-1310. Bernard de Maurin.
1310-1311. Aymeric de Tarin.
1311-1313. Pierre de Caylus.
1313-1315. Bernard de Gironde.

Liste des Précepteurs du Temple de Laramet.

1172-1173. Jean de Nogayrol.
1177-1193. Bernard Abauzit.
1194-1197. J. de Nogayrol, (2e fois).
1198-1203. B. Abauzit, (2e fois)
1203-1239. Boson.

1239-1240. Raymond.
1345. Arn^d-Guillaume de Bios.
1214. Raymond de Recalde.
1252. Pierre d'Orte.

Liste des Précepteurs du membre de Pibrac.

1319-1325. Guillaume Gille, prêtre.
1322 Bernard de Gironde.

1459. Bernard Alvergne.
1477. Antoine de Montlezun.

Liste des Précepteurs de Léguevin.

1236. Arnaud Ispani.
1240-1242. Hélye.
1306-1307. Jean de Tortarel.

1309. Bernard de Gironde.
1388. Bernard Vignes.
1503. Pons de Prunet.

Liste des Précepteurs du membre d'Estaquebiou.

1448. Pierre Chavassy.

1474-1475. Bérald Boysse.

Liste des Précepteurs du membre de la Devèze.

1491-1500. Raymond Gélade.

1533. Géraud de Massas.

CHAPITRE III

Commanderie de Garidech.

MEMBRES : LE TEMPLE DE TOULOUSE. — CORNEBARRIEU. — LA BARTHE. — FLAMMARENS. — ALBEFEUILLE.

§ I. — *Garidech.*

Située sur la route de Toulouse à Albi, cette ancienne commanderie de l'Ordre de Saint-Jean ne peut présenter comme vestige de son passé, que son église à l'aspect original et sévère dont la façade imposante arrête forcément, malgré l'absence complète d'ornementation, l'attention du voyageur, et ses vieilles archives qui viennent nous raconter ce qu'elle fut jadis. En interrogeant ces dernières, nous n'avons pu découvrir la date de la donation de Garidech à l'Ordre de l'Hôpital. Mais dans les liasses des chartes se rapportant à la maison de Toulouse, nous avons trouvé un vieux parchemin, dans lequel il est dit : que le douzième jour des kalendes d'octobre (20 septembre) de l'année 1134, Pierre *Aguassa* et Raymond son frère donnèrent à l'Hôpital Saint-Jean de Toulouse, au Prieur Bernard Hugo, leur portion du dîmaire de l'église de *Saint-Pierre-de-Salinières*, bâtie dans le pays toulousain *(in pago tolosano)*, sur les bords du Girou [1]. Or, cette église, disparue depuis longtemps, a laissé son nom à une partie du territoire de Garidech, où elle se trouvait située. Cette possession isolée constitua une dépendance de la maison de Toulouse, jusqu'à ce que, s'étant successivement augmentée des dîmaires des églises de Garidech et de Saint-

[1] Pièces justificat. n° XX.

Bibian, situées dans le voisinage, elle eût acquis une importance assez considérable, pour pouvoir être érigée en commanderie séparée; ce qui eut lieu vers le milieu du XIII° siècle. Cette nouvelle situation eut pour résultat immédiat d'accroître rapidement la prospérité de l'Hopital de Garidech, et, à partir de ce moment, les archives contiennent un nombre considérable de donations plus ou moins importantes faites par les fidèles de la contrée.

Mais cette prospérité même suscita à l'établissement des chevaliers les difficultés qui en étaient les conséquences habituelles. Chez plusieurs, la jalousie ne tarda guère à succéder à la sympathie primitive envers cette maison, dont l'accroissement commençait à leur inspirer de l'ombrage. A la tête des adversaires déclarés des Hospitaliers, se trouvaient Bon Mancip de Maurand et Bertrand son fils, dont les vastes fiefs confinaient aux terres de l'Hopital. Vers l'année 1260, la guerre était ouvertement déclarée entre les deux partis et les épées même étaient tirées des fourreaux. Ecoutons les récits que font successivement les deux rivaux au frère Raymond d'Aure, précepteur de Raineville et Vice-Prieur du Toulousain, choisi par eux comme arbitre de leur querelle. Chaque combattant vient vanter sa modération, énumérer avec complaisance les blessures reçues, les insultes et les menaces prodiguées par le parti opposé.

Laissons d'abord parler le précepteur, frère Bernard de Caminières. Il venait, dit-il, de faire porter dans la cour de l'Hopital les gerbes de la moisson, lorsque Bertrand de Maurand y fit irruption, à la tête de ses complices : Terrasson, Bérenger Raymond, damoiseau, Pierre de Grazac, Armand de Valségur, Raymond Vitalis et une foule d'autres, armés jusqu'aux dents. Les envahisseurs enlèvent les gerbes et s'éloignent en insultant et menaçant le commandeur et les Hospitaliers. Ceux-ci s'arment à la hâte et se mettent à la poursuite des ravisseurs. Le combat s'engage : Bertrand de Maurand se jette sur le commandeur, le menaçant de sa lance et brise le frein de son palefroi. Le chapelain Raymond, que son caractère sacré n'a pas retenu loin de la mêlée, est frappé d'un coup d'arbalète et renversé sans connaissance ; il reçoit plusieurs coups de massue, pendant que Bertrand de Maurand ne cesse de crier : *Qu'il meure ! qu'il meure !* Le précepteur continue en faisant voir tous les siens sortant du champ de bataille plus ou moins écloppés et réclame pour chacun d'eux des satisfactions pécuniaires. D'après Bertrand de Maurand au contraire, le commandeur est venu assaillir ses gens à la tête d'une troupe, armée de lances, d'arbalètes, de bâtons, de poignards et d'épées ; à plusieurs reprises, il les aurait dispersés et maltraités de mille manières ; dans cette seconde narration, nous voyons le chapelain Raymond précipitant ses ennemis dans le Girou et le précepteur se jetant sur Bon Mancip de Maurand et le désarçonnant.

La sentence arbitrale fut rendue le 14 août 1265, par Pierre du Port précepteur de Saint-Sulpice, qui avait remplacé Raymond d'Aure dans la charge de vice-prieur du Toulousain. Il ordonna que les Hospitaliers continueraient à posséder les terres, objet de la discussion et qu'ils paieraient 460 sols tolsas de compensation à leurs adversaires ; quant aux injures et aux voies de fait, trouvant sans doute que les torts étaient partagés des deux côtés, l'arbitre décida qu'elles seraient oubliées ou remises de part et d'autre et qu'elles ne se renouvelleraient plus [1]. Cette sentence rétablit la paix entre les deux rivaux, qui vécurent dans la suite en bonne intelligence ; nous en trouverons la preuve dans certaines cessions de terre faites par ce même Bon Mancip de Maurand au précepteur B. de Camimières (1275) [2].

Lors de l'enquête ordonnée par le roi de France, pour le rétablissement des droits de la couronne dans ses nouvelles provinces du Midi, son procureur Gille Caumel ou Camelin) contesta au frère Raymond d'Aure, précepteur de Garidech, le droit d'exercer dans cette ville et son territoire, la haute et moyenne justice ; ce droit, il le revendiquait pour l'autorité royale, prétendant que Garidech, ayant dépendu de tout temps du baillage et de la châtellenie de Buzet, la haute sei-

[1] Arch. Garidech, L. II.
[2] Arch. Garidech, L. I.

gneurie en appartenait aux comtes de Toulouse et devait par suite revenir aux rois de France. Le chevalier de Saint-Jean affirmait, au contraire, que ce droit avait été exercé de temps immémorial par son ordre, qu'il existait encore à Garidech la hâche et les chaînes pour l'exercice de la haute justice et que de plus ses prédécesseurs et lui avaient toujours institué les consuls de cette ville ; il appuyait son dire par le relevé des causes qui avaient été portées depuis un certain nombre d'années devant le tribunal des Hospitaliers et des condamnations prononcées contre les coupables, et exécutées par les officiers du commandeur dans le fort même de Garidech. La fin du parchemin ayant été enlevée nous ne connaissons pas la sentence rendue par les commissaires. Il est toutefois probable que ceux-ci se rendirent aux raisons présentées par le procureur du roi, car les documents postérieurs nous montrent les commandeurs de Garidech jouissant simplement de la seigneurie spirituelle et foncière de cette ville et de ses dépendances [1].

Les premières années du xve siècle virent la commanderie de Garidech accroître singulièrement son importance. Comme nous le verrons plus loin, à la demande du Grand-Prieur de Toulouse, Raymond de Lescure, le Grand-Maître, Philibert de Naillac, autorisa, par une bulle du 24 novembre 1408, la transformation de l'ancienne maison du Temple de Toulouse en un hôpital destiné aux pèlerins de Saint-Jacques-de-Compostelle. Pour subvenir aux frais de cet établissement le Grand-Maître lui affecta les revenus de Garidech et en déclara le précepteur, *Hospitalier du Temple* ; l'élection de ce dernier appartenait, d'après cette même bulle, aux Grands-Prieurs de Toulouse assistés de leur Chapitre Provincial. Outre les frais d'entretien de l'hôpital, le commandeur de Garidech était obligé de payer annuellement ses responsions au trésor de l'Ordre, d'assez fortes charges particulières à sa circonscription, plus 25 quartons de froment fournis à la Chambre Prieurale de Toulouse [2]. Aussi, pour le mettre en état de

---

[1] Arch. Garidech, L. VIII.
[2] Arch. Garidech, L I.

faire face à toutes ces dépenses, adjoignit-on à cette commanderie celle de Cornebarrieu et dans la suite quelques petits domaines de l'Ordre dans les environs de Montauban.

Dans le courant du xvi⁰ siècle, nous assistons à la construction de l'église de Garidech. Ce fut en 1522 que le commandeur Melchior d'Aspremont conclut, à cet effet, un traité avec Louis Privat, *maître-maçon juré de la ville de Toulouse*, qui se chargea de construire ce bâtiment dans le délai de trente-cinq ans ; le chevalier s'engagea à y consacrer le tiers de la dîme. Au mois de janvier 1534, l'édifice était assez avancé pour pouvoir être consacré ; il le fut par *Réverendissime George de Selve*, évêque de Lavaur, remplaçant pour la circonstance le cardinal Odon de Chastillon, archevêque nommé au siège de Toulouse. Mais à partir de cette époque, le zèle se ralentit ; le commandeur ne paya plus sa part des frais qu'avec répugnance ; il fallut même, pour la vaincre, l'intervention du sénéchal de Toulouse, réclamée par les consuls et le syndic de la communauté de Garidech. Par suite de ces difficultés, l'église ne fut entièrement terminée qu'en l'année 1557.

Bientôt après cette époque, la petite ville de Garidech eut à subir sa part de désastres et de dévastations pendant la cruelle période des guerres religieuses ; dans cet épisode militaire, faillit périr l'église nouvellement construite. Voici en effet ce que nous lisons dans le procès-verbal d'une visite pastorale faite le 26 septembre 1596, par maître Chabanne archiprêtre de Montastruc, délégué du cardinal de Joyeuse.

« Le Sainct-Sacrement y soloit estre réservé au milieu du
« grant autel dans un petit tabernacle, qui fut rompeu et
« destruit par les Réistres... Le baptistère est sans couvert,
« sans pavillon et ce qui est bien pis, sans couverture de
« toit, de sorte qu'il y pleust en dedans. »

Dom Vaissette nous apprend en effet que, dans la période précédente, la contrée avait été dévastée par les protestants. Nous lisons dans son histoire que les princes de Navarre et de Condé partirent de Montauban, à la tête des Reîtres, s'avancèrent vers la Garonne, campèrent le 22 septembre 1570 à la Bastide-Saint-Sernin, et s'étendirent ensuite dans les environs de cette localité, portant partout le fer et le feu. Or, Garidech n'étant éloigné de la Bastide-Saint-Sernin que de quelques kilomètres, on est autorisé à conclure que ce fut alors qu'eût lieu la dévastation, dont on constatait encore les traces, vingt ans plus tard; les malheurs de la guerre n'avaient pas encore permis de la réparer. Ce long abandon est d'autant plus explicable que les environs furent, dans cet intervalle, le théâtre de luttes sanglantes; car en 1590, nous voyons dans le voisinage de Garidech la place de Montastruc, successivement prise et perdue par les troupes catholiques commandées par Scipion de Joyeuse [1]. Du reste les murailles de la ville, fort peu considérables par elles-mêmes, ne durent pas présenter de bien sérieux obstacles aux envahisseurs. Ces derniers furent pourtant obligés d'employer l'artillerie, pour en venir à bout. Du passage dévastateur des Reîtres, il ne reste plus aujourd'hui de vestiges, sauf quelques traces de projectiles sur de vieilles murailles et dans la sacristie de l'Eglise, un boulet lancé jadis par une couleuvrine des Huguenots et transformé depuis en un pacifique pilon pour écraser l'encens.

Nous n'avons plus à mentionner, avant de finir, que la transaction conclue entre le commandeur, Joachim de Montaigut Fromigières, et les consuls de Garidech, pour régler l'exercice des droits de l'un et des prérogatives des autres. Non contents de cette précaution et se défiant de son effet pour la suite, les magistrats municipaux obtinrent du roi Louis XIII, un édit en date du mois d'avril 1639, qui les confirma dans leurs privilèges et leur reconnut le droit de juger par prévention les matières criminelles avec un assesseur et, en seuls, les affaires de simple police et *les petites causes jusqu'à cent sols, ensemble les gages des valets*; édit qui fut confirmé par Louis XIV, en 1688 [2].

Dans les procès-verbaux de visite, nous trouvons que les commandeurs possédaient, outre la seigneurie foncière et spirituelle de Garidech et de son annexe Saint-Bibian di-

---

[1] Dom Vaissette, livr. XXIX.
[2] Arch., Parlement de Toulouse.

vers fiefs à Gémil, Montastruc, Monpitol, etc., la collation de la chapellenie du Temple de Toulouse, ainsi que la jouissance des bâtiments qui en dépendaient, la seigneurie spirituelle et les dîmes de Cornebarrieu, qu'ils partageaient avec le Prieur de la Daurade et le chapitre de Saint-Etienne ; enfin les *ténements* de Labarthe, de Flamarens et d'Albefeuille situés près de Montauban. Les revenus de cette commanderie s'élevaient, en 1750, à 6,480 livres et ses charges, à 712.

Ces mêmes documents nous donnent la description du *château* des chevaliers à Garidech. Malgré son titre, cette vaste bâtisse, construite en briques ou même en torchis dans certaines de ses parties, n'avait plus dans les derniers temps, aucun des caractères d'une demeure féodale. Les années, qui l'avaient transformée, depuis que les Hospitaliers avaient cessé d'y résider, en simple bâtiment d'exploitation, n'avaient laissé subsister qu'une tour qui put la distinguer encore des maisons voisines. Aujourd'hui ses derniers vestiges ont disparu en même temps que les ruines du fort construit par les habitants dans son voisinage, *à une portée de mosquet de l'église*, disent les anciens actes. Il n'en reste plus que les fossés, convertis dans ces derniers temps en abreuvoir et une modeste masure, portant encore le nom de *Fort*, mais qui n'a de commun avec lui que son emplacement et peut-être les matériaux dont on s'est servi pour la construire.

§ 2. — *Temple de Toulouse.*

Le Temple de Toulouse existait-il lors de la fondation de celui de Laramet en 1134 ? Nous ne le pensons pas, car il eût été certainement cité dans la charte de donation de l'évêque Amélius. Mais son origine ne fut pas de beaucoup postérieure, ainsi que nous allons tâcher de l'établir.

Par suite de désastres dont nous aurons l'occasion de parler tout à l'heure, la grande partie des plus anciennes archives de cet établissement a disparu ; nous regrettons surtout la perte de la charte de fondation de la maison de Toulouse. Il ne nous en reste que la copie d'un fragment, faite postérieurement à l'occasion sans doute de quelque procès. Nous y voyons que les enfants de Toset de Toulouse [1], Raymond Ratier, Bertrand Estrouba et leurs sœurs, Brune et Sybille, assistées de leurs maris, Gérard Engelbert et Raymond Sarrasin, donnèrent à Dieu, au Temple de Jérusalem, à *Hugues, Maitre*, aux chevaliers et aux pauvres de l'Ordre, le fief qu'ils possédaient *entre l'Eglise de la Dalbade et les deux rues, dont l'une passe devant la porte de l'Eglise Saint-Remy* [2]. La copie s'arrête là, ne disant rien de la date de cette donation, mais la mention du grand-maître Hugues (de Payens), mort en 1136, nous donne une première indication à ce sujet. Ce fragment est suivi en outre d'une énumération fort intéressante de tous les bienfaiteurs du Temple de Toulouse à son origine. On y voit les chevaliers promettant de donner une rente annuelle en argent et *après leur mort, leurs armes et leur meilleur cheval de bataille*, tandis que leurs femmes s'engagent à donner aussi tous les ans, *une chemise, une paire de braies et à leur mort leur meilleur manteau*. Or, dans cette liste nous voyons figurer le prévôt de Saint-Etienne, Aycard, dont le *Gallia Christiana* fixe la mort au 12e jour des kalendes d'octobre de l'année 1135. Si donc le Temple de Toulouse n'existait pas lors de la fondation de celui de Laramet, ces différentes remarques nous permettent d'établir que sa création eut lieu quelques mois après.

A peine fondé, le nouvel établissement vit ses possessions et son importance s'accroître rapidement ; en même temps aussi commencèrent à surgir les difficultés suscitées par cette prospérité même. Nous avons vu plus haut [3], comment les chevaliers de Saint-Jean et les Templiers n'entretinrent pas longtemps la bonne harmonie et comment de vives dis-

---

[1] Ce Toset de Toulouse est le même que celui qui avait donné aux Hospitaliers le fief et l'église Saint-Rémy, en 1115.
[2] Pièces justificat. n° XXI.
[3] Chap. II.

cussions au sujet des servitudes de leurs fiefs respectifs furent terminées en 1150 par une transaction entre le Prieur Bernard d'Azillan et le Maître Guillaume de Verdun.

L'histoire du Temple de Toulouse se réduit dans le principe à enregistrer les donations qui venaient incessamment accroître sa prospérité. Parmi celles dont les chartes nous sont parvenues nous nous bornerons à signaler les plus importantes.

Au mois de mars de l'année 1162, Guillaume et Yzarn d'Assalit [1], Vital de Posquières et autres seigneurs, donnèrent à l'Ordre du Temple les terres qu'ils possédaient à *Fontenille*, ainsi que les droits féodaux qu'ils y avaient sur chaque feu, — « à la condition de garder et de défendre la ville, ses « habitants et leurs biens de tout malfaiteur. » Cette donation fut faite à Dieudonné de Girbert, maître du Temple de Toulouse, entre les mains de Raymond comte de Toulouse et de Jourdain de l'Isle qui la confirmèrent [2].

Après la donation du fief de Tizac à la maison de Toulouse, dont nous aurons l'occasion de parler dans la suite [3], nous trouvons celle que fit Bernard de Saint-Romain au Maître, Piere de Toulouse, du *palais de Peirelate*, qu'il possédait à Saint-Cyprien et qu'on désigna depuis sous le nom de *du Cavalerie*, dans le mois de février 1168 (1169) [4]. Enfin d'autres donations dont les archives ne contiennent plus les chartes, ajoutèrent aux biens du Temple de Toulouse les riches possessions de Lespinet, Bamville, etc.

L'ère tourmentée qui s'ouvre pour notre pays avec le XIIIe siècle n'arrêta pas le zèle des donateurs envers le Temple de Toulouse. On dirait même qu'il ne fit que l'accroître. On peut trouver une explication de ce fait dans le désir et le besoin qu'avaient la plupart des vassaux du comte de Toulouse, de donner des preuves d'une orthodoxie qui leur était,

---

[1] Sans doute de la même famille que Gilbert d'Assalit, grand membre de l'Ordre (1167-1169).
[2] Pièces justificat., n° XXII
[3] V. Marestang.
[4] Pièces justificatives, n° XCI.

à tort ou à raison, fort contestée. Un des moyens les plus efficaces pour atteindre ce but était de se faire les bienfaiteurs des Ordres religieux, institués pour la défense de la religion. C'est celui que nous avons vu plusieurs fois employer par le comte Raymond VI [1], exemple suivi par beaucoup de ses vassaux, surtout ceux qui s'étaient signalés par leur attachement à sa cause.

Quoique les Templiers n'aient pris, ainsi que nous l'avons fait observer ailleurs, aucune part active aux luttes sanglantes, qui se déroulaient sous nos yeux, leur maison de Toulouse éprouva dans ce temps-là un désastre, qui fut sans doute l'un des innombrables épisodes de la guerre. Un acte de 1221 commence par cette note : « Comme dans l'incendie « qui dévora naguère la maison du Temple, les frères et « beaucoup de particuliers ont perdu leurs chartes [2]. »[3] Or, si nous consultons les historiens de cette époque désolée, nous voyons que, deux ans après la victoire de Muret, Simon de Montfort, rentrant d'une expédition malheureuse en Provence, et se défiant des sentiments d'affection et d'attachement qu'éprouvaient pour lui les habitants de sa bonne ville de Toulouse, résolut de les enchaîner par la crainte et, dans ce but, introduisit ses bataillons avec ordre de la traiter en ville conquise ; irrité à la vue de la résistance que rencontraient de toutes parts les bandes de ses guerriers, il donna l'ordre de mettre le feu à la ville et *la canso dels Eretgés* nous montre l'incendie éclatant, simultanément à Saint-Remézy, à Joutzaygues et à la place Saint-Etienne. Il est probable que ce fut alors que périt la maison du Temple de Toulouse.

La destruction des bâtiments fut si complète que les Maîtres de la province Toulousaine, transportèrent leur résidence à la Villedieu, et y demeurèrent habituellement jusqu'à la suppression de leur charge qui eut lieu, comme nous l'avons vu, vers le milieu du XIIIᵉ siècle. Dans cet incendie,

---

[1] Chap, I.
[2] *Postquam domus miliciæ Templi de Tolosâ fuit afflamata per ignem, quià ibi fratres et habitatores, ejusdem domus et multi alii amiserunt eorum cartas.....*
[3] Arch. Toulouse. L III *bis*.

l'église seule fût, paraît-il, épargnée ; et c'est dans ce sanctuaire que Louis, fils de Philippe-Auguste, reçut de Guillaume, abbé de Castres, une partie de la mâchoire de Saint-Vincent, martyr, dont le corps était conservé dans cette dernière ville ¹ (1215).

De nombreuses donations faites à la maison de Toulouse vers cette époque, augmentèrent ses dépendances du territoire de Larmont (1221-1228), du château de Patras situé à l'Isle-en-Jourdain (1231) et d'autres possessions, sur lesquelles nous aurons à revenir.

Les Templiers de Toulouse eurent maintes fois des discussions avec les chanoines de Saint-Etienne, au sujet du paiement des dîmes que les premiers devaient aux seconds. Ainsi, en 1222, nous trouvons une transaction conclue entre Guillaume de Lauret, prévôt de Saint-Etienne et Arnaud de Toulouse, maître du Temple dans la province Toulousaine. Ce dernier promit de payer la 15ᵉ partie des revenus de toutes les terres acquises antérieurement au concile de Latran (1215), et la dîme entière de toutes les autres, pour se conformer à un décret rendu en cette circonstance. Cet accord fut signé par Bernard, ancien évêque de Carcassonne ², Bertrand de Cobirac, Prieur de l'Hôpital Saint-Jean de Toulouse, et Pierre Vital, chanoine de Saint-Sernin ³.

Malgré cet arrangement, cette discussion se renouvela dans la suite. Ainsi nous voyons en 1260, le prévôt du chapitre, Bertrand de l'Isle, et frère Guillaume de Saint-Jean, précepteur du Temple de Toulouse, obligés de remettre la fixation de leurs parts dans les dîmes de l'Espinet, à l'arbitrage d'un légiste, Maître Benoît Audiet, qui fixa au 12ᵉ des revenus la rente que devaient les chevaliers aux chanoines. Cette sentence fut approuvée par Raymond de Falgar, évêque de Tou-

---

[1] Dom Vaissette, livr. XXII.
[2] Bernard Raymond de Rochefort fut forcé par le Pape, lors de la croisade contre les Albigeois, de se démettre de son évêché ; ayant repris possession de son siège, lors de la soumission de sa ville épiscopale à ses anciens seigneurs, il en fut définitivement chassé par Louis VIII en 1226.
[3] Arch. Toulouse, L. XXIII.

louse et par Roscelin de Foz, maître du Temple en Provence [1].

Le désastre qui avait détruit la maison de Toulouse, vers 1215, avait été réparé pendant cette période, car nous trouvons un acte de la fin du XIIIe siècle, qui fut ratifié par Gigo d'Adhémar, Maître de Provence, et le chapitre provincial réunis le 26 février 1297 (1298) *dans le palais neuf du Temple de Toulouse* [2].

Les Templiers ne devaient pas jouir pendant longtemps de la demeure qu'ils venaient de relever de ses ruines. Dans la soirée du vendredi 13 octobre 1307, une troupe de soldats se présentaient devant les portes du Temple et en réclamaient l'ouverture au nom du roi. Quelques instants après les Templiers, arrachés de leurs retraites, ignorant encore la cause de leur disgrâce, étaient conduits enchaînés dans les rues de Toulouse et enfermés dans les prisons de la ville.

La plupart des Templiers de la ville de Toulouse furent emprisonnés dans la *salle neuve du palais* de la ville, et leurs noms ne figurent pas dans les interrogatoires publiés par Michelet. Ils étaient dans cette même prison en 1313, comme nous le prouve un document assez intéressant conservé dans les archives des Hospitaliers. C'est le compte des recettes et des dépenses faites, cette année là, par frère Bernard de Gironde, trésorier de l'hôpital Saint-Jean de Toulouse. On y voit la mention des sommes payées pour l'entretien et la nourriture des Templiers détenus : il versait quotidiennement 18 deniers pour chacun des chevaliers et 9 d. pour les frères servants : les premiers étaient G. de Gaillac et G. Micer et les seconds Hoton Saumate, le dernier précepteur du Temple de Toulouse, Hugues de Septfonds, Gérard de Peyrelaure, Déodat de Fraxines, Guillaume Bare et P. de la Barre. Les *gages* d'Athon de Rivalz, citoyen de Toulouse, député par le sénéchal pour l'affaire des Templiers, de Galtier de Serres châtelain de la Salle neuve et des gardes soumis à ses ordres, se montaient à 124 livres 14 sols et 2 deniers tournois [3].

[1] Arch. Toulouse, L. VI.
[2] Arch Marestang
[3] Arch. Toulouse. Documents généraux.

Leur éloignement de Paris, la protection des autorités locales, sauvèrent sans doute les Templiers de Toulouse du sort subi par tant de leurs confrères, quoiqu'une grande quantité de dépositions recueillies dans le procès, s'accordent pour signaler cette maison de l'Ordre comme le théâtre habituel des crimes les plus honteux.

Pour terminer l'histoire de la maison de Toulouse, il nous reste à voir ce que devinrent dans son désastre ses immenses possessions. Les archives du Grand-Prieuré, vont nous permettre de l'indiquer au moins en partie. Nous avons vu comment le roi, après beaucoup d'hésitation et de chicanes, donna, le 12 mars 1312, à frère Léonard de Thibertis, procureur du grand-maître, l'investiture des biens adjugés à l'Ordre de l'Hôpital dans toute l'étendue du royaume.

En vertu de ces lettres patentes, Déodat de Rouaix bourgeois de Toulouse, délégué par Hugues de Gérard, juge d'appeaux, lieutenant de *noble et magnifique, Jehan de Malhomet, seigneur de Blaynville et sénéchal de Toulouse et d'Albi*, vint, le 27 décembre 1313, lever le séquestre royal de la maison du Temple, et en remettre la possession à frère Pierre de Caylus, lieutenant du Grand-Prieur de Saint-Gille. L'acte de prise de possession, contient un inventaire très intéressant de tous les meubles qui s'y trouvaient à cette époque; mais bien des mains plus ou moins spoliatrices avaient dû passer par là; car ce mobilier ne nous donnerait qu'une faible idée de l'opulence si vantée des Templiers. Dans la chambre du trésorier il n'est fait mention que d'armoires pleines de chartes, de quelques armures et de l'étendard du Temple enfermé dans un coffre; un objet désigné sous le nom d'*Alexandre* et qui n'était sans doute autre qu'un exemplaire du poème de ce nom, si renommé au XIIe siècle, et une viole viennent seuls rompre la monotonie de cette sévère nomenclature de boucliers, d'arbalètes, etc. Un acte séparé contient l'inventaire de l'église, qui avait conservé un plus grand nombre d'objets remarquables, entre autres un crucifix d'argent contenant une relique de la vraie croix et orné de 45 pierres précieuses [1]. Le même délégué mit les Hospitaliers

---

[1] Pieces justificat. n° XXIII.

successivement en possession de toutes les dépendances de la maison du Temple de Toulouse, Laramet, Larmont, Marestang, l'Ile-en-Jourdain, Bamville, Autizac.....

La maison du Temple de Toulouse, après sa réunion à l'Ordre de Saint-Jean, fut adjointe tout naturellement à la chambre Prieurale de cette ville, et demeura pendant toute la durée du XIV° siècle sans destination fixe. La location de ces immenses locaux, ne produisait qu'un assez médiocre revenu au trésor des Grands-Prieurs. L'un de ces derniers, Raymond de Lescure, qui signala son administration par un grand nombre de réformes utiles, conçut la pensée d'affecter ce bâtiment qui était sans grande utilité pour l'Ordre, à une œuvre se rapprochant du but primitif de l'institution des Hospitaliers. L'ardeur de la foi, qui avait jadis transporté ces multitudes de pèlerins vers les saints lieux, quoique bien diminuée depuis deux siècles, n'était pas encore complètement éteinte. Mais pour les hommes de la fin du XIV° siècle, les difficultés que savait surmonter l'enthousiasme de leurs pères pour venir s'agenouiller auprès du tombeau du Sauveur, étaient devenus des obstacles inabordables : le voyage était fort long, la mer, très fertile en naufrages et le cimeterre des Sarrasins, bien menaçant. Aussi trouvèrent-ils plusieurs moyens plus faciles pour satisfaire à la fois leur piété et leur amour des pérégrinations lointaines. Ce fut alors qu'on vit ces longues files de pèlerins se diriger le bourdon à la main, vers le tombeau des saints apôtres, à Rome, ou vers le sanctuaire vénéré de Saint-Jacques de Compostelle en Espagne. Ce dernier surtout était en grand honneur dans nos contrées, et la ville de Toulouse était encombrée de pèlerins que leur piété entraînait au-delà des Pyrénées. Leur nombre était si considérable et leur dénûment ordinairement si complet, que l'on avait déjà créé pour eux l'hôpital Saint-Jacques, situé près de Saint-Sernin, et qui ne tarda pas à devenir insuffisant. Ce fut alors que Raymond de Lescure conçut le projet de transformer la maison du Temple en une succursale de cet établissement. Le Grand-Maître, Philibert de Naillac, lui en accorda l'autorisation par une bulle du 24 novembre 1408 ; il affecta à cette œuvre, comme nous l'avons vu plus haut, les revenus de la commanderie de Garidech ; le Grand-Prieur de Toulouse et son chapître provincial, étaient chargés de la haute surveillance de l'hôpital et devaient nommer chaque année des commissaires pour cette inspection [1].

Nous trouvons dans les archives, plusieurs procès-verbaux de ces inspections annuelles. Nous nous contenterons de citer celles que firent en 1519 les chevaliers Jean Salomon, commandeur de Montsaunès, et Jacques de Manas, commandeur d'Argenteins. Nous les voyons s'informer minutieusement auprès des malades, « s'ils estoient bien traictez de lictz, « linceulx, couvertes, serviettes et autres choses à eux néces- « saires. » Après une visite consciencieuse, ils ordonnent diverses améliorations, ils prescrivent que tous les ans, on fera une provision de bois et de charbon pour la somme de 6 escuz, et qu'on remettra « 15 sols èz mains de l'hospita- « lière pour qu'elle en achète des grazals, trancheurs, platz « et escuelles pour le service des pouvres. » Quand un de ces derniers sera en danger de mort, la lampe de l'hôpital sera allumée toute la nuit [2].

Citons encore pour avoir une idée de ce qu'était dans toute sa simplicité, un établissement de bienfaisance au XVIe siècle, l'inventaire que fit faire en 1518 le commandeur de Garidech, Melchior d'Aspremont, de tout ce que comprenait l'hôpital du Temple, en présence du chapelain et de l'hospitalière de la maison. Le bâtiment se composait d'un seul corps de logis, où il ne se trouvait qu'une vaste salle « avec une grande « cheminée, quatre fenêtres bien closes, une grande table, « neuf litz avec leurs garnitures et une lampe à huile pour « esclairer la nuict. » Auprès de ce corps principal, s'élevaient des dépendances destinées au logement de l'hospitalière et aux décharges ; derrière, était le cimetière pour la sépulture des pauvres morts à l'hôpital. L'inventaire décrit

[1] Pièces justificat., n° XXIV.
[2] Arch. Temple. Garidech., L. I.

ensuite l'église et son clocher avec deux cloches, dans l'intérieur, son *presbytaire* séparé de la nef par une balustrade en bois, ses trois autels dédiés, le premier, à Notre-Dame, le second, à Sainte-Barbe, le troisième, à Sainte-Catherine. Puis vient la description détaillée du mobilier et des objets sacrés, parmi lesquels nous cherchons vainement les riches ornements et les précieuses reliques qui composaient le trésor de cette église lors de l'inventaire de 1313 [1].

Les Capitouls, parmi leurs nombreuses attributions, avaient la surveillance des hôpitaux. Des différends ayant surgi entre eux et les chevaliers de Saint-Jean, ils conçurent le projet de leur enlever la direction et la propriété de l'hôpital du Temple pour les donner aux Sœurs de Sainte-Claire de Saint-Cyprien. Ils soulevèrent mille chicanes et en vinrent jusqu'à contester les titres de possession des chevaliers. Le Parlement, saisi de cette affaire, rendit un arrêt par lequel le commandeur du Temple, était tenu de présenter dans un très bref délai la bulle de fondation de l'Hôpital; faute de quoi, il se verrait contraint de céder la maison du Temple aux prétentions de ses compétiteurs. Or, cette bulle n'avait été conservée qu'à Rhodes et cette ville étant alors assiégée par les Turcs, il devenait à peu près impossible de se conformer à l'arrêt de la cour. Dans cet embarras les chevaliers de Saint-Jean adressèrent leurs doléances au roi François Ier, protecteur déclaré de leur Ordre. Ce dernier leur fit délivrer immédiatement des lettres patentes, dans lesquelles, après avoir exprimé son indignation de voir les Capitouls « vouloir et « s'esforcer translater ung tas de religieuses assizes et ha- « bitantes en ung bon couvent à Tholoze en la maison et hos- « pitalité du Temple, » et considérant l'impossibilité où se trouvaient les chevaliers de produire leurs titres de possessions; « à cause de leur probable absence et continuelle « occupation qu'ils ont à la ville de Rhodes pour la tuhition « et défense de nostre foy catholique, contre les Turcs infi- « delles, qui notoirement se sont mis sus pour guerroyer et

---

[1] Arch. T. Goridech L I.

« opprimer lesdits religieux, » il accorda au commandeur de Garidech un an de sursis et jusqu'à cette époque, cassa, annula et révoqua tout ce qui avait été fait contre eux (1519) [1]. Grâce à la production de leurs titres qu'ils purent faire lorsque les communications avec Rhodes furent rétablies, la décision de la cour confirma leurs droits incontestables, les Capitouls renoncèrent à leurs desseins et les religieuses de Sainte-Claire durent se résigner à habiter leur couvent de Saint-Cyprien qu'elles firent agrandir dans la suite.

Quelques années plus tard, ainsi que nous l'avons dit ailleurs, un arrêt rendu le 25 février 1524 par le Parlement, vint réunir au Grand-Hôpital Saint-Jacques, la plupart de ces établissements de bienfaisance, que la charité de nos pères avait répandus avec une si admirable profusion dans les différents quartiers de la ville, mais dont la multiplicité même créait un danger en temps d'épidémie, pour l'état sanitaire du voisinage. Dans cette mesure, fut compris l'hôpital du Temple; cet établissement rentra dans le domaine particulier des commandeurs de Garidech, qui furent obligés de verser dans le trésor de l'Hôtel-Dieu, les sommes qu'ils employaient précédemment à l'entretien et au soulagement des pauvres recueillis sous leur toit. Cette dernière obligation ne tarda pas à paraître très onéreuse aux commandeurs qui s'ingénièrent à trouver le moyen de s'y soustraire ; d'autant plus que souvent leurs revenus étaient amoindris et leurs charges s'augmentaient d'une façon imprévue. C'est ainsi qu'en 1528, la famine, qui désola le pays et fit affluer à Toulouse un nombre considérable d'indigents, décida le Parlement à taxer tous les corps religieux, pour contribuer « à l'entretaînement et au nourrissement des pouvres, estant « en grand et excessif nombre en la cité, à cause de la sté- « rilité des fruits et famine de cette année. » La part du commandeur du Temple dans cette taxe fut fixée à 15 francs par mois, « en outre de ses aumônes ordinaires [2]. »

[1] Arch T. Garidech, L. I.
[2] Catel. Mémoires.

En présence de la négligence des commandeurs de Garidech à s'acquitter de leurs obligations envers l'hôpital Saint-Jacques, le sindic de cet établissement porta ses plaintes devant le Parlement. La cour de Toulouse demanda la production de la bulle de fondation de l'hôpital du Temple, et ordonna la saisie des revenus de la commanderie. Pour détourner le coup qui le menaçait, le commandeur, André de Guiramand, obtint du roi, des lettres patentes datées de Fontainebleau, 8 janvier 1549, par lesquelles, mécontent de voir que son Parlement tâchait de diminuer les ressources de *ces bons zélateurs et deffenseurs de la foy*, il évoquait devant son grand conseil, toutes les affaires relatives aux hôpitaux et notamment celles du Temple de Toulouse [1].

Pour assurer plus complètement le succès de cette affaire, le Grand-Maître, Jean de Homédès, ordonna par une bulle du 20 mai 1549, la suppression officielle de l'hôpital du Temple, suppression qui existait de fait depuis 1524. Dans ce document, considérant que l'ardeur des pèlerinages s'était bien refroidie depuis l'époque de cette fondation, que les charges qui pesaient sur Malte devenaient de jour en jour plus lourdes, notamment dans ce moment où la nécessité de fortifier l'île contre les ennemis de la croix se faisait impérieusement sentir, le Grand-Maître révoque la bulle de son prédécesseur Philibert de Nailhac; il décide que Garidech reprendra son état primitif de commanderie ordinaire. Une bulle du Pape vint bientôt après approuver et confirmer celle du grand-maître [2].

D'après les instructions que lui envoya le nouveau grand-maître Jean de la Valette, le commandeur de Garidech, Antoine de Thézan-Venasque, proposa au sindic de l'hôpital Saint-Jacques la voie de la conciliation. Ils remirent leurs discussions à l'arbitrage de « vénérables et égrèges per-« sonnes, Monseigneur Jean Daffis, quart président en la « cour suprême du Parlement de Thoulouze, Guerin d'Alzon, « François d'Auriac, conseillers en icelle, Bertrand d'Aigua,

[1] Arch. T. Garidech, L I.
[2] *Id.*

« avocat général en la dicte court, nobles Jean del Puech,
« Nicolas d'Hispania, Rogier du Prat, Bertrand Séré, Capi-
« toulz. » Ces arbitres décidèrent que le commandeur de
Garidech serait tenu de payer annuellement la somme de
300 livres; moyennant quoi l'Hôtel-Dieu devait « entretenir
« toute l'hospitalité, à laquelle était obligée la maison du
Temple, sans avoir rien à réclamer en plus [1]. »

La maison du Temple de Toulouse était devenue, depuis la
suppression de l'hôpital, la résidence habituelle des commandeurs de Garidech, quand ils venaient dans la contrée.
Depuis que les chevaliers de Saint-Jean faisaient des séjours
moins longs et moins fréquents dans l'île de Malte, où leur
présence était devenue moins nécessaire, ils ne tardèrent pas
à se trouver fort mal logés, dans ces vieux bâtiments où
aucune des exigences de la vie d'alors ne se trouvait satis-
faite. Le commandeur, François de Beausset, entreprit la
restauration et l'embellissement de la maison du Temple et y
contribua généreusement de ses propres deniers. « Ayant
« remarqué, est-il dit dans le procès-verbal de la visite de
« 1694, qu'une vieille grange presqu'en ruines occupait le
« plus bel endroit de l'enclos du Temple, attendu qu'il a sa
« vue sur la rivière de Garonne et sur le païs de Gascogne
« jusqu'aux Pyrénées, » il y fit construire avec l'autorisation
du chapître provicial un grand bâtiment à 4 étages ; il fit de
plus « enduire la muraille qui fait façade à la rue et la fit
« couronner par de beaux créneaux de briques, ce qui fait
« un joly effet pour la maison. » Toutes ces bâtisses avaient
coûté au chevalier de Beausset la somme de 6768 livres 16 sols
11 deniers [2].

De nos jours, on rechercherait vainement les derniers vestiges du Temple de Toulouse, et ce n'est qu'en consultant les
indications des anciens cadastres de la ville, qu'on peut fixer
son emplacement sur une portion des terrains occupés maintenant par le couvent des religieuses de la Visitation.

[1] Arch. T. Garidech, L. I.
[2] Acrh. Garidech, L. X.

§ 3. — *Cornebarrieu* (H).

Dans la partie nord du territoire de Pibrac s'étendait l'alleu de Cornebarrieu *(allodium de Cornebarrillio)*, au centre duquel s'élevait une église et un village que les anciens actes nous désignent sous le nom de *Saint-Clément de Cassarac* et qui prirent dans la suite la dénomination du fief où ils se trouvaient situés. Au mois de décembre de l'année 1128, Pierre de Pibrac donna à l'hôpital, à frère Raymond de Laignac, hospitalier, sa portion du dîmaire de l'église de Saint-Clément de Cassarac, en s'en réservant la seigneurie ; ceci se passait en présence d'Hugues de Pomarède, d'Esquat d'*Iscio* et de ses fils Raymond et Roger [1]. Un des descendants de ce même seigneur, Pierre Raymond de Pibrac, compléta cette donation par la cession des droits qu'il possédait sur ce territoire (1180) [2]. Par suite, les Hospitaliers furent seigneurs spirituels du village de Cornebarrieu, dont ils partageaient les dîmes avec le chapitre de Saint-Etienne et le Prieur des Bénédictins de la Daurade. Malgré le peu d'importance de ce qu'ils y possédaient, Cornebarrieu fut érigé par eux en commanderie. Dans la première moitié du XVe siècle, cette commanderie cessa d'exister et fut réunie à celle de Garidech, ainsi que nous l'avons vu plus haut.

§ 4. — *La Barthe, Flamarens, Albefeuille* (T).

Situés entre la Garonne et la Villedieu, les fiefs de la Barthe et de Flamarens, ainsi que la paroisse d'Albefeuille, faisaient partie de cette commanderie. Ce ne fut que vers le milieu du XVIIe siècle qu'ils en furent détachés pour former un membre de celle de Garidech. Leurs archives, fort peu considérables du reste, ne nous ont conservé qu'une sentence du

---

[1] Pièces justificat., n° XVI.
[2] Avch. Pibrac, L. I.

Nous devons par suite nous borner à mentionner la fin lugubre de cet établissement. Son commandeur, Jehan de la Cassagne, après s'être fait inscrire parmi les défenseurs de son Ordre, fut arrêté à son tour; soumis à la torture, il avoua tous les crimes qu'on lui imputait et fut brûlé avec quatre de ses compagnons sur la place de la Cité à Carcassonne (20 juin 1311) [1].

Après la suppression de l'Ordre du Temple, la Nougarède fut adjugée aux Hospitaliers, qui la conservèrent tout d'abord en commanderie. Cette dernière n'eut jamais du reste un grand développement. Le seul document de quelque intérêt que nous trouvons dans ses archives est le récit de débats survenus entre le commandeur et l'autorité civile de Pamiers. Le premier s'appuyant sur la charte de 1136 et sur les privilèges qui y étaient concédés par le comte de Foix, prétendait avoir la seigneurie entière de tout le territoire de la Nougarède; le Prévôt de Pamiers lui fit inhibition d'exercer la haute justice dans ce lieu qui faisait partie des dépendances immédiates de la cité. Le chevalier adressa alors ses réclamations au Saint-Siège et obtint en effet des lettres apostoliques confirmant les privilèges de l'Ordre et ceux de sa maison en particulier ; il les fit publier aussitôt « sur l'échafaud *(al cadafal)* » de l'église du Camp à Pamiers. C'était la guerre ouverte et déclarée qui menaçait de durer de longues années, lorsque les parties résolurent de terminer leur différend à l'amiable. Le document en question nous introduit dans l'église des Frères Mineurs de Pamiers ; aux pieds du maître-autel siège le « Révérend Père en Dieu, Mgr l'Evêque de Pamiers ; » devant lui se présentent d'un côté « noble Sire Mgr Guillaume de
« Morilhon, chevalier de l'Ordre de Saint-Jean et comman-
« deur de Notre-Dame de la Cavalerie ou de la Nougarède, et,
« de l'autre, savants et discrets personnages, Messire Jean de
« Roquefort, juge mage du comté de Foix, Maître B. de Serre,
« Prévôt de Pamiers, et Maître B. dels Baratz, procureur des
« consuls de la ville. » La fin du parchemin ayant disparu

---

[1] Dupuy, Histoire de la condam. des Templiers.

nous ne pouvons savoir quelle sentence prononça l'Evêque. (mai 1461) [1].

Le peu d'importance de cette commanderie en amena la suppression à la fin du XV⁰ siècle, et l'adjonction à celle de Caignac. Depuis cette époque nous ne trouvons dans ses archives aucun fait digne de remarque.

§ 9. — *Canens.*

Le 27⁰ jour du mois de juin de l'an de l'Incarnation 1156, le chevalier Arramond d'Aspet, accompagné de ses deux fils Arnaud-Arramond et Roger, se rendait au Temple de Montsaunès qu'il avait déjà comblé de ses faveurs. Là, en présence de tous les Templiers de la maison, il fit donation à Dieu, à Notre-Dame de Montsaunès, à Guillaume de Verdun, Commandeur du château, de la ville et des habitants de Canens, de son territoire, de la seigneurie haute, moyenne et basse, « comme il l'avait dans les autres châteaux » ainsi que de l'église, des dîmes et des premisses. « Si quelqu'un veut « contrevenir à ce don qu'il soit maudit de Notre-Seigneur « Jésus-Christ, de Madame Sainte-Marie, des neufs Ordres « des Anges, des quatre Evangélistes, des douze Apôtres, de « tous les Martyrs, de toutes les Vierges, de tous les Confes- « seurs et de toute la cour céleste [2]. »

Après la suppression de l'Ordre du Temple, la ville de Canens et ses dépendances furent détachées de la commanderie de Montsaunès pour être réunie à celle de Caignac dont sa position géographique la faisait dépendre plus naturellement. Nous voyons dans la suite ce membre donné successivement à plusieurs religieux, son éloignement du chef lieu de la commanderie nécessitant cette mesure. Mais cette habitude de distribuer à des chevaliers certains membres des commanderies n'était qu'une simple tolérance et le Grand-

[1] Arch. Pamiers, L. I.
[2] Pièces justificatives, n⁰ XXXVII.

Maître Aymeri d'Amboise interdit même complètement cet abus. Le membre de Canens était alors possédé par Théobald de Verdusan qui en avait été pourvu par un de ses parents, commandeur de Caignac. Ce dernier ferma en sa faveur les yeux sur cette imfraction aux règlements ; mais il n'en fut pas de même avec son successeur, Géraud de Massas, qui, ne pouvant persuader au chevalier de Verdusan de restituer de plein gré le membre de Canens, porta l'affaire devant le Grand-Conseil de l'Ordre (1513). Une bulle du Grand-Maître Fabrice de Carette obligea Théobald de Verdusan à renoncer au membre de Canens et chargea Jean Salomon, Commandeur de Montsaunès et B. de Golard, Commandeur d'Argenteins de le faire restituer à son légitime propriétaire (10 juillet 1514)[1].

§ 10. — *Saint-Girons. — Audinat. — Sallan.*

Les archives nous faisant complètement défaut pour ses différentes possession de l'Ordre dans la partie montagneuse de l'Ariège, nous ne pouvons que les mentionner ici ; elles devaient constituer primitivement une petite commanderie réunie dans la suite à cause de son peu d'importance à celle de Caignac. Notre-Dame de Sallan, qui en dépendait et qui même lui avait donné son nom, était une chapelle bâtie dans les régions les plus abruptes des Pyrénées.

1º Liste des Commandeurs de Caignac.

1136. Raymond de la Bruguière.	1173. Hugues de *Sordizia*.
1140-1152. Bernard d'Azillan	1175-1176. Gausfred.
1153 Raymond de Boville.	1178-1182. Raymond Matfred.
1166. Raymond Petit.	1192. Pierre Soubiran.
1171. Géraud de Saint-André.	1201. Boson.
1172. Bernard de Gavaldan.	1202-1204. Raymond de Rieux.

[1] Arch. Canens, L. 1.

1205. Guillaume Raymond.
1209-1213. Pons.
1213-1214. Guillaume de Lordat.
1215-1223. Pons (2e fois).
1223-1224. Athon de Vacquiers.
1224-1225. Guillaume de Boyer,
1225-1226. Géraud de Miramont.
1228-1230. Amiel de Pailhès.
1231-1232. Roger de Saint-Mézard.
1235-1236. Pierre d'Arren.
1237. Sanche de l'Epée.
1238. Guillaume de Saint-Romain.
1239. Pierre de Cayrane.
1252-1255. Sicart de Miramont.
1256-1258. Bertrand de Fau.
1258-1262. Sicard de Miramont (2e f.).
1262-1263. Azemar de Miramont.
1264. Guillaume de Las Tours.
1266. Guillaume de Saint Jean.
1267. Fabre de Virac.
1269-1272. Albert de Rosset.
1274-1276. Guillaume du Puy.
1277-1278. Galhart de Caritat.
1278-1279. Géraud de Colomb.
1280-1284. Bernard de Savignac.
1285. Arnaud de *La Mastra*.
1286-1288. Raymond de Saint-Just.
1291-1295. Ermengaud des Aguilhiers.
1299. Arnaud de Montlaur.
1301-1306. Bernard de Villars.
1307-1308. Elie de Montdragon.
1309-1310. Raymond de Valmale.
1311-1312. Bertrand de Jocon.
1313-1314. Pierre de Caylus.
1314-1315. Pons de Castelnau.
1315-1316. Guillaume de Chavadon.
1316-1317. Raymond de *Carbuscio*.
1317-1318. Raymond des Alpes (*de Alpibus*).

1332. Reginald de Mirepoix.
1323-1330. Guillaume de Relhane
1331-1339. Stulte de Ruthène.
1345-1358. Guichard de l'Ongle.
1359-1361. Pons de Rafaud.
1370. Guibert de Buzens.
1390-1391. Bernard de Belpech.
1393-1396. Bertrand Claustra, Receveur du Grand-Prieuré.
1397-1398. Ayméric de Montlaur.
1399-1400. Elzias de Rossac.
1437. Pierre de Raffin.
1457-1475 Guillaume de Calmont.
1489-1494. Jean de Roquelaure Saint-Aubin.
1494-1495. Bernard de Montlezun.
1497-1508. Gaston de Verdusan.
1513-1534. Géraud de Massas, Receveur du Grand-Prieuré.
1541-1545. Philippe du Broc.
1560-1561. Balthazar de Coulans.
1570 Philippe de Vir-Toulanès
1590. François de Moreton-Chabrillant.
1599-1607. Arthur de Glandevez Pépin
1611-1617. Jean de Rodulphe Beauvoir, Receveur du Grand-Prieuré.
1618-1628. Georges de Castellane d'Alluys.
1629-1634. Jacques de Chasteauneuf-Montléger.
1635-1657. Louis de Tersac-Montberaut.
1669-1670. Gabriel de Grilhet-Cazillac.
1695-1696. Gaspard de Blacas Carros.
1726. Joseph de Forbin d'Oppède.
1736-1743. Jean-Antoine d'Hautpoul.
1753-1765. Joseph-Gabriel de Thomas de Gignac.
1783-1789. N. d'Eaulx.

2° Liste des Commandeurs du Rival ou de Saint-Michel-de-Lanès.

1170-1175. Dame Aiceline.
1175. Pons de Cominian.
1176-1191. Bernard de Barcian.
1192-1195. Pierre de Marcin.
1212-1221. Pons de Barcian.
1223. Arnald Dominique.
1225-1226. Etienne.
1234. Raymond.
1236-1239. Dominique.
1243. Jacob.

1279. Arnaud de *Garidueit*.
1231-1282. Pierre de Mataron.
1284. Marquis d'Escornebœuf.
1286. Géraud d'André
1288. Hugues de Vascon.
1295. Pierre de Belet.
1298. Bernard de *Vintro*.
1307. Bernard Fabre.
1308-1315. Raymond de Roqueblave.
1323-1324. Guincard de l'Ongle.

3° Liste des Commandeurs du membre de Viviers.

1270. Hugues de *Electo*.
1288. Arnaud de Barri.

4° Liste des Commandeurs du membre de Siuraguel.

1489-1497. Jean de Montussac.

5° Liste des Commandeurs de Thor-Boulbonne.

1193. Bernard de Gavaldan.
1205. Guillaume Raymond.
1212. Bernard de Durban.
1230. Bernard-Amiel de Pailhès
1242-1244. Bertrand de Fraxines
1248-1258. Sicard de Miramont.
1272. Bernard d'Aure.
1276. Albert de Rousset.
1277-1279. Pierre de Tournel
1280-1295. Bernard de Miramont.

1305-1308. Pierre de Tournel. (2e fois)
1309. Guillaume Chaste.
1315. Pierre de Clermont.
1316. Bertrand de Pérelhe
1320. Antoine de Chavanon, Prieur de Navarre.
1323. Roymond de Valmale.
1370. Roger d'Hautpoul.
1398. Jean du Plantier.

6° Liste des Commandeurs de la Cavalerie de Pamiers ou la Nougarède.

1136. Arnaud de Bédous.
1260. Arnaud Dozira.

1271-1290. Pierre de Cazes
1307. Jean de la Cassagne.

1409-1410. Bertrand d'Azémar.
1410-1411. Georges de Marmaran

1467-1468. Guil. de Morilhon.

7° Liste des Commandeurs partiels du membre de Canens.

1491-1495. Pierre de Molis, prêtre.
1498. Raymond Gélade.

1508-1514. Théobald de Verdusan.

8° Liste des Commandeurs du membre de Sallan.

1324-1325. Raymond de Sacquet.
1388. Jean Mauria.

1398. Raymond de Hoamar.
1421. Adhémar du Mas.

CHAPITRE VI

Commanderie de Pexiora (Puysubran).

CHAMBRE MAGISTRALE

MEMBRES : VILLENOUVETTE, LAS-BORDES, BESPLAS, ARRENS, FONTERS, BRAM, VILLARS, LAURABUG, CUMIÈS, FONDEILLES, MIRAVAL, SAINT-JEAN DE CARTLES, MAS-SAINTES-PUELLES, MAUREMONT, MONTESQUIEU, BAUX, CASTELNAUDARY, VILLENEUVE-LA-COMTAL, AVIGNONET, LE PIN.

§ I. — *Pexiora (Puysubran).*

Cette commanderie, située à l'extrémité du Lauragais entre Bram et Castelnaudary, est l'une des plus anciennes de l'hôpital dans nos contrées. Sa fondation remonte en effet à la première année du XII⁰ siècle, alors que l'ordre de Saint-Jean, n'était encore que l'humble hôpital de Jérusalem, mais au moment où la première croisade lui donnait un accroissement motivé par les services déjà rendus à la cause catholique. La charte de donation primitive, mérite, tant à cause de son âge que des détails intéressants qu'elle nous fournit, de fixer notre attention ; nous allons nous y arrêter quelques instants.

Un certain nombre de seigneurs de cette partie du Lauraguais, Gislabert de Laurac, Pierre Roger, Pierre de Saissac, Roger son frère, Raymond Pons, Bernard Garin, Bernard Miron, Bernard d'Alaman, Wilhelm de Sales, Asalit, B. Miron de Pebrense, etc., « pêcheurs indignes (tel est le seul titre « que l'humilité chrétienne a permis à ces fiers barons), « pensant avec douleur aux injures, aux mauvais traitements

« et au dénûment, auxquels sont soumis les pauvres de Jésus-
« Christ dans la cité de Jérusalem, pour se conformer aux
« préceptes charitables de l'Evangile et mériter la récom-
« pense éternelle, promise à ceux qui les auront suivis, » donnaient en franc-alleu au Saint-Sépulcre pour l'entretien des
frères pèlerins, dans les mains « d'Izarn, évêque de Toulouse
« et de Jean Boniol, Prieur de Jérusalem dans la contrée, la
« ville et la salvetat de Puysubran, situées dans le pays tou-
« lousain. » Cette donation, « faite avec le consentement des
« clercs et des laïques, habitant dans ce territoire, » les seigneurs l'observeront toujours ; ils le jurent, les mains étendues sur « un morceau de la vraie croix, et sur les reliques
« du Saint-Sépulcre, de Saint-Laurent et d'autres saints, » et
dévouent à la malédiction céleste ceux qui tenteraient de
l'enfreindre à l'avenir. Ils y ajoutent 110 *muids* de terre
inculte situés dans l'alleu de Villenouvette, près des croix de
limites de la Salvetat, « pour fournir à la nourriture et à
« l'habillement des clercs du Saint-Sépulcre. » L'un d'entre
eux, Wilhelm Fort, donne de plus, « en compensation du
« pèlerinage (croisade) dont il avait pris l'engagement et
« qu'il n'avait pu entreprendre, » sa terre de *Pradalz*, près
de la Salvetat de Puysuiran, en franc alleu, aux clercs du
Saint-Sépulcre. L'évêque Izarn approuve et confirme cette
donation ; il prescrit aux « clercs présents et futurs de
« Puysuiran de servir les frères de l'hôpital de Jérusalem et
« de leur être soumis, en réservant toutefois l'obéissance
« qu'ils doivent à lui et à Saint-Etienne ; » il s'engage enfin à
être le protecteur des Hospitaliers de Puysuiran et à prier
ses successeurs d'en faire autant à l'avenir. Après la confirmation de l'évêque, la charte nous donne celles de Bertrand,
comte de Toulouse et d'Ermengarde, vicomtesse de Carcassonne. L'hospitalier Gérard, qui représente pour toutes les
anciennes fondations de l'Ordre dans nos contrées le Prieur
de Jérusalem, vient ensuite, au nom de ce dernier, ériger
Puysuiran en commanderie, dont il confie la direction à deux
frères de Saint-Jean, Pierre Raymond et Raymond Pons, chapelain, avec la mission d'y construire un monastère et sous la

condition que « pour chaque raze de terre, ils paieront à « l'hôpital un denier melgorien. » Il lit ensuite des missives du pape Paschal II et du patriarche Dagobert, qui accordent des indulgences et la rémission de leurs péchés, à ceux qui aideront Pierre Raymond dans son œuvre et à tous les bienfaiteurs de la nouvelle maison.

Comme seule indication de date, nous lisons que cette charte fut faite du temps de pape Paschal et du patriarche Dagobert. Nous allons essayer de préciser d'avantage au moyen des personnages que nous voyons figurer sur ce vénérable parchemin. Pascal II, occupa le trône pontifical de 1099 à 1118. Dagobert, archevêque de Pise et légat du Pape à la première croisade, fut nommé patriarche de Jérusalem en 1101. Izarn fut enlevé par la mort au siège épiscopal de Toulouse en 1105. Bertrand fils de Raymond de Saint-Gilles recouvra en 1100 le comté de Toulouse, dont l'administration lui avait été confiée par son père lors de son départ pour la croisade et qui lui avait été enlevé en 1098 par Guillaume duc d'Aquitaine. Quant à Ermengarde, vicomtesse de Carcassonne, dom Vaissette croit qu'elle mourut dans la seconde partie de l'année 1101. De toutes ces indications nous pouvons conclure que la donation, dont il s'agit, fut faite en 1100, ou au plus tard dans le commencement de l'année 1101, qui vit disparaître la vicomtesse Ermengarde. Du reste nous pouvons croire que quelques-uns des faits, dont il est ici question, durent se passer à plusieurs années de distance ; car les personnages, qui sont nommés dans ce document, se trouvaient les uns dans le pays Toulousain, les autres à Rome, les autres enfin à Jérusalem et, quoique, par suite des croisades, les communications fussent devenues plus nombreuses entre ces différents pays elles n'étaient encore ni bien faciles, ni bien fréquentes. Ce qui le prouve, c'est que cette charte est datée du règne de Louis (VII) qui ne monta sur le trône qu'en 1108 [1].

Les archives nous fournissent ensuite une série de donations faites à la nouvelle maison et dont nous allons nous

---

[1] Pièces justificat. n° XXXVIII.

contenter d'énumérer les plus importantes. Dans une charte non datée, deux des seigneurs qui ont figuré dans la précédente, Gilabert de Laurac, et Bernard d'Alaman donnent à la maison de Puysuiran, chacun une rente de deux quartons de sel pour chaque marché, tenu le vendredi au lieu de la Salle [1]. Nous trouvons aussi trois actes de donation de terres, situées à Puysuiran, faites la première par dame Ponce de Saisac, la seconde par Gausfred Martel et la troisième par Guillaume de Castelnau; ces chartes sont datées des années 1102 et 1103; mais le copiste a commis ici une erreur, car, en consultant les diverses indications qu'elles contiennent, nous ne pouvons les faire remonter qu'à l'année 1113 [2]. Nous voyons quelques années plus tard, un certain nombre de chevaliers de la contrée, venir demander la faveur d'être ensevelis dans l'église de Puysuiran et l'acheter par de nouvelles largesses ; Gilabert de Laurac et Sicard son frère, en donnant deux arpents de vignes à Corbières, leurs armes et leurs chevaux, Bernard d'Alaman, le tiers de ses revenus; Bernard Miron l'agrier de Villenouvette ; Roger de la Tour, toute sa portion du dîmaire de Saint-Martin de la Salle ; Pons de Saint-Michel, son cheval et ses armes, etc. Toutes ces donations furent faites entre les mains du Précepteur Raymond de la Bruguière, le 4 des nones de Juillet 1124 [3].

L'année suivante, l'hôpital s'enrichissait de la seigneurie de Saint-Martin de la Salle, qui lui était donnée par Gilabert, et Sicard de Laurac, Roger et Guillaume de la Tour (1125) [4]. Notons enfin le testament que fit en faveur de la maison de Puysuiran le chevalier Pierre de Saint-Michel, qui, en revenant d'un pèlerinage à Saint-Jacques de Compostelle, tomba malade dans la ville de Morlas et y mourut (1155) [5], et l'entrée dans l'Ordre de noble Rolbert de Penautier, qui apporta avec sa personne toutes ses possessions dans le comté de

---

[1] Arch. Puysuiran, L. XII.
[2] Arch. Puysuiran. L. I.
[3] *Id.*
[4] Arch. Besplas, L. I.
[5] Arch. Puysuiran, L. I.

Toulouse et notamment, au Mas-Saintes-Puelles et au terroir de la Salle (1167) [1].

Cette sympathie générale qui entourait ainsi les origines de la maison de Puysuiran, ne la mettait pas toujours à l'abri des violences, dont, là comme partout ailleurs, la religion ne tardait pas à inspirer des remords à leurs auteurs et à amener la réparation. C'est ainsi que les archives nous montrent Arnaud-Raymond de Laurac, donnant au Précepteur plusieurs de ses terres, pour faire amende honorable des attaques à main armée, commises par lui contre l'hôpital et compenser les têtes de bétail qu'ils lui avaient enlevées, et prenant solennellement l'hôpital et la ville de Puysuiran sous sa protection et sa sauvegarde (1158) [2].

La puissante famille des seigneurs de Laurac, multipliait les marques de sa bienveillance envers l'hôpital. Au mois de février de l'année 1177 (1178), nous trouvons les trois frères Sicard, Guillaume et Pierre de Laurac, en présence et avec le consentement d'une nombreuse assemblée de chevaliers et de bourgeois de Castelnaudary et de Laurac, concédant aux Hospitaliers l'entière seigneurie des maisons et des terres qu'ils possédaient dans les villes ou places leur appartenant, ainsi que de celles qu'ils pourraient y acquérir dans la suite et les déclarant libres « de tout service et de tout usage [3]. »

Cependant la ville de Puysuiran ne prospérait guère ; les habitants hésitaient à venir transporter leurs résidences dans cette place ouverte, située sur la principale route du midi de la France et qu'une ceinture de murailles ne protégeait pas contre les entreprises de la moindre troupe armée, passant dans son voisinage. C'est à cet état de choses que résolut de rémédier le Commandeur Pierre de Soubiran. Pour venir à bout de l'entreprise coûteuse de la fortification de la ville, il eût recours aux plus puissants seigneurs du pays, Sicard de Laurac et Aymeric de Roquefort, et conclut avec eux un traité de paréage, par lequel il leur abandonna une portion

[1] Arch. Besplas, L. I.
[2] Arch. Puysuiran, L. I.
[3] Arch. Puysuiran, L. I.

de sa juridiction. Les archives nous ont conservé la charte de commune octroyée par les trois seigneurs, dans le but d'attirer de nombreux habitants dans leur nouvelle bastide. Ils maintiennent le droit d'asile dans ce territoire ; tout homme qui viendra s'établir dans la ville, choisira, à son arrivée, le seigneur, sous la protection de qui il voudra se placer ; les habitants, exempts de tout droit de leude, ne paieront que le *sextarage* pour le sel, d'après les coutumes de Castelnaudary, la justice sera exercée par indivis au nom des trois seigneurs (1194) [1].

Cette dernière disposition, soit par suite de nouveaux arrangements, soit par suite de négligence d'un côté et d'usurpation de l'autre, ne paraît pas avoir été maintenue dans les siècles suivants et les archives ne font plus mention de la juridiction des Hospitaliers sur la ville de Puysuiran.

Le XIIIe siècle fournit à la commanderie une ample moisson de discussion, de procès et de transaction. Ce sont d'abord les habitants de Puysuiran et ceux de Villepinte, qui, pour une question de dépaissance, mirent les armes à la main et qu'un accord conclu en 1253, sous les auspices du commandeur vint réconcilier au moins pour quelque temps [2]. Nous voyons ensuite Bernard de l'Isle, seigneur de Fanjeaux, sa sœur Agnès et son beau-frère, Pons-Amiel de Lordat, disputer au commandeur sa seigneurie sur le territoire de la Salvetat de Villefranche qu'un de ses prédécesseurs avait cédé en bail emphithéotique à leur famille (1260) [3]. C'est enfin l'évêque de Toulouse, Bertrand de l'Isle, qui réclame comme lui appartenant les dîmes prélevées par les Hospitaliers de Saint-Etienne de *Senhalen*, à Saint-Hilaire de Parade ; à Chaudeval et à Linairolles (1271) [4].

Auprès de la ville de Puysuiran, s'élevait un château fort qui appartenait à un des plus illustres et des plus braves chevaliers de cette époque, à Olivier de Termes dont le

---

[1] Arch. Puysuiran, L. II.
[2] Arch. Puysuiran L. XII.
[3] Arch. Puysuiran, L. II.
[4] *Id.*

sympathique souvenir n'est pas effacé par ceux de Saint-Louis et de Joinville. En 1257, il était sur le point de repartir pour la croisade et, ayant eu l'honneur de se ruiner au service de sa patrie et de son roi, il se voyait forcé de vendre la plus grande partie de ses domaines pour subvenir aux frais de cette expédition d'outremer, où il devait trouver la fin de son héroïque carrière : le château de Puysuiran fut vendu à l'abbaye de Fontfroide [1]. Quelques années après la mort d'Olivier de Termes, l'abbé Guillaume voulut élever quelques prétentions sur la ville de Puysuiran ; le commandeur Albert de Rosset n'eut qu'à présenter ses titres de possession pour faire cesser toute tentative contraire à ses droits (1260) [2].

Nous ne passerons pas sous silence une marque de faveur signalée, accordée par Sanche « roi de Castille, Léon, Gallice, « Séville, Tolède, Murcie, Gehen... » à un des commandeurs de l'Hôpital de Puysuiran. « Pour récompenser les services « que son amé, Ermengaud des Aguilhers, Commandeur de « Puysuiran et de Caignac, lui avait rendus » le prince espagnol lui octroya, le jour des Kalendes de décembre de l'année 1293, une charte par laquelle il le prenait sous sa sauvegarde et lui promettait sa protection pour tout ce qui regarderait sa personne ou sa commanderie [3].

Au commencement du XIVe siècle, lors de l'érection du Grand-Prieuré de Toulouse, la commanderie de Puysuiran, augmentée de quelques possessions que les Templiers avaient dans les environs, devint *chambre magistrale*. Les Grands-Maîtres l'administrèrent dans la suite, au moyen de procureurs, qui prenaient le titre de commandeurs, comme ceux des autres circonscriptions, et qui ne différaient de ceux-ci qu'en ce que leur nomination était au choix des Grands-Maîtres, et que la durée de leur charge dépendait de la volonté de ces derniers.

En 1479, un traité, conclu entre le roi Louis XI et le

---

[1] Dom Vaissette, liv. XXVI.
[2] Arch. Puysuiran, L. XII.
[3] *Id.*

seigneur de la Tour, comte d'Auvergne, donnait à ce dernier le comté de Boulogne et faisait passer le Lauragais dans le domaine royal ; comme nous l'avons fait remarquer plus haut, les droits de juridiction des Hospitaliers sur la ville de Puysuiran s'étaient complètement perdus, et nous les trouvons exercés sans partage depuis cette époque par les officiers royaux. C'est ce que vient nous prouver la reconnaissance féodale consentie par les consuls de Puysuiran « à Monseigneur le Daulphin, duc de Bretagne, et à sa « femme Madame Katherine de Médicis Comtesse de Lau- « ragais et seigneuresse de Puysuiran » (1544) ; on y voit que « Monsieur le juge du Lauraguais est juge pour Mon- « seigneur le Daulphin au lieu de Pechsuiran, qu'il a « droit d'y instituer les consuls, » que ces derniers sont juges de toutes les causes civiles et criminelles jusqu'à la somme de 20 sols, et que *la baillie* y appartient entièrement au Dauphin [1]. Philippe du Broc, Grand-Prieur de Saint-Gille et Commandeur de Puysuiran, entra en marché avec les commissaires de la reine Catherine de Médicis et leur acheta « les droits de notaire, de greffier, de leude et de péage, « la haute et basse juridiction, et le consulat de Puysubran » pour le prix de 3,000 livres. Le 5 novembre 1554, le chevalier prit possession des droits qu'il venait d'acquérir pour son Ordre [2].

Quoiqu'il ne soit pas fait mention de la ville de Puysuiran dans les histoires de nos contrées pendant les guerres religieuses, elle eut, comme presque toute les villes du Midi, son histoire militaire à cette époque. Nous lisons dans Dom Vaissette que pendant les mois de février et de mars de l'année 1570, l'armée des princes protestants, partie de Montauban, traversa et ravagea le Lauragais dans toute sa longueur [3]. Puysuiran, ville catholique et placée sur le passage des huguenots ne pouvait échapper à leurs coups. En effet, le 3 mars, ils s'en emparèrent et, ainsi qu'ils le

[1] Arch. Puysuiran, L. XI.
[2] *Id*
[3] Dom Vaissette, livr. XXXIX.

faisaient partout ailleurs, leur premier soin fut de saccager et de brûler l'église. Aussi, dès que le calme se fut rétabli, trouvons-nous les consuls de Puysuiran assignant devant la cour du sénéchal de Lauragais et puis devant le Parlement de Toulouse, leurs seigneurs spirituels, le commandeur Raphaël de Graves-Sérignan et l'évêque de Saint-Papoul pour les contraindre à faire reconstruire leur église « où le service divin ne pouvait plus se célébrer. » Le premier s'exécuta et pour éviter l'ennui de plus longs procès, il consentit, le 13 avril 1598, à verser entre les mains des consuls la somme de 100 *escus sols* pour la moitié des dépenses de cette reconstruction [1].

Grâce à la somme fournie par le commandeur et à celle que dût payer l'évêque de Saint-Papoul, l'église de Puysuiran ne tarda pas à sortir de ses ruines. Les procès-verbaux des visites de la Commanderie nous en donnent la description, en vantant sa beauté et nous montrent sur la plate-forme de sa tour « deux fauconneaux de fonte appartenant au com-« mandeur, et qui avoient esté placés dès longtemps pendant « les guerres, pour la conservation du dict lieu [2]. » Dans la nef de l'église était placée une auge en pierre, ornée de fleurs de lys, qui, d'après le dire des consuls, était l'ancienne mesure de capacité figurant dans les vieux actes sous le nom de la *Pauque*, et dont les habitants avaient coutume de se servir, jusqu'à ce que le Parlement de Toulouse eût ordonné de la remplacer par celle de Castelnaudary (1718) [3].

Les commandeurs avaient transporté dans les derniers temps leur résidence habituelle à Castelnaudary. Nous voyons, en effet, le commandeur Jean-Baptiste de Percy acheter en 1749, au prix de 100 livres, « de la confrérie des « procureurs et avocats de Castelnaudary, » la faculté d'avoir un banc à trois places pour lui et pour ses successeurs, dans la chapelle de Saint-Yves, de cette ville [4].

[1] Arch. Puysuiran, L. XII.
[2] Arch. Puysuiran, L. XIV.
[3] Arch. Puysuiran, L XIII.
[4] Arch. Castelnaudary, L. I.

De cette Commanderie dépendait des membres nombreux, disséminés dans toute la contrée avoisinante; c'étaient : Villenouvette, las Bordes, Besplas, Arzens, Fouters, Bram, Villars, Laurabug, Cumiès, Fondeilles, Miraval, Villeneuve-le-Comtal, Castelnaudary, Saint-Jean-de-Cartels, le Mas-Saintes-Puelles, Mauremont, Montesquieu, Avignonnet, Baux et le Pin.

§ 2. — *Saint-Martin de la Salle.* — *Baux.* — *Besplatz.*

Comme nous l'avons vu plus haut, de nombreuses donations faites à l'Hôpital de Puysuiran, vers le milieu du xii⁰ siècle, l'avaient rendu possesseur d'une grande partie du territoire de Saint-Martin de la Salle. En 1311, nous trouvons un accord conclu entre Arnaud de Vilar, seigneur de la Salle, en Lauragais, et Bernard de Saint-Maurice, Commandeur de Castelsarrassin et lieutenant du Grand-Maître Foulques de Villaret, par lequel le premier cède à l'Hôpital tous ses droits sur le lieu de Baux et reçoit en échange tout ce que la maison de *Puysuiran* possédait au lieu de la Salle [1]. Lors du passage de l'armée protestante, en 1570, l'église de Baüx fut livrée aux flammes; un peu plus tard, les habitants ayant voulu forcer devant le Parlement le commandeur à la leur rebâtir, ce dernier refusa en prétendant que, l'église démolie n'ayant jamais été paroissiale, rien ne l'obligeait à cette dépense [2]; la Cour de Toulouse renvoya cette affaire à la décision de l'archevêque. Après nous avoir indiqué la donation d'une portion du territoire de Besplas, dans la première partie du xii⁰ siècle, les archives de ce membre nous montrent le commandeur de Puysuiran l'inféodant en 1170 aux habitants de cette localité, pour qu'ils y plantent des vignes, à la condition de lui payer le quart de la récolte [3]. Dans la suite, nous nous

---

[1] Arch. Baux, L. I.
[2] *Id.*
[3] Arch. Besplas, L. I.

contenterons de noter les débats survenus entre le commandeur et les *manants* de Besplas pour la reconstruction de leur église également ruinée par les Huguenots, et la transaction par laquelle le chevalier accorda à ses vassaux pour cela une somme de 150 livres (1598) [1].

§ 3. — *Avignonet*.

Le 6 septembre de l'année 1177, Sicard de Laurac, Titburge, sa femme, et leurs enfants, Sicard, Guillaume, Pierre et Guilabert, ainsi que Hugues de Montferrand, donnèrent à Alfarit, Commandeur de Puysuiran, le dimaire de *Gaulegrand*, situé près d'Avignonet « à condition pour le commandeur « d'entretenir à perpétuité dans la maison de Puysuiran, un « prêtre qui dira tous les jours la messe pour la rédemption « des péchés des donateurs [2]. »

Bien que figurant dans cette charte, Sicard, Guillaume et Pierre de Laurac ne respectèrent pas la donation paternelle et s'emparèrent de Gaulegrand par la violence. C'est ce que nous apprend la restitution qu'ils en firent, en 1191, à Guillaume de Montégut, Commandeur de Puysuiran. Nous ne trouvons à noter dans la suite des archives de ce membre que la transaction conclue entre le chevalier Aymeric de Thurey et les consuls d'Avignonet, au sujet de la dîme du pastel; « pour chaque ceterée, mesure de Toulouse, il était dû au « commandeur 2 sols tolsas. » (1316) [3].

§ 4. — *Le Pin*.

Le lieu du Pin, situé au sud de Puysuiran, par suite d'une donation qui ne nous a pas été conservée, appartenait en toute seigneurie aux Hospitaliers. La haute juridiction leur en fut

[1] Arch. Besplas, L. I.
[2] Arch Avignonet, L. I.
[3] Arch. Avignonet, L. I.

disputée au milieu du XIII° siècle par l'abbé de Boulbonne; l'affaire remise, en 1267, à l'arbitrage de Pierre de Tournel, Commandeur de Renneville et de frère Guillaume de Montpézat, moine de Boulbonne [1], dût se terminer à l'avantage des Commandeurs de Puysuiran, que nous allons voir continuer leurs fonctions de seigneurs hauts justiciers au lieu du Pin.

La longue et désastreuse période des guerres contre les Anglais, les pestes et les famines qui étaient venues plus d'une fois joindre leurs ravages à ceux des invasions ennemies, avaient laissé des traces profondes dans la contrée, dont nous nous occupons. Des landes désertes et incultes présentaient de tous côtés l'image de la désolation ; les populations éperdues, sous le coup des maux qui venaient de les frapper et qu'elles redoutaient encore, n'osaient pas se hasarder dans la campagne pour venir cultiver leurs terres et réparer les désastres accumulés. Petit à petit cependant le pays sembla secouer sa stupeur ; les seigneurs, dans le but de repeupler leurs fiefs, recouraient dans bien des endroits aux moyens employés jadis par leurs ancêtres pour le défrichement des forêts qui couvraient alors le pays : ils se remettaient à à accorder de nouvelles chartes de privilèges à leurs vassaux. Les archives de la commanderie nous font assister à un spectacle de ce genre. « Voyant la désolation qui régnait dans ce « territoire, depuis tant de temps qu'il n'est mémoire du con- « traire, par suite tant de la mortalité que de l'injure des « guerres, » le commandeur Paschal de la Tour, prit le parti d'inféoder à des conditions avantageuses les terrains incultes qui se trouvaient dans sa juridiction. Pour encourager les habitants des pays voisins à venir augmenter le nombre de ses vassaux, il fermait les yeux sur diverses infractions aux coutumes établies. Aussi quand, au bout de quatre ou cinq années de ce régime de tolérance, voyant le territoire du Pin peuplé et rendu à la culture, le commandeur voulut détruire les abus qui s'étaient introduits et qu'il avait supportés jusque-là, rencontra-t-il de la résistance de la part de ses

[1] Arch. Pin, L. I.

nouveaux vassaux ; craignant de compromettre le succès déjà obtenu, s'il poussait les choses à bout, il consentit, moyennant le paiement d'une certaine indemnité, à leur confirmer pour l'avenir les privilèges qu'ils avaient usurpés. La transaction, conclue à cette occasion et dont les archives ne nous ont conservé qu'une traduction faite au XVIIe siècle, accorde aux habitants du Pin la faculté de bâtir, chacun sur son domaine, des maisons d'exploitation et des fours pour leur usage, la liberté de pêche, de chasse et de dépaissance dans toute l'étendue de la juridiction (1481) [1].

Nous voyons dans le siècle suivant, les commandeurs occupés à défendre avec un soin jaloux leurs prérogatives de seigneurs hauts justiciers du Pin. C'est ainsi qu'en 1524, l'official du diocèse de Mirepoix ayant fait des informations au sujet d'un crime commis par un habitant du Pin, le chevalier Géraud de Massas obtint du Parlement de Toulouse des lettres annulant les enquêtes faites par le tribunal ecclésiastique [2].

Enfin, avant de terminer l'étude de cette dépendance de la commanderie de Puysuiran, nous avons à signaler un accroissement important qu'elle obtint, grâce à la munificence d'un de ses commandeurs. En 1553, Philippe du Broc, acheta de ses deniers à Louis de la Ruelle, écuyer, et à dame Antoinette de Caraman, sa femme, la moitié de la seigneurie de la ville de Boutes, située dans le voisinage du Pin, auquel elle fut adjointe [3].

1° Liste des Commandeurs de Puysuiran.

1101 Pierre Raymond
1113. Bernard de Caustiran.
1118-1158. Raymond de la Bruguière.
1162. Bernard del Mas.
1164. Raymond Bérenger.
1163. Raymond Clavel.

1169-1170. Guillaume d'Alaman.
1170-1171. Pierre de Saint-Marc.
1171-1174. Hugues Sordezan.
1175. Raymond de la Bruguière (2e fois).
1176. Raymond Clavel (2e fois)

[1] Arch. Pin L. I.
[2] Id.
[3] Id

1177. Alfarit.
1179. Pons du Verdier.
1187-1193. Guillaume de Montagut.
1194. Pierre de Sobiran.
1201. Pierre d'Arborencs.
1211-1139. Guillaume Boyer.
1239-1243. Bernard de Muret.
1248-1250. Guillaume de St-Romain
1251-1252. Raymond Tolza.
1252-1257. Pierre ne Villemur.
1260-1262. Pierre de Montbrun.
1262-1265. Sicard de Miramont.
1266-1276 Albert de Rosset.
1276-1278. Pierre de Florence.
1279-1280. Bernard Véras.
1281-1289. Pierre de Tournel.
1290-1295. Ermengaud des Aguilhers.
1297-1300. Elye de Rossac.
1300-1301. Jean Petit.
1301-1306 Raymond de Macrières.
1306-1307 Guillaume de Pignan.
1307-1308. Raymond Locman.
1309-1317. Aymerie de Thurey.

Vers 1515 Puysuiran ayant été déclarée chambre magistrale, les Grands-Maîtres la gouvernent au moyen de procureurs appelés commandeurs. En voici la liste :

1324-1325 Bernard d'Olit.
1325-1331. Pierre de Caylus.
1339-1344. Girmond d'Arzac.
1349-1353. Pierre de Corneillan.
1353-1361 Raymond de Lescure.
1361-1362. Guiraud de Pins.
1368-1375. Raymond de Johanis.
1375 1377. Arnand-Bernard Ebrard.
1378-1381. Gaucher de la Bastide-Rolland.
1381-1399. Jean de Lantar.
1400-1426. Jean de Verdusan.
1427-1430. Pons d'Ornhac.
1438-1450. Raymond de *Affica*.
1452-1454 Jean de Lavedan
1455-1468. Jacques de Brion.
1469-1477. Jean d'Arlande, bailli de Manosque.
1478-1528. Bernard de Montlezun.
1527-1544. Géraud de Massas, Grand Prieur de Saint-Gille.
1553-1554. Phillipe du Broc, Grand Prieur de Saint-Gille.
1557-1558. François de Clermont
1595-1596. Antoine de Paulo.
1593-1612. Raphael de Graves Sérignan.
1626-1630. François des comtes de Vintimille.
1637-1641. Balthazar de Demandolz.
1641-1643 Jacques de Glandevèz Cuges.
1643-1698. Charles de Glandevez Cuges.
1718. Adrien de Laugon.
1720. Charles de Glandevez Cuges.
1725-1744. Jean-Baptiste de Percy.
1754. Jacques-François Picot de Combrinen.
1783. N. de Breteuil.
1789. N. de Roussigue.

2° Liste des Commandeurs du membre du Pin.

1475-1482. Paschal de la Tour.
1527. Gabriel de Pomeyrols.

1550. Bernard de Montlezun.

3° Liste des Commandeurs du membre de Saint-Jean-de-Cartels.

1499-1500. Henri de Montesquieu.

CHAPITRE VII

Commanderie de Plagnes

(JUSPATRONALE)

Séparé du territoire du Pin par la rivière de la Vixiège, s'élevait au XVIIe siècle le château de Plagnes, qui appartenait alors à l'illustre famille des Béon-Masses-Cazeaux. Il devint le centre de la plus récente commanderie de l'Ordre dans nos contrées. Un vénérable chevalier de Malte, issu de cette noble race, voulût témoigner, avant de terminer sa longue et brillante carrière, son zèle pour la religion et son dévouement pour l'Ordre, sous la bannière duquel il avait combattu pendant toute sa vie et qui avait récompensé ses loyaux services en l'élevant à ses premières dignités. Ce chevalier n'était autre que messire François-Paul de Béon-Masses-Cazeaux, Grand-Prieur de Toulouse. Mais à côté des motifs de piété et de dévouement, nous découvrons chez le chevalier du XVIIe siècle un sentiment plus humain, que nous ne rencontrons pas dans les donations primitives ; c'est la préoccupation de l'avenir de sa race ; c'est le désir de travailler à sa prospérité. Citons un extrait de la charte de fondation de la commanderie de Plagnes :

« Le 18 septembre 1685, dans l'hôtel Prieural de Toulouse,
« messire François-Paul de Béon de Masses-Cazeaux, Com-
« mandeur de la Capelle-Liuron, du Temple de Bordeaux et
« Grand-Prieur de Toulouse, en reconnaissance de la grâce
« que Dieu lui a faicte de se trouver un des plus anciens reli-
« gieux de son ordre dans toute la chrétienté et d'être par-
« venu pour le jourd'huy à la 74e année de sa réception
« dans cette saincte et sacrée religion militante, où il a rendu

« ses services tant en mer que en terre avec le plus de zèle
« qu'il lui a été possible dans tous les emplois dont il a été
« honoré et désirant que ceux de sa maison ayant l'honneur
« de se perpétuer dans le dit ordre, tandis qu'il y en aura de
« sa race qui en seront dignes et capables et qu'ils puissent
« plus commodément s'attacher à y continuer le même ser-
« vice au temps à venir, fonde la commanderie *Jus patronat*
« de Plagnes tant pour luy que pour tous ceux qui sont à
« présent reçus et qui pourront l'être à l'advenir, descen-
« dants noblement et légitimement de nom, armes et extrac-
« tion de la maison de Béon..... »

La commanderie ainsi formée se composait : « 1º de la
« terre et seigneurie de Plagnes, achetées par le Grand-
« Prieur à dame Anne de Plagnes, veuve de Guy Dufaur,
« comte de Pibrac et à Michel de Pibrac son fils ; 2º de la
« métairie du *Capitaine* acquise de François de Saint-Jean,
« baron de Fussac-Massaguel ; 3º d'une terre achetée à Louise
« de Nobles veuve de Pierre d'Auberjon, seigneur de la Che-
« valinière ; 4º de la rente d'un capital de 1800 livres placé
« sur la communauté de la ville d'Arles ; 5º d'une maison que
« le Grand-Prieur possédait dans la Cité-Valette à Malte. »
Le chevalier de Béon ajoutait de plus une somme de 4000
livres pour les réparations du château de la commanderie,
pour les meubles et ornements de la chapelle. La responsion
était fixée à 500 livres. Le Grand-Prieur termine enfin en
ordonnant que le marquis de Béon-Cazeaux, chef de sa famille,
aura le droit de présenter à l'avenir pour cette commanderie
un membre de la branche de Béon-Cazeaux, ou, à son défaut,
de celle des Béon-Luxembourg. Si ce nom illustre venait à
s'éteindre ou qu'il ne figurât plus dans les catalogues de
Malte, la commanderie de Plagnes rentrerait dans les conditions normales des autres circonscriptions de l'Ordre.

Avant de faire cette donation, le Grand-Prieur avait envoyé
à Malte une députation solennelle, composée de Charles de Glandevèz-Cuges, Commandeur de Puysuiran, de Paul-

---

[1]. Arch. Plagnes, L. I.

Antoine de Quiquerau-Beaujeu, Commandeur de Garidech, de Charles-Félix d'Oraison-Bourbon, de Gabriel de Polastron-la-Hillière-le-Daim, et de Jacques de Quiqueran-Beaujeu, commissaire des œuvres de la Religion, pour présenter au Grand-Maître le projet de fondation et lui demander son approbation (27 mars 1685) [1]. Grégoire Caraffa, Grand-Maître, loua le zèle du Grand-Prieur et autorisa l'érection de la commanderie par une bulle datée du 16 juillet 1685 [2]. Tout ce qui venait d'être fait fut enfin confirmé par une bulle du Pape Innocent XI, le 15 mai 1686.

La suite des archives nous permet de voir fonctionner l'organisation établie par le Grand-Prieur. A sa mort, arrivée en 1688, nous voyons messire Pierre-Hippolytte de Béon, marquis de Cazeaux, accompagné de François de Robin-Barbentane, Receveur du Grand-Prieuré, procéder à l'inventaire des meubles du Château de Plagnes, dont il se charge pendant la minorité de son fils, messire Pierre-François de Béon-Cazeaux, désigné pour succéder à son oncle [3].

Le cas d'extinction de sa race prévu par le Grand-Prieur dut ne pas tarder à se produire, puisque dans la deuxième moitié du XVIIIe siècle la commanderie de Plagnes avait fait déjà retour à l'Ordre et que nous ne trouvons plus à sa tête de chevaliers de la famille des Béon.

Liste des Commandeurs de Plagnes.

1685-1688. François-Paul de Béon-Masses-Cazeaux, Grand-Prieur de Toulouse.
1688-1700. Pierre-François de Béon-Cazeaux.
1737-1753. Joseph de Béon Masses Cazeaux.
1780-1789. N. de Catellan.

---

[1] Arch. Plagnes, L. II.
[2] Arch. Plagnes, L. II.
[3] Arch. Plagnes, L. II.

CHAPITRE VIII

Commanderie de Gabre.

MEMBRES : SUSSAN, PAILHERS, TAPAROU, MOLIÈRES, CAPOULET, VERDUN, UNAC, ALVIÈS, SEM, GOLIER, ESSEM, USSAT, TARASCON, PRADES, SAVARTÈS, ENAT, ARNAVE, OLHET, ANHAEL, ANHAUS, SORSEN, ASCIAC, ASTUECH, ANHAM, ASNAC, NIAUX, AÑIAUX, NIELGLOS, VIDELHAC, LUJAC, ARBIEG, ALVICH, AUSAC, VALLÉE DE SOS, CASTELNOVEL, GISTERS, BOUAU, MERCUS, HORNOLLAC, URES, BELVÉ, BUAC, BAICHIS, PRADES, LES CABANES, AYMAT, SENTENAC, VICDESOS, SUC, SAINT-HUGUES.

§ 1. — Gabre.

Par suite d'événements que nous aurons à raconter tout à l'heure, les archives de cette Commanderie ont presque entièrement disparu et nous ne pouvons restituer son passé qu'à l'aide d'un inventaire composé dans le courant du xviie siècle. Cet établissement de l'Ordre de Saint-Jean, ainsi que ses nombreuses dépendances, se trouvaient situées au milieu des montagnes les plus sauvages du pays de Foix (aujourd'hui partie méridionale du département de l'Ariège).

L'Hôpital de Gabre existait avant la fin du xiie siècle ; nous trouvons, en effet, la donation du fief de *Castanes*, qui lui fut faite en l'an 1191 [1]. Mais, à part cette donation et celle du fief des *Algarilhes*, faite le troisième jour des Ides de juin 1259, par Bernard de Montmaur à Guillem Arnaud,

---

[1] Arch. Gabre, L. I.

Commandeur de Gabre [1], les autres nous sont complètement inconnues et nous serons forcés d'énumérer les dépendances de cet établissement, sans pouvoir indiquer leur provenance.

Vers la fin du xiiie siècle, nous trouvons le commandeur de Gabre en procès avec Arnaud Garsie, abbé du Mas-d'Asil; il s'agissait de leurs droits respectifs sur les territoires d'*Aron, Molières* et *Taparou*. L'affaire fut remise à l'arbitrage de Bernard d'Aure, Commandeur de Saint-Jean del Thor et de Pierre Allemand, diacre ; ceux-ci, le 3 des Nones de novembre 1280, en présence de Nicolas, évêque de Couserans et d'Isarn, abbé de Combelongue, rendirent leur sentence, par laquelle la seigneurie d'Aron était reconnue à l'abbaye, tandis que Molières et Taparou appartiendraient par indivis à l'abbé et au commandeur. Il fut décidé, en outre, que les différends qui surviendraient à l'avenir entre les deux parties seraient jugés par l'évêque de Couserans et l'abbé de Combelongue [2].

Sentant sans doute le besoin de construire une bastide fortifiée à la place de la ville de Gabre, le commandeur s'adressa au Grand-Prieur de Saint-Gille, qui conclut, le 6 mars 1283, un traité de paréage avec le roi de France, malgré les protestations du comte de Foix, alors prisonnier du roi d'Aragon. Par cet acte, les Hospitaliers cédaient à la couronne la moitié de toute la juridiction haute, moyenne et basse qu'ils avaient au lieu de Gabre, en échange de l'érection des murailles de la future ville [3].

Quelques années plus tard, la ville que les fondateurs avaient appelée la Bastide de Plaisance existait déjà. Nous voyons, en effet, ce même Prieur, Foulques de Villaret, obligé d'intervenir entre le commandeur et les habitants de cette bastide, pour régler des difficultés relatives au casuel dû au vicaire perpétuel. Le commandeur s'engagea dans cet accord à faire en sorte que les paroissiens de la Bastide n'eussent à payer, à l'occasion de leurs mariages, « que

---

[1] Arch. Gabre L. I.
[2] *Id.*
[3] *Id.*

« 15 sols tournois pour la bénédiction nuptiale, plus 3 deniers
« tournois pour le repas du prêtre et de son clerc, et pour
« les enterrements, le meilleur habit ou la meilleure robe
« possédé par le défunt lors de son décès. » (5 octobre 1292) [1]

Comme nous l'avons vu plus haut, les localités de Molières et de Taparou dépendaient en partie de l'Hôpital, le commandeur y partageant la juridiction avec le comte de Foix et l'abbé du Mas-d'Azil. Par suite des malheurs de la guerre ou de quelques désastres particuliers, ces deux petites villes étaient devenues, dans la première partie du xv⁰ siècle, presque entièrement ruinées et dépeuplées. Aussi le comte de Foix et l'abbé du Mas-d'Azil, trouvant que les habitants étaient trop peu nombreux pour les indemniser des frais d'entretien de leur tribunal, des gages de leurs juges et autres officiers de justice, proposèrent-ils au commandeur de Gabre de transporter le siège de leur juridiction commune dans la ville de Sabarat, dont ils étaient seigneurs, et où l'Hôpital possédait de son côté de nombreuses rentes. Le commandeur accepta la proposition, en se réservant la faculté d'établir un bailli pour exercer la justice civile et criminelle dans les lieux de Molières et de Taparou, conjointement avec les juges de Sabarac, et le droit de recevoir les serments des consuls des deux villes. Moyennant ces réserves, les trois seigneurs prononcèrent, le 31 mai 1429, l'adjonction de Molières et de Taparou à la juridiction de Sabarac; mesure qui, malgré les précautions du commandeur, devait être fatale à la prospérité de ces deux localités ; car elles continuèrent à décroître et finirent par n'être que de simples hameaux.

Vers le commencement du xvi⁰ siècle, à la **commanderie de Gabre**, fut réunie celle de Capoulet, située, ainsi que ses nombreuses dépendances, dans la vallée supérieure de l'Ariège. A partir de ce moment, cette circonscription, affectée aux chapelains ou aux frères servants de l'Ordre, **porta le nom** de *commanderie de Gabre et de Capoulet*.

[1] Arch. Gabre, Invent.

Bientôt après s'ouvrit pour elle une période tourmentée. La Réforme avait fait des progrès rapides dans tout le comté de Foix. Protégés par les seigneurs, les ministres y propageaient tout à leur aise leurs doctrines, et les protestants ne tardèrent pas à se montrer en armes de tous côtés. Pamiers, le Mas-d'Azil, Saverdun étaient leurs principaux centres dans la contrée, et de là, leurs bandes, qui trouvaient de la sympathie dans les régions avoisinantes, s'y répandaient librement, brûlant les monastères, massacrant les prêtres et portant la désolation et le ravage dans les propriétés des catholiques et dans les villes qui n'avaient pas embrassé leur parti. Aussi avons-nous vu plus haut, dans les plaintes adressées en 1588 par le receveur général du Grand-Prieuré à Messieurs les Trésoriers de France, que le commandeur de Gabre avait été complètement privé de ses ressources pendant cette période. Lors de la reprise des hostilités, en 1620, les protestants du Mas-d'Azil furent les premiers à répondre à l'appel aux armes lancé par le duc de Rohan et recommencèrent aussitôt leurs courses et leurs dévastations dans les environs. Ils s'emparèrent de la ville de Gabre, du château de la commanderie, et les mirent au pillage. Favorisés par les habitants, ils détruisirent l'église et, près de ses ruines, convertirent une maison en Temple pour leurs assemblées particulières.

De la tour de Gabre, devenue pour eux un formidable centre d'action et un important point stratégique, ils commandaient toute la contrée et portaient leurs courses dévastatrices dans tout le voisinage : ils en demeurèrent les maîtres jusqu'à la fin de la guerre, et les chevaliers de Saint-Jean ne purent rentrer en possession de leur antique manoir qu'après la conclusion de la paix. Mais en présence des maux que la garnison huguenote de Gabre avait fait subir à tout le pays, et voulant en prévenir le retour dans l'avenir, les états de Foix ordonnèrent la démolition de ces remparts. Le gouverneur, messire de la Forêt Toiras, se transporta lui-même sur les lieux pour veiller à l'exécution de cette ordonnance, et il ne resta plus de la fière tour qui dominait tout le pays qu'un grand amas de ruines. Quelques années plus tard (1648), le chevalier François-Paul de Béon, fermier de la Commanderie, fit élever auprès de ces monceaux de décombres une « fort jolie maison de forme carrée « qui était défendue par deux *guérites* de pierre, s'élevant à ses deux angles, et par une meurtrière placée au dessus de la porte.

Quand la paix définitive eût mis fin à cette longue période de guerres religieuses, le commandeur de Gabre, après avoir inutilement essayé de persuader aux protestants la nécessité de réparer les dommages qu'ils lui avaient causés, porta ses plaintes au Parlement de Toulouse; il réclamait la restitution des meubles et autres valeurs qu'on lui avait enlevés lors de la prise de Gabre, et le rétablissement dans cette ville du culte catholique. La cour de Toulouse fit droit à sa requête et, par sa sentence du 27 septembre 1640, elle ordonna que l'église de Saint-Laurent de Gabre serait rendue au culte, que le Temple des religionnaires serait démoli, et que les objets appartenant à la Commanderie lui seraient restitués. Rentré en possession de l'église, le commandeur eut à pourvoir à sa réédification, car la toiture n'existait plus, et prêtres et fidèles étaient exposés pendant les offices à toutes les intempéries du dehors. Le chevalier de Béon ne se contenta pas de ces restaurations indispensables, mais il se préoccupa encore de l'ornementation du sanctuaire, et fit exécuter par « Jacques « Damien, maître peintre de Thoulouze » au prix de 25 livres, un tableau représentant la sainte Vierge, et qu'il fit placer derrière le maître-autel. Les archives contiennent le récit des démarches qu'il tenta inutilement auprès du comte de Barreau, du sieur de Lapissé et du comte de Treville, successivement gouverneurs du château de Foix, pour rentrer en possession de la grosse cloche que messire de la Forêt avait fait enlever à l'église de Gabre, lors de la démolition des fortifications, et qui servait à l'horloge de ce château. Mais il était une perte qu'on ne pouvait réparer : c'était celle des vieilles archives de Gabre et de Capoulet, brûlées dans l'incendie du château. Cette perte entraîna pour les Hospitaliers celle des rentes de Pailhès, des dîmes de Bordes, de Sabieurat, du Carlat, d'Artigat, de Taparou, qui avaient été usurpés pendant la dernière période et dont les commandeurs ne purent obtenir la restitution.

Pendant la période de paix qui suivit toutes ces agitations, nous nous contenterons de signaler une transaction conclue le 19 mai 1631 entre le commandeur Jean d'André et les consuls de Sussan, au sujet de l'exercice des droits seigneuriaux. Par cet accord, « les habitants et bientenants de Sussan seront
« tenus de faire guet et garde dans le chasteau du comman-
« deur, conformément aux arrests de reiglement donnes en
« pareils cas en temps de guerre, savoir les habitants en per-
« sonne et les bientenants par leurs métayers, à la charge
« néantmoings, que le chasteau soyt en estat de deffense et
« que les habitants y puissent retirer leurs personnes et
« leurs commodités avec sûreté. » Les consuls reconnurent en outre le commandeur pour leur seigneur haut justicier.

Un inventaire dressé en 1631, nous donne la description de cette petite place de guerre : elle consistait en une tour entourée d'une palissade et d'une terrasse avec sa porte à herse et pont-levis, précédée par un ravelin à deux portes : l'armement intérieur ne répondait pas à la puissance de ces murailles; car l'inventaire ne mentionne qu'un mousquet, une arquebuse de guerre avec leurs fourches et leurs accessoires et un croc de fer ou demi-piques. En 1698 un incendie vint détruire complètement le château de Sussan.

Ce fut sans doute, pour réparer les désastres qu'avait subi l'hôpital de Gabre, qu'on lui adjoignit la petite commanderie de Saint-Hugues, située dans la partie méridionale du Quercy vers 1630.

Il paraît du reste que la prospérité ne tarda pas à renaître pour la commanderie. A la fin de son règne, Louis XIII, ayant ordonné l'aliénation d'une partie du domaine de la couronne, les consuls de Gabre profitant de l'absence des commandeurs, s'étaient rendus acquéreurs de la portion de la juridiction que les Hospitaliers avaient cédée au roi par le traité de paréage de 1233. A son retour de Malte, le commandeur Bernardin Mingaud, sollicita la faveur de pouvoir surenchérir, et le 19 décembre 1659, il acquit la moitié de la haute justice de Gabre au prix de 160 livres ; de sorte qu'à partir de ce moment, il se trouva seul seigneur temporel et spirituel de cette localité [1].

A part Sussan, Pailhers, Taparon et Moulères, les autres membres de la commanderie dépendaient primitivement de celle de Capoulet.

§ 2. — *Capoulet.*

La réunion de la commanderie de Capoulet à celle de Gabre ayant été antérieure au pillage de cette dernière par les Huguenots, ses archives ne furent guère plus respectées. Cette circonstance nous empêche de pouvoir fixer d'une manière précise la fondation de l'hôpital de Capoulet, que nous croyons néanmoins pouvoir faire remonter aux dernières années du XIIe siècle. Bien avant cette époque, différentes donations avaient été faites à l'hôpital de Jérusalem dans la contrée. Il est même question dans les archives d'une ancienne commanderie désignée sous le nom des *Olmes* (de Ulmis), que tout me porte à croire n'être autre que Villeneuve-des-Olmes, située dans le voisinage ; plus tard cette commanderie n'était plus mentionnée, il est à croire qu'elle cessa d'exister, quand les Hospitaliers établirent à Capoulet le centre de leurs possessions dans la contrée.

En 1142, Beringuier Arnal, donna à l'Ordre de Saint-Jean, son fief du *Sallent*. Cette même année, dame Mabriffe, fille de P. de Cavanh, se dépouillait de tous ses biens en faveur de l'ordre entre les mains d'Yzarn de Roquefort, commandeur des Olmes ; en 1168, Pierre d'Asnave cédait aux Hospitaliers son droit à un repas annuel pour quatre personnes, droit qu'il prélevait sur ses vassaux de Capoulet [2]. Un membre de

---

[1] Arch. Gabre, L. I.
[2] Arch. Capoulet, Invent.

la famille, comtale, Raymond Roger, avait donné dans le mois de juillet 1149, une portion du territoire d'Asnave, avec le consentement de Roger Bernard, comte de Foix, son neveu et de Bernard Roger son frère [1].

Mais parmi toutes ces donations, la plus importante fut celle que firent, le dimanche après l'Epiphanie de l'anné 1172 (9 janvier 1173), noble Bernard de Foix, se femme et leurs enfants, Raymond et Bertrand, à l'hôpital de Jérusalem, à Raynaud de Verdun et à Pierre de Saint-André, religieux de cet Ordre, des rentes qu'ils possédaient à Capoulet, ainsi que de la dîme du moulin vieux qu'ils avaient près du château de Foix [2]. Quelques années plus tard nous trouvons la confirmation faite par Pierre et Raymond de Nielglos, de la donation faite par leur père des droits de leur famille sur la ville de Capoulet (1177) [3].

Cette même année, l'ordre de Saint-Jean recevait du chevalier W. d'Asnave, une partie du territoire voisin, donation dont le comte Bernard Roger de Foix consentait à se porter leur caution : pendant que le seigneur W. d'Alsen donnait à l'hôpital, à son frère Pierre, Pricur de Saint-Jean de Toulouse, ses droits sur la terre de *Saos*, jusqu'au jour où son neveu serait d'âge à être armé chevalier [4].

La commanderie de Capoulet ne fut constituée définitivement que plus tard; car nous voyons pendant quelque temps encore, figurer à la tête des possessions de l'Ordre dans cette contrée les commandeurs des *Olmes* et de *Savartès* ; ce ne fut que dans la première partie du XIIIe siècle, que ces différentes dénominations furent remplacées par celle de commandeurs de Capoulet. Mentionnons encore les donations que firent en 1181, Pierre d'Arnave de ses droits sur la ville de Sen, Brunet de Nielglos, des siens sur celle d'Essen, et R. de Rabat, sur le territoire d'Enot ; en 1202, Rogier d'Aniaux, du quart de la dîme de l'église de Saint-Vincent et enfin en

---

[1] Pieces just. n° XXXIX
[2] Arch Capoulet, Invent.
[3] *Id.*
[4] Pieces justificatives, n° LX.

1211, Arnaud de Castelverdun, de ce qu'il possédait dans le fort de Capoulet et son territoire.

L'inventaire que nous consultons, nous fournit en outre plusieurs témoignages de la faveur que prodiguaient les comtes de Foix à la maison de Capoulet et à ses vassaux. C'est ainsi que, le quatrième jour des kalendes d'août (28 juillet) 1292, nous voyons Vezian de Roquefort, écuyer, reconnaître au nom du comte de Foix, que les habitants de Capoulet étaient exempts de fouage envers ce dernier, comme vassaux de l'hôpital [1]. Le deuxième jour des nones de mai (6 mai) 1314, Gaston de Foix fit remise à ces mêmes habitants « à qui « il voulait témoigner son affection, » du droit d'albergue de 50 sols que leur communanté lui payait annuellement [2]. Signalons encore l'acte par lequel noble Jourdain de Rabat, seigneur et baron de Nielglos, « voulant donner à Roger de « Salesse, Commandeur de Capoulet, un témoignage de son « amitié et de sa reconnaissance, pour les services qu'il en « avait reçus, » céda pour toujours à l'hôpital le droit de prendre les bois de chauffage et de construction et, de mener paître les troupeaux dans sa forêt de *las Quints*, située dans la vallée de Nielglos, le samedi veille de Pâques 1343 (11 avril 1342) [3].

Dans le courant du XIVe siècle, on vit quelques nobles dames, appartenant, l'une à la puissante maison de Rabat, l'autre à la famille comtale de Foix, venir successivement recevoir dans l'église de Capoulet, l'humble habit de sœur Hospitalière. L'Ordre de Saint-Jean ne négligea pas de leur témoigner sa reconnaissance pour le lustre que leur admission dans ses rangs lui donnait, dans la contrée et pour les largesses qu'elles avaient dû lui faire à cette occasion, car nous voyons dans cette période, à la tête de l'hôpital de Capoulet les *nobles commanderesses*, sœur Condor de Rabat (1325-1332) et sœur Sybille de Foix (1381-1393). Le nom de cette dernière ne figurant pas dans les généalogies de la

[1] Arch Capoulet, Invent.
[2] *Id.*
[3] Arch Nielglos, Invent.

maison comtale, ni de ses différentes branches, il est probable que Sybille de Foix, dont il est ici question, était une fille naturelle de Gaston Phébus.

En 1321, nous trouvons les paroissiens de Niaux, vassaux de l'hôpital, en révolte complète contre l'autorité ecclésiastique : ils refusaient obstinément de payer les dîmes et les prémisses de leurs terres. Devant cette attitude, l'évêque de Pamiers eut recours aux mesures de rigueur et à la requête de l'archidiacre P. Audaric lança les foudres de l'excommunication contre les révoltés. Après avoir persisté longtemps dans leur rebellion, ces derniers prirent enfin le parti de demander grâce ; « désirant redevenir vrais enfants de « l'église » et « reconnaissant leur faute, » ils envoyèrent des députés pour apporter leur soumission à l'évêque [1].

Les guerres religieuses produisirent à Capoulet, comme au chef de la Commanderie, à laquelle il venait d'être réunie, bien des désordres et des ruines. Sa position retirée au milieu des montagnes, ne préserva pas cet établissement des dévastations des Huguenots ; car la visite de 1648, ne constate plus sur cet emplacement que l'existence d'une petite chapelle située dans l'enceinte des murailles de l'ancienne commanderie. Les vassaux de l'hôpital ou leurs voisins tâchèrent de leur côté de profiter des embarras du commandeur, pour usurper ses droits et s'insurger contre les usages respectés jusqu'alors. Nous trouvons en 1627, le Commandeur occupé, à exposer au Parlement de Toulouse, que ses vassaux de Capoulet refusaient de travailler les terres de l'hôpital ; la cour plaça la commanderie sous la sauvegarde royale et enjoignit aux habitants d'y venir faire les journées de travail prescrites par les coutumes du pays. Ce même Commandeur assignait en même temps en justice les consuls de la ville de Sigier, pour leur faire défendre de mettre un bailli à Capoulet, « et de se rendre dans cette ville le jour de la fête, en y « transportant leurs livres consulaires, comme si la juridiction « lui en appartenait [2]. »

[1] Arch. Gabre, Capoulet.
[2] Arch. Capoulet, Invent.

§ 3. — *Saint-Hugues*.

C'était une petite Commanderie, située dans le Quercy, près de Saint-Antonin et de Caussade. Mais le voisinage de toutes ces places protestantes et surtout de Montauban, avait sans doute fait partager à cet établissement, pendant les guerres de religion le sort de la commanderie à laquelle il allait être réuni. C'est ce que nous pouvons conclure de la disparition totale de ses anciennes archives et d'un monitoire de l'évêque de Cahors, contre ceux des habitants qui auraient enlevé les revenus de la commanderie (21 décembre 1612). L'inventaire, à l'aide duquel nous avons cherché à suppléer au défaut des chartes originales pour les commanderies de Gabre et de Capoulet, est muet ici pour toute la période antérieure à la deuxième moitié du XVᵉ siècle. Nous trouvons à mentionner, après cette date, le procès que soutint en 1607 le Commandeur devant la cour des Aides de Montauban, contre les consuls de Puylaroque, qui voulaient lever les impôts royaux sur les habitants de Saint-Hugues au mépris des privilèges de l'Ordre, et celui que le commandeur de Gabre intenta à noble François de Vignes, seigneur de Puylaroque, qui prétendait à la juridiction de Saint-Hugues et qui fut condamné par le Parlement (1639) [1].

1º Liste des Commandeurs de Gabre.

1254-1260. Guilhem-Arnaud.	1348 Arnal de Saint-Martin.
1263 Bernard *Estraderii*	1360. Bérengier de Saint-Félix.
1275. Pierre de Saint-Sernin.	1461 Guillaume Roques.
1280. Guilhem-Arnaud.(2ᵉ *fois*)	1479-1488. Mouchant de Vitomont.
1288-1295. Huges de Lite.	1502 Raynaud Falguières.
1296-1299. Raymond de St-Martin	1507-1532. Pierre Jossendy.
1323-1324. Trimond de Saint-Brisse.	1541. Jean Grenier.

[1] Arch. Saint-Hugues, Invent.

1549 Géraud de Bonnes.
1576-1582. Antoine Massé.
1597-1598. François Merle.
1599-1612. Dominique de Cortade
1624-1625. Thomas d'Isouard
1626-1641. Jean d'André.
1641-1649. François Martin.
1650-1658. Pierre Froment.
1659-1663. Bernardin Mingaud.

1664-1665. Jean Pol.
1675-1677. Jean de Bonard.
1685-1695. François de Laugeyret.
1714-1719. Claude Caille.
1730-1735. N. Simon.
1737-1741 Jean Augarde.
1752-1765 François Honorat.
1780-1789. N. Don.

2º Liste des Commandeurs de Capoulet.

1142 Isarn de Roquefort, commandeur des Olmes.
1172. Raymond de Verdun.
1181 Benoit.
1182 Bernard de Gavaldan.
1202-1211. Bernard de Videnhac, Commandeur de Savartès ou de Capoulet
1217-1218. Pierre de Saquet.
1230-1232 Bernard-Amiel de Pailhès
1231-1251. Bernard de Durban.
1258 1259 Pierre Boyer.
1260-1265. Pierre Vascon.
1266-1269. Bernard del Mas.
1281-1282 Geraud de Colomb.
1283-1284 Jean de Muret.
1285-1286. Guillaume Castel.
1288-1290. Pierre de Saint-Sernin.
1292-1304 Guillaume de Guerrejat.

1316-1317. Raymond de Sacquet.
1317-1332. *Sœur* Condor de Rabat
1236-1340 Hugues de Gavarret.
1341-1342. Gailhard de Sales
1343 1345. Roger de Salesse.
1346-1347. Huges de Gros.
1347-1350. Arnaud de Saint-Martin.
1353-1354. Guillaume de Montaigut.
1354-1355 Olivier de Raffin.
1355-1364. Bernard de Spaon.
1335-1365. Berengier de Saint Félix.
1374-1376 Guillaume de Calatrave.
1381-1393. *Sœur* Sybille de Foix.
1408-1410. Jean Sabathier.
1468. Bernard de Montlezun.
(Vois 1500 réunion de Capoulet à Gabre).

3º Liste des Commandeurs de Saint-Hugues.

1456-1465. Guilhot de Morlhon.
1543 1544. Ivan Garric.
1544-1550. Guillaume Balmès.
1553-1554. Jean Baffol.

1554-1555. Jean Guyot.
1599-1613. Dominique Courtade.
(Vers 1630 réunion de Saint-Hugues à Gabre).

4º Commandeurs particuliers du membre de Pailhès.

1461-1468. Jacques de Brion.

CHAPITRE IX

Commanderie de Montsaunès

MEMBRES : FIGAROL, AUSSEIN, CADEILHAN, SAINT-GAUDENS, PLAGNES, SALLES, SERRES, MARINHAGUET, SOYEIX, VALENTINE, SALIES, SAINT-MARTORY, LAFITTE-TOUPIÈRE, CASTILLON, ANDREUSEN, BIEUSSAS, SAINTE-MAYRONIE, MAZÈRES, ESCANECRABE, ESTELLE, ETC.

§ 1. — *Montsaunès.*

PREMIÈRE PÉRIODE, TEMPLE. — Au fond du comté de Comminges, non loin des Pyrénées, le petit village de Montsaunès, bien déchu aujourd'hui de son ancienne importance, groupe ses maisons autour d'une imposante église du XIIe siècle et de quelques ruines presque méconnaissables. Ce fut jadis l'un des principaux établissements de l'Ordre du Temple dans nos contrées. Cette portion supérieure du bassin de la Garonne présentait des conditions éminemment favorables à la prospérité des familles féodales. Dans ces temps-là les hauts barons affectionnaient tout particulièrement ces contrées montagneuses et d'un accès difficile pour y établir leurs demeures a l'abri de toutes les puissances qui eussent pu venir inquiéter leur vie indépendante et aventureuse. Aussi les cimes des hauteurs boisées des environs, premiers échelons de la chaîne des Pyrénées, sont-elles pour la plupart couronnées de vieux murs en ruines qui déchiquettent sur le fond du ciel leurs dentelures pittoresques. Institution féodale par excellence l'Ordre des Templiers ne put que prospérer rapidement dans un millieu qui lui était aussi sympathique. Aussi voit-on à chaque page de son histoire les membres des familles les plus illustres de la contrée venir prendre l'habit du Temple dans l'église de Montsaunès, ou accroître par des donations incessantes son domaine qui ne tarda pas à devenir l'un des plus étendus de l'Ordre.

Les archives de la commanderie de Montsaunès ne nous ont pas conservé la charte de sa fondation. Quoique nous ne puissions pas par suite en préciser la date, nous pouvons dire cependant qu'elle ne fut pas de beaucoup postérieure à celle des premiers établissements du Temple dans le Midi ; puisque nous voyons en l'année 1142 le Temple de Montsaunès existant déjà et recevant de Fourtanier de Toulouse donation d'une de ses vassales, du nom de *Placeuza* et de ses enfants [1],

Parmi les familles qui se signalèrent tout d'abord par leur générosité envers la maison de Montsaunès, il faut citer celle des seigneurs d'Aspet. Nous avons déjà vu comment le chevalier Aramon d'Aspet donna au Temple de Montsaunès, le 28 juin 1156, la ville et le château de Canens [2]. A quelques jours de là ce même seigneur ajoutait à cette première donation, avec celle de sa personne, celles de ses droits sur les hameaux de *Podiola*, *Arzog* et *Airot*, ainsi que celle d'un repas annuel « que ses vassaux devaient à tous les membres de sa famille « et pour laquelle le moine d'Aleth (chargé du Prieuré de « Roquefort) était tenu de fournir deux sétiers de froment, « trois de vin, dix d'avoine, dix-huit deniers morlans et sept « poules. » Cette donation faite en présence de Pierre, évêque de Couserans, eût lieu au mois de juillet de l'année 1156 [3]. Un de ses parents, Raymond d'Aspet, imita quelques années plus tard cet exemple ; en 1186, il entrait dans l'Ordre du Temple en faisant donation à Raymond de Canet, Maître en Provence et en Espagne, et à Augier des Cuns, Commandeur de Montsaunès, de tous ses biens, « les fiefs de *Scis* et « d'*Arrot*, avec ses hommes, ses femmes, ses baillis (*vicarii*),

---

[1] Arch. Montsaunès, cartul. L. I.
[2] Chap. V, § 9.
[3] Arch. Montsaunès, cartul., L. I.

« les herbes, les eaux, les landes, les montagnes pour la
« dépaissance des troupeaux, tous ses droits sur la ville du
« Vernet. » etc.[1].

Citons la donation remarquable que fit Pons de Francazal, surnommé *Mor*, en 1183. Il accorde aux Templiers le droit de dépaissance pour leurs troupeaux dans tous ses domaines et déclare en outre que « ses vassales pourront aller se marier « librement dans les fiefs des Templiers. » Privilège qui, en exemptant ses vassales du droit qu'elles devaient payer à leur seigneur pour aller se marier hors de ses terres, avait pour but de faciliter l'accroissement du nombre des vassaux du Temple [2].

Non loin de Montsaunès, au sommet d'une hauteur boisée, solidement assis sur sa base de rochers, s'élevait un sombre et fier château qui semblait commander à toute la contrée et dont les ruines majestueuses nous disent encore l'ancienne splendeur. C'était la demeure des nobles seigneurs de Montpézat, race illustre et chevaleresque, qui nous présente un type accompli de la féodalité de cette époque. Il n'était pas une guerre où elle ne figurât avec honneur, pas une fondation pieuse, pour laquelle elle ne contribuât généreusement. Aussi, longue est la liste de ses membres qui enrichirent la commanderie de leurs bienfaits : en 1166, c'est Arnauld de Montpézat qui l'ouvre en donnant à la maison de Montsaunès les droits seigneuriaux que lui devaient les habitants de *Couroule*, hameau appartenant aux Templiers [3]. Après nous avoir énuméré les libéralités de Pons, de Pelegry, d'Alègre, de Fortanier, d'Arsin et de Wilhelm de Montpézat, le vieux cartulaire de Montsaunès nous introduit dans la grande salle du château et nous montre le chef de la famille, Waïfre « assis sur son trône » et entouré de tous les siens, donnant au commandeur Augier des Cuns, une portion du territoire de Figarol. Cet acte passé sous l'épiscopat d'Arsive, doit remonter aux dernières années du XII° siècle. Parmi les bienfaiteurs de la maison nous

---

[1] Arch. Montsaunès, L. I.
[2] Pièces justificat. n° XLI.
[3] Arch. Montsaunès, L. 1.

retrouvons presque tous les autres seigneurs des environs, Pierre de Barthère, Adhémar de Pointis, Pons de Saint-Félix, Gille d'Encausse, Bonhomme de Roquefort, etc.

Au-dessus de toutes ces familles puissantes, celle des comtes de Comminges ne cessait d'entourer les Templiers de sa plus éclatante protection. C'était, pour ainsi dire, une pieuse tradition qu'ils se transmettaient de père en fils. Le premier témoignage de cette sympathie que nous recontrions dans les archives est un acte de 1178, par lequel Bernard V, comte de Comminges, céda à Sainte-Marie de Montsaunès, sa juridiction sur la ville de Saint-Quentin ainsi que ses droits d'albergue sur les habitants de *Serrad* et de *Castelsubra* [1]. Son fils, Dodon ou Dod, qui avait épousé une fille d'Alphonse Jourdain, comte de Toulouse, lui succéda peu de temps après et se signala par son affection pour l'Ordre du Temple. Nous le voyons d'abord se dépouiller en faveur de la maison de Montsaunès de toutes ses possessions situées entre Salies et la commanderie, ainsi que de ses droits sur le hameau d'Ulsen [2]. Par un autre acte il exempta les Templiers des droits de leude et de péage « dans tous ses domaines ainsi que dans ceux de « ses fils et de ses frères [3]. » Voulant enfin contenter sa piété d'une manière plus complète, il se rendit un jour à l'église de Montsaunès et là, en présence des membres de sa famille, il reçut l'habit de l'Ordre des mains d'Odon de Bazus, Commandeur. L'éclat de la cérémonie était rehaussé par la présence d'Arnaud-Roger, évêque de Comminges et de son frère Eude, évêque de Couserans. Cet acte reproduit plusieurs fois dans les archives soit en latin, soit en roman, doit remonter à peu près à l'année 1180, autant que nous pouvons le déduire de la présence des divers personnages qui y figurent. Avant de se démettre de son autorité, Dodon fit jurer à son fils, Bernard, de toujours protéger les Templiers de Montsaunès de tout son pouvoir [4].

---

[1] Arch. Montsaunès, cartul. L. 1.
[2] *Id.*
[3] Pièces justificat. n° XLII.
[4] Pièces justificat. n° LXIII.

Fidèle à son serment, ce dernier témoigna plusieurs fois sa sympathie à la maison de Montsaunès. Car le cartulaire contient plusieurs donations de ce prince, entre autres, celle qu'il fit dans le chapitre de Saint-Gaudens et entre les mains d'Arsive Daujon, évêque de Comminges, d'une partie de ses droits sur cette ville [1].

Presque vis-à-vis de Montsaunès, sur l'autre rive de la Garonne, s'élevait un autre établissement religieux qui, grâce à des libéralités continuelles, voyait aussi son importance croître de jour en jour; c'était l'abbaye de Bonnefont de l'ordre des Cisterciens. A peu près vers l'époque de la fondation du Temple de Montsaunès, Flaudrine de Montpézat et ses enfants avaient donné à l'abbé de Morimond en Lorraine et à ses religieux un vallon silencieux et fertile que la nature semblait prédestiner à devenir l'un de ses calmes asiles de la religion, et où les cisterciens s'empressèrent de jeter les fondements d'un monastère (1136). Les deux établissements voisins dont les domaines se rapprochaient de plus en plus, grâce à leur extension simultanée, ne tardèrent pas à voir s'altérer la bonne harmonie de leurs rapports et la lutte qu'ils engagèrent devait se reproduire sous une forme, ou sous une autre, presque jusqu'à la fin de leur existence. Ce fut tout d'abord au sujet des limites de leurs possessions que les difficultés surgirent entre Pierre Berenger, Commandeur de Montsaunès, et Pierre II, abbé de Bonnefont; elles furent apaisées en 1165 grâce aux efforts de Roger, évêque de Couserans, qui, avec l'aide d'Arnaud-Roger, évêque de Comminges, de Pons, abbé de Grand-Selve et de Bernard, abbé de Gimont, réussit à rétablir la concorde au moins pour quelque temps [2].

L'attiédissement de la piété générale qui se produisit presque partout au XIIIe siècle, ne semble pas avoir apporté ici de ralentissement dans l'empressement des fidèles à enrichir par de fréquentes donations le Temple de Montsaunès. A côté de la ferveur qui les animait, on peut trouver à ce fait une expli-

---

[1] Pièces justificat. n° XLIV.
[2] Gallia Christ. tome 1.

cation que nous avons déjà indiquée ailleurs. Sentant que l'issue de la guerre des Albigeois finirait par leur être défavorable, les grands seigneurs du midi s'empressèrent de se mettre à l'abri des représailles des vainqueurs et du reproche d'hérésie, en témoignant hautement de leur zèle pour la Religion et de la sincérité de leur orthodoxie, et en multipliant leurs donations aux maisons religieuses et spécialement à l'Ordre du Temple qui jouissait d'un très grand crédit auprès des Croisés du Nord. Voici la liste rapide des plus importantes donations de cette période.

En 1201, une des plus illustres familles du comté avait vu l'un de ses membres, Galen de Benque, venir recevoir le manteau de Templier des mains du commandeur de Montsaunès et donner à cette maison plusieurs hameaux, « dont « les habitants étaient tenus à l'avenir de donner à manger « à tous les frères et serviteurs du Temple qui se rendraient « chez eux, aussi bien que leurs moyens le leur permet- « traient. » Ceci se passait au château d'Aulon, en présence de tous les parents du donateur, le douzième jour des Kalendes de janvier (19 décembre)[1]. Nous voyons ensuite Bernard de Mazères donner son fief de la *Coltera* (1212) ; Guillaume de Montaigut, celui de Cap-Subran, et dame Brayde, sa femme, les 1,050 sols morlans qui composaient sa dot (1245) ; Arnaud d'Aspet, le fief de *Botelas*, entre Montsaunès et la Garonne (acte passé dans le cloître de Montsaunès le troisième jour des Kalendes de mars 1256 (1257)[2].

Fidèles aux traditions de leurs ancêtres, les comtes de Comminges ne s'étaient pas départis de l'affection que leur famille avait de tout temps porté au Temple de Montsaunès. Nous voyons, en effet, successivement Bernard VIII confirmer à l'Ordre la donation des fiefs de *Capsubran* et de *Salacbielh* (1254) y ajouter en 1258 celui *dels Gartos* et faire cession de tous ses droits sur le territoire de *Morcens* (1268)[3].

Pendant ce temps, les discussions des Templiers avec leurs

---

[1] Arch. Montsaunès, L. I.
[2] Arch. Montsaunès, L. I.
[3] *Id.*

voisins de Bonnefont avaient recommencé avec acharnement. Pour mettre fin à de longs débats sur leurs juridictions respectives, « et au scandale qu'ils pourraient occasionner « dans le peuple, » Raymond VII (d'Olson), abbé de Bonnefont, et Bernard de Mancioux, Commandeur de Montsaunès, résolurent de recourir aux moyens de conciliation. D'un commun accord, ils remirent l'affaire au jugement de quatre arbitres, présidés par l'évêque de Comminges. Sur cet acte passé à Saint-Bertrand, au mois de février 1250 (1251), l'évêque, l'abbé, le commandeur apposèrent leurs sceaux « pour donner plus de stabilité à la paix » qui venait de se conclure, mais qui, malgré ces précautions, ne devait pas être durable, ainsi que nous allons le voir [1].

Il s'agissait cette fois de la possession d'un bac, situé sur la Garonne, à hauteur du bourg de l'Estelle. Après bien des débats, une transaction fut acceptée. Les arbitres, présidés par noble Bernard, *par la grâce de Dieu*, Comte de Comminges, rendirent, le 8 avril 1284, leur sentence, par laquelle les deux parties devaient posséder « le port, la navigation et le « passage à l'île de *Cortes* et à celle de la *Nauze* et y tenir un « bâteau construit à frais communs, pour transporter « hommes chevaux et animaux de travail, en partageant les « produits par moitié [2]. »

Signalons encore la transaction conclue entre le commandeur et Raymond Althon d'Aspet au sujet du territoire de *Marsolam* (Marsoulan), et dans laquelle le Templier renonçait à ses prétentions et recevait en échange les droits de son adversaire sur la ville et le château de Roquefort (1306) [3].

Les archives nous permettent de terminer cette étude sur le Temple de Montsaunès par un sujet plus digne d'intérêt que ces monotones discussions. L'esprit nouveau d'indépendance avait fait sentir son souffle jusque dans ces contrées reculées et primitives, les habitants de Montsaunès suppliaient leurs seigneurs de leur octroyer une charte

---

[1] Arch. Montsaunès, L. III.
[2] Arch. Montsaunès, L. III.
[3] *Id.*

de privilèges, pour consacrer leurs libertés communales. Les Templiers se rendirent à leurs vœux vers la fin du xiii⁰ siècle. Un vieux et respectable manuscrit, écrit en langue vulgaire, et conservé dans les archives du Temple, nous a transmis le souvenir de cet acte important.

Le cinquième jour du mois d'avril de l'année 1288, le Maître des Maisons du Temple en Provence, Pons de Brohet, était de passage à Montsaunès, dans le cours d'une de ses inspections des commanderies de sa province : après avoir pris l'avis du commandeur, Célébrun de Pins, et des autres frères de la maison, il accéda « aux demandes et aux humbles « supplications » des consuls de Montsaunès, Bonet de Martres et Aramon de Bénac. La première ligne du manuscrit est ornée d'une charmante vignette, représentant Pons de Brohet revêtu de ses insignes et de son manteau à croix rouge, assis sur un fauteuil et remettant la charte aux deux bourgeois, dont l'attitude exprime bien le respect et la reconnaissance.

Cette charte est surtout remarquable par la largeur de ses vues et par l'octroi relativement fort considérable des libertés. Ainsi, après avoir proclamé l'utilité pour tous d'un gouvernement établi sur des lois justes et raisonnables, les donateurs fixent d'abord la délimitation d'attribution, ainsi que le mode d'élection de chacun des officiers, soit du Temple (juge, bailli, greffier), soit de la communauté de Montsaunès (2 consuls avec leurs conseillers). Ils promettent, pour eux et pour leurs successeurs d'être « de bons et fidèles « seigneurs » pour leurs vassaux et « de les protéger contre tout malfaiteur. » Après avoir énuméré les droits qu'ils se réservent, tels que ceux de la haute justice, du fournage, de la forge, etc., ils concèdent à chaque habitant un arpent de pré, demi arpent de vignes, leur donnent l'autorisation d'avoir pour surveiller leurs propriétés un garde choisi par les consuls, leur octroient la liberté de tester, la faculté de vendre ou de louer leurs biens, meubles ou immeubles, à un habitant quelconque de Montsaunès. Puis la charte établit avec la plus grande minutie, tout le code criminel, en interdisant la prison préventive, excepté dans certains cas ; on ne pourra appeler des arrêts de la cour, composé du juge et des consuls, qu'aux tribunaux du Maître du Temple en Provence. Remarquons, comme particularité, l'injonction à tous ceux qui trouveraient des abeilles de donner aux Templiers la moitié du miel et de l'essaim, et aux chasseurs, de leur remettre la moitié du gibier tué, mais défense expresse de prendre « des éperviers, vautours ou faucons, » dont le commandeur se réservait la propriété exclusive [1].

A la même époque, les Templiers de Montsaunès octroyèrent des libertés et des franchises à plusieurs autres villes, dépendant de la commanderie, comme nous le verrons tout-à-l'heure. Quelques années plus tard, ils étaient arrachés à leurs châteaux et jetés dans les cachots. Parmi les chevaliers qui protestèrent hautement contre les accusateurs et s'offrirent pour défendre l'Ordre et prouver son innocence, nous remarquons Arnaud-Guilhem de Comminges et Bertrand de Montpézat [2]; ces nobles familles, après avoir fondé et entretenu de leurs bienfaits le Temple de Montsaunès, lui furent fidèles dans l'infortune. Après la suppression de l'Ordre, Montsaunès devint avec ses nombreuses dépendances une des principales commanderies de l'hôpital de Saint-Jean de Jérusalem. Cette importante circonscription du Temple comprenait, outre Montsaunès avec son imposante église, auprès de laquelle se dressait, comme un fidèle gardien, le château des Templiers, Mazères dominé par son donjon, Aussein, Plagne, Figarol, Cadelhan, Salles, avec son fort et sa tour, dont en 1763 il ne restait déjà plus que le souvenir et le nom, sans compter tous les fiefs qui en relevaient, à Saint-Gaudens, Salies, Roquefort, Saint-Quentin, Saint-Cyrac, etc.

DEUXIÈME PÉRIODE (HOSPIT.). — A peine en possession de leur riche héritage, les Hospitaliers tâchèrent de marcher sur les traces de leurs devanciers et de se concilier l'affection

---

[1] Arch. Montsaunès, L. I.
[2] Michelet ; procès des Temp.

de leurs vassaux, par l'octroi de privilèges dont nous aurons l'occasion de parler tout à l'heure et en complétant les défenses de la ville de Montsaunès.

Vers la fin du XIVe siècle, la commanderie était gouvernée par Raymond de Lescure, Grand-Prieur de Toulouse dont nous avons eu l'occasion de parler déjà. A Montsaunès, comme dans beaucoup d'autres villes soumises à son autorité, l'attention de ce chevalier se porta sur les fortifications qu'il jugeait insuffisantes et il travailla beaucoup à les rendre plus redoutables. « Entre le palais des chevaliers, la tour dite du Com-« mandeur, l'église et l'enceinte des murailles, » s'étendait une plateforme inoccupée, c'est là, qu'il résolut de faire élever un fort pour compléter les moyens de défense et aussi pour recueillir la population en cas de danger. Dans ce but, il réunit les consuls et les conseillers de Montsaunès et leur donna cette plate-forme en bail emphithéotique, les autorisant à y faire bâtir autant de maisons qu'ils le voudraient, à la charge d'élever tout autour un mur de défense « qui eût « 5 *brassees* de haut et dont la partie supérieure fut garnie de « machicoulis. » Le chevalier s'engageait à fournir une partie du bois et des matériaux nécessaires, tandis que les consuls se chargeaient de faire garder cette portion des remparts par un nombre de sentinelles déterminé par le commandeur; les travaux devaient être exécutés dans l'espace d'une année. Les deux parties jurèrent ces conditions, le Prieur « en posant sa main droite sur sa poitrine, suivant la cou-« tume de son Ordre et les consuls, en étendant les leurs sur « le livre des quatre Evangiles. » Cet acte, passé « dans la « sainte maison » de Montsaunès, le 11 février 1397, fut confirmé l'année suivante par le chapître provincial du Grand-Prieuré de Toulouse [1].

A peu près à cette époque, ce même Raymond de Lescure, fut obligé d'intervenir dans les affaires de la Commanderie pour une question assez particulière. En 1397, le bailli de la comtesse de Comminges à Saint-Martory avait fait enlever,

[1] Arch. Montsaunès, L. II.

pour lui donner la sépulture, le cadavre d'une femme trouvée morte dans une île de la Garonne, appartenant aux Hospitaliers. Cet acte si simple en apparence, suffit pour allumer la discorde et éveiller les susceptibilités des chevaliers dont les droits de justice et de propriété venaient d'être lésés. Profitant de la haute considération dont il jouissait, Raymond de Lescure s'adressa à Charles VI, en se réclamant de la sauvegarde royale accordée par Philippe V à tous les biens de l'Ordre. Le roi prit en main la cause des Hospitaliers « contre « sa chère cousine la comtesse de Comminges » et écrivit au sénéchal de Toulouse pour lui enjoindre de faire rendre au commandeur la justice qui lui était dûe : le bailli de Saint-Martory fut par suite obligé d'exhumer le cadavre, objet du litige et de le faire rapporter dans l'île de Brayde, pour reconnaître, les droits de l'Ordre de Saint-Jean sur ce territoire [1].

Les archives capitulaires de Saint-Bertrand de Comminges du commencement du XVIe siècle, nous rapportent un fait étrange, qui nous montre la nature souvent peu amicale, et en tous cas fort indépendante, des rapports qui existaient entre les commandeurs de l'Ordre de Saint-Jean et l'autorité ecclésiastique. Pour je ne sais quel motif, le commandeur de Montsaunès avait fait arrêter au milieu de son église le recteur de la paroisse, qui, faisant partie de l'Ordre, était naturellement son subordonné. Grand scandale dans le pays et profonde indignation parmi les ecclésiastiques des environs qui crurent voir leurs immunités gravement compromises par cette exécution contre un d'entre eux. Pour les revendiquer, ils prennent les armes avec un entrain tout-à-fait laïque et vont essayer d'arracher de force leur confrère à ses chaînes. Mais les gardes du château de Montsaunès n'ont pas de peine à repousser cette agression et les assaillants sont obligés de se retirer, après avoir eu quelques-uns des leurs blessés dans la lutte. Les armes matérielles ne lui ayant pas réussi, le clergé les abandonna pour les armes spirituelles ;

---

[1] Arch. Montsaunès, L. III.

l'évêque de Comminges fulmina son excommunication contre le téméraire commandeur et mit la paroisse de Montsaunès en interdit. Mais, en s'avançant ainsi, il ne songeait pas aux privilèges sans nombre accordés à l'Ordre de Saint-Jean, soit par les papes, soit même par les évêques et qui en faisaient une puissance à peu près indépendante de l'autorité diocésaine. Ces privilèges, le chevalier Jean de Cabanes, n'eût garde de les négliger; « je ne suis en aucune façon, dit-il
« fièrement, sujet de Monseigneur de Comminges, ni moi, ni
« mes serviteurs, ni le recteur, car l'église est à moi et
« Monseigneur de Comminges n'a rien à y voir. Il ne peut ni
« l'interdire, ni excommunier, car j'ai au nombre de mes
« privilèges, celui de pouvoir lever moi-même tout interdit
« et de pouvoir faire chanter la messe dans toutes les églises,
« quand même elles seraient interdites ou profanées [1]. »

Dans d'autres circonstances, l'autorité du commandeur éprouvait bien des difficultés pour s'imposer aux populations dont l'esprit indiscipliné se manifestait à cette époque d'une manière excessivement violente. En 1546, un nommé Auriol du lieu du Plant, ville du diocèse de Rieux dépendant de la commanderie, s'étant rendu coupable de « certains meurtres,
« ravissements, blasphèmes et autres crimes énormes, » avait été condamné par le juge et la cour de Montsaunès « à estre
« deslivré ez mains de l'exécuteur de la haulte justice, pour
« luy faire faire le cours par les carrefours dudict lieu de
« Plant, et admené à la place et pillori dudict lieu, où auroit
« parcée la langue avec un fer chault et, ce fait, tranchée la
« teste et mis à quatre quartiers, lesquels seront départis en
« potences, aux lieux et coings commodes dudict lieu et la
« teste mise au plus hault du pillori. » Mais les chevaliers n'osaient faire exécuter la sentence, vu le grand nombre de complices du criminel. Aussi obtinrent-ils que l'arrêt de la cour de Montsaunès, confirmé par le parlement, serait exécuté à Toulouse. Un procès-verbal dressé par ordre de *messire Jehan de Villeneuve, conseiller du roy, Viguier de Toulouse et*

[1] Roschach, Foix et Comm.

garde du scel maige, nous apprend que le coupable fut exécuté sur la place Saint-George et que ses membres, furent expédiés aux lieux témoins de ces crimes, pour y servir d'avertissement à ses complices (11 février 1546) [1].

Aussi, en présence du peu de puissance dont pouvaient à cette époque disposer les seigneurs pour faire respecter leur autorité, ne sommes nous pas surpris de lire, dans le dénombrement que fit, en 1564, le commandeur de Montsaunès devant les délégués de l'assemblée du clergé de France, ses doléances sur ce que l'exercice du droit de haute justice « lui « coûtait plus qu'il ne lui rapportait [2]. »

Quelque temps après, l'animosité contre l'autorité des commandeurs se traduisit à Montsaunès sous une forme violente. On était alors dans la période des guerres religieuses, dont, selon toute apparence, le fait que nous allons rapporter, dût être un épisode. Dans le courant de l'année 1560, une bande de malfaiteurs, ayant à leur tête Jean de Cabanes, dit *la Lacque*, était venue attaquer dans son château de Montsaunès, le commandeur messire Joseph de la Panisse Montfaucon, et assaillir la troupe de ses serviteurs à coups d'arbalètes ; un de ces derniers, Isnard d'Astongs, seigneur de Lamotte, avait trouvé la mort dans cette lutte. Repoussés dans cette attaque, les conjurés résolurent de poursuivre leur dessein homicide par la ruse ; ils pratiquèrent à cette fin, des meurtrières dans les maisons qu'ils possédaient auprès du château, pour tirer sur le commandeur ou les siens, s'ils osaient en sortir. Le chevalier réussit néanmoins à faire connaître au dehors la triste situation où il se trouvait réduit. Saisie de sa plainte, la cour du Parlement de Toulouse, somma les conjurés de comparaître à sa barre et les condamna les uns à la peine de mort et les autres au bannissement ; leurs maisons devaient être rasées, leurs biens confisqués, sans compter les amendes qu'ils étaient obligés de payer et dont une partie était destinée à fonder un obit et, à faire prier Dieu pour l'âme de la

---

[1] Arch. Montsaunès, L. V.
[2] Arch. Figarol. L. IV.

victime. La *dame de Tajan, dame de Saint-Martory*, était de plus citée pour répondre à l'accusation de complicité avec les criminels auteurs de cette tentative. Deux mois après, la sentence était proclamée sur la place de Montsaunès, par Gille Geouffre, huissier de Toulouse, qui fit procéder séance tenante à la démolition de la maison de Jehan de Cabanes le chef de l'entreprise, malgré les protestations de sa femme, *demoiselle Jehanne de Lordat* [1].

Les coupables, ou du moins une partie d'entre eux, durent réussir à se soustraire à la sentence qui les frappait; car nous voyons Bernard de Cabanes, qui avait figuré dans la précédente expédition, diriger une nouvelle tentative contre messire de Presles, Commandeur de Montsaunès, qui, moins heureux que son prédécesseur, fut surpris et massacré avec plusieurs de ses serviteurs en 1581. Ce fait se trouve relaté sans détail dans un ancien inventaire des actes de la Commanderie [2].

Ce ne furent pas les seuls désastres causés à la commanderie de Montsaunès, par les guerres religieuses. Le maréchal de Mattignon, vint séjourner dans le pays avec son armée en 1597 et la présence des hommes d'armée se fit cruellement sentir au milieu de ces populations. Nous voyons, en effet que le commandeur Pierre de Montauban, fut obligé de réduire les rentes qu'il percevait dans cette contrée, à cause des pertes qu'elle avait éprouvées à cette occasion et « aussy pour la « gresle générale qui emporta tout [3]. »

A partir de cette époque la paix ne paraît pas avoir été troublée entre les commandeurs et leurs vasseaux et nous ne trouvons dans la dernière partie des archives que les reconnaissances féodales consenties par les consuls de ces diverses localités à leurs seigneurs.

Pour donner une idée de l'étendue des possessions de la commanderie, nous allons transcrire ici quelques extraits du du dénombrement fait, le 19 avril 1688 par le chevalier

---

[1] Arch. Montsaunès, L. VIII.
[2] Arch. Figarol, L. III.
[3] *Id.*

Nicolas de Varadier de Saint-Andéol aux commissaires députés par le roi pour la confection du papier terrier.

« 1° *Montsaunès*. Le commandeur y est haut justicier. Il
« y possède noblement un chasteau joignant l'esglise, une
« maison dans le village appelée la *Rectorerié*. Un jardin devant
» le chasteau. Les habitants sont tenus de faire le guet et
« monter la garde au chasteau de Montsaunés en temps de
» guerre.....

« 2° Il est seigneur haut justicier de *Mazères*. Il y possède
« noblement une grande tour servant de Chasteau.

« 3° Il possède quelques fiefs au lieu de *Cassaignes*.

« 4° Il est seigneur haut justicier du lieu d'*Aussein*, en
« Comminges, séneschaussée de Pamiers, anciennement
« séneschaussée de Toulouse. Il y possède noblement une
« grande tour servant de chasteau.

« 5° Il est seigneur haut justicier moyen et bas du lieu de
« *Plagnes*. Tous les habitants et bientenants du dict lieu sont
« exempts de tailles et possèdent leurs biens noblement.

« Il a droit dans le lieu de *Palaminy* à certaines redevances
« se montant à 4 gros d'or, de la valeur de 6 sols tolsas.

« 7° Il est seigneur haut moyen et bas du lieu de *Figarol*.

« 8° Il a un quart de la haute juridiction du lieu ne *Soueich*,
« les trois autres quarts sont au seigneur d'Encausse.

« 9° Il est seigneur haut, moyen et bas du lieu d'*Arbou*.

« 10° Il a quelques fiefs dans la ville de *Valentine*.

« 11° Il possède des redevances aux lieux de *Saint-Gaudens,
« Saint-Martory, Salies, Montesquieu-Volvestre, Roquefort,
« Le Fourc, Cazères, Touilles, Montgaillard, Martres, Boussens, Saint-Quentin, Garravet, Leymont, Montpezat, Savignac-du-Roy, Montégut et Samatan*.

« 12° Il a quelques fiefs dans la chastellerie de *Castillon*.

« 13° Il a quelques fiefs dans le lieu de *St-Cyrac*.

« 14° Il est seigneur haut justicier, moyen et bas du lieu de
« *Salles*, Il y possède noblement une maison appelée la *commanderie* et une autre appelée *la tour des Templiers*.

« 15° Il est seigneur haut justicier, moyen et bas du lieu
« de *Plant* en partage avec le Roy.

« 16° Il est seigneur haut justicier des lieux de *Cadeillan*
« de *Bieusas* et de *La Fitte*.

« 17° Le commandeur et ses officiers sont exempts de tout
« droit de péage et de pontonnage dans toute l'étendue du
« comté de Comminges [1]. »

Les procès-verbaux des visites de la commanderie de Montsaunès à la fin du XVIIIe siècle nous apprennent quelle était affermée au prix de 19,800 livres; revenus qui étaient réduits à 14768 h. 7 s. 8 d. par suite des diverses charges qui lui incombaient.

§ 2. — *Aussein*. — *Couts*.

Dès les premiers temps de leur établissement à Montsaunès, nous trouvons les Templiers résidant au château d'Aussein et possédant la juridiction de cette localité. A la fin du XIIIe siècle, une donation vint accroître l'importance de ce membre de la commanderie. Le 19 novembre 1279, le seigneur Raymond Athon d'Aspet donna au Temple, à frère Célébrun de Pins, précepteur de Montsaunès, le territoire de *Codz* (Coutz) avec tous ses vassaux et tous les droits qu'il y possédait [2].

Dans la période postérieure nous voyons plusieurs grands seigneurs des environs témoigner leur bienveillance envers l'Ordre de Saint-Jean, en concédant divers privilèges aux habitants de la ville d'Aussein. C'est ainsi que Jean de Comminges seigneur de Roquefort, leur donna la faculté de dépaissance pour leurs troupeaux dans son territoire, *le Bosc de Perescite*, à la condition de venir moudre leur blé au moulin de Roquefort et moyennant une redevance de 2 gros d'argent qui lui serait payé annuellement par la communauté (5 mars 1485) [3]. A peu près à la même époque, Arnaud-Guilhem d'Ornessan, seigneur de Tournacoupe, de Belvèz et de Cairol-

---

[1] Arch Montsaunès, L. IV.
[2] Arch Montsaunès, L. IV.
[3] Arch Aussein, L. I

les, leur concédait également le droit de dépaissance sur son territoire de Montaigut [1].

Nous ne signalerons dans le reste des archives qui rapportent un grand nombre de procès soutenus par les commandeurs contre les seigneurs du voisinage au sujet des limites de leurs possessions d'Aussein, que la reconnaissance consentie le 24 août 1614 à l'issue de la Grand-Messe par les habitants de la localité au commandeur Joachim de Montaigut-Fromigières ; nous y voyons que ce dernier avait le droit d'élire les deux consuls, sur une liste de quatre personnes choisies par les habitants [2].

§ 3. — *Plagnes*.

La charte de donation du territoire de Plagnes au Temple de Montsaunès manque dans les archives. Tout à fait au commencement du XIVe siècle nous trouvons le commandeur Célébrun de Pins, occupé à donner, de concert avec Raymond d'Aspet, seigneur de Berat, des privilèges et des coutumes à La Bastide-de-Plagne dont ils venaient d'achever la construction. Cette charte concédée le 17 février 1302 (1303) est excessivement remarquable par sa libéralité, et on y trouve à un degré peut-être supérieur toutes les libertés dont s'énorgueillissaient les plus grandes villes du midi. En voici les principales dispositions.

Les seigneurs affranchissent les habitants des droits de questes, d'albergue, de tailles, de corvées et autres *exactions;* ainsi que du service militaire et des chevauchées : ils leur accordent la liberté complète de vendre, en réservant pourtant leurs propres droits, si l'acheteur est un chevalier, un clerc ou quelque autre personne privilégiée. Comme dans toutes les autres coutumes de la contrée, la prison préventive est abolie, excepté dans des cas très rares. Chaque habitant

[1] Arch. Aussen. L. I.
[2] Arch. Aussein, L. II.

pourra faire cuire son pain et même forger chez lui, moyennant une redevance de 4 deniers tolsas ; Raymond d'Aspet et le commandeur concèdent à chaque habitant, dans l'intérieur de la bastide, un emplacement pour maison de 5 perches de large sur 12 de long, moyennant une redevance de 4 deniers d'oblies et une certaine quantité de terre, à la condition de payer annuellement 10 deniers pour chaque arpent de 64 perches de long sur 32 de large (la perche ayant en longueur 5 raies et 1 dor (?), suivant la mesure du comté de Comminges) : sur ces terres, les habitants pourront élever des bâtiments agricoles et tenir autant de bétail qu'ils voudront sans payer de droit. Sous le rapport des franchises municipales, nous voyons que la communauté de Plagnes, où figurent, sous le nom de *jurats*, comme en Guyenne, ses bourgeois notables, sera administrée par quatre consuls et quatre conseillers ; les premiers désigneront chaque année leurs successeurs, sans que les seigneurs aient le droit d'influencer sur cette élection ou de la gêner en quoique ce soit. Les consuls jugeront avec le bailli des seigneurs toutes les causes civiles et criminelles, et leurs décisions seront valables pour toujours ; ils seront chargés de la police et de la fixation des tarifs ; ils choisiront les assesseurs et les greffiers pour leur tribunal, et auront en leur possession les registres de cette cour. Chaque condamné leur paiera 12 den. tols. pour droit d'emprisonnement, plus 1 denier par jour pour sa nourriture. Les consuls auront un sergent pour faire exécuter leurs ordres, recueillir les contributions et les amendes prononcées par eux ; ils auront un sceau communal et porteront comme insigne de leur dignité une verge ornée des écussons des deux seigneurs. Ces derniers devront défendre leurs vassaux de Plagnes « contre toutes « les violences et les nouveautés illicites » dans leur ville et même à l'extérieur, mais, dans ce dernier cas, aux frais de la communauté [1]. Ces coutumes reçurent bientôt après la

---

[1] Arch, Plagnes, L. I

confirmation de Raymond de la Roque, lieutenant du Maître du Temple en Provence (1303) [1].

Quelques années plus tard, le Procureur du Roi tenta de se substituer au seigneur d'Aspet dans l'acte de paréage de Plagnes. Mais cette tentative échoua, et une sentence du sénéchal de Toulouse vint maintenir Bernard d'Aspet dans ses droits [2]. Dans la suite, soit par donation, soit par achat, cette moitié de juridiction revint à l'Ordre de Saint-Jean ; et nous avons vu plus haut qu'à la fin du xviie siècle, le commandeur de Montsaunès était seul seigneur haut justicier de la ville de Plagnes.

§ 4. — *Serres.* — *Lavelanet.* — *Saint-Cyrac.*

Dans la juridiction de la petite ville de Lavelanet se trouvait le territoire de Serres, qui avait été donné à l'Ordre de Saint-Jean. Les Hospitaliers en avaient fait le centre d'une petite Commanderie, dont nous ne trouvons l'existence mentionnée que dans le xiiie siècle. L'acte le plus ancien que nous fournissent ses archives est une donation faite vers 1250 à l'Hôpital de Serres, au commandeur Pierre du Port, par les consuls et la communauté de Lavelanet, qui, *poussés par la piété*, firent cession de tous leurs droits sur la Salvetat de de Serres, et qui apposèrent sur le parchemin le sceau communal [3].

Au nord et à peu de distance de cette ville, se trouvait un autre territoire possédé par les Templiers de Montsaunès. C'était celui de Saint-Cyrac. Nous constatons l'existence de cet établissement, grâce à certaines donations qui lui furent faites en 1175 et 1176, par noble Pons de Saint-Félix [4]. Après la suppression des Templiers, le membre de Saint-Cyrac fut réuni à la Commanderie de Serres, ainsi que celui de Lescuns et de Marignaguet, situés dans le voisinage.

---

[1] Arch. Plagnes, L. II.
[2] Arch. Plagnes, L. I.
[3] Pièces justificat., n° xlv.
[4] Arch. Montsaunès, L. I., Cartulaire.

Les archives de Serres nous ont conservé la plainte qu'adressa à la cour métropolitaine de Toulouse le commandeur Pierre de Carbus contre l'évêque de Rieux, qui avait voulu exiger du recteur de Serres et de Lavelanet un droit de visite trop considérable, et qui, sur le refus des religieux, l'avait excommunié ; l'archevêque de Toulouse reconnut la justice de cette réclamation et annula la mesure de rigueur de son suffragant (1321) [1].

Nous signalerons encore une tentative violente dirigée contre le commandeur de Serres, par noble Espaing de Panesac, seigneur de Marignaguet, qui enleva de vive force aux Hospitaliers les fruits décimaux recueillis par eux sur son territoire et qu'une sentence du sénéchal de Toulouse vint, en 1498, obliger à une restitution envers ses victimes [2].

Peu de temps après, la Commanderie de Serres fut réunie à celle de Salles et passa avec elle, vers le milieu du XVIe siècle, dans celle de Montsaunès.

§ 5. — *Salles*.

Nous n'avons aucune indication sur l'origine de cet établissement des Templiers, qui l'avaient érigé en une petite commanderie subordonnée à celle de Montsaunès. Le document le plus important qui se rapporte à cette première période de l'histoire de Salles est la charte de commune qui lui fut octroyée en l'année 1283, le lundi après la fête de saint Philippe et de saint Jacques, par Pons de Brohet, Maître du Temple en Provence, qui présidait alors son chapitre provincial à Montpellier. Dans cette charte, où nous trouvons les dispositions ordinaires de toutes les coutumes concédées à cette époque, telles que les suppressions des droits de questes, d'albergues, etc., la constitution municipale de la ville, la création de ses magistrats municipaux, du bailli et des divers fonctionnaires, nous nous contenterons de signaler

---

[1] Arch. Serres, L. 1.
[2] Arch. Marignaguet, L. I.

l'organisation judiciaire pour laquelle le Templier entrait dans les détails les plus circonstanciés. Salles faisait partie de la baillie de Montsaunès, dont le juge devait se transporter dans les différentes parties de son ressort pour présider le tribunal, composé des consuls de chaque localité [1].

Les chevaliers de Saint-Jean conservèrent Salles comme le chef-lieu d'une petite Commanderie, à laquelle fut adjointe, dans le courant du xvi° siècle, celle de Serres. Bientôt après, un nouveau remaniement de circonscription de l'Ordre mit fin à l'existence de la Commanderie de Salles, qui fut fondue vers 1550 dans celle de Montsaunès.

§ 6. — *Cadeillan*. — *Saint-Jean de Planté*.

De la commanderie de Montsaunès dépendait, dès l'origine, le membre de Cadeillan, situé dans la partie méridionale de la Gascogne. Ici, comme tout à l'heure, le seul document qui nous reste de la domination des Templiers dans cette localité est un acte qu'ils semblent avoir légué en partant à leurs vassaux de Cadeillan, comme pour inspirer leurs regrets. C'est une charte par laquelle Bernard de Revel, précepteur de Montsaunès, concédait aux habitants les droits d'usage de pâturage dans les bois du Temple, en n'exigeant en retour que la redevance annuelle *d'une galline grasse et suffisante* (10 avril 1305) [2].

A une petite distance de Cadeillan, l'Ordre de Saint-Jean possédait en paréage avec le roi la ville de Plantier ou de Saint-Jean du Planté. Après la suppression du Temple, les chevaliers réunirent ces deux domaines et en formèrent la Commanderie de Plantier, qui subsista jusqu'au xvi° siècle, époque où elle fut réunie à celle de Montsaunès. Mais ce ne fut pas du reste la dernière transformation de cette petite circonscription de l'Ordre. Dans la première moitié du xvii° siècle, elle fut de nouveau reconstituée; vers

[1] Arch. Salles.
[2] Arch. Cadeillan.

la fin de ce siècle, elle fut supprimée une seconde fois : Cadeillan fut réunie à Montsaunès et le Plantier fut adjoint, malgré son éloignement, à la commanderie de Lugan, située dans le Rouergue.

§ 7. — *La Fitte-Toupière.*

Les archives ne nous disent rien de l'origine de cette dépendance de la commanderie de Montsaunès ; la série des actes qui les composent ne s'ouvre qu'à la fin du xiv° siècle. En l'année 1397, nous trouvons Raymond de Lescure, Grand-Prieur de Toulouse, Commandeur de Montsaunès, et, en cette dernière qualité, seigneur haut justicier de la ville de la Fitte, occupé à conclure un accord avec les consuls et les habitants de cette petite localité, à l'effet d'y élever un fort bâti en pierre, à chaux et à sable, sous la direction de « Maître Bernard de Bobe, habile en ces travaux. » Le chevalier leur concédait l'emplacement, leur fournissait les matériaux, et les habitants devaient supporter les frais de cette construction et garder dans la suite les murailles et les portes ; ils prirent néanmoins le soin de stipuler dans cet accord que, « si pressés par la nécessité ils ne pouvaient « garder le fort, le seigneur aurait à les recueillir dans la « tour, comme par le passé. » Les conventions furent jurées par le Prieur sur la croix de son manteau et par les consuls sur les saints Evangiles, dans la ville de Laffite, le douzième jour du mois de février 1397 [1].

La seigneurie de la Fitte fut disputée aux commandeurs de Montsaunès par les abbés de Bonnefont, mais le Parlement de Toulouse s'opposa à cette usurpation et consacra les droits des Hospitaliers sur cette ville et son territoire (1575) [2].

---

[1] Arch. Laffite, L. I.
[2] Arch. Laffitte, L I.

§ 8. — *Saint-Gaudens.*

L'hôpital de Saint-Jean existait à Saint-Gaudens dès l'année 1168 ; nous voyons, en effet, à cette époque, Yzarn de Saint-Gaudens faire donnation à son commandeur, frère Athon des Olmes, de tous ses moulins à vent [1]. Quelques temps après, les chevaliers de Saint-Jean acquéraient de R. A. de Montpézat, d'Azemar et de ses fils, un emplacement que ces derniers possédaient entre l'Hôpital et les murs de la ville ; Sanche Garsie d'Aure, Prieur de Toulouse, frère Pierre de Solier, Commandeur de Saint-Gaudens et *Juliane, humble sœur*, s'engagèrent à payer pour cela 80 sols tols, plus un cheval estimé 300 sols ; cette vente faite entre les mains de B. de Gabre, viguier de Saint-Gaudens, est datée du mois de décembre de l'année 1190 [2]. Dans le courant du siècle suivant, Roger d'Izarn, *bailli* ou *sénéchal de Saint-Gaudens pour le Comte* (de Foix), donna à l'hôpital la faculté de bâtir un moulin sur la Garonne. (Ides de mai 1233) [3].

Au commencement du xive siècle, augmenté des biens que les Templiers possédaient dans cette ville ou ses environs, cet établissement fut réuni à la commanderie de Gavarni, mais vers 1500 cette dernière ayant été fondue dans celle de Boudrac, le membre de Saint-Gaudens fut définitivement réuni à Montsaunès.

§ 9. — *Soyeix.*

Le vendredi après la fête de sainte Lucie, en l'année 1256, noble dame *Grise*, femme de Roger, comte de Comminges, s'était rendue dans l'église de Montsaunès où, en présence d'un grand nombre d'ecclésiastiques de la contrée, elle fit

---

[1] Arch. Saint-Gaudens, L I.
[2] Id.
[3] Id

donation entre les mains du commandeur, Ariol d'Aspet, des fiefs de *Feranegs* et de *Molère* qu'elle possédait, dans le territoire de Soyeix, ainsi que de sa part de la juridicton de cette ville [1], exemple qui fut suivi par plusieurs autres seigneurs et notamment par Ermengarde de Saint-Juste qui donna son fief de *Botelles* (1260).

La juridiction de cette ville n'appartenait qu'en partie aux chevaliers de Saint-Jean et ce partage d'autorité ne fut pas sans amener quelques difficultés avec les autres co-seigneurs. C'est ainsi qu'en 1617 le commandeur de Montsaunès fut obligé de passer une transaction avec Guillaume de Saint-Jean, seigneur de Soyeix pour régler d'une manière définitive l'exercice de leurs droits sur cette ville : il fut décidé que les trois quarts de la juridicton appartenait au seigneur de Saint-Jean et le quart seulement au commandeur ; que la nomination des officiers de cette localité serait faite trois ans de suite par le premier et la quatrième année par le second [2].

§ 10. — *Figarol.*

Vers le milieu du xiiie siècle, Les Templiers de Montsaunès avaient reçu de Bernard de Tanchoède la donation d'une partie du territoire de Figarol. Les seigneurs de cette localité, Arnaud de Villeneuve et dame Condor sa femme, se dessaisirent en faveur du commandeur Bertrand de Mancioux de leurs droits sur ce territoire (décembre 1251) [3].

Immédiatement après avoir pris possession des dépouilles des Templiers, les chevaliers de Saint-Jean s'efforcèrent de gagner l'affection de leurs vassaux de Figarol par l'octroi de privilèges. Le 20 octobre de l'année 1337, le précepteur de Montsaunès, Guillaume de la Tour, réunissait autour de lui les six consuls de Figarol, Guillaume de Saint-Julien, damoiseau, Bernard d'Albat, légiste, G. Vital, G. de Mayniès,

---

[1] Pièces justificatives, n° XLVI.
[2] Arch. Soyeix, L. I.
[3] Arch Figarol, L. I.

A. Malet et B. de Bays, pour leur donner connaissance des privilèges qu'en vertu d'une délégation du Grand-Prieur de Toulouse, il concédait à ses vassaux; c'étaient des droits d'usage très étendus sur ses bois du Vernet, où il ne se réservait que la juridition et ne faisait d'autre prohibition que celle de la chasse : quatre gardes devaient s'opposer aux dégâts et veiller à ce que les habitants n'y chassassent *qu'avec l'arc ou l'arbalète* et jamais les *oiseaux de proie, les sangliers, les chevreuils, les cerfs et autres gros animaux.* La charte contient ensuite la défense expresse aux habitants de Figarol de placer ce bois *sous la sauvegarde du roi et d'y élever ses pannonceaux,* moyen usité pour se soustraire à la juridiction seigneuriale et contre lequel la féodalité prenait partout, mais souvent inutilement, ses précautions [1].

Pendant la seconde moitié du xve siècle, les Hospitaliers eurent à soutenir des luttes assez vives au sujet de leurs possessions de Figarol. Les habitants de *Manoa* (Mane), petite localité voisine, prétendaient avoir le droit de dépaissance dans le territoire soumis à la juridiction du commandeur. Un frère servant, nommé Dominique, envoyé sur les lieux, pour le leur défendre au nom de Pierre de Campagne, précepteur de Montsaunès, s'était vu assailli par les femmes de Mane qui l'accablèrent de mauvais traitements. Les habitants effrayés de leur audace et des conséquences qu'elle pourrait entraîner sur eux appelèrent à leur secours un puissant seigneur du voisinage, noble Félix-Bernard de Saint-Pastou, qui disputait de son côté la juridiction de Figarol aux Hospitaliers. Celui-ci vit dans les ouvertures que lui firent les habitants de Mane un moyen précieux de nuire à ses adversaires ; aussi y répondit-il avec empressement et soutint-il énergiquement, même par les armes, la prétention de ses turbulents voisins. Pour mettre fin à une querelle qui pouvait prendre des proportions inquiétantes, le commandeur entra en pourparlers avec son rival et le détermina à remettre l'affaire au jugement de *Monseigneur Artigue de Mauléon, abbé de Bonnefond, et de Mon-*

---

[1] Arch. Figarol, L IV.

seigneur Heymerie de Comminges, chevalier, seigneur de Péguilhan. Après avoir pris connaissance des actes, sur lesquels les deux parties fondaient leurs prétentions, les nobles juges rendirent leur sentence qui fut tout entière en faveur du commandeur. Félix-Bernard de Saint-Pastou se vit condamner à une amende de 30 francs, et les habitants de Mane à une rente annuelle de 2 florins d'or (*chaque florin valant 2 gros et 6 ardits*) ; pour réparer l'insulte faite par elles à l'Ordre de Saint-Jean, les femmes de Mane durent se rendre processionnellement, tenant chacune une torche allumée à la main, à la ville de Salies, où elles firent amende honorable au frère Dominique, après quoi, elles allèrent déposer leurs torches devant l'autel de Sainte-Marie de Montsaunès, à qui elles furent offertes. Le jugement fut prononcé *au monastère* de Bonnefont, le 10ᵉ jour d'octobre de l'année 1473 en présence de plusieurs grands seigneurs de la contrée, Jean de Mauléon, seigneur de Beaupuy, W. de Mauléon, seigneur de Casteras, Artigue de Castelbajac, seigneur de Molas, Bernard de Comminges, bâtard de Comminges-Péguilhan, Gaucerand de Mauléon [1].

Vers la fin du XVIᵉ siècle, nous trouvons les habitants de Figarol en révolte contre leurs seigneurs. Ces derniers voulaient exiger que leurs vassaux fournissent des sentinelles et des guetteurs pour leurs remparts de Montsaunès ; cette prétention, les consuls de Figarol la repoussèrent avec énergie et portèrent leurs plaintes à ce sujet au Parlement de Toulouse, qui dut leur donner raison ; car il n'est plus fait mention dans la suite de cette exigence des commandeurs de Montsaunès.

1º Liste des Commandeurs de Montsaunès.

TEMPLIERS :
1160-1166. Pierre Bérenger.
1166-1167. Pierre d'Astugue.

1168. Albiel de *Planâ Sylvâ*.
1170. Géraud de Toulouse.
1175. Géraud de Thézan.

[1] Arch. Figarol, L. I.

1176-1179. Guillaume de la Garrigue
1180-1182. Odon de Bazus.
1183-1186. Augier des Cuns.
1186-1187. Guillaume de la Garrigue (2ᵉ fois)
1199-1200. Bertrand de la Fitte
1200-1201. Augier des Cuns (2ᵉ fois)
1201-1212. Fortanier d'Estampuras.
1231-1239. Pélegry d'Isault
1245 Pierre du Bois (de Nemore)
1248. Fourtanier de Séados.
1250-1251. Bernard de Mancioux.
1253-1260. Ariol d'Aspet.
1260-1261. Hugues Radulphe.
1270-1271 Pierre de Sombrun.
1272-1273. Pierre de Gavarret.
1276 Arnaud-Raymond de Prunière.
1279-1293. Celebrun de Pins.
1298-1299. Arnaud de Calmont.
1300-1302. Celebrun de Pins. (2ᵉ fois)
1305-1306. Bernard de Revel.

HOSPITALIERS :

1313. Jan de Laffas.
1314 Benoit de Caussade (de Calciala).
1920-1925. Huchet de Rygher.
1325-1330. Guichard de l'Ongle.
1330-1331. Isnard de Saint-Martin.
1336 1348. Guillaume de la Tour.
1366-1373. Aldebert de Gozon.
1397-1408. Raymond de Lescure, Grand-Prieur de Toulouse.
1437. Bertrand d'Arpajon, Grand-Prieur de Toulouse.
1455. Dominique de Bordes.
1472-1483. Pierre de Campagne.

1484-1485. Oddet de las Graulas, Receveur du Grand-Pr.euré.
1492-1508. Jean de Cabanes.
1511-1513 Gaston de Verduzan
1513 1527. Jean Salomon.
1532 Gabriel de Sézon.
1536-1542 Louis de Sabron.
1543-1544. Pierre de Beaulac-Tresbons.
1544-1547. Severin de Pagèze d'Azas.
1547-1557 Louis de Caritat.
1558-1559. Pierre de Gozon-Mélac.
1559-1560. François de la Panisse Montfaucon.
1559-1565 Severin de Pagèze d'Azas. (2ᵉ fois.)
1567-1580. Jean de Maignant-Montagut.
1580-1581. N. de Perles.
1583-1597. Pierre de Montauban-Vignedemor, Grand Prieur de Toulouse.
1604-1611. Jean des comtes de Vintimille.
1613-1633. Joachim de Montaigut-Fromigières.
1633-1640. Pierre d'Arnabe d'Hornollac
1658 1670 Charles de Pechpeyron-Comminges-Guitard.
1677 1693 Nicolas de Varadier de Saint-Andéol
1695-1701. Jean de Nobles-Desplatz-Saint-Amadour.
1722. Henri de Pontevès-Bargême.
1727 1759. Joseph-Scipion de Raymond d'Eaulx.
1759-1764. Agricole Dominique de Baroncelly-Javon.
1766-1774. Paul-Antoine de Viguier.
1774-1783. Henri de la Barthe.
1784-1789. Le bailli de la Brillame.

2° Liste des Commandeurs du membre d'Ausseins.

1488. Dominique de Bordes.

3° Liste des Commandeurs de Serres.

1243. Pierre de Biscons.	1371-1372. Hugues de Gozon.
1248. Bertrand de Fraxines.	1372-1373. Bernard de Montaigut.
1254. Raymond Sacerdos.	1477. Jean d'Audons.
1257-1258. Pierre du Port.	1498-1502. Raymond du Tilleuil.
1273. Bernard Leroux.	1515 Jean Barès.
1279. Jean de Muret.	(Vers 1520, réunion à la commanderie de Salles.)
1321. Pierre de Caylus.	

4° Liste des Commandeurs du membre de Saint-Cyrac

1175. Géraud de Thézan. || 1176. Arnaud de Martres.

5° Liste des Commandeurs de Salles.

1449. Arnaud de Labadie.	1541-1572. François de Villeneuve.
1465-1495. Hélie de Puget.	(Vers 1575, réunion de Salles à Montsaunès).

6° Liste des Commandeurs du Plantier *ou* de Saint-Jean de Planté.

1353-1365. Aldebert de Gozon.	1465-1487. Bernard de Montlezun.
1397. Sanche de Bellerive.	(Vers 1500, réunion de Montsaunès.)

7° Liste des Commandeurs du membre de Saint-Christaud.

1366. Hugues de Gozon	1685. Charles de Glandevès.
1477. Bernard de Montlezun.	

CHAPITRE X.

Commanderie de Poucharramet.

MEMBRES : SAINT-ROMAIN, LAUTIGNAC, CASTELNAU-DE-PICAMPEAU, SAINT-MARCEL, JUZET ET FRONTES, VALLÉE D'AURE, ARAGNOVET.

§. 1. — *Poucharramet.*

Tout-à-fait dans les premières années du XIIe siècle, Aymeric de Muret avait cédé aux Hospitaliers la portion occidentale du territoire qui formait sa seigneurie. Le sixième jour des kalendes de mai (25 avril) 1112 [1], il donnait au Saint-Sépulcre, à l'hôpital de Jérusalem et *au seigneur Gérard, hospitalier*, l'église de *Fustalane* avec ses dépendances et la faculté de construire sur le territoire de Poucharramet, situé tout auprès et érigé en *Salvetat*, « autant de maisons qu'ils « voudraient. » Celui qui ne respectera pas dans l'avenir les privilèges de cette Salvetat, et tentera de revenir sur cette donation, la charte le déclare « excommunié, maudit et ana- « thème, comme le traître Judas qui livra Dieu pour trente « pièces d'argent. » A cette donation, dont l'acte est signé par Amélius, évêque de Toulouse, et par Guillaume de Muret, archidiacre, se joignirent celles par lesquelles plusieurs membres de la famille du seigneur Aymeric se dessaisirent en

---

[1] La copie de cette charte, dont les archives ne possèdent plus l'original, porte 1102; mais il y a évidemment erreur, car l'épiscopat d'Amélius qui y figure ne commença qu'en 1106. Comme la donation est faite au Prieur Gérard qui mourut en 1118, nous croyons pouvoir donner 1112, comme la date véritable de la fondation de l'hôpital de Poucharramet.

faveur de l'hôpital des droits qu'ils avaient, soit sur l'église, soit sur le territoire de Poucharramet [1].

Aymeric de Muret, fils du précédent, ajouta à la donation paternelle le labour de 4 paires de bœufs aux alentours de Poucharramet. Plus tard ses sentiments de bienveillance pour l'hôpital firent place à de l'irritation et à des réclamations sur la validité des donations faites par son père et par lui-même. Mais ces dissentiments furent de courte durée. Le remords de ses dernières entreprises amena bientôt le seigneur Aymeric à résipiscence. Nous le voyons en effet, au mois de novembre de l'année 1183, accompagné du chevalier Amiel Bernard du Falgar, se présenter dans la cour du cloître de l'hôpital à Toulouse, où il vient s'humilier devant le Prieur Foulques de Nissa et les frères Hospitaliers ; il confesse « qu'il « a mal et injustement agi envers l'hôpital, se reconnaît cou- « pable devant Dieu et donne à l'Ordre de Saint-Jean, en « réparation du mal qu'il a causé, sa personne et tous ses « vassaux de la ville de Poucharramet, » il se démet en faveur des Hospitaliers de toute espèce de suzeraineté sur ce territoire et promet, « sur sa foi et sur les saints Evangiles que, « loin de les inquiéter à l'avenir, il les défendra, eux et leurs « biens, contre tous leurs ennemis [2]. »

Dans la première partie du XIIIe siècle, la commanderie de Poucharramet s'était accrue des dépendances d'un établissement voisin de l'Ordre de Saint-Jean, l'hôpital de Saint-Clar, dont la fondation, comme nous le verrons dans la suite, remontait également aux premières années du XIIe siècle : cette réunion, qui s'était opérée naturellement, à cause du voisinage des deux maisons, ne fut consacrée qu'un peu plus tard : une bulle de Pierre de Villemur, Vice-Prieur de Toulouse, prononça en 1258, la réunion officielle de la Salvetat de Saint-Clar, à l'hôpital de Poucharramet, sous la responsion de 15 sols tols [3]. Dans cet intervalle, de nouvelles largesses avaient considérablement augmenté l'importance de la commanderie :

[1] Pièces just. n° XLV.
[2] Pièces just. n° XLVI.
[3] Arch. Poucharramet, L. I.

à des donations de fiefs et de seigneuries, étaient venus s'ajouter de nombreux privilèges et surtout des droits de dépaissance, accordées à l'hôpital sur leurs domaines par Bernard d'Aspet en 1259, Orset de Bergonhas et Bernard, comte de Comminges en 1262.

Malgré cette prospérité toujours croissante, une ombre assombrissait l'horizon des précepteurs de Poucharramet. Possédant plusieurs villes du voisinage, dont ils avaient entière juridiction, dans le chef-lieu de leur commanderie, ils se voyaient obligés de partager leur autorité avec d'autres seigneurs, que la suite des temps ne pouvait manquer de transformer en rivaux et même en ennemis. Ce territoire était partagé en deux portions : la première, désignée sous le nom de *Saint-Jean* ne relevait que des Hospitaliers, tandis qu'à Poucharramet et dans ses dépendances immédiates, si les précepteurs jouissaient de la seigneurie spirituelle et de plusieurs autres droits, la seigneurie temporelle appartenait au commencement du XIII° siècle à Bernard Baron, chevalier de Rieumes ; pendant de longues années, les Hospitaliers allaient avoir à lutter contre ce seigneur et ses descendants. En 1215, Bernard Baron conçut le dessein de créer une bastide sur son territoire; mais les chevaliers de l'hôpital réclamèrent la protection du sénéchal, en lui exposant « que ce seigneur n'avait pas le droit d'élever des fortifications et une bastide sans leur concours sur une terre, dont ils avaient la seigneurie spirituelle et où ils possédaient « une grande église avec trois « autels, » et arrêtèrent par ce moyen l'entreprise de Bernard Baron [1].

Un peu plus tard, la lutte sourde avait dégénéré en une guerre ouverte; nous trouvons en effet, en 1260, un conseil arbitral composé de frère Pierre du Port, précepteur de Saint-Sulpice, et d'Arnaud de Marencs, sous la présidence de Bernard, comte de Comminges, appelé à rétablir la paix que le seigneur Baron avait troublée en tentant d'enlever aux Hospitaliers la possession d'un moulin et en les empêchant par la violence

---

[1] Arch. Poucharramet, L. I.

de mener paître leurs troupeaux sur les terres de la commanderie [1]. Quelques années plus tard, le Sénéchal de Toulouse voyait se présenter devant son tribunal Bernard Baron, damoiseau, qui venait accuser le précepteur, frère Pierre de Macrières, de s'être rendu coupable envers lui d'une agression à main armée. « Il était, dit-il, à se promener pacifiquement, « accompagné de ses serviteurs, dans les rues de la ville, « lorsqu'il se vit subitement assailli par Pierre de Macrières, « qui, à la tête de ses gens armés de lances, de flèches et « d'épieux, frappa et maltraita indignement le plaignant et « sa troupe, les poursuivit aux cris de : *A mort les sicaires!* « jusque dans sa demeure, dont il tenta même de s'emparer « au mépris de la paix publique et des statuts du pays. » (1293)[2]. Ce procès, dont nous ne connaissons pas l'issue est le dernier acte, dont les archives nous aient conservé le souvenir, de cette longue et ardente lutte. Malgré sa durée et sa violence, elle n'est pas la seule que nous ayons à enregistrer pendant cette période. Nous trouvons aussi les Hospitaliers luttant contre le Prieur de Muret avec une ardeur belliqueuse, qui semble leur être inspirée par les sites sauvages et les forêts au milieu desquels ils vivent. L'église de Muret et l'hôpital possédaient par indivis un territoire situé entre la ville de Poucharramet et le Touch, grave et perpétuel sujet de discordes. Aussi, vers l'an 1270, voyons-nous le Prieur Hugolenc Arnaud, exposer aux arbitres choisis par les deux parties, que, tandis qu'il était occupé à faire recueillir sa moisson par ses serviteurs, les Hospitaliers avaient fondu sur eux pour leur enlever les gerbes, les avaient maltraités de mille manières, et sans respect pour son caractère sacré, l'avaient blessé grièvement, ainsi que plusieurs autres prêtres qui se trouvaient avec lui. « Ces blessures, il n'aurait certaine-« ment pas voulu les recevoir au prix de cent marcs d'ar-« gent; » c'est aussi la somme qu'il réclame du précepteur, R. Tolzan, en réparation de l'attaque dirigée contre lui [3].

[1] Arch. Poucharramet, L. I.
[2] *Id.*
[3] Arch. Saint-Clar, L. I.

Pendant la période que nous venons de parcourir, il est probable que les Hospitaliers avaient doté leurs vassaux de Poucharramet d'une charte de commune. Nous ne possédons pas ce document, mais cette petite ville avait son consulat au commencement du xiv⁰ siècle ; il signale, à cette époque son existence par une lutte contre les deux seigneurs, le précepteur et noble Raymond Athon, au sujet de leurs droits. Ces derniers, pour couper court à toutes discussions, octroyèrent une nouvelle charte de franchises municipales à la ville de Poucharramet; il y est concédé aux habitants le privilège d'élire deux consuls qui exerceront, au nom des seigneurs, la justice civile et criminelle et connaîtront même des causes des seigneurs, la dépaissance pour leurs troupeaux dans les portions incultes du territoire, le libre usage des eaux, des herbes et des glands et enfin la faculté de couper tous les arbres qui leur seront nécessaires, dans les bois de cette seigneurie (3 janvier 1328) [1].

Les Hospitaliers, que nous venons de voir tout-à-l'heure si intraitables envers leurs rivaux, ne l'étaient pas moins envers leurs supérieurs ecclésiastiques, quand il s'agissait de maintenir contre eux les privilèges de l'Ordre. L'évêque de Comminges avait voulu dans une de ses tournées épiscopales, visiter la grange de *Lascomber*, dépendance de la commanderie de Poucharramet, située dans son diocèse. Mais les Hospitaliers, jaloux de leurs immunités envers l'autorité diocésaine, refusèrent l'entrée de leur établissement à l'évêque qui fulmina contre eux l'excommunication. Sans se laisser intimider, ils citèrent ce dernier devant l'official de Toulouse qui leur donna raison et condamna le prélat aux dépens (1334) [2].

Nous avons eu déjà l'occasion de signaler la fiévreuse ardeur, avec laquelle toutes les petites villes de nos contrées se mirent vers le milieu du xiv⁰ siècle à construire ou à réparer leurs fortifications et à profiter de la cruelle leçon que venait de leur infliger la terrible invasion anglaise de 1355. Poucharramet, point assez important par sa position, était absolu-

[1] Arch. Poucharramet, L. I.
[2] Arch. Poucharramet, L. I *bis*.

ment sans défense et n'avait pas même un château-fort pour le protéger. Aussi était-il à la merci, non seulement des armées ennemies, mais même des bandes de routiers et de malfaiteurs, qui désolaient alors le midi. Pour remédier à cet inconvénient « et éviter le dommage irréparable et le déshon- « neur qui résulterait pour la patrie tout entière de l'occu- « pation de cette place pour les ennemis et les brigands, » le duc d'Anjou, lieutenant général du Languedoc expédia de Nîmes, le 30 mai 1367, l'ordre à J. de Saint-Saturnin, juge de Rivières, de faire fortifier l'église de Poucharramet, de la faire entourer de fossés et de murailles et garnir de tours de guet, en réquisitionnant pour ce travail tous les habitants de la localité et du voisinage, et enfin de prendre des dispositions pour qu'elle fut gardée avec le plus grand soin, de jour et de nuit ; si le précepteur n'obéit pas avec empressement, aux ordres qui lui seront transmis à ce sujet, le juge doit faire mettre ses possessions sous le sequestre [1].

Vers le milieu du XVe siècle, Poucharramet et ses dépendances furent réunis à la commanderie de Boudrac. Depuis ce moment comme il arrivait toujours, quand les chevaliers cessaient de résider dans une ville, l'intérêt que nous fournissent les archives diminue sensiblement. Nous noterons pourtant une transaction conclue le 27 février 1497 entre Roger de Polastron, Commandeur de Boudrac et les consuls de Poucharramet, au sujet des droits de dîmes et de prémisses. Il fut convenu que le premier aurait droit à 2 gerbes de blé sur 17, mais que de son côté il serait tenu de donner, annuellement, le jour du jeudi saint, à chaque paroissien, homme, femme, ou petit enfant, un pain de la valeur de 2 deniers tournois [2].

En 1748, Poucharramet fut détaché, ainsi que Boudrac, de l'apanage des Grands-Prieurs pour former deux commanderies distinctes. Les membres qui composèrent la nouvelle commanderie furent : Saint-Romain, Lautignac, Castelnau de Picampeau, Saint-Marcel, Frontes et Juzet et dans la vallée

[1] Arch. Poucharramet, L. I *bis*.
[2] Arch. Poucharramet. L. I *ter*.

d'Aure, Guchen, Cadiac, Agos, Vielle, Tramesaygues, Lussan, Aulon, Aragnovet. Sa valeur était évaluée en 1754 à 7825 livres.

§ 2. — *Saint-Romain*. — *Lautignac*.

Les archives nous apprennent que dans le courant du xiii⁰ siècle, l'hôpital de Poucharramet possédait quelques fiefs à Lautignac. En 1255, dame Gaudie, veuve de Dodon du Falgar, chevalier, les accrut par une importante donation [1]. En 1274, Arnaud de Montgaillard, damoiseau, donna à Loup de Foix, précepteur d'Aure et de Poucharramet, tout ce qu'il possédait à Lautignac [2]. Les chevaliers de Saint-Jean avaient élevé sur leur territoire de Lautignac une grande tour qui leur servait à défendre le pays et à protéger leurs vassaux en cas de guerre. Il n'en est fait mention dans les archives qu'en 1559, alors que son état de délabrement et d'abandon l'ayant rendu tout à fait inutile; le Grand-Prieur traita avec un entrepreneur pour sa démolition, afin d'employer ses matériaux à la construction d'une prosaïque métairie.

L'absence de documents nous force à nous contenter de signaler l'existence de l'hôpital de Saint-Romain, dépendance de celui de Poucharramet, érigée même pendant un certain temps en commanderie séparée.

§ 3. — *Castelnau de Picampeau*.

Les commandeurs de Poucharramet n'avaient que la seigneurie spirituelle de la paroisse de Castelnau de Picampeau. Nous ne trouvons à noter dans les archives de cette ville qu'un procès soutenu par ses habitants contre leur

---

[1] Arch. Lautignac, L. I.
[2] *Id.*

précepteur, à l'occasion de certains droits qui leur avaient été réclamés, et que confirma Holric de Langlade, bailli en Gascogne pour le roi de France (1299)[1] et le traité que le Grand-Prieur conclut en 1567 avec ses vassaux de Castelnau pour la reconstruction de leur église[2].

§ 4. — Saint-Marcet.

En l'année 1148, Raymond Guillaume de Benque, « sous « l'inspiration de Saint-Esprit et pour la redemption des « ames de ses parents, » donna à l'hôpital de Sainte-Marie de Gavarni la moitié du *Puy de Saint-Marcel*, ainsi que la seigneurie qu'il possédait sur le reste de territoire appartenant à Arnaud de l'Abbadie. Ce dernier, s'associant aux sentiments de son suzerain, céda également sa portion du territoire de Saint-Marcel. « D'après les anciens usages, est-il « dans l'acte, les vassaux viendront apporter leurs rede- « vances aux seigneurs Hospitaliers le dimanche des Rameaux, « le Vendredi saint et la veille de Pâques ; les donations « furent faites à Saint-Gaudens entre les mains de Roger, « évêque de Comminges, le jour où se livra la bataille entre « Bertier Garald et Sanche de Jacca[3]. » Cette charte fut signée par l'évêque et le sire de Beuque, qui remplaça son nom trop difficile à écrire par un signe en forme d'étoile[4].

Le château de Saint-Marcel était le séjour favori des précepteurs de Gavarni, qui se contentaient d'aller inspecter de temps à autre leurs possessions pyrénéennes. Quand cette dernière Commanderie cessa d'exister, elle fut fondue, comme nous le verrons plus tard, avec toutes ses dépendances, dans celle de Boudrac. Nous n'avons à citer dans cette période de

---
[1] Arch. Castelnau, L. I.
[2] *Id.*
[3] Sans doute un duel judiciaire ou une épisode d'une de ces guerres entre Seigneurs si fréquentes à cette époque.
[4] Pièces justificatives, n° XLIX.

son histoire que l'humble requête présentée au Grand-Prieur en 1529, « par les manants de Saint-Marcel, à l'effet de vouloir « bien payer sur ses dîmes la somme de douze escus petits « pour la réparation de leur église qui tombait en ruines [1]. »

§ 5. — *Frontes et Juzet.*

Dans cette vallée pittoresque, où notre siècle a réussi à entourer la station thermale de Bagnères-de-Luchon des produits de la civilisation, encadrés par les magnifiques horreurs des cîmes Pyrénéennes et leurs majestueux glaciers, mais qui durant le moyen-âge n'était traversée que par les hardis bergers conduisant leurs troupeaux sur les hauteurs ou les ramenant dans la plaine, l'Ordre de Saint-Jean avait deux établissements voisins dont l'origine nous est inconnue. L'hôpital de Juzet existait avant la fin du XIIe siècle, puisque en l'année 1200, Sanche Garsie d'Aure lui donna une rente de dix sols tolsas qu'il avait sur la ville de *Pabao* (Pobeau) dans la vallée de Larboust [2]. A une très petite distance, en remontant la vallée, on trouvait l'hôpital de Frontes, datant à peu près de la même époque. Ces deux établissements, à cause de leur proximité, ne formaient qu'une seule commanderie qui portait indistinctement les noms de Frontes, de Juzet ou d'Aure. Ce fut sous cette dernière dénomination qu'elle fut réunie à la maison de Poucharramet. Mais son éloignement de cette dernière localité, la difficulté des communications considérables partout à cette époque, mais dégénérant presqu'en impossibilité pour ces contrées montagneuses, devaient en rendre la surveillance peu suivie et par suite la perception des rentes et des dîmes peu régulière. Ces inconvénients ne tardèrent pas à engager le Grand-Prieur de Saint-Gille à détacher de nouveau les deux hôpitaux pyré-

[1] Arch. Saint-Marcel, L. I.
[2] Arch. Frontes-Juzet, L. I.

néens pour en reformer l'ancienne commanderie de Frontes. A l'occasion de cette mesure, le chevalier Sanche d'Aure, qui venait d'être pourvu de cette commanderie, s'occupa tout d'abord de rectifier les limites de sa circonscription, qui avaient dû avoir été entamées en plus d'un endroit pendant la période précédente et de faire constater les droits et les privilèges qui lui appartenaient. A cet effet, une brillante assemblée se tint le 2 novembre (*in festo animarum*) de l'année 1266, dans la ville de Bagnères-de-Luchon. Elle était présidée par Monseigneur Bernard, comte de Comminges, entouré « de nobles et puissants hommes, Sanche Garsie « d'Aure, seigneur de Larboust, Pelegry de Montauban, « seigneur de Montauban, et Aymard de Bosost, seigneur de Bosost. » Le noble comte avait convoqué à ses assises les consuls et conseillers de ses villes de Bagnères, de Montauban et d'Artigues pour venir déposer dans l'enquête qui allait s'ouvrir. D'après leurs témoignages fut dressée la charte qui nous donne les limites officielles de la Commanderie de Frontes à cette époque et les privilèges qui lui avaient été octroyés. Nous y voyons qu'elle comprenait, outre les territoires de Frontes et de Saint-Jean de Lorras, dont les Hospitaliers avaient l'entière seigneurie, les domaines spirituels de Juzet et d'Artigues, les dîmes des grains dans toute la vallée de Luchon, au-dessus de la porte de *Castelvielh*, celle des fromages fabriqués sur les montagnes voisines et enfin le droit de dépaissance pour leurs troupeaux dans d'immenses étendues ; les Hospitaliers avaient de plus droit à la moitié de toute *bête féroce* abattue sur les terres de la Commanderie [1].

Outre les territoires mentionnés dans la charte précédente, l'hôpital possédait encore des censes dans une foule de villages, disséminés dans les vallées du voisinage. En voici la liste telle qu'elle nous est fournie par un livre de recettes du commencement du XIVe siècle.

« Montauban, Sodat, Goaux, Salas, Gurann, Maylin, Ben-

[1] Arch. Frontes-Juzet, L. 1.

« que-Dejus, Cazarilh, Artigues ; dans la vallée de Larboust,
« Portet, Pobeau; dans la vallée d'Ouelle, Mayregue, Lores (près
« de Saint-Bertrand) Gaut ; dans la vallée d'Aran, Torambi,
« Cassagan, Baussen, Castillon, Bilac, Aros, Saviran, Anti-
« gnac, Laron, Arambielh, Bagnères-de-Luchon; dans la
« vallée d'Oudat, Toran; dans la Barousse, Sorrère, Simonet [1]. »

Vers le commencement du XVIe siècle, Frontes et ses dépendances furent réunis à la commanderie de Boudrac, et firent peu après partie de cette chambre prieurale. Mais l'inconvénient qui s'était déjà produit lors de la réunion de cette maison à celle de Poucharramet, ne tarda pas à se représenter. Le délégué du Grand-Prieur à Frontes, dont les actes n'avaient de valeur qu'après avoir été approuvés par son supérieur, ne pouvait parvenir à persuader les montagnards des environs de venir y établir leurs demeures qu'ils pouvaient être forcés d'abandonner quelque temps après ; et de jour en jour, le pays devenait plus désert et plus stérile. C'est pour remédier à ce fâcheux état de choses que le Grand-Prieur, Pierre de Grasse, délégua toute son autorité sur cette dépendance de la chambre prieurale Boudrac au chevalier, Pierre de Soubiran, dans l'espoir de remettre cette ancienne commanderie sur un pied plus florissant (1539) [2].

Lors du démembrement de la chambre prieurale de Boudrac en 1748, la circonscription de Frontes et Juzet, fut déclarée adjointe à la commanderie de Poucharramet, comme elle l'avait déjà été au XIIIe siècle.

§ 6. — *Vallée d'Aure.*

Les possessions de l'hôpital dans la vallée d'Aure, consistaient comme nous l'avons vu plus haut en censes et dîmes dans les villages de Guchen, Cadiac, Agos, Vielhe, Vignac, Tramesaygues, Soussan, et Aulon, ainsi qu'en une partie de la

---

[1] Arch. Fontes-Juzet, L. I.
[2] *Id.*

seigneurie du lieu d'Aragnovet. Ces possessions unies dès le principe aux hôpitaux de Frontes et Juzet, avaient suivi leurs destinées dans les divers changements qu'ils subirent dans la suite .

1º Liste des Commandeurs de Poucharramet.

1127. Arnaud de Puysuiran.
1198. Guillaume Raymond.
1214. Forton de *Sclassa*.
1229-1230. Raymond.
1222. Pierre du Port
1238. Guillaume de Barège.
1242-1253. Dominique de Caniac.
1254-1255. Pierre de Biscons
1257-1268. Raymond Tolzan.
1269-1271. Guillaume du Puy.
1274-1280. Loup de Foix.
1283. Gausfred.
1293. *Pierre* de Macrières
1295. Guillaume de Gaffiet.
1299-1301. Raymond de Mayrencs.
1307-1314. Guillaume Chaste.

1316-1317. Pierre de Clermont, Socius du Grand-Maître.
1317-1370. Jean de Laffas [1].
1398. Arnaud Corbet.
1421. Jean de Verdusan.
1459-1467. Pons de Maleville.
(Vers 1470, réunion à Boudrac.)
(En 1748 érection de la deuxième Commanderie de Poucharramet)
1748-1764. Jean Sébastien de Varague Belesta Gardouch.
1780-1784. N. de Franc Montgey.
1785-1789. N. de Carros.

1. Nommé par le Grand-Prieur P. de l'Ongle en récompense d'éminents services rendus dans le commandement des armées .

2º Liste des Commandeurs du Membre de Castelnau.

1538-1561. Monet de Guiramand.

3º Liste des Commandeurs du Membre de Saint-Marcel.

1489. Gaillart de Ferraud.

4º Liste des Commandeurs de Frontes et Juzet ou d'Aure.

1232. Palet.
1266-1294. Sauche d'Aure.
1309. Bertrand d'Orsans.

1497. Raymond de Sasse.
(Vers 1500 Réunion à Boudrac.)
1539. Pierre de Soubiran Arifat.

[1] Arch. Aragonvet, L. I.

CHAPITRE XI

Commanderie de Boudrac.

MEMBRES : SAINT-CLAR, CAMPBERNARD, SABAILLAN ET SAUVETERRE, CABAS, LALANE-ARQUÉ, CASTELNAU-DE-MAGNOAC, SARJAC, MONT-CASSIN, MONTLÉON, LOURDE, LUZ, GÈDRE, GAVARNI.

§ 1. — *Boudrac.*

Non loin de Montsaunès, à la partie occidentale du comté de Comminges, les Templiers possédaient un autre établissement dont les dépendances s'étendaient dans les environs, dans le comté d'Astarac, et au sud, dans les vallées voisines des Pyrénées. C'était le temple de Boudrac. Malheureusement nous sommes obligés de nous contenter presque de signaler son existence. Car, des quelques débris de ses anciennes archives qui sont parvenus jusqu'à nous, nous ne pouvons extraire que les noms de quelques-uns des chevaliers qui administrèrent cette commanderie. Au moment de la suppression de l'Ordre du Temple, nous voyons que de la maison de Boudrac, dépendaient la seigneurie de la ville d'Arné dans le Nebousan, achetée au prix de 500 sols morlas de noble Hugue de *Bocajère* en 1260 [1], les dîmes des paroisses de Bieussos et de Cizos, que le commandeur partageait avec l'archidiacre de Magnoac et l'archevêque d'Auch [2], la ville et le territoire de Lalane-Arqué, que les Templiers possédaient en paréage avec

---

[1] Arch. Arné, L. I.
[2] Arch. Bieussos, Cizos, L. I.

les comtes d'Astarac, ainsi que plusieurs autres membres de peu d'importance situés dans le sud de la Gascogne.

Nous n'avons pas besoin de poursuivre bien loin l'histoire de cette commanderie pour trouver l'explication de sa pauvreté extrême en fait de vieux documents. Le XIV° siècle fut en particulier une époque de désolation pour nos provinces dont le sol était constamment sillonné par les troupes anglaises et plus tard par ces terribles bandes de routiers et d'espagnols, dont le passage était généralement marqué par une longue traînée de sang et de ruines. Ces derniers ne durent sans doute pas épargner Boudrac, qui se trouvait sur leur passage et sans moyens suffisants de résistance. Après l'ordonnance de 1362 qui prescrivait une nouvelle répartition des *feux* dans la province du Languedoc, nous trouvons en effet les réclamations des pauvres habitants qui avaient échappé à la destruction de cette malheureuse place ; ils montrent la solitude et la désolation régnant dans cette petite ville, qui dans des temps plus prospères *n'avait pas compté moins de dix-huit feux* [1]. Leurs plaintes furent favorablement écoutées : des lettres royaux déclarèrent en 1375 que Boudrac, à cause des malheurs de la guerre, ne serait plus grêvé que pour un seul feu [2]. Il est probable que les anciennes archives de Boudrac durent périr dans cette période calamiteuse : à partir de cette époque, si les documents renfermés dans les cartons de cette commanderie sont encore peu nombreux, ils nous fournissent néanmoins des indications plus précises et plus suivies sur son histoire.

Signalons une discussion survenue à la fin du XIV° siècle, entre le précepteur Guillaume de Ratier, et l'économe du chapitre de Comminges ; ce dernier prétendait avoir droit à une certaine portion des dîmes de Boudrac. Ce procès fut terminé par le nouveau précepteur, Bertrand Chaustra, qui, d'après les avis du Grand-Prieur Jean de Lantar, abandonna les moyens judiciaires pour ceux de conciliation et remit l'affaire à la décision de Pons d'Adhémar, chanoine et précen-

[1] Arch. Boudrac, L. I.
[2] Arch. Boudrac, L. V.

teur de l'église de Comminges. D'après la sentence de ce dernier, le chapitre dût renoncer à ses prétentions, moyennant une rente de 6 setiers de grains, moitié seigle et moitié millet, que le précepteur s'engageait à fournir annuellement à la cathédrale de Saint-Bertrand [1].

Dans la première moitié du XVIe siècle, cette commanderie fut déclarée chambre prieurale. A partir de cette époque son importance allait toujours en s'accroissant : c'était à chaque instant quelque nouvelle commanderie des environs dont les Grands-Prieurs de Toulouse obtenaient l'adjonction à leur apanage personnel. Nous lisons dans le dénombrement présenté en 1664 par le Grand-Prieur, messire Pierre de Beaulac-Tresbons, pardevant le cardinal d'Armagnac, commissaire royal, que de la commanderie de Boudrac dépendaient déjà Arné, Montléon, Serjac, Podapé, Montcassin, Biczos, Gavarni, Araignovet (aux Monts Pyrénées, près du port de Vénasque) Agos, Frontes (dans la vallée de Luchon) Sabaillan, Castelnau-de-Picampeau, Saint-Marcel, Saint-Clar, Campbernard, Poucharramet [2].

Toutefois la puissance des Grands-Prieurs ne put mettre Boudrac à l'abri des désastres des guerres religieuses, contre lesquels semblait devoir le garantir sa position reculée au fond d'un pays presque inaccessible. Les protestants s'emparèrent de cette ville, la dévastèrent, et démolirent, avant leur départ, la grande tour carrée, que les Templiers avaient placée comme une formidable sentinelle auprès de l'église de Boudrac.

Ce n'était pas pour les seigneurs chose facile, que de faire respecter leur autorité dans ces régions presque sauvages et alors, complètement dénuées de moyens de communication. Aussi, arrivait-il de temps à autre que les Grands-Prieurs voyaient leurs ordonnances bravées et se trouvaient contraints de recourir à des interventions étrangères pour mettre un terme aux désordres qui se produisaient. Nous citerons, comme preuve, un procès qui fut porté devant le Parlement

[1] Arch. Boudrac, L. I.
[2] Arch. Boudrac, L. V.

durant le xvii° siècle et dont les archives nous ont conservé les nombreuses pièces.

En l'année 1660, un aventurier, Gaspard Dispan du Plan, était établi dans les environs de Boudrac. De son château, converti en véritable repaire de brigands, il répandait dans toute la contrée la terreur et la désolation. Maintes fois, on l'avait vu à la tête de sa bande venir piller les récoltes et les habitations ; les femmes n'osaient plus sortir par crainte de ses violences. Il s'opposait par les armes à la levée des revenus des Hospitaliers et avait même envahi la demeure du fermier du Grand-Prieur, qui avait été heureux de se sauver à travers champs avec sa famille loin des atteintes de son implacable persécuteur. Ce dernier, à défaut d'autres victimes, avait immolé à sa rage tous les bœufs contenus dans l'étable. Le Grand-Prieur, Denys de Polastron, n'ayant pas sur les lieux de forces suffisantes pour réprimer ces désordres, avait invoqué le secours de l'autorité royale ; mais celle-ci n'avait pas été plus respectée. C'était pourtant sous le règne de Louis XIV, alors que la puissance royale semblait le plus solidement établie. Confiant dans la position presque inaccessible où était assis son castel, le révolté recevait avec arrogance les officiers de justice qui venaient lui apporter les sommations du Parlement et les renvoyait ignominieusement après les avoir accablés de mauvais traitements. Enfin, le neveu du Grand-Prieur, messire Bernard de Polastron de la Hillière, seigneur de la Martinière, « mareschal de batailles « ez armées de sa majesté, » se chargea de rétablir l'orde et se mit à la tête d'une troupe d'expédition, qui parvint à se saisir du coupable et à le livrer au Parlement. Le procès ne fut pas long et Dispan fut condamné « à servir de force le « roy sur ses galères pendant l'espace de 6 années, et à payer « 500 livres d'amende au Grand-Prieur ; les girouettes et les « tours de sa maison devoient estre abattues jusqu'à fleur de « toit [1]. »

Comme nous l'avons déjà vu ailleurs, la chambre prieurale

[1] Arch. Boudrac, L. II.

de Boudrac, fut supprimée en 1748 et forma désormais deux commanderies distinctes, celle de Poucharramet dont nous avons vu la composition au chapitre précédent et celle de Boudrac, dont les membres étaient: Saint-Clar, Campbernard, Lalane-Arqué, Cabas, Castelnau-de-Magnoac, Serjac, Montcassin, Montléon, Lourde, Luz, Gèdre, Gavarni, et dont le revenu net était en 1759 de 6650 fr.

§ 2. — *Lalane-Arqué.*

Située dans le comté d'Astarac, cette petite ville etait une ancienne dépendance du Temple de Boudrac. Quant et par qui fut donné le fief de Lalane? C'est une question que les archives laissent sans réponse. Pendant le xiiie siècle, les chevaliers du Temple, voulant construire une bastide sur ce territoire, assez improductif pour eux, implorèrent l'assistance du comte d'Astarac; un traité de paréage, dont nous ne trouvons que la mention dans des documents postérieurs fut conclu entre le noble comte et le commandeur de Boudrac. En retour de la moitié de la juridiction que lui cédait le Templier et de l'hommage dont il prenait l'engagement pour l'avenir, le suzerain se chargeait des frais de construction de la bastide. Au commencement du xive siècle, nous trouvons la petite ville de Lalane signalant son existence par la revendication énergique de ses droits, qu'elle croyait menacés par ses seigneurs et le commandeur, Raymond-Guillaume de Benque obligé de transiger, pour lui et pour le comte d'Astarac, avec les consuls de la communauté naissante (1306)[1].

Mais ici, comme pour Boudrac et probablement par la même cause, les archives sont presque muettes sur ce petit établissement du Temple. Un procès que les chevaliers de Saint-Jean eurent à soutenir, en 1696, contre le duc de Roquelaure, comte d'Astarac, qui leur disputait la juridiction de Lalane, vient seul jeter un peu de jour sur son passé ; les Hospitaliers réunirent tous les débris du naufrage de leurs archives, firent

[1] Arch. Lalane, L. I.

faire des enquêtes et, quoique n'ayant pas pu retrouver le traité du xiii° siècle, ils réussirent à faire reconnaître leurs droits et à se faire déclarer, comme par le passé, seigneurs hauts justiciers du lieu de Lalane en paréage avec leur puissant compétiteur [1].

§ 3. — *Cabas.* — *Sabaillan.* — *Sauveterre, etc.*

Dans le voisinage immédiat de Lalane-Arqué, les Hospitaliers possédaient un établissement entouré d'un vaste territoire. C'était l'hôpital de Cabas, petite commanderie, dont nous ignorons l'origine, et dont nous ne pouvons constater l'existence que vers le milieu du xiii° siècle. La plus ancienne charte de ses archives nous transporte, le lundi après le dimanche de la sainte Trinité, de l'année 1257, dans la petite ville de Panassac et nous montre le seigneur Galaubias de Panassac, près du cercueil de son *fils bien-aimé*, Raymond Garsia, donnant à la maison de Cabas et au Commandeur, Guillaume de Lalane, une rente annuelle de 3 sols morlans, la faculté de dépaissance pour leurs troupeaux et le droit de chasse sur toutes ses terres, à la condition que les Hospitaliers célèbreraient, tous les ans, à pareil jour, le service divin pour l'âme du défunt et que, se rendant sur son tombeau, ils y réciteraient des prières, suivant l'usage pratiqué de tous temps pour les seigneurs de Panassac [2]. De cette commanderie dépendait encore un établissement secondaire à Saint-Léon et des fiefs assez considérables à Sabaillan.

Vers la fin du xiii° siècle, le précepteur de Cabas, Bertrand Cadolhe, conçut le projet d'ériger sur son territoire une bastide et le soumit à l'approbation de Guillaume de Villaret, Grand-Prieur de Saint-Gille. Muni de la charte, par laquelle son supérieur lui accordait tous les pouvoirs nécessaires, l'Hospitalier commença avec le noble seigneur, Centulle, comte d'Astarac, des pourparlers qui aboutirent à un traité

[1] Arch. Cabas, L. II.
[2] Arch. Cabas, L. I.

de paréage, signé à Castelnau de Barbarens le 16 juin 1296. Par cet accord, le précepteur cédait au comte la moitié de la juridiction et de tous les revenus de Cabas, réservant seulement pour lui et ses successeurs la totalité des droits ecclésiastiques et de la seigneurie spirituelle ; Centulle s'engageait de son côté à élever la bastide à ses frais et à respecter toutes les franchises dont jouissaient déjà les habitants. Chacun des successeurs du comte et du précepteur, en prenant possession de Cabas, devait être tenu de jurer qu'il respecterait pendant toute sa vie toutes les conditions de ce traité. Cette bastide, qui avait reçu de ses fondateurs le nom de *Sainte-Grâce*, reprit bientôt après son ancienne appellation de *Cabas* [1].

Dans la charte de procuration, dont nous parlions tout à l'heure, le Grand-Prieur Guillaume de Villaret, autorisait de plus le précepteur à traiter avec l'archevêque d'Auch, pour échanger les droits que l'hôpital possédait à Saint-Léon, contre la seigneurie spirituelle de la paroisse de Sabaillan [2]. Cet accord, qui dût être conclu quelque temps après, en augmentant la puissance des Hospitaliers à Sabaillan, eût pour résultat d'inspirer de l'ombrage au seigneur temporel de cette localité, Dalmace de Sabaillan, avec lequel le précepteur B. Cadolhe, fut obligé de transiger pour la règlementation de leurs droits respectifs (1301) [3].

La petite commanderie de Cabas, qui avait, outre Sabaillan, des dépendances à Sauveterre, Montléon, Castelnau-de-Magnoac, fut accrue, après la suppression de l'Ordre du Temple, du membre de Lalane-Arqué. Mais au bout de peu de temps, elle fut supprimée et alla se fondre dans celle de Boudrac.

§ 4. — *Saint-Clar.*

Non loin de Poucharramet, sur la rive gauche du Touch, s'élève la petite ville de Saint-Clar, où les Hospitaliers

[1] Arch. Cabas, L. I.
[2] Arch. Cabas, L. I.
[3] Arch. Sabaillan, L. I.

possédaient, depuis les premières années du XII° siècle, un établissement qui, peu florissant à son origine, prit dans la suite un considérable développement. Un vieux cartulaire de l'Ordre nous rapporte, en effet, la donation que firent à Gérard et à tous ses confrères de l'Hôpital, Raymond Dox, son frère Bernard, et Adhémar de Garimont « de leur « honneur de Saint-Clar limité par des croix, pour en faire « une salvetat, des bois, des eaux, des moulins, etc. [1]. »

Mais c'est presque la seule trace que nous trouvions de cette Commanderie primitive de Saint-Clar, dont nous constatons cependant l'existence dans les actes des Hospitaliers qui la dirigèrent pendant cette période. Cette Commanderie fut supprimée dans le courant du XII° siècle et réunie à celle de Poucharramet. Dans la première moitié du siècle suivant, plusieurs donations vinrent accroître considérablement l'importance de l'Hôpital de Saint-Clar. Citons la charte où Urset de Bégonhas et dame Géralde de Saysse, sa femme, cèdent au précepteur Guillaume de Barège, les herbes, les eaux et les bois qu'ils possédaient à Saint-Clar [2], et surtout celle qui nous montre dame Sarrazine, veuve d'Isnard de Pointis, entrant comme sœur dans l'Ordre de Saint-Jean et donnant à frère Dominique, précepteur de Poucharramet, « le château « de Saint-Clar et toutes ses dépendances, hommes, femmes, « terres, vignes, bois, maisons, bâtiments, fours, moulins, « questes, albergues, dîmes, fontaines, alleux, successions, « censes, usages, oblies, droits sur les brebis et sur les « fromages, » en un mot, toute seigneurie sur le territoire compris entre le Touch, la Sauldrune, Campbernard, Sainte-Foy et Poucharramet (17 février 1242 [3].

De concert avec la généreuse bienfaitrice de sa maison, le précepteur de Poucharramet voulut user des ressources considérables dont il pouvait disposer, pour construire à Saint-Clar, non pas une bastide fortifiée, entreprise très coûteuse, mais une simple ville, protégée contre les ennemis du dehors

---

[1] Pièces justificat. n° 1.
[2] Arch. Saint-Clar, L. I.
[3] *Id.*

par sa qualité de lieu d'asile, ou plus sûrement encore par sa position au bord de la rivière et par la force du château qui venait d'être donné à l'Hôpital. C'est dans ce but que le neuvième jour de janvier 1253 fut promulguée une charte de privilèges et de coutumes octroyée par le Commandeur, frère Dominique, et dame Sarrazine, à ceux qui viendraient habiter leur ville de Saint-Clar. La complète similitude, non pas seulement du fond, mais de la forme et même des mots, nous montre que ce document fut calqué presque entièrement sur la charte concédée, en 1152, par Raymond IV aux habitants de Toulouse, et citée dans l'*Histoire de Catel*. En voici les principales dispositions :

Les fondateurs exemptent tous leurs vassaux des droits de queste et d'albergue, interdisent l'entrée de la ville à tout meurtrier, s'engagent à faire transporter pendant l'espace d'une journée de marche les habitants qui voudraient aller s'établir ailleurs, ainsi que tous leurs bagages. Ils fixent ensuite avec beaucoup de soin les tarifs et les règlements du marché de Saint-Clar. Notons-y certaines dispositions préventives contre les désastres de la famine, fléau si fréquent et si redoutable à cette époque; défense à l'agriculteur de vendre tout son blé avant la Toussaint; au revendeur, d'avoir dans sa boutique plus de quatre quartons d'huile ou de noix. Les ordonnances sur la pêche ou la vente des poissons, principale industrie des habitants de Saint-Clar, jouent un grand rôle dans ces coutumes; les pêcheurs devront apporter et exposer leurs poissons sur la place jusqu'à la troisième heure du jour, et, à partir de ce moment, ils pourront le vendre à qui ils voudront; les revendeurs ne devront garder pour leur propre consommation que des saumons et des lamproies, ce qui indique à cette époque une grande quantité de ces espèces dans nos rivières, d'où elles ont presque complètement disparu de nos jours. Le droit d'asile que l'Eglise avait établi sur une si vaste échelle dans la première partie du moyen-âge, et qui avait rendu de si incontestables services à la société, alors que la violence aurait régné en souveraine sans le frein salutaire de la religion, avait donné plus tard naissance à bien des abus. Grâce à l'impunité que les criminels étaient sûrs de se procurer dans l'intérieur de tant d'églises ou de monastères, leur nombre ne pouvait pas manquer de s'accroître d'une façon inquiétante. Dans plusieurs endroits, on avait restreint ce droit d'asile, ou on l'avait règlementé de manière à en diminuer les inconvénients. A Saint-Clar, les fondateurs le suppriment entièrement : « ni l'église, ni le cloître, ni la salvetat ne protè« geront plus les assassins ou les voleurs ». Le nombre des malfaiteurs qui infestaient le pays est encore prouvé par la disposition qui assure impunité et même protection à quiconque courra sus « à ces mauvaises gens, appelés *couteliers,* « qui, armés de poignards, envahissent les maisons pour les « dévaliser. » Le Code de justice criminelle ne nous offre pas de différences sensibles avec ceux que nous trouvons ailleurs ; mentionnons seulement l'article par lequel le séducteur d'une jeune fille doit l'épouser ou lui procurer un mari de même rang que lui, s'il est plus noble qu'elle, tandis que, dans le cas contraire, il doit lui fournir une union proportionnée ou, s'il ne le peut, être soumis à un châtiment corporel. La charte, dans une seconde partie, énumère la portion de terrain donnée par les fondateurs à chacun des habitants de la nouvelle ville et les redevances qu'ils réclamaient d'eux. Elle se termine enfin par la concession des portions incultes ou boisées du territoire à ceux qui les auront défrichées, moyennant les dîmes, les prémisses et l'agrier [1].

D'après les statuts de l'Ordre, tout ce qu'un précepteur faisait dans ce temps-là n'avait de valeur qu'après avoir été approuvé par le Grand-Prieur de Saint-Gille. Aussi les habitants de la nouvelle ville de Saint-Clar ne cessaient-ils pas leurs instances auprès de ce dernier pour qu'il assurât par sa confirmation la perpétuité des privilèges concédés. Exauçant leurs désirs et voulant, dit-il, récompenser leur dévouement constant à l'Ordre, Guillaume de Villaret, après

[1] Arch. Saint-Clar, L. I.

avoir soigneusement examiné la charte en question, déclare qu'il y a trouvé un certain nombre d'articles peu conformes à la sagesse et à l'équité et qu'il va les remplacer par d'autres plus profitables soit à l'Hôpital, soit à la ville elle-même. Après quelques modifications, ayant pour but d'assurer la juridiction suprême des Grands-Prieurs, Guillaume de Villaret comble une lacune importante dans les établissements de 1253 ; c'est la constitution communale de Saint-Clar, qui avait été laissée de côté par ses fondateurs ; les habitants éliront directement leurs consuls et leurs conseillers, que le précepteur n'aura qu'à confirmer et dont il recevra le serment d'usage. Cette nouvelle charte fut promulguée dans le chapitre provincial tenu à Toulouse, le dix-huitième jour des kalendes de février 1273 (14 janvier 1274) [1].

Quelques mois après la fondation de la ville, le 29 août 1254, Bernard, « par la grâce de Dieu, comte de Comminges, » se dessaisissait en faveur de l'Hôpital de Poucharramet de tous les droits qu'il avait sur elle ; il y mettait pour condition « que les Hospitaliers y entretiendraient à perpétuité un « prêtre pour y appliquer ses messes, ses heures canoniques « et ses autres prières au repos de l'âme du seigneur comte « et des membres de sa famille [2]. »

Saint-Clar fut réuni en même temps que Poucharramet à la commanderie de Boudrac et lui resta adjoint jusqu'à la fin.

§ 5. — *Campbernard.*

Ce territoire, qui dépendait de la commanderie de Poucharramet, était situé dans la juridiction de Sainte-Foy, ce qui occasionna plus d'une fois des débats entre les commandeurs et les consuls de cette ville. Ainsi ces derniers voulurent forcer les vassaux de l'Hôpital, *bordeliers* de Campbernard, à contribuer aux tailles imposées aux habitants de Sainte-Foy ; d'où, protestations des Hospitaliers et enfin transaction par

[1] Arch. Saint-Clar, L. I.
[2] Arch. Saint-Clar, L. I.

laquelle le territoire de Campbernard était divisé en deux parties; les habitants de la première, située du côté de Sainte-Foy devant participer aux tailles, tandis que les autres en seraient exempts (1326) [1].

Elle était certes loin d'être sûre et tranquille à cette époque l'existence de ces malheureux paysans isolés dans les fermes de la campagne, de ces *bordeliers*, comme les appelle le document précédent. Toute précaire que fut la défense que procuraient leurs murailles aux habitants des petites villes, ils avaient plus de chances d'échapper aux ravages que la guerre occasionnait si souvent autour d'eux. Aussi les habitants des champs jetaient-ils des regards d'envie sur ceux de la petite ville dont ils voyaient les murailles s'élever au bout de leur horizon; ils se considéraient comme formant dans la nation une classe inférieure soumise à des dangers incessants et à des ruines périodiques; leur ambition constante était d'imiter leur exemple, quand ils seraient parvenus à former dans les environs un groupe assez considérable pour créer à leur tour une ville. Il nous a été bien souvent donné dans le cours des XIIe et XIIIe siècles d'assister à cet intéressant spectacle. Mais il devient assez rare dans les siècles postérieurs. Voici pourtant un fait de ce genre qui date du commencement du XIVe siècle. Un jour les manants et habitants de Campbernard vinrent trouver le Commandeur de Boudrac, Roger de Polastron, pour lui exposer qu'ils avaient l'intention de construire un « lieu fermé, « afin d'y abriter leurs personnes et leurs mobiliers, et obvier « ainsi aux dommages que leur causent les incursions des « gens d'armes; » ils demandèrent au chevalier de leur concéder un emplacement pour cela, moyennant une cense suffisante et une redevance annuelle pour chaque maison bâtie dans l'intérieur; ils représentèrent de plus « qu'ils n'avaient « pas de coutumes écrites comme les habitants de Boudrac et « ceux de Saint-Clar, » et supplièrent le Commandeur de leur octroyer une charte « qu'ils choisiront d'un commun « accord. » Ces demandes, transmises par le Commandeur,

[1] Arch Sainte-Foy, L. I.

trouvèrent un favorable accueil auprès du Grand-Prieur, Jean de Ranguis ; avec l'avis du chapitre provincial, il chargea le chevalier de Polastron d'accorder à ses vassaux de Campbernard les faveurs sollicitées, « s'en référant à sa conscience pour sauvegarder les intérêts de l'Ordre » (19 juin 1500) [1].

§ 6. — *Moncassin.*

Les archives de cet hôpital ne nous fournissent pas l'acte de sa donation à la maison de Gavarni ; mais nous y trouvons par contre un veil et intéressant cartulaire de ses premiers accroissements, au moyen duquel nous pourrons en déterminer l'ancienneté. Nous ne pouvons résister du reste au plaisir de nous arrêter un moment sur ce document précieux qui fait passer sous nos yeux une série de scènes naïves et touchantes à la fois, tableaux fidèles des mœurs de l'époque. C'est d'abord le seigneur Pictavin de Mairast, qui, dans une guerre entreprise contre le comte Sanche d'Astarac, n'avait pas respecté les domaines des Hospitaliers de Moncassin et leur avait enlevé 6 bœufs et 22 porcs ; mais la maladie menaçant sa vie, le belliqueux seigneur ne tarde pas à éprouver des remords : il se fait porter à l'hôpital, « se jette aux pieds du Commandeur, en criant : merci ! » et le suppliant de prier pour lui ; « ne possédant pas d'autre avoir que de la terre, » il donne en réparation 12 *jornals* de son domaine. Puis voici deux frères Wilhelm-Bernard et Jourdain, qui se souviennent que leur père n'avait pas eu le temps, avant de mourir, de faire, comme il l'avait résolu, quelques donations à l'Ordre de Saint-Jean ; le jour des funérailles et devant le cercueil de leur troisième frère, Garshias-Bernard, ils donnent 10 *ccgées* de terre à *W. de Arzillis*, prieur de Gavarni ; ce dernier leur promet en retour « de faire dire pour eux et pour leurs pa-
« rents 100 messes par les prêtres de la maison ». Nous voyons plus loin Arnaud *Golas*, fils d'Arnaud de Mesplède, céder à l'hôpital, en présence de Sanche II, Comte d'Astarac

[1] Arch. Campbernard, L. I.

son fief de *Figarède*; pour donner plus de valeur à sa promesse, il l'écrit « sur le missel qu'il va ensuite déposer sur « l'autel de Saint-Sauveur. » Le cartulaire nous fait remonter quelques années en arrière pour nous montrer Forton de Mesplède, *Béliarz* sa mère et sa femme allant présenter leur fils Pierre, âgé de 6 ans « au Prieur, aux seigneurs de Gavarni et de Moncassin, » le leur confier « pour lui apprendre « les lettres et le recevoir dans l'Ordre; » ils donnent en même temps plusieurs terres à l'hôpital, en faveur de qui les comtes Bernard d'Astarac et Sanche, son fils, se démettent de toute la seigneurie qu'ils possédaient sur ce fief. Or, Bernard comte d'Astarac ayant associé à son autorité son fils aîné Sanche au commencement du XII° siècle, et étant mort vers l'an 1136[1], nous voyons par là que les hôpitaux de Moncassin et de Gavarni avaient dû être fondés dans les premières années de l'établissement de l'Ordre de Saint-Jean dans le midi de la France. Quelques années plus tard, Garsias, fils de ce même Forton de Mesplède, abandonnait à Gassias d'Arroède, bailli du comte Bohémond d'Astarac, ses droits sur cette portion de l'héritage paternel; le noble comte se transporta alors à l'hôpital de Moncassin, où, « après avoir pris conseil de la « cour de ses chevaliers et prudhommes, Dodon de Semeder, « Jourdain de Saint-Rome, Wilhelm-Bernard de Mazère, « Vital de Serrafraxil et Arnaud de la Pallu, » il consentit à céder ces mêmes droits au Prieur Wilhelm *de Arzillis*, qui reconnut cette libéralité en le recevant donat de l'hôpital [2].

Au commencement du siècle suivant, nous trouvons Moncassin érigé en une commanderie distincte de celle de Gavarni, par suite sans doute de l'extension de ses domaines. Ce nouvel état de choses ne fit qu'exciter le zèle et la libéralité des seigneurs du voisinage. C'est ainsi qu'en 1210, l'hôpital Moncassin et son Commandeur, frère B. de Lacoste, recevaient les dîmes de l'église de *Peyruses*, données par Gashias Arnaud de Caireds [3]; que plus tard Bernard, « par la grâce de Dieu

---

[1] Montlezun, Histoire de la Gascogne.
[2] Arch. Moncassin, L. I.
[3] *Id.*

« comte d'Astarac, » donna la *combe de Caufag*, avec l'autorisation aux vassaux de l'hôpital d'y construire des maisons et d'y faire des jardins (8 juin des Kal. d'avril 1259)[1]. Parmi les autres bienfaiteurs de l'établissement, citons Amanieu de Legordan, Marquis de Mesplède, Pierre de la Pallu, Wilhelm Bernard de Beaufar et Pierre de Marca.

Ici se place un des mille épisodes des guerres que les seigneurs gascons soutenaient sans cesse contre le parti anglais. Une troupe ennemie, sous les ordres de Raymond de Lesparre (*de Sparros*) s'avançait pour s'emparer de la ville et dévastait tout le pays sur son passage. Un malheureux habitant de Moncassin, Dominique, garde de la ville, est surpris hors des fortifications par les ennemis qui le blessent mortellement et se disposent à l'achever, lorsque le Commandeur, frère Wilhelm de Lalane vient l'arracher à leurs mains en payant 15 sols morlans pour sa rançon. Aussi, sentant peu après sa fin approcher et voulant témoigner aux Hospitaliers sa reconnaissance pour le service rendu, le pauvre blessé instituait l'hôpital son héritier universel (13e jour des Kalendes de juillet 1253)[2].

L'existence de la commanderie de Moncassin ne s'étendit pas au-delà des limites du XIIIe siècle; réunie de nouveau à celle de Gavarni, elle ne joue plus de rôle dans l'histoire. Du reste, à part les dépendances dont nous venons de parler, l'autorité des Hospitaliers était fort restreinte, au moins sous le rapport temporel, à Moncassin même. Ecoutons en effet les consuls de la ville faire leurs déclarations au Receveur des tailles en l'année 1673 :

« Le lieu de Moncassin dépend de la directe de Monseigneur
« le comte de d'Astarac, de noble Pierre de Béon, seigneur de
» la Palu, et des chevaliers de Malte... Le comte d'Astarac y
« est hault justicier... Les chevaliers de Malte possèdent la
« quatrième partie du terrain, plus une église, dite *Hospital*
« *de Moncassin*, où il ne se fait aucun service divin... »[3].

[1] Arch. Moncassin, L. I.
[2] *Id.*
[3] *Id.*

§ 7. — *Gavarni.* — *Gèdre.* — *Luz.*

La sauvage et splendide vallée de Saint-Sauveur n'offre pas seulement à l'admiration de celui qui la visite son gave mugissant au fond d'abîmes vertigineux, les majestueuses désolations du *chaos* de Gèdre, et enfin les éblouissantes merveilles du cirque qui la termine. Elle emprunte aussi à l'architecture ses magnificences, aux vieilles légendes, la magie des souvenirs. Le touriste ne peut s'empêcher de s'arrêter pour admirer la vénérable et si curieuse église de Luz, sa sévère ornementation romane, s'harmonisant si heureusement avec les tours, les mâchicoulis et autres défenses qui en faisaient jadis une véritable place de guerre, et de jeter en passant un coup d'œil sur l'humble mais intéressant sanctuaire de Gavarni; il doit entendre son guide repeupler pour lui la contrée des sombres et légendaires souvenirs des Templiers, et s'attendrir avec lui sur leur fin tragique, en contemplant au fond d'une armoire, près de la porte de l'église de Gavarni, une demi-douzaine de crânes humains, qui seraient les restes des malheureux seigneurs de ces lieux, décapités sous Philippe-le-Bel, lors de l'hecatombe de tout leur Ordre. Quelquefois, un sourire d'incrédulité accueille les récits enthousiastes et convaincus du montagnard, qui cherche à obtenir de votre sensibilité ou de votre indignation un pourboire proportionné à son intensité. Il faut avouer que le cadre est admirablement choisi; ils devaient se plaire dans ces sites sauvages et déserts, ces mystérieux chevaliers du Temple; l'imagination croit voir sans peine flotter derrière les créneaux de la majestueuse et sombre église de Luz leurs longs manteaux blancs à croix rouge, et s'étonne de ne plus apercevoir l'extrémité de son donjon couronné par les plis de leur fief Beaucéant. Malheureusement, tout poétique qu'il puisse être, le récit du guide n'est qu'une légende et ne repose sur aucun fondement. Je me vois forcé d'y substituer la simple histoire de ces deux établissements, telle qu'elle nous est fournie par leurs archives. Ni Luz, ni Gavarni n'échurent aux Hospitaliers parmi les dépouilles de l'Ordre du Temple, par la bonne raison que ces deux maisons leur appartinrent depuis leur origine.

Quand et par qui le territoire de Gavarni fut-il donné à l'Ordre de Saint-Jean ? C'est une question que les archives laissent absolument sans réponse. Mais la fondation de cet hôpital doit être fort ancienne, car, vers le milieu du XIIe siècle, il recevait des bienfaits de seigneurs éloignés, qui n'eussent pas soupçonné son existence sans l'importance qu'il avait déjà. Nous avons vu ailleurs la donation faite à Dieu et à Sainte-Marie de Gavarni, en 1148, de la seigneurie de Saint-Marcel [1], et l'établissement à une époque antérieure d'une dépendance de cet hôpital à Moncassin [2]. Dans la suite, lors de l'érection de ce dernier membre en une Commanderie séparée, le commandeur de Gavarni obtint en échange l'adjonction à son hôpital de celui de Fonsorbes. Quoique perdue au milieu des neiges et inabordable une partie de l'année, la maison, dont nous étudions l'histoire, ne laissait pas que d'être florissante à cette époque ; elle était composée en 1213 de quinze Hospitaliers, chevaliers, chapelains ou frères servants. Le treizième jour des kalendes de novembre de cette année-là, Guillaume de Sertz, précepteur, avait réuni tout son couvent pour le faire assister à la cession qu'il faisait, en son nom, de la tour de *Serrelate*, située dans la *Littère*, entre les tours *Ferrière*, de *la Comtesse*, de l'*Hopital-Rouge*, d'*Agrafals* et d'*Almaterne*, à Raymond Bérenger, maître du Temple en Provence, et à Bernard d'Ayguebelle, précepteur de Monson, moyennant une rente de dix *cophisses* de blé. Les deux partis présentèrent pour garants de leur foi les deux frères, Arnaud et Marc de Castro, fils de dame Sancie d'Alcala, qui donnèrent leur parole l'un pour le Temple et l'autre pour l'Hôpital [3].

Une inscription lapidaire encastrée dans les murs du

[1] Chap. X, § 4.
[2] Chap. XI, § 6.
[3] Arch. Gavarni, L. I.

porche de l'église de Luz nous apprend qu'elle fut consacrée en l'an 1260 ; date d'autant plus intéressante à noter que le style de l'ensemble du monument semblerait lui assigner une origine beaucoup plus ancienne. Or, cette année-là même, l'église de Saint-André de Luz et son dîmaire étaient donnés à l'hôpital par l'abbé de *Bergot* [1], dame Benatrix *deu Pii de Sazos*, et par le seigneur Jourdain de Vielet, probablement ses fondateurs ; c'est ce que nous trouvons indiqué sur un vieux parchemin, où sont mentionnés sommairement en langue vulgaire les principales donations et les privilèges concédés à la maison de Gavarni pendant les XIII° et XIV° siècles. Ce même document nous apprend qu'en 1262, dame Marie de Saint-André donna au commandeur de Gavarni le droit de présentation à la rectorerie de cette église, droit dont sa famille (*son hostau*) avait joui jusqu'alors. A cheval sur la frontière, l'hôpital de Gavarni étendait ses possessions des deux côtés des Pyrénées. Parmi ses bienfaiteurs et ses protecteurs, les rois d'Aragon se faisaient remarquer par la fréquence de leurs libéralités. Ainsi nous voyons en 1268 Jacmes, roi d'Aragon, comte de Barcelonne et seigneur de Montpellier, accorder aux Hospitaliers le privilège d'*exhiverner* 1500 têtes de brebis sur les montagnes qui lui appartenaient en 1270, il déclara qu'il prenait tous les frères de l'hôpital sous sa sauvegarde La même faveur leur fut accordée par l'évêque d'Huesca dans toute l'étendue de sa juridiction (1284), et plus tard, par Jean, roi d'Aragon (1387). Cette sorte de cartulaire nous montre enfin Alphonse, gouverneur de l'Aragon, au nom du roi, leur permettant la dépaissance dans les *ports* communs de Gascogne et de Barège (1325) [2].

Nous avons vu ailleurs le chapitre provincial tenu en 1257, enlever au précepteur de Gavarni, pour la donner à celui de Toulouse, la maison de Fonsorbes. Guillaume de Sère, précepteur de Gavarni, eut beau exposer au chapitre l'état misérable où se trouvait sa Commanderie au milieu des attaques incessantes dont elle était l'objet de la part des

[1] Peut-être Bertag, du diocèse de Lescar.
[2] Arch. Gavarni, L II.

seigneurs du voisinage, et la représenter « comme un vaisseau « sans pilote et près de sombrer [1], » l'assemblée fut inflexible mais lui accorda comme compensation le membre de Moncassin, ainsi que nous l'avons dit tout à l'heure.

Le patronat de l'église de Saint-André de Luz fut disputé aux commandeurs de Gavarni par les évêques de Tarbes ; les deux parties en appelèrent au Saint-Siège ; une bulle du pape Clément VI vint maintenir le chevalier Loup de Salies et ses successeurs dans la possession du droit contesté [2]. Les commandeurs possédaient près de cette église, quoique n'ayant pas la seigneurie de la ville, une sorte de citadelle ou de château fort ; c'est là qu'ils résidaient, quand ils venaient visiter leurs domaines des montagnes, ne laissant à leur sauvage maison de Gavarni que les frères servants, chargés de la surveillance, et les bergers de leurs troupeaux. Mais ils préféraient en général habiter dans un pays plus civilisé, et comme nous l'avons vu ailleurs, la plupart de leurs actes sont datés de leur château ou hôpital de Saint-Marcel.

La Commanderie de Gavarni avait, outre les possessions que nous avons déjà énumérées, des dépendances plus ou moins considérables à Lourde, à Barèges et dans la plupart des vallées avoisinantes. L'hôpital de Saint-Gaudens lui fut adjoint pendant la durée du xive siècle et n'en fut détaché que lors de la réunion de Gavarni à Boudrac, qui eut lieu vers 1400. A partir de cette époque, les archives ne nous fournissent plus de faits à noter dans le passé de cet ancien établissement.

1° Liste des Commandeurs de Boudrac.

1° TEMPLIERS.	2° HOSPITALIERS.
1275. Arnaud de Caumont.	1323-1332. André de Nogaret.
1302. Arnaud de Malhen.	1390 Guilaume de Ratier.
1304-1306. Raymond-Guillaume de Benque.	1390-1393. Bertrand Claustra.
	1442-1451 Jean de Lavedan.

[1] Arch. Toulouse, L. X.
[2] Arch. Gavarni, L. I.

1459. Pierre du Mazel.
1474-1477. Jean d'Arlande, bailli de Manosque.
1479-1492. Oddet de las Graulas.
1500-1505. Roger de Palastron.
1517. Gabriel de Pomeyrols.
1537. Géraud de Massas
(Vers 1540 Boudrac chambre prieurale.)

(En 1748 Boudrac redevient simple Commanderie)
1748-1759. Charles de Crucy-Marcilhac.
1764-1765. Gaspard de Raymond d'Eaulx.
1783-1789. Le bailli de Blacas.

2° Liste des Commandeurs de Cabas.

1257. Wilhelm de Lalane.
1296-1301. Bertrand Cadolhe.

1328. Géraud de Lobens.
1397-1421. Jean de Bégordan.

3° Liste des Commandeurs du membre de Sabaillan

1465 Guillaume de Salies.

1536 Bernard Foucaud.

4° Liste des Commandeurs du membre de Saint-Clar.

1208. Pierre de Besvas.
1252-1253. Sœur Sarrasine de Pointis

1306. Raymond Fabre.

5° Liste des Commandeurs de Montcassin.

1210. Bernard de Lacoste.
1250-1268 Wilhelm de Lalane.

1280. Raymond Abbat.

6° Liste des Commandeurs de Gavarni.

Vers 1150. Wilhelm *de Arzillis*.
1213-1268. Guillaume de Sertz.
1310. Rostang de Gavarret.
1325. Olivier de Cucurèse.

1332-1340. Benoît de Caussade.
1356-1367. Loup de Salies.
1378-1397. Bernard de Rigaud.

CHAPITRE XII

Commanderie de Larmont

MEMBRES : MARESTANG, L'ISLE-EN-JOURDAIN.

§ 1. — *Larmont.*

La fin de la croisade contre les albigeois vit une recrudescence dans l'ardeur que mettaient les seigneurs du pays à enrichir de leurs dons, les établissements de l'Hôpital ou du Temple, recrudescence occasionnée sans doute, comme nous l'avons déjà fait remarquer, par le désir ou même le besoin éprouvé par eux de donner des gages de leur attachement à la foi. C'est dans cette période que prit naissance la commanderie de Larmont. Au mois de septembre de l'année 1221, le seigneur Maurin de Pradèle donna à Arnaud de Toulouse, Maître des maisons du Temple de la contrée, ses droits sur l'église, la ville et le territoire de Larmont (*de Lauromonte*). Cette première donation fut complétée par celles que firent, peu de temps après, de tous leurs droits les autres seigneurs de Larmont, Pons de Bruguières, Barrau de Saint-Laffari et dame Nabels, sa femme, Arnaud de Cobirac, Guillaume de Maurencs et Bernard de Cugmont. A ces témoignages de piété donnés par ses vassaux voulut s'associer aussi Bertrand-Jourdain de l'Isle; par une charte, concédée le 6e jour de novembre 1228, il abandonna aux Templiers tous les droits qu'il avait sur les biens acquis par eux dans sa seigneurie [1].

[1] Arch. Larmont, L. I.

Réuni aux possessions que le Temple possédait à Marestang, Bamville, l'Isle-en-Jourdain, Larmont constitua un des membres les plus importants de la maison de Toulouse.

Les seigneurs de l'Isle en-Jourdain, protecteurs et bienfaiteurs de la maison de Larmont, en devinrent au bout d'un demi-siècle les adversaires les plus acharnés et les plus dangereux. Dans le courant de l'année 1272, comparaissait, devant le tribunal du sénéchal, Guy de Vaugrineuse, le chevalier Hugues de Radulphe, précepteur du Temple de Toulouse, qui venait réclamer la protection royale contre les entreprises de son puissant adversaire, Bernard de l'Isle. C'est un récit intéressant et animé que celui des griefs exposés par le Templier. On me permettra d'en citer ici quelques fragments, pour lesquels je me bornerai à traduire aussi fidèlement que possible le langage naïf du plaignant.

« A chaque instant le seigneur Jourdain se rendait à la tête
« de ses cavaliers et de ses hommes d'armes à la maison du
« Temple de Larmont, s'y installait avec sa suite, malgré
« l'opposition du précepteur, et y prélevait l'entretien de sa
« troupe pendant un certain laps de temps. Un jour, c'était
« un de ses serviteurs, Bernard du Puy, qui, à la tête d'une
« troupe de gens armés, avait envahi la maison de Gailhart-
« ville et qui, comme le frère Dominique, précepteur de ce
« lieu, voulait s'opposer au pillage, l'avait, au mépris de
« Dieu et de la Sainte Religion jeté par terre et accablé de
« coups (*rossegaverunt*). En une autre circonstance, Bertrand
« de Montbrun, viguier de l'Isle pour le seigneur Jourdain,
« avait enlevé aux frères une charrette chargée de blé et en
« avait répandu le contenu dans la boue. Non loin de là, au
« Castera, les vassaux de Bernard Jourdain, vont atta-
« quer les Templiers dans leurs possessions, avec des épieux,
« des lances et des arcs, et lorsque ces derniers vont réclamer
« aide et protection auprès du bailli, Raymond de Laciosa, et
« des consuls du Castera, ceux-ci pour toute réponse, font
« un appel aux armes de tous les hommes de cette petite ville,
« sous peine de 10 sols d'amende, et, se mettant à leur tête,
« marchent contre la maison de Larmont qu'ils livrent au

« pillage et d'où ils enlèvent un donat qu'ils ne relâchent
« qu'après l'avoir dépouillé entièrement. Le seigneur Jour-
« dain n'avait pas craint de conduire en personne une expé-
« dition contre le moulin de Marestang et de le livrer aux
« flammes. Un sergent du roi, député par le sénéchal, sur-
« prend un jour des serviteurs de Jourdain occupés à abattre
« des arbres dans le bois de Larmont ; ceux-ci furieux de se
« voir troublés dans leur opération l'accablent de mauvais trai-
« tements ; ayant réussi à s'échaper, le sergent se rend à l'Isle
« pour réclamer du seigneur Jourdain la punition des coupa-
« bles : par prudence il attend pour se présenter devant lui qu'il
« soit à l'église ; à peine a-t-il exposé sa requête que le sire
« et ses gens, outrés de fureur, à cause de son audace, mena-
« cent de lui arracher les yeux et de le pendre, s'ils le ren-
« contrent hors de l'enceinte sacrée. Pendant l'absence que
« fit Jourdain auprès de Charles roi de Sicile (1265), son bailli
« occupa de vive force dans le village de Bamville la portion
« appartenant au Temple. Enfin dans la ville même de l'Isle
« une troupe de clercs et de laïcs, faisant partie de la maison
« du vénérable Père en Dieu, l'Evêque de Toulouse [1], et de
« celle du seigneur Jourdain, inspirés par l'esprit malin,
« envahissent le maison du Temple, pendant que les frères
« assistaient dans l'église Saint-Martin à l'office, et quand ces
« derniers voulurent rentrer, ils furent accueillis par une
« grêle de pierres, frappés à coups d'épées et soumis à toutes
« sortes de mauvais traitements » [2].

Cette affaire traîna en longueur. Le sénéchal était sans doute obligé à user de beaucoup de modération, dans ses rapports avec ces puissants barons, qui étaient encore très imparfaitement façonnés à la subordination. Nous voyons pourtant, en 1276, Pons d'Auriol, bailli de Verdun, député par le lieutenant du sénéchal, Eustache de Beaumarchais, faire défense au viguier de l'Isle, ainsi qu'à toute autre personne de la maison du seigneur Jourdain, sous peine de leurs corps

---

[1] Bertrand de l'Isle, évêque de Toulouse (1270-1285) et frère du seigneur Jourdain.
[2] Arch. Larmont, L. I bis.

et de leurs biens, d'entrer dans le bois situé entre Larmont et Lévignac, jusqu'à ce qu'on ait reconnu à qui il appartenait [1].

Mais l'autorité royale était alors si peu respectée que la lutte recommença avec acharnement. A peu près vingt ans plus tard, Foulques de Bérenger et Pierre de Gavarret, successivement précepteurs du Temple de Toulouse, vinrent l'un après l'autre réclamer encore la protection du sénéchal contre les récentes agressions de leur adversaire. L'énumération des nouveaux griefs rapporte parmi beaucoup d'autres faits analogues aux précédents, les suivants qui prouvent jusqu'où en était arrivé l'animosité des deux partis.

« Jourdain de l'Isle, damoiseau, (fils du précédent) était
« venu avec sa troupe livrer au sac la maison de Larmont. Un
« sergent de son père avait enlevé à Bamville un des vassaux
« du Temple, et, après l'avoir entraîné jusqu'à l'Isle, les
« mains liées derrière le dos, l'avait fait suspendre par les
« bras à un arbre et l'avait laissé longtemps dans cette posi-
« tion. Ce même exécuteur des volontés du seigneur Jour-
« dain était venu, en une autre circonstance, forcer les
« prisons du précepteur dans ce même lieu de Bamville en
« arracher un voleur qui s'y trouvait détenu, en brisant les
« fers et les entraves, l'emmener à l'Isle, où il l'avait fait
« pendre, au préjudice du droit de haute justice des Tem-
« pliers [2]. »

Nous n'avons pas trouvé la sentence rendue en cette circonstance ; nous voyons seulement quelque temps après, Gaubert de *Strahillo*, « chatelain de Verdun et *super bailli*
« dans cette chatellenie pour le roi de France, » assembler en vertu d'un ordre du Sénéchal, les baillis de la Serre, de Pradel, du Castera, de Thil, et de Mondonville (villages voisins de la forêt de Bouconne et dépendant de la seigneurie de l'Isle), pour leur défendre d'empêcher leurs administrés de venir porter leur blé à moudre aux moulins que les Templiers possédaient à Larmont (1er août 1296) [3].

[1] Arch. Toulouse, L. XI.
[2] Arch. Larmont, L. I *bis*.
[3] *Id*

L'inventaire du mobilier de la maison de Larmont en 1313, lorsqu'elle fut remise en la possession des chevaliers de Saint-Jean, est excessivement modeste [1], et nous prouve que, si jamais cet établissement avait été florissant, il avait perdu sa splendeur pendant la période troublée qu'il avait eu à traverser. Réuni avec ses dépendances à la chambre prieurale de Toulouse, Larmont en fut détaché vers le milieu du xiv° siècle pour former une commanderie séparée jusqu'en 1550, époque, où il rentra de nouveau dans l'apanage des Grands-Prieurs. Dans cette période nous n'avons à noter que l'autorisation accordée en 1544, par le cardinal Odon de Chastillon, archevêque de Toulouse, à Claude du Gruel, Commandeur de Larmont, de démolir l'ancienne église pour en reconstruire une nouvelle [2].

Vers la fin du xviii° siècle, Larmont fut détaché de nouveau de la Chambre prieurale et définitivement reconstitué en une commanderie, dont l'existence devait être bien éphémère; ses membres étaient Marestang, l'Isle-en-Jourdain et quelques fiefs environnants.

§ 2. — *Marestang.* — *L'Isle-en-Jourdain.*

En 1167, un chevalier gascon, Athon d'Escornebœuf, vint donner à la sainte milice du Temple, à Pierre d'Astugue, Maître de la province Toulousaine, avec sa personne, son riche fief de Tizac situé à Gaillarville, près de la Save. Cette donation fut faite avec l'assentiment de son suzerain Guillaume de Montpezat qui y ajouta celle d'une somme de 480 sols qu'Athon lui devait pour ce fief. Quelque temps après, ce dernier la confirmait solennellement dans l'abbaye de Bonnefont, en présence de sa femme Alazais et de ses filles Marie et Alamane, entre les mains de Guillaume, archevêque d'Auch, d'Arnaud, évêque de Comminges, et de Gérard, évêque de Toulouse [3]. La puissante famille de Marestang, témoigna en

[1] Arch. Larmont, L. I.
[2] Arch Larmont, L. II.
[3] Arch. Marestang, L I.

maintes circonstances sa bienveillance à la maison de Gaillartville ; un de ses membres, par une charte que les archives ne nous ont point conservée, fit cession aux Templiers de la seigneurie sur une portion de son territoire. En 1263, nous assistons à la réception du chevalier Bernard de Marestang comme donat dans l'Ordre du Temple [1]. Les archives nous ont conservé le souvenir de nombreux bienfaits accordés aux Templiers par les seigneurs de l'Isle. Citons entre autres la donation que firent aux Templiers, le 22 novembre 1231, Folquier de la Tour et sa femme, dame Longue, fille de Bernard de l'Isle, de leur château de *Patras*, situé « dans le bourg « de l'Isle-en-Jourdain, entre les barrières de la ville et « l'égise Saint-Martin [2]. » Le Prieur de cette dernière église, Pierre de Montaut, disputa, quelque temps après, la possession de ce fief aux Templiers, dont les droits furent consacrés par jugement des consuls de l'Isle, présidés par Arnaud de Galician, viguier de cette ville pour le seigneur Jourdain (20 avril 1240) [3].

En même temps que les chevaliers du Temple étaient, comme nous l'avons vu plus haut, en butte aux attaques acharnées des seigneurs de l'Isle, ces derniers avaient dû entraîner dans leur parti un des anciens protecteurs des religieux ; je veux parler de Bernard de Marestang; nous le voyons leur disputer leurs droits sur le château et la place de Gaillartville [4]. Toutefois ce seigneur ne tarda pas à rendre ses bonnes grâces aux Templiers, comme nous allons le constater. Les places de Marestang et de Gaillartville, avaient sans doute subi quelque désastre non mentionné dans l'histoire de la période que nous venons de parcourir. Toujours est-il que les seigneurs de ces deux villes résolurent d'unir leurs efforts et leurs ressources pour élever à leur place une bastide. Le 1er novembre 1270, une transaction était conclue entre noble Bernard de Marestang et Hugues de Radulphe, Commandeur de Toulouse : la juridiction sera partagée également entre les deux

[1] Arch. Marestang, L. I.
[2] *Id.*
[3] *Id.*
[4] *Id.*

seigneurs qui s'engagent à bâtir une nouvelle ville à frais communs : chacun d'eux aura dans l'intérieur de l'enceinte une *motte* pour y construire son château avec ses fossés. Ils s'engagent à ne jamais réclamer de droits de questes et d'albergues des futurs habitants, qui ne seront tenus d'*aider* Bernard de Marestang « que dans le cas où il voudrait faire le « voyage d'Outremer ou marier quelqu'une de ses filles, et « cela, à la connaissance des consuls et du commandeur. » Les seigneurs se réservent de régler postérieurement les libertés qu'ils accorderont aux habitants [1].

En effet, deux ans plus tard, les deux seigneurs faisaient planter leur *pal* sur l'emplacement de la bastide qu'ils allaient construire et qu'ils appelèrent *Marestang-Neuf*. Les archives nous ont conservé la charte de libertés concédées aux futurs habitants par les deux fondateurs, Bernard de Marestang et le précepteur Pierre de Béziers. En voici les principaux traits: les seigneurs commencent par énumérer les donations en terre qu'ils font à leurs vassaux et les redevances qu'ils en exigent : chaque habitant devait avoir sa terre, son pré, son jardin et enfin dans l'enceinte de la ville un espace de terrain de 4 cannes de large sur 8 de long pour y construire sa maison dans le bref délai de quatre mois. Après avoir mentionné les droits qu'ils se réservaient, tels que ceux de forge et de four, les fondateurs exemptent les habitants de l'albergue et de tout droit de leude dans leur territoire. Ils dressent ensuite pour la nouvelle ville le code de justice, où tous les méfaits depuis le simple délit jusqu'au crime, depuis l'injure ou le coup de poing jusqu'à l'adultère et l'homicide, sont indiqués avec la peine qu'ils comportent, code dont l'application était réservée à une cour composée du représentant des seigneurs et des consuls. Ces derniers, élus par les habitants avec le consentement des premiers, devaient jurer en prenant possession de leur charge « de garder loyalement la ville et ses « coutumes, les seigneurs et leurs droits. »

Ce document n'était sans doute qu'un projet écrit en langue

---

[1] Arch. Marestang, L. I.

vulgaire par quelque chapelain du Temple, pour être communiqué à la population ; car, dans le dernier paragraphe, les seigneurs promettent, pour eux et pour leurs successeurs, d'observer ces coutumes « et d'en faire dresser une charte, « aussi bien qu'ils le pourront avec le concours d'hommes « érudits. » Aussi la date n'est-elle pas indiquée, mais, comme l'un des fondateurs fut Pierre de Béziers, qui n'occupa la préceptorerie de Toulouse que de 1262 à 1273, nous pouvons facilement combler cette lacune [1].

Une pièce, trouvée dans les archives, nous permet d'assister au fonctionnement de cette nouvelle organisation municipale. Le samedi après l'octave de la dédicace de Saint-Michel de l'année 1294, la cour des consuls de Marestang siégeait solennellement pour juger deux serviteurs du seigneur Bernard, accusés « d'avoir troublé le bon état de la terre du roi de « France par plusieurs entreprises criminelles, d'avoir « tramé une conspiration contre leur seigneur et maître, « dans le but de le livrer aux mains des ennemis. » C'était sans doute quelque épisode de la guerre qui avait éclaté à cette époque dans les provinces du sud-ouest entre la France et l'Angleterre. Ces crimes prouvés et avoués, les quatre consuls, les saints évangiles posés devant eux, condamnèrent les coupables « à courir la ville, à être dépouillés de leurs « biens au profit du Seigneur Bernard et à être suspendus « par le cou (*per gulas*) aux fourches patibulaires, jusqu'à ce « que la mort s'en suive [2]. »

Comme nous l'avons vu tout à l'heure, Marestang et l'Isle-en-Jourdain passèrent, après la suppression de l'Ordre du Temple, dans la Chambre prieurale de Toulouse. Ce membre fut érigé en commanderie séparée vers le milieu du XVe siècle mais cent ans plus tard, elle rentra de nouveau dans l'apanage des Grands-Prieurs. Elle en fut détachée une seconde fois vers la fin du XVIIIe siècle pour être réunie à la commanderie de Larmont.

[1] Arch Marestang, L I.
[2] *Id.*

1° Liste des Commandeurs de Larmont.

1374-1389. Vido des Moulins.
1449-1486. Pierre du Puy.
1486-1502. Jean d'Arpagon.
1528-1531. Didier de Tholon-Saint-Jal, Grand-Prieur de Toulouse.

1531-1447. Claude de Gruel de Labourel.
(En 1550, réunion au Grand-Prieuré. — En 1782, érection de la deuxième Commanderie).
1782-1788. René de Léaumont.

2° Liste des Commandeurs de Marestang.

PREMIÈRE PÉRIODE. — COMMANDEURS PARTICULIERS DU MEMBRE DE GAILLARVILLE OU DE MARESTANG.

1212. Boson.
1213 Loup *Anerius*.

1220. Lobannes.

DEUXIÈME PÉRIODE

(Vers 1450 érection de Marestang en Commanderie séparée).
1479-1486. Pierre du Puy.
1511-1513. Dominique de Ponsin.
1510-1529. Fourtanie de Polastron.
1529-1531. Pétronet de Polastron.
1531-1534. Claude de Gruel de Labourel.
1537-1541. Jean de Gruel de Labourel.

1541-1544. Dominique de de Bigorre trésorier du Grand-Prieuré.
1544-1557. Etienne d'Arzac.
1557-1563. Antoine de Thézan Venasque.
1563-1564. Guillaume de la Motte.
1570 Marc de la Roque de Fontanille.
(Réunion en Grand-Prieuré.)

CHAPITRE XIII

Commanderie du Burgaud.

MEMBRES : AUSSIAC, BELLESERRE, DRUDAS, PELLEPORC, PUYSÉGUR, PAJOLLES, SAINT-ANDRÉ, D'ESQUÉRENS

§ 1. — *Le Burgaud.*

Dans la région ondulée s'étendant entre la Save et la Garonne et qui forme comme une ceinture aux vastes plaines du Comté de Toulouse du côté de la Gascogne, l'abbaye d'Aniane, antique et célèbre monastère du diocèse de Maguelonne, possédait jadis deux églises, Sainte-Marie de *Maurent* et Sainte-Marie de *Folcarde*, dont les dîmaires se confondaient presque et devaient former dans la suite le territoire du Burgaud. Les moines, cédant à l'enthousiasme général pour la croisade, firent don, dans la première partie du XIIe siècle, à l'Ordre de Saint-Jean de cette possession lointaine, que son éloignement devait rendre du reste assez peu productive pour eux. Le quatrième jour des nones de juin 1123, Ermengaud, par la grâce de Dieu, abbé d'Aniane, et Raymond Aldebert, prieur de ce couvent, firent cette donation « au seigneur Guirald (Gérard), prieur de l'Hôpital
« de Jérusalem à Toulouse, à ses successeurs et aux baillis
« que la prudence priorale pourra établir dans ces lieux à
« l'avenir. » L'abbé mit pour condition à sa libéralité, que toutes les fois que ces baillis (précepteurs) reviendront du chapitre que les Hospitaliers tiennent chaque année aux

environs de la Pentecôte, ils s'arrêteront à son couvent, pour lui payer une redevance de vingt sols « en bons deniers « melgoriens ; » si le paiement n'était pas fait trente jours après la fin du chapitre, les moines auraient le droit de faire saisir ces territoires pour recouvrer ce qui leur serait dû [1].

Par eux-mêmes, ces nouveaux domaines de l'Ordre de Saint-Jean n'avaient pas une importance suffisante pour pouvoir être érigés dans le principe en Commanderie, et les dîmaires des deux églises du Burgaud continuèrent à être administrés directement par le Prieur de Toulouse, en attendant que de nouveaux accroissements de territoire permissent de prendre un parti à cet égard.

C'est ce qui arriva dans les premières années du siècle suivant. Le Burgaud, place fortifiée, assez importante, appartenait à une famille féodale, dont le donjon patrimonial s'élevait à quelque distance de là, dans le voisinage de l'abbaye de Grandselve, celle des seigneurs de Cobirac. Son chef, Bertrand, se rendit dans l'église de l'Hôpital Saint-Remy de Toulouse, le 14 septembre 1214, pour y recevoir l'humble habit de l'Ordre des mains du Prieur, Bernard de Capoulège, et faire cession en même temps de tout ce qu'il possédait au Burgaud, terres, vassaux, oblies, ainsi que de sa portion de suzeraineté sur la ville et le château. Cette augmentation si considérable des domaines de l'Hôpital de ce côté eut pour conséquence immédiate la création de la Commanderie du Burgaud, dont le premier précepteur fut ce même chevalier, Bertrand de Cobirac, déjà élevé à la dignité de Prieur de Toulouse. Ce fut lui qui, en 1244, régla avec les autres membres de sa famille, Sanche, Gérald, Armand de Cobirac et Bernard de Saint-Lauffary, le partage de leurs droits avec ceux de l'hôpital sur la place et le territoire du Burgaud. D'après ce traité, les habitants devront aux seigneurs « une demi-quarte d'avoine, 4 poules, une *fougosse* « suffisante pour le repas de 2 chevaliers et un quarteron « de leur meilleur vin, » redevances dont le tiers appar-

[1] Pièces justificatives, n° L.

tenait à l'hôpital; ils devront de plus « prêter assistance aux
« seigneurs dans les guerres que ceux-ci pourraient entre-
« prendre dans le Gimoès, à moins que ce ne fût contre le
« comte ou l'évêque de Toulouse, le seigneur Bernard
« Jourdain de l'Isle, ses frères ou Odon de Terride. » Les
seigneurs de Cobirac devront protéger les vassaux de l'hôpital
qui seront tenus de leur côté « a leur vendre le pain, le vin,
« la viande et l'avoine pour l'alimentation de la garnison,
« s'ils en avaient besoin. » Ce pacte solennellement juré par
les parties fut conclu le 12 février 1224 (1225), en présence
de Gaillard de Quaterpech, de Fourtanier de Sabolène et de
Martin de Posquière [1].

Les fondateurs de la ville du Burgaud avaient dû se
dessaisir dès le principe en faveur des habitants d'une partie
des droits seigneuriaux. Car nous voyons les consuls de cette
ville céder au même commandeur, Bertrand de Cobirac, le
droit de banalité du four; les Hospitaliers se chargeant de
faire cuire le pain des habitants, qui s'engagèrent à leur
donner, pour le fournage, la seizième partie de la pâte ou
2 deniers par setier à leur choix [2]. Ces derniers qui croyaient
sans doute faire par là un acte de générosité envers l'Ordre
lui imposèrent en définitive un marché très onéreux, car
les 2 deniers qu'ils payaient toujours de préférence devinrent,
à cause de la dépréciation monétaire, une rétribution tellement illusoire que les Commandeurs renoncèrent d'eux
mêmes, dans le XVIIIe siècle, au droit de banalité du four [3].

Après la mort de Bertrand de Cobirac, ses parents disputèrent à son successeur la juridiction du Burgaud. Les arbitres nommés pour rétablir la paix décidèrent que le Commandeur aurait la haute justice et que ses compétiteurs ne
pourraient exercer la basse justice que concurremment avec
lui. Cette sentence reconnût de plus au Commandeur la
possession « de l'emplacement situé près de la barbacane de
« la ville, ainsi que de la métairie construite du côté du

[1] Arch. Burgaud, L. I.
[2] Id.
[3] Id.

« cimetière des lépreux. » (2e jour des kalendes de décembre 1252) ¹.

Les deux derniers représentants de la famille de Cobirac résolurent de se défaire des possessions et des droits qu'ils avaient encore au Burgaud; le seigneur Izarn-Jourdain de l'Isle se rendit dans cette ville pour en devenir l'acquéreur. A cette nouvelle, grand émoi parmi les Hospitaliers, qui prévoyaient dans le partage de l'autorité avec un aussi puissant voisin de graves difficultés pour l'avenir. Le Commandeur, Bernard de Roux, se rend dans la salle où les seigneurs sont en train de conclure le marché, et proteste contre cette vente; c'est au nom de Dieu, du Pape, du roi de France, de Messeigneurs « les pauvres de l'Hôpital, » que le chevalier de Saint-Jean défend au seigneur Jourdain de poursuivre son entreprise, en le menaçant, s'il y persiste, de s'y opposer même par la force (1274) ². Les menaces du précepteur produirent-elles leur effet ? Il est permis d'en douter; car nous retrouvons quelque temps après le seigneur Izarn partageant la juridiction du Burgaud avec le Commandeur Gérard de Colomb, sans que la suite semble justifier les craintes des Hospitaliers à cet endroit.

Le Grand-Prieur de Saint-Gille, Guillaume de Villaret, accorda en 1296, aux habitants du Burgaud, une charte de privilèges qui commence par cette observation remarquable : « Plus la « ville augmentera par suite des libertés accordées aux « habitants, plus la maison de Saint-Jean prospèrera aussi », observation qui résume la politique des seigneurs féodaux à cette époque. Cette charte leur concédait les droits d'usage et de dépaissance dans les bois étendus que l'Hopital possédait à *Montéz*, dans la juridiction de la ville ³.

Quelques années plus tard, la paix n'existait déjà plus entre les Commandeurs et les consuls. Quelques points non résolus dans la charte de commune, concédée lors de la fondation de la ville et que les Hospitaliers, qui y furent étrangers, ne

---

¹ Arch. Burgaud, L. VII.
² Arch. Burgaud, L. IV.
³ *Id.*

nous ont pas conservée, furent l'objet de ces discussions. Les magistrats municipaux du Burgaud signalèrent avec une indépendance digne de remarque, les abus introduits par le précepteur Éléazar de Rozan ou ses prédécesseurs, et protestèrent vivement contre les infractions tentées contre leurs libertés ou les usages généralement admis alors ; ils se plaignaient, entre autres choses, des sommes que tout condamné était obligé de fournir tant pour son emprisonnement que pour les écritures du greffier ; ils réclamaient encore contre les droits de fournage exigé par les Hospitaliers pour le gâteau, désigné, sous le nom de *pain de Noël ou de l'Epiphanie*. Le chevalier Pierre de Florence, précepteur de Toulouse et lieutenant du Grand-Prieur de Saint-Gille, évoqua les deux parties à son arbitrage et rétablit les choses dans leur état normal (13 juin 1306) [1].

Les archives du Burgaud nous relatent un épisode assez intéressant qui nous permet de jeter un coup d'œil sur les moyens employés par la politique royale à l'égard des provinces du Midi. Nous avons vu dans bien des endroits, nos rois élever des villes sur leurs domaines directs et entrer ailleurs, aussi souvent que possible, en paréage pour l'érection des bastides avec les seigneurs qui leur achetaient leur concours par la cession d'une partie de leur juridiction. C'est ce moyen qu'employèrent avec tant de bonheur les officiers du comte Alphonse et plus tard du roi Philippe III. Par cette politique sage et habile, l'autorité royale se substituait, pour ainsi dire, à celle des seigneurs féodaux et gagnait tous les jours du terrain, sans effrayer personne et sans soulever de protestations. Les heureux résultats de cette attitude nous sont encore démontrés par les échecs que subirent les officiers royaux, toutes les fois qu'impatients d'arriver à leurs fins ils voulurent remplacer la modération par la violence, ce qui amenait d'ordinaire un désaveu par l'autorité supérieure. La juridiction du Burgaud, appartenait, comme nous l'avons vu, au commandeur de l'hôpital et aux seigneurs de l'Isle.

[1] Arch. Burgaud, L. IV.

Or cette ville était située dans le voisinage immédiat de Verdun, résidence du principal représentant de l'autorité royale dans le pays, le chatelain que nous trouvons désigné dans certains actes sous le nom de *superbailli pour le roi dans toute la chatellenie.* Ce dernier ne pouvait voir sans dépit le Burgaud, seul dans tout le pays environnant, soumis à une autre autorité que la sienne ; les fourches patibulaires des chevaliers de Saint-Jean, qui se dressaient à sa vue sur une éminence voisine, lui semblaient un défi permanent pour son pouvoir. D'un autre côté, les droits des seigneurs du Burgaud étaient incontestables ; les actes authentiques et la longue possession rendaient impossible toute enquête à ce sujet et enlevaient au chatelain tout espoir de triompher par des voies judiciaires et même de chicaner ses voisins sur la validité de leurs pouvoirs. Il céda enfin à la tentation de recourir aux moyens violents, espérant peut-être entraîner par là ses adversaires à une lutte imprudente, dont l'issue eût bien pû leur être fatale. Une troupe de ses gens alla par ses ordres renverser les fourches dont la vue l'offusquait. A cette première tentative, les Hospitaliers ne répondirent qu'en les faisant immédiatement relever. Dans une seconde expédition commandée par le lieutenant du châtelain et le bailli de Verdun, les soldats du roi renversèrent de nouveau les fourches, les rompîrent et les brûlèrent sur place, pénétrèrent ensuite dans la ville de Burgaud, forcèrent les prisons et enlevèrent un criminel pour le livrer à la justice de la cour de Verdun. Cette fois, les deux seigneurs de Burgaud, le précepteur Guillaume de Rotbald et noble Bertrand Jourdain de l'Isle, sans répondre à cet appel aux armes, allèrent porter leur plainte au sénéchal de Toulouse. Le juge de Verdun, délégué par ce dernier, fut obligé de leur donner raison. Dans la sentence rendue le 17e jour des Kalendes de janvier (1314), il ordonna aux officiers royaux de faire relever les fourches patibulaires du Burgaud, et de réintégrer dans les prisons du commandeur le détenu qu'ils en avaient indûment enlevé [1]. Pour se

---

[1] Arch. Burgaud, L. IV.

mettre désormais à l'abri de semblables tentatives, le commandeur Arnaud de Jor obtint du Roi des lettres de sauvegarde pour le Burgaud et ses dépendances (10 mai 1329) [1]. A peu de temps de là, nous trouvons les Hospitaliers possèdant en seuls la seigneurie du Burgaud; les descendants de Bernard Jourdain ayant sans doute consenti à leur vendre leur part de juridiction sur ce territoire.

Ce qui abonde surtout dans les nombreux cartons qui renferment les archives de la commanderie, ce sont les traces des luttes continuelles des consuls de cette ville contre les Hospitaliers. Tantôt c'était pour défendre leurs coutumes et leurs libertés qu'ils prétendaient menacés par les commandeurs et qu'ils obligeaient ces derniers à confirmer de nouveau (1311, 1320, 1321); tantôt c'était pour le paiement de quelques dîmes qu'ils refusaient et dont un arbitrage ou une sentence du Parlement venaient invariablement les condamner à s'acquitter (1355, 1360, 1607, 1654)

De toutes ces liasses nous nous bornerons à extraire l'autorisation accordée en 1494 par le chevalier Oddet des Ganges, en sa qualité de patron spirituel de la paroisse du Burgaud, de bénir une chapelle, qu'un vicaire perpétuel venait de faire construire en l'honneur de la Sainte-Trinité et de la Sainte Vierge, dans le cimetière situé hors des murs et « où il « avait fait placer une grande image vulgairement dite de « Pitié [2]. »

Un inventaire fait par les délégués du Grand-Prieur, des meubles trouvés dans le château du Burgaud, à la mort de ce même commandeur en 1504, nous fait pénétrer dans l'intérieur de ces vieilles demeures féodales, dont la simplicité peut surprendre notre luxe moderne; nous entrons d'abord dans la grande salle, dont l'ameublement consiste en une table, un banc et des escabeaux; puis nous passons dans la chambre d'apparat, « où est mort le dit seigneur, » garnie d'un lit, d'une table, de trois escabeaux et d'une chaise; dans un coffre sont déposés les bijoux du défunt, une boîte renfer-

[1] Arch. Burgaud, L. VII.
[2] *Id.*

mant un *Agnus-Dei*, une petite croix d'argent, 6 pierres précieuses et une chaîne en or : son vestiaire se composait « de « 2 robes, l'une de *brunette* avec des fourrures blanches, l'au- « tre de camelot avec des fourrures noires, d'un justeaucorps « de damas fourré de martres, d'un second de drap gris de « Rouen fourré de *blanquet*. » Les écuries contenaient « le « cheval bai de Monseigneur, que Dieu absolve! et son cour- « taud gris avec tous leurs harnachements [1]. »

Les membres de la commanderie du Burgaud étaient les suivants : Aussiac, Belleserre, Drudas, Pelleporc, Puységur, Fajolles, Saint-André d'Esquérens. Sa valeur quitte de charges était évaluée à la fin du xviie siècle à 4,400 livres.

§ 2. — *Aussiac, Belleserre.*

Les archives nous apprennent, sans nous donner les chartes de donations, que dès le xiiie siècle les commandeurs du Burgaud possédaient certains fiefs dans ces deux territoires, qu'ils étaient seigneurs spirituels de ces paroisses. Ces possessions, ils furent obligés de les défendre maintes fois contre les prétentions des abbés de Grand-Selve. Les archives nous ont conservé les sentences qui furent rendues en faveur des Hospitaliers en 1265, 1281 et 1481.

§ 3. — *Pelleporc.*

Dans le voisinage immédiat du Burgaud, les Hospitaliers possédaient depuis le milieu du xiie siècle un établissement et un domaine. Inférieur en étendue à cette commanderie, il ne laissait pas que d'avoir une certaine importance. Au mois de février de l'année 1148, Guillaume-Raymond et ses frères inféodaient aux chevaliers de Saint-Jean la dîme de l'église Saint-Pierre de *Nerpech* sous la redevance annuelle de 6 sols morlans [2]. Ces derniers s'établirent aussitôt dans leur nouveau

---

[1] Arch. Burgaud, L. VII.
[2] Arch. Pelleporc, L. I.

domaine, et, grâce à de nouvelles donations, leur fief de Nerpech ne tarda pas à être transformé en la commanderie de Pelleporc, qui du reste a laissé bien peu de traces dans les archives. Nous n'y trouvons que l'acte par lequel le chevalier Arnaud d'Esparviers, donna à Pierre Miquel, Précepteur de Pelleporc, son fief de *Castelfornils* et le dîmaire de l'*Eglise brûlée* (*ecclesiæ arsæ*), ainsi que leur juridiction haute, moyenne et basse (1281) [1]. A part cet acte, il n'existe pas dans les archives de traces de cette commanderie ; elle ne subsista guère au-delà du xiv° siècle que par le nom de quelques-uns des religieux qui la dirigèrent.

Il nous faut arriver dans la seconde partie du xvi° siècle, à la période des guerres religieuses pour trouver quelques faits à extraire des archives de cette localité. Au milieu de la désolation de cette période, les habitants de Pelleporc, se voyaient avec terreur à la merci du premier coup de main tenté contre eux ; car leurs demeures n'étaient protégées ni par des murailles, ni même par un château où ils eussent pu se réfugier en cas de besoin. Dans l'impossibilité où ils se trouvaient d'élever des fortifications, les habitants allèrent prier le commandeur du Burgaud de faire mettre en état de défense l'église de Pelleporc pour qu'ils pussent au besoin y mettre à l'abri leurs personnes et leurs mobiliers. Sur le refus de leur seigneur spirituel, ils s'adressèrent au Parlement de Toulouse, qui les renvoya « vers le sieur Cornusson, sénéchal « de Thoulouze, commandeur pour le faict des armes en la « ville et seneschaussée de Thoulouze. » La cour ordonna de plus que, si le sénéchal ordonnait la fortification et la garde de cette église, tous les bientenants de Pelleporc seraient tenus d'y contribuer, « quelles que pussent être leur condi- « tion et qualité » (26 février 1577) [2]. Les archives s'arrêtent là ne nous disant, ni la décision du sénéchal, ni le destin de Pelleporc dans cette douloureuse période des guerres religieuses qui fut si funeste à tant de villes de la contrée.

[1] Arch. Pelleporc, L. I.
[2] Arch. Pelleporc. L. I.

§ 4. — *Drudas, Puységur*.

Le plus ancien acte que nous aient conservé les archives de Drudas est un acte de 1293, par lequel Bertrand Jourdain chevalier *du Roi* et seigneur de Launac et Armand d'Esparviers partagèrent les fiefs qu'ils possédaient par indivis dans ce territoire [1]. Il est probable que le second, déjà bienfaiteur de l'Ordre, se dessaisit bientôt après de sa portion du territoire de Drudas en faveur de l'hôpital de Pelleporc. En effet, quelques années plus tard nous trouvons le précepteur de cette maison possédant Drudas en paréage avec les seigneurs de l'Isle. La seigneurie spirituelle de cette paroisse et la perception de ses dîmes étaient partagées entre les Hospitaliers et les chanoines de Saint-Etienne de Toulouse. Aussi, quand il fut nécessaire de pourvoir à la reconstruction de cette église, le sindic du chapitre et le commandeur donnèrent ce travail à l'entreprise au prix de 1,600 livres, les habitants se chargeant des charrois et des manœuvres (1524) [2].

Le commandeur du Burgaud, était aussi seigneur spirituel de la paroisse voisine de Puységur, qui ne fut pendant longtemps qu'une annexe de celle de Drudas.

§ 5. — *Fajolles*.

Le sixième jour du mois de mars 1216 (1217), le chevalier Raymond de *Bessencs* était reçu dans l'Ordre de Saint-Jean et donnait à Bernard de Capoulège, Prieur de la maison de Toulouse, le dîmaire de Saint-Jean de Fajolles, paroisse située entre Castelsarrasin et le Burgaud [3]. Les Hospitaliers s'étaient à peine établis sur leur nouveau territoire, qu'ils conçurent le dessein d'y élever une bastide, soit qu'il n'en existât pas

---

[1] Arch. Drudas, L. I.
[2] *Id.*
[3] Arch. Fajolles, L. I.

encore, soit que l'ancienne ville ne fut plus suffisante pour ses habitants. La date de cette fondation ne nous est pas indiquée d'une manière précise ; mais elle existait déjà en 1276 et ses habitants jouissaient d'une constitution communale, comme nous pouvons le voir dans la charte de privilèges que concéda le 8 janvier de cette année le **Grand-Prieur, Guillaume de Villaret,** aux habitants et aux deux consuls de *sa bastide* de Fajolles. Nous trouvons dans ce document des détails très circonstanciés sur les règlements du marché qui y fut institué. En voici quelques dispositions :

Nul ne pourra vendre des denrées comestibles en ville, qu'il ne les ait apportées au préalable sur la place du marché. Les habitants sont exempts de tout droit de leude, dans les achats ou ventes faits pour leurs usages personnels ; mais il n'en est pas de même pour les étrangers qui viennent au marché de Fajolles ; la charte dans ce cas est franchement protectionniste. Tous les marchands ou acheteurs doivent pour eux-mêmes une leude d'un denier cahorsin, qui se réduit à une maille pour les simples colporteurs. Les droits sur les achats et les ventes sont fixés ensuite avec beaucoup de détails : « pour
« un bœuf, un denier cahorsin ; pour une livre de cire, deux
« deniers cahorsins ; pour un âne, deux deniers tolsas s'il est
« ferré ; et un seul s'il ne l'est pas ; pour chaque mulet chargé
« de fer, un denier tolsa ; pour chaque charge de sel on en
« donnera une poignée, plus un denier cahorsin ; et pour cha-
« que charge de marmites, on en livrera une valant un denier
« cahorsin pour prix d'entrée. » Parmi les objets d'exportation, la charte fait figurer le blé, le vin, les bouteilles de verre, les écuelles et les assiettes de terre, ce qui nous donne une idée des ressources et de l'industrie du pays à cette époque. Détail particulier à noter, les rixes et les disputes, qui ont le marché pour théâtre, sont punies moins sévèrement que celles survenues partout ailleurs, sans doute à cause de leur multiplicité. Le reste de la charte contient le code de justice, la création des consuls, déclare les habitants quittes de toutes *questes* faites sans leur consentement, « excepté pour le cas où
« le Grand-Prieur de Saint-Gille passerait la mer, ou bien si

« l'on voulait élever des fortifications ou construire un châ-
« teau fort à Fajolles. » Nous voyons enfin dans ce document
que déjà à cette époque, cette bastide était une dépendance de
la commanderie de Castelsarrasin [1].

Dame Guiraudesse, fille de Gailhart de Bessencs et femme
de Pierre de Caumont, avait cédé ses droits sur cette ville et
son territoire à noble Jourdain de l'Isle. Ce dernier vint disputer au commandeur de Castelsarrasin la juridiction de
Fajolles, dont les seigneurs de Bessencs avaient dû lui tolérer
jusqu'alors l'entière jouissance ; la charte que nous venons
d'étudier, nous montre en effet le Grand-Prieur agissant
comme seul seigneur haut justicier de cette ville. De ce conflit
de prétentions surgit une longue série de procès, qui occupa
toute la seconde moitié du XIIIe siècle et qui ne se termina
que le 17 novembre 1292, par une sentence arbitrale du sénéchal Eustache de Beaumarchais, choisi par les deux parties
pour terminer leurs différends. La haute juridiction du lieu
de Fajolles fut reconnue au seigneur Jourdain, qui consentit
à céder sa portion de basse justice au précepteur. Ce dernier
aura de plus le droit de nommer les consuls, les juges et les
autres officiers pour les causes civiles ; mais en retour des
concessions faites par le seigneur Jourdain, le Grand-Prieur
devra lui donner dans la juridiction de l'Isle une possession
équivalente à la moitié de ce droit de basse justice. Cette
sentence fut prononcée en présence de Guillaume, abbé de
Belleperche, d'Yzarn Jourdain, d'Yzarn de la Graulet, et de
Bernard del Bog, chevaliers [2]. Ce fut en exécution de cet arbitrage que Guillaume de Villaret céda, le 19 juin 1299, au seigneur Jourdain ses droits sur la bastide de Brax, en paréage
avec lui [3].

Peu de temps après, les archives nous montrent Bernard
Jourdain fils du précédent, exerçant à Fajolles ses prérogati-
ves de seigneur suzerain. Nous voyons en effet ses délégués
Bernard de Goffas, chevalier, et Guillaume-Arnaud de Masca-

---

[1] Arch. Fajolles, L. II.
[2] Arch. Fajolles, L. III.
[3] *Id.*

ron, damoiseau, se transporter dans cette ville, où ils somment les consuls « au nom de haut et puissant seigneur Ber-« nard Jourdain, » d'avoir à présenter à la *monstre* de l'Isle, l'homme le plus robuste de chaque maison, « pour suivre le « sire dans la guerre des Flandres; » la moitié de la milice de Fajolles devra être armée de lances et l'autre moitié d'arbalètes de fer (mars 1318, 1319) [1]. C'est du reste la seule circonstance où nous voyons les seigneurs de l'Isle exercer leurs droits de haute juridiction, qu'ils durent céder dans la suite aux Hospitaliers ; car nous voyons en 1503 les consuls de Fajolles reconnaître le commandeur pour leur seigneur haut justicier [2].

Les bons rapports établis entre les chevaliers de Saint-Jean et leurs vassaux de Fajolles à la suite de l'octroi des franchises, ne persistèrent pas pendant bien longtemps. Les premières années du XIVe siècle inaugurent en effet une interminable série de procès mus par les consuls contre les commandeurs ; on pourrait à bon droit s'étonner de la multiplicité des discussions soulevées, malgré les actes que nous retrouvons dans les archives et qui auraient dû les prévenir ; mais bien souvent ces chicanes ne servaient aux consuls que de simples prétextes pour obtenir, par des moyens détournés, la concession de quelques nouveaux privilèges ou pour faire confirmer ceux dont ils croyaient l'existence menacée. C'est ainsi que nous voyons en 1312, le précepteur de Castelsarrasin, Bernard de Saint-Maurice, se présenter devant le juge de Verdun et, après lui avoir donné lecture des lettres de sauvegarde accordées à l'Ordre de Saint-Jean par Philippe IV en 1299, se plaindre de ce qu'au mépris de la royale protection, les consuls de Fajolles refusent obstinément de lui payer la dîme des blés, laines et chanvres. Ces magistrats, interrogés par le juge, avouent « qu'en effet le précepteur « avait joui de tout temps des droits en question, et qu'ils ne « les lui avaient refusés que pour l'empêcher de violer les « libertés concédées par lui ou ses prédécesseurs, comme ils

[1] Arch. Fajolles, L. IV.
[2] *Id.*

« l'accusaient d'en avoir le projet. » La sentence par laquelle le juge maintint le commandeur dans ses droits et promit aux consuls de les protéger dans la défense de leurs privilèges [1], ne fit que suspendre les hostilités, dont nous ne poursuivrons pas d'avantage l'énumération longue et monotone. Notons seulement, dans l'accord conclu entre les deux parties en 1318, la clause qui défend à tout habitant, possédant une maison dans la ville, de la démolir à moins d'en reconstruire une autre [2].

La bastide de Fajolles, faute sans doute de ressources suffisantes de la part de ses fondateurs, n'avait pas été, comme c'était l'usage, entourée de murailles suffisantes pour la protéger ; c'est ce que peut nous faire supposer la charte de 1276 en nous parlant du projet des Hospitaliers de remédier à cet état de choses, quand la nécessité les y forcerait ou que leurs ressources le leur permettraient. A la fin du XIVe siècle, grâce à l'impulsion du Grand-Prieur de Lescure, nous les trouvons occupés à réaliser ce projet. Le 15 décembre de l'année 1399, le chevalier Arnaud de Rivière, précepteur de Sarjac et de Condat, lieutenant du Grand-Prieur, donna à *ses chers et fidèles*, Sanche de Montjoye et B. de Gaubet, consuls de Fajolles l'emplacement des nouvelles fortifications et des maisons qu'on pourra construire dans l'intérieur, sous la redevance annuelle d'un denier tolsa pour chaque brassée. Les consuls et les habitants seront tenus « d'élever les murailles, de les « garnir de barrières extérieures et de chemins de ronde. « d'y entretenir des sentinelles de jour et de nuit, ainsi qu'un « guetteur dans les temps où les villes voisines se mettront « en état de défense ; » ils se chargent de faire réparer à l'avenir ces remparts, excepté le château, dont l'entretien et la garde incombent en entier au commandeur. Ce dernier donne à ses vassaux l'autorisation de prendre dans ses bois toutes les poutres nécessaires à la construction, soit des remparts, soit des maisons, et cède aux consuls de Fajolles, les droits directs et utiles sur ce fort [3].

[1] Arch. Fajolles, L. III.
[2] *Id*
[3] Arch. Fajolles, L. II.

Malgré ces mesures de précaution, utiles dans la plupart des cas mais quelquefois insuffisantes, il semble que la petite ville de Fajolles ait eu son désastre particulier dans cette terrible période de la guerre contre les Anglais. Nous ne pouvons le constater que par la désolation et la dévastation dont tout le pays présentait l'image quelques années après. Lorsque le commandeur Bernard de Titinhac arriva à Fajolles il fut effrayé par le spectacle qui s'offrait de toutes parts à lui ; il ne voyait partout que maisons vides de leurs habitants, champs jadis fertiles, et maintenant abandonnés sans culture. Il fit un appel aux paysans du voisinage et, pour les engager à venir repeupler ces solitudes qui semblaient frappées de malédiction, il se résigna à de nombreux sacrifices et concéda des privilèges aux nouveaux arrivants. Les terres leur furent distribuées moyennant des redevances excessivement réduites. Grâce à ces moyens, la ville et le territoire de Fajolles se repeuplèrent petit à petit ; la prospérité des habitants renaissait, se traduisant par l'exactitude avec laquelle ils payaient leurs censes au Commandeur. Mais son successeur Bernard de Montlezun se crut assez fort pour rétablir les anciennes coutumes et annuler les privilèges récemment accordés. Les habitants de Fajolles se révoltèrent contre ces entreprises et refusèrent le paiement de toute espèce de redevance. Au lieu d'entreprendre une lutte qui aurait pu faire déserter la ville de Fajolles par ses habitants de fraîche date, Bernard de Montlezun préféra transiger avec ses vassaux. Il fut convenu que ces derniers paieraient pour l'*estiage* et l'*affustage* une paire de poules et une journée de labourage, pour chaque maison sise dans l'intérieur de la ville, 2 deniers tolsas, pour chaque jardin de 3 perches de large sur 6 de long, 10 deniers *tournois petits* ; moyennant quoi ils seront quittes de la dîme ; l'oblie pour chaque sétérée sera d'un double, valant 10 deniers tournois, « sans que les successeurs du Commandeur puissent jamais réclamer davantage ; » les habitants seront tenus de faire la garde et le guet sur les remparts et Bernard de Montlezun leur accorde le droit de dépaissance dans toute la juridiction de Fajolles (12 février

1477) [1]. Ce Commandeur ayant été aussi obligé de céder, le but constant de ses successeurs fut de réparer cette défaite ; mais ils luttèrent longtemps sans pouvoir en venir à leurs fins. Les consuls de Fajolles étaient à leur poste et résistaient énergiquement aux prétentions des chevaliers. Ce ne fut qu'au bout d'un siècle que le Commandeur du Burgaud, François de Tannes-Salgues, obtint du Parlement de Toulouse, le 6 septembre 1552, une sentence annulant la transaction de 1477 et rétablissant les chevaliers de Saint-Jean en possession des anciens droits, dîmes et agriers, tels qu'ils avaient été réglés dans les chartes de xiiie siècle [2].

Pendant toute cette période la circonscription de Fajolles avait subi des transformations successives : d'abord membre de la commanderie de Castelsarrasin, elle en avait été détachée en 1445 pour être unie à celle de Golfech. En 1530 elle fut enlevée à Golfech et réunie définitivement à celle du Burgaud.

§ 6. — *Saint-André de Cortibals.*

En 1173, deux frères, Odon et Hugues-Bernard de Sainte-Marie, donnèrent à Pierre de Saint-André, Prieur de Saint-Remy de Toulouse, leurs droits sur le territoire appelé *Mainbrède* et la dîme de Saint-André de Cortibals ; le Prieur en retour de ses largesses leur fit la *charité* de 6 sols morlans. Cette donation fut faite en présence d'Hunaut *Troja*, viguier du comte de Toulouse, « dans le but, dit la charte, de rendre « ce prince et ses officiers garants de sa validité. »

D'abord uni, comme le précédent, à la commanderie de Castelsarrasin, dont il était très-rapproché, cet établissement de l'Ordre de Saint-Jean, passa avec Fajolles dans la circonscription de Golfech en 1455 et dans celle du Burgaud en 1530.

[1] Arch. Fajolles, L. I.
[2] Arch. Fajolles, L. III.

1º Liste des Commandeurs de Burgaud.

1220-1248. Bertrand de Cobirac.
1252-1253. Armand de Boutenac.
1256-1259. Bernard de Saint-Circ.
1261-1262. Azémar de Miramont.
1262-1265. Pierre Boyer.
1268-1271. Bernard Le Roux.
     1273. Aldebert.
     1281. Pierre Miguel.
     1293. Gérard de Colomb.
1295-1599. Dalmace de Corneillan.
     1306. Eléazar de Rozans.
1311-1316. Guillaume de Rotbald.
1320-1324. Raymond de Jor.
1354-1360. Arnaud de Jor.
     1371. Jourdain de Lomagne.
     1398. Bertrand des Roches (de Sœœis).
1432-1435. Sanche de Lichardes.
     1459. Pierre Ferrand.
1461-1468. Jacques de Brion.
1479-1480. Antoine de Murat.
1480-1481. Guy de Montarnal.
1481-1504. Oddet des Ganges.
1505-1516. Raymond de Balaguier.
1581-1521. Gabriel de Murat de Pomeyrols.
1522-1541. Honoré de Grâce.
1547-1560. François de Tannes Salgues

1562-1577. François de Moreton Chabrilland.
1594-1607. Raymond de Gozon Mélac
1607-1616. Georges de Castellane d'Alluys.
     1684. Jean de Bernuy gouverneur de la Cavalerie Maltaise, maistre d'hostel de son haltesse.
     1635. Jean de Lansègue.
1648-1673. Henri de Guast.
1679-1688. François de Flotte.
1698-1706. Louis de Forbin d'Oppède
1707-1715. Elzéar de Sabran des comtes de Forcalquier.
1716-1718. Lazare de Rabasse-Vergons
1725-1728. Jean-Baptiste de Vintimille des comtes de Marseille.
1733-1734. Henri de Thimbrun-Valence.
1734-1735. Charles de Roquefort Marquein.
     1737. Jean de Glandevès-Canet
     1751. N. de Rilhaumette.
1757-1765. Charles-Félix de Galéan Gadagne
1782-1783. Le bailli de Ligondès.
1784-1785. Le chevalier de Parades.
1785-1789. Le bailli de Pennes.

2º Liste des Commandeurs de Pelleporc.

1148. Garsiàs.
1257. Pierre de Biscons.
1259-1251. Guillaume de Moutseron.
1281. Pierre Miquel.

1310. Pierre de Florence.
1311. Martial du Mont.
1323-1324. Arnaud de Serres.

3º Liste des Commandeurs du membre de Drudas.

1532-1533. Guillaume de Grons.
1533-1534. Guillaume de la Roque.

CHAPITRE XIV

Commanderie de Fronton

(Chambre Prieurale)

MEMBRES : SAINT-JEAN DE MONTÉGUT, SAINT-PIERRE DE BOUSQUET, CASTELNAU-D'ESTRETEFONDS, SAINT-CIRC ET SAINT-REMESY, GRISOLLES ET DIEUPENTALE, ORGUEIL, NOHIC, REGNIÈS, MAGNANAC, LATOUR DE BELBÈZE ET BEAUVAIS.

§ 1. — *Fronton.*

En l'année 1119, le pape Calixte II, avant d'aller prendre à Rome possession du trône pontifical, avait convoqué à Toulouse un concile où figuraient un grand nombre de cardinaux et d'autres prélats. Après avoir présidé les sessions de l'auguste assemblée, le Pontife se dirigea vers l'abbaye de Saint-Théodard. Chemin faisant, il s'arrêta dans la petite ville de Fronton et signala son passage en consacrant lui même l'église qui venait d'y être construite (18 juillet 1119)[1]. Trois ans après, Pons-Bernard de *Lapencha,* Payen du Pré et leurs familles donnaient à l'hôpital de Jérusalem les droits qu'ils avaient sur cette église, fondée sans doute par eux, sur « les obla-
« tions, le cimetière, les dîmes et les prémisses ; » ils ajoutaient à cette donation celle de 300 emplacements, de 4 sétérées chacun, situés en avant de la porte de *Rajols,* « afin que
« les hommes des Hospitaliers y fassent une ville, » proba-

[1] Dom Vaissette, liv. XVI.

blement un faubourg de Fronton qui existait déjà à cette époque, comme nous venons de le constater. Pons-Bernard et Payen concédaient en outre aux autres habitants de cette *Salvetat* les droits d'usage et de dépaissance « dans les bois « qu'ils possédaient hors des croix de limites, » et se reconnaissaient justiciables des chevaliers de Saint-Jean, si ces derniers ou les habitants de Fronton avaient à se plaindre d'eux. Cet acte, rédigé en 1122, fut signé par Gérard, Prieur de Toulouse, Bernard de Gaujag, le premier précepteur de Fronton, et quelques seigneurs du voisinage, Arnaud Pons, Hugues de Malag, Bernard de Vacquiers, Grimaud de Salviag [1].

La vue de ces coteaux ondulés avec leurs riches moissons, leurs nombreux cours d'eau, leurs vastes forêts, où ils pourraient plus tard trouver la dépaissance pour leurs troupeaux et se livrer eux-mêmes aux nobles déduits de la chasse, séduisit tout d'abord les chevaliers de Saint-Jean. Aussi s'empressèrent-ils d'ériger Fronton en chef-lieu de commanderie, en lui adjoignant les seigneuries que l'Ordre possédait déjà dans le voisinage. Peu de temps après, se dressait auprès des remparts de la ville un magnifique château-fort qui fut depuis lors le séjour préféré des grands dignitaires de l'Ordre dans le midi de la France.

Les ressources ne firent pas du reste défaut aux Hospitaliers pour les frais de leur établissement à Fronton; car nulle part ailleurs ils ne se virent entourés de plus nombreuses marques de sympathie. C'est en premier lieu, Athon de Gajac qui cède au commandeur Eschafred ses fiefs d'*Artongs* et de *Gajèncs*, vaste territoire limité par ceux de Nohic, des Termes, de Magnanac, de Sairac et de Villaudric ; cession approuvée par les suzerains, Bernard Wilhelm et Jourdain de Villemur (1167) [2]. Voici ensuite deux nobles dames, Martine de Beisceires et sa cousine, Bermonde de Villemur, qui se rendent un vendredi du mois de février de l'année 1180 (1181), dans le cloître de l'hôpital de Fronton, où elles font rédiger par le *levite Pegui* un acte, par lequel elles donnent à cet établisse-

---
[1] Pièces justificatives n° LI.
[2] Arch. Fronton, L. I.

ment leurs droits sur le marché de la ville [1]. Les archives nous montrent ensuite le chevalier Arnaud de Montaigut donnant aux Hospitaliers les droits d'albergue et de *captein* [2], qu'il réclamait au nom de son père, Arnaud de Verdun, sur la ville de Fronton et recevant pour cette libéralité des mains du précepteur Aymeric 50 sols melgoriens, en présence de Raymond de *Plahello*, viguier de Montauban (1189) [3]. Mais, parmi toutes les familles puissantes des environs, celle de Villemur se distingua surtout par ses donations multipliées. Après avoir enrichi la commanderie par la cession de ses droits sur plusieurs de ses dépendances, comme nous le verrons dans la suite, cette famille donna à l'Ordre un de ses membres Jourdain de Villemur, qui apporta avec sa personne « toute la terre, les droits, les hommes et les femmes « qu'il tenait de sa mère, dame Saure, à Vacquiers, à Fron- « ton et dans tout le pays compris entre le Girou et le Tarn » (novembre 1215) [4]. Mentionnons enfin la donation que fit en 1216 Hoalrig de Corbarieu de tout ce qu'il possédait à Villemur dans la place et au dehors [5].

Au milieu de toute la sympathie qui entourait ainsi ses débuts, l'hôpital ne se vit troublé dans sa prospérité que par le seigneur Pilfort de Rabastens, et encore cette lutte dût se borner à quelques discussions passagères, dont nous ne connaissons l'existence que par l'accord qui vint y mettre un terme. Le quatrième jour du mois de juillet 1230, le cloître de Fronton réunissait une noble et imposante assemblée ; on y voyait le seigneur *Narbs* (Albert), abbé de Saint-Théodard de Montauban, Daydé, archidiacre d'Albi, Raymond Escrivan, celui-là même qui, quelques années plus tard, allait verser son sang pour la foi dans les salles du château d'Avignonet, les principaux barons du pays, Izarn de Tauriag, Izarn de Villemur,

---

[1] Arch. Fronton, L. I.
[2] On appelait ainsi une redevance par laquelle les habitants d'une ville achetaient la protection de quelque seigneur du voisinage.
[3] Arch. Fronton, L. I.
[4] *Id.*
[5] *Id.*

et au milieu d'eux, le noble Pilfort de Rabastens qui, accompagné de ses deux fils, venait faire sa paix avec Pierre de Corbarieu, commandeur de Fronton : « ni eux, ni leurs gens « ne feront désormais aucun dommage à l'hôpital de Fronton « ou à ses habitants, qu'ils jurent de défendre tous les jours « de leur vie contre quiconque viendrait les attaquer : » ces serments, les seigneurs de Rabastens les firent sur leurs corps et les saints Évangiles. Le même jour ils remettaient au commandeur leur ville de Mézens en nantissement d'une somme d'argent, qu'ils lui devaient et qui avait peut-être occasionné les discussions passées [1].

Les Hospitaliers, devenus par suite de toutes ces donations seigneurs temporels de la ville de Fronton, avaient dû la doter d'une charte communale. Nous constatons en effet, l'existence de sa magistrature municipale, lorsqu'en 1248 Jourdain de Saint-André, Prieur de Toulouse, octroya à ses vassaux de Fronton de nouvelles coutumes qui furent acceptées par les trois consuls et les trois conseillers de cette ville. Ce document ne nous présentant d'autres caractères particuliers à signaler, que quelques dispositions relatives à la chasse du sanglier, du cerf ou du chevreuil, nous ne ferons que mentionner son existence [2].

Guillaume de Villaret, Grand-Prieur de Saint-Gille et plus tard Grand maître de l'Ordre, affectionnait d'une manière toute spéciale la résidence de Fronton. C'est là qu'il convoquait les chevaliers de la contrée, pour s'informer de l'état de leurs commanderies ; qu'il recevait les plaintes ou les requêtes de ses vassaux et qu'il tenait ses chapitres provinciaux ; c'est de là que sont datés la plupart des actes si nombreux de son administration dans le Toulousain. Pendant l'un des séjours qu'il fit dans ce château, le Précepteur de Fronton lui exposa que ses vassaux refusaient de lui payer leurs redevances ; le Grand-Prieur, « préférant la miséricorde « à la rigueur, » publia une charte, dans laquelle il leur accor-

---

[1] Arch Fronton, L. I.
[2] *Id.*

dait la possession des terres défrichées par eux, à la condition de payer à l'hôpital un denier tolsa pour chaque sétérée (1281)[1], Mais la lutte ne fut suspendue que pour quelques années, et, immédiatement après son élection à la grande maîtrise, Guillaume de Villaret eût à intervenir entre le chevalier Marquis d'Escornebœuf, commandeur de Fronton et les consuls de la ville, qui étaient dans un état d'insurrection déclarée contre leur seigneur. Sa sentence régla les droits de dépaissance dans les bois de la commanderie, confirma les privilèges de la commune, décida que la haute justice appartenait aux Hospitaliers et enfin condamna la communauté de Fronton à payer à l'hôpital, « en réparation des agressions graves et énormes, » qu'elle avait dirigées contre lui, une amende de 1,000 livres tournois (1300)[2].

A peu près vers la même époque, les habitants de Bouloc, petite ville du voisinage, vinrent se plaindre au juge de Villelongue, de ce que les gens et les vassaux de l'hôpital de Fronton avaient pris les armes contre eux et les avaient attaqués au mépris de tout droit. Le juge avait puni les chevaliers de Saint-Jean, en plaçant les sergents du roi avec leurs hommes en garnison dans la citadelle de Fronton. Ces derniers avaient traité la place en pays conquis et l'avaient livrée au pillage. Ce fut au tour du commandeur de demander justice au même tribunal, qui, après avoir reçu les aveux des sergents, les condamna à réparer les dommages causés à l'hôpital (1308)[3].

Les séjours fréquents des grands dignitaires de l'Ordre dans le château de Fronton, les privilèges qu'ils avaient concédés aux habitants et en particulier l'exemption du paiement d'une partie des dîmes accordées vers cette époque par le Grand-Maître, Foulques de Villaret, n'avaient pas peu contribué à l'agrandissement de la ville. Mais, malgré tout ce que les Hospitaliers avaient pu faire en faveur de leurs vassaux de Fronton, l'entente était loin d'exister entre eux. Il semble que plus grande était la somme des libertés concédées aux habitants,

[1] Arch. Fronton, L. I.
[2] Arch. Fronton, L. III
[3] Arch. Fronton, L. VII *bis*.

plus s'accroissaient leurs prétentions. Nous les voyons porter sans cesse leurs plaintes, tantôt devant le tribunal des commissaires délégués par le roi pour la réformation du pays de Languedoc, tantôt devant le sénéchal, tantôt même devant le Souverain-Pontife. Effrayés des dépenses que leur occasionnaient ces interminables procès, le commandeur Guillaume de Chavanon et les consuls prirent le sage parti de recourir aux moyens de conciliation, et conclurent un accord pour régler tous les points en litige ; nous y remarquons, comme dans la charte de 1248, des règlements minutieux sur la chasse : si un habitant prend un lièvre dans un territoire réservé, il pourra le garder librement, tandis que, si c'est un lapin, il devra l'apporter à l'hôpital pour le laisser au Précepteur, ou le faire manger séance tenante « par ses chiens, de manière à ne pas en pro-« fiter. » Cet accord, conclu le 26 juin 1328, fut approuvé le lendemain par Aycard de Miramont, lieutenant du Grand-Prieur et par le chapitre provincial qu'il présidait dans ce moment à Fronton [1].

Par suite de l'accroissement considérable de sa population, les murs de la ville de Fronton étaient devenus trop étroits. Les habitants de ses faubourgs regardaient avec envie ceux qui, plus favorisés qu'eux, possédaient dans l'intérieur de l'enceinte un abri, dont les dangers, qui les menaçaient sans cesse, leur faisaient apprécier tous les avantages. De concert avec les chevaliers de Saint-Jean, ils adressèrent une requête au Sénéchal de Toulouse, afin d'obtenir de lui l'autorisation de rémédier à cet état de choses. Ce dernier chargea Jourdain de Lomagne, commandeur du Burgaud, de faire une enquête à ce sujet, et, d'après l'avis favorable de ce dernier, autorisa l'entreprise. Aussitôt après, nous voyons le Grand-Prieur Gaucher de la Bastide Rolland, conclure dans ce but un accord avec les consuls de Fronton : ces derniers se chargent de faire entourer dans l'espace de deux années, de bonnes murailles, de fossés et de barrières, le terrain, jugé nécessaire pour l'agrandissement de la ville, et qui mesurait 56

---

[1] Arch. Fronton, L. IV *ter*.

brassées d'un côté, 52 d'un autre sur 19 de large. Le Prieur leur donnera le sol à raison de trois *pictes* d'oblies pour chaque emplacement d'une brassée de large sur 5 de long, ainsi que le bois nécessaire à ces constructions, et pourvoira de plus à la nourriture du *maître* chargé de l'entreprise. Les consuls fourniront en outre aux chevaliers, en temps de guerre, 7 hommes pour la garde de son château et un ou deux guetteurs. Ce traité, juré par les deux parties de la manière accoutumée, c'est-à-dire par le Grand-Prieur « sur la croix de son « manteau, comme un prélat, » et par les consuls sur le livre des Evangiles, fut conclu le 18 septembre 1371 [1]. Deux ans après, à la fin des premiers travaux, dans un traité supplémentaire, les consuls s'engagèrent à séparer l'ancienne ville de son agrandissement par un fossé et une muraille de 2 brassées de haut, hors œuvre, sur 4 pans de large, tandis que le Grand-Prieur consentait à recevoir les bestiaux des habitants derrière les palissades de son château.

Vers le commencement du XVe siècle, la commanderie de Fronton fut érigée en chambre Prieurale et les Grands-Prieurs de Toulouse administrèrent directement cette importante circonscription de l'Ordre.

Si l'histoire ne nous dit rien du sort de la place de Fronton pendant les guerres contre les Anglais, en revanche son nom revient souvent dans les annales des luttes religieuses du XVIe siècle ; le rôle de ces murailles, à l'érection desquelles nous venons d'assister, devient alors très actif. Placé entre Toulouse, qui était le quartier général des troupes catholiques et Montauban, le plus formidable rempart du protestantisme dans le midi, Fronton était une position importante, destinée forcément à servir de théâtre à de nombreuses luttes. Le fier donjon des Hospitaliers était comme le poste avancé de l'armée catholique et gênait singulièrement les incursions que les Huguenots tentaient souvent dans la plaine fertile qui s'étendait à ses pieds. Aussi cette place était-elle occupée par une forte garnison, autant pour la défendre que pour

---

[1] Arch. Fronton. L. III *ter*.

réprimer l'audace des bandes montalbanaises, à qui elle infligea plus d'une sanglante leçon, lorsqu'elles avaient l'imprudence de passer trop près de ces redoutables remparts. Les protestants ne tardèrent pas à former le projet de réunir des forces considérables pour enlever cette position importante. En 1567, quand le prince de Condé eut de nouveau appelé ses corréligionnaires aux armes, ses lieutenants le comte de Bruniquel, les vicomtes de Paulin, de Montclar et de Caumont, joignirent leurs forces qui se montaient à plus de 7,000 hommes pour venir à bout de cette entreprise. Le dimanche, 18 octobre, ils se présentaient avec leur armée devant les remparts de Fronton. Comme la place paraissait résolue à une défense énergique, malgré la supériorité des assaillants et que ceux-ci n'avaient pas d'artillerie, ils envoyèrent requérir les paysans des environs, qu'ils employèrent à saper les murailles ; la brèche ayant été pratiquée de la sorte, les colonnes protestantes s'emparèrent de la place, firent main basse sur toute la garnison, détruisirent les murailles de la ville et du château qu'ils ne comptaient pas pouvoir conserver dans l'avenir et en abandonnèrent les ruines [1].

Malgré le désastre qu'il venait de subir et la perte de ses revenus dans la plus grande partie des seigneuries qu'il possédait, le Grand-Prieur, Pierre de Beaulac Tresbons, se mit à l'œuvre avec dévoûment et fit relever généreusement à ses frais les fortifications de Fronton. Cette entreprise eût été terminée promptement, si le Grand-Prieur eut trouvé quelque concours de la part de ses vassaux. Mais, malgré un arrêt du juge de Fronton, du 31 janvier 1568, qui condamnait les habitants « à réparer les murailles et *apparouts* dans l'espace de « six semaines, sous peine de 500 livres tournois d'amende, » ces derniers, non contents de ne pas contribuer aux frais considérables de cette réparation, se refusèrent même à creuser plus profondément les fossés, ce qui avait été reconnu indispensable par le capitaine de Fronton. Poussé à bout par ce

---

[1] Don Vaissette L. XXXIX.

mauvais vouloir, qui pouvait compromettre le sort de la ville Pierre de Beaulac demanda, « l'aide de Monseigneur le mareschal « de Dampville, lieutenant et gouverneur pour le roy ez provin- « ces et pays de Languedoc, Guyenne, Provence et Daulphinée. » Ce dernier écrivit au bas de la requête, l'ordre au capitaine Beubes de contraindre, au nom du Roi, les habitants de Fronton et des villes voisines à exécuter les réparations des murailles et le creusement des fossés (15 novembre 1569) [1]. Un second document nous montre l'huissier allant sommer les consuls de Pompignan, Castelnau-d'Estretefonds, Siurac, Saint-Rustice, Villaudric, Bouloc, Canals, Villeneuve, Vacquiès et Magnanac de fournir pour cet objet leurs contingents de travailleurs, « à peine d'estre dictz et déclaréz rebelles au roy [2]. »

L'urgence de ces réparations ne tarda pas à être justifiée par les évènements. Quatre ans plus tard, les protestants s'étaient emparés de Fignan, d'où ils répandaient leurs ravages dans toute la contrée. La Villedieu avait été prise, la tour d'Orgueil venait de tomber en leur pouvoir ; la place de Fronton se trouvait menacée d'un nouveau désastre que le baron de Fourquevaux, commandant des forces catholiques, prévint en y jetant une forte garnison sous les ordres du capitaine de Clairac (1573) [3].

Dans la seconde période des guerres religieuses qui ensanglantèrent le pays pendant la première partie du XVIIe siècle, si la ville de Fronton ne fut pas prise, ses dépendances eurent à subir plusieurs désastres, comme nous le verrons dans la suite, et la campagne voisine fut tellement ravagée que le Grand-Prieur se vit forcé de réduire les redevances dûes par ses vassaux. La paix définitive, signée en 1628, vint terminer l'histoire militaire de Fronton et de ses dépendances et la série tristement longue des malheurs que ces villes eurent à souffrir.

En poursuivant l'étude de ces sièges et de ces luttes extérieures, nous avons laissé de côté l'histoire des dissensions

[1] Arch. Fronton, L. VII.
[2] *Id.*
[3] Dom Vaissette, L. XXXIX.

intestines entre les chevaliers de Saint-Jean et leurs vassaux de Fronton, dissensions que cette période si agitée ne put même suspendre. Depuis l'érection de Fronton en Chambre Prieurale, les consuls de cette ville avaient profité de ce qu'ils n'étaient pas surveillés d'aussi près que par le passé, pour accroître insensiblement leurs prérogatives et usurper sur l'autorité de leurs seigneurs. C'est ainsi que les chevaliers leur ayant abandonné dans le principe la règlementation de la justice et la connaissance des causes judiciaires de peu d'importance, les magistrats municipaux s'étaient emparé petit à petit de l'exercice de la haute justice. Les Grands-Prieurs ne songèrent à réclamer contre cet empiètement que lorsqu'ils y furent forcés par les conséquences abusives de cette usurpation. Pour rétablir les droits, il fallut que le Grand-Prieur, Didier de Saint-Jal, adressât au sénéchal une réquête où il lui exposait « que dans la baronie de Fronton les Prieurs de « Toulouse possèdent un château-fort, qui leur sert de rési- « dence et qui est le chef-lieu de la baronie et des villes qui « en dépendent, que le droit de justice y a appartenu de tout « temps aux Hospitaliers ; puisque ce sont eux qui paient tous « les exécuteurs, bourreaux et leurs aides. » Il fait voir qu'à Fronton, comme dans tous les lieux où ils sont chargés de la justice, les consuls sont impuissants à réprimer les crimes, « pactisant quelquefois avec les malfaiteurs et procédant « presque toujours par commères ou compères. » Il cite à l'appui de son opinion plusieurs faits récents, entre autres l'évasion d'un détrousseur de grands chemins, grâce à la complicité des habitants et des consuls, qui, pour protéger sa fuite, se mirent à sonner la cloche d'alarme, « appelée le *To-casaint ou l'Ordre* » (1523) [1]. Si nous ne connaissons pas la sentence du sénéchal sur cette question, celle que le Parlement rendit en 1536 donna complètement gain de cause au Grand-Prieur [2]. Un autre arrêt rendu quelques années plus tard nous montre à quel point était arrivé l'esprit d'hostilité des habitants de Fronton contre les chevaliers. Ceux-ci,

[1] Arch, Fronton, L. III.
[2] Arch. Fronton, L VII

comme seigneurs de la ville, avaient droit d'y instituer les notaires. Dans les procès incessants que les habitants soutenaient contre les Grands-Prieurs, soit qu'il voulussent faire acte d'indépendance, soit qu'ils se défiassent de l'impartialité des tabellions, nommés par leurs adversaires, ils sortaient de la juridiction pour faire rédiger leurs actes à l'extérieur; les chevaliers obtinrent du Grand-Conseil un arrêt par lequel il était fait inhibition aux habitants de Fronton de passer leurs contrats devant d'autres notaires que ceux de la ville (1556) [1].

Quelques années après la paix de 1628, nous voyons Monseigneur de Monchal, archevêque de Toulouse, s'entremettre entre les Grands-Prieurs et les habitants de Fronton, qui continuaient leur lutte plusieurs fois séculaire au sujet des coutumes de la ville et négocier entre les deux parties une transaction qui reconnut la haute justice au Grand-Prieur et la police aux consuls, et accorda aux habitants la liberté de bâtir des moulins à vent, et des pigeonniers, excepté devant les fenêtres du château, d'avoir des viviers et des garennes (1644) [2]. Cette transaction est la dernière que nous fournissent les archives et termina cette longue lutte qui datait presque de l'origine de la commanderie.

Les luttes terribles, dont nous avons esquissé tout à l'heure le rapide tableau, ne laissèrent autour de ces villes que de tristes débris de leurs anciennes fortifications. La majestueuse citadelle de Fronton n'était elle-même à la fin des guerres religieuses qu'une ruine presque inhabitable. D'ailleurs la féodalité avait fini son temps; les châteaux-forts, demeures presque exclusives de la noblesse pendant le moyen-âge, avaient perdu leurs attraits pour leurs possesseurs; ils abandonnaient avec empressement, pour aller chercher dans les villes les douceurs de la civilisation et les charmes de la société, leurs vieilles tourelles, dernier vestige d'une puissance à jamais détruite. Aussi les Grands-Prieurs ne songèrent-ils pas à relever de ses ruines le vieux manoir, résidence

[1] Arch. Fronton, L. VII *bis*.
[2] *Id.*

affectionnée par leurs prédesseurs ; ils se mirent à restaurer à cette époque, comme nous l'avons vu ailleurs, leur hôtel Saint-Jean de Toulouse, presque complètement abandonné depuis tant de siècles. A Fronton, le temps acheva promptement l'œuvre dévastatrice des hommes et de ces fortifications il ne reste aujourd'hui qu'un vague souvenir.

§ 2. — *Saint-Pierre du Bousquet.* — *Castelnau-d'Estretefonds.*

Au mois de novembre 1170, Robert abbé de Saint-Michel de Gaillac, au nom du chapitre de ses religieux, donna à l'hôpital de Jérusalem, à Eschafred, précepteur de Fronton, l'église de Saint-Pierre du Bousquet avec tous ses droits et toutes ses dépendances. Il se réserva une redevance annuelle d'une livre d'encens qui serait apportée à l'abbaye, « le messager devant y trouver son dîner comme un des moines ; » par contre Eschafred s'engageait à donner l'hospitalité à l'abbé et à ses successeurs s'ils passaient jamais par Fronton ou le Bousquet [1].

Vers le milieu du siècle suivant, l'abbé de Saint-Sernin vint disputer au commandeur de Fronton la possession des dîmes de Saint-Pierre et, prétendant que cette paroisse n'était qu'une annexe de celle de Saint-George qui lui appartenait, fit enlever violemment en 1253, les récoltes des Hospitaliers. L'affaire remise à l'arbitrage de Pierre du Port, précepteur de Serres, de B. de Prinhac, hôtelier du chapitre Saint-Sernin et d'Arnaud d'Escalquens, se termina à l'avantage de l'ordre de Saint-Jean. (Juin 1257) [2].

Commencé par un achat de terres que fit le Prieur de Toulouse en 1183, l'établissement des Hospitaliers à Castelnau s'accrut par plusieurs donations qui lui furent faites dans le courant du XIIIe siècle. Quelques possessions données à l'Ordre du Temple par Béguine, fille de Béguin de Castelnau en 1245, vinrent dans la suite augmenter les possessions de l'hôpital dans cette petite ville.

[1] Pièces justificatives, n° LII.
[2] Arch. Bousquet, L. I

§ 3. — *Orgueil.* — *Reyniès.*

Une charte qui n'est pas datée, mais que les divers caractères font attribuer à la première partie du xii° siècle, nous apprend que Pierre-Raymond de Saint-Audard, donna au Saint-Sépulcre, à l'hôpital de Jérusalem, à ses seigneurs et à Bernard de Gaujag le fief d'Orgueil avec tous ses droits [1]. Ce parchemin porte avec la signature de Pierre-Raymond, celles de Bonne de Saint-Audard et d'Aymar de Saint-Léofari son neveu. A cette donation vint s'ajouter celle que fit à l'hôpital de Fronton le seigneur Sicard de Villemur de tous ses droits sur la chaussée d'Orgueil (1196) [2]. Dans le courant de ce siècle, les Hospitaliers firent élever sur leurs fiefs d'Orgueil une ville qui se peupla rapidement grâce à la proximité du Tarn, source de richesses pour ses habitants.

Le 8 mai 1268, le Grand-Prieur de Saint-Gille, Féraud de Baras, tenant dans les salles du manoir de Fronton son chapitre provincial, reçut une députation composée des consuls et des principaux habitants d'Orgueil, qui venaient lui demander de compléter la charte de commune octroyée à la ville lors de sa fondation. Le Grand-Prieur, après avoir reçu l'assentiment de l'assemblée, accéda à la requête des habitants d'Orgueil et leur concéda les mêmes coutumes dont jouissait la ville de Fronton depuis l'année 1248 [3]. Onze ans plus tard, le successeur de Féraud de Baras, Guillaume de Villaret, reçut également dans le château de Fronton une nouvelle députation des habitants d'Orgueil, et à leur demande, il dressa la règlementation de la forge banale qui venait d'être construite dans cette localité [4].

Une des principales sources de revenus pour la commanderie de Fronton, était la rivière du Tarn. A cette époque où les routes étaient peu nombreuses, peu sûres, et fort mal

[1] Pièces justificatives, n° LIII.
[2] Arch. Orgueil, L. I.
[3] *Id.*
[4] *Id.*

entretenues, le commerce se faisait surtout par eau ; dès lors les seigneurs possédant quelque place forte sur les bords d'une rivière bénéficiaient rapidement de cette situation. D'autre part, au moyen des moulins qu'ils y construisaient dès que leurs ressources leur permettaient d'en augmenter le nombre, les Hospitaliers se procuraient d'immenses revenus des habitants de toute la contrée avoisinante. En 1298 le sénéchal Eustache de Beaumarchais chargea Jean de Termes, « maître des œuvres de l'illustre seigneur, Roi de France, « dans la sénéchaussée de Toulouse et d'Albi. » (titre correspondant à celui de nos ingénieurs) d'aller faire une enquête sur le projet qu'avait le précepteur de Fronton de construire un moulin à Orgueil [1]. Les Hospitaliers obtinrent en 1332, de Guillaume de Villars, conseiller du Roi, et maître des eaux et forêts, l'autorisation d'établir un port en cet endroit et de jouir du droit de passage, « en s'obligeant à y entretenir « pour les piétons une nef et pour les charrettes un bac [2]. » Ce privilège dût être vu d'assez mauvais œil par les commerçants dont les bâteaux descendaient ou remontaient fréquemment la rivière et qui craignaient de voir gêner par là la circulation. C'est pourquoi le Grand-Prieur Aycard de Miramont fut obligé de requérir le sergent, délégué par le Roi pour sauvegarder les prérogatives de l'Ordre dans la contrée, à l'effet d'élever sur le port d'Orgueil, en signe de protection, « le panonceau royal avec les fleurs de lys » (1338) [3]. Dès lors les commerçants se contentèrent de veiller à ce que les Hospitaliers entretinssent le passage dans les conditions prescrites, de manière à ne pas entraver la navigation ; nous trouvons, par exemple, une vérification du niveau et du passage d'Orgueil faite en 1507 par le « syndic de la bourse commune « des marchands, fréquentant les rivières du Tarn et de la « Garonne » [4]. Les produits de la pêche de cette rivière poissonneuse étaient aussi un des revenus des Hospitaliers, qui

---

[1] Arch. Orgueil, L II bis.
[2] Id.
[3] Id.
[4] Arch. Orgueil. L III.

achetèrent au prix de 250 florins le monopole de la pêche, à la chaussée d'Orgueil, des lamproies et des clauses (*lampredas et colacos*) [1].

Les Hospitaliers venaient à peine de terminer leurs travaux de fortifications pour la ville de Fronton, que des soins analogues durent les occuper pour celle d'Orgueil. Vers la fin du xiv° siècle, le Commandeur, Arnaud de Ranulphe, adressa au sénéchal de Toulouse une requête, dans laquelle il lui représentait que cette localité, renfermant pourtant un assez grand nombre de feux, se trouvait par suite du manque absolu de fortifications exposée sans défense « à toutes les dévastations « des gendarmes qui y faisaient séjour dans leurs marches « militaires, » que ses habitants, réduits à la misère, après avoir inutilement tenté de ceindre leur ville de murailles, entreprise que leur pauvreté les avait empêché de conduire à bonne fin, se trouvaient dans l'impossibilité de payer, non seulement les redevances à leurs seigneurs, mais même les aides dûs au Roi. Un délégué du sénéchal se rendit sur les lieux, pour ouvrir une enquête à ce sujet. Les habitants interrogés ne répondirent qu'en montrant leur pays « naturelle- « ment agréable et fertile et maintenant désolé, dévasté, et « abandonné par un grand nombre de paysans. » Le sénéchal s'empressa d'accorder l'autorisation demandée et le Commandeur entra aussitôt en pourparlers avec les consuls d'Orgueil pour régler les conditions de ce travail. Il leur concéda dans l'intérieur de la ville et près de l'église l'emplacement, sur lequel ils construiraient le fort, qu'ils devaient entourer de murailles avec leurs hours, leur chemin de ronde et leurs fossés ; ils se chargeaient de la construction des murs et autres défenses autour du château des Hospitaliers. Les consuls devaient entretenir un certain nombre de sentinelles et de guetteurs, sous les ordres de capitaines, chargés par les Hospitaliers du commandement de la place. La proximité du Tarn augmentait la force de cette citadelle, dont les fossés pouvaient être inondés, nous voyons en effet la défense

[1] Arch Orgueil, L III

faite aux habitants d'y prendre des poissons. Ce fort devait être construit dans l'espace d'une année (mai 1399) ¹. Malgré leurs promesses, les consuls d'Orgueil, entravés sans doute par le peu de ressources dont ils pouvaient disposer, ne poussaient pas activement les travaux, puisque deux ans après, Raymond de Lescure, Grand-Prieur de Toulouse, délégua le chevalier Arnaud de Rivière, précepteur de Sarjac, pour les sommer de se conformer à l'accord de 1399 (8 mai 1401) ².

Bien peu de temps après sa fortification, cette petite ville vit s'ouvrir ses annales militaires. C'était en 1426, profitant d'une trêve, un de ces terribles capitaines de routiers, André de Ribes, qui, sous le nom de bâtard d'Armagnac, était un des plus redoutables soutiens du parti anglais dans le Midi, s'empara d'un grand nombre de villes dans la Gascogne, le Toulousain et l'Albigeois, et entre autres, de la place d'Orgueil qui ne tarda pas à être reprise par les milices françaises réunies en toute hâte pour arrêter cette insolente agression ³.

Mais ce fut surtout pendant les guerres religieuses que la place d'Orgueil eut à souffrir. Aussi exposée aux entreprises des protestants que Fronton et possédant moins de moyens de défense, elle vit plus d'une fois ses murs emportés d'assaut. Nous avons déjà dit plus haut comment elle fut prise par les troupes de Montauban en l'année 1573. Dans la deuxième période des luttes au commencement du xvii⁰ siècle, cette petite ville eut beaucoup à souffrir et son nom revient souvent dans les annales de cette époque. C'est qu'en effet, sa position sur le Tarn à proximité de Montauban devait rendre sa possession excessivement précieuse pour la garnison de cette ville. Aussi c'est vers Orgueil que se dirigent de préférence les sorties de cette dernière. En 1626 c'est le capitaine Montbrun qui met toute cette contrée à feu et à sang, et se rend maître de la ville ; nous voyons en effet, après la première pacification, les

---

¹ Arch. Orgueil, L. I.
² *Id.*
³ Dom Vaissette, liv. XXXIV.

consuls envoyer une députation au Grand-Prieur, « pour le
« supplier d'avoir pitié des misères qu'ils avaient souffertes
« pendant les derniers mouvements des rebelles de la ville de
« Montauban et autres lieux voysins, qui ont entièrement
« bruslé le bourg et village d'Orgueil et causé la mort et perte
« de plus de la moytié des habitants, » et de leur accorder en
conséquence, comme aux communautés de Fronton et de
Nohic, la remise des paiements en retard et la réduction à
160 livres par an des droits décimaux qui lui étaient dûs [1].
Après la reprise des hostilités, la ville d'Orgueil fut de
nouveau brûlée et saccagée par le terrible capitaine Saint-
Michel, gouverneur de Montauban [2].

Sur l'autre rive du Tarn presque vis-à-vis Orgueil, s'élevait
le petit village de Reyniès dont les Hospitaliers possédaient la
seigneurie spirituelle conjointement avec les évêques de Montauban qui partageaient avec eux les dîmes de cette paroisse.
Les archives ne nous fournissent aucun document important
à signaler pour cette dépendance de Fronton. Nous nous contenterons de noter un procès soutenu par les chevaliers de
Saint-Jean contre noble Gailhart de Grimoart, seigneur temporel de Reyniès qui voulait usurper quelques prérogatives de
l'hôpital (1338) [3], et un arrêt du Parlement condamnant les
habitants de cette localité à faire les charrois nécessaires pour
la construction de leur église qui avait sans doute été brûlée
lors du sac de la ville et du château en 1655 et que le Grand-
Prieur était en train de relever de ses ruines [4].

§ 4. — *Nohic.*

Deux ans avant la donation de Fronton à l'Ordre de Saint-
Jean, ce dernier avait déjà un établissement dans la contrée.
Le 22 octobre de l'année 1120, dame Bellissende et ses fils

[1] Arch. Orgueil, L. III.
[2] Dom Vaissette, livr. XLIII.
[3] Arch. Reyniès, L. I.
[4] Arch. Reyniès, L. I.

Pierre-Hugues, Geniès, Raymond de Montaigut et d'autres seigneurs voisins donnèrent, « avec l'assentiment d'Amélius, évêque de Toulouse, d'Arnaud-Raymond, prévôt du chapitre, « de Raymond-Guillaume archidiacre, ainsi que des autres « frères de l'église Saint-Etienne, » à l'hôpital de Jérusalem, à Gérard, hospitalier de Toulouse, l'église Saint-Saturnin de Nohic *(de Novigo)* avec ses dîmes et ses droits, ainsi que tout le fief pour en faire « une Salvetat de Dieu [1]. » A cette première donation vinrent dans la suite s'en ajouter de nouvelles ; parmi ces dernières nous citerons celles que firent en 1208, Wilhelm-Athon de Villemur et son fils Jourdain de la juridiction de Nohic, qui leur avait été cédée quelques temps auparavant par Wilhelm-Hunaut de Lantar; en 1210, Athon de Marquefave de la rente de 2 sols tols, que lui faisait l'hôpital pour le droit de captein de cette ville; et enfin, en 1270, le chevalier Garnier de Gavarin, des droits de queste et d'albergue que lui devaient les habitants de Nohic. Les Hospitaliers ayant ainsi acquis l'entière juridiction sur cette ville et son territoire, furent obligés à plusieurs reprises de la défendre contre les tentatives d'usurpation des consuls. Ainsi nous voyons en 1338 Aycard de Miramont, Grand-Prieur de Toulouse, obtenir la sauvegarde royale pour maintenir à l'hôpital son droit de justice haute, moyenne et basse sur le lieu de Nohic; et en 1345 son successeur, être déclaré par sentence du juge de Villelongue, seul seigneur justicier de Nohic malgré les prétentions des consuls [2]. Plus loin les archives nous montrent en 1524 les consuls « allant de porte en « porte, » pour convoquer les habitants à une assemblée générale dans le but de régler avec le Grand-Prieur cette question depuis si longtemps en litige. Après s'être fait reconnaître pour seul seigneur justicier, le chevalier, « de sa libérale « volonté, » concède aux consuls la règlementation et l'inspection de la police, le pouvoir « de placer des bornes ou bouzzols entre les champs contestés; » la faculté d'avoir sous leurs ordres et à leur solde, « un sergent, 4 *messiers* et 3 *estu-*

[1] Pièces justificat. n° LIV.
[2] Arch. Nohic, L. II.

maires pour expertiser les dommages commis dans les récoltes ; » la connaissance des petites causes civiles, « à la condition
« qu'ils procéderont sans apparat à la manière des prud'hom-
« mes » (1524) [1]. Malgré cet accord, il fallut que le Grand-
Conseil, saisi en dernier ressort de cette affaire, la terminât
définitivement par sa sentence de 14 juin 1563, qui confirma
les articles conclus précédemment entre les deux parties et
régla certains détails, qui avaient soulevé des difficultés :
« Si quelqu'un est pris prisonnier à Nohic, il sera conduit
« dans les prisons du chasteau de Fronton... Le Grand-Prieur
« peut recevoir ou faire recevoir le serment des consuls, et
« celuy, qui sera envoyé par lui pour recevoir ledict serment,
« doibt estre défrayé de son disné et repas par les dicts con-
« suls [2]. »

Cette localité qui n'était pas, comme ses voisines, protégée
par des fortifications et dont les habitants devaient se réfugier
dans Fronton ou dans Orgueil au moment du danger fut dévastée plusieurs fois pendant les guerres de religion. Mais,
grâce à la libéralité des Grands-Prieurs qui diminuèrent pendant ces temps de crise les redevances qu'ils avaient à leur
payer, grâce aussi à la fertilité de ce territoire, les habitants,
délivrés par la paix de 1638 de toute crainte pour l'avenir
eurent bientôt réparé les désastres subis pendant cette longue
période.

§ 5. — *Dieupentale.* — *Grisolles.*

Au mois de novembre de l'année 1151, Guillaume de Bruguières donnait le tiers de la dîme de l'église de Dieupentale,
« à Dieu, à la bienheureuse Marie, à l'honoré Saint-Jean, à
« l'hôpital de Jérusalem, à Eschafre, précepteur de Fron-
« ton [3]. » Les dépendances de la maison de Fronton s'augmentèrent encore, avant la fin du XIIe siècle, dans le voisi-

---

[1] Arch. Nohic, L. II.
[2] Arch. Nohic, L. II.
[3] Arch. Dieupentale, L. I

nage de Dieupentale par la donation que lui firent en 1181 d'une partie du territoire de Grisolles, W. de Castelnau, Od-Elie de Cavaldos et Jourdain de Caraman [1].

1° Liste des Commandeurs de Fronton.

1122. Bernard de Gaujag.	1269-1270. Raymond Prévost.
1151-1171. Eschafred.	1272-1285. Bertrand Vérag.
1178-1185. Pierre de Saint-Andre.	1295-1302. Marquis d'Escornebœuf.
1186-1189. Aymeric.	1303-1304. Raymond de Saint-Martin
1197. Arnaud de Franc.	1307-1310. Pierre de *Cabessiâ*.
1200-1230. Pierre de Corbarrieu.	1311-1324. Guillaume de Rotbald.
1230-1231. Arnaud de Boziac.	1328-1332. Guillaume de Chavanon.
1233-1235. Bernard.	1332-1333. Pierre Saurat de Mirepoix
1243-1244. Sanche de l'Épée.	1333-1334 Arnrud de Jor.
1248-1250. Bernard de Muret.	1368. Guiraud Salamon.
1251-1252. Bertrand d'Aure.	1399-1400. Armand de Radulphe.
1254-1265. Pierre du Port.	(En 1400, érection de Fronton en
1266-1268. Pierre de Cayrane.	chambre prieurale.)

2° Liste des Commandeurs du membre de Castelnau-d'Estretefonds.

1252. Jean Anglais.	1460. Bertrand de Pozols, prêtre.

3° Liste des Commandeurs du membre d'Orgueil.

1250. Dame Wuilhelme d'Alfar, commanderesse.

4° Liste des Commandeurs du membre de Nohic.

1515-1518. Jean Palisse.	1622. Marcelin de Mars-Liviers.
1519-1520. Jean Sicart, trésorier du Grand-Prieuré.	

5° Liste des Commandeurs du membre de Magnanac.

1458-1468. Bernard de Montlezun.	1530-1531. Claude du Gruel de la Bourelho.
1505-1515. Louis de Solier.	

[1] Arch. Grisolles, L. I.

6° Liste des Commandeurs du membre de Saint-Quirc.

1467. Arnaud de Gorrin, prêtre || 1526. Michel Assam.
1486. Bernard de Montlezun. ||

7° Liste des Commandeurs du membre de St-Remy.

1510-1526. Louis de Solier. || 1531. Jean de Lescure-Fontanas.

8° Liste des Commandeurs du membre de Belvèze.

1519. Pierre Verlhac.

9° Liste des Commandeurs du membre de Dieupentale.

5110-1511. Louis de Solier.

CHAPITRE IV

Commanderie de Verlhaguet.

L'acte le plus ancien que nous fournissent les archives de cette commanderie, est la charte de la donation faite par Guillaume de Poitiers, comte de Toulouse. au seigneur Raymond Géraud du dîmaire de l'Eglise Saint-Jean de Verlhac [1]. Ce dernier est sans doute ce Raymond Géraud, que l'abbé Salvan, dans son histoire de l'Eglise de Toulouse, nous montre entrant en 1130 dans l'abbaye de Saint-Théodard et distribuant, soit à ce monastère, soit à d'autres maisons religieuses des environs, les terres et les seigneuries qu'il possédait dans la contrée. Selon toute probabilité, l'hôpital de Jérusalem eût sa part dans les largesses du pieux seigneur et reçut le dîmaire de Verlhac. Mais de même que l'acte de donation, les documents relatifs à la première partie de l'existence de cet hôpital font complètement défaut dans ses archives. Nous sommes donc forcés de ne faire remonter cette étude qu'à la seconde moitié du XIIIe siècle.

Nous trouvons à cette époque la commanderie existant déjà d'une vie propre, malgré le voisinage des importants établissements que l'Ordre de Saint-Jean possédait dans les environs. A une petite distance de Verlhac, sur l'autre rive du Tarn, existait une seconde ville portant le même nom. Cette coïncidence engagea dans la suite à adopter pour désigner la commanderie le diminutif de *Verlhaguet*. Mais, comme cette modification n'eut lieu que vers le courant du XVIIe siècle, on est exposé à commettre plus d'une confusion dans l'histoire de

---

[1] Arch. Verlhaguet. L. I.

ces deux localités voisines. Dès le premier pas, nous nous heurtons à une difficulté de ce genre. Dom Vaissette nous apprend en effet que Verlhac, fut une des nombreuses bastides qu'éleva Alphonse, comte de Toulouse et de Poitiers pendant son administration dans nos provinces. Mais de laquelle de ces deux villes de Verlhac s'agit-il ici? J'incline à croire que c'est de celle dont nous nous occupons et que les Hospitaliers profitèrent de la bonne volonté du comte pour conclure un paréage avec lui et obtenir son aide pour la construction de la bastide. Nous voyons en effet, quelque temps après, les consuls de Montauban réclamer l'exercice de la haute justice à Verlhac qu'ils prétendaient leur appartenir au nom du Roi et dont ils auraient été frustrés par les Hospitaliers. Ce fut devant les commissaires délégués par le Roi, dans ses pays de Languedoc que l'affaire fut portée en 1298. La sentence condamna le précepteur à abandonner à ses compétiteurs les droits contestés [1]. Mais le chevalier ne se tint pas pour battu et adressa son appel à la cour du sénéchal de Toulouse (1299) [2]. La victoire finit par demeurer aux Hospitaliers; car nous voyons le sergent royal, gardien des privilèges de l'Ordre dans la contrée et exécuteur de la sauvegarde du Roi Philippe V, confirmer solennellement, le 22 août 1338, le Grand-Prieur de Toulouse en la possession de la justice de Verlhac [3].

Nous lisons dans l'histoire du Languedoc, qu'en l'année 1420 les environs de Montauban furent dévastés par André de Ribes, terrible capitaine de routiers au service de l'Angleterre [4]. Verlhac dût partager le sort des villes qui l'entouraient. Nous la trouvons en effet à cette époque incendiée et presque entièrement détruite. Deux ans après, quand les habitants eurent commencé à relever les débris noircis de leurs anciennes maisons, leur premier soin fut de supplier leur commandeur « messire Guilhem Calvat, prêtre et bachelier-« èz-lois, » de faire réparer au plustôt l'enceinte de la ville,

[1] Arch. Verlhaguet, L. I. *ter.*
[2] *Id.*
[3] Arch. Verlhaguet. L. I.
[4] Dom Vaissette, livr. XXXIV.

« de manière à mettre leurs personnes, leurs bestiaux et leurs
« mobiliers » à l'abri des désastres de la guerre. Le commandeur s'empressa d'accéder à ces vœux, dont l'urgence
n'était que trop justifiée par les évènements, et d'entreprendre
cette œuvre qui l'intéressait au même titre que ses vassaux.
Nous le voyons en effet conclure avec un maître charpentier
de Grisolles un traité, par lequel ce dernier s'engageait à
élever autour de la ville, des parrois hauts de 3 brassées hors
œuvre et ayant une épaisseur de 9 pans à la base et de 6 au
sommet, et à garnir les chemins de rondes de hours en charpente. L'Hospitalier, en sa qualité de prêtre, n'étant pas très
expert en matière de fortifications, confiait à noble Pierre
d'Auberard, seigneur de Favas, la surveillance des travaux ;
il promettait à l'entrepreneur de lui fournir tous les bois
nécessaires qu'il devait faire transporter aux pieds des
murailles « et de lui payer 68 escuz d'or de bon poids, du
« coing de France, (chaque escu valant 3 deniers d'or), quatre
« setiers de *mussolle* à la mesure de Montauban et une pipe
« de bon vin. » (22 septembre 1428) [1].

A la fin du xve siècle, Verlhaguet fut réuni à la Villedieu,
lors de l'érection de cette commanderie en chambre prieurale.
Quand la Villedieu redevint une simple commanderie, en 1570,
Verlhaguet en fut distrait pour être adjoint à Fronton, et fit
partie de cet apanage des Grands-Prieurs jusqu'à la fin du
xviiie siècle.

A peine en possession de cette petite ville, les Grands-Prieurs furent obligés d'entrer en lutte avec leurs vassaux
pour le maintien de leurs prérogatives. Le droit de justice
qui avait été jadis l'objet des prétentions des consuls de Montauban, comme nous l'avons vu plus haut, fut disputé vivement aux Hospitaliers par ceux de Verlhaguet vers le commencement du xvie siècle. Ils se mirent même à ce propos en
révolte ouverte contre leurs seigneurs. Le juge de Fronton
avait ordonné l'arrestation d'un habitant de Verlhaguet, et
les archers du Grand-Prieur s'étaient rendus pour l'exécution

---

[1] Arch. Verlhaguet, L. I.

de ce mandat. Les consuls de Verlhaguet soulevèrent le peuple, s'emparèrent des portes, qu'ils fermèrent pour s'opposer à ce que leur concitoyen fût emmené dans les prisons du Grand-Prieur. Mais la punition de cet acte insurrectionnel ne se fit pas attendre. Un des consuls, le principal instigateur de la sédition, fut arrêté par ordre du Grand-Prieur, et retenu soixante jours dans les prisons du château de la Villedieu (1521) [1]. Les habitants voyant qu'ils n'étaient pas assez forts pour soutenir la lutte par les armes et que les moyens violents n'avançaient pas leurs affaires, prirent le parti de faire consacrer légalement leurs prétentions. Mais cette voie juridique ne leur réussit pas d'avantage ; car, après de longues procédures sur ce sujet, le Parlement de Toulouse rendit en 1554, un arrêt qui reconnaissait définitivement la justice de Verlhaguet aux chevaliers de Saint-Jean [2]. Les habitants durent se résigner et renoncer à leurs prétentions ; aucune tentative de leur part ne vint plus troubler les Grands-Prieurs dans l'exercice de leurs droits.

Verlhaguet était situé trop près de Montauban, pour échapper aux désastres qu'eût à subir toute cette région pendant la période des guerres religieuses. Quoiqu'on ne trouve pas cette place mentionnée dans les annales de l'époque, il est probable qu'elle fut prise et saccagée par les bandes huguenotes qui, en 1628, sous les ordres du capitaine Saint-Michel, promenèrent dans tous les environs le fer et le feu. Nous voyons en effet, immédiatement après la pacification de 1629, le Grand-Prieur s'occuper à faire reconstruire l'église de Verlhaguet et obtenir une sentence du parlement qui condamnait ses vassaux à fournir les charrois et les manœuvres (1633) [3].

Pendant les dernières années de l'existence de l'Ordre, Verlhaguet, détaché de la chambre Prieurale de Fronton, fut érigé de nouveau en commanderie (vers 1780). Cette dernière et courte période de son existence, ne nous offre du reste aucun fait saillant à noter.

[1] Arch. Verlhaguet, L. I
[2] *Id.*
[3] *Id.*

Liste des Commandeurs de Verlhaguet.

1re période,

- 1257-1258. Roger de Noé.
- 1294. Bernard de Maurin.
- 1298. Bernard de Villar.
- 1299 Guillaume-Jourdain de Lissac
- 1302-1304. Rostang de Cayrac.
- 1311. Guillaume de Rotbald.
- 1398. Prince Calvat.
- 1426, Guy Calvat.
- 1423. Guilhem Calvat, prêtre.
- 1459-1484 Pons de Maleville. Grand-Commandeur.
- 1485-1483. Antoine de Maleville.

(En 1500, réunion à la Villedieu ; en 1570, à Fronton. En 1780, érection en Commanderie.)

2e période.

- 1780-1789. N. de Léaumont

CHAPITRE XVI

Commanderie de la Villedieu

MEMBRES : LA BASTIDE-DU-TEMPLE, CASTELSARRASIN, VENTILLAC, VILLENEUVE.

§. 1. — *La Villedieu.*

A l'extrémité occidentale du comté de Toulouse se trouvait une petite localité, qui de nos jours encore attire forcément l'attention par son aspect de vétusté vénérable : c'est la *Villedieu*. Son nom seul nous dit une partie de l'histoire de sa fondation. Les Ordres religieux, à qui un si grand nombre de villes doivent l'existence, leur imposaient, en général, un nom qui pût rappeler leur origine monastique. Les exemples de cette coutume, à peu près générale, abondent dans nos contrées. Nous pouvons donc attribuer aux Templiers l'origine de cette ville dont ils durent jeter les fondements sur un fief important dû à la libéralité de quelque puissant seigneur.

Mais là se borne tout ce que nous avons pu découvrir à cet égard. Dans le sac de la Villedieu, pendant les guerres de religion, périrent les archives de cette commanderie et celles de la plupart de ses membres. C'est à l'aide de quelques épaves sauvées de ce désastre que nous allons tâcher de reconstituer l'histoire de ce célèbre établissement du Temple.

Au commencement du xiiie siècle nous trouvons la commanderie de la Villedieu établie et jouissant déjà d'une grande prospérité, et le chevalier chargé de l'administrer, résidant dans le vieux donjon qui avait dû servir de noyau à la ville. C'est dans cette imposante demeure féodale, comme nous l'avons vu dans l'histoire du Temple de Toulouse, que les maîtres de la Province transportèrent leur résidence, vers l'année 1220. Cette translation dût avoir pour effet immédiat, un accroissement notable des domaines du Temple de la Villedieu, en provoquant, en sa faveur, des donations plus étendues. Signalons, parmi celles dont les actes sont parvenus jusqu'à nous, celle de Bertrand de Milhars, qui se donna à l'Ordre avec toutes ses possessions (1215) [1] ; celle de Martin de Bordes qui abandonna au maître de la Province Toulousaine tous ses droits sur le dîmaire de *Saint-Jean de Bordes* et sur celui des *Moriers* (1231) [2]. Nous voyons, quelques années plus tard, Pons Arnaud de Noé, chanoine de Saint-Etienne. affranchir le maître du Temple de la Villedieu de toutes les redevances qu'il était obligé de lui payer (1238) [3].

Cette place, située au centre du riche bassin de la Garonne, à cheval sur la principale route du Midi, devait jouer un rôle important dans toutes les guerres qui ensanglantèrent si souvent le pays pendant le Moyen-Age. Son nom se rencontre souvent sous la plume des annalistes de la guerre des Albigeois. Dans le cloître de la Villedieu, le frère de Raymond VI, Beaudoin, fut enseveli par les Templiers, sous une simple dalle, en 1214. Nous voyons encore dans une salle de ce Temple, en 1248, Amaury de Montfort, occupé à conclure un traité avec Raymond, abbé de Moissac, en présence de Guillaume de la Roque, maître de Toulouse, et de Pierre de Bart, commandeur de la Villedieu [4].

Quelques années plus tard, Raymond VII avait à défendre ses états, non plus contre l'armée des croisés, mais contre cinquante mille hommes de troupes françaises. Au printemps de l'année 1228, ces derniers étaient encore dans leurs cantonnements, et leur chef, Humbert de Beaujeu, était absent,

[1] Arch. Villedieu, L. I.
[2] *Id.*
[3] *Id.*
[4] Dom Vaissette, liv. XXV.

lorsque Raymond de Toulouse, recommençant à l'improviste les hostilités, s'empara de Castelsarrazin et força la garnison à se réfugier dans la citadelle, dont il entreprit le siège, après avoir couvert ses derrières par un formidable camp retranché. A la nouvelle de cet échec, le sire de Beaujeu accourut à la tête de son armée, en faisant appel à tous les seigneurs du pays, favorables à sa cause. Aussitôt le belliqueux évêque de Toulouse revêtit son armure de croisé, et avec ses troupes marcha en hâte au secours de l'armée royale. La Villedieu fut la position désignée à l'évêque Foulques; mais les habitants, partisans déclarés du comte de Toulouse, lui en refusèrent l'entrée. Heureusement pour lui, le château de la Villedieu, qui servait de citadelle à la place, était sous les ordres du commaudeur Guy de Bruciac, « homme pieux et prudent, » dit Guillaume de Puylaurens ; ce dernier s'empressa d'ouvrir la poterne qui donnait sur la campagne au prélat et à ses soldats, et de leur fournir les vivres qui leur manquaient. Les habitants de la Villedieu virent avec rage leur ennemi établi paisiblement dans leur enceinte; plusieurs d'entre eux formèrent le complot de le livrer, lui et sa troupe, au comte de Toulouse. Les conjurés se croyaient sûrs du succès, lorsqu'ils furent trahis par le bailli du commandeur. Les coupables, saisis, convaincus et condamnés, allaient expier leur tentative, mais l'évêque, avec une mansuétude bien digne d'un pasteur des âmes, obtint leur grâce et les renvoya chez eux [1].

Après la suppression de la Province Toulousaine du Temple, qui eut lieu vers 1250, la Villedieu reprit son rôle de simple commanderie, tout en servant de résidence préférée aux maîtres de Provence, quand ils se rendaient dans la contrée. Le calme de son existence ne fut troublé que par quelques difficultés que lui suscita le voisinage de la riche abbaye de Moissac. En 1277, la lutte était engagée entre le *redobtable Payre en Diù*, l'abbé Bertrand et le *religieux baron*, Roscelin de Foz, maître du Temple, en Provence, au sujet des dîmes

---

[1] Chron. de G. de Puylaurens.

de *Mausac*, *Gandalou* et *Layraguet*; le 21 juillet de cette année, les deux rivaux remirent l'affaire à l'arbitrage de frère G. Pierre, camérier du *Mostier* de Moyssac, et de Pierre de Lascazes, commandeur de la Villedieu [1]. Malgré cette tentative de conciliation, les Templiers purent léguer ces querelles, avec le reste de leur héritage, à leurs successeurs les Hospitaliers, comme nous le verrons dans la suite.

Parmi les documents, dont la perte nous semble surtout regrettable, se trouve la charte des privilèges octroyée en 1274 par les Templiers aux habitants de la Villedieu. Son existence est mentionnée dans les pièces d'un procès du xvie siècle. Quelques citations qui en sont faites prouvent que cette *communauté* était administrée par deux consuls, qui avaient dans leurs attributions la police, l'édilité et la connaissance des causes civiles de peu d'importance, les autres étant réservées au tribunal de la commanderie.

Les Hospitaliers, après avoir pris possession de cette importante circonscription de l'Ordre du Temple, formèrent de la Villedieu et de la Bastide, deux commanderies distinctes qui furent de nouveau réunies vers la fin du xve siècle. Nous les voyons immédiatement poursuivre les discussions de leurs devanciers avec les religieux de Moissac. Le 4 juin de l'année 1316, le cloître de la Villedieu réunissait Augier de Durfort, « par la miséricorde divine, abbé de Moissac, » et Guillaume de Rotbald, chevalier de Saint-Jean, précepteur de Fronton, de la Villedieu et lieutenant du Grand-Maître, dans la ville et diocèse de Toulouse; ces deux parties signèrent dans cette conférence un arrangement à l'amiable au sujet des dîmes contestées depuis tant d'années; ce qui n'empêcha pas ces mêmes discussions de se renouveler pendant le siècle suivant entre le Précepteur Pons de Maleville, et l'abbé Antoine de Caraman, et plus tard entre leurs successeurs, Bernard de Montlezun et Pierre de Caraman. Ils purent cependant les régler d'une manière définitive par un accord signé en 1487 [2].

[1] Arch. Villedieu, L. supplément
[2] Arch. La Bastide, L. IV.

Un des commandeurs de la Villedieu, Jean de Levezou, eut l'honneur d'être désigné pour commander la troupe des chevaliers de son Ordre, qui faisait partie de l'armée française dans la désastreuse campagne de 1346. Il combattit vaillamment à la journée de Crécy et périt avec la plus grande partie des siens dans cet immense hécatombe de la noblesse du royaume [1].

Vers l'année 1500, la commanderie de la Villedieu fut supprimée et réunie à celle de Castelsarrasin, qui fut érigée en chambre Prieurale. Mais en 1570, cette circonscription fut distraite de nouveau de l'apanage des Grands Prieurs et redevint une simple commanderie, dont le siège fut transporté, tantôt à la Villedieu, et tantôt à Castelsarrasin, et qui, en raison de son importance, était l'une des plus recherchées du Prieuré. Du reste, à cette époque, son entretien devait absorber la plus grande partie de ses ressources ; c'était la période des guerres religieuses, période terrible pour toute la France et pour ces contrées en particulier. Chaque petite place forte fut successivement prise et reprise par les catholiques, les gens du roi et les bandes protestantes de Montauban ; chaque fois le pillage et la destruction venaient venger les vainqueurs de la résistance qu'ils avaient éprouvée. Pour épargner leurs vassaux, ou plutôt pour assurer la défense de la Villedieu, les commandeurs en retirèrent la garde aux archers bourgeois et la confièrent à une garnison plus sérieuse. Nous trouvons, en effet, une ordonnance du sénéchal de Toulouse, à l'effet de faire payer 516 francs comme « solde mensuelle de la gar-
« nison de la Villedieu, entretenue par le commandeur
« Hugues de Loubens-Verdalle, pour tenir ce chasteau en
« l'obeyssance du Roy. » Cette somme devait être prélevée sur les habitants de la Villedieu, la Bastide, Ventillac et Villeneuve (22 décembre 1572) [2].

Cette garnison, fort peu nombreuse du reste (elle ne se composait que de six hommes), n'empêcha pas, dans le courant de l'année suivante, les religionnaires de Montauban

[1] Noberat, *Histoire des Grands-Maîtres*.
[2] Arch. Castelsarrasin, L. VIII.

de s'emparer de la Villedieu, qui fut reprise bientôt après par les catholiques [1]. Elle était sous les ordres de Mathurin de Lescur-Romegas, quand elle fut assiégée de nouveau par le roi de Navarre, qui fut obligé de lever le siège devant la défense acharnée de cette place. Toute cette succession de sièges, de pillages et de dévastations avait réduit la population à un état de misère déplorable. Aussi, quand le commandeur voulut, après la levée du siège, contraindre ses vassaux à remplacer pour la garde de leurs remparts les mercenaires qu'il congédiait, éprouva-t-il de la part des consuls de la Villedieu un refus formel. Il fallut porter l'affaire devant la cour du Parlement de Toulouse. Ecoutons la peinture que les consuls font des maux qui accablaient leurs concitoyens :
« La plus grande partie des habitants qui ont quelques
« moyens se voient privés de pouvoir se garantir des mains
« de nos ennemys et rebelles eulx et leurs biens dans le dict
« chasteau, pour estre si petit qu'à peine les rentiers du dict
« de Lescur, commandeur, et ses serviteurs y peuvent
« demeurer et s'accommoder, et ont été constraincts de se
« retirer au Chasteau-Sarrasin, Saint-Porquier et aultres
« villes catholiques circonvoisines, n'estant demouré au dict
« chasteau de la Villedieu que cinq ou six de ceux qui ont de
« quoy, lesquels ont fortifié leurs maisons estans près du dict
« chasteau, gardant les quelles ils gardoyent par le mesme
« moyen icelluy ; et, pour regard des aultres habitants, ils
« sont si pouvres qu'ils vont gaigner ou mandier leur vye, où
« ils trouvent, de jour à la journée ; et que pis est, ils ne
« sont en tout, pauvres et riches, que trente-cinq ou quarante ;
« aulcuns desquels encores et le plus grand nombre sont
« inutiles à porter les armes et ne scavent que c'est que faire
« garde. » Ils ajoutent que le commandeur peut bien, avec les revenus de la Villedieu, faire garder la ville et le château. Le chevalier prétend de son côté que le tableau présenté par les consuls, du misérable état de la ville, a été chargé par eux pour les besoins de leur cause ; il fait ressortir l'impor-

---

[1] Dom Vaissette, liv. XXXIX.

tance de la place, « pour estre environnée de plusieurs villes
« rebelles, » importance affirmée par une déclaration des
consuls de Castelsarrasin, attestant que de sa conservation
dépend celle de tous les lieux voisins ; il ajoute que « d'après
« le rôle récemment exécuté, la Villedieu comptait 160 habi-
« tants et que le chasteau pourroit en contenir deux fois
« autant » ; et il termine en lançant à ses adversaires l'accusation de favoriser en secret les hérétiques. La cour remit
son jugement à plustard et ordonna provisoirement aux habitants de fournir deux hommes pendant le jour et six pendant
la nuit pour la garde du château (13 décembre 1588) [1].

En 1628, pour se venger des ravages que le duc d'Epernon,
à la tête de l'armée royale, avait faits dans les environs de
Montauban, le gouverneur de cette ville, Saint-Michel, l'un
des plus habiles et des plus entreprenants lieutenants du duc
de Rohan, reprit l'offensive, saccagea toutes les villes catholiques de la contrée, dans la nuit du 21 au 22 septembre, et
vint mettre le siège devant la Villedieu ; après l'avoir cano-
née vigoureusement pendant tout un jour et avoir tenté un
assaut victorieusement repoussé par le chevalier de Tourette
et sa garnison, il renouvela l'attaque et obligea les assiégés
à se rendre. Contre la foi de la capitulation qui leur promettait la vie sauve, Saint-Michel les fit tous passer au fil de
l'épée, trahison dont le duc de Rohan se garde bien de parler
dans ses mémoires ; après quoi il laissa ses soldats livrer la
ville conquise à la flamme et au pillage [2]. L'œuvre de dévastation fut complète et acheva de faire disparaître ce qui avait
été épargné dans les précédents désastres ; nous pouvons
nous en rendre compte par l'extrait suivant du procès-verbal
de la visite de la commanderie en 1635 :

« L'Eglize ayant esté bruslée et desmolie, ensemble un
« grant et hault clocher.., Tout joignant la dicte Esglize, est
« le chasteau de la commanderie qui estoit très beau et
« grant, n'y ayant rien que les murailles, le reste ayant esté
« bruslé lorsque l'Esglize fust bruslée par les Huguenaults »

[1] Arch. Villedieu, L II
[2] Dom Vaissette, liv. XLIII

La seule partie qui restait debout au milieu de ces ruines était la grosse tour carrée que le commandeur possédait « au « sortir de la Villedieu, du costé de Montauban, au dessoubs « de laquelle est la porte et yssuir du dict lieu; icelle tour « bastie à deux estages et à laquelle on monte par une échelle « à bras [1]. »

La commanderie de la Villedieu était possédée à cette époque par le chevalier Claude d'Urre Ventarol, Grand-Prieur de Saint-Gille, qui essaya de réparer tous ces désastres. Mais il dut se borner à reconstruire l'église et laissant le temps compléter, pour le reste, l'œuvre de destruction commencée par les protestants.

Les nombreuses dépendances de la Villedieu, par suite de l'érection de la commanderie de Verlhaguet et de l'adjonction des membres de Flamarens, de Labarthe et d'Albefeuille à Garidech, s'étaient réduites à Castelsarrasin, la Bastide du Temple, Ventillac et Villeneuve.

§ 2. — *Castelsarrasin*.

Le plus ancien document que nous fournissent les archives de cette commanderie se rapporte à la fin du XIIIe siècle. De sorte que nous ne pouvons rien savoir sur la date de sa fondation ni sur le nom du donateur.

Au XIIIe siècle les Hospitaliers possédaient dans cette ville la seigneurie spirituelle et le dîmaire de l'église Saint-Jean, ainsi que plusieurs fiefs situés dans les environs. Le 2 mai 1213 Bertrand de Saint-André y ajouta tout ses droits sur le dîmaire de l'église Sainte-Marie-d'Alem, petit oratoire de dévotion situé dans la campagne voisine [2]. L'année 1282 trouva les Hospitaliers de Castelsarrasin occupés à maintenir leurs droits contre des prétentions rivales. Quelque importante donation venait d'être faite aux religieux du Mont-

---

[1] Arch. Castelsarrasin, L. II.
[2] Arch. Castelsarrasin, Inventaire

Carmel; ceux-ci se disposaient à venir s'établir sur leur nouveau fief, situé dans le dîmaire de l'Hôpital, et à y jeter les fondements de leur monastère. Mais une telle entreprise était contraire aux privilèges de l'Ordre et le commandeur s'opposa formellement à l'érection de la chapelle conventuelle sur un territoire dont il était le seigneur spirituel. Il fallut que frère Pierre d'Amol, Prieur des Carmes de Castelsarrasin, agissant au nom de frère Laurens, Provincial des Maisons du Mont-Carmel en Aquitaine, entrât en pourparlers avec le précepteur Bernard Pierre, qui consentit enfin à un accomodement. Il fut convenu que les Carmes pourraient construire une église, un oratoire, des maisons, un cloître, avoir un jardin, un verger dans un endroit quelconque de la paroisse de l'Hôpital, pourvu que ce fût hors des murs et des barrières de Castelsarrasin; il leur était permis de donner dans leur cimetière la sépulture à ceux qui en exprimeraient le désir, en respectant toutefois les droits de l'église paroissiale; ils pouvaient enfin avoir trois cloches dans leur établissement, au réfectoire, à la salle capitulaire, d'après l'usage de leur Ordre, et enfin à l'église; en compensation de ces faveurs, les Carmes s'engageaient à payer au commandeur une rente de 60 sols tournois, 20 à la Toussaint, 20 à la Noël et 20 à Pâques (juin 1282)[1].

Malgré cet accord, la paix ne subsista pas longtemps entre les deux couvents rivaux; dans les premières années du siècle suivant, nous retrouvons la guerre allumée, les adversaires abandonnant les voies légales et cherchant à faire triompher leurs prétentions par la violence. Nous voyons, en effet, Pierre Pictavi, juge de Villelongue, chargé de faire une enquête « sur les excès commis par Bernard de Saint-Maurice, chevalier de Saint-Jean, précepteur de Castel- « sarrasin, et ses complices, contre les frères du Mont- « Carmel de cette ville. » Au mois de juillet de l'année 1313, comparurent devant lui les accusés, qui, se retranchant derrière leur qualité de religieux, refusèrent de reconnaître la compétence du tribunal laïque et se réclamèrent de la

[1] Arch. Castelsarrasin, L. 1.

juridiction épiscopale. Tel ne fut pas l'avis du juge, qui leur répondit que « le fait de port d'armes et d'excès commis dans « l'église de Sainte-Marie du Mont-Carmel les rendant « passibles de peines corporelles, ils étaient justiciables de « la cour du sénéchal de Toulouse[1]. » Les archives n'ont pas livré à nos investigations la suite et le dénouement de cette affaire, qui auraient pu offrir de l'intérêt pour l'étude de la législation de cette époque.

Là ne s'arrête pas la série des luttes qu'eurent à soutenir les commandeurs de Castelsarrasin. Dans la seconde moitié du xiv° siècle, c'est contre un chevalier de Saint-Jean, Bernard del Tor, précepteur du Temple d'Agen, que celui de Castelsarrasin avait à se défendre par les armes. Il s'agissait du membre de Golfech, ayant jadis appartenu aux Templiers et réuni à Castelsarrasin ; le premier occupa par les armes cette ville, qui fut adjugée à son adversaire par le Grand-Maître, ainsi que nous le verrons plus en détail dans l'étude de cette Commanderie.

L'église de Saint-Jean, située près des remparts, fut reconstruite vers le milieu du xiv° siècle, si l'on peut en juger par le style de son architecture. C'est ce que vient confirmer l'inscription sur sa façade de la date 1560 et du nom du Grand-Prieur, P. de Tresbons.

Nous avons vu plus haut que les Hospitaliers de Castelsarrasin possédaient la petite chapelle de Notre-Dame du Halem, située tout près de la ville. Deux documents relatifs à cette dépendance de la Commanderie nous ont paru présenter quelque intérêt ; dans le premier, nous voyons les Hospitaliers céder à une certaine *Jehanne de Amatoria* un petit ermitage situé près de la chapelle, « avec pouvoir de le « transmettre à sa mort à telle recluse qu'elle voudra (24 juillet 1386) ; dans le second, nous voyons que cet ermitage, étant devenu vacant, fut donné « à frère Jehan « Mcrault, religieux de l'Ordre de Saint-François, natif de la « province de Hainaut » (1654) [2].

[1] Arch. Castelsarrasin, L. J.
[2] Arch Castelsarrasin, L. IV.

Au commencement du xvi⁰ siècle, la commanderie de Castelsarrasin augmentée de celles de la Villedieu et de la Bastide devint chambre prieurale, et reprit son premier état en 1570. Le chef-lieu de la commanderie, qui avait d'abord été établi à Castelsarrasin, le fut dans la suite à la Villedieu.

§ 3. — *La Bastide du Temple.*

Au nord du territoire de la Villedieu, sur la rive gauche du Tarn, les Templiers possédaient encore de vastes fiefs pour lesquels les archives sont également muettes. C'est là qu'à une époque antérieure à la moitié du xiii⁰ siècle, mais que nous ne pouvons préciser d'avantage faute de documents, les chevaliers du Temple, pour faciliter l'exploitation de leurs terres et augmenter le nombre de leurs vassaux, fondèrent une ville qui prit le nom de la Bastide du Temple. Il paraît qu'ils menèrent à terme cette entreprise sans avoir recours à aucune coopération étrangère; car nous les trouvons toujours jouissant de la juridiction entière de cette petite ville, ce qui n'eut pas existé, si un traité de paréage avait été conclu. Seulement, pour assurer plus d'avenir à leur nouvelle fondation, les Templiers obtinrent la faveur de la placer sous la sauvegarde royale, faveur, qui procurait aux habitants une sécurité fort recherchée, quoique asssez relative, dans ces temps de troubles et de luttes continuelles et qu'ils devaient payer au moyen de certains impôts destinés à l'entretien de l'armée; c'est ce que nous apprend le serment prêté par les consuls de la Bastide du Temple au représentant du Roi, lors de la réunion du comté de Toulouse à la couronne de France. En voici la traduction :

« Sachent tous que les consuls de la Bastide du Temple, du
« diocèse de Toulouse et de la baillie de Castelsarrasin, ont
« juré fidélité au roi de France, reconnaissant que ladite
« Bastide du Temple est sous la garde du seigneur Roi et que
« la communauté de ce lieu doit au seigneur roi l'impôt pour

« l'armée, ainsi que les autres villes de la contrée. Fait
« à Castelsrrrasin, le 8 des Ides de Novembre de l'année
« susdite [1]. »

Nous devons nous contenter de ces indications assez vagues, car les archives de la Bastide, réunies à celle de la Villedieu, durent être enveloppées dans le même désastre. Il n'en reste en effet qu'un seul document, dernier vertige de la domination des Templiers dans cette ville, dont ils avaient été les fondateurs. C'est la charte de coutumes concédée aux habitants en l'année 1260.

Le 3 mai de cette année, Roscelin de Foz, Maître du Temple en Provence, tenait suivant, l'usage, son chapitre provincial dans la maison de Saint-Gille, sa résidence habituelle, lorsque devant cette nombreuse assemblée de chevaliers et de chapelains, se présenta une députation des notables de la communauté de la Bastide : ces délégués venaient de faire cette longue route pour demander à leurs seigneurs de leur accorder des privilèges, franchises et communes, ou plutôt de confirmer par une charte solennelle et sans doute aussi d'augmenter les libertés dont ils jouissaient depuis la fondation de la ville. Le Maître, après avoir pris l'avis du chapitre, dans lequel nous voyons figurer Pierre du Val, commandeur de la Villedieu, se rendit aux vœux de la députation et octroya la charte demandée. L'*Université* de la bastide sera administrée par un conseil choisi par le seigneur, avec l'aide des prud'hommes (*prosomes*) de l'endroit. Les Templiers se départissent en faveur de leurs vassaux, « de tout droit de *queste* d'*albergue* « et aultres maulvais usatges, » leur reconnaissant la possession de toutes les terres qu'ils défricheront, tout en confirmant les concessions déjà faites ; leur octroient la liberté de disposer à leur gré de leurs biens meubles et immeubles et celle d'émigrer, quand bon leur semblera, de la bastide, en emportant avec eux tout leur avoir, etc. Comme un grand nombre de documents de ce genre, cette charte est écrite en langue vulgaire, qui, à l'avantage d'être comprise par les

---

[1] *Soisimentuin*-Lafaille.

intéressés, joignait celui d'être plus familière que le latin à l'écrivain juré, clerc ou notaire, chargé de la rédaction [1].

Nous avons vu plus haut, comment les Hospitaliers après avoir pris possession de la Villedieu en formèrent deux commanderies distinctes : celle de la Bastide du Temple fut supprimée définitivement vers 1500, pour devenir un membre de la circonscription qui eût son centre, tantôt à Castelsarrasin et tantôt à la Villedieu. Le reste des archives nous apprend qu'en 1520, le Grand-Prieur François Flotte fit un accord avec les habitants de la Bastide pour la réparation et l'agrandissement de leur église. Mais bientôt après éclatèrent les guerres religieuses qui devaient tant se prolonger pour le malheur de la France. La ville de la Bastide défendue par des fortifications peu redoutables, n'échappa pas plus que les places voisines à cette série de désastres; nous la voyons constamment prise et reprise par les catholiques et les protestants; mais pour elle, comme pour la Villedieu, aucune de ces campagnes ne lui fut plus funeste que celle de 1628. Avant d'aller mettre le siège devant cette dernière place, le capitaine Saint-Michel n'eut pas de peine à se rendre maître, en passant, de la Bastide; suivant sa coutume, il la livra au pillage et, avant de quitter ce lieu désolé, il ordonna de mettre le feu à l'église; l'incendie se propagea à la vieille maison de la commanderie, qui servait d'habitation au Recteur et la détruisit « tellement qu'il n'y en a plus, » dit le procès-verbal de la visite de 1635 [2].

§ 4. — *Ventillac*. — *Villeneuve*.

Ici, comme tout à l'heure, nous ne pouvons que mentionner la paroisse et la seigneurie de Ventillac parmi les anciennes dépendances de la Villedieu. Cependant les archives nous ont conservé la charte de donation du membre de Villeneuve, qui

[1] Arch. La Bastide, L. I.
[2] Arch. Castelsarrasin, L. II

par hasard a dû échapper à la perte des autres documents de la commanderie. Le troisième jour des Ides d'avril de l'année 1223, Raymond Comte de Toulouse, se trouvant à la Villedieu, fit donation à Arnaud de Toulouse Maître du Temple de cette ville, à Pierre Montonère Commandeur, de la dîme qu'il avait droit de perrcevoir « sur les 3 roues de moulins de Villeneuve sur le Tarn, avec les rives et les prises d'eaux nécessaires, « sous la redevance de 6 bons chapons payables à la Noël. » Au bas de cette charte, concédée en présence de Bertrand frère du Comte, d'Arvieu de Montaragon, d'Hugues de Johanis viguier de Toulouse, de Jourdain de Sepiac etc., Raymond du Lac, chancelier de Raymond de Toulouse, ajouta cette pieuse invocation : « *Deus, in adjutorium meum intende!* [1] »

Nous ne trouvons, à signaler dans l'histoire de ces deux dépendances de la Villedieu, que les accords conclus par les Hospitaliers avec les habitants de Ventillac en 1543, au sujet des droits de fournage et avec ceux de Villeneuve en 1575. Les archives de Ventillac contiennent en outre, un placet présenté au roi le 7 février 1727 par M. le Bailli de Mesme, ambassadeur de l'Ordre auprès de la cour de France, « à l'effet « de représenter à sa Majesté, qu'une partie de ceux qui, dans « les provinces, sont chargés du soin de faire choisir les « soldats de milice, affectent de faire tomber le sort sur les « officiers, fermiers et bergers des commanderies, ce qui est « contraire aux privilèges de l'Ordre, dont les gens sont « deschargés de toutes contributions, étapes, munitions. for-« tifications, guets etc. » Le roi ayant accédé à la requête du chevalier, nous trouvons sur une liste des gens exempts de de la milice pour l'année 1730, « les fermiers et valets des « commandeurs, pourvu qu'ils soient entrés à leur service « trois mois avant la levée [2]. »

1° Liste des Commandeurs de la Villedieu.

TEMPLIERS.		
1215. Raymond Guizoard.		1222. Pierre de Bellechasse.
		1223. Pierre Montonère.

[1] Pièces justificat., n° LV.
[2] Arch. Villeneuve, L. I.

CHAPITRE XVII

Commanderie de Goutz

MEMBRES : LA ROMIVAT, MONTECH

§ 1. — *Goutz.*

Dans l'exposé des réclamations faites par le receveur du Grand-Prieuré de Toulouse à MM. les Trésoriers de France, en 1588, nous lisons que la commanderie de Goutz avait été complètement dévastée par les huguenots de Lectoure. Ce désastre nous est confirmé par la presque totale disparition de ses archives. Le plus ancien et presque unique document qui nous est parvenu est une copie, faite dans le courant du xiv° siècle, des coutumes de Goutz. Les Hospitaliers ayant résolu de construire une bastide ou plutôt de réédifier la ville qui existait déjà sur le territoire de Biterde, dépendant de leur château de Goutz, conclurent dans la 2° moitié du xiii° siècle un traité de paréage avec le Vicomte de Fezensaguet. La charte en question commence par nous faire connaitre les procurations données, à l'effet de présider à cette construction, par dame Mathe comtesse de Fezensac, par son fils Gaston, Vicomte de Brulhois et de Fezensaguet, et, d'un autre côté, par le Grand-Prieur de Saint-Gille, Guillaume de Villaret. Après cela, sont écrites les coutumes concédées par les procureurs de ces nobles personnages aux consuls de la nouvelle bastide ; l'existence d'une magistrature municipale, organisée avant la promulgation de la charte nous prouve tout d'abord que la ville existait déjà et qu'on dût se borner à la fortifier, en lui donnant sans doute une plus grande étendue. Elle est désignée dans cette charte sous le nom de Bastide de Biterde, nom qu'elle perdit dans la suite pour prendre celui du château des Hospitaliers. Nous retrouvons ici toutes les libertés contenues dans les chartes concédées en pareil cas : exemption de tailles, d'albergues, de questes, d'emprunts forcés, libre disposition des propriétés, suppression de la prison préventive en règle générale; puis, viennent, après le code de justice criminelle, les règlementations de la forge et du four, les ordonnances relatives à la tenue des foires et des marchés, qui auront lieu, les premières, une fois par an, à la fête de Saint-Jean-Baptiste, et les seconds, les mercredis de chaque semaine, ainsi que la fixation très-détaillée des droits de *leude* qu'auront à payer aux seigneurs les marchands étrangers pour les objets qu'ils apporteront sur la place de Biterde et pour les denrées qu'ils en exporteront; dans cette dernière catégorie figurent le blé, le vin, les graines potagères, les bouteilles, les écuelles et les marmites en terre, qui sont encore de nos jours la principale industrie de ces contrées. Cette charte publiée le 17 juin 1292, fut approuvée et scellée cette même année, par le Grand-Prieur Guillaume de Villaret lors son passage à Fronton le 21 juillet et par Gaston, Vicomte de Fezenzaguet, assisté de dame Mathe sa mère et tutrice, à Mauvezin, le 22 septembre [1].

Immédiatement après la création de la bastide, et la distribution des terres aux habitants, les fondateurs se préoccupèrent de faciliter l'exploitation de ces champs par l'établissement de bâtiments agricoles pour chacun de leurs vassaux. A cet effet ils obtinrent du sénéchal l'autorisation d'exproprier, pour cause d'utilité publique, une certaine quantité de terres cultivées qui seraient données dans ce but aux habitants et dont les prix devaient être déterminés par un expert. Mais quand le bailli de Biterde se présenta en cette qualité devant les propriétaires, ceux-ci refusèrent de se soumettre à la sentence d'expropriation. Mettant à leur tête maître Bernard,

---

[1] Arch. Goutz, L. I.

lieutenant du châtelain de Gimont, ils pénétrèrent en armes dans la bastide, menaçant et maltraitant les consuls. Les seigneurs portèrent leurs plaintes au sénéchal dont l'autorité venait d'être méconnue en même temps que la leur et qui dût prendre des mesures contre les révoltés (3ᵉ jour de décembre 1292)[1].

En exécution de l'Edit royal de 1563 qui ordonnait la vente d'une certaine partie des biens du clergé, les biens temporels de la commanderie de Goutz furent mis aux enchères et adjugés à la Reine de Navarre. Deux ans plus tard, l'Ordre en reprenait possession en remboursant 800 livres à la Reine Jeanne d'Albret.

Les commandeurs continuèrent, pendant quelque temps encore, à rendre, comme ils l'avaient fait jusque-là, l'hommage au Roi de Navarre, héritier des vicomtes de Fezenzaguet, et ce fut en 1600 qu'ils s'en firent décharger. Cette commanderie, une des moins importantes du Grand-Prieuré, fut affectée bientôt après l'organisation de ce dernier, aux chapelains et aux frères servants d'armes.

§ 2. — *La Romival,*

A une lieue au Nord-Ouest de Goutz était située la paroisse de la Salvetat; sur son territoire s'élevait jadis une chapelle votive, appelée *Notre-Dame de la Romival*. Son dîmaire avait été donné aux Templiers qui l'avaient sans doute réuni à leur commanderie d'Agen. Les Hospitaliers, après en avoir pris possession, en firent un membre de Goutz. Il s'était formé autour de cette chapelle un petit hameau sans importance, mais à qui les anciens actes donnent le titre ambitieux de ville. En 1565 le commandeur de Goutz acheta de François de Salustes, seigneur de Canel, au prix de 3270 livres ses droits sur la ville de la Romival dont ce dernier s'était rendu acquéreur deux ans auparavant. L'in-

[1] Arch Goutz, L. I.

ventaire nous montre Jean Rigal, Commandeur de Goutz, disputant au chapitre d'Auch la possession intégrale des dîmes de la Romival, qui lui fut maintenue par arrêt du Parlement de Toulouse (1615). Nous lisons dans les visites de la commanderie, la description de cette petite chapelle où nous signalerons « au-dessus des gradins de l'autel, une niche où « est l'image de la Sainte-Vierge et aux coustés deux petits « tableaux peints à la mosaïque sur le bois, » et « dans la « muraille du cousté de l'Evangile un tombeau affecté à la « maison de Cérillac [2]. »

§ 3. — *Montech.*

L'établissement des Hospitaliers sur le territoire de Montech remonte à la première partie du XIIe siècle. L'inventaire mentionne en effet la donation du territoire de Gayan à l'hôpital de Jérusalem et au Prieur *Gérard* faite par un abbé du Mas Garnier. Que ce Gérard fut le Prieur de l'hôpital de Jérusalem, mort en 1118, ou celui de Saint-Remi de Toulouse dont nous ne retrouvons plus de traces depuis 1123, il est certain que cette donation est contemporaine des premières faites à l'Ordre de Saint-Jean dans nos contrées. L'église de *Sainte-Foy-de-Rosalaygue*, située dans la juridiction de Montech avait servi de noyau à cet établissement érigé en commanderie pendant le cours du XIIe siècle. En 1188, un échange, conclu entre le Commandeur de Rozalaygue et l'abbé de Grandselve vint augmenter l'importance des possessions que l'Ordre avait dans le territoire de Montech; et cette ville devenant un centre pour les Hospitaliers dans cette région, finit par donner son nom à la commanderie. Notons, les arrêts que rendit le Parlement de Toulouse, en 1526, contre les marguillers de Montech qui voulaient enlever les dîmes du Commandeur Baptiste du Broc, prêtre, pour les employer à la reconstruction de leur église, et en 1638 pour maintenir le

---

[1] Registres de visite.

commandeur Louis de Moutiers en l'exemption du paiement de certaines dîmes que lui réclamaient l'Evêque de Montauban, l'abbé de Grandselve et les chartreux de Cahors, ces derniers en qualité de Prieurs de Montech. Les luttes religieuses qui désolèrent tout le pays voisin, les sièges qu'eût à subir Montech à plusieurs reprises pendant cette période, portèrent une terrible atteinte à la prospérité de cet établissement et ici, comme pour le chef-lieu de la commanderie, nous devons nous contenter d'esquisser son histoire, car les documents, qui nous auraient permis une étude plus complète, dûrent disparaître dans ce temps-là.

1° Liste des Commandeurs de Goutz

1271-1292 Bernard Le Roux
1323-1328. Trimond de Saint Brice.
1401-1406. Raymond Isnard.
1483-1481. Bernard de Montlezun.
1491-1492. Gaillard Ferrant.
1493-1494. Rotbert de Saint-Pierre.
1501-1508. Arnaud de Prunet.
1518-1521. Julien Sicart.
1526-1539. Baptiste du Broc.
1543. Pierre Béolat.
1549-1550. Géraud Romezy.
1550-1557. Etienne Regnaud.

1558-1573 Pierre Mosquet, vice-prieur de Malte.
1592-1599. Antoine Montané.
1600-1601. Louis de Castellane.
1615-1625. Jean Rigal.
1635-1639 Jean-Louis des Monstiers
1655-1665. Bertrand de Tournezy.
1675-1693. Pierre de Viany, Grand-Prieur de l'Eglise conventuelle de Malte.
1707-1725. François de Gaillard.
1742-1744. Charles Véran.
1759-1778. Jean-Baptiste Bernadier.
1779-1789. N. Marion.

2° Liste des Commandeurs de La Romival.

1362. Bernard de Laloubière. 1495-1520 Bertrand de Cassaignan.

3° Liste des Commandeurs de Sainte-Foy, de Rozelaygne et puis de Montech.

1188. Rogier.
1213. Bernard de las Volvenas.
1245 W. de Reignun.
1272. Raymond Vergonh.

1330-1340 Raymond de Gérald.
1390-1391. Bérenger Pagan.
1427-1433. Etienne Raffi.
1470-1501. Gaillard Ferrant.

CHAPITRE XVIII

Commanderie de Golfech.

MEMBRES : CASTÉRUS, AUVILLAR, GIMBRÈDE, ETC.

§ 1. — *Golfech*.

Quelle fut l'époque de l'établissement des Templiers à Golfech? C'est ce que les archives ne nous permettent pas de préciser. Dès les premières années du xiiie siècle, nous constatons l'existence de cette commanderie par les donations qui lui furent faites à cette époque et qui augmentèrent considérablement son importance primitive. Telle est la charte par laquelle le seigneur Aïds de Puybarsac fit cession à la maison de Golfech de tout le territoire compris entre cette ville et la rivière de Barguelonne (avril 1207). Parmi toutes les familles seigneuriales de la contrée, la plus riche et la plus illustre, celle de Durfort, ne cessait d'entourer les Templiers de sa protection et de combler de ses bienfaits la maison de Golfech, à la fondation de laquelle elle n'avait sans doute pas été étrangère. Les noms de ses différents membres se rencontrent à chaque instant dans les quelques épaves qui nous restent des archives du Temple de Golfech. C'est ainsi que nous voyons successivement Bernard de Durfort donner le 14 septembre 1211 le territoire de *Monttauzel* ou de *Combouls* aux Templiers, qui lui rendirent en échange « 200 sols arnaudencs neufs, plus un palefroi qui avait coûté

« 200 sols [1]. » Bernard-Raymond de Durfort céda, ainsi que nous le dirons tout à l'heure, la ville de Casterus; et plus tard, en 1268, un de leurs descendants, Raymond-Bernard de Durfort, damoiseau, seigneur en partie de Clermont, se dessaisit, en faveur du Temple, de toutes les terres et de tous les droits qu'il possédait à Golfech, « à la charge de « faire dire tous les ans, le jour de Notre-Dame de Septembre, « une messe avec diacre et sous-diacre, pour le repos de « son âme et de celle de ses parents [2]; » exemple suivi par Baldoin de Durfort et Pierre de Gasques, chevalier de Clermont, seigneurs en partie de Golfech [3].

Voilà à peu près toutes les indications que nous avons pu recueillir dans les archives du Temple de Golfech.

Après que les Hospitaliers en eurent pris possession, ils supprimèrent cette commanderie et la réunirent à celle de Castelsarrasin, dont elle resta jusque dans la dernière partie du xve siècle un simple membre, sous le nom de *grange* de Golfech. Malgré l'humilité de cette dénomination, l'importance des domaines de Golfech et de Castérus souleva quelques orages dans le sein même de l'Ordre. Nous avons vu plus d'une fois les commandeurs lutter, les armes à la main, pour la défense de leurs droits. Ici, c'est entre eux qu'ils se disputent la possession de la grange de Golfech. Du temps des Templiers, quoique formant une commanderie distincte, elle dépendait de la baillie d'Agen; depuis lors, les chevaliers de Saint-Jean, commandeurs du Temple d'Agen, ne cessaient de jeter des regards de regret et d'envie sur cette riche dépendance qui leur avait été enlevée. Vers le milieu du xive siècle, l'un d'entre eux, le chevalier Bernard *del Tor*, grâce à de prétendues bulles du Grand-Maître Dieudonné de Gozon, eut recours à la violence pour mettre fin à ce qu'il appelait une injustice; à la tête de ses hommes d'armes, il surprit le château de Golfech, en chassa les gens de son adversaire, et y mit une garnison qui soumit en peu de temps

---

[1] Arch. Golfech L I.
[2] *Id.*
[3] *Id.*

à son autorité tout le territoire de l'ancienne commanderie. Le précepteur de Castelsarrasin n'étant sans doute pas en mesure d'opposer la force aux violences de son antagoniste, porta ses plaintes au chapitre général, tenu à Avignon en 1361. Malgré sa condamnation par cette assemblée, le chevalier Bernard del Tor maintint son usurpation pendant longtemps encore, puisqu'il fallut que, onze ans après, une bulle du Grand-Maître Raymond Bérenger vint confirmer la réunion définitive à Castelsarrasin de la grange de Golfech ; elle était encore possédée par Raymond de Belpech, précepteur du Temple d'Agen (15 mai 1372) [1].

Environ un siècle après, le précepteur de Castelsarrasin, Bernard de Titinhac, prêtre de l'Ordre, venait de prendre possession de Golfech, lorsqu'il se trouva en présence d'assez sérieuses difficultés. Pierre de Cossa, abbé de Saint-Maurin, monastère bénédictin situé dans le voisinage, réclamait une partie des dîmes de Golfech. Ces prétentions ne paraissent pas avoir eu des fondements bien sérieux; l'abbé les vendit à un puissant seigneur de l'Agenais, Jean de Beauville, chevalier, qui se chargea de les faire valoir d'une façon expéditive. Pour cela, dans le temps des moissons, il dépêcha, en guise de collecteurs, ses hommes d'armes, qui dispersèrent sans peine les serviteurs du commandeur et prélevèrent sur les champs mêmes les dîmes contestées. Messire Bernard de Titinhac porta ses plaintes au grand-conseil et réclama justice contre son adversaire, ce qui lui fut accordé : par lettres du 2 septembre 1447, le roi somma le seigneur de Beauville de restituer aux Hospitaliers les fruits de son expédition, et menaça l'abbé de Saint-Maurin et ses alliés de les ajourner devant son sénéchal de Toulouse, s'ils renouvelaient à l'avenir leurs tentatives contre les droits de la commanderie [2].

Le successeur de Bernard de Titinhac, le chevalier Bernard de Montlezun, issu d'une des plus puissantes familles et réunissant sous son autorité un grand nombre de comman-

[1] Arch. Castelsarrasin, L. I.
[2] Arch Golfech, L. X

deries, employa à l'amélioration de la plupart des villes dont il était seigneur, et de Golfech en particulier, les immenses ressources dont il pouvait disposer. C'est à lui, en effet, que selon toute probabilité, Golfech dut la construction ou plutôt l'agrandissement de ses murailles ; cette hypothèse, que semble confirmer la description des défenses de cette place, telle que nous [la trouvons dans les procès-verbaux de visite de la commanderie, nous est suggérée par l'octroi que fit ce commandeur, d'une charte de commune à ses vassaux de Golfech, mesure assez rare à cette époque et prise ordinairement pour attirer des habitants dans une ville neuve.

Le vingt-deuxième jour du mois de mars de l'année 1465, à la porte de l'église de Golfech, « Maître Jehan Paulet, notaire « public de la cité de Montauban, » donnait lecture à la population de la charte de commune « que Monseigneur « Bernard de Montlezun, chevalier de Saint-Jean, com- « mandeur du Plantier, de Fonsorbes, de la Villedieu et de « Golfech, octroyait libéralement à ses vassaux du dict lieu « de Golfech ». En sa qualité de seigneur spirituel, le chevalier commence par fixer le casuel du recteur de la paroisse pour les baptêmes, les mariages et les enterrements, par règlementer le paiement des redevances qui lui étaient dûes; il institue ensuite deux fabriciens (*ouvriers*) élus tous les ans par les paroissiens et chargés de veiller à l'entretien et aux réparations de l'église. Il fonde en second lieu la magistrature municipale de la ville : Golfech sera administré à l'avenir par deux consuls qui auront la mission de lever les tailles, de les répartir proportionnellement à la fortune de chacun, de veiller aux réparations publiques, etc.; ils seront choisis tous les ans par les commandeurs sur une liste présentée par les consuls sortants. Séance tenante, le commandeur proclame les noms des deux habitants pour être premiers consuls de Golfech. Après nous avoir dit le serment de ces magistrats, la charte nous donne, dans sa dernière partie, la fixation des censes et des oblies dûes au au seigneur, et enfin le code de justice. A peine le notaire a-t-il fini la lecture du parchemin, que le commandeur se lève, et « portant la main droite sur sa poitrine et sur la « croix de son manteau, » il jure solennellement d'observer ces coutumes et de veiller à leur maintien ; les habitants lui répondent par un serment analogue qu'ils prêtent en étendant leurs mains sur le livre des saints Evangiles [1].

En 1480, Golfech avec ses dépendances fut détaché de Castelsarrasin et redevint, comme jadis, une Commanderie dont l'importance s'accrut considérablement lorsqu'en 1525 on lui adjoignit celle de Gimbrède avec tous ses membres.

Les fortifications commencées par Bernard de Montlezun furent complétées par le chevalier de Tajac de Villevayre, commandeur de Golfech. Nous voyons en effet ce dernier signer le 4 octobre 1484, avec ses vassaux, une transaction par laquelle il leur concédait le droit de dépaissance pour leurs troupeaux dans sa forêt du *Bernet*, à condition qu'ils lui transporteraient tous les bois et matériaux nécessaires à la construction de la tour de son château de Golfech [2]. Dans la suite, la bonne harmonie fut plus d'une fois troublée entre les chevaliers et les consuls de la ville. Nous trouvons un arrêt du Parlement de Bordeaux, qui condamnait le commandeur Charles d'Urre à agrandir à ses frais l'église de Golfech, à la charge pour les habitants de faire les charrois et les manœuvres nécessaires (1556) [3].

Pendant le XVIIe siècle, les consuls tentèrent de s'ingérer dans l'exercice de la haute justice de Golfech et excitèrent même des troubles pour empêcher le juge du commandeur de s'acquitter de ses fonctions ; un arrêt du Parlement de Bordeaux vint réprimer leur ambition en limitant leurs attributions aux affaires de simple police et d'édilité municipale, et en ordonnant que, dans toutes les assemblées publiques, les officiers du commandeur auraient, non-seulement voix délibérative, mais la préséance sur les consuls (1643) [4].

[1] Arch. Golfech, L. II.
[2] Arch. Golfech, L V.
[3] *Id*
[4] Arch Golfech, L. VI.

Mais revenons sur nos pas pour raconter des troubles bien autrement sérieux, qui étaient venus de l'extérieur assaillir les chevaliers de Saint-Jean, immédiatement après la reconstitution de la Commanderie de Golfech. La branche des seigneurs de Durfort, dont nous avons eu l'occasion de signaler l'action dans les origines et la prospérité de la maison de Golfech, s'était fondue dans la famille des Balzac, qui ne paraissent pas avoir hérité des sentiments de leurs devanciers envers cet établissement. Le chef de cette famille était, en 1482, « noble et puissant homme, Robert de Balzac, « seigneur et baron de la ville et baronnie de Clermont-d'en- « haut. » C'était, paraît-il, avec un profond sentiment de dépit, que, de son donjon, il apercevait la bannière de Saint-Jean flotter sur les tours de cette ville de Golfech, dont ses ancêtres avaient jadis fait don à l'Ordre. Il avait conservé sur la juridiction de cette place sinon des droits, au moins des prétentions, basées peut-être sur des usurpations précédentes. Un jour, noble Jehan de Chamy, capitaine du château de Clermont, se présenta, par son ordre, à la tête d'une troupe armée, devant Golfech, dont les portes lui furent refusées au nom du Précepteur ; pour protester contre ce qu'il appelait la violation des droits de son seigneur, le capitaine fit rompre les pieux des lices, brûler les portes et commettre dans la ville plusieurs actes de violence. Le château du Commandeur, surpris sans défense, fut livré au pillage ; les hommes du seigneur de Clermont en enlevèrent « l'or, l'argent monnoyé « ou à monnoyer, la vaisselle d'or, d'argent, d'étain, de fer « et de plomb, les chevaux, etc., » et surtout les parchemins constatant les droits du Commandeur et dont son adversaire voulait faire disparaître le témoignage embarrassant[1]. Mais, voyant que le commandeur Bernard de Tajac avait déposé au Parlement sa plainte contre les agressions dont il venait d'être victime, le baron se prit à douter de la justice de sa cause et de l'issue du procès, et consentit à transiger avec son adversaire. Il s'engagea à ne plus renouveler ses tentatives et

[1] Arch. Golfech, L. X.

à abandonner à l'avenir toutes ses prétentions à la juridiction de Golfech; son capitaine, ses officiers et ses vassaux de Clermont durent payer au Commandeur 40 livres tournois, en réparation de l'attentat dont ils s'étaient rendus coupables. Cet accord fut signé solennellement dans le fort de Golfech, le 17 mars 1482 [1].

Malgré la conclusion pacifique de ce premier orage, et la solennité des engagements pris, nous retrouvons en 1528, le Commandeur Jean de Roquelaure et messire Pierre de Balzac, baron de Clermont, fils du précédent, débattant, devant le sénéchal d'Agen, les questions qui paraissaient définitivement tranchées par l'accord de 1482. Le baron de Clermont prétendait que, toutes les fois que les officiers de la Commanderie arrêteraient un malfaiteur à Golfech, ils devaient le livrer à ses gens pour être conduits dans ses propres prisons ; il demandait de plus à partager avec le Commandeur le droit d'élection consulaire dans cette ville. Il comptait, sans doute, pour faire triompher ses prétentions sur la disparition des archives du château de Golfech. Heureusement pour les Hospitaliers, Jean de Roquelaure avait obtenu quelque temps auparavant une bulle du pape Léon X, prescrivant aux officiaux d'Agen et de Lectoure de faire rendre, sous peine d'excommunication, au Commandeur, les chartes et les meubles qui avaient été enlevés lors du pillage de la place par ordre de Robert de Balzac (jour des kalendes de mars 1516) [2]. Est-ce en s'appuyant sur les actes que cette bulle put lui faire recouvrer ; est-ce en faisant une enquête sur ce qui s'était passé que Jean de Roquelaure parvint à établir son droit ? Toujours est-il qu'une sentence du sénéchal d'Agen, datée du 3 janvier 1528 et confirmée le 19 février 1529 par le Parlement de Bordeaux, vint mettre définitivement un terme à tous ces débats en déclarant que l'entière juridiction de Golfech appartenait aux chevaliers de Saint-Jean [3].

Nous voici arrivés à la période des guerres religieuses ;

[1] Arch. Golfech, L. IV.
[2] Arch. Golfech, L. XVI.
[3] Arch. Golfech, L. IV.

la ville de Golfech, située sur une des principales routes du Midi, se présentait naturellement aux tentatives des bandes protestantes dont elle pouvait contrarier les mouvements; aussi n'échappa-t-elle pas aux désastres de cette époque. Les annales de ces temps désolés nous racontent que, vers la fin de l'année 1569, l'armée protestante, sous les ordres du prince de Condé et de l'amiral de Coligny, ne pouvant franchir la Garonne, dont les passages étaient gardés par l'infatigable Montluc, se décida à remonter la rive droite du fleuve. Golfech, placé sur son chemin, ne pouvait être pour une armée un sérieux obstacle, d'autant que son assiette elle-même n'ajoutait pas à sa force ; aussi les protestants s'en rendirent-ils maîtres avec beaucoup de facilité ; suivant leur habitude, ils livrèrent la ville à une dévastation dont les archives nous ont conservé la mémoire. Du château du Commandeur, ils ne laissèrent que des ruines fumantes ; leur fureur se tourna surtout contre l'église, qu'ils livrèrent aux flammes, après avoir brisé ses cloches et saccagé son intérieur. Tous ces détails nous sont fournis par le procès-verbal de la visite de la Commanderie en 1573. Nous y lisons que le commandeur, Mathurin de Lescur Romegas contribua généreusement de ses deniers à réparer ces désastres, qu'il dépensa 80 livres pour faire recouvrir l'église, qu'il fournit « 100 livres à la communauté de Golfech pour l'aider dans « l'achat de 2 belles cloches » et qu'il employa 400 livres pour relever le château de ses ruines et le mettre en état de défense [1].

Il ne paraît pas que Golfech ait eu à subir d'autres sièges dans la dernière période des guerres religieuses. Mais les dépendances de cette Commanderie, menacées au nord par la ville protestante de Puymirol et au sud par Lectoure, étaient sans cesse dévastées par les bandes ennemies. C'est ce que constatèrent les trésoriers généraux en exemptant le Commandeur de Golfech de sa part dans la contribution extraordinaire votée par le clergé de France (1588) [2].

[1] Arch. Golfech, L. XVI.
[2] Arch. Golfech, L IV.

Après cette période troublée, le calme se rétablit à Golfech. Il ne nous reste plus à noter qu'un long procès que le Commandeur, messire Christophe de Baroncelly-Javon, soutint contre le sieur de Sabaros, seigneur de la Motte-Rouge et capitaine de la ville d'Agen. Ce dernier avait placé sur son castel de la Motte-Rouge, situé dans la paroisse de Golfech, une girouette, insigne du pouvoir féodal, que le Commandeur voulait obliger son vassal à abattre. L'affaire fut portée devant diverses cours ; après bien des mémoires justificatifs présentés de part et d'autre, après bien des paroles éloquentes prononcées par les avocats pour ou contre la girouette, les deux adversaires prirent le sage parti de transiger sur cette question ; le chevalier de Javon permit à son vassal de conserver la girouette; en reconnaissance de quoi, le sieur de « Sabaros s'engagea, pour lui et ses descendants, à payer à « chaque commandeur, lors de sa première entrée dans sa « ville de Golfech, une médaille d'or de la valeur de « 2 louis » (1685) [1].

Grâce au zèle et aux ressources des chevaliers qui administrèrent la commanderie de Golfech pendant le xviiie siècle la trace des désastres subis ne tarda pas à disparaître. Nous pouvons constater, en lisant, dans les procès-verbaux de visite, la description des murailles du fort qui contenait dans son enceinte le château des commandeurs et l'église paroissiale. De cette commanderie dépendaient Casterus, la forte place de Gimbrède, Saint-Pierre de Campagnet, Saint-Jean de Lane (dans la juridiction de Caumont), le terroir de Bordes à Cuq, Rolhac avec l'église de Notre-Dame de Beauclair, Frendat, Miradols, Lieux, Caudecoste, Saint-Sulpice et Saint-Caprais. Le revenu brut de Golfech était en 1757 de 13100 livres, sur lesquelles les commandeurs avaient à payer 1318 f. au trésor de l'Ordre plus les charges particulières, telles que traitement des vicaires perpétuels, aumônes, etc.

[1] Arch. Golfech, L. IV.

§ 2. — *Casterus, Hautvillar*.

Dans une charte qui n'est pas datée mais que nous ne croyons pas postérieure aux premières années du XIIIe siècle, nous voyons que Bernard-Raymond de Durfort donna à l'Ordre du Temple, entre les mains de Fort Sans de Vidalac, Maître de l'Agenais, et de G. de Brasac, commandeur de Golfech, la ville de Casterus, son église et une partie de son territoire ; cette donation fut faite dans le cloître de Saint-Maurin, en présence de l'abbé et de tous les religieux de ce couvent [1]. Cette place se trouvait dans la juridiction d'Hautvillar, ce qui fit donner indifféremment les noms de ces deux villes à cette dépendance de la commanderie de Golfech.

Pendant que les Templiers, jetés dans les cachots subissaient les interrogatoires et les tortures, qui devaient se terminer par leur supplice, le membre de Casterus était dévasté par les horreurs de la guerre. Le vicomte d'Hautvillar, dont les fiefs confinaient à la Guyenne, alors sous la domination du roi d'Angleterre, était en lutte avec son puissant voisin au sujet des limites de leurs territoires respectifs ; des incursions se faisaient de part et d'autre. Mais, voyant que dans cette lutte inégale tout l'avantage était du côté de son rival et que sa vicomté était dévastée par les hommes d'armes anglais, Hautvillar appela à son aide le roi de France et lui adressa ses plaintes sur l'injustice des prétentions de celui d'Angleterre. Ce dernier, cité à comparaître devant la cour des pairs, fut condamné par contumace à payer au vicomte et à ses vassaux, en réparation des dommages commis, une somme de 1000 *livres de petits tournois*. Sur ces entrefaites, le prince Édouard vint à succéder à son père sur le trône d'Angleterre ; désirant ne pas se soumettre à la sentence portée contre lui, et continuer pendant quelque temps encore les bonnes relations avec la France, il entama des né-

---

[1] Pièces justificat. n° LVI.

gociations avec le vicomte d'Hautvillar et conclut la paix avec lui. La transaction signée le 4 mars 1308 à Westminster, accordait au seigneur français les limites qu'il réclamait et qui avaient été la cause des hostilités ; le roi déclarait de plus que les habitants de cette vicomté seraient libres de tout droit de *vectigal*, de leude et de péage dans son port de *Fondagre* (?) ; moyennant ces concessions, le vicomte et ses vassaux tenaient le roi d'Angleterre quitte du paiement des mille livres [1].

Quand les Hospitaliers eurent été mis en possession des biens qui leur avaient été adjugés par le concile de Vienne, le chevalier Albert de Noirchasteau, Grand Précepteur de l'Hôpital au-delà des mers et lieutenant du Grand-Maître, donna au chevalier Bernard de Saint-Maurice, commandeur de Castelsarrasin, le membre d'Hautvillar sous la responsion annuelle de 25 livres; la bulle est datée de Montpellier le 21 mai 1314 [2]. Cette séparation fut du reste de courte durée, grâce à la réunion de Golfech à Castelsarrasin qui eut lieu quelques années plus tard, ainsi que nous l'avons vu plus haut.

Le reste de ces archives ne contient plus que la sommation faite en 1527 aux consuls d'Hautvillar par le sénéchal d'Armagnac, à la requête du commandeur de Golfech, d'avoir à remettre à ce dernier certains extraits des coutumes octroyées aux habitants de cette ville et de son territoire par le roi d'Angleterre en 1278 [3].

§ 5. — *Gimbrède.* — *Rolhac.* — *Lieux.*

A une petite distance de Golfech sur les limites de la Gascogne les Templiers possédaient jadis la ville et le donjon de Gimbrède. Une obscurité absolue nous dérobe les origines de leur établissement. L'incendie qui dévora le château de Gimbrède et dont nous aurons l'occasion de parler dans la suite,

---

[1] Arch. Hautvillar, L. I
[2] *Id.*
[3] *Id*

anéantit complètement les archives de cette vieille commanderie. Aussi sommes-nous obligés de passer sous silence l'existence tout entière du Temple de Gimbrède, que nous pouvons constater par la simple mention de quelques-uns de ses commandeurs dans de vieux inventaires. Lorsque les documents contenus dans ses archives commencent à nous initier à son histoire, nous la trouvons au pouvoir des hospitaliers, qui lui avaient conservé son titre de commanderie. De sa vieille tour *du Temple*, le commandeur de Gimbrède étendait son autorité à Saint-Jean de Lalane, à Cuq, à Miradoux, à Rolhac, à Lieux, à Caudecoste, etc.

Le plus ancien acte que nous fournissent les archives est un accord conclu le 17 mai 1340 entre le Commandeur et les consuls de Gimbrède; ces derniers demandaient à leurs seigneurs pour favoriser la foire et les marchés de la ville, d'accorder aux marchands étrangers qui s'y rendaient les mêmes exemptions et les mêmes privilèges dont ils jouissaient dans les villes voisines (cette foire tenue chaque année le jour de fête de Saint-George et ces marchés ayant lieu tous les mardis, avaient été concédés au précepteur et à la communauté par un Lieutenant du Roi en Languedoc). Le chevalier Guillaume de la Tour, « procureur de noble et puissant seigneur « Bertrand de *Cancezio*, chevalier de Saint-Jean, précepteur « de Gimbrède, » accéda aux vœux des habitants, mais stipula en retour que, pendant 15 jours dans le mois d'août, lui et ses successeurs auraient seuls le droit de faire vendre du vin dans les tavernes de la ville [1].

La place de Gimbrède était située au milieu des domaines et sous la suzeraineté des vicomtes de Lomagne, qui peut-être l'avaient donné dans le principe à l'Ordre du Temple. Nous trouvons dans les archives un extrait fait pendant le XVe siècle d'une transaction, conclue vers 1280, entre Elye de Talcyrand comte de Périgord, agissant au nom de sa femme, Philippia de *Peyratort*, vicomtesse de Lomagne et le Commandeur du Temple de Gimbrède, assisté de celui d'Argentein, au sujet

---

[1] Arch. Gimbrède, L. VIII.

des juridictions de Gimbrède et de Rolhac que réclamaient les deux parties. Il fut convenu que pour le lieu de Rolhac la haute seigneurie appartiendrait à la vicomtesse et le reste de la juridiction par indivis entre les deux compétiteurs, tandis que les Templiers auraient en entier la haute, moyenne et basse justice du lieu de Gimbrède, tout en étant tenus à l'hommage envers leur suzerain [1].

C'est ainsi que le 1er octobre 1418 nous nous rendons à la suite du Commandeur Mauron del Mas, chevalier de Saint-Jean, à Lectoure, où se trouve « l'illustre prince Jean, par la « grâce de Dieu comte d'Armagnac, de Fezensac, de Rodez, « de Pardiac, vicomte de Lomagne, de Fezensaguet, de Creis-« sels, de Carladès et de Murat, seigneur des terres de Ri-« vière, d'Aure et des montagnes de Rouergue, » entouré de sa brillante cour. Le Commandeur vient rendre son hommage; fléchissant le genou, il déclare au puissant comte qu'il reconnaît « être son homme et son vassal, tenir de lui la ville « de Gimbrède, sa haute juridiction et tous ses droits sei-« gneuriaux et lui devoir, en signe de vasselage, à chaque « mutation de seigneur, une paire d'éperons dorés avec leurs « attaches en soie » [2].

Les discussions au sujet de la haute justice de Ginbrède se renouvelèrent dans la suite entre les commandeurs et les successeurs des anciens vicomtes de Lomagne. En 1543, nous voyons cette question agitée entre le commandeur Jean de Macoman et le roi de Navarre. Mais à cette époque une difficulté nouvelle se présentait pour les chevaliers de Saint-Jean. Dans les dernières années du xve siècle un épouvantable incendie avait dévoré le château de Gimbrède (désigné sous le nom de *la Salle*), résidence des commandeurs. Les flammes n'avaient rien épargné, « tellement qu'il ne se garda rien, « y lors estant, à cause du grand feu. » Parmi les objets brûlés en cette circonstance et dont l'acte en question déplore la perte irréparable, se trouvaient les coffres, où étaient conservés les titres de la Commanderie. Le même parchemin

[1] Arch. Gimbrede, L. X.
[2] Arch. Gimbrède, L. 1.

nous montre, une vingtaine d'années plus tard, le château ou *la Salle* de Gimbrède sortant de ses ruines, « réparé, basty et « reduict hasbitable. » Mais si les murs étaient relevés et le mobilier renouvelé, les titres de la Commanderie avaient disparu sans retour et leur perte menaçait de jeter les chevaliers dans de graves embarras, en les empêchant de prouver leurs droits devant la justice. Le commandeur eut alors recours au Roi et, dans le mémoire qui vient de nous fournir tous ces détails, il réclama sa protection contre ses puissants adversaires. A la suite de cette requête nous trouvons les les lettres, par lesquelles François Ier ordonnait aux juges de Gaure et de Vordun de faire une enquête « sur les droits de « haute justice de Gimbrède, disputés au commandeur par « ses très chers et bien-aimés beau-frère et sœur, le Roy et « la Reine de Navarre (24 octobre 1643) [1]. » Le désastre était trop récent pour que l'enquête ne fût pas facile à faire, et depuis lors nous voyons les chevaliers de Saint-Jean jouir sans conteste de la haute juridiction de leur ville de Gimbrède.

Parmi les documents détruits par cet incendie, se trouvait la charte de coutumes octroyée soit par les Templiers, soit par les Hospitaliers, à leurs vasseaux de Gimbrède. Cette perte est d'autant plus regrettable que, d'après les usages établis dans cette ville, nous pouvons penser que ce document aurait présenté des détails très intéressants à étudier, sous le rapport des libertés concédées, des privilèges honorifiques et des prérogatives attribuées à ses magistrats municipaux. Transportons-nous, en effet, au 4e jour du mois de mai 1537, sur la place de Gimbrède, « au pied de l'échelle « qui conduit aux prisons ou carcès du commandeur. » Le bailli de ce dernier amène un prévenu pour l'y enfermer, lorsque se présentant devant lui « les saiges hommes, A. du « Boys et A. de Dieubofet, consuls dudict lieu; » ils exposent: « que quand le bailly avoit prins ung habitant, pour quelques « cas que eust commis, excepté de crimes exhigeant peines

---

[1] Arch. Gimbrède L. X.

« corporelles, que iceulx consuls les porroient prendre des
« mains du bailly, avant qu'il le mist prisonnier èz carces du
« seigneur du dict lieu, et le mettre ez carces des dictz
« consulz dans icelluy lieu, où le détiennent par l'espace de
« vingt-quatre heures, et icelles expirées, le rendroient ez
« mains du bailly ; et que cela auroient par privilège, cous-
« tume ancienne, de laquelle eulx et leurs prédécesseurs
« auroient joi et uzé le temps passé quant le cas advenoit et
« tant de temps qu'il n'est mémoyre du contraire. » Le bailli,
reconnaissant la justesse de la requête des consuls, leur livre
le prévenu, qu'ils conduisent dans les prisons municipales [1].
Une autre prérogative des consuls était le serment de respecter les privilèges, que tout nouveau commandeur était tenu
de prêter en leur présence, lors de sa première entrée à
Gimbrède; coutume qui fut supprimée par le Parlement de
Toulouse, à la requête du commandeur Pierre de Gozon-
Mélac, en 1556 [2].

La disparition de ses archives fut du reste, pour la commanderie, une source presque incessante de troubles et d'embarras. Plusieurs voulurent profiter de cette situation pour
usurper des droits, dont les chevaliers ne pourraient plus
justifier la possession par des actes. C'est ainsi qu'en 1526
les habitants de Rolhac et d'Astafort, voulurent enlever au
commandeur la possession du bois des *Affites*, situé dans leurs
territoires, en chassèrent, en les maltraitant outrageusement,
les serviteurs des Hospitaliers, et y commirent maints dégâts.
Le commandeur porta ses plaintes au Parlement de Toulouse,
qui ajourna les coupables à comparaître à sa barre [3]. Effrayés
des conséquences de leur tentative, les habitants de Rolhac
implorèrent la merci de leur seigneur et consentirent à une
transaction par laquelle ils renonçaient à toute prétention
sur le bois des Affites et s'obligeaient à payer au commandeur
80 livres, en réparation des dommages qu'ils lui avaient
causés [4].

[1] Arch. Golfech. L. VIII.
[2] *Id.*
[3] Arch Gimbrède, L. X.
[4] Arch Rolhac. L. I.

Quelques années plus tard nous voyons surgir une autre lutte plus sérieuse, plus violente, et d'autant plus intéressante à étudier qu'outre le tableau vivant des mœurs de l'époque, elle nous présente, comme acteurs, des personnages historiques. Il s'agissait des dîmes de la paroisse de Lieux (sans doute Plieux). Les Hospitaliers en avaient joui, paraît-il, jusqu'alors, sans avoir été inquiétés par des compétitions rivales ; mais en 1535 elles leur furent disputées par messire Jehan de Gout, seigneur temporel de cette localité. Le gendre de ce dernier, Joachim de Mansencôme de Montluc, frère du terrible et illustre maréchal, avait, comme tout le reste de sa famille, l'amour des aventures hardies ; il prit chaudement en main la querelle de son beau-père et se chargea de l'exécution des moyens violents convenus entre eux. Après avoir vainement essayé d'intimider le recteur de Gimbrède, frère Georges de Massas, procureur du commandeur de Golfech, homme d'un caractère décidé et énergique, Joachim jeta le masque et ne s'arrêta pas devant l'odieux des tentatives les plus violentes. Laissons la parole au recteur de Gimbrède et écoutons les plaintes qu'il adresse au Parlement « des excès,
« meurtres, aggressions et ravissements de biens commis
« contre lui et ses gens par Joachim de Mansencôme, dict de
« Montluc, escuyer, gendre de Jehan de Gout, seigneur de
« Lieux et plusieurs autres mauvais garsons, gens de sac et
« de corde, armés, rembastonnés de plusieurs armes invasibles :

« Le 27ᵉ jour de fevrier de l'année 1535, ils vindrent au
« lieu de Gimbrède, où le demandeur, comme recteur, la
« plus grande partie du temps, faict sa résidence ; où quant
« furent, pour ce que les portes du dict lieu estoient fermées,
« de nuict eschallèrent en forme de guerre les murailles du
« dict lieu ; et, après que furent entrés, le long de la nuict,
« se tindrent cachés et latités jusqu'à l'aulbe du jour que les
« portes du chasteau du dict lieu, où frère Géraut de Golart,
« chevalier du dict Ordre de Saint-Jehan, et le demandeur
« habitent, furent ouvertes ; dans lequel firent diligence de
« trouver le demandeur, lequel, par le vouloir de Dieu le

« Créateur, pour lors estoit en la présente cité de Toulouse
« à la poursuite du dict procès (au sujet des dîmes de Lieux),
« jurant, renyant, blasphémant le nom de Dieu, qu'ils le
« tueroient; et, pour ce que ne purent trouver le demandeur,
« pour mettre leurs mauvais et damnés propos à exécution,
« se mirent à chercher par le dict chasteau le dict de Golart,
« lequel, estant en son lict, oyant le bruict, craignant d'estre
« meurdry par les dicts défailhans et leurs complices, se leva
« en chemise et se jeta par la fenestre du chasteau en terre
« pour saulver sa vie; en quoy faisant, se brisa tout le corps
« et se rompit ung pié; duquel est encore impotent et mu-
« tillé et en a demeuré longuement au lict malade. Et, non
« contents de ce, prindrent et ravirent tous les biens,
« meubles et argent que les dicts demandeurs et de Golart
« avoient dans le dict chasteau de Gimbrède, de la valeur de
« deux mille livres tournois; plus battirent et navarrèrent
« les serviteurs du dict de Golart. Et, en s'en sortant de la
« dicte maison, trouvarent en la rue publicque, Arnaud Lanes,
« serviteur du dict demandeur, lequel inhumainement bles-
« sarent, tellement que tout incontinent mourust sans faire
« aucune confession... [1].

En conséquence de cette plainte, un décret de prise de corps fut immédiatement lancé « contre Jehan de Gout,
« Joachim de Montluc, François de Massac, Antoine de
« Lamasse, bâtard de Lieux, le Capdel de Gavarret, le
« seigneur de la Chapelle et l'adventurier de Cadeilhan [2]. »
Mais, grâces aux forces dont ces seigneurs pouvaient disposer et peut-être aussi aux protections dont ils étaient couverts, ils ne s'en émurent guère; et nous les voyons bientôt après, sans prendre même la peine de se cacher, renouveler les hostilités. Un jour Montluc rencontre à Grisolles le recteur de Gimbrède, le provoque en duel, et sur son refus de se battre, se répand en menaces contre lui. Le 6 janvier 1538, à la tête de 25 hommes armés jusqu'aux dents, il veut sur-

[1] Arch. Gimbrède, L IX.
[2] Id.

prendre la ville de Gimbrède ; l'homme de garde a le temps de lever le pont-levis ; voyant les assaillants se précipiter vers la seconde porte, une femme court sur les remparts et peut la fermer avant leur arrivée, non sans avoir essuyé maintes arquebusades. Furieux, Montluc conduit sa troupe à l'escalade du château, où se trouvaient le recteur de Gimbrède, son frère, le chevalier Jacques de Massas, deux prêtres et 3 serviteurs. Cette petite garnison s'arme à la hâte et riposte vaillamment ; les assaillants sont obligés de se replier, emportant avec eux trois ou quatre blessés, « parmi lesquels « un vagabond, Arnaud de Flamarens, qui au bout d'un mois « mourut de ses blessures, peut-être à cause de la négligence « des chirurgiens. » A la tête des défenseurs du château se trouvait le recteur, qui, malgré son caractère sacré, soutenait militairement la lutte et dont l'arquebuse portait les coups les mieux assurés. Nous lisons tous ces détails dans la bulle par laquelle le Pape Paul III le relève de l'excommunication, qu'il a encourue en versant le sang de ses mains sacerdotales [1].

Le Parlement ajourna de nouveau les auteurs de ces attentats à sa barre, « à peine de confiscation de leurs corps et de « leurs biens, » et ordonna tout d'abord la restitution des meubles et de l'argent enlevés du château de Gimbrède (26 juin 1537 [2]. Le 6 novembre de cette même année, la Cour rendit son jugement par lequel « les sieurs de Gout, de « Montluc et leurs complices étaient condamnés au bannisse- « ment perpétuel pour leurs grands et énormes excès, « meurtres, homicides, assemblées illicites de gens en armes, « violences, aggressions de villes fortes et ravissements de « bien [3]. » Nous voyons en effet, en 1540, les officiers royaux exécuter, en vertu de ce jugement, la saisie des biens de Joachim de Montluc et livrer aux chevaliers de Saint-Jean ses deux métairies de *Capblanc* et de *Callabet*, pour payer la somme de 1,500 livres adjugée en réparation à Géraud de

[1] Arch. Lieux, L. I.
[2] Arch. Gimbrède, L. IX.
[3] Arch. Lieux, L. I.

Golard, et celle de 100 livres destinée à fonder un obit pour le repos de l'âme du serviteur tué dans la première expédition [1].

C'est alors que Blaise de Montluc paraît lui-même sur la scène. En 1541, il rachète au prix de 1,600 francs ces deux métairies pour les faire rentrer dans le domaine de sa famille. Peu de temps après, il reprend en main la cause que son frère avait si violemment soutenue. C'était en 1562, Montluc, qui s'était couvert de gloire dans les premières périodes de la guerre religieuse, en Guyenne et en Langudoc, venait de sauver la ville de Toulouse, en découvrant au Parlement une conspiration formidable des Calvinistes, en lui envoyant des secours puissants pour les chasser de l'Hôtel de Ville dont ils s'étaient rendus maîtres, et en paraissant lui-même à la tête de son armée pour compléter la victoire des catholiques. La population et le Parlement le reçurent avec enthousiasme et lui prodiguèrent leurs ovations; ce fut avec une extrême faveur que ce dernier accueillit la requête, présentée quelques jours après par le maréchal, et dans laquelle il réclamait la moitié des dîmes de la paroisse Saint-Martin-de-Lieux, concédées à ses ancêtres, en récompense de services signalés, rendus à la religion et au Pape. Malgré tous les efforts des chevaliers de Saint-Jean, pour soutenir que les dîmes leur appartenaient en entier, le Parlement ordonna à Blaise de Montluc et au commandeur de Golfech de les partager à l'avenir (5 août 1562) [2].

Nous avons vu tout à l'heure que les dépendances de la commanderie de Golfech avaient été dévastées plus d'une fois par les Huguenots. Toutefois, grâce sans doute à ses puissantes fortifications, la ville de Gimbrède ne paraît pas être tombée aux mains des ennemis. Mais souvent des bandes protestantes, sorties de la ville de Lectoure, répandirent la désolation dans les campagnes environnantes. C'est ainsi que l'église de Notre-Dame de Beauclair, située dans la paroisse de Rolhac, fut saccagée et que ses cloches furent brisées, en 1594 [3].

---

[1] Arch. Gimbrède, L. IX.
[2] Arch. Lieux, L. I.
[3] Arch. Rolhac, L. I.

C'était bien un spécimen complet de la petite place fortifiée du Moyen-Age, que cette ville de Gimbrède, telle que nous la représentent les procès-verbaux des visites de la Commanderie. Extrayons les quelques passages suivants du dénombrement présenté en 1617 par le commandeur, Pierre d'Esparbès de Lussan, aux chevaliers visiteurs :

« *Gimbrède...* Devant l'église se trouve le simetière, et à
« costé est un grand bastiment de pierre, appelé le *Temple*
« ou la *Tour*, fort hault, couvert de tuilles, et au dict sime-
« tière y a un autel et une croix de pierre. De l'autre costé
« du simetière et au bout de l'église est une tour, appelée la
« *Cotonère*, bastye de pierres, au dedans de laquelle sont les
« prisons contenant quatre estages. A l'extrémité du sime-
« tière est la porte du chasteau, sur laquelle a une garite...
« En entrant à main gauche est l'escuyerie. Au coing d'icelle
« une tour en rond contenant deux estages, servant aussy de
« prisons. A la suite de l'escuyerie est une gallerie couverte
« pour aller à l'entrée grande et principalle du chasteau,
« venant du dehors, où y a un grand pont-levis et ung petit
« avec une petite porte... »

Nous pouvons, à la suite des chevaliers visiteurs, pénétrer dans ce château féodal, reconstruit comme nous l'avons déjà dit plus haut vers 1525, parcourir les diverses chambres, passer en revue leur modeste mobilier, et admirer la grande salle, « pavée de carreaux. » sa cheminée monumentale, « ses
« trois croisées garnies de fenestres, placartz et vîtres ornées
« des armoirées du seigneur commandeur [1].

§ 4. — *Saint-Pastou.*

On désignait sous ce nom un domaine composé des métairies de *Randé* et de la *Bordette*, situées dans la juridiction de Miradoux, et de celles de *Borducq* et de *Rauquine*, situées dans territoire de Castelarroy. Dans le XVII° siècle, elles avaient

[1] Arch. Golfech, L XVI.

été distraites de la commanderie de Golfech, pour former une circonscription dont les revenus étaient affectés au trésor de la vénérable Langue de Provence. Cette commanderie, qui subsista jusqu'à la fin du xviii° siècle, était affermée à des chevaliers de l'Ordre, qui l'administraient directement et portaient, comme ailleurs, le titre de commandeurs. Vers 1780, les métairies de Saint-Pastou furent réunies de nouveau à Golfech.

1° Liste des Commandeurs de Golfech.

TEMPLIERS.

1200. Guy de Brasac.
1211 Pierre Baquer.
1241-1245 Arnaud Arroy.
1267-1277. Guillaume de Cantamerle
1283-1284. Rotbert del Puech.
1285-1286, Raymond de Cardaillac.
1291-1292 Bernard de Leymont.
1293-1294. Arnaud du Bruelh.

HOSPITALIERS.

(De 1315 à 1480, Golfech réuni à Castelsarrasin).
1480-1482. Pons d'Auriac
1483-1500. Bernard de Tajac de Villevayre.
1511-1512. Robert de Durfort.
1518-1530. Jean de Roquelaure.
1531-1537. Guillaume de Roquefouil-Bersols.
1538-1541. François de Lagarde Saigne.
1542-1546 Jean de Malran.
1547-1550. Honoré de Grâce.
1553-1556. Pierre de Gozon-Mélac.
1556-1559. Charles d'Urre.
1561-1570. Etienne d'Arsac.

1571-1583. Mathurin de Lescur-Romégas.
1583-1617. Pierre d'Esparbès-Lussan Grand-Prieur de Saint-Gille.
1626-1635. Guillaume de Vincens Sabouillan.
1636-1649. Antoine de Puget Saint-Marc
1657-1658. Antoine de Blacas-Vérignon.
1676-1677. Jacques d'Ancezune-Caderousse.
1681-1689 Christophe de Baroncelly-Javon.
1693-1701. Jean de Gauthier-d'Ayguine.
1713-1720. François de Pontevès-Bargème.
1720-1724. Joseph de Modène-Pomerol.
1724-1727. Charles de Villeneuve-Tourette
1731-1741. André de Grille, bailli.
1757-1772. Gaspard-Hyacinthe de Grille, Maréchal de camp Commandant des grenadiers à cheval.
1772-1773. N. de Gaillard.
1780-1786 Bailli de Javon.
1788-1789 Louis de Franc-Montgey.

2° Liste des Commandeurs du membre de Casterus-Hautvillar.

1314-1315 Bernard de Saint-Maurice | 1360. Raymond de Belpech.

3° Liste des Commandeurs de Gimbrède.

TEMPLIERS.

1160-1161. Gaston de Castelmauron

HOSPITALIERS

1340. Bertrand de *Cancezio*.
1370. Adhémar d'Alans
1374. Gaucher de la Bastide-Rolland, Grand-Prieur de Toulouse.
1393. Jean de Lantar, Grand-Prieur de Toulouse.
1395-1419. Mauron del Mas.

1380. Pierre de Ferrand, Grand-Prieur de Toulouse.
1488-1495. Odon des Ganges.
1518-1521. Gabriel de Murat de Pomeyrols.
1522-1526. Honoré de Grâce.

(En 1526, réunion de Gimbrède à Golfech).

1535-1538. Géraud de Golard.
1596-1618. Pierre de Saint-Pastou.

4° Liste des Commandeurs du membre de Lieux.

1635-1541 Georges de Manas, prêtre

5° Liste des Commandeurs de Saint-Pastou.

1686-1693 Jean de Laroquan d'Ayguebère.

CHAPITRE XIX

Commanderie du Temple d'Agen ou de Brulhes.

MEMBRES : SALVAIGNAS, SAINT-SULPICE ET SAINT-JEAN DE L'HERME, SAINT-GERMAIN ET SAINT-CAPRAIS, DOMINIPECH, SAINTE-FOY DE JÉRUSALEM, SAINTE-QUITTERIE D'AGEN.

§ 1. — *Temple de Brulhes.*

Dans la portion de la vicomté de Brulhois, comprise entre le Lot et la Garonne, les Templiers possédaient dès les premiers temps de leur établissement dans le Midi, un vaste territoire, situé dans les environs de la place de Montpezat. Ce fut au centre de ce fief, sur les bords de la rivière du Lot, qu'ils jetèrent les fondements d'un formidable donjon, qui prit le nom de Temple de Brulhes et où les Maîtres des maisons de l'Ordre dans l'Agenais s'empressèrent de transporter leur résidence. Comme nous avons pu déjà le voir ailleurs, une conséquence toute naturelle suivit de près l'érection du château ; autour des murailles du Temple de Brulhes vinrent se ranger petit à petit les maisons des habitants des campagnes voisines ; peu de temps après, une ville se trouva tout naturellement formée et prit le nom du château qui la protégeait. Les Templiers, dans la dernière partie du XIIIe siècle, résolurent de favoriser ce mouvement de formation, en construisant une bastide, ou plutôt, en fortifiant la ville déjà existante. Un extrait de charte non daté nous apprend qu'un traité de paréage fut conclu en cette occasion entre le Roi et le commandeur. Le premier se chargea des frais de fortifications de la nouvelle bastide, moyennant la cession par les Templiers de la moitié de leur basse juridiction sur ce territoire, des oblies qu'ils y percevaient, des droits de four, de boucherie, de leude et de péage [1]. Bientôt après la bastide s'éleva entourée de sa muraille et commandée par le fort du Temple, malgré les protestations du seigneur de Montpézat, qui prétendait sa juridiction sur ces lieux [2].

Les archives du Temple de Brulhes contiennent une charte très intéressante que nous ne pouvons passer sous silence, quoiqu'elle ne rentre pas précisément dans le cadre de cette étude. C'est le traité de paix, d'*amor e paria*, conclu entre les habitants de Lectoure, représentés par leurs consuls, d'une part, et, de l'autre, par l'archiprêtre de la Plume et le bailli de Brulhois, agissant au nom des habitants de toute la vicomté ; traité, qui devait mettre fin à quelqu'une de ces guerres interminables, si fréquentes à cette époque non seulement de royaume à royaume, mais encore de province à province et de ville à ville. Les consuls de Lectoure promettent que, si un de leurs concitoyens faisait à l'avenir du tort à quelque habitant du pays du Brulhois, ils le feraient loyalement réparer dans le délai de 15 jours, serment que répètent les représentants du parti opposé. A cette charte sont encore suspendues les attaches des sceaux du consulat de Lectoure, du Prieur de Lairac et du bailli du Brulhois, (les sceaux ont malheureusement disparu [3]).

Rentrant dans l'histoire proprement dite de la Commanderie, nous signalerons une importante donation, qui vint vers la fin du XIIIᵉ siècle augmenter considérablement l'importance du domaine et surtout des revenus des Templiers. Le 5 mai de l'année 1288, le seigneur Guillaume Amanieu de Castelmauron, damoiseau, s'était rendu au Temple de Brulhes pour se dessaisir en faveur du commandeur, Bernard de la Selve, de la seigneurie qu'il avait sur quelques parties du

[1] Arch. Brulhes, L. VI.
[2] *Id.*
[3] Pièces justificat. nº LVII.

territoire des Templiers, de tout droit de péage qu'il prélevait tant sur terre que sur eau, de l'impôt du passage, qu'il percevait de moitié avec le monastère de Fontgrave, sur la rivière du Lot, des dîmes des chapelles de Saint-Gervais et de Saint-Avit, etc. Le généreux seigneur fut reçu, à sa demande donat de la maison et les Templiers lui promirent la sépulture, après sa mort dans leur église, « plus 5 messes par an, « pour le repos de son âme en l'honneur des 5 plaies de « Notre-Seigneur [1]. »

Comme nous pouvons le constater par les titres que prenaient les commandeurs du Temple de Brulhes, ils jouissaient d'une sorte de suprématie sur les maisons de l'Ordre de la contrée, et cet établissement était devenu le centre d'une circonscription administrative, désignée sous le nom de *baillie d'Agenais*. Nous avons vu plus haut dans l'étude sur les commanderies de Castelsarrasin et de Golfech, que cette prérogative amena dans la suite une guerre dans le sein même de l'Ordre et comment le chevalier B. del Thor, commandeur de Brulhes, ayant revendiqué à titre de successeur des Maîtres de la baillie d'Agen, le membre de Golfech, s'en était emparé par la violence et fut obligé par le Grand-Maître à le restituer au commandeur de Castelsarrasin. Malgré cet échec, la commanderie du Temple de Brulhes ne laissait pas que d'être importante, surtout lorsque plus tard on lui adjoignit l'hôpital de Salvaignas et ses nombreuses dépendances.

Une discussion contre « noble et puissant homme, Honorat « de Savoie, comte de Villars et seigneur de Montpezat, » qui disputait au commandeur la haute justice de la ville de Dominipech, fut terminée par une sentence du Présidial d'Agen, qui, le 15 novembre 1557, consacra les droits de l'Ordre sur cette juridiction [2].

Grâce à la force de ses murailles, le Temple de Brulhes, situé loin des places protestantes, paraît avoir été préservé de tout désastre pendant la période des guerres religieuses.

[1] Arch. Brulhes, L. XVI.
[2] Arch Dominipech, L. I.

Toutefois, si nous n'avons pas à enregistrer la dévastation de la commanderie, nous pouvons constater que l'esprit de révolte et d'insubordination avait commencé à se propager parmi la population. Profitant de l'absence des commandeurs, retenus au-delà des mers par le service de la religion, les vassaux s'émancipaient, peu à peu ils oubliaient leurs devoirs; des abus menaçaient de se transformer en droits, grâce à la prescription. Aussi quand messire Denys de Polastron la Hillière, commandeur de la Cavalerie, de Bordères, et du Temple de Brulhes et ambassadeur de l'Ordre auprès du Saint-Siége, voulut à son retour en France, visiter sa commanderie de l'Agenais, fut-il surpris à la vue de ses paysans parcourant ses forêts, « avec des quantités de chiens, lévriers et furets, » les mains armées d'arquebuses, et chassant tout comme de nobles seigneurs. Le chevalier tenta inutilement d'interposer son autorité, pour rémédier à ces abus ; ses vassaux se mutinèrent et des bandes révoltées allèrent dévaster ses récoltes. Effrayé de ces symptômes, le commandeur réclama la protection royale contre ses turbulents vassaux ; le 12 mars 1625 le roi Louis XIII chargeait Jean Rigal, commandeur de Goutz, d'aller placer sur la terre et juridiction du Temple de Brulhes les pannonceaux fleurdelisés [1].

Les archives font encore mention d'une affaire assez étrange qui vint, vers la même époque, solliciter l'intervention de ce même Commandeur. Vers le milieu du XVIe siècle, le pape Paul IV avait autorisé et encouragé la fondation à Rome d'un hôpital, appelé du *Saint-Esprit-en-Saxe*, et destiné à servir d'asile aux enfants trouvés. Grâce à la protection pontificale, cet établissement ne tarda pas à devenir prospère ; des donations dans les différents pays de la catholicité vinrent accroître son importance et l'Ordre religieux qui s'y fonda pour le service des pauvres tâcha de calquer son organisation sur celle de l'Ordre de Saint-Jean. Des Commanderies furent constituées par lui dans divers pays, notamment à Montpellier. Sur ces entrefaites arriva dans nos contrées un

[1] Arch Brulhes, L. VI

personnage, nommé Olivier de Latran de Laterrade, qui prit les titres de chevalier du Saint-Esprit-de-Saxe, commandeur de Montpellier et visiteur général de son Ordre en France ; il parcourait le pays, recevant les vœux des personnes qui témoignaient le désir de se consacrer à Dieu et aux pauvres de son hôpital. Non content de cela, il fit signifier à divers commandeurs de Malte dans le Midi, une bulle du pape Grégoire XV, qui adjugeait à l'hôpital du Saint-Esprit plus de 200 établissements appartenant à d'autres Ordres. Le temple de Brulhes était compris dans cette liste. Muni de cette pièce, il fit mettre sous le sequestre les biens qui lui étaient adjugés par la bulle. Malgré l'assurance de ses prétentions et la bulle qui les appuyait, le sieur de la Terrade ne parvint pas à convaincre ceux qu'il voulait dépouiller. Les autorités civiles et religieuses furent saisies de plaintes contre lui. Les preuves de son imposture et de la fabrication de cette bulle par un faussaire ayant été suffisamment établies, Olivier de la Terrade fut renfermé dans les prisons de Fort-l'Evêque. C'est là « qu'à travers les grilles de son cachot » lui fut communiquée par les délégués pontificaux une bulle du cardinal Jean Garsia « vicaire général pour le fait des hôpitaux », par laquelle il lui était interdit de prendre le titre de Commandeur du Saint-Esprit et de conférer l'habit de l'Ordre à personne (22 juin 1626) [1].

Réunie vers le commencement du xvie siècle à la Commanderie de la Cavalerie, celle de Brulhes n'en fut détachée qu'au milieu du siècle suivant. On lui adjoignit à la même époque l'ancienne Commanderie de Salvaignas, qui avait été fondue dans celle de Golfech. Cette adjonction rendit au temple de Brulhes son ancienne importance. Ses dépendances étaient nombreuses dans les environs ; c'étaient Dominipech, paroisse située dans la juridiction de Montpezat, Sainte-Quitterie d'Agen, et son annexe, Sainte-Foy de Jérusalem, Salvaignas, Saint-Sulpice de Ribalède et Saint-Jean de l'Herme, Saint-Capraiset Saint-Jean de Villedieu.

[1] Arch. Brulhes L. IX.

Donnons avant de terminer la description du fort du Temple, telle qu'elle nous est fournie par le procès-verbal de la visite de 1669 :

« Plus pocède et jouit au dict lieu du Temple ung grand
« et beau chasteau bien logeable ; il est attaché par ses
« murailles à ung fort entouré de murailhes ; dans lequel fort
« y a 30 maisons ou logettes ; sur le portail duquel fort y a
« une garite grande et fort eslepvée, bastye de bricques,
« pour la deffence d'icelle ; et tout le dict fort est entouré
« d'une murailhe de bricques, appartenante au Commandeur.
« Au coing duquel fort y a une grande tour bastye de
« bricques ; laquelle tour appartient au Commandeur ; quantes
« fois on y faict le service de pigeonnier, et, en temps de
« guerre, elle sert pour la deffense du fort, estant situé en
« ung lieu fort avantageux pour ce faire. Dans le dict chas-
« teau, en montant au hault du degré, on y rencontre une
« petite tour, autour d'une chambre faicte en cul de lampe,
« et une garite qui défend l'entrée du dict fort et flanque le
« chasteau, qui va respondre à une autre des dictes tours,
« qui est sur le coing du chasteau ; d'où l'on entre aussy
« dans l'autre tour, qui est sur la porte du dict chasteau ;
« laquelle le défend avec les autres tours qui se flanquent
« l'une à l'autre ; sur lequel hault du chasteau, y a quelques
« petites chambres que les habitants tiennent pour y entrer
« en temps de guerre... »[1].

§ 2. — *Sainte-Quitterie d'Agen.*

A une époque que nous ne pouvons préciser, les Templiers fondèrent un établissement dans la ville même d'Agen. Près de l'église Sainte-Quitterie, dont le dîmaire et la seigneurie spirituelle leur avait été donnés dès le principe, s'élevait la masse sombre d'un vieux donjon crénelé ; leur autorité s'étendait de là sur tout le quartier entourant leur

[1] Arch. Brulhes, L. XVI.

enclos et désigné dans les vieux cadastres sous le nom *du Temple*. A peine la construction du château de Brulhes eut-il fourni aux Templiers une résidence plus à leur convenance, qu'ils s'empressèrent de s'y fixer, abandonnant leur fief de Sainte-Quitterie, qui ne forma plus qu'un membre de la nouvelle Commanderie. Nous ne trouvons plus d'indication sur ce membre depuis l'époque de son adjonction au Temple de Brulhes jusqu'au xvie siècle, sinon qu'il s'accrut en 1315 de tout ce que l'Ordre de Saint-Jean possédait dans le voisinage. En 1553, les consuls d'Agen entreprirent, au mépris des privilèges des chevaliers de Malte, de prélever les tailles sur les biens qu'ils possédaient dans la ville d'Agen et dans sa juridiction. Mais le Commandeur obtint à ce sujet des lettres de chancellerie du Parlement de Bordeaux ; les consuls durent se résigner et consacrer les immunités de l'Ordre, par une délibération, dont le procès-verbal fut déposé dans les archives [1].

Ne résidant plus depuis des siècles dans la ville d'Agen, les Commandeurs du Temple cherchèrent à tirer le meilleur part possible de leur vieille église de Sainte-Quitterie, que les siècles et le délaissement menaçaient d'une ruine prochaine. Nous trouvons dans les archives un accord conclu en 1601 entre Raymond de Gozon Mélac, Grand-Prieur de Toulouse, commandeur de la Cavalerie et du Temple, et le sindic de la confrérie des Pénitents d'Agen. Le chevalier autorisait ces derniers à faire leurs exercices de dévotion dans la chapelle de Sainte-Quitterie, à la condition de se charger de toutes les réparations [2]. Vers le milieu du xviiie siècle, le Commandeur François de Pallavicini obtint du Grand-Maître l'autorisation de céder à l'évêque d'Agen l'église de Sainte-Quitterie, « qui ne rapportait rien à l'Ordre » pour y établir une maison de refuge autorisée par lettres patentes de 1746 : le prélat s'engageait, de son côté, à servir au Commandeur « une rente noble consistant en une croix d'or de la valeur

---

[1] Arch. Sainte-Quitterie, L. III.
[2] *Id.*

de 85 livres ; » au dessus de la porte du futur établissement s'élèvera la croix de l'Ordre, et, lors des visites de la Commanderie, les commissaires seront reçus au son des cloches par l'aumônier du couvent (1753) [1].

§ 3. — *Salvaignas*.

Dans le voisinage du Temple de Brulhes, s'élevait un antique donjon, au sommet duquel flottait l'étendard de l'Ordre de Saint-Jean. C'était l'hôpital de Salvaignas, dont les commandeurs exerçaient leur juridiction sur toute la circonscription de l'Agenais. Le plus ancien acte, que nous trouvons dans ses archives, n'est que de l'année 1235. C'est la charte par laquelle le seigneur Guillaume de Saint-Geniès se donnait avec tous ses biens, « à Dieu, au bon Monseigneur Saint-Jean « et à son hôpital de Salvaignas ; » donation qui fut reçue par Sans Arcis, « commandeur de Salvaignas et des autres mai- « sons de l'Ordre en Agenais [2]. » Un autre parchemin nous transporte ensuite devant le tribunal du chevalier, Blaise *Lupi*, viguier de Toulouse et nous montre Sans *Anerii* de Pins, damoiseau, donnant à Guillaume de Villaret, Grand-Maître de l'Ordre, ses droits sur Saint-Jean de Ferrand, sur Montcaprel, ainsi que le péage de Manerque (1298) [3].

Le 3 mars 1264, le Grand-Prieur de Saint-Gille, Féraud de Baras, et Ermengaud des Aguilhiers, commandeur de Salvaignas, octroyèrent « à leurs amés vassaux » de cette ville une charte de franchises. Nous avons déjà étudié un assez grand nombre de documents du même genre, et pouvons nous contenter de passer rapidement sur celui-ci : signalons seulement, dans le code de justice criminelle, l'article qui prescrit l'ensevelissement du meurtrier au-dessous du corps de sa victime et dans les arrêtés contre les voleurs de récoltes, l'exemption en faveur des femmes enceintes, qui ont droit

---

[1] Arch. Sainte-Quitterie, L. III.
[2] Arch. Salvaignas, L. I.
[3] Saint-J. de Ferrand, L. I

« d'entrer dans les vignes ou les jardins, d'y manger des rai-
« sins ou d'autres fruits et même d'en emporter dans leurs
« mains [1]. »

Citons parmi les bienfaiteurs de la maison de Salvaignas
« noble dame Elydis du Val, dame du Val et de Saint-Etienne
« de Casson qui, considérant les services rendus dans tout
« l'univers par l'Ordre de Saint-Jean, » lui donne tout ce
qu'elle possédait dans cette juridiction (21 juin 1401) [2]. Tout
le reste des archives de cette commanderie est encombré par
les débats, les procès et les transactions entre les Hospitaliers
et les chanoines de Saint-Caprais au sujet des dîmes de Salvaignas [3]. Ces discussions se prolongèrent jusqu'à la fin du
xvie siècle, époque à laquelle le commandeur Pierre d'Esparbès
acquit du chapître les droits que ce dernier percevait sur
Salvaignas, en échange de rentes qu'il céda sur le *tènement
de la Vigne* (1594) [4].

Dans les dernières années du xve siècle, Salvaignas perdit
son titre de commanderie et fut réunie à Golfech; comme
nous l'avons vu plus haut, vers 1650, il fut adjoint à la nouvelle
commanderie du Temple de Brulhes. Sainte-Foy, Saint-Jean de
Ferrand, Dominipech, Saint-Caprais formaient ses plus
anciennes dépendances; on lui avait réuni dans la suite la
petite commanderie de Saint-Sulpice de Ribalède. Donnons
en terminant la description du château de Salvaignas, telle
que nous la trouvons dans le procès-verbal de la visite de
la commanderie en 1669 :

« A Salvaignas, le commandeur a un chasteau, joignant
« l'esglise, avec trois tours du cousté du levant et du midy,
« qui servent de deffense pour le dict chasteau; en l'une des-
« quelles y a ung dégré; et, à trois coings du dict chasteau,
« une guéritte à chascun, bastye de bois et de briques et cou-
« vertes de thuiles. A l'entrée du dict chasteau du cousté de
« l'esglise, y a un petit reduict appelé *Rebelin* [5]. »

[1] Arch. Salvaignas, L. II.
[2] Arch. Salvaignas, L. I.
[3] Arch. Salvaignas, L. III.
[4] *Id.*
[5] Arch. Brulhes, L. XVI.

§ 4. — *Sainte-Foy de Jérusalem.*

Dans les environs immédiats de la ville d'Agen, les Hospitaliers de Salvaignas possédaient le château fort de Sainte-Foy de Jérusalem. Les Anglais, à qui le roi Philippe III avait cédé la possession de l'Agenais, s'empressèrent de s'y établir sur le pied de guerre et de s'assurer de l'occupation d'un certain nombre de places et de positions stratégiques. La citadelle de Sainte-Foy leur parut importante pour la protection des approches de la ville d'Agen. Aussi, sans avoir égard aux immunités de l'Ordre et aux réclamations du commandeur de Salvaignas, une garnison anglaise vint s'y établir. Malgré toutes ces précautions, les débuts de la guerre, qui éclata bientôt après, furent favorables à nos armes et le comte de Valois lieutenant du Roi en Languedoc, s'empara en 1325 de presque tout l'Agenais : en 1327 les Anglais, aidés par une partie de la noblesse du pays, ne conservèrent avec peine que quelques places et, entre autres, celle de Sainte-Foy; ils offrirent aux Hospitaliers de la leur rendre, dans l'espoir sans doute de les attirer dans leurs intérêts. Mais, fidèle à la cause française, le commandeur de Salvaignas, Raymond Roger de Mirepoix, demanda à ce sujet les ordres de Robert Bertrand, seigneur de Briquebec, lieutenant du roi en Gascogne. Ce dernier par ses lettres datées de la Réole (8 septembre 1327) et scellées de ses armes, autorisa les chevaliers de Saint-Jean à reprendre possession de la place de Sainte-Foy, à la fortifier et à la peupler de nouveau, à la condition qu'elle resterait désormais sous l'autorité du roi de France [1].

La paroisse de Sainte-Foy avait été déclarée annexe de Sainte-Quitterie d'Agen, et demeura unie à ce membre dans toutes les transformations qu'il éprouva dans la suite.

---

[1] Arch. Sainte-Foy, L. I.

§ 5. — *Saint-Sulpice de Rivalède.* — *Saint-Jean de l'Herme.*

Saint-Sulpice de Rivalède était une petite commanderie que l'Ordre de Saint-Jean possédait sur les bords de la rivière de la *Leyde*. Après avoir eu, dès le principe, une existence propre, elle fut réunie, ainsi que son annexe Saint-Jean de l'Herme, à la commanderie de Salvaignas vers le milieu du xiv⁰ siècle. Les documents peu nombreux que renferment ses archives, ne nous parlent que des discussions et quelquefois même des luttes qu'eurent à soutenir en plus d'une circonstance les chevaliers de Saint-Jean à Saint-Sulpice. Nous voyons tout d'abord Pierre de Belet, commandeur de Saint-Sulpice, en procès avec le sindic des habitants de Saint-Jean-de-l'Herme pour la fixation des droits de dîmes dûs par ces derniers ; discussion terminée par un arbitrage le 15 septembre 1287 [1].

A la suite sans doute d'autres difficultés, ou bien en présence des dangers que la guerre de Gascogne faisait courir à ses domaines, le commandeur de Saint-Sulpice obtint, en 1338, du Roi Philippe VI des lettres de sauvegarde « pour ses « domaines, son église et son moulin de la Leyde [2]. » Si cette mesure put préserver la commanderie pendant quelque temps son efficacité ne fut que provisoire, comme nous allons le constater.

La fin du xv⁰ siècle notamment fut une époque troublée pour Saint-Sulpice de Ribalède. Il s'agissait encore cette fois des dîmes de Saint-Jean de l'Herme, qui étaient disputées au chevalier Bernard de Gros, commandeur du Temple du Breuil, par Etienne Carrière, prêtre, sindic de l'hôpital Sainte-Catherine de Villeneuve-d'Agen. L'affaire portée devant les tribunaux ecclésiastiques fut jugée en faveur de l'Hospitalier. Exaspéré de sa défaite, le sindic résolut de se charger lui-même du triomphe de sa cause, et, à la tête d'une vingtaine

---

[1] Arch. Saint-J.-de-l-Herme, L. I.
[2] Arch Saint-Sulpice-Rib. L. I.

de complices, « armés et rembastonnés d'armes et harnois « invasibles, » se jeta sur les domaines du commandeur, ravageant les moissons, dispersant et maltraitant les témoins de ses méfaits. Le 24 février 1479, le Parlement de Toulouse rendit, à la requête du chevalier de Gros, un arrêt d'ajournement contre les coupables. Mais cette intervention de la justice ne fut pas suffisante pour clore cette période de luttes.

Ce même Commandeur s'établit le 11 septembre 1482 dans la maison qu'il possédait à Saint-Sulpice. A cette nouvelle deux de ses ennemis, Pierre Bernard et Arnaud Hébrart, anciens complices d'Etienne Carrière, dont ils avaient sans doute partagé les précédentes entreprises, trouvèrent l'occasion favorable pour mettre à exécution un complot préparé de longue main et se défaire d'un adversaire qui leur était particulièrement antipathique. La plainte adressée au Parlement par ce dernier, nous les montre « à la tête d'une troupe de trente « ou quarante hommes, gens infâmes et dissolus, entre les-« quelz le bourrel, ou exécuteur criminel de justice de Ville-« nove d'Agenois », faisant invasion dant la maison de l'Hôpital.

« Iceulx se irruèrent contre le dict exposant et ses serviteurs
« et les prinrent aux cheveulx et leur tiroient et arrachoient
« les poils de la barde, en regnyant le nom de Dieu, et qu'ils
« les dampnifieroient de leurs personnes. Et ledict Arnaut
« Ebrart tira son peinart hors de la gaigne, en disant, audict
« exposant : *Ribaut crozat, per las plagas de Diù, aras mori-*
« *ras !* en lui voulant donner dudict peinart sur la teste. Et
« aussy ledict Pierre Bernart tira son espée, de laquelle par
« plusieurs fois, s'esforça tuer ledict exposant, ce qu'il eust
« faict, s'il ne se fust gardé. Et, en voulant mettre leurs mau-
« vais desseins et propos à effect, prinrent à la gorge Astorg
« de Reysag et l'eussent estranglé, si ne fust que ledict expo-
« sant les en garda. Et non contents de ce, eschallèrent l'es-
« glize, dans laquelle trouvèrent Bertrand de Lalane, [servi-
« teur dudict suppliant, et lui arrachèrent la plus grande
« partye des cheveulx de la teste, lui baillèrent plusieurs cops
« avec leurs bastons, tellement qu'il tomba en terre, et, lui

« estant en terre, aucun desdicts malfaicteurs lni donna ung
« estre d'un espiot parmy le genoil et lui fit une grande playe,
« d'où issit grant effusion de sang... Ils prindrent, ruynèrent
« et emportèrent les males, espées, arbalestes, ung filest de
« chasse dudict exposant, estans dans ladicte esglize. »

Les coupables auteurs de cette agression se flattaient de
l'impunité, en raison de leur parenté avec le lieutenant du
sénéchal d'Agen; poussant même plus loin leur audace, ils
avaient fait sommer par leur allié le Commandeur à venir
rendre compte devant la cour du sénéchal des violences qu'il
aurait commises à leur égard, et emprisonner ses serviteurs.
Mais la chancellerie du Parlement de Toulouse, par ses lettres
datées de Bourg-Saint-Bernard (19 octobre 1472), annula la
procédure commencée et cita les agresseurs à sa barre [1].

1º Liste des Commandeurs du Temple de Brulhes ou d'Agen.

TEMPLIERS

1161. Jourdain de la Contraria.
1256 Pierre Boyer.
1281. Raymond de Cantamerle.
1288-1290. Bertrand de la Selve.
1298. Guillaume de Bernard.

HOSPITALIERS.

1312-1319. Bernard d'Arles.
1323-1325. Hugues de Lemosi.
1346-1347. Raymond de Labaut.
1348-1349. Bernard de Lautrec.
1358-1372. Bernard del Thor.
1372-1393 Raymond de Belpech.
1462-1473 Bernard de Vellac.
1475-1496. Bernard de Gros.
1498-1506. Tannequin de Bussel

(De 1508 à 1650, réunion du Temple de Brulhes à la Cavalerie.)
(En 1650, rétablissement de la Commanderie du Temple de Brulhes.)
1650-1669. François d'Esparbès-Lussan.
1675-1681. Pierre du Pont de Gau.
1688-1689. Conrad de Raymond-Pomeyrol.
1693-1705. Jean de Guérin-Castelet.
1719-1720 Louis-Joseph du Gasc.
1723-1731. Octave de Galléan
1737-1733 Charles de Vignes-Parizot
1753-1756. François de Pallavicini.
1765-1766. François de Glandevès-Castellar.
1780-1788. Bernard de Polastron-la-Hillière.

---

[1] Arch. Saint-Sulpice-Rib., L. I.

2º Liste des Commandeurs de Salvaignas.

1235-1235. Sans Arcis.
1148-1251. Jourdain de Saint-André.
1257. Arnaud de Boutenac.
1264-1284. Ermengaud des Aguilhiers.
1301-1306. Bertrand de Savignac.
1313-1322. Bérenger de la Selve.
1326-1327. Raymond-Roger de Mirepoix.

1358-1375 Bernard del Thor.
1376-1377. Jean de Bernard.
1401-1411. Bernard de Marrast.
1421. Jean de Durfort.
1449. Pierre de Montlezun.
1451-1481. Bernard de Vellac.
1488-1489 Erol d'Alaman.
1493-1495. Jean de Laincel.

3º Liste des Commandeurs du membre de Dominipech.

1505 Pierre de Raffin,   1509. Hugues d'Albinh.

4º Liste des Commandeurs du membre de Saint-Jean de Ferrand.

1319. Wilhelm de las Colteras.
1500. Bertrand de Lassacomba.
1618. Jean Rigald.

1704. Honoré de Champoussin.
1718-1719. Jean d'Arrerac,

5º Liste des Commandeurs du membre de Sainte-Foy.

1478. François de Mayron.

6º Liste des Commandeurs de Saint-Sulpice de Ribalède.

1287 Pierre de Belet.
1465. Durand de *Rusta*

1495-1515. Robert de Durfort
1478-1495 Bernard de Gros.

CHAPITRE XX

Commanderie de la Cavalerie.

MEMBRES : AYGUETINTE, SAINTE-CHRISTIE, SAINT-ANDRÉ D'ES-QUÉRENS, SAINT-JEAN DE BARCANÈRES, ABRIN, AURENS, NOM-DIEU, BONNEFOND, PONSAC, SAINT-VINCENT, RISCLE.

§ 1. — *La Cavalerie.* — *Ayguetinte.*

Cette Commanderie, située dans le comté d'Armagnac, faisait jadis partie, comme son nom l'indique, du domaine des Templiers. Mais sa fondation ne me paraît pas antérieure à l'organisation des différentes circonscriptions administratives du Grand-Prieuré de Toulouse pendant le XIIIe siècle. Elle devait sans doute former dans son origine un membre plus ou moins important de la Commanderie du Temple de Brulhes. Après avoir hérité des domaines des Templiers et les avoir adjoints momentanément à leurs propres Commanderies, les Hospitaliers se virent bientôt après forcés de modifier cet état de choses, en multipliant le nombre de leurs circonscriptions, afin de faciliter l'administration et la surveillance de leurs nombreuses seigneuries. C'est ce qui arriva pour la Cavalerie. L'ancien château des Templiers devint, vers 1330, le centre d'une Commanderie, qui ne tarda pas à acquérir une très grande importance, grâce à l'adjonction de diverses possessions de l'Ordre de Saint-Jean dans les environs. Sous l'autorité du Commandeur de la Cavalerie se trouvèrent même réunies pendant toute la durée du XVIe siècle les Commanderies du Temple de Brulhes et de la Capelle-

Livron, qu'on rétablit dans le siècle suivant lorsqu'on eût vu les inconvénients produits par cette accumulation de revenus dans la même main.

Nous ne pouvons constater l'existence de la Commanderie pendant les xiv⁰ et xv⁰ siècles que par quelques actes insignifiants et par la mention de quelques-uns des chevaliers qui la gouvernèrent durant cette période. En 1491, nous voyons le Commandeur, Pons de Raflin, octroyant à ses vassaux de la Cavalerie la faculté d'avoir des fours dans leurs maisons pour leur usage particulier [1].

La petite ville de la Cavalerie, située dans la juridiction de Vic Fezensac, avait avec cette dernière de fréquents rapports; c'est là que les vassaux des chevaliers allaient vendre leurs denrées et chercher leurs approvisionnements. Aussi voyons-nous en 1510 le Commandeur, s'appuyant sur des priviléges concédés dans le principe, contraindre les consuls de Vic à alléger le droit de *souquet* qu'ils prélevaient sur ses vassaux quand ces derniers se rendaient au marché de la ville [2].

Le château et les dépendances de cette Commanderie se trouvaient placés sous la suzeraineté des seigneurs de Pardailhan. Nous voyons en l'année 1545 « noble et puissant homme, François de Béarn, chevalier, et noble et illustre dame Amée de Pardaillan, » mettre le chevalier Pons d'Urre en possession de la Commanderie de la Cavalerie et le sommer, quelques années après, d'avoir à leur rendre l'hommage qu'il leur devait (1548) [3].

Les archevêques d'Auch eurent de temps à autre des démêlés avec les Commandeurs. Déjà, en 1497, ils disputèrent sans résultat aux Hospitaliers le patronat de la cure d'Ayguetinte, dépendance immédiate de la Cavalerie [1]. Mais ce fut surtout au sujet des dîmes de certaines paroisses que le débat fut le plus persistant. Car ces différents se poursuivirent, malgré un accord conclu en 1510 [5]; en 1623, nous trouvons

[1] Arch. Cavalerie, L. I.
[2] *Id.*
[3] *Id.*
[4] Arch Ayguetinte, L. I.
[5] Arch Cavalerie, L. I.

encore la guerre allumée entre les deux partis ; l'archevêque d'Auch porta plainte au Parlement de Toulouse contre le Commandeur, dont les gens avaient troublé ses serviteurs dans la perception des dîmes contestées. La cour mit un terme définitif à ces longues discussions, en consacrant les droits et les immunités des chevaliers de Saint-Jean [1].

Vers la fin du xvi° siècle, La Cavalerie fut érigée en Chambre prieurale ; mais elle ne resta pas longtemps dans l'apanage des Grands-Prieurs. Car, en 1620, nous pouvons constater le rétablissement de la Commanderie.

Les membres de cette circonscription étaient : 1° Ayguetinte (annexe de la Cavalerie) ; 2° Sainte-Christie et ses annexes : Saint-André-d'Esquerens (près de Caslilhon) et Saint-Jean-de-Barcanères ; 3° Riscle ; 4° Saint-Jean-de-Somonville ; 5° Abrin et son annexe : Aurens ; 6° Nom-Dieu et ses annexes : Sainte-Foy, Ponsac, Bonnefond, Saint-Vincens ; 7° Arpentian, la Grange-Martin, etc. Sa valeur était, en 1695, de 6,929 liv. tour. et ses charges se montaient à 2,480 liv. tour.

§ 2. — *Sainte-Christie. — Saint-André-d'Esquerens. — Saint-Jean-de-Barcanères.*

Les archives ne nous fournissent pas d'indication sur l'origine de cet établissement, possédé par l'Ordre de Saint-Jean, dans le Bas-Armagnac. Nous savons seulement qu'au commencement du xiii° siècle il existait à l'état de commanderie. A peu près vers cette époque, on voit son importance s'accroître considérablement, grâce à une donation imprévue. Le 13° jour des kalendes de mars, en l'année 1223, au château d'Oloron, était étendu sur son lit d'agonie un homme qui s'était acquis un triste renom par un crime exécrable : c'était Guillaume-Raymond de Moncade, vicomte de Béarn. Tout jeune encore, il avait inauguré son gouvernement en assassinant traîtreusement son oncle, Bernard, archevêque de Tara-

[1] Arch. Cavalerie, L. III.

gone, son bienfaiteur. Le Pape avait pris en main la cause de la victime et lancé contre le criminel les foudres de l'excommunication. Le puissant baron, malgré tout son dépit, avait dû se soumettre à cette autorité qui, seule, avait osé prendre la défense de la justice et contre laquelle on n'avait pas encore appris à se révolter ; il s'était vu condamner par le Souverain Pontife à une pénitence dure et humiliante, à l'expiration de laquelle il devait passer les mers, conduire à ses dépens, en Palestine, 10 chevaliers et 30 archers bien armés, pour y combattre pendant 5 ans contre les infidèles. Guillaume-Raymond avait trouvé mille prétextes pour retarder son départ et il n'avait pas encore exécuté son voyage, lorsque, sentant la mort approcher, il se ressouvint de son crime et de la non exécution de sa pénitence. D'après les conseils de Garsias, archevêque d'Auch, de Guillaume de Biran, évêque de Tarbes, et de Pierre, abbé de Cluny, il dicta son testament que nous pouvons lire dans le *Gallia Cristiana* et dans l'*Histoire du Béarn*, par *Marca* [1], et dont une copie fut déposée dans les archives de la commanderie de Sainte-Cristie. Par cet acte, il donnait en indivis aux Templiers et aux Hospitaliers, comme compensation de son pèlerinage, tous ses droits « sur le lieu de *Mancied* [2], où s'élevait jadis une célèbre « place forte, » excepté les dîmes et les pouvoirs ecclésiastiques qu'il laissait à l'archevêque d'Auch ; pour cette charte il supprimait tout le droit de péage exigé, jadis en son nom de tout voyageur traversant le territoire de Mancied. Après avoir réglé le paiement de ses dettes, ordonné différentes restitutions et plusieurs legs pieux, le mourant confiait l'exécution de ses dernières volontés à l'archevêque d'Auch, à l'évêque de Tarbes et à ses *feaux chevaliers*, Garsie de Novaille, Odon d'Audongs, Wilhelm de la Guingue, Raymond-Arnaud de Coaraze [3].

Avant de mourir, Guillaume-Raymond de Moncade ordonna, par une missive, conservée dans les archives, à Raymond-

---

[1] Liv. IV, chap 28.
[2] Et non de Mazères, comme l'ont lu les savants auteurs dont nous venons de parler.
[3] Pièces justificat. n° LVIII.

donnés par dame Amate (ou Mathe), comtesse d'Armagnac ; cette dernière fut ensevelie, ainsi que nous l'apprend un document de 1622, dans l'église de Sainte-Christie, « en « laquelle son tombeau paroît encore avec des marques qui « tesmoignent qu'il estoit somptueusement basty [1]. » Le précepteur était de plus seigneur spirituel des paroisses de Saint-André-d'Esquerens, et de Saint-Jean-de-Barcanères, situées près de Castillon. Dans les dépendances de cette dernière, il possédait aussi l'église et le dîmaire de *Sainte-Marie-que-Diù-no-sap* et devait pour cela l'hommage aux seigneurs de Barcanères, ainsi qu'une paire d'éperons dorés à chaque mutation [2].

Dans la période postérieure à la suppression de cette préceptorerie, nous ne trouvons à extraire des archives que le procès soutenu par le Commandeur de la Cavalerie contre le roi de Navarre, qui lui réclamait l'hommage pour les terres de Mancied, et terminé en faveur du premier par arrêt du Parlement en 1539 [3].

§ 3. — *Riscle.*

Dans la petite ville de Riscle, depuis une époque que, faute de documents, nous ne pouvons préciser, les Hospitaliers possédaient l'église de Saint-Cristophe et son dîmaire ; ils y avaient de plus un établissement, désigné dans les actes sous le nom d'hôpital de Riscle. Il est permis de supposer que la maison de Riscle avait fait jadis partie de la Commanderie de Sainte-Christie. Quand les archives commencent à nous initier à son existence, nous la trouvons formant un membre de la Commanderie de la Cavalerie ; à cause de son importance et de son éloignement du centre de la Commanderie, son administration était ordinairement confiée à un précepteur particulier. La nomination à ce poste amena dans la première moitié du XVIe siècle des orages assez graves dans le sein

---

[1] Arch. Sainte-Christie, L. III.
[2] *Id.*
[3] Arch. Sainte-Christie, L. IV.

même de l'Ordre. Les Hospitaliers n'étaient pas les seuls seigneurs spirituels de la paroisse de Riscle. Le patronat de l'église Saint-Christophe appartenait aux seigneurs de *Comnatières*, qui, en cette qualité, prétendaient avoir le droit de présenter le religieux de Saint-Jean qui devait en être pourvu. De là devait naître évidemment un conflit de juridiction entre cette famille et le Commandeur de la Cavalerie. Devant le chapitre provincial, tenu à Toulouse en 1526, sous la présidence du Grand-Prieur Didier de Saint-Jal, se présentèrent le chevalier Bertrand de Castelbajac, nommé à la Commanderie de Riscle par noble Augier de Laur, seigneur de Comnatières, et Pierre de Gauthier, prêtre de l'Ordre, que le Commandeur de la Cavalerie venait de désigner pour ce poste; les deux concurrents demandaient à l'Assemblée la validation de leurs titres. Le chapitre confirma les actes du Commandeur et invalida l'élection du chevalier de Castelbajac. Mais ce dernier ne se tint pas pour battu, et n'ayant pu réussir par les voies légales, il résolut d'employer la force pour occuper le poste dont il se considérait comme le légitime possesseur. Ecoutons, en effet, la plainte adressée au sénéchal par Pierre de Gauthier, le 25 juin 1529.

« S'estant rendu à Riscle le jour de Saint Jehan Baptiste
« pour recueillir les émoluments qui lui étaient dûs et y dire
« la messe, le chevalier Bertrand de Castelbajac de Rhoède
« estoit arrivé, qui furieusement se geta sur luy en regnyant
« et blasphémant la mort et la teste de Dieu, à grosses
« poussées le geta hors de ladicte Commanderie, disant qu'il
« n'avoit que faire du dict Gauthier, et qu'il allast au Diable
« et que ladicte Commanderie luy competoit et appartenoit. »

Quelques jours après, des lettres de la chancellerie du Parlement de Toulouse vinrent maintenir P. de Gauthier dans la possession de Riscle contre les usurpations de Bertrand de Castelbajac (1er juillet 1529) [1]. Pour prévenir de semblables difficultés, Jean-Paul de Cardaillac d'Ouzon, Commandeur de La Cavalerie, acheta au prix de 750 livr. tour. le droit de pa-

---

[1] Arch Riscle, L. I.

tronat sur la cure de Riscle, de messire Jean de Luppé, baron d'Arblade, héritier des seigneurs de Comnatières (1680) [1].

Cette même année, le membre de Riscle avec son annexe, Saint-Barthélemy de *Lapressère*, furent détachés de la Commanderie de la Cavalerie pour être unie à celle de Saint-Blaise-des-Monts. Vers le milieu du xviiie siècle, Riscle fut érigé en Commanderie séparée et réunie de nouveau à la Cavalerie en l'année 1784.

§ 4. — *Abrin*.

Abrin était une petite Commanderie que l'Ordre de Saint-Jean possédait entre Condom et Lectoure. Ses archives nous fournissent peu de détails sur son histoire. Un inventaire des meubles trouvés dans cet établissement lors d'une mutation de Commandeur, en 1271, ne donne pas grande idée de son importance; car nous n'y trouvons, après la nomenclature de quelques ornements d'église, que de rares instruments d'agriculture, dans les greniers, une petite provision d'avoine, dans l'écurie, une paire de bœufs et quatre juments, dans la maison enfin « 3 frères donnés et 3 sœurs données [2]. »

L'existence distincte de la Commanderie d'Abrin eut une courte durée; elle fut fondue avec ses annexes, Saint-Louvier et Aurens, dans celle de Sainte-Christie et adjointe avec cette dernière à la Cavalerie.

§ 5. — *Saint-Jean-de-Somonville (Lectoure)*.

Les Templiers possédaient quelques biens à Lectoure même et dans sa juridiction l'église Saint-Jean-de-Somonville. Les archives nous conduisent tout d'abord dans cette ville où Davin de Roaix, « curateur et garde des biens du Temple dans « la sénéchaussée de Toulouse, » arrive le 16 mai 1313 avec

---

[1] Arch. Riscle, L. I.
[2] Arch. Abrin, L. I.

une délégation du sénéchal pour mettre les Hospitaliers en possession des biens qui leur avaient été adjugés. En présence de Guillaume de Larochan, bailli de Lectoure pour le roi d'Angleterre et des consuls de la ville, devant la porte de l'ancienne maison du Temple, il en donne l'investiture à Bernard de Saint-Maurice, précepteur de Castelsarrasin et procureur de Raymond d'Olargues, lieutenant du Grand-Maître dans le Grand-Prieuré de Saint-Gille [1].

Leur nouveau domaine étant trop peu considérable pour former une Commanderie séparée, les Hospitaliers s'empressèrent de le réunir à celle de la Cavalerie. Nous n'avons à mentionner que les procès qu'eurent à soutenir les Commandeurs contre les consuls de Lectoure, en 1599, pour la fixation de la somme due par les premiers pour l'entretien des pauvres de la ville, et en 1779, au sujet des dîmes de Saint-Jean-de-Somonville que le grand-conseil déclara appartenir aux chevaliers de Malte [2].

§ 6. — *Nom-Dieu.* — *Saint-Vincent.*

Dans la portion méridionale de la vicomté de Brulhois se trouve une petite localité, dont le nom révèle tout d'abord l'origine monastique. C'est le village de *Nom-Dieu*. Il doit en effet sa fondation aux Hospitaliers, appelés dans ces contrées par un vicomte de Béarn et comblés dans la suite de faveurs par ses descendants.

Vers l'année 1160, Gaston V, vicomte de Béarn et dame *Gilia* sa sœur, donnèrent à l'hôpital de Saint-Jean leur territoire de *Percemil*, au centre duquel un frère de cet ordre se hâta d'élever une maison destinée au soulagement des pauvres, et l'appela l'hôpital du Nom-Dieu. Immédiatement après cette fondation, la noble dame Gilia, devenue vicomtesse de Boville, dotait la nouvelle maison de son franc-fief de *Tenorencha*, y faisait bâtir par ses gens un moulin pour l'usage des

[1] Arch. Saint-Jean-de-Somonville, L I.
[2] *Id.*

hospitaliers et était reçue sœur de l'Ordre de Saint-Jean. Le successeur du premier bienfaiteur de cet hôpital, s'empressa de confirmer les donations de son père et de sa tante, et fut reçu « frère de la maison. » Cette confirmation fut faite sous l'épiscopat d'Elie de Castilhon, qui témoigna sa faveur aux Hospitaliers du Nom-Dieu en venant consacrer leur église, Gaston VI donna à l'Ordre plusieurs autres marques de sa haute bienveillance. C'est ainsi que de 1210 à 1215, époque de sa mort, il laissa successivement aux Hospitaliers le franc-fief de Marmont et la ville de *Oumet* (?) Cette dernière donation fut faite à Pau en présence des principaux seigneurs de sa cour, Wilhelm de Montlezun, Maurin de Millesaints, Wilhelm d'Abos, Merle d'Aras, Bernard *da Nota*, abbé de Luc, etc... Gérard de Golard, bailli de la vicomté de Brulhois fut chargé de mettre le précepteur en possession de cette ville.

Le neveu de Gaston VI, Guillaume de Moncade, qui hérita de la vicomté de Béarn en 1223, signala son avènement en donnant à l'hôpital du Nom-Dieu et « à son fidèle ami, » le précepteur Sans Garsetz, tous ses droits sur *le casal de Guiralt Fortz*.

Toutes ces diverses donations se trouvent consignées dans la charte solennelle de confirmation, concédée par Gaston VII, vicomte de Béarn, fils de Guillaume de Moncade. Cette ratification des actes de ses prédécesseurs fut prononcé le 17 juin 1246, en présence des seigneurs Wilhelmot d'Audongs, Bernard de Lados, Bertrand de Gavarret, Espaing de Millesaints, Raymond de Béarn, Olivier de Bourdeilles, Montessin de Gualard, etc. Du sceau du vicomte, il ne reste plus aujourd'hui que l'attache à laquelle il était jadis appendu [1].

Le 17° jour du mois de février 1287, Gaston « par la grâce « de Dieu, vicomte de Béarn et de Brulhois, seigneur de « Moncade et de Castelviel, » se trouvait à Bordeaux, appelé à la cour du roi d'Angleterre. Entouré de tous ses grands vassaux, Arnaud de Montaigut, Amanieu du Fossat, Arsieu de Navailles, Odon de Dorzet, Vital de Sevinhac, Fort Sans de

---

[1] Pièces justificat., n° LIX.

Lados, chevaliers, Jourdain de Tournafos, **archiprêtre du Brulhois**, Gérald de Lagreulet, Amanieu de Lados, Gaston de Badz, Bernard de Rovinhan, damoiseaux, le Vicomte concède au chevalier Guillaume du Luc, commandeur du Nom-Dieu, une charte de privilèges que nous allons analyser rapidement. Il commence par se dessaisir en faveur des Hospitaliers de toute espèce de juridiction haute, moyenne et basse sur la localité du Nom-Dieu et sur son territoire, en se réservant seulement le droit de connaître des causes en appel et de recevoir les hommages et les reconnaissances féodales. Il n'exige en retour de cette première largesse que l'engagement solennel pris par le commandeur de ne jamais conclure de traité de paréage, avec un seigneur quelconque, soit laïque, soit ecclésiastique, autre que lui-même ou ses successeurs, dans le but de construire une bastide sur les terres posédées par l'Hôpital dans le vicomté de Brulhois. Cette clause nous indique que les seigneurs féodaux n'étaient déjà plus sans inquiétude sur l'accroissement d'autorité que les rois de France France avaient acquis en construisant ou en aidant à construire des bastides sur un si grand nombre de points du territoire. Gaston exempte ensuite tous les habitants du Nom-Dieu des droits de leude et de péage dans toute l'étendue de sa seigneurie. Le commandeur promet enfin de remettre la ville de Nom-Dieu à son suzerain toutes les fois qu'il en sera requis, de se rendre à l'appel de ce dernier et à sa cour, « comme « les autres chevaliers, damoiseaux et barons du Brulhois [1]. » Cet accord fut ratifié dans le chapitre provincial tenu l'année suivante à Fronton par Raymond de Grâce, précepteur de Puymaison et lieutenant du du Prieur Saint-Gille (28 janvier 1288) [2]. Ces différents privilèges furent confirmés par « dame Mathe, par la grâce de Dieu, comtesse d'Armagnac, « vicomtesse du Brulhois, » et par Gaston son fils. La charte délivrée à cette occasion, munie des sceaux du comte et de sa mère, est datée du *Capitole de la Plume* (août 1304) [3].

[1] Pièces justificat , n° LX.
[2] Arch. Nom-Dieu, L. I.
[3] *Id.*

Est-ce avec ses propres ressourses, ou en concluant un traité de paréage avec le vicomte de Brulhois que le commandeur Jacques de Vilar, construisit la ville de Nom-Dieu dans les premières années du xiv⁰ siècle; c'est ce que nous apprendrait un vieux parchemin tout en lambeaux et presque indéchiffrable aujourd'hui. Quelques mots, lisibles encore, indiquent que c'était la charte des coutumes octroyées par ce commandeur aux habitants de sa bastide du Nom-Dieu. Mais nous n'avons pu que trop imparfaitement prendre connaissance de ce document pour faire autre chose que mentionner son existence. La date elle-même s'est soustraite à nos recherches. Mais le nom de son auteur qui occupa la commanderie de 1304 à 1310 nous le fixe d'une manière approximative [1].

Voulant épuiser la lite des libéralités de la noble famille des vicomtes de Brulhois envers l'hôpital du Nom-Dieu, nous avons dû négliger bien des points dans cette première période. Qu'on me permette de revenir un peu en arrière pour jeter un coup d'œil rapide sur l'histoire de cet établissement dans ce temps-là et sur les plus importantes donations par lesquelles les principaux seigneurs de la contrée témoignèrent, à l'exemple de leurs suzerains, leur bienveillance pour l'Ordre de Saint-Jean.

Le quatrième jour des kalendes d'août de l'année 1199, le Prieur de Layrac, « considérant que l'église de Saint-Vincent, « dépendant de son monastère, avait été dévastée et ne lui « rapportait plus rien, » la donna à Sanche de Lestrade, hospitalier, « à la charge de payer annuellement à lui ou à « ses successeurs une rente de 10 conques de froment, 10 de « fèves, 12 deniers arnaudens, plus 3 sols au Prieur de « Causans [2]. »

En 1273, Pons d'Albinhon, damoiseau, donna à Naugier de Montlezun, Commandeur du Nom-Dieu, « les herbes, les « feuilles et les eaux de sa terre de *Malinhac* (Marignac), « pour faire paître et abreuver les bestiaux de l'hôpital. »

[1] Arch T. Breuil., L V
[2] Pièces justificat., nº LXI.

Cette concession ne tarda pas à occasionner des difficultés. Nous trouvons, en effet, « noble homme, Arnaud-Guilhem de « Castillon, damoiseau, bailli de la Plume et du Brulhois pour « la comtesse Mathe et son fils, » occupé à juger un procès entre Dalmace de Marziac, chevalier, seigneur d'Albiac et de Beaulencs, et Jacques de Vilar, précepteur du Nom-Dieu, au sujet de leurs droits sur le territoire de Marignac. Ce dernier, ayant prouvé ses prétentions, réclama la protection de ses suzerains contre son redoutable adversaire. Le bailli défend en conséquence à Dalmace de Marziac de porter à l'avenir préjudice aux droits de l'hôpital, « à peine de confiscation « des autres terres qu'il possède dans le Brulhois » et place la maison du Nom-Dieu sous la sauvegarde comtale ; un de ses sergents est délégué pour veiller à l'exécution de ces ordres (20 avril 1307)[1].

Les archives de cette Commanderie nous fournissent en outre une longue suite de transactions conclues par les précepteurs avec les seigneurs du voisinage. En 1260, nous trouvons un accord passé entre le commandeur Augier de Montlezun et noble dame Viane de Gontaut, agissant au nom du chevalier Elie de Castilhon, son mari, au sujet du territoire d'Avense [2]. Un peu plus tard, le 16 juin 1303, c'est le chevalier Elzias de Rossat, précepteur du Nom-Dieu et de Gualart, qui signa un traité avec Pierre d'Altèges, Gérard de Trencaléon et Anier de Pins, conseigneurs de la place de Fieux, pour régler leurs droits de juridiction sur le territoire de Gualart [3]. Mentionnons encore un arrangement conclu par le commandeur Bérenger de Séailhes avec Anglès, Bernard et Doat de Lartigue, damoiseaux, au sujet du paiement des dîmes de la paroisse de Saint-Vincent (11 juillet 1316). Dans le courant du XVe siècle, nous trouvons enfin les Commandeurs inquiétés dans la jouissance de leurs droits par les comtes d'Armagnac, héritiers de la vicomté de Brulhois : il s'agissait du droit de pâturage dans le territoire de la *Morède* et de

---

[1] Arch. Nom-Dieu, L I.
[2] *Id.*
[3] *Id.*

Badz, droit qui avait été concédé à l'Ordre par les ancêtres du comte, et que ce dernier lui contestait ; il fit saisir en conséquence les biens de l'hôpital situés dans sa juridiction ; le Commandeur porta plainte, démontra ses droits et en définitive obtint gain de cause.

Dans les premières années du XVIᵉ siècle, la Commanderie du Nom-Dieu fut supprimée et alla se fondre dans celle de la Cavalerie, avec ses dépendances : Saint-Vincent, Ponsac, Bonnefond, Saint-Lary, Marignac, Peyriac, Saumonville, Saint-Bazille (dans la juridiction de Saint-Mézard).

§ 7. — *Bonnefond.*

Les archives nous fournissent une charte par laquelle sœur Marguerite, abbesse de Fontevrault, approuvait un échange conclu entre Jean de Saint-Fort, Prieur du couvent de Paravis (dépendance de Fontevrault) et doyen de Gascogne, et Guillaume de Bernard, précepteur du Temple en Agenais : par cet accord, les Templiers cédaient aux religieux les droits qu'ils percevaient au Port Sainte-Marie, et en recevaient en échange la grange de Bonnefond, située dans le voisinage de la ville de Sainte-Foy de Jérusalem, à laquelle elle fut tout d'abord réunie (1298)[1]. Après la suppression de l'Ordre du Temple, la grange de Bonnefond fut adjointe pendant quelque temps à la Commanderie du Nom-Dieu, puis à celle de Puyfortaiguille, et enfin elle se fondit vers le commencement du XVIᵉ siècle dans la circonscription de la Cavalerie.

1º Liste des Commandeurs de la Cavalerie.

1332-1333. Jean d'Ompiac.
1334-1335. Hugues de Lemozi.
1421. Daudon Eralh.
1444. Garcia-Arnaud de Mola.
1483-1484. Pierre de Campagne.
1491. Pons de Raffin.
1497-1500. Tannequin du Brussel.
1509-1517. Bertrand d'Esparbès-Lussan.
1519-1520. Bernard de Montlezun.

[1] Arch. Sainte-Foy, L 1.

1521 1532. Rotbert de Pagèze d'Asas
1537-1544. Pons d'Urre.
1545-1555. Pierre de Beaulac-Tresbons.
1557-1560. Charles d'Urre.
1563-1564. Jean de la Valette Parizot

(De 1595 à 1620, la Cavalerie, Chambre prieurale.)

1620-1635. Denys de Polastron-la-Hillière.

1660-1672. François des comtes de Vintimille.
1677-1686. Jean-Paul de Cardaillac d'Ouzon.
1693-1695. Jean-Baptiste de Galéan-Chasteauneuf.
1701-1703. Jean-Aymé de Cayx.
1751. Laurens du Poët.
1764-1765. Jean-Baptiste de Raousset.
1776-1789. Léon de Malvin-Montazet, receveur du Grand-Prieuré de Toulouse.

2° Liste des Commandeurs de Sainte-Christie.

12... G. de Conon.
12... W de Panassac.
1234. Raymond de Pointis.
1255. Guillaume de *Vallemula*
1297. Vital de Manas.
1302-1305. Gerard de *Lassa*.

1311-1316. Bernard de Vinet.
1323-1324. Bérenger de Séailhes.
1324-1325. Trimond de Saint-Brisso.

(Vers 1325, réunion à la Commanderie de la Cavalerie.)

COMMANDEURS DU MEMBRE DE SAINTE-CHRISTIE.

1453. Pierre de Montlezun, Grand-Prieur

1461-1470 Bernard de Montlezun.

3° Liste des Commandeurs de Riscle.

1469. Etienne.
1501-1510. Pierre de Prunet.
1526-1529. Bertrand de Castelbajac
1529-1537. Pierre de Gauthier.
1537-1538. Arnaud de Caupène.
1628-1634. Jean Bonafous.
1680-1695. Arnaud de Cardaillac de Lomné.

(En 1695, réunion de Riscle à Saint-Blaise-des-Monts.)
(Vers 1750, érection de Riscle en commanderie distincte)
1750-1765 An Guch.
(En 1784, réunion de Riscle à la Cavalerie.)

4° Liste des Commandeurs d'Abrin.

1270-1271. Bernard Leroux.
1282. Jacques de Nessar

(Vers 1300, réunion à la commanderie de Nom-Dieu)

COMMANDEURS DU MEMBRE D'ABRIN.

1500-1503. Arnaud de Prunet

1523 Guillaume d'Esparbès de Lussan.

5° Liste des Commandeurs de Saint-Jean-de-Somonville ou La Magdelaine.

1451. Jean de Combes.
1489-1497. Pierre Bodes.

1598. Antoine de Jugneaux.

6° Liste des Commandeurs du Nom-Dieu.

1160. Bonhomme.
1199. Sanche de Lestrade.
1210. Raymond Capier.
1223. Sans-Garsetz.
1251-1259. Pierre Boyer
1260-1273. Naugier de Montlezun.
1274-1275. Bertrand de Jocon.
1287. Guillaume du Luc.
1300-1303 Elzéar de Rossac.
1304-1310. Jacques de Villar.

1316-1332. Bérenger de Séailhes.
1336-1337. Raymond de Bélafar.
1418-1420. Bertrand de la Tour.
1437-1444. Guillaume de Manas.
1450-1475. Bernard de Bélac.
1489-1490. Pierre de Raffin.
1493. Raymond de *Monela*.
1502. Pons de Raffin.
(Vers 1505, réunion du Nom-Dieu à la Cavalerie.)

COMMANDEUR DU MEMBRE DU NOM-DIEU

1631 Jean-Paul de Cardaillac d'Ouzon.

7° Commandeurs du membre de Saint-Vincent.

1613. Albert Pinson.

8° Commandeurs du membre de Bonnefond.

1400-1408 Bertrand de la Tour.
(En 1408, réunion à Puyfortaiguille.)

(En 1500, réunion du Nom-Dieu et à la Cavalerie.)

9° Liste des Commandeurs du membre d'Ayguetinte

1328. Pierre de Pézenas

1367. Bertrand des Causans.

CHAPITRE XXI

Commanderie de Bordères.

MEMBRES : PINTAC, OSSUN, GAJEAN, AURELHAN, SAROUILLES, SOYAUX, BOUCHET ET GEYS, CAMPAN ET BAGNÈRES, TACHOIRES, GRAMOULAS, BAILLAS-BAS, MAUBOURGUET, CASTELNAU ET PRÉCHAC, PEYRIGNIERE ET BAZILLAC, ETC.

§ 1. — *Bordères.* — *Pintac.* — *Ossun.* — *Tachoires, etc.*

Le 7 des Ides de février de l'année 1148 (7 février 1149), la grande salle du château de Lourdes contenait une nombreuse et brillante assemblée. Pierre, comte de Bigorre ayant à ses côtés la comtesse Béatrix sa femme, Centulle son fils, et ses principaux chevaliers, donnait, en présence de Bernard, abbé de l'Escale-Dieu, à Pierre de Rosière, maître du Temple en Provence et à Arnaud de Villeneuve, chevalier du même Ordre, sa ville et son fief de Bordères, en franc alleu; les nobles donateurs faisaient en même temps cession de leurs droits sur les maisons que le Temple possédait à Sarragosse [1]. Cet exemple de libéralité ne tarda pas à être suivi par les seigneurs de la contrée et le Temple de Bordères vit successivement de nouvelles donations accroître son importance dans tout le pays de Bigorre. Séduits par la richesse du pays et par les sentiments de sympathie générale qui les y avait accueillis, les Templiers résolurent de faire de Bordères un de leurs principaux établissements du Midi. Aussi s'empressèrent-ils de

---

[1] Pièces justificat., n° LXII.

construire un puissant château au confluent de l'Adour et de l'Echez ; c'est là qu'ils établirent en 1175 le siège de la nouvelle commanderie [1].

Les archives après nous avoir fait connaître une donation faite en 1205 à la maison de Bordères par Gaston vicomte de Béarn et comte de Bigorre [2], nous montrent sa veuve, la comtesse Pétronille, en présence de sa cour réunie dans la demeure de l'Evêque de Tarbes, concédant aux Templiers le droit de haute justice dans le territoire de Bordères. Elle avait pour but, est-il dit dans l'acte « d'assurer l'exécution des « volontés pieuses de ses ancêtres contre les tentatives pos- « sibles de ses successeurs. » (1247) [3]. Malgré cette précaution les craintes de la comtesse Pétronille ne tardèrent pas à se trouver vérifiées : avant la fin du XIIIe siècle, Esquivat de Chabanes, comte de Bigorre, souleva des chicanes contre la juridiction des Templiers à Bordères. Après bien des pourparlers, l'affaire fut remise à l'arbitrage de Raymond Arnaud de Coarraze, évêque de Tarbes et de Pons de Brohet, Maître du Temple en Provence. La sentence de ces derniers reconnut et consacra les droits incontestables de la maison de Bordères ; elle réservait seulement l'exécution des sentences capitales aux officiers du comte, qui devaient payer une certaine somme à ceux du commandeur lorsque ces derniers livraient entre leurs mains, sur la limite de leur territoire, un condamné avec une expédition de la sentence prononcée contre lui (1281) [4].

Arrêtons-nous un moment sur deux actes de donation ou plutôt de restitution qui furent faits au Temple de Bordères vers le milieu du XIIIe siècle. Le samedi avant la fête de Noël de l'année 1248, dans le cloître de l'église de Tarbes, en présence de l'évêque Arnaud-Raymond de Coarraze et de son chapitre, du sénéchal Pierre de Bourdeilles, de Pelegry de Lavedan, d'Arnaud, Vicomte d'Asté, et d'Auger de Sarrignac,

---

[1] Abbé de Larc, Etude sur Bordères, *Revue de Gascogne*..
[2] Arch. Bordères, L. II.
[3] *Id.*
[4] *Id.*

juges de la cour de Bigorre, de F., Abbé de Saint-Sevin, de Philippe, prieur de Maubourguet, d'Augier de Loïd, prieur de Bénac, des chevaliers Boson-Tizon, Formadge des Angles, A. de Clérag et G. de Serres, Augier, seigneur d'Ossun reconnaissait que son père et son aïeul avaient jadis donné au Temple de Bordères l'église et la grange d'Ossun, ainsi que la moitié des dîmes de *Darraest;* devant cette imposante assemblée, il confessait humblement qu'il avait péché en essayant de reconquérir par la violence ces possessions ; aussi il les restituait au précepteur Vital d'Orleix, en prenant l'engagement solennel sur les saints évangiles de protéger à l'avenir les chevaliers du Temple contre toute agression extérieure, serment que répétèrent après lui dame Guiraude, sa femme, et Fourtanier d'Ossun son fils. Pour donner plus de solennité à cet acte, Augier d'Ossun demanda à l'Evêque, au chapitre et au sénéchal d'apposer leurs sceaux sur cette charte. Les trois attaches, appendues au bas du parchemin nous prouvent que le vœu du donateur fut exaucé, mais les sceaux ont malheureusement disparu [1].

Trois ans plus tard une cérémonie analogue avait lieu dans l'église de Bordères, où avaient été convoqués pour la circonstance les plus grands seigneurs de la contrée ; le puissant et fier baron Arnaud de Lavedan, suivi de sa femme et de son fils, Fortanier, se présenta humblement dans l'enceinte sacrée et, fléchissant le genou devant le commandeur, il lui demanda pardon du crime dont il s'était rendu coupable en dépouillant la maison de Bordères du village de *Baussaest* (Pintac), donné jadis à l'Ordre par son aïeul A. d'Aragon et promit de s'employer, sa vie durant, à la protection des Templiers. Quelques jours après, Arnaud de Lavedan, pour donner plus de fixité à sa restitution et prévenir toute velléité de rechute de sa part, amena de Tarbes à l'extrémité du pont de l'Adour près de la Léproserie trois de ses parents ou amis, Pelegri de Lavedan, Formadge des Angles et Boson Tizon, qui s'offrirent à servir de caution ; ils s'engagèrent à payer aux Templiers deux cents

---

[1] Pièces justificatives, n° LXV.

marcs d'argent dans le cas de non exécution des clauses précédentes. A la prière du seigneur de Lavedan, Arnaud Raymond de Coarraze, évêque de Bigorre, Pelegri de Lavedan, Arnaud de Coaraze, vicomte d'Asté, et Boson Tizon apposèrent leurs sceaux à la fin de cette charte [1].

Mentionnons enfin la donation que fit également dans l'église de Bordères, le 8 des Ides de juillet 1272, dame Marie de Peyre, avec le consentement de son mari, Bernard d'Oson, chevalier, seigneur de Soréag, des dîmes de l'église de Saint-Etienne de Juliliag [2].

La catastrophe qui mit fin à l'existence de l'Ordre du Temple, suspendit un moment cette prospérité ; mais cet arrêt ne fut que de peu de durée. Les Hospitaliers vinrent avec empressement prendre possession des vastes domaines que le concile de Vienne leur avait adjugés et planter leur étendard au sommet du donjon de Bordères. Quelques années plus tard séduits par les charmes de ce séjour et l'importance de cette position, ils en firent le chef-lieu d'une de leurs principales circonscriptions du Midi, en réunissant à la commanderie de Bordères celle de l'hôpital d'Aurelhan qu'ils possédaient dans le voisinage.

Un vieux manuscrit, intitulé *Lo libe de la reffurmation de la comtat de Bigorre*, dressé en l'année 1429 par les soins de « messires Bertrand d'Armagnac, juge ordinaire, Ramonet
« de Lavedan, trésorier, Jehan de Caze, procureur général en
« la dicte comté, commissaires refformateurs députés par
« monseigneur le comte de Foix et de Bigorre, » nous donne les renseignements suivants sur quelques-unes des possessions des commandeurs et sur les obligations qu'ils devaient à leurs suzerains.

« *Bordères*. — Ce lieu appartient à l'Ordre de Saint-Jean,
« avec la juridiction entière excepté celle du sang qui appar-
« tient au comte. Cette communauté doit payer au comte
« 40 sols morlas à la fête de Saint-Jean-Baptiste et les habi-
« tants sont tenus de lui faire le service d'albergue et de

[1] Pièces justifiat., n° LXVI.
[2] Arch. Bordères, L. I.

« cavalcade, comme leurs voisins de Tarbes. Le commandeur
« doit payer annuellement au comte, 22 sols morlas pour ses
« possessions à Bordères, 16 pour Quintillac, 2 pour ses jar-
« dins de Tarbes; plus 2 quarterons de froment pour le droit
« de *moyade.*

« *Aurelhan.* — La haute justice appartient au comte envers
« qui la communauté a les mêmes obligations que celles de
« Bordères. Le commandeur a la moyenne et basse justice et
« doit annuellement au comte 7 florins d'or fin, versés entre
« les mains du bailli de Tarbes [1]. »

Si du haut de leur donjon les commandeurs de Bordères
pouvaient contempler leurs riches domaines, ils furent plus
d'une fois troublés dans la paisible possession de leur seigneurie par les habitants, dont le caractère semblait emprunter
leur rudesse aux cîmes voisines des Pyrénées. Les archives
nous montrent les chevaliers occupés sans relâche à maintenir
leurs droits contre les prétentions rivales des seigneurs du
voisinage ou contre les tentatives des consuls des petites
villes soumises à leur autorité. Ils étaient à peine en possession des dépouilles des Templiers, que commença pour eux
cette période de luttes presque incessantes qui ne se termina
qu'avec l'existence même de la maison de Bordères. Elle fut
inaugurée par une discussion soulevée contre le commandeur
Bertrand de Tresbons, par Augier d'Ossun, au sujet du fief de
Tachoire, qui avait été donné au Temple par un membre de
la famille de Lavedan en 1234. Le Grand-Prieur, Pierre de
l'Ongle, députa deux de ses religieux, Pierre du Gué (*de Vado*)
précepteur de Barraute et Augier de Cassagne pour terminer
le différend. Les arbitres décidèrent que le territoire contesté
serait donné en bail emphithéotique à Augier d'Ossun,
moyennant une cense de 8 livres par an, en réservant pour le
commandeur les dîmes, les prémices, les lods et les ventes
plus une paire de gants blancs à chaque mutation de seigneur (1324) [2].

[1] Arch. Bordères, L. VI.
[2] Arch. Ossun, L. I.

Les principaux adversaires des commandeurs étaient leurs voisins les consuls de la ville de Tarbes ; la lutte était sans cesse renaissante et nous la voyons même de temps à autre prendre un caractère violent. C'est ce que vient nous apprendre la plainte portée devant le chapitre provincial contre Dominique de Prunet, procureur du commandeur Pierre de Raffin, par Arnaud de Navaille, homme d'armes que l'Hospitalier avait pris à sa solde pour l'aider dans la défense du château de Bordères, n'osant demeurer seul exposé aux attaques des gens de Tarbes. En réclamant le paiement de certains arrérages des sommes qui lui avaient été promises, le capitaine accuse le frère Dominique d'avoir attiré ses adversaires dans un guet-apens, pour les attaquer, pendant qu'ils étaient venus sans défiance traiter avec lui sur la barbacane du fort, et d'avoir fait traîtreusement périr un d'entre eux, sans lui laisser le temps de se reconnaître ; accusation dont le religieux n'eut pas de peine à se justifier en prouvant que l'attaque avait été engagée par les gens de Tarbes ; nous pouvons juger d'après cela, à quel degré de violence les passions étaient arrivées (1459) [1].

La commanderie de Bordères, érigée en chambre prieurale vers le milieu du xve siècle, fut rétablie dans son état primitif vers les premières années du siècle suivant. Le chevalier François de Lagarde-Saignes, qui en fut investi le premier après cette modification, profita d'un moment de calme pour réparer à ses frais la chapelle de la commanderie. Au-dessus de la porte de ce monument il fit sculpter son écusson. d'*azur à l'épée d'argent garnie d'or posée en bande* ; une banderolle contient son nom et l'indication 1515, date de la restauration [2].

Bientôt après les luttes religieuses vinrent apporter un nouveau ferment de désordres. La commanderie dut être envahie et mise au pillage vers le milieu du xvie siècle par les huguenots des environs : les meubles, les joyaux, les

---

[1] Arch. Maubourguet.
[2] Etudes sur Bordères. Abbé de Larc.

armes, les chartes, les divers titres de possession, les instruments et les animaux de travail, tout devint la proie des envahisseurs. Nous trouvons ces détails consignés dans la bulle qu'adressa en 1551 le Pape Paul IV à l'official de Toulouse, dans le but de faire restituer tout ce qui avait été enlevé en cette circonstance à la commanderie et dans la sentence d'excommunication prononcée contre les coupables [1]. En 1567, le capitaine huguenot, Arnaud Guilhem, la terreur et le fléau des monastères et des abbayes de Bigorre, livra aux flammes et au pillage l'église de Pintac dépendant de la commanderie. Toutefois il semble que ces orages ne furent que passagers, car nous ne voyons pas Bordères figurer dans les réclamations présentées en 1588 par le receveur du Prieuré de Toulouse. Malgré cela la splendeur du Temple de Bordères ne survécut pas à cette lamentable période et les procès-verbaux des visites de la commanderie faites immédiatement après, nous montrent les traces encore presque fraîches de ces luttes acharnées, nous promènent des ruines de Bordères à celle d'Aurelhan et nous font voir à Tachoires « une vieille « masure, où au temps passé souloit estre le chasteau du « sieur commandeur et qui est fort ruynée par les guerres « civiles des huguenots [2]. »

Après quelques procès soutenus et gagnés par les commandeurs devant le Parlement de Toulouse en 1622 contre les habitants de Bordères qui avaient usurpé le droit de dépaissance dans les bois de Tartas et en 1666 contre les consuls de Tarbes qui prétendaient à l'exercice de la haute juridiction du lieu de Bordères [3], les archives contiennent une volumineuse liasse où nous trouvons les pièces d'un long débat soutenu par messire Antoine de Roubin Graveson, commandeur de Bordères contre le Prieur de Saint-Orens. Il s'agissait du droit de préséance aux états de Bigorre où ils siégeaient tous deux. De tout temps le commandeur, que sa qualité de religieux plaçait dans les rangs du clergé, avait marché après

[1] Arch. Bordères, L. II.
[2] Arch. Tachoires, L. I.
[3] Arch. Aurelhan, L. I.

l'évêque et les abbés, entre le Prieur de Monvers et celui de Saint-Orens. Cet contre cet usage que voulut protester ce dernier, prétendant « qu'estant d'esglise il devait avoir le « pas sur le commandeur. » En réponse à ces prétentions, le chevalier revendiqua hautement ses prérogatives religieuses et répondit à son adversaire « qu'estant un ancien chevalier « profez et religieux d'un ordre, qui est institué pour la « défense de la foi et de l'esglise de Dieu, pour laquelle il a « souvent exposé sa vie, il est mieux d'esglize que ledict « Prieur qui n'est pas prestre, » L'affaire fut soumise aux Etats qui en 1648, « pour ne pas rompre l'ordre et la paix, « dont doit naître une union si nécessaire au service du roy « et au bien publicq, prièrent les deux compétiteurs de rouler « alternativement dans le rang qu'ils contestoient, de telle « sorte que l'un précèdera un jour, et l'autre un autre, sans « préjudice de leurs droits. » Cette grave question traîna encore pendant de longues années jusqu'à la décision définitive rendue par les Etats en 1680 et qui donna gain de cause au commandeur [1].

Les nombreux membres de cette Commanderie étaient disséminés dans toute l'étendue du comté de Bigorre ; c'étaient 1º Les anciennes dépendances du Temple : Pintac, Gajen, Ossun, Tachoires, Guchen, avec la chapelle de Notre-Dame de Boisset dans la vallée d'Aure ; 3º Aurelhan et ses membres de Sarouille, Campau, Bagnères, Peyriguière, Perroton, Bazillac, la Fitolle, Mengoi, Marquerie, Soyaux, Maubourguet, Preychac, Castelnau-de-Rivière-Basse ; 4º Geys et Bouchet, etc.

§ 2. *Aurelhan.* — *Sarouille, etc.*

Dans la plaine de Tarbes, non loin du Temple de Bordères, s'élevait un établissement de l'Ordre de Saint-Jean ; fondé

[1] Arch. Bordères, L. VIII.

postérieurement, il rivalisait avec son voisin d'importance et et de prospérité ; c'était l'hôpital d'Aurelhan. Dans la première moitié du xiii⁰ siècle, Bernard de Montfaucon et dame Géralde, sa femme, donnèrent aux Hospitaliers leur terre d'Aurelhan; donation dont nous ne pouvons préciser la date, ne la connaissant que par la ratification qu'en firent en 1264 les fils des donateurs, Fortanier de Montfaucon, chevalier, et son frère Augier, chanoine de Saint-Lizier [1]. Les archives nous fournissent également la charte par laquelle Garsie-Arnaud d'Asté, confirma la donation faite par un membre de sa famille à l'hôpital d'Aurelhan des dîmes de Campan (1268) [2]. Le 6 des Ides d'octobre 1275, Raymond de Bénac donnait à l'hôpital ses droits sur les villes d'Aurelhan et de Layrisse, situées dans le comté de Bénac [3]. Enfin d'autres donations dont les chartes ne nous sont pas parvenues, adjoignirent à la maison d'Aurelhan les divers membres dont nous avons donné plus haut la nomenclature.

Parmi leurs vastes et nombreuses possessions, les Hospitaliers possédaient bien des parties incultes, et leurs efforts tendaient constamment à en diminuer le nombre. C'est dans ce but qu'ils traitèrent avec les officiers royaux au sujet des landes que l'Ordre de Saint-Jean possédaient sur le territoire de Sarouille ; Pierre des Plas, lieutenant du Commandeur d'Aurelhan, conclut avec le délégué du sénéchal un traité de paréage qui fut signé dans la bastide royale de Saint-Luc, le 20 avril 1324 : « les Hospitaliers, en se réservant les droits ecclésiastiques, partageront à l'avenir avec le roi leur juridiction sur ce territoire ; s'il arrive que, grâce aux mesures qui vont être prises, quelques-unes de ces landes désertes viennent à se peupler, il est convenu entre les deux parties que les habitants jouiront des libertés et des coutumes concédées à la nouvelle bastide de Saint-Luc ; des emplacements leur seront distribués pour construire leurs maisons et faire

---

[1] Arch. Aurelhan, L I
[2] Arch. Campan, L. I.
[3] Arch. Aurelhan, L I.

leurs jardins ; il n'y aura qu'un juge et un bailli commun au roi et au Commandeur [1].

Les Hospitaliers n'avaient dans le territoire d'Aurelhan que de vastes domaines, une partie des droits seigneuriaux, la haute justice et une portion du territoire appartenant aux comtes de Bigorre. Ce partage d'autorité ne pouvait manquer d'amener dans la suite quelques conflits. Nous voyons, en effet, au commencement du XIVe siècle, le fils du roi Philippe IV, Charles, comte de Bigorre, députer un commissaire chargé de transiger avec le commandeur d'Aurelhan au sujet de leurs droits respectifs sur une portion du territoire, accord que fut approuvé par Arnaud de Bones, garde des sceaux du comte et chancelier de Bigorre (25 juillet 1327) [2].

Ainsi que nous l'avons fait observer plus haut, vers le milieu du XIVe siècle, la commanderie d'Aurelhan, augmentée de celle de Geys, fut réunie à celle de Bordères et en doubla ainsi l'importance.

Notons enfin un arrêt du Parlement qui maintient les droits de boucherie et de *mayesque*, que les commandeurs prélevaient à Aurelhan contre les prétentions des consuls de cette ville (1650) [3]. Le défrichement du pays, but constant des possesseurs du sol dans l'origine, avait été si complet, que son reboisement était devenu, dès le XVIIe siècle, une des préoccupations des habitants, car nous lisons dans le dénombrement, présenté au Roi en 1668 par le commandeur Denys de Touges-Noailhan, que « les manans du lieu d'Aurelhan « sont tenus de luy faire toutes les années, pour chaque « maison capcasal, deux maneubres, savoir : l'une pour curer « la gau du moulin et l'autre pour planter des chênes au bois « du seigneur [4]. »

---

[1] Arch. Peyriguières, L. I
[2] Arch. Aurelhan, L. 1.
[3] Arch. Bordères, L. VI.
[4] Arch. Aurelhan, L. I.

§ 3. — *Geys et Bouchet.*

Les origines de ce petit établissement de l'Ordre de Saint-Jean nous sont complètement inconnus. Le 1er mai 1300, Bernard, vicomte d'Asté, son frère Arnaud, son fils Bernard, écuyer, et les autres habitants du lieu d'Asté donnèrent « à « l'hôpital de Saint-Jean-de-Jérusalem d'outre-mer et spé- « cialement à l'hôpital de Geys et à son commandeur, frère « L. Sole, » la ville de Geys et la seigneurie de son territoire [1]. Cette petite circonscription, qui comprenait en outre le dîmaire de Saint-Marc-du-Bouchet, fut fondue bientôt après dans celle d'Aurelhan (vers 1325) et devint dans la suite un membre de Bordères.

1º Liste des Commandeurs de Bordères.

TEMPLIERS.

1148. Anaud de Villeneuve.
1175. Bertrand de Sauveterre.
1239-1251. Vital d'Orleis.
1275. Pierre de Sombrun.
1281. Pierre de Gavarret.
1283. Guillaume-Garsie de Tussaguet.
1292. Pierre de Gavarret. (2e fois).
1306-1307. B. de Montaigut.

HOSPITALIERS :

1323-1324. Bertrand de Tresbons.
1371-1376. Raymond *de Albaribus*.
1388-1390. Bernard de Montaigut
1399-1407. Bernard de Manas.
1419. Raymond-Arnaud de Bazillac.

1447-1450. Pierre de Prunet.
De 1450 à 1507, Bordères chambre prieurale
1508-1525. François de Lagarde Saigue.
1538-1539. Guillaume d'Estaing.
1539-1547 Jean de Lescure-Fontanas
1551-1554. François de Docet Massaguet.
1554-1555. Affinat de Montesquiou.
1555-1559. Roger de Polastron.
1559-1563. François de Montauban de Larroquette.
1569-1570. Martial de Massas Castillon.
1615-1622. Frédéric de Castellane-Villeplane.
1523-1644 Denys de Polastron la Hilière.
1645-1656. Antoine de Roubin Graveson.

---

[1] Pièces justificat. nº LXVII.

1660-1661. Joseph de Panisse d'Oyselet.
1669-1677. Denis de Touges-Noailhan.
1677-1680. Pierre de Vincens-Causans.
1686-1687. Melchior de Forbin-Janson.
1695-1702. Charles d'Oraison-Bourbon.
1710-1713. Bertrand de Laroquan d'Ayguebère.
1719-1720. François de Talleyrand Chaslain.
1723-1724. Michel de Forbin Janson.
1732-1743. Charles d'Ayguière-Frignan, Grand-Prieur de Toulouse.
1752-1766. Henri-Augustin de Pioleuc, Grand-Prieur de Saint-Gille.
1783-1789. Bailli de la Brillame.

2° Liste des Commandeurs du membre de Peyriguières-Tachoire-Perroton.

1492-1494. Fortanier de Gaveston.
1495-1496 Guillaume Seytre, Chevalier.

3° Liste des Commandeurs d'Aurelhan.

1239. Wilhelm de Barège.
1257. Bon Mancip.
1267. Ganceraud de la Tour.
1300. Pierre de la Garche.

1320-1328. Bertrand *de Orsans*.

(Vers 1350, réunion d'Aurelhan à Bordères.)

4° Liste des Commandeurs du membre de Maubourguet.

1393. Pierre de Camen.
1413. Guillaume de Manadier.
1459-1505. Dominique de Prunet.

5° Commandeur du membre de Bagnères.

1499-1526. Jean Vinet.

6° Liste des Commandeurs de Geys et Bouchet.

1300. Louis Sole.

(Vers 1320, réunion à Aurelhan et puis à Borderes.)

COMMANDEURS DU MEMBRE DE GEYS ET BOUCHET

1512. Séguin de Montesquieu.
1553-1554. François de Saignes.
1555-1556. Bernard de Blaignan.

CHAPITRE XXII

Commanderie d'Argenteins.

MEMBRES : SAINT-MARTIN-LOU-VIEL, NOTRE-DAME-DE-LALANE, POMPEY, SAINT-PIERRE-DE-COURNET, SAINT-JEAN-DE-LALANE, SAINTE-QUITTERIE-DE-RIVES, MOULINS D'AUBEAS, DE LA SEREINE, DE BETPAUME, NÉRAC, MEILHAN, SAINTE-GENEVIÈVE, SAINT-VINCENT-DE-PADIERN, ESPREUX, PUYFORTAIGUILLE, CALIGNAC, LOMIÈS, FIEUX, LA GARDERE.

§ 1. — *Argenteins.*

Dans la contrée marécageuse et boisée qui s'étend au pied de l'antique ville de Nérac, s'élevait, pendant le Moyen-Age, le sombre donjon d'Argenteins. C'est là que les Templiers avaient établi le centre d'une de leurs principales commanderies du Midi. Les archives de cet établissement sont excessivement pauvres et ne nous fournissent presque pas d'éclaircissements sur son origine; cependant plusieurs rouleaux de vénérables parchemins vont arrêter notre attention et suppléer à ce manque d'autres documents. Ce sont de vieux cartulaires où sont rapportées les donations faites à la maison d'Argenteins pendant la deuxième moitié du XIIe siècle; ils sont malheureusement muets sur les dates, se contentent de nous fournir la longue liste des libéralités des seigneurs des environs envers la milice de Salomon.

Parmi toutes ces donations qui semblent avoir été inscrites sur le parchemin jauni, grâce aux souvenirs du clerc chargé de la rédaction, sans aucun souci de l'ordre chronologique, voici celle à laquelle nous croyons pouvoir assigner la date la plus reculée. Arnaud d'Argenteins, « préférant l'abjection « dans la maison du seigneur à l'habitation sous la tente des « pécheurs, » donne à l'Ordre du Temple, représenté par Augier de Bédeisan, alors Maître en Gascogne, tous les biens et les droits qu'il possédait, soit dans la ville de Nérac, soit à l'extérieur, et notamment le fief situé autour de l'église de Sainte-Marie-d'Argenteins : cette donation fut faite sous le règne d'Henri, roi d'Angleterre (1154-1189), et pendant le pontificat d'Elie de Castillon, évêque d'Agen (1149-1182), à qui le seigneur Arnaud confiait la protection du nouvel établissement [1]. Le domaine d'Argenteins fut immédiatement érigé, à cause de son importance, en une commanderie dont la gestion fut naturellement confiée à son ancien possesseur, qui avait revêtu l'humble manteau de l'Ordre et était devenu le frère Arnaud. Cette donation fut suivie, peu de temps après, de celle de l'église elle-même. Nous lisons, en effet, que le seigneur Garsias Marra (de la Roque), sa femme Anière et leur fils, « occupés du salut de leurs âmes plutôt que de « celui de leurs corps et désirant acquérir une part dans les « bonnes œuvres de l'Ordre du Temple, » donnèrent à ce dernier leur église de Sainte-Marie-d'Argenteins; ils firent cette libéralité entre les mains d'Augier de Bédeisan, Maître de l'Agenais, et des frères Arnaud d'Argenteins et Guillaume du Bois. Après la mort d'Augier de Bédeisan, son successeur, Hélie de Focald, voulant sans doute prévenir quelque tentative du seigneur Marra, pour revenir sur sa générosité, conclut avec lui un traité par lequel il lui donnait 300 sols morlans pour l'église d'Argenteins, dont le baron lui renouvelait la donation. Ceci se passait en présence de Garsia-Arnaud d'Albion, de Bernard de Lavardac, de Pierre de Bédeisan, de Séjor de Filartigue, de Raymond-Guillaume de Nazered, etc., « au mois d'avril, le 11e jour des kalendes de « mai, le 1er jour de lune, » sous le règne d'Henri d'Angleterre et l'épiscopat d'Elie de Castillon. Ces diverses indica-

---

[1] Pieces justificat n° LXVIII

tions nous permettent de fixer, d'après les tables chronologiques, l'année 1159 comme date de cette ratification ¹.

Puis vient la donation faite par Arsieu du Port et ses frères, entre les mains de ce même Hélie de Focald, de leur fief du *Fossat,* situé entre Argenteins et le Corned. Dans cette charte dressée à Nérac le 3ᵉ jour des kalendes de janvier de l'année 1160, notons un détail, qui m'a paru avoir son intérêt et sa signification : parmi ses témoins sont cités séparément les représentants des trois Ordres, le clergé, la noblesse et le Tiers-Etat, et après les clercs (*clerici*), Pierre de Lart, archiprêtre de Nérac, Garsian, chapelain d'Argenteins, et les chevaliers (*milites*) Amanieu de Sales, Vital de Sales, Raymond-Guillaume de Nazered, Garsia-Arnaud d'Aubion, Sejor de Filartigue, Garsia Marra, de la Roque, nous voyons figurer les bourgeois (*burgenses*) des communautés voisines, Guillaume de Lart, Vidon, Vidal de Lausejan et beaucoucoup d'autres ². Peu de temps après, le maître Hélie de Focald acheta, au prix de 90 sols morlans, de Raymond d'Argenteins, les portions de ce territoire et de cette seigneurie qui n'appartenaient pas encore à l'Ordre. Cette vente fut conclue dans l'église de Nérac en présence d'une nombreuse assemblée ³.

Citons encore, parmi les plus anciennes donations, celle du fief d'*Arrivet* (Sainte-Quitterie-de-Rives), faite à l'Ordre du Temple par le seigneur Hugues de Roquefort et son fils Arnaud-Guillaume; un des cartulaires d'Argenteins nous a conservé la ratification faite par ce dernier en faveur de Maître Hélie de Focald « l'année même du siège de la ville de « Castillon, par le comte (*consul*) de Poitiers » ; cet évènement militaire, qui avait jeté l'épouvante dans tout le pays, se rapporte à l'année 1161 ⁴.

Voici Bernard d'Auduran donnant à l'Ordre, avec sa personne, tout ce qu'il possède dans la paroisse de Padierne et promettant « de se rendre, lorsqu'il sera débarrassé de tout

---

¹ Pièces justificat. nᵒ LXVIII.
² Pièces justificat. nᵒ LXIX.
³ Arch. Argenteins, 1ᵉʳ Cartulaire.
⁴ Arch. Argenteins, 3ᵉ Cartulaire.

« embarras mondain, dans la maison d'Argenteins, vêtu de
« son armure de chevalier, monté sur son coursier complète-
« ment équipé et d'user sans murmure du pain et de l'eau qui
« lui seraient fournis par les Templiers pour sa nourriture [1]. »
C'est ensuite Bernard de Nadiels, qui, en se faisant également
recevoir parmi les donats d'Argenteins, apporte à l'Ordre les
terres qu'il possède « entre le lac et le Temple, » ainsi que
son fief de Pompey [2]. Le seigneur Hugues de Pardaillan entre
à son tour dans les rangs des bienfaiteurs de la maison d'Argenteins, et lui fait donation de son fief *de Compostelle*, situé
dans la paroisse de Lagardère; promettant d'entrer lui même
dans l'Ordre, il demande la faveur d'être enseveli dans le
cimetière d'Argenteins, même quand la mort viendrait le
surprendre avant l'accomplissement de son pieux dessein [3];
par cette donation il complète celle qu'un membre de sa
famille, Odon de Pardaillan, avait faite dans le principe du
dîmaire de Saint-Jean-de-Lagardère [4].

Il serait trop long d'énumérer cette serie de donations qui
enrichirent en peu de temps la maison d'Argenteins et lui
apportèrent de considérables possessions, non seulement dans
ses environs immédiats, mais encore dans toute la contrée, et
de nous arrêter sur chacune des libéralités que prodiguèrent à
l'Ordre du Temple pendant le XIIe siècle tous les seigneurs de
la contrée, Bernard de Padierne, Forton de Filartigue,
Gaurin des Pieux, Arnaud-Guilhem de Mirons, Sanche de
Dalpheux, Arnaud de Naulens, Guillaume-Arnaud de la Roque,
Austorgs de Corned. Amanieu de Ségojac, Odon de Pardailhan, etc.

La fin du XIIe siècle ne mit pas un terme à la prospérité
toujours croissante de la maison d'Argenteins. Les archives
nous fournissent un assez grand nombre de donations faites
postérieurement. Vers le milieu du siècle suivant, le sire
Amanieu (VI) d'Albret se signala par sa munificence envers

---

[1] Arch. Argenteins, 1er Cartulaire
[2] Id
[3] Id
[4] Id

les Templiers. Le sixième jour des kalendes de janvier de l'année 1245, nous le trouvons dans sa résidence de Casteljaloux donnant au Temple d'Argenteins son fief de *Lacome*; pour assurer davantage la validité et la perpétuité de cet acte, le noble baron fit apposer au bas du parchemin, à côté du sceau de ses armes, celui de la communauté de sa bonne ville de Casteljaloux[1]. A cette première marque de libéralité, le sire d'Albret en ajouta bientôt de nouvelles. Le deuxième jour du mois de janvier 1248 (1249), il confirmait, « dans le cimetière d'Argenteins, » à Bernard-Guillaume d'Aspet, maître de l'Agenais, l'autorisation de dépaissance, accordée jadis à l'Ordre du Temple par son aïeul et puis par son père sur toutes leurs terres[2].

Le 16 août 1260, noble dame *La Daurade*, femme d'Odon de Lomagne, seigneur de Fieumarcon, et leur fils Guillaume-Astanave, damoiseau, donnèrent à la maison d'Argenteins et à G. B. d'Aspet, Commandeur, tous leurs droits sur le fief de de Lagardère, ainsi que la faculté de dépaissance sur toutes leurs terres[3]. Cette charte, revêtue de l'approbation d'Odon de Lomagne, est accompagnée d'une autre à peu près identique, qui avait été concédée quelques jours auparavant aux Templiers par *noble Dame Naséguine de Pardailhan*, veuve du seigneur W. R. Legras, et par *noble baron* W.-R. de Piis, leur fils[4]. Mentionnons encore parmi les donateurs de cette période Pons de Gualard et les chevaliers Bernard d'Anduran et Pons son fils, qui reçurent en même temps l'habit de l'Ordre, en faisant cession à la maison d'Argenteins de tout ce qu'ils psssédaient, « maisons, châteaux, hommes et femmes » (1286)[5].

Contrairement à ce que nous trouvons pour la plupart des autres Commanderies, les archives ne contiennent pas la trace de ces luttes, parfois violentes, qui vinrent si souvent troubler les Templiers au sein de leur opulente prospérité.

---

[1] Pièces justificat. n° LXIX.
[2] Arch. Argenteins.
[3] Pièces justificat. n° LXX.
[4] Arch. Lagardère, L. I.
[5] Arch. Argenteins, L. I

C'est à peine si nous avons à signaler ici quelques discussions promptement terminées par des accords ou des transactions. C'est ce qui arriva en 1255 entre le Commandeur et Gaillard de la Roque, damoiseau ; ayant reconnu l'injustice de ses prétentions sur le fief de Marfang, ce dernier s'empressa d'en abandonner la libre possession aux Templiers. En 1279, Cerebrun et Bertrand de Saint-Araille disputaient à Pierre de Sombrun, chevalier du Temple et Commandeur d'Argenteins, la seigneurie de Pompey ; les arbitres appelés pour trancher le différend, décidèrent que la juridiction contestée serait partagée également entre les deux compétiteurs ; pour témoigner leurs regrets de leurs tentatives passées et leur bienveillance pour l'avenir, les seigneurs de Saint-Araille donnèrent séance tenante aux Templiers le droit de dépaissance pour leurs troupeaux dans toute l'étendue de leurs terres de Pompey [1]. Notons enfin une charte concédée par le Commandeur Ratier de Lemosin, à ses vassaux, les paroissiens de Saint-Pierre de Corned et de Saint-Vincent de Padiern pour la règlementation du paiement de leurs dîmes (28 avril 1305) [2].

Les Templiers, reçus avec une telle sympathie dans cette partie de l'Agenais, avaient une prédilection marquée pour leur fier donjon d'Argenteins. C'est là que dans le courant du XIIIe siècle, les Maîtres de la baillie de l'Agenais vinrent transporter leur résidence et réunirent à leur charge celle de commandeurs de cette riche circonscription. D'Argenteins dépendait un grand nombre de membres : Saint-Martin-lou-Viel, Notre-Dame de Lalane, Pompey, Saint-Pierre de Courned, Saint-Jean de Lalane, Sainte-Quitterie de Rives, Nérac, Puyfortaiguille, Lagardère, etc.

La prise de possession d'Argenteins par les chevaliers de Saint-Jean, après la suppression de l'Ordre du Temple, ne fit qu'augmenter la prospérité de cette commanderie ; ils s'empressèrent d'y adjoindre tout ce qu'ils possédaient eux-mêmes

---

[1] Arch. Pompey, L. I.
[2] Arch. Argenteins, L. II *bis*.

dans les environs et d'y fondre les petites circonscriptions voisines de Cours, de Cazalis et de Bouglon. Les archives ne nous ont conservé dans cette période que les souvenirs des discussions que les précepteurs eurent à soutenir de temps à autre, et des transactions qui vinrent y mettre un terme. Ce sont, en premier lieu, les évêques de Condom qui réclamaient le paiement de certaines dîmes que les Commandeurs leur refusaient, en se retranchant derrière les prérogatives de leur Ordre ; cette dispute, suspendue pour un temps par une transaction signée par les deux parties en 1447, se renouvela bientôt après et se prolongea jusqu'à l'année 1458, où le chapitre provincial de Toulouse autorisa le Commandeur Forton de Lat, à abandonner à l'évêque de Condom la dîme entière de Sainte-Quitterie, en échange des droits contestés [1]. Signalons encore une transaction conclue par le même Commandeur avec Alain d'Albret, comte de Dreux, de Gaure et de Périgueux, vicomte de Limoges et de Tartas, et Captal de Buch, au sujet du moulin d'Aubéas, dont la possession fut reconnue à l'Ordre de Saint-Jean [2]. Les archives nous fournissent en outre plusieurs actes d'échange conclus par les chevaliers avec les abbesses du couvent de Sainte-Claire, à Nérac, monastère dont le *Gallia Christiana* ne mentionne pas l'existence : le premier, signé en 1419 par le Commandeur Ostolan de Lescure et l'abbesse, *noble dame Saintine de Padiern*, et le second, en 1483, par le Commandeur Pierre de Campagne et l'abbesse, *noble sœur Jehane de Balaguer* [3].

La période des guerres religieuses du xvie siècle fut désastreuse pour la Commanderie. Les soldats de Jeanne d'Albret s'élançaient des places de Nérac et de Casteljaloux pour dévaster les domaines des catholiques ; Argenteins ne pouvait donc échapper aux désastres. Aussi voyons-nous le receveur du Grand-Prieuré de Toulouse, dans la plainte que nous avons eu plusieurs fois l'occasion de citer, exposer que le Commandeur d'Argenteins avait été dépouillé de tous ses revenus et obtenir

[1] Arch. Sainte-Quitterie, L. I.
[2] Arch. Argenteins, L. II *bis*.
[3] *Id.*

pour lui l'exemption de sa part de l'impôt consenti par l'Assemblée du clergé (1588) [1].

Les membres de cette immense circonscription étaient disséminés non seulement dans l'Agenais, mais encore dans les contrées limitrophes, telles que le Périgord, le Bazadois et la Gascogne. En voici l'énumération, telle que nous la trouvons dans le procès-verbal de la visite de la commanderie en l'année 1650 : 1° maisons et rentes dans la ville de Nérac; 2° moulins de Betpaume, de la Sereine et d'Aubéas ; 3° Puyfortaiguille ; 4° La Gardère (près de Montcrabeau) ; 5° La Tour de Lavance (près de Fargues); 6° Cours (en Bazadois); 7° Romestang; 8° Sainte-Louvère; 9° Saint-Sylvestre; 10° Mazerolles; 11° Cazalis (dans les Landes); 12° Saint-Jean d'Angenès et Graulan (près de Villeneuve-de-Marsan); 13° Saint-Romain; 14° Casteljaloux; 15° Molcyres ; 16° Sainte-Marie de Beyriès ; 17° Cavaignan; 18° Bouglon; 19° Asquets (duché de Fronsac); 20° Barbefère; 21° Montréal [2].

Frappés des abus qui pourraient résulter de cette accumulation de domaines dans une même main, les Grands Prieurs de Toulouse y portèrent remède vers la fin du xviii° siècle, en créant des commanderies séparées successivement à Casteljaloux et à Cours. Malgré cette disposition, le commandeur d'Argenteins, René de Leaumont, alors Grand Prieur de Toulouse, conserva l'administration des deux nouvelles commanderies jusqu'à sa mort, en 1786. La Révolution française arriva trop tôt après pour qu'il fût pourvu à son remplacement.

§ 2. — *Nerac.*

Nous avons vu plus haut que les Templiers possédaient certains droits dans la ville de Nérac; les Hospitaliers, de leur côté, y avaient un établissement depuis le milieu du xiii° siècle. Le 27° jour du mois de février de l'année 1243

---

[1] Pièces justificat. n° II.
[2] Arch. Argenteins; L. VI.

(1244), le noble sire Amanieu d'Albret, entouré de ses chevaliers, Fort de Padiern, B. de Mélinhac, B. de Nazered, etc., remettait à frère Jourdain de Saint-André, *Commandeur de l'Ordre de Saint-Jean, en Agenais, Quercy et Lomagne,* une charte scellée de ses armes, par laquelle il concédait « aux « frères et aux seigneurs malades de l'Hôpital » la faculté d'élever ou d'acheter dans l'intérieur de la ville de Nérac une maison noble exempte de charges et prenait le futur établissement sous sa sauvegarde [1].

Après la chute du Temple, les Hospitaliers réunirent leurs possessions de Nérac à leur nouvelle commanderie d'Argenteins. A cette époque, comme aujourd'hui, la richesse de toute cette contrée consistait dans le commerce de ses vins, et Nérac en était devenu tout naturellement le principal entrepôt. Ce fut à ce sujet que le commandeur, Fourtanier de Lat, conclut en 1453 une transaction avec les consuls de cette ville, qui voulaient soumettre la vente des vins des Hospitaliers aux droits exigés des autres habitants, malgré les exemptions précédemment accordées; il fut convenu que les chevaliers seraient exonérés du droit de *souquet* pour le vin qu'ils feraient vendre en gros « dans leur maison, située hors « des murs près de la porte du Pont, » mais qu'ils y seraient soumis pour le vin qu'ils feraient vendre au détail dans l'intérieur de Nérac, la faculté de débit leur étant accordée dans deux maisons pourvu qu'elles ne fussent pas situées dans la même rue. Cet accord fut ratifié par Charles d'Albret et par Pierre de Montlezun, Grand-Prieur de Toulouse [2].

Au commencement du siècle suivant, Alain, sire d'Albret, s'occupa à agrandir et à compléter les défenses de sa ville de Nérac. Les archives nous ont conservé un contrat, par lequel il céda plusieurs rentes au commandeur, pour l'indemniser de la perte de certaines maisons et de la garenne de l'Hôpital, détruites pour le creusement des fossés de la ville et du château de Nérac (1519) [3].

[1] Pièces justificat. n° LXIX
[2] Arch. Argenteins, L, 11. *bis*
[3] Arch Nerac, L I.

Lorsque, dans le xviii° siècle, les seigneurs féodaux, renonçant désormais à leur lutte contre la royauté, abandonnaient de toutes parts leurs vieux donjons pour des demeures plus confortables qu'ils faisaient construire dans l'intérieur des villes, les commandeurs d'Argenteins transportèrent, eux aussi, leur résidence à Nérac. Nous voyons, en 1655, le chevalier Alexandre de Benque obtenir de la duchesse de Bouillon la concession d'un banc dans l'église de Nérac, concession dont un de ses successeurs, le chevalier de Fezin, secrétaire des commandements du Grand-Maître, obtint la confirmation définitive en 1711 [1].

Dans le voisinage immédiat de Nérac, l'Ordre de Saint-Jean possédait le fief de Meilhan, les dîmes des paroisses de Sainte-Geneviève et de Saint-Vincent-de-Padierne, ainsi qu'une portion du territoire d'Espieux.

§ 3. — *Puyfortaiguille*.

Cette localité, avec son territoire et sa seigneurie, tant spirituelle que temporelle, formait une des principales et des plus anciennes dépendances de la commanderie d'Argenteins. Signalons, en première ligne, dans ses archives, deux cartulaires, où sont inscrites les donations faites à ce membre pendant le xii° siècle; nous y voyons tous les seigneurs de la contrée, Arnaud Sanz, Folquet du Puy, Armaud d'Arricalau, Guillaume de Miron, Bernard du Puy et Reine sa femme, se dessaisir, en faveur du Temple d'Argenteins, de leurs droits sur le territoire et le dîmaire de Puyfortaiguille[2]. Dans le siècle suivant, l'importance de ce membre s'accrût par la donation que firent au commandeur, B. W. d'Aspet, les chevaliers Bertrand et Folquet de Savignac, de tout ce qu'ils possédaient à Puyfortaiguille (1260) [3]. La charte, qui nous apprend cette libéralité, est accompagnée de la quittance de 37 sols et

[1] Arch. Argenteins, L. I.
[2] Arch. Argenteins, L. I.
[3] Arch. Puyfortaiguille.

7 deniers morlans, payés pour l'amortissement de ce fief, par W. d'Artiguelongue, chambrier d'Argenteins, à Jean Vaillet, bailli de Lavardac, pour Mgr le comte de Poitiers et de Toulouse (1261) [1].

Quelques années plus tard, la juridiction de Puyfortaiguille, devint l'objet de sérieuses difficultés pour les Templiers : ils eurent beau prouver que, de tout temps, ils en avaient joui sans conteste ; elle leur fut disputée avec acharnement par *noble dame*, Mathe, veuve du *noble baron*, Amanieu d'Albret et tutrice de *Namathe* et de *Naysabeau*, ses nièces, filles de feu Bertrand Eysie, damoiseau. Muni des pleins pouvoirs qui lui avaient été conférés par Pons de Brohet, Maître du Temple en Provence et par le chapitre provincial tenu à Montpellier, le commandeur, Pierre de Sombrun, entama des négociations avec ses puissants adversaires et parvint à conclure avec eux un traité de paréage, qui fut signé à Casteljaloux, le 5 du mois d'octobre 1283 : la juridiction haute moyenne et basse de Puyfortaiguille était partagée également entre les jeunes princesses et la maison d'Argenteins [2].

Malgré la solennité de cet acte que nous devons citer succintement, puisque les archives n'en ont conservé que des extraits, les seigneurs d'Albret continuèrent à élever de temps à autre leurs prétentions sur cette petite ville. Espérant sans doute trouver dans les Hospitaliers, nouveaux possesseurs d'Argenteins, des adversaires moins décidés pour la revendication de leurs droits, les sires d'Albret crurent pouvoir essayer des moyens violents, ou du moins, s'ils n'agirent pas directement, ils fermèrent les yeux sur les tentatives de leurs serviteurs. Le jeudi après la fête de Saint-Michel, en l'année 1328, le juge de Nérac, à la tête d'un certain nombre d'hommes d'armes, se rendit dans la place de Puyfortaiguille, fit enfoncer les portes de la prison commune du sire d'Albret et du commandeur, et en fit arracher un criminel qu'il emmena dans celle de Nérac. Le chevalier, Aynard de Lagarde, précepteur de Puyfortaiguille, alla porter ses plaintes devant

[1] Arch. Puyfortaiguille, L. I.
[2] Arch. Puyfortaiguille, L. II.

le juge ordinaire du seigneur d'Albret qui était venu tenir ses assises à Nérac et qui, devant l'injustice de cette tentative, ne put s'empêcher d'évoquer l'affaire à son tribunal et de faire droit au commandeur [1].

Ce ne fut pas la seule puissance contre laquelle ce même chevalier eût à lutter dans cette période. L'année précédente, induit sans doute en erreur par quelque rapport mensonger, Jourdain Plante, sénéchal d'Agenais, avait fait saisir les biens du commandeur et occuper son château par une garnison de sergents, pour le punir des violences dont il se serait rendu coupable envers les officiers royaux. Aynard de Lagarde, s'en vint porter ses plaintes et prouva son innocence devant Raymond Seguin, chanoine de Saint-Etienne de Toulouse. délégué par Gaillard, prévôt du chapitre et conservateur des privilèges de l'Ordre ce dernier fit ses remontrances au représentant de l'autorité royale, qui révoqua ses premières mesures et enleva la garnison de Puyfortaiguille (mardi après la fête de Saint-Thomas 1327) [2].

N'ayant pu arriver à leurs fins par les moyens violents, les sires d'Albret essayèrent, d'y parvenir, par des voies détournées. Sur le territoire de Puyfortaiguille, s'élevaient le château (*salle*) et la tour de la *Cassagne*, appartenant à Guillaume de Figuès, vassal du commandeur. Le procureur du sire d'Albret vint un jour sommer le chatelain de ne reconnaître désormais comme suzerain que son propre seigneur et fit saisir son château et ses biens. Placé de la sorte entre ces deux puissances rivales, le chevalier de Figues se soumit aux volontés du plus fort et promit de payer au sire d'Albret en signe de vasselage une cense féodale de 15 sols de la monnaie courante. Le commandeur F. de Lat ne se laissa pas intimider et, par ses protestations contre les tentatives du sire d'Albret, parvint à faire reconnaître et respecter ses droits, (4 août 1446) [3].

Nous voici arrivés au XVIe siècle et aux guerres religieuses,

---

[1] Arch. Puyfortaiguille, L. II.
[2] Arch. Puyfortaiguille, L. VIII.
[3] Arch. Puyfortaiguille, L. II.

Dans cette période, Puyfortaiguille ne fut pas plus épargné que le reste de la commanderie. Pendant quelque temps les chevaliers de Saint-Jean en perdirent la possession. Dans la détresse où était plongé le pays et en présence de la pénurie de son trésor, le roi avait été obligé de recourir aux mesures extraordinaires pour se créer des ressources. La nation entière étant presque épuisée par les nombreux subsides qu'on lui avait demandés, c'était au clergé seul qu'il pouvait s'adresser : « De « l'advis des princes de son sang et de grands notables per- « sonnes de son conseil privé et du consentement de plu- « sieurs gens d'église, » il rendit en 1563, un édit ordonnant une aliénation de biens ecclésiastiques pour la somme de 100,000 escus de rente. Le Grand-Prieur de Toulouse ayant reçu communication de cet ordre et de la part qu'il avait à supporter dans cette imposition extraordinaire, se libéra envers le trésor par la cession de certaines dépendances de l'Ordre et notamment du membre de Puyfortaiguille, qui fut en effet vendu aux enchères. La reine Jehanne de Navarre acquit la maison noble de la commanderie et les domaines qui en dépendaient. Cette cession ayant été faite par l'Ordre avec pacte de rachat, le commandeur François de Gozon Mélac put racheter ce membre d'Argenteins, en versant dans le trésor de la reine Jehanne le prix qu'elle en avait donné l'année précédente (1564) [1].

Exposée sans grande défense aux attaques de la garnison huguenote de Nérac, la place de Puyfortaiguille eut beaucoup à souffrir pendant cette période et fut probablement saccagée plus d'une fois. Le procès-verbal de la visite de 1650 ne mentionne à Puyfortaiguille que les ruines de son château [2].

1° **Liste des Commandeurs d'Argenteins.**

TEMPLIERS :	Vers 1168-1170. Raymond de la Gruyère.
Vers 1155-1168 Arnaud d'Argenteins	Vers 1170-1180 Pagèz de *Burosa*

[1] Arch Puyfortaiguille L. III.
[2] Arch Puyfortaiguille, L. VI

Vers 1180-1190. Amanieu de Sales
1203. Martin de Nesse.
1230-1236. Fortanier de Séados, maître de l'Agenais.
1236-1243. Arnaud-Raymond de la Motte, maître de l'Agenais.
1245-1262. Bernard-Guillaume d'Aspet, maître de l'Agenais
1263-1275. Arnaud d'Auron, maître de l'Agenais.
1276-1285. Pierre de Sombrun, maître de l'Agenais.
1286-1289. Cenebrun de Pins, maître de l'Agenais.
1289 1298. Bernard de la Roque ou de la Motte.
1300-1302. Barrau de la *Graynhia*.
1303-1306. Ratier de Lemosin.

HOSPITALIERS :

1315-1324. Pierre d'Arbusac.
1325-1326. Hugues de Lemosin.
1328-1329. Guillaume d'Alziac.
1337-1344. Guillaume-Roger de Mirepoix.
1376-1386 Bernard de Bornac.
1390. Guillaume de Saint-Martin.
1426-1482. Fortanier de Lat.
1483-1492. Pierre de Champagne.
1494-1495. François de Goulard.
1496-1498. Bertrand d'Esparbès.

1505-1520. Bernard de Goulard.
1521-1540. Jacques de Manas.
1541-1542. Oddet de Massas.
1555-1585. François de Gozon-Mélac
1585-1594. Octave de Galéan Salerne
1603-1613. Guillaume de Vassadel Vacquières.
1622-1628. Joseph Amalric d'Esclangon.
1638-1643. Christophe de Ceytres Caumont.
1646-1655 Alexandre de Benque.
1660-1671. François de Tresseman Chastuel Brunel, receveur au Prieuré.
1677. Denys de Touges Noailhan.
1686-1694. Paul-Antoine des Villages-Lachassaigne.
1701-1707. Anselme de Cayx.
1710-1711. N. de Fezin
1713-1714. Georges de Caulet-Gragnague
1717-1720. Jacques-François de Privas-Fontenil.
1725 1742. Adrien de Langon.
1758-1759 Bernard de Roquette Buisson.
1765-1766. Antoine de Garnier-Fontblanche, bailli de Manosque.
1773-1786. René de Léaumont, Grand-Prieur de Toulouse.

2° Liste des Commandeurs du membre de Puyfortaiguille.

TEMPLIERS :

1230-1234. Arnaud de Campin.
1234-1237. Vidon de Lart.
1237-1243. Guillaume-Garsie d'Aure
1243-1250. Arnaud Sabathier.
1250-1261. Guillaume d'Artiguelongue.

1261 1262. Fourtanier.
1285. Pierre d'Aigud.

HOSPITALIERS :

1327-1338. Aynard de Lagarde.
1419. Raymond Vidon.
1504-1520. Raymond de Botet.

3° Commandeur du membre d'Aubéas.

1507. Bertrand des Camps.

CHAPITRE XXIII

Commanderie de Cours.

MEMBRES : SAINT-LOUBERT, COUTURES, ROMESTANG, LA TOUR D'AVANCE, BOUGLON, ASQUES ET BARBEFÈRE.

§ 1. — *Cours.*

Dans la partie orientale du Bazadois, s'élevait jadis un puissant château, entouré de hautes murailles et flanqué de onze tours. Ce donjon fut bâti par les Templiers qui s'y installèrent peu de temps après leur établissement à Argenteins. Dans un vieux cartulaire, dont il ne nous reste plus que quelques fragments, nous lisons que Raymond de Bouglon (*de Boglonio*), frère de Raymond de Pins, et son beau-frère Bernard de Ravignan, donnèrent au Temple leur terre de *Courtz*. Un peu plus tard, le sire Amanieu d'Albret ajouta à cette première donation celle du fief qu'il possédait devant la poterne de la ville (*ad portam quæ vocatur posterlam*). Il fit cette libéralité « d'après le conseil de ses amis, Pierre
« d'Aldemir son viguier, R. de Coarraze, Arnaud de Noailhan,
« et entre les mains d'Hélie de Focald, maître du Temple en
« Gascogne, et de Gaston de Castelmauron, Commandeur de
« Cours [1]. » Armand du Greiset donna à la nouvelle maison sa terre de *Saint-Martin;* pour cette dernière donation, nous trouvons, comme indication de date, qu'elle fut faite sous le règne d'Henri d'Angleterre et l'épiscopat de Bertrand de

[1] Pièces justificatives n° LXXI.

Bordeaux [1] ; elle est donc antérieure à l'année 1173, date de la mort de ce prélat [2].

L'importance de leur nouvelle possession engagea les Templiers à l'ériger immédiatement en une Commanderie séparée, quoique dépendante de celle d'Argenteins, et à y construire sans doute le château, dont les procès-verbaux de visites nous décrivent avec complaisance les restes imposants. Parmi les bienfaiteurs de la nouvelle maison, citons Pierre de Gavarred, qui se rendit au Temple de Cours pour faire donation à l'Ordre, où il demandait à être admis, de ses fiefs de *Moleyres* et de *Belis*, le vieux document nous montre les Templiers le recevant dans leurs rangs et l'ensevelissant après sa mort, « comme un frère, » sous le portail de l'église de Cours (vers 1180).

Mais, au milieu de toute cette prospérité, quelques points noirs se montraient déjà à l'horizon, présageant pour le nouvel établissement plus d'un orage dans l'avenir. Non loin de la place de Cours, s'élevait celle de *Grignols*, dont les puissants seigneurs devaient plus d'une fois dans la suite réussir à troubler le repos des Commandeurs. Déjà, au VIIIe siècle, la lutte était engagée; les archives nous ont conservé une sentence arbitrale rendue entre le Commandeur et Arnaud de *Granhols* au sujet de la possession du bois de *Flaunac*; les arbitres décidèrent ce dernier à céder le territoire contesté aux Templiers, qui s'engagèrent en retour à prier Dieu pour le repos de son âme (1278) [3].

Laissons pour un moment l'histoire de ces luttes extérieures, que la suite de cette étude nous fournira l'occasion de reprendre, et rentrons dans l'enceinte du Temple de Cours. Nous y trouvons le chevalier, Vital de Caupène, occupé à fonder autour de son donjon une bastide, et à octroyer une charte de coutumes aux nouveaux habitants. Après avoir juré d'être *bon seigneur* à ses vassaux, de les défendre contre tout ennemi extérieur et avoir reçu le serment de fidélité de ces

---

[1] Arch. Cours, L. I.
[2] Gallia Christ. t. II.
[3] Arch. Cours, L. V.

derniers, le Commandeur énumère toutes les redevances qu'il exige d'eux et les articles du Code de justice ; nous n'y trouvons à noter que la disposition qui condamne le voleur à avoir l'oreille coupée pour la première fois, et à être pendu en cas de récidive. Cette charte octroyée le mardi avant la fête de Saint-Martin d'hiver, de l'année 1289, fut approuvée et ratifiée par Bernard de la Roque, Commandeur d'Argenteins, qui apposa son sceau au bas du parchemin [1]. Diverses autres transactions, conclues entre les Templiers et les habitants de la nouvelle ville, vinrent, au commencement du XIVe siècle, compléter cette première charte, régler les droits de dépaissance dans les bois de la Commanderie (1304) et le paiement des dîmes (1305) [2].

Après la catastrophe du Temple et malgré les ordonnances pu Concile de Vienne, les Hospitaliers éprouvèrent de sérieuses difficultés pour prendre possession de la Commanderie de Cours. Le chevalier Guillaume de Caumont, seigneur de Montpouillan, avait été chargé par l'autorité royale de garder et d'administrer cette portion des dépouilles des Templiers. Fort peut-être de quelque protection puissante, il refusa absolument de restituer la Commanderie de Cours à ses légitimes possesseurs, et paraissait tout disposé à convertir la garde provisoire, qu'on lui avait confiée, en une occupation définitive, malgré les édits que les chevaliers de Saint-Jean avaient obtenus avec tant de difficultés, soit de Philippe IV, soit de son successeur. Les tentatives, faites par les religieux nommés à cette Commanderie, pour en obtenir la restitution, furent longtemps infructueuses et vinrent se briser successivement devant la puissance de leur adversaire ou peut-être le mauvais vouloir des agents de l'autorité. Il fallut que le Grand-Prieur de Toulouse, Pierre de l'Ongle, prît lui-même en main cette affaire et envoyât le frère B. de Druilhe, porter directement ses doléances à la Cour du sénéchal d'Agen. Cette fois, la dignité du plaignant était trop considérable pour que l'on pût ne pas avoir égard à ses justes réclamations, et le

[1] Arch Cours, L. I.
[2] Arch. Cours, L. V

seigneur de Caumont fut obligé de restituer les biens dont il avait été le trop intéressé gardien (1330) [1].

Ce ne fut du reste que le prélude d'attaques violentes dirigées incessamment dans la région contre les chevaliers de Saint-Jean. Sans parler des tentatives faites vers cette époque par l'évêque et le chapitre de Basas, pour prélever la taille sur les biens du commandeur, malgré les privilèges de l'Ordre, nous trouvons une longue série d'attaques et comme un débordement de haînes qui se manifesta presque sans interruption contre les Hospitaliers pendant près de deux siècles. Voici d'abord plusieurs seigneurs du pays, que le procureur du roi assigne devant le sénéchal d'Agen, sous l'accusation de s'être mis à la tête d'une troupe armée, d'avoir attiré dans une embuscade et inhumainement massacré trois chevaliers de Saint-Jean. A ces haines particulières vinrent se joindre, durant le xve siècle, les désastres de la guerre. Pendant les désordres qui avaient succédé surtout en Guyenne à la guerre contre les Anglais, le sire d'Albret, comte de Dreux et de Gaure, captal de Buch, s'était emparé de Cours, de Romestang et les avait réunis à sa châtellenie de Casteljaloux. Dès que son petit-fils, Alain-le-Grand, lui eût succédé, le commandeur Fortanier de Lat, lui présenta ses réclamations qui avaient sans doute échoué jusque-là ; elles furent accueillies favorablement par le puissant baron. Le 15 juin 1471, ce dernier signa à Casteljaloux une ordonnance par laquelle il prescrivait la remise de Cours et de Romestang aux mains de leur légitime possesseur et défendait de lui occasionner aucun trouble à l'avenir [2]. Marchant sur les traces de son suzerain, un gentilhomme de la contrée, Jean de Lamothe, seigneur de Noailhan, parvient à surprendre le château de la Roque, situé dans la juridiction de Cours ; il en chasse les Hospitaliers par la violence et ne consent à le leur rendre que devant un arrêt du Parlement de Bordeaux (1480) [3]. Pendant toute cette période, les seigneurs

[1] Arch. Cours, L. V
[2] *Id*
[3] *Id*.

de Grignols, ces anciens adversaires des commandeurs, avaient recommencé la lutte et renouvelé leurs tentatives pour s'emparer de la haute juridiction de Cours, objet de leurs prétentions invétérées. En 1467, nous voyons le chevalier, F. de Lat, ajourner devant le Parlement de Bordeaux le seigneur de Grignols, qui avait forcé les prisons de Cours pour en extraire les détenus et les soustraire ainsi à la juridiction du commandeur [1]. Mais nous allons assister à une attaque plus sérieuse qui fut tentée peu de temps après. Vers la fin du xv° siècle, messire Jean de Grignols, écuyer, organisa une puissante expédition contre la commanderie de Cours. Ayant réussi à tromper la vigilance de la garnison il se rendit maître du château, le livra au pillage, et en emmena triomphalement tout l'armement qui était tombé en son pouvoir, arbalètes, pièces d'artillerie etc. A la nouvelle de ce désastre, le chevalier François d'Esparbès de Lussan, Commandeur d'Argenteins et de Cours, porta ses plaintes au Parlement de Bordeaux. N'étant pas sans appréhension sur l'issue de ce procès et redoutant les suites de son aventure, le seigneur de Grignols fit supplier son adversaire de consentir à terminer l'affaire par des voies amiables. Le chevalier d'Esparbès y ayant consenti, l'entrevue eût lieu à Bazas et, après bien des pourparlers, l'accord fut conclu sur les bases suivantes : Jean de Grignols devait rembourser au commandeur tous les frais de poursuite dépensés jusqu'à ce jour, lui donner de plus 80 *francs bourdelois*, comme indemnité, il s'engageait à rendre dans l'espace de huit jours l'artillerie et toutes les armes enlevées par lui au château de Cours, faute de quoi l'accord serait non avenu (1496) [2].

Reportons-nous à quelques années en arrière et rendons-nous dans la petite ville de Cours, pour assister à un spectacle assez intéressant. C'est en l'année 1459, le chevalier Fortanier de Lat, vient d'être pourvu de la commanderie de Cours et y arrive pour en prendre possession. Son premier soin est de réunir dans l'église paroissiale tous les habitants et de

[1] Arch. Cours, L. V.
[2] *Id.*

leur réclamer le serment de fidélité, qu'ils doivent à tout nouveau seigneur. Ecoutons la réponse des *bonnes gens* de Cours : ils ne se refusent pas à obéir à cette injonction, mais ils font observer avec cette indépendance municipale qui se rencontrait alors même dans les plus petites localités, que, d'après la coutume, le commandeur doit commencer par prêter le sien. Reconnaissant la justice de cette réclamation, le chevalier Fortanier de Lat, jure à ses vassaux, la main étendue sur le missel et sur une relique de la vraie croix, « qu'il « leur sera bon et loyal seigneur, gardera leurs franchises, « fors et coutumes, et les protègera contre toute violence, « selon son pouvoir[1]. » Immédiatement après, les consuls prêtent à leur tour leur serment de fidélité et reconnaissent le commandeur pour leur seigneur, haut, moyen et bas justicier[2]. Cette scène m'a paru digne de fixer un instant l'attention : elle montre comment nos pères entendaient l'honneur de leurs villes et de leur consulat, et quels étaient les rapports entre seigneurs et vassaux au moyen-âge, tandis qu'une école moderne semble prendre à tâche de ne montrer, durant cette période, que la plus intolérable tyrannie vis-à-vis de la plus humiliante servilité.

L'année suivante, ce même commandeur inaugura son administration, après avoir sans doute complété les fortifications de la place, par l'octroi d'une nouvelle charte de coutumes à ses vassaux. Ce document traite surtout de la défense des remparts, de la garde des portes et donne des instructions détaillées sur la conduite à tenir dans le cas, où une troupe armée demanderait le passage à travers la ville, ou voudrait simplement se procurer des vivres (janvier 1460)[3]. Dans ces temps troublés, c'étaient là des questions du plus haut intérêt et de la plus palpitante actualité.

Ce fut probablement pour confier la circonscription de Cours à des mains capables de la gouverner et de la soutenir

[1] *So es a saber que el lui sera lui suber e legau e los gardera lui fors e lurs costumas e urs franquesas e lus ustges e los gordara de tort e de forsa de sur e d'outruy d'un be que poder*

Arch Cours, L. III

[2] Arch Cours, L. IV.

dans ces périodes difficiles que les Grands Prieurs de Toulouse avaient fondu, vers le milieu du xve siècle, cette commanderie dans celle d'Argenteins. Cette mesure fut définitivement confirmée par une bulle du Grand-Maître, Pierre d'Aubusson (1495) [1].

Ce changement d'autorité se fit bientôt sentir et, en 1505, nous voyons le commandeur, Bernard de Goulard, obliger les officiers de Jean de Foix, archevêque de Bordeaux, dans ses juridictions de *Loustrange* et de *Coultures*, à lui rendre un prisonnier qu'ils s'étaient permis d'arrêter sur le territoire de Cours [2]. Si, pendant les guerres religieuses il ne semble pas que la ville, protégée par ses hautes murailles, ait été prise et saccagée, il n'en fut pas de même de la campagne avoisinante, où les récoltes des Hospitaliers et de leurs vassaux furent sans cesse dévastées par les coureurs des garnisons huguenotes de la contrée. Seule, la masse imposante du château avait traversé, sans se laisser entamer, cette longue période si agitée; le procès-verbal de visite de l'année 1752 peut nous y faire pénétrer par son ravelin, nous permettre de nous promener « dans sa vaste cour tout entourée « de murailles et flanquée de neuf tours, » et nous faire admirer le donjon, élevant au milieu de toutes ses fortifications ses assises noircies par les siècles.

Comme nous l'avons fait remarquer plus haut, Cours, à la fin du xviiie siècle fut de nouveau détaché d'Argenteins, et forma avec les membres de Saint-Loubert, Coutures, Montfrin, Nazareth, Romestang, Bouglon, la Tour d'Avance, Asques et Barbefère, une nouvelle commanderie qui n'eut qu'une existence bien éphémère (1780-1790).

§ 2. — *Romestang.*

Immédiatement après sa fondation, Cours était devenu pour les Templiers un centre, autour duquel ne tardèrent pas à se

[1] Arch. Cours, L. V.
[2] Arch. Cours, L. III

grouper un certain nombre de dépendances dûes à la générosité des seigneurs de la contrée. Un jour, vers le milieu du xii⁰ siècle, la petite ville de Bouglon présentait un aspect d'animation inacoutumée ; elle renfermait, en effet, dans ses murs une brillante et noble assemblée : on y voyait, à côté de Pierre, comte de Bigorre, entouré des chevaliers de sa cour, l'évêque de Basas, Guillaume-Arnaud de *Tantalon*, accompagné de deux de ses chanoines, Etienne, abbé de Fontguilhem, etc; au milieu de ces guerriers et de ces prélats, les chevaliers Augier de Bedeisan, Maître du Temple en Agenais, et Helie de Focald, premier commandeur de Cours, cachaient leurs armures sous leurs manteaux monastiques. Tous ces illustres personnages s'étaient réunis à la prière des seigneurs de Bouglon, Raymond et Amanieu son fils, qui avaient voulu rehausser ainsi la solennité, mais surtout assurer la validité de l'acte pieux qu'ils se proposaient. « Pour le salut de leurs âmes et de celles de leurs parents, » ils se dépouillent en faveur de l'Ordre du Temple de la moitié des dîmes de Saint-Hilaire-de-Cavaniac [1]. Cette donation, dont la date n'est pas indiquée, est antérieure à l'année 1165, époque de la mort de l'abbé Etienne et de celle de l'évêque Guillaume-Arnaud[2]. Après ce récit, nous lisons, dans le vieux cartulaire de la commanderie, qu'Amanieu de *Cautera* et ses petits-fils, Forton et Bernard, cédèrent leur terre de Romestang au commandeur de Cours, pendant que W. du Bosc faisait donation du quart de la dîme de Saint-Loubert [3]. Dans le siècle suivant, nous voyons encore le seigneur Wilhem-Raymond donner au Temple, avec sa personne, sa terre de Castelpergous (1226) [4].

Toutes ces différentes possessions constituèrent le membre de Romestang, dépendant de la circonscription de Cours et qui devait lui rester uni dans toutes ses transformations successives.

[1] Pièces justificatives n° LXXII.
[2] Gallia Christ. t. I.
[3] Arch. Romestang, L I.
[4] *Id.*

La seigneurie entière de Romestang, avec la haute justice, avait été donnée aux Templiers, qui en jouissaient paisiblement, lorsqu'en l'année 1267, Bertrand de Got, prévôt des lieux de Coultures et de Loustrange pour l'archevêque de Bordeaux, s'avisa d'élever des doutes sur la légitimité de cette possession et de vouloir s'adjuger, au nom du prélat, cette juridiction. Dans ce but, il recourut au moyen que nous avons vu si souvent employer ailleurs ; il organisa une expédition contre Romestang ; ses hommes d'armes forcèrent les portes de la prison et en enlevèrent un détenu. Mais, dès que Pierre d'Audiran, précepteur de Romestang, eût prouvé ses droits devant la justice, à l'aide de nombreux témoins et de l'exhibition de ses titres, le prévôt dût reconnaître ses torts et restituer le prisonnier aux officiers du Temple [1].

Vital de Caupène, commandeur de Cours, acheta en 1283, de Bernard, comte d'Albret, sa part des dîmes de Romestang [2], de sorte qu'au moment de leur chûte les Templiers se trouvaient, tant au spirituel qu'au temporel, les seuls seigneurs de cette ville et de son territoire, dont héritèrent intégralement les Hospitaliers.

§ 3.— *Bouglon.*

Les chevaliers de Saint-Jean avaient dans cette localité un établissement, dont nous ne pouvons tout d'abord constater l'existence que par la mention de l'*Hôpital de Bouglon* dans d'anciens documents. Après la suppression de l'Ordre du Temple, Bouglon se trouva tout naturellement réuni, tant à cause de son peu d'importance que de sa proximité, à la commanderie de Cours. Ce membre, composé de quelques fiefs autour de la ville et des dîmes de Gussac, de Moleyres et de Cavaignan, n'a laissé que bien peu de traces dans les archives et passerait presque inaperçu, si dans la période de la guerre du Bien-Public, dont nous avons eu déjà l'occasion de nous

---

[1] Arch. Romestang, L. I.
[2] *Id.*

occuper, Charles d'Albret ne se fût emparé du fief de *Belis*, situé sur le territoire de Bouglon. Quand le calme se fut un peu rétabli, le commandeur Fortanier de Lat, réclama énergiquement contre l'usurpation dont il avait été victime ; étant parvenu à prouver ses droits, il obtint gain de cause et rentra en possession des domaines usurpés (1468) [1].

§ 4. — *La Tour d'Avance.*

Sur les confins de ce pays désolé et infertile, connu sous le nom de *Landes*, plus désert encore pendant le moyen-âge qu'il ne l'est de nos jours, les chevaliers de Saint-Jean possédaient un donjon, sentinelle avancée au milieu de ces solitudes. Située dans le pays d'Albret et la juridiction de Fargues, la Tour d'Avance servait à la fois de place de guerre et de résidence pour l'Hopitalier chargé de recueillir les maigres revenus de ce vaste territoire. D'où venait à l'Ordre de Saint-Jean cette forteresse, quelle en fut la destinée pendant le moyen-âge ? Voilà autant de questions que les archives laissent sans réponses, se contentant de nous en donner la description. C'était « un chasteau en forme de tour carrée à « cinq estages, ayant une chambre à chaque estage et le « degré pour monter aux chambres estant en pierre, fait à « vis, formant en dehors une tour ronde [2]. » Voilà bien dans toute sa sévérité le donjon du XIII° siècle, sur lequel les années avaient passé sans altérer son aspect primitif

§ 5. — *Asques et Barbefère.*

Ces deux dépendances de la commanderie de Cours étaient considérées, à cause de la grande distance où elles se trouvaient du chef-lieu, comme ne formant qu'un seul

[1] Arch. Bouglon, L I
[2] Visite générale de 1752.

membre dont l'administration était confiée au même Hospitalier.

1º *Asques*. — C'était un établissement de l'Ordre de Saint-Jean, situé sur la Dordogne dans la juridiction de Fronsac et la paroisse de Saint-Romain. Les Hospitaliers, seigneurs hauts justiciers de ce territoire, possédaient, en outre, une chapelle de dévotion sous le vocable de Saint-Jean-Baptiste. Au commencement du XVIe siècle, le recteur de Saint-Romain leur contesta la juridiction qu'ils avaient exercée jusque-là ; une transaction à l'amiable vint mettre fin à ces débats en 1508 [1], et les chevaliers continuèrent à jouir en paix de la seigneurie temporelle et spirituelle, « dans les croix et « salvetat » du lieu d'Asques [2].

2º *Barbefère*. — Ce second établissement des Hospitaliers était encore plus éloigné de Cours que le précédent, puisqu'il se trouvait situé dans le voisinage immédiat de Blaye. Barbefère n'était pas une paroisse ; sa chapelle était desservie par le curé de Breizon, qui recevait pour cela une pension annuelle du commandeur. Néanmoins, ce dernier, en qualité de seigneur spirituel, percevait la dîme de ce territoire.

La situation des vassaux de l'Ordre de Saint-Jean ne laissait pas du reste que d'être très recherchée et les archives nous fournissent ici un exemple des avantages qui y étaient attachés. Ainsi, au commencement du XVIe siècle, le sieur du Moulin, chambellan du Roi et gouverneur de Blaye, somma les habitants de Barbefère de concourir à la défense de la place et de venir prendre leur part du service de guet et de garde sur les remparts. Ces derniers, soutenus par le commandeur, se retranchèrent derrière les privilèges de l'Ordre et refusèrent de se rendre à cette sommation ; il fallut que le gouverneur s'inclinât devant ces immunités et que le sieur de Roger, écuyer, son procureur, vint les reconnaître solennellement en son nom (1501) [3].

---

[1] Arch. Asques, L. I.
[2] Arch. Argenteins, L VI.
[3] Arch Asques-Barbefère, L. I

1° Liste des Commandeurs de Cours.

TEMPLIERS :
Vers 1160 Hélie de Focald.
1175. Gaston de Castelmauron
1180-1190. Wilhem *Sirvens* ou *Cliens*.
1231. Guillaume de Tuirans.
1241. Naamans.
1264. Fortanier.
1268. Wilhem d'Artiguelongue
1272-1274. Pierre de Melinham.
1279-1292. Vital de Caupène.

1295 1299. Bernard de Selgues.
1300-1306. Jean de Caumont.

HOSPITALIERS.
13.4. Bernard de Folquier.
1325. Pierre des Colombiers.
1330 1345. Rotger de Mirepoix.
1383 1418. Menaud de Colomb.
(En 1459, réunion de Cours à Argenteins.)

2° Liste des Commandeurs du membre de Cours.

1510-1512. Raymond de Boulet.
1517-1518. François de Manas.

(En 1780, rétablissement de la commanderie de Cours)

3° Commandeur de Cours (2ᵐᵉ période).

1780-1786. René de Léaumont.

4° Liste des Commandeurs du membre de Romestang.

1267. Pierre d'Audiran.   1289-1292 Arnaud de la Croix.

5° Liste des Commandeurs du membre de Bougion.

1397. Hélie de las Combes.   1404. Menaud de Colomb.

6° Liste des Commandeurs du membre d'Avance.

1489. Jean Donas, prêtre
1630-1665. Jacques de Pichon, commandeur de Bordeaux.

7° Liste des Commandeurs du membre d'Asques-Barbefère.

1350. Guillaume de Moutaigut.
1353 Gaston Molinier.
1503. Pierre de Ribon

CHAPITRE XXIV

Commanderie de Casteljaloux.

MEMBRES : FARGUES, NEUFONDS, ARGENTON, MOLEYRES, VEYRIÈS, CAVAISSAC, CAZALIS, SARPOURAS, MONTREAL, SAINT-JEAN D'AN-GENES.

§ 1. — *Casteljaloux.*

Les Hospitaliers avaient, soit à Casteljaloux, soit dans les environs, plusieurs possessions, venant pour la plupart de la munificence des sires d'Albret. Nous l'apprenons par un document du XIIIe siècle, fourni par les archives de cette Commanderie. C'est la charte par laquelle Amanieu d'Albret confirma les donations, faites par ses ancêtres à l'hôpital de Jérusalem, des dîmes du moulin de Casteljaloux et de Castelnau-de-Sarnès, de la seigneurie de Cazalis; il augmenta lui-même la liste des libéralités de sa famille par la cession qu'il fit du moulin de *Cazeneuve*. Ce parchemin fut scellé des armoiries du sire d'Albret, à Casteljaloux, en présence de Cenebrun de Melinhan, d'Arnaud Garsias de Sescas, de Bernard de Pompejac, d'Odon de Noailhan, de Lombard de Socasse (1241) [1].

Dans la suite, les Hospitaliers acquirent une résidence dans la ville même. Pardeilhan de Vacquey, bourgeois de Casteljaloux, donna à l'Ordre de Saint-Jean « une maison bâtie en

---

[1] Pièces justificatives n° LXXIII.

pierres et en bois, couverte de tuiles et située dans la grande rue (1411)[1]. »

Après avoir dit que la *jurande* de Casteljaloux voulut témoigner à l'Ordre sa sympathie, en abolissant par un arrêt tous les impôts qu'on avait prélevés jusqu'alors sur la vente des vins de la Commanderie (1678)[2], nous aurons épuisé toutes les indications fournies par ce fonds peu considérable d'archives. L'importance de cette dépendance d'Argenteins, où les procès-verbaux de visites ne trouvent à mentionner que la maison « sise dans la grand rue Saint-Raphaël, » la seigneurie spirituelle de la paroisse Saint-Romain et quelques rentes dans la ville, n'aurait pas suffi pour motiver son érection en Commanderie, si les agréments de la résidence dans un centre populeux ne l'eussent désignée naturellement comme chef-lieu de la nouvelle circonscription. Vers 1780, Casteljaloux fut donc détaché, comme nous l'avons dit plus haut, d'Argenteins, pour former une Commanderie distincte avec les membres de Fargues, Neufonds, Argenton, Moleyres, Sainte-Marie de Veyriès, Cavaissac, Cazalis, Sarpouras, Montréal et Saint-Jean-d'Augenès.

§ 2. — *Cazalis*.

Les sires d'Albret avaient été, sans doute, dans le courant du XIIe siècle, les fondateurs de l'hôpital de Cazalis et s'étaient dépouillés en faveur du nouvel établissement de toute leur seigneurie sur cette *Salvetat*[3]. Elle était située au milieu des landes, dans la juridiction de Cazeneuve, qui appartenait aux seigneurs d'Albret. Les guerres contre les Anglais, dont cette région fut le dernier et le plus sanglant théâtre, l'avaient complètement dévastée et détruit les quelques ressources qu'une patiente industrie était parvenue à créer au milieu du désert. Les moissons et les villages avaient été

---

[1] Arch Casteljaloux, L I
[2] *Id.*
[3] Pièces justificatives n° LXXIII.

brûlés, les habitants dispersés, et une morne solitude s'étendait sur toute la contrée. Tous les efforts des Commandeurs de Cazalis allaient donc tendre au but de créer les ressources qui venaient de leur être brusquement arrachées. Mais toutes leurs tentatives pour repeupler le territoire de Cazalis se brisèrent devant les obstacles soulevés par les sires d'Albret, dans la crainte de voir fonder dans leur voisinage une ville rivale de la place de Cazeneuve. Aussi exigèrent-ils impérieusement le paiement du droit dit *de la table* (*de la taula*), que les habitants de Cazalis étaient obligés, en leur qualité d'étrangers, de verser, lorsqu'ils apportaient leurs denrées sur le marché de Cazeneuve. Or, cette dernière localité étant la seule qui pût servir de centre de transaction dans cette vaste étendue de pays, si peu habitée, cet impôt ne laissait pas que d'être très onéreux pour Cazalis ; il s'élevait tous les ans, en moyenne, à la somme de 20 livres morlanes ou de 40 écus d'or. Cette charge éloignait beaucoup d'habitants qui allaient transporter leur résidence dans des pays plus favorisés. Ce fut ce misérable état de choses que vint exposer le chevalier Bernard de Bérenger, précepteur de Cazalis, « à « très magnifique prince Charles, sire d'Albret, seigneur de « la ville et du château de Cazeneuve. » Celui-ci, « après « avoir pris l'avis de son vénérable conseil, » fit proposer un traité de paréage au Commandeur, qui, après l'avoir examiné et soumis à l'approbation de Fourtanier de Lat, Commandeur d'Argenteins, de B. de Bélat, du Nom-Dieu, commissaires, députés à cet effet par le Grand-Prieur de Toulouse, y donna son consentement et se rendit à Nérac, auprès du sire d'Albret, pour en signer l'acte solennel. Ce document, intéressant à plus d'un titre, va fixer un moment notre attention.

La seigneurie entière de Cazalis avait été donnée aux Hospitaliers par les fondateurs de cette maison ; le Commandeur consent à la partager avec le sire d'Albret, qui prendra la moitié des amendes et des rentes féodales, les droits ecclésiastiques étant réservés intégralement à l'Hôpital : la justice sera exercée au nom des deux seigneurs par un bailli commun, et on pourra appeler des sentences de ce dernier au tribunal de Cazeneuve; tous deux devront coopérer par égale part à la construction d'une prison commune dans le lieu de Cazalis. Moyennant ces concessions, le sire d'Albret declare les habitants de Cazalis exempts pour toujours de l'impôt de la *Table*, et leur concède de plus le droit de dépaissance dans toute l'étendue de sa terre de Cazeneuve. Mais il fait introduire en revanche la défense formelle aux Hospitaliers de construire dans l'avenir, à Cazalis, un château fort, « qui pourrait devenir une cause de dommage et de ruine « pour la ville et le château de Cazeneuve. » C'est dans cette dernière place que se réfugieront les habitants en cas de danger; aussi doivent-ils contribuer, comme ceux de Cazeneuve, à ses charges, aux réparations de ses murailles et à sa garde. Ce traité, où les chevaliers de Saint-Jean achetaient chèrement, comme on le voit, l'exemption accordée, fut signé devant les portes du château de Nérac, en présence de la cour du sire d'Albret, où figuraient Etienne de Taularesse, seigneur de Puyjardin, bailli de Tartas, messire Hymbert de Voisin, bachelier ès décrets, juge ordinaire de toute la seigneurie, Bertrand de Valyns, seigneur de Péjan, J. de Contramoret, P. du Chêne, Amanieu de Montaigut (3 août 1461)[1]. Il fut approuvé et confirmé le 28 juin de l'année suivante par le chapitre provincial, réuni à Toulouse[2].

Grâce aux privilèges obtenus par le Commandeur pour ses vassaux de Cazalis, le nombre de ces derniers ne tarda pas à augmenter et la prospérité de cette circonscription a renaître, malgré quelques tentatives violentes faites par certains officiers trop zélés du sire d'Albret, pour s'emparer du moulin de *Bordeis*. Le Commandeur demanda justice au Comte lui-même, et une sentence, rendue par le Conseil privé de ce dernier, défendit de troubler à l'avenir les chevaliers dans leurs droits (1498)[3].

Les archives de Cazalis nous fournissent de plus un exemple de l'indépendance que manifestaient souvent les chevaliers

---

[1] Arch Cazalis, L. I.
[2] *Id.*
[3] *Id*

de Saint-Jean envers les autorités diocésaines, quand ils croyaient que les prérogatives de leur Ordre étaient menacées. Dans une de ses tournées pastorales, l'évêque de Basas se rendit dans la paroisse de Cazalis pour y administrer le sacrement de la confirmation. Le commandeur d'Argenteins, François de Tressemans Chastuel, ne lui permit d'entrer dans l'église qu'après avoir déclaré par acte public qu'il n'entendait pas par là porter atteinte aux privilèges de l'Ordre (1669)[1].

Les procès-verbaux de visite nous apprennent que, par suite de l'accroissement de la population et de l'immense étendue de ce territoire, sur une portion de la paroisse de Cazalis, avait été créé l'annexe de *Bourridech* dont les commandeurs conservaient la seigneurie spirituelle [2].

§ 3. — *Sainte-Marie de Veyriès.* — *Sarpouras.* — *Saint-Jean d'Angenès.* — *Montreal.*

1° *Sainte-Marie de Veyriès.* — En 1254, dame Marie de Caumont et Xans Augier, son fils, donnèrent au Temple de Cours la dîme de Sainte-Marie de Veyriès. Quelque temps après, l'évêque de Basas approuva cette donation et confirma aux Templiers la seigneurie spirituelle qui venait de leur être conférée (1259) [3].

2° *Sarpouras.* — La seigneurie de cette localité, située dans le voisinage de Marsan, appartenait par moitié aux Hospitaliers et aux seigneurs de la Porte, ainsi que nous l'apprend une transaction conclue au XVe siècle entre le commandeur d'Argenteins et messire Jean de Bergson seigneur de la Porte [4].

3° *Saint-Jean d'Angenès.* — Les chevaliers de Saint-Jean possédaient encore plusieurs seigneuries spirituelles dans le pays de Marsan, entre autres celles de Saint-Jean d'Angenès, dont la chapelle de dévotion fut ruinée lors des guerres de Religion, d'Auzac, de Graulons, de Saint-Sylvestre, etc.

[1] Arch. Cazalis, L. I.
[2] Visites générales 1752
[3] Arch Veyriès, L I.
[4] Arch. Sapouras, L. I

4º *Montreal*. — Le commandeur était seigneur spirituel de cette paroisse et en partageait la dîme avec l'Evêque de Condom.

1º **Commandeur de Casteljaloux.**

1780-1786. René de Léaumont.

2º **Commandeurs de Cazalis.**

1355-1363. Jacques-Guillaume de la Pradèle.
1461. Bernard de Bérenger.

1463-1482. Pierre de Campagne.
(En 1482, réunion de Cazalis à Argentelus.)

3º **Commandeur du membre de Cazalis.**

1498-1500. Raymond de Boutet.

4º **Commandeur du membre de Veyriès.**

1508. Pierre de Ribon.

5º **Commandeurs du membre de Montréal.**

1328. Vital de Saint-Salvi.   1380. Bernard de Loupo.

CHAPITRE XXV

Commanderie de Saint-Blaise-des-Monts.

MEMBRES : BARRAUTE, MAULÉON, LIXARRE, LARRIBIEU, BERCUX

Tout auprès de la ville de Mauléon, et formant pour ainsi dire un de ses faubourgs, se trouvait la paroisse de Saint-Jean de Barraute qui appartenait aux chevaliers de l'Hôpital. Cette localité se trouvait située sur une des principales routes se dirigeant vers les Pyrénées, que sillonnaient les pèlerins, allant à Saint-Jacques de Compostelle ; aussi les seigneurs avaient-ils construit, près du cimetière de leur église, un hôpital où étaient reçus et soignés ces pieux voyageurs. L'intérêt, qui s'attachait à eux pendant le moyen-âge, était immense, et, quand ils arrivaient dans une ville, accablés de fatigue, c'était à qui leur prodiguerait le plus de soins pour participer à leurs mérites Aussi les Hospitaliers reçurent-ils de nombreuses donations pour subvenir aux frais de leur établissement de Saint-Jean-de-Barraute. Les dîmes de plusieurs paroisses voisines Mauléon, Lixarre, Larribieu, Bercux, jointes à quelques possessions territoriales de peu d'importance, constituèrent une petite circonscription de l'Ordre.

Dans la suite, lors du remaniement des commanderies qui eût lieu dans le xive siècle, Barraute devint un membre de celle d'Arceins et demeura dans cette situation, jusqu'au milieu du xviie siècle. Vers 1650, Saint-Jean-de-Barraute redevint une commanderie séparée et acquit, en l'année 1700, une plus grande importance, par l'affectation qui lui fut faite alors d'une rente de 1500 livres due par les Capitouls de la ville de

Toulouse à l'Ordre de Saint-Jean [1]. A partir de cette époque, elle perdit son nom primitif de Saint-Jean-de-Barraute, pour prendre celui de Saint-Blaise-des-Monts.

Sur le territoire de la paroisse de Bercux, qui dépendait de la commanderie, la piété des chevaliers de Saint-Jean avait élevé une chapelle de dévotion, qu'on désignait sous le nom de *Notre-Dame de Malte*. Il paraît que, dans la suite, les commandeurs négligèrent d'entretenir cet édifice, que nous trouvons presqu'en ruines à la fin du xviie siècle, *la voûte effondrée, la cloche rompue, sans calice ni ornements*. Les marguilliers de la paroisse de Bercux ayant échoué dans leurs tentatives auprès du commandeur, pour l'engager à faire les réparations indispensables, s'adressèrent au Parlement de Bordeaux. Le chevalier de Verdelin allait être obligé par arrêt de remplir ses devoirs de seigneur spirituel de cette paroisse, lorsqu'il s'exécuta de bonne grâce et s'entendit avec ses vassaux pour réparer la chapelle et la fournir d'ornements (1685) [2]. Les habitants de Mauléon accusaient également ce même commandeur de ne pas veiller à l'entretien de l'église de Saint-Jean-de-Barraute et, sur leurs instances, le bailli royal vint faire une enquête qui lui permit de constater l'état défectueux des ornements qui s'y trouvaient [3]. L'excuse présentée par le commandeur était l'exiguité et l'insuffisance de ses revenus annuels. Ce fut pour remédier à cet inconvénient que le chapitre provincial du Grand-Prieuré prit la mesure dont nous parlions tout à l'heure et, grâce à la rente de 1500 livres payée par la ville de Toulouse, les commandeurs de Saint-Blaise-des-Monts eurent désormais les moyens de remplir les devoirs de leur charge. En 1752, le revenu brut de la commanderie s'élevait à la somme de 2900 livres et ses charges à celle de 713. Les commandeurs de Saint-Blaise avaient en outre droit d'entrée aux Etats du pays de Soule, où ils prenaient place parmi les représentants du clergé [4].

---

[1] Arch Saint-Blaise, L I
[2] *Id.*
[3] *Id.*
[4] Registre des visites

1° Commandeurs de Saint-Jean de Barraute.

1284. Pierre d'Orneille.

(Vers 1320, réunion à la commanderie d'Arceins.)

2° Liste des Commandeurs du membre de Barraute.

1324. Pierre du Gué.
1363-1384. Gérard de la Mothe.
1417. Gaillard de Montet.
1459-1467. Manaud de Ruthie.
1476-1484. Fortanier de Gavaston.

1596. Guyot d· Marcilhac.
1605-1650 Philippe - Emmanuel de Chabaud-Tourette.
(En 1650, érection de Saint-Jean-de-Barraute en commanderie).

3° Liste des Commandeurs de Barraute ou de Saint-Blaise-les-Monts.

1650-1685. François de Verdelin, Grand Prieur de Saint-Gille.
1686-1695. Sauveur de Glandevès-Pourriez
1700-1701. Arnaud de Cardaillac-Lomé.
1708-1709. N. de l'Abbatie.
1711-1716 François Joseph Doria.
1724. François de Beausset

1731-1737. Charles des Vignes Parizot
1740-1742 Joseph de Mandols.
1745-1750. N. de Maubec.
1752-1759 François Thomas d'Aurel
1755-1767. Joseph de Gauthier Valabre.
1768-1770 Henri de la Barthe.
1785-1785. Bernard de Polastron la Hillière.
1789-1790. N de Barsa.

CHAPITRE XXVI

Commanderie de Caubins et Morlas.

MEMBRES : SAULT-DE-NAVAILLE, ARGELOS, LA HADERNE, SAINT-JUSTIN, LE POET, MORLAS, SERRE-MORLAS, LAURENTIES, ANOYE, LUC, GARLIN, PAULHAC, BOELO, MASPIE, VILLEPINTE, SENDETZ, NOARRIEU, MAUVEZIN, GER, SPEISSÈDE, SAINT-LÉON.

§ 1. — *Caubins.*

Non loin de la ville d'Orthez se trouve la paroisse de Caubins, où les Hospitaliers avaient jadis établi le centre de leurs différentes possessions du Béarn. Les archives ne nous apprennent ni quand, ni par qui l'hôpital de Caubins fut fondé ; nous ne pouvons tout d'abord en constater l'existence qu'à l'aide des chartes de donations qui vinrent dans la suite accroître la prospérité de la nouvelle Commanderie et étendre ses possessions dans toute la contrée.

Un habitant de la ville d'Orthez, Bernard d'Abbadie, se rendit un jour, accompagné de dame *Caritas*, sa femme, à l'hôpital de Caubins, où il donna au Commandeur, *pour l'entretien et la nourriture des pauvres*, les deux dîmaires de *Cazaubon* et de *Puy-du-Bourg*, ainsi que les offrandes recueillies à l'église pendant l'Avent et le Carême ; les deux époux offrirent de plus leurs personnes à l'Ordre ; mais, n'ayant encore qu'imparfaitement appris l'humilité religieuse , le donateur eut soin de stipuler que, *lorsqu'il voudrait entrer et vivre dans la maison de l'Hôpital, il y serait traité sur le même pied que les principaux, et ne céderait le pas qu'aux prêtres*. Cette donation fut faite en présence de *Sanzanier*, évêque de Lescar, c'est-à-dire dans les dernières années du XII° siècle (1179-1200), et approuvée par *Guillelmot et Arnaud d'Andons*, seigneurs de cette contrée [1]. Peu de temps après, Guiraud de Garos et Bernard, son fils, donnèrent à l'hôpital de Caubins l'église de *Notre-Dame des Usclades* avec tout son dîmaire ; le précepteur W. d'Anglars, après leur avoir remis en retour la somme de 260 sols, les reçût comme frères de l'Hôpital : cette donation, approuvée par Guy-Odon d'Andoins, eût lieu sous l'épiscopat de Raymond de Bénac (1203-1220) [2]. En l'année 1220, ce même seigneur de Garos donna à l'Ordre, *à frère Martin Pierre, précepteur du Béarn, aux frères et sœurs de Caubins*, tout son fief de *Castelvielh*; en retour de cette libéralité, le donateur reçut des Hospitaliers la somme de 239 *sols de bons morlans* [3]. Signalons encore la cession qui fut faite à l'Hôpital par Guillaume de Clavère, *bourgeois d'Orthez*, de tous ses droits spirituels et temporels sur la paroisse de Saint-Jacques de Poyet, pour la somme de 4100 sols de bons morlans (5 mai 1341) [4].

De cet établissement dépendaient aussi les paroisses de *Sault-de-Navaille, d'Argélos* et de *la Haderne*, situées dans le voisinage, ainsi que la seigneurie de *Saint-Justin*, dans le vicomté de Marsan. Cette dernière possession, éloignée du centre de la Commanderie, peu habitée et presque inculte, ne rapportait guère de revenus à l'Ordre. Aussi les Hospitaliers se trouvèrent-ils heureux de pouvoir entrer en pourparlers à ce sujet avec Gaston, vicomte de Béarn, et sa fille Constance, vicomtesse de Marsan. Ils consentirent à céder à cette dernière la terre et la seigneurie de Saint-Justin, où elle s'engageait à élever une bastide à ses frais, le fief de *Garbay* et la moitié des dîmes de *Saint-Martin*, de *Gontaud* et de *Saint-Jean-de-Sabonnières* ; dame Constance promettait d'obtenir de l'évêque d'Aire, pour le commandeur de Caubins,

---

[1] Pièces justificatives n° LXXIV
[2] Pièces justificatives n° LXXV
[3] Arch. Castelviel, L. I
[4] Arch. Caubins, L. I

la seigneurie spirituelle de la paroisse de Saint-Justin, avec tous ses droits, faisait remise d'une redevance de 4 sols morlans que lui payait annuellement l'Ordre de l'Hôpital, et accordait aux chevaliers l'autorisation de construire des moulins sur la rivière de l'Adour, les droits d'usage et de dépaissance sur le territoire de Saint-Justin, ainsi que l'exemption de leudes et de péages, pour eux et leurs denrées, dans toute l'étendue de la vicomté de Marsan. Les Hospitaliers se réservaient, dans l'intérieur de la bastide, un emplacement libre et découvert pour y construire l'église, y établir un cimetière et y élever une résidence pour eux; la haute juridiction de Saint-Jean-de-Sabonnières devait être indivise entre les vicomtes de Marsan et les Commandeurs de Caubins. Ce traité de paréage fut conclu dans le sein du chapitre provincial, tenu à Fronton, le dimanche avant l'Ascension, de l'année 1280; et la charte porte encore les attaches, auxquelles étaient jadis suspendues les sceaux de Guillaume de Villaret, Grand-Prieur de Saint-Gille, de Gaston de Béarn et de la vicomtesse de Marsan [1]. Pendant les guerres contre les Anglais, les différents seigneurs se livraient entre eux à des luttes acharnées, suivant les partis qu'ils avaient embrassés, ce qui rendait la désolation du pays encore plus complète. Le vicomte de Marsan s'empara, durant cette période, de tout ce qui, dans le territoire de Saint-Justin, appartenait à Pelegry de Bacquas, Commandeur de Caubins et vassal du comte d'Armagnac, son ennemi mortel. Après le rétablissement de la paix, le chevalier Bernard de Mauvezin s'empressa de réclamer la restitution de ce qui avait été enlevé à son prédécesseur, et de faire valoir les droits que lui donnait le traité de 1280. En effet, Aliénore de Comminges, comtesse de Foix, vicomtesse de Béarn et de Marsan, en qualité de tutrice de son fils Gaston, écrivit de Roquefort de Marsan, le 6 du mois de mars 1343, à son bailli de Saint-Justin, l'ordre de remettre aux Hospitaliers ce qu'ils avaient perdu, notamment les moulins construits sur l'Adour [2].

[1] Pièces justificatives n LXXVI.
[2] Arch Caubins, L I.

Dans le courant du xiv⁰ siècle, les officiers de *noble baron messire Guillelmot d'Andoins* avaient tenté de prélever, au préjudice du Commandeur certains droits sur les habitants de Castelviel. Mais le baron, ayant écouté les réclamations des Hospitaliers et appris par ces derniers que ces droits, l'Ordre les devaient à la libéralité de ses ancêtres, défendit à ses officiers de molester à l'avenir les chevaliers de Saint-Jean. Cette charte fut publiée solennellement, le 7 décembre 1372, au château d'Anoye, en présence de *noble dame Nabrunissen d'Espaigne, dame d'Andoins*, et d'une foule de seigneurs [1].

Ce fut surtout contre les prétentions des Prieurs d'Orthez, qui réclamaient les dîmes de la paroisse de Caubins, que les Commandeurs eurent à défendre leurs droits. Malgré une sentence arbitrale, prononcée le 5 octobre 1354, dans le cloître de la cathédrale de Tarbes, en faveur des Hospitaliers, le même procès fut repris, cent ans plus tard, devant la cour du sénéchal, qui confirma le premier jugement (25 mai 1457)[2]. Plus tard, les archiprêtres de Lescar et de Tarbes ayant essayé d'obliger les Commandeurs de Caubins à participer aux paiements des cotisations du clergé, nous voyons ces derniers porter immédiatement leurs plaintes au Grand-Conseil de Béarn, qui, en présence des privilèges royaux et des bulles pontificales présentées par les Hospitaliers, ne put s'empêcher de reconnaître et de confirmer leurs exemptions, et de défendre aux Commissaires de l'Assemblée du clergé de les troubler à l'avenir *sous peine de 25 marcs d'argent applicables au fisc de la Reine* (1564) [3].

A cette époque, la réunion de la Commanderie de Morlas, qui avait été précédée de celles de Noarrieu, de Mauvezin et de Saint-Léon, donne une importance réelle à cette circonscription de l'Ordre. Nous voici, du reste, arrivés à une époque de crise terrible pour cette Commanderie ; nous voulons parler des guerres de Religion qui furent particulièrement désastreuses dans cette contrée, placée sous la domination de

---

[1] Arch Castelviel, L. I
[2] Arch. Caubins, L. I
[3] *Id*

la farouche huguenote, Jeanne d'Albret. L'histoire est là pour dire avec quel fanatisme cette princesse chercha à implanter la réforme dans ses états et quelles persécutions les catholiques eurent à y subir. Sans cesse, de la ville de Pau s'élançaient des bandes armées, chargées de saccager les villes catholiques, de dévaster les récoltes ou de brûler les maisons religieuses. Aussi ne sommes-nous pas étonnés de voir, dans la requête présentée par le Receveur du Prieuré de Toulouse aux Trésoriers généraux de France en 1588, figurer, parmi les Commandeurs victimes des luttes religieuses, celui de Caubins et Morlas, et de l'entendre déclarer que dans toute cette période il n'a pu retirer aucun revenu de sa circonscription, que ses églises sont en ruines et abandonnées [1]. Les traces de ce désastre furent longues à disparaître et, pendant tout le xviiie siècle, nous voyons les Commandeurs occupés à réparer les monuments et à réédifier leurs églises.

Les membres de cette circonscription étaient répandus en grand nombre, non-seulement en Béarn, mais dans les contrées voisines, c'étaient : dans les environs d'Orthez, Caubins et son annexe *Dordens*, avec le fief de *Castelviel*, où le Commandeur avait la moyenne et la basse justice; la chapelle de Notre-Dame d'*Usclade*; *la Haderne* et *Argelos*, avec la chapelle Saint-Jacques, où le curé de la paroisse devait se rendre processionnellement chaque année pour y dire la messe et y prêcher; le *Sault-de-Navaille* et la chapelle Saint-Jean qui était située dans le cimetière de ce nom, et où le Commandeur devait faire célébrer deux messes par an; tout auprès de là, Saint-Jean de *Noarrieu* et son annexe Notre-Dame de *Chaustin*. Dans la partie orientale du Béarn, nous trouvons autour de Morlas, où les chevaliers avaient leur hôpital, les seigneuries et les paroisses de *Serre-Morlas*, de *Sexère*, de *Laurenties*, d'*Espeiches*, de *Maspie*, d'*Anoye*, de *Villepinte*, de *Ger*, de *Garlin*, de Saint-Jean de *Boelho*, la chapelle de Notre-Dame de *Berlanne*, et la petite ville de *Luc*, avec les ruines de son hôpital et les tours de son vieux châ-

[1] Pièces justificatives n° II

teau féodal. Dans les Landes, les Commandeurs prélevaient les dîmes d'une partie des paroisses de la ville de Mont-de-Marsan, et possédaient les seigneuries spirituelles et temporelles de *Saint-Justin* et son annexe *Saint-Martin de Gontaud*, avec les dimaires de *Bourriot* et d'*Ayant*. Enfin de cette circonscription dépendait le membre de *Saint-Léon*, situé en plein Agenais. Grâce à ses accroissements successifs, cette Commanderie avait acquis, comme on le voit, une réelle importance. Le procès-verbal de la visite de 1752 nous apprend que son revenu s'élevait à 16.953 livres et se trouvait réduit par les charges incombant au Commandeur, à la somme de 13.475 livres.

§ 2. — *Morlas*.

Si nous venons de trouver peu d'indications dans les archives de Caubins, celles de Morlas sont plus muettes encore, et ce que nous pouvons dire sur le passé de cette commanderie se réduit forcément à bien peu de choses. Dans ces régions les établissements de l'Ordre de Saint-Jean présentent un aspect tout à fait particulier. Si ailleurs leurs maisons portaient le nom d'*hôpitaux*, elles n'en avaient pas du tout le caractère, ou du moins n'avaient pas tardé à le perdre. Ces lieux d'asile pour les pauvres, s'étaient bientôt transformés, suivant les circonstances, en bâtiments agricoles ou en donjons féodaux. Dans le Béarn, au contraire, ils conservèrent leur caractère primitif. Cette contrée, alors très sauvage et assez peu habitée, était fréquemment traversée par les nombreux pèlerins se dirigeant vers Rome ou vers Saint-Jacques-de-Compostelle. Les Hospitaliers trouvèrent dans cette situation de quoi remplir pleinement le but de leur institution. Aussi les voyons-nous établis à Morlas, à Anoye, à Luc (*sur le grand chemin Roumy*) de véritables hôpitaux, où étaient reçus, nourris et soignés les pieux voyageurs. La sympathie qu'excitaient partout les pèlerins assurait une très grande prospérité à de tels établissements et les donations affluaient de toutes parts : telle est l'origine de ce nombre considérable de dépendances de l'hôpital de Morlas, Serre-Morlas, Laurenties, Anoye, Luc, où le commandeur unissait aux droits de haute juridiction la seigneurie spirituelle, et les paroisse de Garlin, de Paulhac, de Boelho, de Maspie, de Villepinte, etc. Comme nous l'avons vu plus haut, les commanderies de Caubins et de Morlas furent réunies au xve siècle et formèrent ensemble une même et vaste circonscription.

Dans la suite, mettant en oubli leurs pratiques charitables, les chevaliers de Saint-Jean semblent avoir négligé le soin et l'entretien des hôpitaux élevés par leurs prédécesseurs. Transportons-nous, en effet, dans la salle du Grand Conseil de Béarn, siégeant au château de Pau, le 16 juin 1557, et écoutons la plainte que vient formuler contre le commandeur le syndic des jurats et des habitants de la ville de Luc : « De « toute antiquité, dit-il, est fondé au lieu de Luc un hôpital « bien clos, approvisionné jadis de lits, linge et autres pro- « visions, pour servir d'asile aux pauvres de Dieu, passant « sur le grand chemin *Roumy* ; le commandeur, qui a 300 escus « de revenus sur le lieu de Luc, malgré le devoir qu'il a « d'entretenir cet établissement, l'a laissé si complètement « tomber en ruines, qu'il n'y reste plus ni portes, ni fenêtres, « ni lits ; les arbres fruitiers, plantés dans le jardin pour le « soulagement et la réfection des pauvres ont été arrachés, le « terrain morcelé et affermé à divers particuliers. » Le commandeur n'ayant pu se justifier, le conseil de Béarn rendit sa sentence, par laquelle le quart des dîmes de Luc devait être remis aux mains des jurats, pour être employé à la réparation de l'hôpital, dans lequel le commandeur entretiendrait à l'avenir *un hospitalier ou une hospitalière, gens de bien* [1].

Nous avons vu plus haut combien la période des guerres de religion fut désastreuse pour la commanderie et quelle quantité de ruines elle amoncela autour de Morlas. Les commandeurs, découragés par l'étendue de leurs pertes, ne se résolvaient pas facilement aux dépenses que nécessitait de

[1] Arch. Caubins, L. I.

tous côtés la réédification des églises, dont ils avaient la seigneurie spirituelle ; nous les voyons plus d'une fois cités par leurs vassaux devant les cours de justice pour ce motif. C'est ainsi que les habitants et *claviers* de la paroisse de Boello, après avoir vainement exposé au commandeur, Henri d'Escalebras, « que le temple et esglise de ce lieu est ruiné, « qu'il est sur le point de tomber et que les paroissiens ne « s'osent trouver le dimanche à la célébration de la messe, « craignant que le couvert leur tombe dessus, » durent implorer l'assistance du sénéchal : le commandeur fut condamné à consacrer aux réparations de l'église le tiers de son revenu (1623)[1]. Malgré tout, bien des ruines ne furent pas relevées et plus d'un hôpital ou d'une chapelle ne figurèrent plus qu'à l'état de souvenirs dans les procès-verbaux des visites de la commanderie.

§ 3. — *Noarrieu.*

Saint-Jean-de-Noarrieu, petite paroisse des environs d'Orthez, était une ancienne commanderie de l'Ordre de l'Hôpital ; malgré sa proximité et son peu d'importance, elle demeura longtemps distincte de celle ds Caubins. Les archives ne nous fournissent que des renseignements fort incomplets sur cette circonscription, et son existence courrait risque de passer inaperçue, si nous ne trouvions la mention de quelques-uns de ses commandeurs dans divers actes et quelques détails sur certaines de ses dépendances.

De l'hôpital de Noarrieu relevait jadis le fief de *Lombran*, situé près de l'Adour, dans la vicomté de Marsan. Le Grand Prieur de Toulouse, Marquiot de Gozon, ayant appris que le vicomte de Béarn était disposé à construire une bastide de ces côtés-là, dans le désir d'être agréable à ce prince et aussi d'assurer la prospérité de la maison de Noarrieu, chargea Bérenger de Saint-Félix, Commandeur de Caubins, de pour-

[1] Arch. Caubins, L. I.

suivre des négociations dans ce but. Nous voyons, en effet, ce chevalier s'aboucher avec *messire Arnaud-Guilhem de Béarn, damoiseau, lieutenant de noble et puissant seigneur Gaston, par la grâce de Dieu, vicomte de Marsan et de Gavardan*, et conclure avec lui un traité, par lequel les Hospitaliers cédaient à ce prince la moitié de leur juridiction sur ce territoire, où devait être élevée la bastide de *Mauvezin*; ils devaient, en outre, construire à frais communs des moulins, dont ils partageraient les produits. Ce paréage fut signé le 5 avril 1353, en présence de messires Perard d'Arostaa, chanoine, Gaillard d'Espalongue et Arnaud de Duras, chevaliers, Pierre Solier, trésorier de Béarn, Bertrand-Loup de Mirepoix, Jacques de Gayet [1].

Quelques années plus tard, un des commandeurs de Noarrieu vint implorer la justice et la miséricorde du chapitre provincial de Toulouse. Les deux *granges* de *Ger* et de *Speissède* (Espeiches), situées à une grande distance, dans la partie orientale du Béarn, avaient été, sans doute à cause de leur situation géographique, détachées de la circonscription de Noarrieu, pour être adjointe à celle d'Aurelhan. Le commandeur, ainsi dépouillé, vint exposer ses droits, ainsi que la pauvreté de la maison de Noarrieu, et fit si bien que ses confrères lui accordèrent sa requête et rendirent les deux membres de Ger et d'Espeiches à leur état primitif (1388)[2].

Vers le milieu du xve siècle la commanderie de Noarrieu cessa d'exister et vint se fondre dans celle de Caubins.

§ 4. — *Saint-Léon.*

Cette petite localité, située en plein Agenais, non loin de la ville de Daumazan, était une des plus anciennes dépendances du Temple d'Argenteins. Son importance avait engagé dans la suite les maîtres de l'Ordre dans cette contrée à y établir un religieux chargé spécialement de l'administration de ce

---

[1] Pièces justificatives n° LXXVII.
[2] Arch Aurelhan. L I.

memhre, bien qu'il ne constituât pas une commanderie séparée. Si les archives ne nous apprennent pas les origines du Temple de Saint-Léon, elles nous fournissent des détails assez intéressants sur la suite de son histoire. Le 23 juin 1271, le chevalier Bernard de Rovinhan donna à la maison de Saint-Léon, entre les mains d'Arnaud d'Oson, commandeur d'Argenteins, les redevances, droits et seigneuries qu'il possédait dans les paroisses de *Saint-Jean-du-Perchet*, de *Saint-Pierre-de-Comberase*, de *Saint-Michel*, de *Saint-Cirq*, de *Saint-Léon* [1]. Cet accroissement d'importance ne tarde pas à soulever contre le Temple de Saint-Léon d'assez nombreux orages. Le *noble baron Nestenen* Ferriol, seigneur de Villefranche, disputa avec acharnement aux Templiers la juridiction de Saint-Léon. Après des discussions longues et irritées, les deux parties finirent par se mettre d'accord et signèrent, le 2 juillet 1281, dans l'église de Saint-Léon, une transaction, qui définissait les droits de chacun : la basse justice sera partagée par moitié entre les deux ; quant à la haute, les Templiers en auront un tiers et le baron les deux autres tiers ainsi que l'exécution des condamnés à mort. Les premiers auront la forge, le monopole de la vente du vin dans la ville pendant tout le mois de mai. *La maison de Saint-Léon, ses habitants, sa compagnie et maynade seront soumis au baron et à la ville de Villefranche, comme ceux du Temple d'Agen le sont à la seigneurie et à la ville d'Agen* [2].

Avant de poursuivre l'histoire des luttes que les chevaliers de Saint-Jean, successeurs des Templiers, eurent à soutenir pour le maintien de leurs droits à Saint-Léon, l'ordre chronologique nous amène à parler ici des coutumes qu'ils octroyèrent à leurs vassaux et du consulat dont ils dotèrent cette ville. L'histoire nous apprend que cette contrée, placée sur les limites des possessions anglaises et françaises, eut particulièrement à souffrir des guerres du xiv° siècle et fut ravagée à maintes reprises. La ville de Saint-Léon paraît n'avoir pas été à l'abri de ces fléaux à la fin de cette guerre ;

---

[1] Pièces justificatives n° LXXVII
[2] Arch Saint Léon, L 1

nous la trouvons presque entièrement détruite, abandonnée de ses habitants et entourée d'un territoire inculte. Le 27ᵉ jour du mois de novembre 1467, la population encore peu nombreuse est tout entière réunie sur la place publique ; sur une estrade est assis un noble seigneur, portant sur son pourpoint la croix de l'Ordre de Saint-Jean ; c'est le chevalier Fortanier de Lat, qui vient d'être pourvu de la commanderie d'Argenteins et qui prend possession de la ville de Saint-Léon : « Bon-
« nes gens, mes amis, leur dit-il, je vous fais savoir qu'en ma
« qualité de seigneur haut justicier de ce lieu, je vous enjoins
« de me prêter le serment de fidélité et d'obéissance que vous
« me devez, comme vous l'avez toujours fait pour mes prédé-
« cesseurs. » A cette sommation, les habitants font répondre par une délégation des plus notables d'entre eux : « Cette
« ville, par suite des mortalités et des guerres atroces qui
« ont naguère désolé ce pays, est restée presque déserte ; de
« sorte que nous n'avons plus de consuls, ni de jurats pour
« vous répondre. Aussi supplions-nous humblement votre
« haute seigneurie de choisir parmi nous, qui sommes revenus
« depuis peu habiter cette ville, des consuls et un bailli, qui
« pourront vous prêter en raison de leur charge, le serment
« de fidélité. » Trouvant leur requête juste et raisonnable, le chevalier leur répond : « Choisissez vous-même parmi vous
« deux consuls, que je n'aurai qu'à confirmer ; et je désigne-
« rai l'un d'entre vous pour les fonctions de bailli. » C'est ce qui est exécuté séance tenante. Après que les nouveaux magistrats ont prêté, devant le commandeur et le peuple, sur le livre de la messe le serment d'accomplir fidèlement les devoirs de leur charge, en servant avec dévouement les intérêts de chacun, le chevalier de Saint-Jean leur réitère sa demande au sujet du serment de fidélité et d'hommage, que lui doivent les habitants de Saint-Léon. Les deux consuls, après s'être consultés avec leurs concitoyens, rendent leur réponse : « Nous
« vous reconnaissons bien pour notre seigneur ; mais il est
« d'usage de toute antiquité que, quand le seigneur de Saint-
« Léon veut recevoir le serment de fidélité, il doit commencer
« par prêter le sien et s'engager à respecter nos coutumes. »

« Je le reconnais et suis prêt à le faire, » dit le chevalier, se levant de son siège et y faisant asseoir les consuls. Mettant les deux genoux en terre, la tête nue, la main droite étendue sur le livre des saints évangiles, que lui présentent les magistrats municipaux, le seigneur prononce son serment solennel de *défendre et de protéger de tout son pouvoir ses vassaux contre toute attaque, et de respecter les coutumes et les statuts de la ville de Saint-Léon.* Le chevalier, se relevant alors reprend son siège, pendant que les consuls s'agenouillent à leur tour ; les têtes découvertes les mains étendues sur ce même livre des évangiles, ils jurent d'*être fidèles, obéissants et dévoués à leur seigneur, de le défendre autant qu'ils le pourront et enfin de lui payer les redevances accoutumées* [1].

Cette scène avec tous ses dialogues, que j'ai traduits textuellement, nous donne un tableau animé de la vie municipale à cette époque du moyen-âge, et fait connaître la nature des liens qui unissaient dans la société féodale les seigneurs et leurs vassaux.

A peu près vers le même temps les consuls et les jurats de la ville voisine de Daumazan élevèrent des prétentions sur la juridiction de Saint-Léon. Cités par les Hospitaliers devant les tribunaux pour quelques tentatives violentes, ils semblèrent abandonner leurs desseins, en déclarant qu'ils ne troubleraient plus à l'avenir le commandeur dans l'exercice de de ses droits (1473) [2]. Cela n'empêcha pas que, moins de deux ans plus tard, nous voyons les habitants de Daumazan, sous la conduite de leurs magistrats municipaux, envahir la ville de Saint-Léon, enlever les deux consuls et les principaux bourgeois de cette localité, les emmener prisonniers et leur arracher par la violence un serment d'hommage et de fidélité. Le commandeur d'Argenteins, dont les droits venaient d'être ainsi gravement lésés, porta sa plainte devant le sénéchal. Les consuls de Daumazan s'empressèrent de déclarer que ceux de Saint-Léon leur avaient bien prêté, comme voisins, un serment de fidélité d'après une ancienne coutume, mais qu'ils

---

[1] Arch Saint-Leon, L I.
[2] *Id.*

n'avaient pas eu l'intention de léser le commandeur, envers qui ils étaient prêts à payer des dommages (1475) [1].

Dans la première moitié du xvi⁰ siècle, Saint-Léon fut détaché de la commanderie d'Argenteins, pour être uni à celle de Caubins et Morlas. De ce membre dépandaient plusieurs maisons dans la ville de Daumazan, au quartier dit *de la Commanderie*, et les fiefs de *Fargues* et de *Lurbey*, situés dans la juridiction de *Villefranche-en-Albret*.

1º Liste des Commandeurs de Caubins

1190. Donat d'Angueis.	1556-1562. Antoine de Thézan-Vénasque.
1210. Wilhelm d'Algar.	
1220. Martin Pierre.	1564-1565. Louis de Mende.
1330. Pelegry de Bacquas.	1578-1579. Gérard de Bretonnet.
1341. Gibbert de Puy-Auriol.	1583-1585. Jean de Laroquan.
1343-1344. Bernard de Mauvezin.	1599-1610. Antoine de Paulo, Grand-Prieur de Saint-Gille.
1354-1357. Bérenger de Saint-Félix.	1610-1624. Claude d'Urre Ventirol.
1373. Guillaame-Bernard de Ger.	1624-1634. Henri d'Escalebias.
	1654-1659. Charles d'Estaing.
1412. Guiraud Salamon.	1659-1662. François de Tresseman-Chastuel.
1415-1421. Amanieu de Montbrun.	
1457. Jean de Gavaston.	1668-1673. Bertrand de Moreton Chabrillant.
1470. Manaud de Vicmont.	
1488-1490. Bernard de Montlezun.	1687-1710. Joseph de Leydet Calissane.
1490-1494. Raymond de Balaguer.	1715-1717. N. de Madron.
1512-1515. Guyot de Panat.	1723-1748. Charles de Roquefort Marquin, Grand-Prieur de Toulouse.
1516-1517. Louis de Lausière.	
1520-1522. Bernard de Gorsols.	
1525-1540. Gautier de Bourdeille.	1752-1765. Etienne d'Esparbès-Lussan.
1540-1549. Pierre de Beaulac.	
1551-1552. Balthazar de Colant.	1769-1772. Charles de Cruzy-Marcillac.
1556-1557. Severin d'Azas.	1788-1788. N. de Parade

2º Liste des Commandeurs du membre de Sault-de-Noailles.

1299. Barthelemy.	1512. Pierre de Montlezun.

3º Liste des Commandeurs du membre de St-Justin.

1488. Pierre de Campagne	1501. Jean de Bornazel.

[1] Arch Saint-Leon, L. I.

4° Liste des Commandeurs du membre de Poët.

1496. Guillaume Seytre.

5° Liste des Commandeurs de Morlas.

1380. Arnaud d'*Angiis*.
1388. Jean Raynard.
1421 Folquet de Valat.
1462-1465. Bérenger de Castelpers.
1483-1485 Bernard de Montlezun.

1489-1492. Pierre de la Mazère.
.529. Hélie de Montméjean.
1541-1546. Jean de la Glène.
(Vers 1560, réunion de Morlas à Caubins.)

6° Liste des Commandeurs de Noarrieu.

1341-1358. Bernard de Mauvezin.
1440. Raymond Carpentier.

1459. Manaud de Ruthie.

7° Liste des Commandeurs du membre de Saint-Léon.

TEMPLIERS :

Dans la 1re moitié du XIIIe siècle :
Guilhem Peire. — Arn.-Guill. de Vidalhac. — Bern. de Caurelhac. Odon de Calhaved.
1258-1260. Guillaume-Arnaud de Tanchoède.
1261-1262 Pierre d'Orles
1253-1264 Arnaud de Graniers.

1265-1266. Pierre de Melinhan.
1266-1267 Wilhelm de Lavedan.
1281-1285 Bernard de Leymont.

HOSPITALIERS :

1361. Sicard de Romages.
1367. Bernard Sagela
1373. Pierre Teyser.
1459. Pierre de la Cave

CHAPITRE XXVII

Commanderie de Bayonne.

MEMBRES : AUGAAS, CAMON, ARRILABOUR, SAINT-JEAN-D'ICHARD. SAINT-JEAN-DE-RHOÈDE, MARSAC, AZUR, TARNOS, TARTAS, LIT, LELUC, LUGLON.

Depuis une époque qu'il nous est impossible de préciser, l'Ordre de Saint-Jean possédait sur la rive droite de l'Adour, au bout du Pont de Bayonne, dans le quartier *Saint-Esprit*, une église et un hôpital. L'importance de cette petite commanderie s'accrut peu à peu et ses posesions s'étendirent bientôt au-delà des limites de ce faubourg, où elle avait son centre et dont la plus grande partie relevait de la seigneurie des Hospitaliers. Signalons ici une particularité dont nous avons eu l'occasion de citer déjà plusieurs autres exemples : la maison de l'hôpital de Bayonne se composait par égales fractions de frères et de sœurs, et il n'est pas rare de voir ces dernières prendre une part active à son administration, bien qu'agissant toujours au nom du commandeur.

Profitant des guerres du xive siècle, le châtelain de la ville de Dax pour le roi d'Angleterre tenta d'usurper les droits du Commandeur et d'enfreindre les privilèges de l'Ordre : il voulut obliger les habitants de *Gaas*, vassaux de l'hôpital, à venir faire les services de la garde et du guet dans sa citadelle ; sur leur refus, il en fit enlever un certain nombre, les jeta dans ses cachots et ne leur rendit la liberté qu'après leur avoir extorqué une rançon de 36 livres, avec l'engagement de se soumettre d'ores en avant aux corvées qu'on voulait leur imposer.

Les chevaliers de Saint-Jean, à la nouvelle de cet attentat contre leurs droits, portèrent leurs plaintes à *messire Jehan de Noville*, lieutenant du roi d'Angleterre en Guyenne. Ce dernier adressa de Bordeaux, le 17 août 1379, des lettres munies du sceau royal, dans lesquelles il donnait l'ordre au Prévôt et au Maire de la cité de Dax d'obliger le chatelain à restituer à ses victimes la rançon qu'il leur avait arrachée, et à respecter à l'avenir les privilèges de l'Ordre de Saint-Jean, en faisant, après avoir entendu les deux parties, *un bon et brief compliment de droicture* [1].

Cent ans plus tard, la petite ville de Saint-Esprit reçut un très considérable accroissement. En l'année 1462, le Roi Louis XI se trouvait à Bayonne, où il était venu, dit-il dans ses lettres patentes, « *conclure avec le roi d'Espagne et* « *plusieurs autres princes et seigneurs certains appoinctements,* « *traictes, amitiés, confederations et alliances, qui furent au bien* « *et advantage de nous et de nostré couronne et de nos subjects,* « *tellement que à l'ayde de Dieu et par la grâce du benoist Saint-* « *Esprit, qui tousjours nous a conduict et console en nos affaires,* « *nous avons despuis entretenu et augmenté nostre royaulme de* « *toutes parts, expulse, deboute tous nos ennemis...* » Aussi, dès ce moment-là, ce prince conçut-il une très grande dévotion *à l'eglise et au Prieure seculier de Saint-Esprit-lès-Bayonne*. Les largesses qu'il fit successivement à ce sanctuaire, après la réussite de chacun de ses projets, permirent d'y entretenir un Prieur et 6 chapelains, *qui y faisaient journellement un très beau et notable service divin pour la prospérité, félicité et santé du roi, de la reine et de leur fils, le Daulphin de Viennois.* Mais, approchant de la fin de sa carrière, Louis XI crut qu'il avait encore des dettes à acquitter envers le Saint-Esprit, et se souvint d'un vœu qu'il n'avait pas encore accompli ; de son château de Plessis-lès-Parc, il donna, au mois de mai 1483, des lettres patentes par lesquelles il instituait, *en l'honneur de Dieu notre createur et de ses douze apôtres,* dans l'église de Saint-Esprit-lès-Bayonne, un collège de 13 chanoines régu-

[1] Arch Gias, L I

liers, qui éliraient un d'entre eux comme *doyen*. Le roi affectait d'immenses domaines à cette fondation; c'étaient *la Prévosté de Bayonne, la moitié de la grande coustume de cette villé, la Prévoste d'Acqs, la nasse et la pescherie d'Acqs, assise au-dessus du Pont de la dicte ville, la Prévosté de Saint-Sever, les dîmes de la ville de Saint-Macaire, les proficts et droicts des foires et marchés, octroyés par lui au lieu et bourg du Saint-Esprit, toute la juridiction haute, moyenne et basse du dict Bourg-Saint-Esprit; le doyen et le chapitre creeront sencchal, prévost, advocats, procureurs, sergents et autres ministres de justice, construirons prisons, seps, echelles et fourches patibulaires.* Afin d'augmenter la population du Bourg-Saint-Esprit, Louis XI exemptait de plus les habitants de toutes tailles et impositions, et leur permettait *de bâtir tant qu'ils voudraient*, en dépit des privilèges contraires des habitants de Bayonne[1]. La commanderie ne put que profiter grandement de cette augmentation du nombre des habitants du faubourg Saint-Esprit, une grande partie de ce dernier se trouvant sous la seigneurie foncière et directe des Hospitaliers.

La plupart des membres de cette circonscription étant situés dans la contrée infertile des Landes, ne produisaient que peu de récoltes; leur revenu consistait principalement en troupeaux qui se nourrissaient dans ces maigres paturages; aussi la question des droits de dépaissance joue-t-elle un grand rôle dans les archives de cette commanderie. Alain, sire d'Albret, disputa, dans les premières années du XVIe siècle, au commandeur, la jouissance des herbages des territoires de *Cornalis* et de *Luglon*, le 1er février 1509, les deux parties se mirent d'accord au moyen de concessions réciproques; les herbages devaient appartenir au sire d'Albret, qui donnait aux Hospitaliers le droit de dépaissance pour leurs propres troupeaux; en retour de l'abandon de leurs prétentions, les chevaliers de Saint-Jean recevaient la promesse d'une rente annuelle de 12 francs bordelais, plus une indemnité de 100 fr.

[1] Arch. Bayonne, L. II.

pour les dépenses déjà faite [1]. Dans la suite, les commandeurs eurent encore à défendre leurs droits sur ce même membre de Luglon contre le roi et la reine de Navarre, qui leur disputaient leur juridiction sur ce territoire et les faisaient troubler par leurs officiers. Le commandeur, Constantin de Milhau, obtint de la chancellerie de Bordeaux des lettres qui le maintinrent en la justice basse et moyenne sur ses propres tenanciers et dans les prérogatives dont jouissaient *les autres seigneurs caviers et gentilshommes de la baronie de Brassenxs, où était situé Luglon* [2].

Parmi les dépendances de la commanderie de Bayonne, se trouvait le membre de *Tartus*; vers le milieu du xve siècle, il en avait été détaché par un des commandeurs, qui, s'autorisant d'une coutume abusive, en avait donné la jouissance viagère au chevalier *Arnaud de Prunet*. Oubliant la condition imposée, ce dernier le légua, en mourant, à son neveu *Pierre de Prunet*, également chevalier de Saint-Jean. Le commandeur de Bayonne, B. de Beluxs, porta plainte au chapitre provincial de Toulouse, qui ordonna au chevalier de Prunet de restituer le membre de Tartas qu'il occupait induement (1505) [3]. Il ne paraît pas que cette sentence ait amené un résultat quelconque, puisque, quatre ans plus tard, nous voyons ce même commandeur envoyer ses procureurs *devant le très noble seigneur monseigneur le Grand-Maistre de Rhodes, ou en sa noble cour et conseil*, pour reclamer de nouveau la restitution de ce même membre de Tartas [4]. Mais, se révoltant contre le chef suprême de son Ordre, Pierre de Prunet porta cette affaire devant les juridictions séculières et ce ne fut qu'après avoir été condamné par le sénéchal, en 1515, et par le Parlement de Bordeaux, en 1517 [5], qu'il consentit à se soumettre et à rendre Tartas au commandeur de Bayonne.

Nous aurons épuisé tout ce que nous fournissent les archi-

---

[1] Arch Bayonne, L. II.
[2] Arch. Luglon, L. I.
[3] Arch. Tartas, L. I
[4] *Id.*
[5] *Id.*

ves de cette circonscription lorsque nous aurons mentionné le procès intenté au sujet de la paroisse de *Lit* par le commandeur ; il prétendait que sur ce territoire l'Hôpital possédait la chapelle de *Chiquemine* et que le curé devait venir y dire tous les ans la messe le jour de la Sainte-Madeleine. L'enquête prouva que la chapelle, dont parlait le commandeur, n'était plus qu'une ruine, où il était impossible de célébrer les offices ; les vassaux consentirent à ne pas obliger le commandeur à la reconstruction de cette chapelle et à se rendre pour le service divin à l'église paroissiale de Lit, *devant l'autel, où est l'image de Sainte-Magdelaine* (1589) [1].

Les procès-verbaux des visites de la commanderie nous apprennent que ses possessions à Saint-Esprit consistaient en une chapelle, entretenue par quatre confréries, plusieurs maisons *nobles* et enfin la seigneurie foncière et directe de la plus grande partie de ce faubourg. Les dépendances étaient *Augaas*, dont les chevaliers de Saint-Jean étaient seigneurs justiciers en paréage avec le roi ; la chapelle de *Cumon* et le tiers des dîmes de *Labatut* ; les paroisses de *Saint-Etienne d'Arrilabour*, de *Sames*, de *Saint-Jean-d'Ichard*, de *Saint-Jean-de-Rhoède* (près du cap Breton); *de Saint-Jean-de-Marsac, de Saint-Jean-d'Azur, de Saugnac, de Latorte, de Romizac, de de Bonard, de Saint-Vincent, de Sainte-Croix* ; des fiefs et des dîmes à *Tarnos, Lit, Le Luc, Luglon* et *Tartas.* Le revenu net de cette commanderie était, en 1752, de 2656 livres.

1° Liste des Commandeurs de Bayonne.

1284   Raymond Darrac.
1328. Bérenger de Manort.
1315. Raymond Domengs.
1357-1366 Guillaume Rotger.
1388-1390. Arnaud de la Cal, prêtre.
1393-1395. Jean de Labatut.
1397-1400. Pierre de Pinol.
1401-1403. Jean d'Auguer.
1406-1407 Gauvainh de Latran.
1416-1425. Jean de Labatut (2° *fois*)
1440-1443 Raymond Carpentier
1445-1446 Jean de Guilan. — Sœur Marie d'Etchegaray.
1450-1453. Pierre des Aignaux. — Sœur Arnaude la Garde.
1459-1462. Pierre de Ferrand.

[1] Arch. Lit, L I

1476-1483. Fortanier de Gavaston. — Sœur Grasse de Tasse.
1507-1518. Bertrand de Belucs.
1524-1563 Constantin de Milhau, Grand-Prieur de Saint-Jean de Malte.
1564-1587. Jean Manuel.
1611-1617. Pierre de Saint-Pastou
1618-1635. Jean de Cortade.
1640-1641. Claude de Lamy.
1660-1661. Mathiou du Périer.
1662-1664. Bernard de Mayperguil.
1665-1687. Jacques Méré, prêtre convent., administrateur spirit. et tempor d'Aix en Provence.
1688-1698. Jean-Antoine Simon, prêtre.
1699-1705. Pierre Simon d'Arles, prêtre.
1713-1726 Jean-Claude de Viany, Grand-Prieur de Saint-Jean de Malte.
1731-1749. Octave de Galéan, vicaire-général de Malte.
1752-1758. Paul Alphéran, évêque de Malte
1759-1760. Jacques Barthélemy, servant d'armes.
1765-1770. Jean Marion, prêtre conventuel.
1780-1788 Pierre-Honoré Rayberty, prêtre conventuel.

2° Liste des Commandeurs du membre de Camon.

1460. Augier de Cazenave. || 1472. Michel de Cazenbieu.

3° Commandeur du membre de Rhoède.

1525-1530. Bertrand de Castelbajac.

4° Liste des Commandeurs du membre de Tartas.

1480-1504. Arnaud de Prunet. || 1504-1517. Pierre de Prunet.

CHAPITRE XXVIII

Commanderie de Bordeaux.

MEMBRES : TEMPLE DE BORDEAUX, SAINT-JEAN DE BORDEAUX, ARVEYRES, CADARSAC, FARGUES, LA GRAVE-D'AMBARÈS, LA LANDE, POMMEYROL, CHALAUZE, MARCENAIS, QUEYNAC, SAINT-MICHEL DE RIVIERE, SALLEBRUNEAU, PUCH, BUCH, AUBÈZE, FRONTENAC, BENON, LA GRAYANES, CUNCTIS, PARENTIS.

§ 1. — *Temple de Bordeaux.*

Bordeaux était jadis le chef-lieu d'une importante circonscription de l'Ordre du Temple, qui paraît du reste avoir rencontré de nombreuses et puissantes sympathies dans la contrée, si nous pouvons en juger par le nombre des établissements qu'il y possédait. Les archives se taisent sur les origines du Temple de Bordeaux. Vers le milieu du xii° siècle, les religieux de la sainte milice étaient établis au quartier de *Pech-Paulin*, dans le centre même de la ville, non loin de la cathédrale Saint-André. Déjà à cette époque, l'importance de leurs possessions dans les environs les avait engagés à les placer sous la direction d'un *maître du Temple dans le Bordelais*. Mais comme nous avons pu le constater ailleurs si la ville servait de centre à leur administration, c'était surtout en dehors que s'étendaient leurs domaines et que s'exerçait leur influence. Au moment de la suppression de l'Ordre, outre divers fiefs dans l'intérieur de la cité, la *Lande du moulin*, les *Temples de Santuges*, de *Planquetorte*, de *Forteyron*, etc., et sur l'autre rive de la Gironde, la *Grave* d'*Ambarès*, *Arveyres*, *Saint-Pierre-des-Vaux*, etc., dépendaient du Temple de Bordeaux. Aussi grâce à son influence prépondérante, resta-t-il le centre de la nouvelle commanderie, à laquelle il légua son nom.

Grâce à cette fusion de deux circonscriptions importantes, la commanderie de Bordeaux devint une des plus considérables du midi, et bientôt après cette époque, la nécessité du morcellement de cette circonscription s'imposa aux déterminations des supérieurs de l'Ordre qui créèrent la commanderie d'Arceins. Cette mesure fut loin d'être du goût du chevalier Arnaud-Bernard Ebrard, Commandeur de Bordeaux, qui ne s'y soumit qu'avec la plus grande difficulté. L'exemple d'insubordination donné ainsi par un des dignitaires de l'Ordre, semble avoir été contagieux : aussi voyons-nous ce commandeur obligé de réclamer à son tour l'autorité du Grand-Maître, Fernand de Hérédia contre un religieux de l'Ordre, frère Bernard de Bocard, qui avait usurpé sur la commanderie le membre *du Bouchet*, situé dans le diocèse de Dax, occupé de vive force le château, et refusait de le rendre à son légitime propriétaire. Une bulle du Grand-Maître, datée d'Avignon, le 10 du mois de septembre 1875, enjoignit au chevalier récalcitrant de restituer au commandeur de Bordeaux ce qu'il lui avait enlevé et de comparaître devant le conseil suprême de l'Ordre pour y rendre compte de sa conduite [1].

Une discussion du même genre se produisit dans le courant du xve siècle. Le Grand-Prieur de Toulouse, P. de Raffin, ayant prononcé la réunion à la commanderie de *Cazalis* des membres de *Cunctis* et *Parentis*, *Saint-Geniez* et *Billos*, qui dépendaient jusqu'alors de celle de Bordeaux, le commandeur de cette dernière, Guyot de Montarnal, réclama énergiquement la restitution de cette partie de ses domaines. Le Grand-Prieur, Pons de Maleville, transigea avec lui et, pour calmer son mécontentement, consentit à lui rendre les membres enlevés à sa commanderie, et, accorda en échange à son com-

---

[1] Arch. Salles, L. I.

pétiteur *Asques* et *Barbefère*, qui avaient été joints quelque temps auparavant à la circonscription de Bordeaux (4 juin 1485) [1].

Les commandeurs de l'hôpital Saint-Jean, à peine en possession de l'héritage des Templiers, s'empressèrent d'abandonner leur modeste habitation *du Bout du Pont*, pour venir s'installer dans la magnifique résidence qui élevait ses puissantes murailles auprès de l'église du Temple. Peu à peu cependant, comme les occupations guerrières des chevaliers au-delà des mers et leur prédilection pour les donjons féodaux, qu'ils possédaient dans la campagne, rendaient très rares leurs séjours dans le Temple de Bordeaux, ils négligèrent de veiller à l'entretien et à la conservation de ces vieux bâtiments. A la fin du xviie siècle, le commandeur Emmanuel de Chabaud Tourette, Receveur de son Ordre au Prieuré de Toulouse, fit construire sur les ruines de la demeure féodale des Templiers un somptueux hôtel, qui servit définitivement de demeure aux chevaliers de Saint-Jean jusqu'à la Révolution [2].

Non loin de là, sur un terrain, dépendant de l'ancien Temple de Bordeaux, un chevalier d'Absac de la Douze obtint du chapitre provincial de Toulouse l'autorisation de faire construire à ses frais une chapelle, qui fut placée sous le vocable de Sainte-Catherine (1594) [3]. Dans cette église, qui n'existe plus de nos jours, mais qui a donné son nom à une des principales rues de la ville, nous voyons, peu d'années après, venir s'établir la *confrérie des maistres tapissiers et contrepoincliers de Bordeaux*. Le chevalier de Chabaud-Tourette, Procureur du commandeur de Mélignan, leur avait accordé l'autorisation *d'exercer leur dévotion et piété dans la dicte chapelle*, à la condition de se charger de son entretien et de son luminaire, il leur avait même permis d'y ensevelir les confrères décédés, s'ils consentaient à y faire placer une cloche à leurs frais (18 mars 1631) [4].

[1] Arch. Cazalès, L. I.
[2] Reg visites générales.
[3] Arch. Bordeaux, L. V.
[4] *Id.*

Les dépendances de la commanderie étaient très nombreuses, soit dans le Bordelais, soit dans les contrées limitrophes. Diminué dans le principe par la création de la commanderie d'Arceins, leur nombre s'accrût peu à peu dans la suite par la suppression de plusieurs petites circonscriptions qui vinrent se fondre successivement dans leur importante voisine. Ses principaux membres étaient : Le Vigean, Blanquefort, Eysine, Martignas, Salles, Billos, Cunctis, Parentis, la Grave d'Ambarès, Arbeyre, avec son annexe Saint-Pierre-de-Vaux, Cadarsac, la Lande, Pomeyrols et Chalauze près de Libourne; Marcenays, Queynac, Mayrigue, dans le Fronsadois; Salebruneau, Puch, Mauriac, Frontenac, Buch, Saint-Légor, en Bazadais; Bénon en Médoc et ses dépendances La Grayanès, Pellecahut, Saint-Germain d'Esteuil, Mingot, Marcilhan, Castelnau-de-Médoc, Saint-Sauveur, Verteuil, etc.

En 1752, la commanderie de Bordeaux était affermée 16500 livres ; les charges s'élevant à la somme de 3165 livres, réduisaient son revenu net à 13335 livres.

§ 2. — *Hôpital Saint-Jean de Bordeaux.*

Si l'établissement des Hospitaliers de Saint-Jean dans la ville de Bordeaux était moins important que celui des Templiers, il n'en est pas moins vrai que le nombre de ses dépendances dans la contrée avoisinante témoigne pourtant d'une assez grande prospérité. Du reste, un vieux cartulaire dont nous aurons l'occasion de reparler dans la suite, mentionne que les plus anciennes donations leur furent faites dans le pays au temps du Prieur Gérard, c'est-à-dire aux premières années du XIIe siècle. Avaient-ils à cette époque un établissement dans la ville même de Bordeaux? C'est ce dont nous doutons fort, sans pouvoir néanmoins rien affirmer. On les trouve, au commencement du XIIIe siècle, occupés à s'y créer une résidence. En l'année 1224, le doyen et le chapitre de la cathédrale Saint-André étaient vivement irrités de la construction d'un oratoire, que venaient d'élever les chevaliers de Saint-Jean, sur le territoire de leur paroisse, *au bout du Pont-Neuf de Bordeaux*. L'affaire soumise au jugement du Saint-Siège, fut renvoyée de Rome à la décision de trois commissaires, Ranulphe, évêque de Périgueux, A. de Sammathie, archidiacre du chapitre de Saint-Front, et l'abbé de la Peyrouse. Ceux-ci, après avoir examiné les droits des deux parties, rendirent leur jugement à Bordeaux, le mardi après Pâques de l'année 1224 : pour réparer envers les chanoines les dommages que devait leur causer l'érection de la chapelle *du bout du Pont*, les Hospitaliers, devaient leur payer une rente annuelle de 60 sols; s'ils refusaient de s'acquitter de cette redevance dans les délais fixés, le doyen du chapitre avait le droit de confisquer la clef et les ornements de l'oratoire et d'y faire célébrer les offices à son profit, jusqu'à ce qu'il se fut complètement indemnisé. Si les Hospitaliers bâtissaient à l'avenir une autre chapelle dans la ville de Bordeaux, ils s'engageaient à partager avec les chanoines tout ce qu'ils recueilleraient, *à l'exception des chevaux, vêtements, armures, etc., donnés pour le service de la Terre-Sainte*. Ils devaient également partager les frais de sépulture de toute personne qui, malade hors de la maison de Saint-Jean, mourrait revêtue du manteau de l'Ordre; à moins qu'elle ne se fut transportée à l'hôpital *à pied, sans s'appuyer sur le bras de personne ou à cheval, sans y être soutenue et sans avoir été aidée pour y monter ou pour en descendre*; auquel cas elle était considérée comme faisant partie de la maison et les Hospitaliers ne devaient rien au chapitre. Le Grand-Maître Guérin de Montaigut, comme nous le lisons dans Vertot, parcourut cette année là les différentes circonscriptions de son Ordre, pour y recueillir des subsides ; à son passage à Bordeaux, il confirma cet accord et apposa au bas de cette charte son sceau, à côté de ceux du commandeur, P. de Loupe, du Doyen et du chapitre de Saint-André [1].

Dans la suite, un des commandeurs de Bordeaux tenta de s'affranchir de ce tribut, d'autant plus onéreux que la trans-

[1] Pièces justificat. n° LXXIX

lation de la résidence des Hospitaliers dans la maison du Temple leur rendait la chapelle *du bout du Pont*, moins indispensable pour leur usage et peu productive en revenus. Mais, leur charte en main, les chanoines réclamèrent énergiquement le maintien de leurs droits. Peu versé dans la jurisprudence, dédaignant de jeter les yeux sur le vieux parchemin, le chevalier Jacques de Brion répondit par des menaces, déclarant que, si on osait le poursuivre devant les tribunaux, il saurait bien s'adresser aux conservateurs des privilèges de l'Ordre pour leur créer des embarras et se débarrasser de leurs importunités. Malgré les paroles arogantes du commandeur, le Doyen remit sa plainte au sénéchal de Guyenne, lorsque la mort de Jacques de Brion vint donner une solution pacifique à cette affaire ; son successeur, le chevalier Salvat de Sorhocle consentit à reconnaître la justice des réclamations des chanoines et promit de se conformer à la transaction de 1224 (20 juin 1467) [1].

Si nous revenons un peu sur nos pas, nous trouvons, au milieu du xiv° siècle, les Hospitaliers en discussion avec une autre autorité ecclésiastique de la ville, Arnaud Gérard, Prieur de l'hôtel Saint-Jacques de Bordeaux. En 1353, le commandeur Arnaud-Bernard Ebrard, fit exposer à *vénérable seigneur* Ratier, abbé de Moissac et conservateur des privilèges de l'Ordre des Hospitaliers, que, d'après un ancien usage, un prêtre de l'hôpital Saint-Jean se rendait chaque année, le jour de la fête de la chaire de Saint-Pierre, à l'église Saint-Jacques, y disait la messe et recevait du Prieur quatre livres *de bonne monnaie bordelaise* ; que cet usage, le Prieur Arnaud Gérard refusait de le continuer et que, depuis plusieurs années, il n'avait pas payé la rente accoutumée. Le *Révérend Seigneur*, Hélie, abbé de Saint-Sauveur de Blaye, à qui l'abbé de Moissac avait remis le soin de l'enquête et du jugement, se prononça en faveur du commandeur et l'official de Bordeaux donna aux chapelains de Saint-Michel, de Saint-Eloi et de Sainte-Colombe l'Ordre d'obliger le Prieur à se sou-

[1] Arch. Bordeaux, L. V

mettre à cette sentence. Toutefois, ce dernier ayant soulevé de nouvelles difficultés et formulé de graves griefs contre le commandeur, une transaction fut conclue, par laquelle les Hospitaliers devaient continuer à faire dire la messe annuelle de la fête de Saint-Pierre, se contentant pour cela d'une rente de 20 sols bordelais (1365)[3].

Ayant abandonné, ainsi que nous l'avons vu plus haut, leur modeste établissement du *Pont-Saint-Jean*, les Hospitaliers durent par négligence le laisser tomber en ruines; il n'est plus fait mention que de la chapelle dans les procès-verbaux de visites de la commanderie. Le nom de *Saint-Jean*, que porte encore le quartier de la ville est le seul souvenir qui subsiste aujourd'hui de la demeure des chevaliers de l'Hôpital.

§ 3. — *La Grave d'Ambarès.*

Dans cette langue de terre enserrée entre la Dordogne et la Gironde, non loin de leur confluent, les chevaliers du Temple possédaient jadis la ville de la Grave-d'Ambarès et son territoire. Les archives, sans nous dire la donation qui dût en être faite par un seigneur de Montferrand, fournissent en premier lieu une transaction, conclue au sujet de la juridiction de cette petite ville. En l'année 1321 le commandeur Pierre d'Arbussac et noble Amalvin de Barès, seigneur de Montferrand, se disputaient le droit de justice sur les habitants de la Grave d'Ambarès. *Grâce à l'intervention d'ecclésiastiques, amis de la justice et de la concorde,* les deux parties consentirent à terminer leurs débats par une transaction amicale : le commandeur devra avoir la moyenne et la basse justice et son tribunal ne pourra connaître que des causes inférieures à 5 sols bordelais, la haute justice revenant de plein droit au seigneur de Montferrand ; les habitants devront se rendre aux *monstres* ordonnées par ce dernier et le suivre en guerre, partout où il les conduira, excepté contre le duc

[1] Arch Bordeaux, L II.

d'Aquitaine ou l'Eglise ; le commandeur et les Hospitaliers auront le droit de chasser, avec des chiens, des oiseaux et des furets, les lièvres, les lapins, les perdrix, les renards et les loups, partout où ils voudront, dans la châtellenie de Montferrand. Les articles de ce traité furent jurés par les deux chevaliers qui promirent de les observer à perpétuité sous peine de 1,000 livres tournois [1].

Sur le verso du parchemin, on trouve cette note écrite de la main de quelque archiviste du Prieuré de Toulouse pendant le XVIIe siècle : « Ne faut monstrer cette transaction parce que « maintenant le commandeur a toute la justice. » En effet, soit qu'ils l'eussent acheté régulièrement des seigneurs de Montferrand. soit qu'ils s'en fussent emparés, les chevaliers de Saint-Jean parvinrent à se la faire reconnaître légalement. Au commencement du XVIIe siècle, la baronie de Montferrand fut acquise par le maire et les jurats de la ville de Bordeaux, qui la payèrent 40500 livres et laissèrent la justice au Roi : le commandeur de Bordeaux protesta contre ce traité et fit reconnaître par le Parlement la validité de son titre de seigneur haut justicier de la Grave-d'Ambarès [2], que nous voyons figurer jusqu'à la fin sans conteste dans les procès-verbaux de visites. Les chevaliers possédaient dans cette localité un ancien manoir féodal, que la suite des siècles avait transformé en une simple maison seigneuriale.

§ 4. — *Arveyres.* — *Cadarsac.* — *Fargues.*

La petite commanderie d'Arveyres, située près de la Dordogne, date de l'année 1170. Bertrand, archevêque de Bordeaux, *cedant aux désirs et aux prières de ses très chers fils en Jésus-Christ, Wilhelm Panet, Maître du Temple dans le Bordelais et Raymond Wilhelm de Fronzac* donna cette année là à leur Ordre l'église de *Saint-Pierre d'Arveyres* (aujourd'hui *Saint-Pierre de Vaux*, annexe d'Arveyres). Cette charte fut

---

[1] Arch. Grave, L. I.
[2] Arch. Grave, L II.

signée en présence d'*Aimart, évêque de Saintes et frère de l'archevêque de Bordeaux*, et d'une nombreuse réunion d'ecclésiastiques [1].

A cette première donation vint s'ajouter plus tard celle de la seigneurie complète du lieu d'Arveyres ; nous ne trouvons que la simple mention de cette charte dans un ancien inventaire. Le jour de la fête de Saint-Félix, en l'année 1231, Raymond Gombaud, seigneur de Vayres, donna à l'Ordre du Temple le territoire d'Arveyres, situé dans sa châtellerie ; il se réservait qu'en cas de guerre les Templiers viendraient le secourir de tout leur pouvoir [2]. Quelques années après Guitard du Borg, gendre de Raymond Gombaud, voulut disputer aux chevaliers du Temple la juridiction d'Arveyres ; mais, ayant reconnu ses torts, il leur offrit, comme réparation, la cession du bois de Tilhède et la faculté de faire embarquer, sans payer de droits, leurs denrées à deux ports voisins qui lui appartenaient sur la Dordogne [3].

Après la suppression de l'Ordre du Temple, Arveyres fut joint à Cadarsac, seigneurie que les Hospitaliers possédaient dans les environs ; augmentée de la chapellenie de Saint-Jean de Fargues et de Mauriac, elle forma une petite commanderie distincte et vint se fondre, après une courte existence, dans celle de Bordeaux.

En 1369, le cadavre d'un étranger fut trouvé sur le territoire de Cadarsac, où les Hospitaliers possédaient un château féodal et dont ils étaient seigneurs hauts justiciers. Le bailli du commandeur venait de faire procéder à son ensevelissement, lorsque le Prévôt royal du *Pays d'entre-deux-mers* crut l'occasion favorable pour chercher à s'emparer de la haute justice de Cadarsac, sur laquelle il élevait des prétentions peu justifiées ; il se présenta avec ses hommes d'armes, pour exhumer ce cadavre et faire acte de haute juridiction, en procédant lui-même à sa nouvelle sépulture. Mais le Commandeur

---

[1] Pièces justificat. n⁰ LXXX
[2] Arch. Arveyres, L. III.
[3] *Id.*

proteste hautement en faveur du maintien de ses droits et parvint à triompher de son adversaire [1].

Sur d'autres points, la lutte fut plus longue et plus difficile. Les Hospitaliers, à peine entrés en possession du domaine des Templiers à Arveyres, furent obligés, comme ces derniers l'avaient été précédemment, de défendre les droits, qui venaient de leur échoir, contre maintes prétentions rivales. C'est ainsi qu'en 1353, le noble et puissant baron, Bérard d'Albret, entre les mains de qui se trouvait alors la châtellenie de Vayres, reprit la discussion dont nous parlions tout à l'heure et, malgré le désistement consenti jadis par Guitard du Burg, il essaya d'enlever aux chevaliers la haute justice d'Arveyres. Après de longs pourparlers, une transaction fut conclue entre les deux parties : le commandeur devait avoir la haute justice, avec cette réserve que, s'il s'agissait, d'une peine de mort, le coupable devait être remis aux officiers du seigneur de Veyres, lesquels devaient procéder à l'exécution, en dehors des croix de la commanderie; les habitant d'Arveyres étaient exempts du service de garde et de guet au château de Vayres ; chacune des deux parties s'engageait de plus à ne pas recevoir dans ses terres les vassaux de l'autre [2]. Malgré cette transaction, qui paraissait définitive, nous voyons les mêmes difficultés suscitées de nouveau en 1480, aux commandeurs par *dame Jehane de la Tour*, veuve du baron de Vayres, comme tutrice de ses enfants, Jehan et Gabriel d'Albret; une enquête faite à ce sujet par le sénéchal de Guyenne démontra la validité des droits des chevaliers et, quelques années plus tard, nous trouvons le commandeur, Pierre de Ribon, et messire de Ladouze, gouverneur du château de Vayres, occupés à replanter les croix de limites, qui séparaient les deux juridictions [3]. Pendant cette période, d'autres voisins du lieu d'Arveyres tentaient de leur côté d'arracher quelques portions de ce riche domaine aux Hospitaliers. Les dîmes de cette paroisse leur furent inutilement disputées,

[1] Arch Cadasac, L I
[2] Arch Arveyres L. III
[3] *Id.*

successivement par l'abbé de la Faize (1353), par celui de la Sauve Majeure (1372) et enfin par les Chartreux du monastère de Notre-Dame de Beauclère (1498)[1].

Le château des commandeurs à Arveyres était un sombre manoir féodal, qui avait conservé jusqu'à la fin son aspect guerrier, « entouré de hautes murailles, garnies de crénaux, « et l'abord de son pont-levis protégé par un ravelin [2]. »

§ 5. — *Lalande.* — *Pommeyrols.*

En franchissant la Dordogne, nous trouvons à peu de distance de la ville de Libourne, les deux petites localités de *Lalande* et de *Pommeyrols*. Elles formaient jadis, avec quelques dépendances voisines, une des plus anciennes possessions de l'Ordre de Saint-Jean dans la contrée. Ses origines nous seraient inconnues sans un vieux cartulaire qui nous raconte l'établissement des chevaliers de l'Hôpital dans la châtellenie de *Puynormand*. On y lit tout d'abord comment les chevaliers *Aychard* et *Bernard de Seilles* donnèrent leurs terres situées entre *Brettes* et le ruisseau de *Comparras*, aux chanoines de *Saint-Etienne du Peyrat* et comment ces derniers, ne voulant pas s'y établir, cédèrent leur nouveau domaine aux Hospitaliers, *Adhémar* et *Ayquelin de Gesta*. Cette donation eut lieu du *temps du Prieur Gérard*, c'est-à-dire dans les premières années du XIIe siècle, elle eût pour témoin le vicomte de Castillon qui s'empressa de l'approuver et de la confirmer. Après avoir énuméré les territoires que l'Ordre reçut successivement de *Raymond* et de *Pierre d'Abzac*, de *Pons de Montaigne*, de *W. de Segur*, le vieux manuscrit nous apprend que l'Hospitalier Adhémar, administrateur de ces domaines pendant quarante ans, en donna une partie à des cultivateurs, moyennant certaines redevances. Nous voyons ensuite le seigneur *Ayz de Puynormand* confirmer, en prêtant

---

[1] Arch. Arveyres, L III
[2] Registre visites générales

serment sur les Saints Evangiles, les largesses que son père avait jadis faites à l'Hôpital ; *Pierre de Saint-Seurin* se rendre à l'église de Saint-Denys, pour donner à *Hélie de Broliol* et aux autres Hospitaliers ses droits sur le ruisseau de *Maurias*; *W. Arnaud de Seilles* et dame *Orgolose*, sa femme, céder leur alleu de Saint-Denys ; *W. de Montrebet*, damoiseau, fils d'*Arnaud Faidit, chevalier de Fronzac*, se dessaisir de certaines redevances que lui payait l'hôpital de la Lande [1].

Comme tout le reste du Bordelais, cette contrée fut le théâtre de luttes sanglantes, pendant les guerres des xive et xve siècles. Dans les dernières années du règne de Charles V, chassés d'une partie de cette contrée, les Anglais n'y conservèrent plus que quelques places fortes, hors de l'enceinte des quelles ils n'osaient guère s'aventurer. Le 22 novembre 1380, dans la salle capitulaire du couvent des Frères Mineurs de la ville anglaise de Libourne, se présenta frère *Jehan Fornier*, religieux de l'Ordre de Saint-Jean. Il venait avec une bulle du Grand-Maître, qui le nommait à la commanderie de la Lande, requérir, au nom du Grand-Prieur de Toulouse le Commandeur de Queynac, *frère Bernard Bacquart*, de le mettre en possession de ses nouveaux domaines. Or ce dernier, compromis sans doute par le parti anglais, avait jugé prudent d'abandonner son château de Queynac pour se réfugier dans le couvent de Libourne, et se trouvait en présence d'une situation étrangement embarrassante. La Lande et Pomeyrols étaient au pouvoir des *ennemis de son très-souverain seigneur, le Roi d'Angleterre*, et ces terribles Français étaient bien capables de lui faire un mauvais parti, s'il venait à tomber entre leurs mains. Pour se tirer de ce mauvais pas, le commandeur réunit dans la salle du couvent quelques habitants de la Laude et de Pomeyrols comme lui, réfugiés dans la ville de Libourne, et les somma de reconnaître frère Jean Fornier pour leur seigneur. Cette première installation achevée, le commandeur de Queynac chargea un religieux *donat* de la Maison Lande, moins connu et moins compromis que lui, et

[1] Pieces justificatives n LXXXI

pouvant sans danger s'aventurer dans la campagne, d'aller accomplir à sa place la mission qui lui souriait si peu [1].

Mais la guerre était encore bien loin de sa fin : la France était destinée à traverser, avant d'arriver à sa délivrance providentielle, une longue période de désolation. Aussi cette contrée, où la lutte fut plus ardente qu'ailleurs, se trouva-t-elle à la fin complètement anéantie et ruinée. Si nous voulons connaître l'état de ce malheureux pays, même longtemps après la fin des hostilités, écoutons le commandeur de Bordeaux, *Antoine de Murat*, faisant, en l'année 1470, le dénombrement de ce qu'il possédait aux environs de Libourne, à messire Charles d'Albret, seigneur de Sainte-Baseille, Gensac, Villefranche, Puynormand, Vayres, et vicomte de Castelmauron ; après avoir énuméré ses droits et ses privilèges, le chevalier exposa « *que, par les grans guerres et stérilités qui* « *furent au pays bordelois mesmement en la chastellenie de* « *Puynormand, la paroisse de Saint-Johan de la Lande est* « *demeuree longtemps vacante et totalement destruicte, en telle* « *manière que icelle paroisse et la plus grande part de la dicte* « *chastellenie de Puynormand et autres parties circonvoysines* « *sont tombées en ruines et totalement inhabitables* [2]. »

Après s'être relevés avec difficulté de cette crise terrible, les commandeurs de la Lande eurent encore des orages à supporter, Ils durent soutenir des luttes acharnées pour la conservation de leur droit de haute justice dans cette localité. Avaient-ils ce droit depuis l'origine, ou s'en étaient-ils emparés à la suite de cette période troublée, c'est ce que nous ignorons ; toujours est-il que, vers la fin du XVe siècle, nous voyons le chevalier *Odet de las Graulas*, commandeur de Bordeaux, porter ses doléances à la chancellerie du Parlement de cette ville, et exposer qu'à l'exemple de ses prédécesseurs, il avait toujours joui sans conteste des droits et prérogatives de seigneur haut justicier de Lalande, que ses vassaux avaient toujours été exempts des

---

[1] Arch. Lalande, L. I.
[2] *Id.*

services de guet et de garde au château de Puynormand ; que, malgré cela, Jean Bonnemin et Richard du Fraël, juge et procureur du seigneur de Puynormand, avaient revendiqué pour ce dernier la haute juridiction de Lalande, dépouillant le commandeur de ses prérogatives, entraînant de force ses vassaux devant leur tribunal et *faisant plusieurs autres extorsion et nouvelletés indues*. Malgré les lettres qu'Oddet de las Graulas obtint de la chancellerie et qui le maintenaient dans ses droits (1489) [1], il ne paraît pas que ses successeurs aient pu conserver les prérogatives qu'il leur avait léguées. Nous voyons en effet, lors de la vente de la terre de Puynormand par les commissaires de Sa Majesté, le commandeur B. de Mélignan se contenter de la déclaration que dans cette vente *n'était compris aucun des droits des chevaliers, mais seulement celui de justice de la Lande, qui appartient au Roi, comme seigneur de Puynormand* (1602) [2].

Il arrivait aussi que de temps à autre les commandeurs de la Lande abandonnaient leur rôle de victimes pour devenir agresseurs à leur tour. Le commandeur Pierre de Ribon, qui avait, sinon des droits, au moins des prétentions, sur les dîmes de la petite chapelle de *Bussac*, située sur les confins du Périgord et dépendant de l'abbaye de Cellefraix en Augoumois, résolut d'employer à défaut de titres, la violence pour s'en rendre maître. A la tête d'une troupe de gens *armés d'arbalètes et d'épées*, il se transporta devant la porte de la chapelle et en enleva les gerbes de la dîme, qui y avaient été déposées. Le Parlement saisi de la plainte de l'abbé de Cellefraix, dût rendre un arrêt contre le commandeur pour cette expédition violente[3]; il n'est plus fait mention de cette prétention dans la suite.

§ 6. — *Marcenais. — Queynac. — Saint-Michel-de-Rivière.*

Non loin de l'hôpital de la Lande, dans la vicomté de Fronsac, les Templiers possédaient une petite commanderie

[1] Arch. Lalande, L. I.
[2] *Id.*
[3] Arch Pomeyrols, L. I.

qui comprenait les seigneuries de Marcenais et de Queynac, avec les paroisses de Larrivau, Magrigne et Chalauze. Si nous ne pouvons préciser l'origine de cette circonscription de l'Ordre du Temple, les archives nous fournissent les chartes de quelques-unes des donations qui lui furent faites dans le cours du xIII° siècle. En 1232, *Guillaume Erra, chevalier du Bourg*, s'était rendu dans l'église de Marcenais, où se trouvait réunie, sous la présidence d'A, abbé de Saint-Vincent du Bourg, une nombreuse assemblée, composée de seigneurs du voisinage et de chevaliers du Temple ; il venait donner à la maison de Marcenais le moulin du *Peyrat* qu'il possédait sur la Saye ; pour assurer plus de validité à sa donation, G. Erra fit apposer, au bas du parchemin, les sceaux de l'archevêque de Bordeaux, de l'abbé du Bourg et des principaux seigneurs présents à la cérémonie [1]. En 1250, le Temple de Marcenais recevait encore de la libéralité d'un autre seigneur, *Hélie Wilhelm, chevalier de Villegoriges*, le *moulin Vielh*, situé également sur la rivière de la Saye [2].

Peu de temps après avoir pris possession de la commanderie de Marcenais, les Hospitaliers la supprimèrent, en la fondant dans celle de Bordeaux. Dans le courant du xIV° siècle, *messire Raymond. vicomte de Fronsac*, avait obtenu des habitants de Marcenais, qui relevaient de lui, un secours extraordinaire en blé, vin et argent, pour faire face à certains besoins pressants, où il se trouvait. Mais les vassaux craignant que leur seigneur fût tenté d'abuser de la situation, en transformant le don gratuit en redevance ordinaire, vinrent le prier respectueusement de déclarer qu'il ne se prévaudrait pas à l'avenir de leur bonne volonté et ne leur réclamerait pas la subvention qu'ils avaient consenti à lui accorder. Le vicomte de Fronsac accéda à ces justes désirs et leur octroya, le 14 juillet 1347, une charte solennelle constatant leurs droits et revêtue du sceau de ses armes [3].

Un des caractères les plus frappants, qui distinguent les

---

[1] Arch. Marcenais, L. I
[2] Pièces justificatives, n° LXXXII
[3] Arch. Marcenais, L. I.

hommes de cette époque, c'est le contraste existant entre leurs dehors souvent rudes et impitoyables et l'excessive sensibilité de leurs cœurs. Qui n'a lu, dans notre vieux *Joinville*, comment ces hommes de fer savaient, après la bataille, s'appitoyer sur les infortunes d'autrui et pleurer *moult tendrement* à quelque récit émouvant. Ce caractère nous le retrouvons partout. Si parfois la rigueur de la législation du moyen-âge peut surprendre, on voit souvent aussi la pitié des juges venir la tempérer avec une mansuétude, à laquelle un fréquent usage donnait presque force de loi. Voici un épisode, à la fois naif et touchant, recueilli dans les registres du tribunal de Queynac. En l'année 1340, tout le pays avait été dévasté par une de ces terribles bandes de routiers, qui tuaient les habitants, pillaient les récoltes, incendiaient les maisons, malheurs fréquents dans ces temps troublés. Grâce aux forces dont put disposer le commandeur, ces redoutables malfaiteurs furent cernés, pris et jetés dans les cachots du donjon de Queynac. Quelques jours après, nous voyons le chevalier Sobiran de Rivalz, commandeur, entouré de ses religieux et des autres membres de son conseil, dans la *salle du Consistoire*, siégeant sur son tribunal; devant lui sont déposés les coutumes de la ville et le livre des saints Evangiles, « afin, dit le manuscrit, *de se placer en la présence* « *de Dieu, source de toute justice et de toute miséricorde.* » Après avoir fait le signe de la croix, il ordonna à ses hommes d'armes d'introduire les accusés. Voici tout d'abord le capitaine de la bande, *Ranulphe Guilbaud;* sa culpabilité est trop évidente et le sort qui l'attend, trop certain, pour qu'il songe à recourir à des dénégations inutiles. Aussi la sentence est-elle promptement rendue et le coupable livré à l'exécuteur qui le conduit immédiatement aux fourches patibulaires de Queynac. Puis vient le tour du second accusé; c'est un jeune homme, le frère du capitaine, que ce dernier avait entraîné par ses conseils et ses mauvais exemples, et dont il avait fait son lieutenant : accablé par l'évidence il n'essaie pas, lui non plus, de nier la longue liste de meurtres et d'incendies, dont on l'accuse. Aussi, malgré la compassion qu'il ressent pour la jeunesse du coupable, le tribunal se dispose à prononcer contre lui la terrible sentence et à l'envoyer partager le sort de son frère; lorsque se précipite dans la salle *une pauvre jeune fille, âgée d'une vingtaine d'années et orpheline de père et de mère*. Elle se jette à genoux et, *étendant les bras en croix*, elle supplie avec des larmes et des sanglots, le tribunal de lui accorder la vie d'Arnaud Guilbaud, qu'elle demande à prendre pour son légitime époux. La foule des spectateurs, attirée par ce procès de tous les environs, s'émeut à ce spectacle; tous, les nobles chevaliers comme les simples vassaux, joignent leurs prières à celles de la pauvre orpheline, et intercèdent pour le coupable. Le commandeur, *touché de son côté à la vue de la grande pitié de cette jeune fille, désirant satisfaire aux vœux de tout ce peuple et persuadé que la miséricorde est, dans le cas présent, agreable à Dieu, et conforme à ses lois*, ordonne de délivrer Arnaud de ses liens et de le remettre aux mains de celle qui venait de l'arracher à la mort [1].

Comme nous l'avons vu plus haut, de ce même membre de Marcenais dépendaient plusieurs petites paroisses. Le peu d'importance de celle de Magrignes avait suggéré à un des commandeurs de Bordeaux l'idée d'économiser le traitement d'un vicaire perpétuel, en réduisant cette église au rang de simple chapelle; mais les habitants protestèrent vivement, disant que, puisque leur seigneur percevait les dîmes de leurs récoltes, il était juste qu'il s'acquittât de ses devoirs envers eux; malgré l'évidence de leur droit, ils ne purent obtenir que bien tardivement gain de cause et l'affaire traîna en longueur de 1686 à 1731. L'église de *la Rivaux*, qui formait jadis une dépendance de Marcenais, sous le nom de *Saint-Michel-de-Rivière*, n'était dans les derniers temps qu'une simple chapelle desservie par le curé de Saint-Michel. Enfin, sur le territoire désigné sous le nom de Chalauze, on voyait les ruines d'un ancien édifice : c'était jadis l'église paroissiale de cette localité; l'enceinte des murs en démontre encore l'importance. Elle fut dévastée pendant les guerres de

---

[1] Arch. Queynac, L. I.

Religion et le procès-verbal de la visite de la commanderie, en 1752, nous apprend que l'on n'avait conservé que la chapelle de Saint-Jean, à cause de la dévotion des habitants de la contrée pour ce sanctuaire.

§ 7. — *Sallebruneau.*

Grâce sans doute aux libéralités de quelques-uns des seigneurs de Bénauges, les Hospitaliers possédaient encore, depuis une époque que nous ne pouvons préciser, une assez vaste circonscription, au centre de laquelle s'élevait le donjon de Sallebruneau. Les archives ne nous en font connaître l'existence que vers la fin du XIIIe siècle. A cette époque, nous trouvons le commandeur en discussion avec le descendant des anciens bienfaiteurs de la maison, noble Jean de Greilly, chevalier, seigneur de Bénauges et de Castillon : il s'agissait là encore de la juridiction du lieu de Sallebruneau. S'étant enfin rendu à Toulouse, où le Grand-Prieur de Saint-Gille, Guillaume de Villaret, tenait dans ce moment là son chapitre provincial, le baron bordelais, *considérant l'affection que les chevaliers de Saint-Jean avaient toujours eue pour lui et pour sa race et mû par ses sentiments pieux*, consentit à faire le sacrifice d'une partie de ses prétentions. Une transaction fut conclue et signée au milieu de l'assemblée des religieux de l'Ordre. Le sire de Benauges, après avoir fait cession complète d'un droit d'albergue de 15 livres qu'il voulait prélever sur les habitants de Pommeyrols, s'engagea à ne jouir, que sa vie durant, de la juridiction de Sallebruneau ; à sa mort, elle devait revenir aux Hospitaliers ; à partir de ce moment, le commandeur serait seigneur haut justicier, à la réserve que les exécutions capitales seraient faites par les officiers du baron, en dehors des croix de la commanderie ; une seule marque de vassalité lui était imposée, c'était l'offrande d'une lance, lors du décès de chaque seigneur de Benauges (14 janvier 1280) [1]. Quelques années après, devançant l'époque

---

[1] Pièces justificatives n° LXXXIII.

fixée par cet accord, le sire Jean de Greilly cédait de son plein gré *à son ami*, G. de Villaret, devenu Grand-Maître de l'Ordre, la haute juridiction de Sallebruneau. Cette charte, scellée par le noble donateur, est datée d'Avignon, le 7 avril 1297 [1].

A peu près à la même époque la commanderie s'accrût par suite des libéralités de quelques seigneurs du voisinage : *Antoine de Gordon* donna, en 1280, sa terre de *Buxs* [2] ; le sire de *Rauzan*, en 1283, son moulin de *Frontenac* et le territoire de la *Motte-Lucran*, en se réservant *une messe de requiem, chantée tous les ans le jour de Notre-Dame de Mars, pour le repos de son âme* [3]. Dans les premières années du siècle suivant, nous voyons Bertrand de Savignac, *commandeur des maisons de l'Hôpital dans le Bordelais*, occupé à régler avec les nobles barons, Sans et Amanieu de Pommiers, l'exercice de la justice à Buxs ; il fut convenu que la haute juridiction reviendrait à ces derniers et la basse aux commandeurs.

Après la réunion du domaine des Templiers à ceux de l'Ordre de Saint-Jean, l'envie, excitée par cet immense héritage et la haine provenant des espérances déçues, suscitèrent contre ce dernier des attaques, que nous avons eu déjà l'occasion de signaler ; elles semblent s'être manifestées dans ces contrées avec un redoublement de violence. Les maisons de Villemartin, de Mauriac, de Roquebrune et de Sallebruneau furent longtemps en butte à des actes d'hostilités de la part de *puissants personnages* : pour s'en garantir, le chevalier G. de Ferrand, procureur de R. d'Olargues, lieutenant du Grand-Maître, réclama et obtint la sauvegarde royale pour ces différentes maisons de son Ordre (1313) [4].

La suite des archives va nous apprendre que, malgré cette précaution, la période de troubles n'était pas terminée pour Sallebruneau. Cette seigneurie était environnée de puissants voisins qui ne laissaient guère de repos aux commandeurs.

---

[1] Arch. Sallebruneau, L. II
[2] Arch. Buchs, L 1
[3] Arch. Frontenac, L. I.
[4] Arch. Roquebrune, L. I.

La situation de ces derniers finit même par devenir si critique qu'en l'année 1477, nous voyons l'un d'eux, frère *Jean Taren*, se rendre à la maison du Temple de Bordeaux et supplier le commandeur, Antoine de Murat, de vouloir bien accepter Sallebruneau, qu'il ne se sentait plus le pouvoir de défendre contre les attaques de *nombreux gentils seigneurs et gentils hommes*[1]. Plus à même que le frère Taren, de tenir tête à l'orage, soit par les ressources fournies par ses immenses possessions, soit par l'influence personnelle que lui assurait sa noble origine, le chevalier de Murat consentit à se charger de la commanderie de Sallebruneau et de la continuation de la lutte. Malgré cet acte de cession, l'union définitive de Sallebruneau à Bordeaux n'eut lieu que quelques années plus tard ; car nous trouvons encore plusieurs commandeurs de la circonscription de Sallebruneau.

A la tête de ses adversaires les plus acharnés se trouvaient les seigneurs de Rauzan ; ils voulaient enlever de vive force aux chevaliers de Saint-Jean, la juridiction de cette localité, en dépit des chartes qui devaient trancher la question. Les archives sont remplies du récit des expéditions que ces terribles voisins entreprirent dans ce but. Voici d'abord *messire Jacques Angevin, chevalier, baron de Rauzan, Pujols et Blandignac*, qui, *accompagné de son capitaine, de ses serviteurs, de ses laquais et d'une foule de gens sans aveu*, dévaste toutes les terres du commandeur, enlève ses vassaux, les emmène dans les prisons de son château et ne les relâche qu'après avoir exigé d'eux une forte rançon. La plainte, déposée par le chevalier B. de Gros, nous montre cette troupe s'emparant de tout le bétail, ou bien incendiant pendant la nuit les maisons habitées, aux cris de : *Vive Rauzan!* Le Parlement ordonna une enquête sur ces faits criminels (1494)[2]. Mais il paraît que la répression ne fut pas suffisante, puisqu'en l'année 1500, nous retrouvons ce même baron, *à la tête de* 60 *ou* 80 *hommes d'armes*, dévastant de nouveau les domaines du commandeur[3].

---

[1] Arch. Sallebruneau, L II.
[2] Arch. Sallebruneau, L. III
[3] *Id.*

Quelques années après, la lutte, suspendue par la mort du seigneur Jacques Angevin, est reprise par ses successeurs : *Dame Catherine da Biron, mère et tutrice de noble Symphorien de Durfort, seigneur de Rauzan, noble Gaston de Roux, capitaine du château et maître Perrin, juge de leur tribunal,* prennent un des vassaux de Sallebruneau et, après l'avoir jugé, le font mourir aux fourches patibulaires (1531) [1]. Le commandeur Oddet de Massas obtient enfin une sentence du Parlement qui, le déclarant seul en possession de la justice de Sallebruneau, semble avoir mis un terme à cette lutte si acharnée [2].

En 1606, le chevalier de Mélignan, qui venait d'être pourvu de la commanderie de Bordeaux, s'était rendu à Sallebruneau pour en prendre possession et recevoir les reconnaissances de ses vassaux. Ecoutons ces derniers déclarer, dans un style prétentieux, que, « comme il n'y a chose plus vilaine et « détestable parmi les gens de raison que l'ingratitude, ny « plus belle et digne d'un homme raisonnable que la recog- « noissance des biens reçus, pour monstrer qu'ils ne sont « taichés du vice d'ingratitude, ils recognoissent messire « frère B. de Mélignan-Trignan, commandeur de Bordeaux, « pour vray seigneur foncier, direct, justicier en toute justice « et curé primitif de la commanderie, seigneurie et paroisse « de Sallebruneau [3]. »

Pendant les guerres de Religion, le lieu de Sallebruneau fut pris et dévasté. Les visiteurs de la commanderie n'y retrouvèrent plus, pendant le xviiie siècle que *les masures d'un ancien château seigneurial qui fut détruit par les guerres civiles* [4]. De ce membre dépendaient *Puch*, annexe de Sallebruneau, la seigneurie spirituelle et temporelle de *Buch* et de son annexe *Mauriac*, des fiefs situés à *Aubèze, Frontenac, Saint-Léger*, etc.

---

[1] Arch. Sallebruneau, L II.
[2] *Id.*
[3] *Id.*
[4] Registre visites générales.

§ 8. — *Bénon*, — *La Grayanès*.

Ce fut vers le milieu du xiiᵉ siècle que les Hospitaliers s'établirent dans cette partie du Bordelais, comprise entre la Gironde et l'Océan, et composée presque généralement de landes infertiles. A l'époque de la croisade, un seigneur bordelais, le chevalier *de la Marque*, plus riche que la plupart de ses compagnons d'armes, fournit de l'argent à l'un d'entre eux, et reçut en échange la terre et seigneurie de *Benon* ; son fils, *Garsias de la Marque*, voulut donner à Dieu ce dont son propriétaire primitif s'était dépouillé pour son service et l'offrit à l'hospitalier *Etienne Ayquelin*. Ceci se passait, lisons-nous dans un fragment de vieux cartulaire, qui nous donne toutes ces indications, sous *Louis, roi de France* (1139-1180), *Henri roi d'Angleterre* (1154-1189) et *Galfred archevêque de Bordeaux* (1136-1158) ; c'est-à-dire entre les années 1154 et 1158 [1]. Peu après les deux frères *Robert* et *Wilhelm* de *Somolin* se dépouillaient en faveur de l'hôpital de Bénon de leur fief d'*Artigues* [2]. Voici plus tard le chevalier *Olivier de Hennerac*, qui offre au Précepteur *Ranulphe* tous ses droits sur le moulin et l'étang de *la Font* et la dame *Contors de Caslelnau*, qui lui cède ses vassaux de *Somoion* et de Coilan [3]. Le huitième jour des kalendes de juin de l'an de grâce 1221, *Arnaud d'Avasac, chevalier de Lesparre*, se rend dans l'église d'*Artigues* et, en présence d'une nombreuse assemblée, s'engage à fournir à l'hôpital une rente annuelle de 15 sols bordelais [4]. La charte de cette donation fut remise à *Hélie de Marignac, précepteur des maisons de l'hôpital en Bordelais*, après que le sire Bernard de Lesparre l'eût approuvée et *n'ayant pas sur lui son sceau, y eut fait apposer celui de son fils aîné Wilhelm Ayquelin* [5].

D'autres donations, dont les charte ne nous ont pas été conservées, étendirent dans presque tout le Médoc les dépendances de l'hôpital de Bénon ; il possédait des dîmes ou des

---

[1] Pièces justificatives nᵒ LXXXIV.
[2] Arch Benon, L I
[3] *Id.*
[4] *Id*
[5] *Id*

fiefs dans un grand nombre de localités voisines : *Verteuil, Saint-Sauveur, Marcillan, Artigues, Saint-Germain d'Esteuil, Pellecahut,* etc.

Vers le milieu du xiv° siècle, dans cette petite commanderie vint se fondre celle de l'hôpital de *La Grayanès*. Cette dernière devait sa fondation aux seigneurs de *Lesparre*, qui continuèrent à en être les bienfaiteurs. Le 2° jour de novembre de l'année 1168, *le noble seigneur Sénebrum, sire de Lesparre, dame Aupays sa femme, et leur fils Ayquelin Wilhelm*, donnèrent à l'Ordre de Saint-Jean leur terre et seigneurie de *La Grayanès* ; ils accordaient aux Hospitaliers et à leurs futurs vassaux les exemptions du *service militaire, du péage, pontonage, fouage, aides tailles et corvées de toutes sortes* , ajoutant enfin à la liste de leurs libéralités le droit d'usage dans les bois et landes du territoire des *Mons*, ils investirent les chevaliers de Saint-Jean de tous les privilèges dont ils jouissaient eux-mêmes dans cette seigneurie [1]. A cette donation qui eût pour témoins les plus illustres chevaliers du pays, le généreux sire de Lesparre en ajouta bientôt une nouvelle : en présence de Guillaume, abbé de l'Isle et de Guillaume abbé de Verteuil, il donna à frère Michel, précepteur de la nouvelle circonscription, son fief de *Formentar* [2]. Un peu plus loin nous trouvons son petit-fils *Cenebrun de Lesparre*, confirmant solennellement les libéralités de sa famille envers la commanderie de La Grayanès, *dans la maison de l'hôpital du Pont-Neuf de Bordeaux*, où se trouvaient rassemblés sous la présidence de *Bernard-Jourdain*, commandeur du Bordelais, une foule considérable de chevaliers et de chapelaines de l'Ordre de Saint-Jean (1238) [3].

Comme nous l'avons vu maintes fois se produire ailleurs, les descendants des fondateurs de cet hôpital devaient s'en montrer les adversaires et tenter de reprendre ce dont leurs ancêtres s'étaient jadis dessaisis. Dans les premières années du xiv° siècle, *le noble Baron Nayquem Guillaume sire de Les-*

---

[1] Pièces justificatives n° LXXXV
[2] Arch. La Grayanès, L. 1.
[3] *Id.*

parre, disputait au commandeur de La Grayanès ses droits de seigneur haut justicier. Effrayé de la puissance de son adversaire et redoutant pour l'avenir de l'hôpital les conséquences de ce voisinage, le commandeur frère P. Guifre préféra transiger et signa, le 11 novembre 1311, un accord, en vertu duquel le sire de Lesparre devait avoir la haute justice dans le territoire *limité par les croix*, tandis que la basse justice resterait indivise entre lui et les Hospitaliers [1]. Une autre transaction dut être signée en 1356 entre frère R. de Lacombe et le nouveau seigneur de Lesparre, *messire Sénebrun*, pour fixer d'une manière définitive les limites de la commanderie [2].

§ 9. — *Cunctis*. — *Parentis*.

Ce membre de la commanderie de Bordeaux était situé dans le pays de *Born*, la plus misérable partie des Landes, tout à fait sur la côte de l'Océan. Il se composait d'un certain nombre de fiefs et des dîmes de quelques pauvres paroisses : ainsi, les Hospitaliers possédaient dans la paroisse de *Lit*, la seigneurie de *Cunctis*, dans celle de *Sainte-Eulalie*, le territoire de *Gessis*, dans celle de Saint-Paul, le domaine de *Leys*, dans celle de *Salle*, le fief de *Billos* ; ils percevaient les dîmes de Parentis et de *Sanginet*, petite localité « dont les terres sont « sujettes aux sables de la mer, » lisons-nous dans les procès-verbaux de visite ; ils avaient enfin la petite chapelle de *Burgaud*, bâtie au milieu des bois, sur la paroisse de *Pontens*. A ce membre avaient été adjoints pendant un certain temps ceux de *Geys* et de *Bouchet*, situés en pays de Bigorre et nous avons eu l'occasion de parler des difficultés que ces possessions créèrent au commandeur de Bordeaux.

Nous avons vu plus haut comment cette petite circonscription, fondue dans celle de Bordeaux, en avait été disjointe au XVe siècle, réunie à celle de *Cazalis* et comment enfin elle fut restituée à son premier état par le Grand-Prieur Pons de Maleville (1485)[3].

[1] Arch La Grayanes, L I
[2] *Id*
[3] Arch Cazalis L. I

1° Liste des Commandeurs du Temple de Bordeaux.

TEMPLIERS :

1167. Pierre de Saint-Jean.
1170. Raymond-Wilhelm de Fronsac.
1294. Hélie Amanieu.
1298. Guillaume de Mayrenetz

HOSPITALIERS :

1321-1353. Pierre d'Arbussac.
1370-1377. Arnaud-Bernard Ebrard.
1380. Dorde Ymbard.
1385-1392. Arnaud de la Col.
1399-1423. Gaillard de Montet.
1426-1439. Folquet de Valat.
1441-1467. Jacques de Brion.
1467-1470. Salvat de Sorhocle.
1473-1480. Antoine de Murat.
1482-1486. Guy de Moutarnal.
1487-1492. Oddet de *las Graulas*.
1496-1516 Jean de Valon.
1521-1522. Raymond de Riol.
1526-1533. Oddet de Massas.

1540-1547. Claude de Gruel Labourel Grand-Prieur de Toulouse.
1558-1574. François de Gozon-Mélac.
1582-1597. Gabriel d'Abzac de la Donze.
1599-1603 Pierre de Roquelaure St-Aubin.
1606-1626. Bernard de Mélignan-Treignan.
1626-1636 Pierre de Merles-Baichamp.
1640-1642. Jean d'Arpajon.
1661-1665. Jacques de Pichon.
1669-1688. Jean de Montet.
1690-1692 Alexandre de Villeneuve-de-Vence-Grolière.
1695-1696. Jacques de Noailhan.
1697-1710 Claude de Moreton-Chabrillant.
1737-1752. François de Piolenc, Grand-Prieur de Saint-Gille.
1759-1765 Pons-François de Rosset-Rocozel.
1780-1789. Le bailli de la Tour.

2° Liste des Commandeurs de l'Hôpital Saint-Jean de Bordeaux.

(Environ) 1100-1140. Adhémar.
1192. Pierre de Saint-Cyrice.
1222-1229. Pierre de Loupe.

1236. Bertrand de Saint-Julien.
1295. Raymond de Savignac.
1303-1307. Wilhelm Faur

3° Liste des Commandeurs du membre de Cadarsac.

1319. Guillaume-Pierre Ossonis
1390-1392. Dorde Ymbard.
1451. Jean Mersey.

1467-1492 François de Gardère.
1498-1512. Pierre de Ribon.

4° Liste des Commandeurs de Lalande.

11... Adhémar.
1192. Pierre de Saint-Cyrice.
1200 Hélie, prêtre.
1202. Gancelin du Borc.
1318 1324. Guillaume de Chavanon.

1377-1380. Guilhem-Arnaud de Grézinhac.
1380-1389. Jean Fornier.

Réunion de Lalande à Bordeaux

5° Commandeur du membre de Lalande.

1499-1506. Pierre de Ribon.

6° Liste des Commandeurs de Marcenais.

1232. Raynaut.
1250-1279. Wilhelm de Pairessac.
1322-1340. Jean de Tortorel.
1340-1341. Soubiran de Rivalz.

1365. Robert de Vilarès.
1379-1380. Bernard Bacquart.
1415-1421. Amanieu de Montbrun.

7° Liste des Commandeurs du membre de Saint-Michel-de-Rivière.

1223. Arnoul.
1232. Hélie de Barzac.

1318-1338. Stulte de *Riaterio*.

8° Commandeur du membre de Queynac.

1232. Wilhelm Blenz.

9° Liste des Commandeurs de Sallebruneau.

1303-1315 Pierre-Raymond de Savignac.
1325-1326. Wilhelm-Pierre d'Orsière
1349-1356. Bertrand de Gallargues.
1359-1360. Bernard d'Orsas.
1370-1392. Arnaud de Ranulphe.

1397-1416 Gaillard de Montet.
1451 Hélie du Luc.
1470-1477 Jean Taren.
1477-1480 Antoine de Murat.
1480-1494 Bernard de Gros.

10° Liste des Commandeurs du membre de Buchs.

1280. Arnaud de Saverdun, prêtre
1315. Raymond de Migunh.

1329. Pierre de la Font, prêtre.
1385. Jean de Quamhiac.

11° Liste des Commandeurs de Bénon.

Vers 1160. Wilhelm de Lume.
Vers 1180. Wilhelm d'Artigues
1215. Ranulphe.
1219 Héhe de la Rivière.

1221. Bernard des Mons.
1332-1335. Guillaume Argentiers.
1376-1379 Arnaud Carbat.

12° Liste des Commandeurs de La Grayanès.

1190 Michel.
1295. Raymond de Sert.

1311. Pierre Guifre.
1356. Raymond de Lacombe.

13° Commandeur du membre de Benon.

1511. Jacques de Lauzière.

14° Commandeur de Cunctis et Pareatis.

1328 Guillaume Ferrand

CHAPITRE XXIX

Commanderie d'Arceins.

MEMBRES : MONTAROUCH, VILLEMARTIN, SAINT-AVIT-DE-SOLEGE, PECORADE, TEMPLE DE SAUTUGES, PLANQUETORTE, FORTEYRON.

§ 1. — *Arceins.*

De l'hôpital Saint-Jean de Bordeaux dépendait jadis une seigneurie importante, située dans cette partie du Médoc, enserrée entre l'Océan et le large lit de la Gironde, qu'on désigne sous le nom de *pays d'entre d'eux mers.* C'était Arceins. Les origines de cet établissement nous sont inconnues et les archives ne commencent à en parler que lorsque l'étendue de la commanderie de Bordeaux, après la suppression de l'Ordre du Temple, força à la fractionner, en créant celle d'Arceins.

Le premier chevalier pourvu de cette commanderie, Arnaud de Sicard, eut tout d'abord à soutenir une lutte assez sérieuse pour le maintien de ses droits. Il s'agissait de la juridiction de la ville d'Arceins, dont les Hospitaliers avaient joui dès le principe, et que voulait leur disputer un de leurs plus puissants voisins, le chevalier *Ponset*, seigneur de *Castillon.* Pour mettre fin à de longs débat, les deux parties conclurent, le 25 mars de l'année 1335, à Bordeaux, une transaction, par laquelle le commandeur consentait à exercer, par indivis avec son compétiteur, la haute justice à Arceins, au moyen d'un juge et d'un bailli communs, et à partager les amendes et les confiscations ; mais il se réservait expressément la moyenne et la basse justice, les honneurs, les prérogatives, le monopole de la vente du vin pendant un mois de l'année, et le droit de fixer les poids et les mesures dans cette juridiction : le seigneur de Castillon promettait en outre de n'exiger des habitants d'Arceins, ni service militaire, ni serment de fidélité et de ne *faire bâtir ni château, ni forteresse, ni prisons* sur ce territoire. Cette transaction, soumise par le commandeur au chapitre provincial, fut approuvée et confirmée par le Grand-Prieur Aycard de Miramont, qui apposa son sceau au bas de cette charte [1].

Pendant que les chevaliers étaient occupés à fixer aussi leurs droits respectifs, les habitants d'Arceins crurent l'occasion favorable pour faire consacrer les privilèges dont ils jouissaient à cette époque, soit par coutume, soit par suite de concessions; ils en dressèrent une déclaration qu'ils présentèrent à leurs seigneurs. Nous y voyons, entre autres choses, qu'ils ne devaient que deux journées de corvées pour les travaux de la vigne et les réparations du château; que toutes les affaires, portées devant le tribunal, devaient être soumises à un jury choisi parmi les habitants. Les seigneurs, accédant aux désirs de leurs vassaux, ratifièrent la précédente déclaration et confirmèrent tous ces privilèges [2].

La création de la commanderie d'Arceins souleva, peu de temps après, un assez violent orage au sein même de l'Ordre. L'un des chevaliers pourvus de la nouvelle circonscription étant mort et le Grand-Prieur de Toulouse n'ayant pas nommé immédiatement son remplaçant, l'occasion dût sembler favorable au commandeur de Bordeaux, Arnaud-Bernard Ebrard, pour s'insurger contre une mesure qui avait diminué l'importance de ses domaines; profitant de cette vacance, il ressaisit la seigneurie d'Arceins. Cette usurpation ne fut pas réprimée immédiatement, et le chevalier Arnaud-Bernard commençait déjà à se flatter d'un succès définitif lorsqu'arriva un des chevaliers les plus considérés du Grand-Prieuré, *Jean*

[1] Arch Arceins, L. II
[2] *Id.*

des Affaires, qui, sa bulle de nomination à la main, prit possession du château et de toute la commanderie d'Arceins, malgré les efforts de son compétiteur. Ce dernier, se confiant aux protections nombreuses et puissantes qui lui étaient acquises au sein de la cour pontificale, vint porter l'affaire aux pieds du pape Grégoire XI, exposant qu'il avait été dépouillé violemment par son adversaire de cette commanderie, don il jouissait depuis plusieurs années et qui avait de tout temps dépendu de Bordeaux. Le Pontife, cédant aux sollicitations du cardinal *Guillaume* et de plusieurs autres prélats, chargea *maître Robert de Staccon, chanoine de Lincoln, chapelain et auditeur des causes du Palais apostolique* de faire une enquête à ce sujet; il ordonna, en attendant, à l'abbé de Sainte-Croix, de Bordeaux, et au doyen de Saint-Sernin, de Toulouse, gardien des privilèges de l'Ordre dans le Grand-Prieuré de Toulouse, de remettre provisoirement le plaignant en possession de la commanderie d'Arceins. Cette bulle est datée d'Avignon, le 15e des kalendes de septembre, 7e année du Pontificat (19 août 1377) [1]. En présence de cet ordre, le chevalier Vital de Batz, procureur de Jean des Affaires, fut obligé, malgré ses protestations, de rendre le château d'Arceins au délégué d'Arnaud-Bernard [2]. Mais ce ne fut pas pour longtemps; les prétentions du commandeur de Bordeaux ne purent résister à l'évidence du droit de son compétiteur, que nous retrouvons dans la suite gouvernant paisiblement la circonscription d'Arceins.

Les archives de cette commanderie, peu riches en documents intéressants, ne nous permettent de mentionner que les attaques dirigées contre les droits de l'Ordre à la fin du XVIe siècle, par un homme puissant du voisinage; *messire de Barraud, capitaine de 50 hommes d'armes et sénéchal du Bazadois*, voulut arracher de vive force au commandeur les dîmes de *Lugaignac* et de *Saint-Aubin*. Trop faible pour lutter, le chevalier René de Chabaud-Tourette, porta ses plaintes au Parlement de Bordeaux, qui, par un arrêt rendu le 8 juillet

[1] Arch. Arceins, L. I.
[2] *Id.*

1596, défendit au turbulent sénéchal de molester à l'avenir le commandeur dans la perception de ses dîmes, sous peine de 1,000 livres d'amende [1].

Le château d'Arceins dût subir quelque désastre pendant le cours du moyen-âge ; depuis fort longtemps il ne servait plus de résidence aux commandeurs, qui habitaient de préférence leur citadelle de Montarouch. Les procès-verbaux de visites ne nous signalent dans la ville qu'une habitation assez modeste, où était établi le vicaire perpétuel.

D'Arceins dépendaient plusieurs membres importants situés assez loin du chef-lieu de la commanderie, soit sur l'autre rive de la Gironde, soit dans les déserts des Landes, provenant pour la plupart des anciennes circonscriptions du Temple de Bordeaux et de l'hôpital Saint-Jean de la même ville.

§ 2. — *Montarouch.*

Dans cette fertile portion du Bazadois, comprise entre la Gironde et la Dordogne, se trouvait jadis une petite place forte dominée par un sévère donjon, au sommet duquel flottait l'étendard des chevaliers de Saint-Jean ; elle dépendait de la commanderie d'Arceins, malgré la distance qui séparait ces deux localités. Les Hospitaliers avaient construit cette forteresse, et elle était devenue leur résidence de prédilection dans le Bordelais. Mais tout ce que nous savons de la première période de l'histoire de Montarouch, se borne à ces indications sommaires, la plus grande partie des anciennes archives ayant péri dans un désastre, qu'eût à subir cette petite place au début de son histoire.

Au commencement du xiv° siècle, cet établissement fut en butte à une violente agression. *Noble Pierre de Greylin, vicomte* de Bénauges, descendant, peut-être, d'anciens bienfaiteurs de l'Ordre, voulut se rendre maître de cette place, sur la seigneurie de laquelle il élevait les prétentions les plus

[1] Arch Arceins, L. III.

ardentes et les moins justifiées. A la tête de la troupe nombreuse de ses hommes d'armes, il surprit la faible garnison de Montarouch, envahit la ville, le donjon, qu'il livra au pillage ainsi que l'église. A la nouvelle de cet attentat, Pierre d'Arbussac, Commandeur de Saint-Jean de Bordeaux, s'empressa de déposer une plainte contre son puissant adversaire. Mais, retenu, par des relations amicales avec l'accusé, ou par la crainte des représailles de ce fougueux baron, l'official de Bordeaux refusa de recevoir la plainte du commandeur et de poursuivre le coupable. Voyant qu'il ne pouvait obtenir justice, Pierre d'Arbussac s'adressa au pape Clément V. Ce dernier, par une bulle, datée d'Avignon, le 3e *jour des Nones de juin de la 2e année du pontificat* (2 juin 1306), chargea les abbés de Sainte-Croix, de Bordeaux, et de Saint-Sauveur, de Blaye, d'aller excommunier, en son nom, le terrible vicomte de Benauges [1]. L'absence complète de documents relatifs à la période antérieure vient confirmer les détails fournis par cette bulle; car ce doit être dans l'incendie et le pillage du château des Hospitaliers que furent détruites les anciennes chartes de Montarouch.

Cette tentative ne fut pas la seule que les membres de cette famille firent contre la seigneurie des Hospitaliers à Montarouch. Seulement, instruits par l'expérience, les descendants du vicomte Pierre de Bénauges se gardèrent de recourir aux moyens violents employés par leur ancêtre. Leurs efforts furent vains et les commandeurs continuèrent à exercer leurs droits de seigneurs hauts justiciers de Montarouch, tout en reconnaissant une sorte de suzeraineté à leurs voisins; ainsi les habitants, condamnés par le tribunal des Hospitaliers à une peine corporelle, devaient être remis aux officiers des comtes de Bénauges, qui procédaient à l'exécution en dehors des croix de la commanderie [2].

Peu de temps après ces évènements, lors de la nouvelle organisation de leurs vastes possessions du Bordelais, les

---

[1] Arch. Moutarouch, L X.
[2] Arch. Moutarouch, L II.

chevaliers de Saint-Jean établirent à Montarouch le chef-lieu d'une commanderie, ayant comme dépendances *Saint-Genys-du-Bois*, le *Temple de Blézignac, Cantois* et à laquelle fut réunie dans la suite celle de *Villemartin*. Vers la fin du xive siècle, les commandeurs de Montarouch, en lutte avec l'autorité diocésaine, recoururent contre elle au Saint-Siège. Il s'agissait de l'église de Blézignac, que, contrairement aux prérogatives de l'Ordre, l'archevêque de Bordeaux avait visité dans le cours d'une de ses tournées pastorales. Le Précepteur, ayant protesté contre cette infraction et refusé au prélat le droit de visite qu'il réclamait, une sentence d'excommunication fut fulminée contre lui. Mais le chevalier ne s'en émut guère et le Grand-Maître, saisi de l'affaire, porta sa plainte au pape Urbain V, qui, confirmant les immunités accordées à l'Ordre de Saint-Jean par ses prédécesseurs, leva l'excommunication lancée par l'Archevêque et donna l'absolution au Précepteur (1390) [1].

Nous ne nous arrêterons pas sur les procès continuels que les commandeurs de Montarouch eurent à soutenir contre leurs voisins, les abbés *de la Sauve*. La fin du xve siècle vit la suppression de la commanderie de Montarouch, qui fut adjointe avec toutes ses dépendances à celle d'Arceins.

Quels étaient les ennemis qui inspiraient de l'ombrage et de la crainte à Pierre de Montluc, commandeur d'Arceins? Nous l'ignorons: nous savons seulement que, « par doubte « de plusieurs personnes, ses hayneulx et malveillans, » il demanda et obtint pour Montarouch la sauvegarde royale. Par lettres de la chancellerie de Bordeaux du 13 juillet 1538, François Ier prenait le commandeur et la commanderie sous sa protection spéciale et ordonnait à *tous ses justiciers* de les défendre de *toutes injures, griefs, menaces, oppressions, molestations, de force d'armes, de puissance de lays et de toute autre inquiétation ou nouvelletés induees* [2]. Il est probable que, grâce à ces précautions, l'orage redouté fut conjuré, si on en peut juger par le silence des archives à ce sujet.

[1] Arch. Montarouch, L. X.
[2] Arch. Montarouch, L.

La forteresse de Montarouch était du reste une position importante sous le rapport stratégique, grâce à ses solides murailles et à son assiette, commandant la plaine fertile qui s'étendait à ses pieds. Le maréchal de Biron, chargé par le Roi de défendre la Guyenne contre les Huguenots, comprit l'importance de ce poste et le prix qu'il devait attacher à sa conservation. Les chevaliers de Saint-Jean, retenus loin de leurs commanderies, ne pouvaient être d'aucune utilité dans ce moment là et le château de Montarouch, ainsi abandonné sans défense, ne devait pas tarder à être enlevé par les protestants, qui s'y seraient créé un poste avancé très inquiétant pour toute la contrée voisine. Par ses lettres datées de Bordeaux, du 16 mai 1580, le maréchal nomma au commandement du château de Montarouch *Guillaume Mandollet, marchand de la ville,* en qui il avait reconnu une fidélité à toute épreuve et une aptitude militaire suffisante, en lui allouant la somme de 13 escus 1/3 par mois, à prendre sur les revenus de la commanderie, pour la solde de 4 hommes d'armes. Le nouveau capitaine de la place de Montarouch se montra à hauteur de la mission qu'on lui avait confiée et la remplit avec zèle et dévouement. Averti de l'approche et des projets des Huguenots, il entretint à ses dépens une nombreuse garnison et protégea Montarouch contre toute surprise, jusqu'au 1ᵉʳ janvier 1581, jour où la signature de l'*Edit de Pacification* vint suspendre les hostilités. Ces détails nous sont transmis par une déclaration publique de ses états de service, que se fit donner le belliqueux marchand avant de reprendre sa vie pacifique dans sa calme boutique de Bordeaux [1].

Si, grâce à ces précautions, la ville de Montarouch put être préservée pendant toute la durée des guerres de religion, elle a pourtant un désastre militaire à enregistrer dans la dernière période de son histoire. C'était en 1650, pendant les troubles de la Fronde, alors que le prince de Condé avait levé l'étendard de la révolte et fait de son gouvernement de la Guyenne le centre de l'insurrection. A la tête d'une armée

---

[1] Arch Montarouch, L. III

nombreuse, un de ses lieutenants vint occuper tout le pays compris entre la Garonne et la Dordogne ; après avoir passé le mois de juillet à *Brane*, il avait au mois d'août transporté son quartier général à Créon, localité voisine de Montarouch. Comme il arrivait toujours en pareille occasion, la désolation de toute la contrée était la conséquence de cette réunion de troupes ; les gens de guerre, les *picoreurs*, faisaient des courses dans les environs, pillant et ravageant tout. Pour sauver ce qui leur restait, les paysans de la campagne environnante vinrent supplier le chevalier *de Mervila*, commandeur de Montarouch, de leur permettre de se réfugier dans son château avec leurs bestiaux et leurs meubles. La permission leur ayant été accordée, la solitude se fit dans toute la campagne et les *coureurs de picorée*, se trouvèrent ainsi frustrés du riche butin qu'ils convoitaient. Trompés dans leurs espérances, ils se réunirent en grand nombre contre la place de Montarouch. Les forces des assaillants étaient trop considérables pour que la petite garnison put défendre pendant longtemps les murailles de la ville et elle dût se replier dans l'intérieur du château. Les *picoreurs* attaquèrent la citadelle de plusieurs côtés à la fois ; pendant qu'une partie mettait le feu à la porte principale, d'autres pénétrant par l'église découvrirent une poterne dérobée qui conduisait au château et par où ils firent irruption, prenant ainsi les défenseurs entre deux feux. Ce fut le signal d'un pillage général. Après avoir ramassé tout le butin qu'ils purent trouver, dépouillé même de leurs vêtements les habitants et les soldats et laissé en chemise le chevalier de Mervila, qui avait été blessé d'un *arquebusade* à la main pendant l'action, les ennemis se retirèrent, semant après eux la ruine et la désolation [1].

Toutefois il ne paraît pas qu'ils aient détruit les défenses de la place, puisque nous lisons dans les procès-verbaux des visites de la commanderie, au xviii° siècle, que « le chasteau de « Montarouch estoit basti de bonnes murailles en pierre de « taille avec basse-court environnée de murailles à crénaux

---

[1] Arch. Moutarouch, L III

« fermant par un grand portail vis-à-vis le pont [1]. » Le commandeur de Montarouch possédait aussi dans le principe une autre demeure féodale à Saint-Genis-du-Bois en Bénanges ; mais ce n'était qu'une ruine sans importance au xviiie siècle. Voici la description que nous en donne le procès-verbal de la visite de 1707.

« Le commandeur possède à Saint-Genis une maison peu
« considérable sur un terrain eslevé, appelé *la Motte*, qui
« estoit environné de fossés ; il n'y a point de danger d'usur-
« pation ; à cause que ce lieu est fort eslevé, cette maison
« n'est pas habitée, ni guères habitable [2]. »

§ 3. — *Villemartin.*

C'était un des plus anciens établissements de l'Ordre de Saint-Jean dans cette contrée. L'histoire de ses origines nous est fournie par un vieux et remarquable cartulaire, conservé dans ses archives. L'écriture de ce manuscrit semble lui assigner pour date le milieu du xiiie siècle. Malheureusement, si nous y trouvons des indications précieuses, celles des dates y font absolument défaut ; quoiqu'il soit impossible de combler cette lacune d'une manière précise, nous allons tâcher d'y suppléer par induction en nous aidant des renseignements fournis.

Dans la première partie du xiie siècle, la paroisse de Villemartin dépendait du prieuré de *Bellefont* situé dans le voisinage. Ainsi que nous avons eu l'occasion de le faire observer ailleurs, on vit fréquemment à cette époque les moines ou les prêtres, désirant témoigner leurs sympathies envers ces chevaliers consacrés à la délivrance du Saint-Sépulcre, se dépouiller en leur faveur d'une partie de leurs biens ou de leurs bénéfices et participer ainsi, autant qu'il était en eux, aux charges de la guerre Sainte. *Raymond Martin*,

---

[1] Registre des visites générales.
[2] Arch. Arceins, L. VI.

Prieur de Bellefont et le chapitre de ce monastère suivirent cet exemple et donnèrent à *Wilhelm de Beliac*, religieux de l'Ordre de l'Hôpital, leur chapellenie de *Villemartin*, avec tout ce qu'ils possédaient dans la paroisse de *Molieds*[1].

Bientôt après les Hospitaliers purent ajouter un domaine temporel au pouvoir spirituel qui venait de leur être donné sur cette paroisse. Le seigneur Pierre Arnulphe, se trouvant à Jérusalem, probablement pendant une des croisades, n'ayant peut-être plus de ressources pour continuer cette expédition et entretenir ses hommes d'armes, donna ou plutôt vendit pour la somme de 125 sols aux chevaliers de Saint-Jean son fief de Villemartin. L'un des témoins de la donation précédente, *Vigarous de Villemartin*, fils sans doute du seigneur Pierre Arnulphe, vint à son tour donner à l'Ordre de Saint-Jean, avec toute sa terre, sa personne et celle de sa femme, qui consentait à devenir *sœur de l'hôpital*: nous le retrouvons dans la suite à la tête de la commanderie, dont ses libéralités avaient assuré la prospérité. Les Hospitaliers s'occupèrent de leur côté a arrondir leur domaine de Villemartin, en cédant aux moines de Bellefont certains fiefs éloignés, en échange de ceux qu'ils possédaient encore dans ce territoire.

Les possessions de l'Hôpital ne tardèrent pas à s'étendre dans tout le voisinage. Voici d'abord la *noble dame, Na Pélegrine*, qui donne entre les mains du précepteur *Marestanz* les terres et les bois qu'elle possédait à *Poujols*, se réservant le droit d'être reçu dans l'Ordre, quand elle s'y présenterait, et de fixer alors sa résidence à *Paulhac* ou à *Sallebruneau*; elle promettait encore de léguer, à sa mort, la dîme et le moulin de *Frontenac*. Après elle, une autre bienfaitrice de l'Ordre, *dame Marie Flama*, donnait tout ce qu'elle possédait dans la paroisse de *Mouliez* et recevant des mains du précepteur la somme de 410 sols. Pendant que, d'un côté, Aymeric de Castillon cédait aux Hospitaliers toute sa seigneurie d'*Auriole*, un autre baron de la contrée, *Sénébrun*

---

[1] Pièces justificatives n° LXXXVI

de Laviniag, leur donnait le quart de la dîme de *Julliac*. Citons encore la charte, par laquelle *Peirud et sa femme Pétronille* se déclarent *vassaux de l'Hôpital*, à qui ils font donation d'une partie de leurs terres, à la condition que leur fils sera gratuitement reçu dans l'Ordre, *quand il aura atteint l'âge de discretion* ; et celle où *Arnaud de Verneuil* se donne à l'Ordre, avec ses terres et ses biens, « en se réservant « toutefois de jouir de ces derniers tant qu'il le voudra et « d'être reçu dès qu'il en manifestera le désir, pourvu qu'il « soit catholique. »

En parcourant la suite de ce cartulaire, nous voyons des orages interrompre cette prospérité et la maison de Villemartin être en butte aux attaques violentes de quelques seigneurs du voisinage. Ces attaques, nous les connaissons par les réparations que venaient faire peu de temps après leurs auteurs ; poussés par les remords, ils finissaient par avouer leurs crimes et par implorer le pardon de leurs victimes. Transportons-nous tout d'abord dans l'église de l'abbaye de Saint-Frémier, vers les premières années du XIIIe siècle, nous y trouvons le *noble et puissant baron Helie de Rudel, seigneur de Bergerac et de Gensac*, en présence de l'abbé et des religieux de ce couvent, venant reconnaître « *qu'il s'est rendu coupable envers l'Ordre de Saint-Jean de* « *beaucoup d'injustices et de violences, qu'il lui a fait tort* « *pour au moins 10 mille sols* » ; en réparation, il donne au « chevalier *Wilhelm-Amanieu de Bouglon, précepteur des maisons de l'Hôpital dans le Bordelais*, la dîme entière de la paroisse de Poujols ; il promet de plus, pour lui et ses descendants, de protéger cet établissement contre tous ses ennemis ; ce serment, il le prononce *la main etendue sur les reliques de Saint-Fremier*. Un peu plus loin, le cartulaire nous montre *dans l'église de l'hôpital Saint-Machaire, hors des murs. Pierre de Gavared, vicomte de Bédaunès, reparer les torts et les depredations dont il s'était rendu coupable envers les Hospitaliers de Villemartin*, en leur donnant la jouissance d'une rente de 50 sols, que lui faisaient annuellement les habitants *d'Auleds*, jusqu'à concurrence de 750 sols ; il jure de plus, *sur les saints Evangiles, sur l'autel de l'apôtre saint Jacques et sur l'étendard de la Croix*, de les défendre et de les protéger à l'avenir. Cette réparation solennelle avait pour témoins W. de Gombaud, abbé de Sainte-Croix de Bordeaux, Raymond de Ségur, abbé de Blasimont, Raymond de Bédad, abbé de Saint-Fremier, Sans, Prieur de la Réolle, W. Amanieu de Bouglon, précepteur du Bordelais, et Arnaud de Loissag, précepteur de Villemartin. La présence de ces différents personnages nous permet de conclure, d'après le *Gallia Christiana*, que la cérémonie dont il s'agit eut lieu vers l'an 1220 [1]. Enfin, nous lisons à la page suivante que Pierre, vicomte de Castillon, vint, comme les précédents, avouer ses torts envers la maison de Villemartin et implorer son pardon du Précepteur, auquel il remit à titre de réparation, la somme de 100 sols.

Mentionnons également la donation de l'église de *Saint-Sernin de Mauriac* qui fut faite à l'hôpital de Villemartin, par *G. évêque de Basas*, assisté de son chapitre. Comme le cartulaire ne nous fournit que l'initiale du nom du donateur, nous ne pouvons parvenir à le désigner d'une manière plus précise, quatre prélats, dont les noms commencent par cette lettre, ayant occupé le siège de Bazas pendant le XIIe siècle [2].

Les Hospitaliers ne possédaient à Villemartin que de simples bâtiments d'exploitation. Ils songèrent à se procurer un lieu de refuge en temps de guerre. Pour éviter les dépenses de la construction d'une demeure féodale, ils acquirent un emplacement dans l'intérieur de la forte place de Castillon, dont ils n'étaient séparés que par la Dordogne, et l'inféodèrent à un habitant qui s'engagea à y construire une demeure dont ils lui fourniraient les matériaux et où ils se réservaient la faculté de se retirer, si, par suite des hostilités, la campagne ouverte devenait inhabitable (1222) [3].

---

[1] Ce qui précède nous permet de compléter les indications fort sommaires que nous fournit le *Gallia Christiana* sur les deux abbés de Blasimont et de Saint-Frémier.
[2] Pièces justificatives.
[3] Arch. Villemartin, cartulaire, L. I.

Malgré toutes les donations que nous venons de rapporter, les Hospitaliers ne possédaient pas en entier la seigneurie de Villemartin. Les seigneurs de Pujols en avaient conservé une partie, ce qui amenait de temps à autres des conflits. Au commencement du xive siècle, une lutte existait à ce sujet entre *noble Guillaume-Raymond de Gensac, damoiseau, seigneur de Pujols et Bertrand de Savignac*, chevalier, précepteur du Bordelais. Pour mettre un terme à tous ces débats, les deux parties résolurent de profiter du passage à Toulouse du Grand-Prieur de Saint-Gille, Draconet de Montdragon, pour demander son arbitrage et en arriver à une transaction définitive. En effet, le 29 septembre de l'année 1305, ce dernier leur soumit un projet d'accord, d'après lequel la juridiction devait être indivise et exercée par des baillis et des sergents communs, les amendes et les confiscations partagées également entre eux ; si un habitant était condamné à une peine corporelle, il devait être livré aux officiers du seigneur de Pujols, qui devaient exécuter la sentence en dehors des limites de la Commanderie. Ces conditions, ayant satisfait les deux parties, furent consignées dans une charte solennelle où le baron et le précepteur apposèrent leurs sceaux à côté de celui du Grand-Prieur [1].

Cette transaction régla en effet pendant longtemps les droits respectifs des deux conseigneurs de Villemartin. Dans la suite, soit par négligence, soit par générosité envers l'Ordre de Saint-Jean, la famille des seigneurs de Pujols laissa tomber les siens en déssuétude, comme nous l'apprennent les procès-verbaux des visites de la Commanderie. De sorte que les chevaliers se trouvèrent à la fin seuls seigneurs temporels et spirituels de cette localité et de son territoire.

Ici, comme partout ailleurs, les questions de limites de territoires formèrent une inépuisable source de procès et de débats. Malgré un premier arbitrage qui fut prononcé en 1404 entre l'abbé de la Sauve, le doyen du chapitre de Saint-Emi-

---

[1] Arch. Villemartin, L. III

lion, le *chantre* de celui de Basas, le prieur de *Pont-d'Aurat*, le recteur de Moliedz et le précepteur de Villemartin, à ce sujet [1], ces mêmes difficultés durent se reproduire peu de tems après ; car nous voyons *Barthélemy de la Fage, prévôt de Pujols pour le roi d'Angleterre*, venir, le 21 février 1431, à la requête du commandeur Pierre de la Coste, planter les croix et bornes de la terre et seigneurie de Villemartin [2].

Comme nous l'avons vu par ce qui précède, les Hospitaliers avaient établi, dès le xiie siècle, une commanderie à Villemartin. Cette circonscription subsista jusqu'au milieu du xve siècle, époque où elle fut fondue dans celle de Montarouch, pour passer peu de temps après, avec cette dernière, dans la commanderie d'Arceins.

§ 4. — *Saint-Avit de Solège.*

Sur les limites occidentales du diocèse d'Agen, dans la sénéchaussée de Libourne, à une lieue de Sainte-Foy-la-Grande, se trouvait une dépendance de la petite commanderie de Villemartin. Si nous la mentionnons à part, c'est parce que ses archives nous font connaître une lutte très vive, que sa possession souleva dans le sein de l'Ordre et dont il n'est pas sans intérêt de dire un mot ici. Plusieurs fois, dans le cours du moyen-âge, les Souverains Pontifes, protecteurs naturels de l'Ordre de Saint-Jean, avaient tenté de disposer de ses bénéfices et de les conférer à des religieux de leur choix. Par respect pour le Saint-Siège, par reconnaissance pour les bienfaits qu'ils en avaient reçus et pour ne pas s'aliéner leur faveur dans l'avenir, quelques Grands-Maîtres avaient subi en silence ces tentatives contraires à leurs propres droits et aux statuts de l'Ordre; mais souvent aussi le conseil suprême avait fait entendre de respectueuses et fermes protestations et pris ses mesures pour mettre un terme à ces abus. Plus d'une fois l'on put voir des bénéfices disputés par les concur-

[1] Arch. Villemartin. L. IV
[2] *Id.*

rents qui tenaient chacun leur nomination de l'une de ces deux autorités. C'est ce qui se produisit en 1519 pour Saint-Avit de Solège. Le chevalier Gaillard de Chasteauneuf avait obtenu de l'autorité pontificale sa nomination à la commanderie de Saint-Avit ; le commandeur d'Arceins, voulant mettre un terme à ce qu'il regardait comme une usurpation, fit approuver par le chapitre provincial le choix qu'il avait fait pour ce poste de frère Jean Arnaud, prêtre de l'Ordre. Ce dernier, après avoir pris possession de son bénéfice, n'en jouit pas longtemps tranquillement ; car le chevalier de Chasteauneuf n'entendait pas céder ce qu'il considérait comme son droit et recourut même à la violence pour dépouiller son compétiteur. L'affaire fut portée devant le sénéchal de Guyenne, qui, en consacrant les droits de frère Jean Arnaud, donna gain de cause à l'Ordre de Saint-Jean contre la cour de Rome dans cette question de la collation des bénéfices [1].

§ 5. — *Pecorade*

Franchissons maintenant le pays désolé des Landes et transportons-nous dans la partie méridionale du diocèse d'Aire. On trouve, à une petite distance de cette dernière ville, la paroisse de *Pécorade* qui, avec son annexe de *Castelnau-en-Chiusan*, formait jadis une dépendance de la commanderie d'Arceins. Les documents ne disant rien des origines de cet établissement des Hospitaliers, nous devons nous contenter d'une courte note écrite en tête de l'inventaire de ses archives. Nous y lisons que l'Ordre de Saint-Jean jouissait des *dîmes et des prémisses du territoire de Pécorade depuis plusieurs siècles ; que les terres, situées autour de cette église, étaient le patrimoine de l'Hôpital, et qu'elles furent données par les religieux en amphithéose aux habitants des campagnes avoisinantes, qui vinrent s'y fixer.* Telle fut l'origine de la paroisse de Pécorade.

[1] Arch Saint-Avit, L. I

Ce premier essai ayant réussi et Pécorade ayant été érigée en commanderie, un des chevaliers pourvus de cette circonscription, *Arnaud de Clarac*, résolut, vers le commencement du xɪvᵉ siècle, de continuer à marcher dans cette voie. De son domaine dépendait une seconde église, située dans un territoire encore désert et inculte. Ces terres, il les distribua aux habitants du voisinage, qui consentirent à y transporter leur résidence ; et, en peu de temps, l'église de Castelnau devint le centre d'une assez importante agglomération de feudataires de l'Ordre. Mais, soit que le chevalier de Clarac eût négligé de stipuler avec assez de soin les redevances qu'il exigeait, soit qu'il n'eût pas fait approuver par ses supérieurs cet acte d'inféodation, valable seulement à cette condition, un nouveau commandeur, *Vital de Saint-Salvi* refusa de reconnaître ce qu'avait fait son prédécesseur comme étant illégal et contraire aux statuts de l'Ordre. Grâce à la *médiation d'amis communs*, qui s'interposèrent entre les religieux et les habitants de Castelnau, ces derniers obtinrent de continuer à jouir des terres en question, en s'engageant à payer annuellement au commandeur de Pécorade la redevance de *quatre deniers morlans pour chaque roture de terre* plus la dîme des foins fauchés (1321) ¹.

Par suite d'un accord conclu entre le même chevalier Arnaud de Clarac, précepteur de Pecorade, et les habitants ou quelque seigneur du voisinage, la bastide de Geaune s'éleva vers les premières années du xɪvᵉ siècle, sur les terres de l'Hôpital. Il ne paraît pas du reste que les Hospitaliers aient conservé quelques droits sur cette ville, le fondateur ou les habitants ayant dû se libérer à prix d'argent, vis-à-vis d'eux, de toute redevance. Mais ils avaient conservé la propriété d'une portion du territoire entourant la ville. En 1321, nous voyons les consuls de Geaune se rendre auprès du commandeur, et lui demander de vouloir bien céder à leur *communauté*, pour être distribués aux habitants ces 80 *journaux de terre*. Vital de Saint-Salvi accéda volontiers à cette requête

¹ Arh. Pécorade.

et, par un acte passé dans la bastide de Geaune, au mois de février, 1321, il inféoda aux consuls et aux habitants cette portion du territoire sous la censive annuelle de 4 sols par *journal* [1]. Du reste cette ville, quoique indépendante de l'autorité des commandeurs se trouvait souvent dans la nécessité de recourir à eux, à cause de leur voisinage. C'est ainsi que, le 28 août 1380, nous voyons les *jurats* de la bastide de Geaune venir trouver les commissaires députés par le chapitre provincial de Toulouse et leur exposer que le moulin de la ville avait été détruit pendant les dernières guerres et que, ne pouvant le reconstruire ailleurs que sur les terres de l'hôpital, la population les avait envoyés pour solliciter l'autorisation nécessaire des chevaliers de Saint-Jean. Ces derniers consentirent à l'accorder, mettant pour condition que le commandeur aurait la faculté d'y faire moudre gratuitement son blé et n'aurait pas à payer dans l'avenir de tailles pour les biens qu'il possédait dans le lieu de Geaune [2].

La seigneurie temporelle de Pécorade et de Castelnau appartenait, non aux Hospitaliers, mais aux sires de Bahus, dont le donjon s'élevait dans le voisinage. Ce partage d'autorité ne devait pas manquer de susciter des difficultés aux commandeurs. Vers le milieu du xv° siècle, nous voyons *Raymond du Puy*, précepteur de Pécorade, se présenter à la cour de *Gaston, par la grâce de Dieu, comte de Foix, seigneur de Béarn, comte de Bigorre, vicomte de Marsan et de Gavardan*, pour implorer sa protection contre *François*, seigneur de Bahus ; ce dernier venait de s'emparer par force et par violence des dîmes que l'hôpital possédait à *Bahus* et aux *Arrotz* ; prétendant qu'elles appartenaient à *son hostau de Bahus* comme tout le reste de la seigneurie. Après avoir fait faire une enquête sur les droits des deux parties et sur leurs allégations réciproques, le comte Gaston rendit justice au commandeur ; par sa sentence prononcée à Pau le 25 janvier 1452, il prescrivit à ses baillis de remettre ce dernier en possession de ce qui lui appartenait et enjoignit à son turbulent vassal

[1] Arch. Pécorade, L. II.
[2] *Id.*

de restituer immédiatement les dîmes enlevées, à peine de 20 marcs d'amende [1]. Quelques années après, Jean de Vernède seigneur de Bahus, porta cette affaire en appel à la cour du Grand Sénéchal de Guyenne, qui, par sa sentence du 17 juin 1464, confirma la précédente. Malgré tous ces arrêts, il fallut qu'en 1690 une transaction vint mettre un terme à ces mêmes difficultés entre le commandeur Joseph Thomas de Merles-Beauchamp et Henri de Talazac, baron de Bahus [2].

La petite commanderie de Picorade cessa d'exister vers la fin du XVe siècle et fut fondue dans celle d'Arceins. Exposé sans défense aux attaques des ennemis du dehors, son territoire fut ravagé, pendant les guerres de religion, par les Huguenots qui détruisirent de fond en comble la petite église de *Saint-Jean de Morgans*, annexe de cette paroisse.

§ 6. — *Sautuges, Planquetorte.*

Les Templiers possédaient, dans les solitudes de la *Grande-Lande* et à proximité de la mer, trois petits établissements de peu d'importance, qui, d'abord membres de la commanderie de Bordeaux, furent réunis après la suppression de leur Ordre à la nouvelle commanderie d'Arceins.

A *Sautuges*, les chevaliers n'avaient que la seigneurie spirituelle de la paroisse, la perception des dîmes, etc., la juridiction de cette localité appartenant au seigneur des *Arretz*.

Le Temple de *Planquetorte* et son annexe, *Forteyron*, situés dans une position analogue, constituaient une dépendance fort peu prospère de la commanderie d'Arceins. Leur ancienne église paroissiale devint, dans la suite des temps, une simple chapelle, où le curé de Vensac était tenu, moyennant une redevance annuelle, de venir célébrer les offices divins [3].

---

[1] Arch. Pécorade, L. I.
[2] *Id.*
[3] Registre de visites générales.

1° Liste des Commandeurs d'Arceins.

1335-1338. Arnaud de Sicard.
1357-1376. Arnaud-Bernard Ebrard.
1376-1390. Jean des Affaires.
    1435. Menaud d'Ortier.
1477-1490. Oddet de *las Graulas*.
1500-1501. Gabriel de Lestang de Pomeyrol
1521-1534 Philippe de Montlezun.
1534-1535 Antoine de Pélagrue.
1535-1550. Pierre de Mansencôme de Montluc.
1550-1555 Jean de Targes
1556-1567. Jean de Maignant de Montaigut.
1567-1579. Hélie de Cugnac-la Caussade.
1580-1590 Mathurin de Lescout-Romégas.
1590-1617. Réné de Chabaud-Tourette.
1624-1626. Claude de Castellane-Montméjean.

1634-1635. Jean Flottes de l'Abbadie
1638-1644. Jean-Blaise des Mons.
1649-1654 Jean-Gilles de Fongasse de la Barthalasse,
1654-1668. François de Béon-Masses Cazeaux,
1672-1676 César de Villeneuve-Beauregard.
1683 1690. Joseph de Merles-Beauchamp.
1690-1692. Louis Lebrun de Castellane de Rougon.
1694-1698 François de Glandevès-Montblanc.
1700-1712 Laurens d'Urre de Brette.
1718 1720. François de Crou Lincel
1731-1735 Alexandre de Garnier-Saint-André
1744-1765. François de Glandevès-Niozelles.
1780-1784 Bailli de Revel.
1785-1789 Chevalier de Montouroux

2° Liste des Commandeurs de Montarouch.

1318-1328. Guillaume de Chavanon.
1354-1371. Arnaud-Bernard Ebrard
1403-1407 Etienne Compte.
1409 1412. Gauvainh de Latran.

1434-1435. Folquet de Valat
1435 1436. Menaud d'Ortier
1436-1470. Jean Mercey.

3° Liste des Commandeurs du membre de Moutarouch.

1491-1504. Pierrre de Bruch.
    1516 Raymond de Rol, Grand-Prieur de l'Eglise de Saint-Jean.

1520-1521. Jean Arnaulin.
1522-1523. Didier de Saint-Jal.
1648 1651. N. de Mervila

4° Liste des Commandeurs de Villemartin.

11 .. Wilhelm de Béliac.
11 . Etienne de Sallebruneau.
11 .. Bernard Jourdain.
11 . Boson de Montripla.
11... Marestanz
11. . André Chapelain

11 . Donat
1198-1200 Vigoroux de Villemartin
1222-1225 Arnaud de Laissac.
1228-1229. Arnaud-Bernard de Damaud.
    1236 Bernard Bocha

1295. Bernard de Maurin.
1301-1305. Pierre de Savignac.
1325-1340. Martin Olit.
1343-1362. Bertrand Vacquart.
1364-1380. Arnaud de Cazaux.
1383-1384. Arnaud Faur.
1389-1391. Vital del Bosc.

1397. Bernard de Seyches.
1401-1417. Raymond du Rieu.
1429-1448. Pierre de la Coste
1448-1449. Menaud de Ruthie.

En 1450, réunion de Villemartin à Arceins.

5º Liste des Commandeurs du membre de Saint-Avit-de-Solèges.

1397. Jean Cabrol.
1473-1478. Laurens de la Salle.

1487-1519. Gailhard de Chasteauneuf
1519-1524. Jean Arnaud.

6º Liste des Commandeurs de Pécorade.

1299-1300. Arnaud de Clarac.
1320-1321. Vital de Saint-Salvi.
1346. Bernard de Cossin.
1431-1453. Raymond du Puy.

1461-1484. Fortanier de Morlan.

En 1490, réunion de Pécorade à Arceins.

7º Commandeur du membre de Planquetorte.

1401. Bernard de Tasses.

CHAPITRE XXX

Commanderie de Condat.

Membres : la caneda, fontanilles, sarjac, trouillac, saint-nexans, naussanés, cours, saint-aubin, lembrat, mont-guiard, falgueyras, bonneville, puylautier, graulet, la salvetat-grasset, douville, bonnefare, saint-avit-de-fumadières, combarenches, temple des izards, soulet, portarnaud, mortamar, chateau missier, andrivaux, chantegéline, la roche-saint-paul, puymartin, temple-le-sec, temple de l'eau, jumillac, saint-jean d'excideuil.

§ 1. — *Condat.*

Transportons-nous maintenant dans cette charmante partie du Périgord, où la Vezère promène ses eaux limpides au milieu de coteaux verdoyants et de gracieux villages. Non loin de l'antique abbaye de Terrasson, nous trouvons groupés aux pieds d'une colline, le petit bourg de Condat. En vain chercherions-nous parmi ses maisons coquettes et neuves, quelque reste d'antiquité légué par le Moyen-Age. Et pourtant cette localité, qui semble dater d'hier, était le chef-lieu d'une des principales Commanderies de l'Ordre de Saint-Jean, qui y possédait une demeure féodale. Malheureusement les archives de la Commanderie, riches en documents de toute sorte, à partir du xive siècle, sont presque muettes sur les époques antérieures, par suite sans doute de désastres survenus dans cette période. De sorte que nous ignorons complètement et le nom du donateur et la date de la fondation et nous sommes obligés de passer sous silence l'histoire de cet établissement pendant les xii⁰ et xiii⁰ siècles.

En l'année 1307, le Grand-Prieur de Saint-Gille, Dragonet de Montdragon, dans le cours d'une de ses tournées d'inspection, était arrivé au château de Condat, lorsque se présentèrent devant lui les habitants de ce bourg, implorant sa miséricordieuse intervention, le suppliant de mettre un terme à plusieurs abus et à certaines exactions dont ils accusaient le Précepteur Raymond de Lavalette. Après avoir écouté avec bienveillance ces réclamations et ordonné une sérieuse enquête sur les faits en question, le Grand-Prieur réunit, avant son départ, les habitants dans l'église de Condat pour leur octroyer une charte de coutumes, destinée à faire droit à leurs plaintes.

Le Précepteur, en sa qualité de seigneur spirituel, sera obligé de faire célébrer les offices dans l'église de Condat avec toute la pompe requise, d'entretenir le luminaire usité, savoir cinq cierges sur le maître-autel et un sur ceux de saint Blaise et de sainte Catherine. La charte accorde les droits d'usage et de dépaissance dans les bois de la Commanderie, contient les règlements du four et du moulin et fixe les redevances à payer. Le Précepteur ne devra requérir les bêtes de travail de ses vassaux qu'en cas d'absolue nécessité ; il se chargera de leur nourriture pendant ce temps, etc. Après avoir apposé le sceau de ses armes au bas de cette charte, le Grand-Prieur en fit la remise solennelle aux vassaux de l'Hôpital, le samedi après la fête de saint Blaise 1307 (9 février 1308) [1].

Comme cette charte vient de nous le montrer, le Commandeur de Condat, réunissait à la seigneurie spirituelle la moyenne et basse juridiction de cette localité. La haute justice en appartenait à la noble et illustre famille des seigneurs de Pons, famille qui avait dû, selon toute apparence, participer au premier établissement des Hospitaliers à Condat. Désirant témoigner à l'Ordre de Saint-Jean sa

[1] Arch. Condat, L. I.

sympathie et sa profonde reconnaissance pour les prières que les Religieux faisaient continuellement à l'intention des membres de sa race, l'*illustre* et *puissant seigneur* Réginald (VI), vicomte de Carlat et en partie de Turenne, donna à Arnaud de Rivière, chevalier de l'hôpital et Commandeur de Condat, le droit de haute justice dans cette ville et son territoire. Le noble bienfaiteur de l'Ordre se réservait seulement, outre l'hommage dû par le Commandeur, la redevance de vingt livres, *de la monnaie du pays*, que les habitants devaient payer, à lui ou à ses descendants, « quand ils seraient « armés chevaliers ou qu'ils passeraient les mers ; » le Précepteur s'engageait en outre à construire une chapelle dans l'église de Condat, à y faire peindre les armoiries du seigneur vicomte, et enfin à organiser un service de messes, qui y seront célébrées à l'avenir par les prêtres de l'Ordre pour lui et les membres de sa famille. Ceci se passait à Sarlat, le 1ᵉʳ mars 1376, en présence des chevaliers Bernard de Ferrières, Arnaud de Castanet, Guillaume de Saint-Riquier, etc.[1].

Par suite de cette libéralité dûe à l'illustre personnage, qui venait de se couvrir de gloire en chassant les Anglais du pays, les chevaliers de Saint-Jean se trouvèrent seuls seigneurs spirituels et temporels, hauts, moyens et bas justiciers, fonciers et directs du lieu de Condat. Dans une enquête sur leur haute juridiction faite vers la fin du XVᵉ siècle, on lit la description des différentes constructions élevées par les Hospitaliers pour l'exercice de la justice ; nous y voyons qu'ils possédaient, « dans la ville de Condat, « un pilori et un collier pour l'exposition des condamnés ; et « sur le sommet de la montagne, des fourches patibulaires, « pour y suspendre les criminels, et les autres instruments « nécessaires pour exécuter les divers arrêts de la justice ; « ces fourches patibulaires, érigées de tout temps en ce « lieu, se composaient de 4 piliers, formant entre eux « quatre ouvertures, dans chacune desquelles était plantée « une fourche en bois [2] ». L'importance de cette dernière

[1] Pièces justificatives, n° LXXXVII.
[2] Arch. Condat, L. V.

construction indiquait, comme nous l'apprend M. Viollet-Leduc, la puissance féodale du seigneur haut justicier, « Les gentilshommes avaient droit pour leurs fourches pati-
« bulaires à 2 piliers ; les châtelains, à 3 ; les barons, à 4 ;
« les comtes, à 6 ; les ducs, à 8 ; le Roi seul pouvant en
« mettre autant qu'il le jugerait convenable [1]. » On voit d'après cela que dans la hiérarchie féodale, les Commandeurs de Condat avaient rang de baron, dignité qui devait être augmentée au commencement du XVIIIe siècle par l'érection de la Commanderie en comté.

C'étaient du reste de puissants seigneurs que ces chevaliers dont l'autorité s'étendait ainsi sur un grand nombre de localités disséminées dans tout le Périgord. La suppression de l'Ordre du Temple avait adjoint de nombreuses et importantes possessions à celles qui formaient leur domaine primitif et aux membres de La Caneda, de Fontanilles etc., étaient venus s'ajouter les anciens Temples de Sarjac, de Saint-Nexans, d'Andrivaux, etc., et les hôpitaux de Montguiard, de Bonnefars, de Combarenches.

En l'année 1487, mourait dans le château de la Capelle-Livron, l'un des plus puissants chevaliers de l'Ordre de Saint-Jean, Messire Guyot de Montarnal, qui avaient réuni à la commanderie de Bordeaux celles de Roquebrune et de Condat. Dès que la nouvelle de sa mort se fut répandue, le sénéchal de Périgord, pour mettre ce riche héritage à l'abri de convoitises criminelles, s'empressa de la placer sous le sequestre royal. Mais une telle démarche était contraire aux prérogatives de l'Ordre et le Receveur général du Grand-Prieuré de Toulouse, Oddet de las Graulas, vint réclamer ; il obtint en effet la remise des dépouilles du défunt [2]. Les chevaliers toutefois n'eurent pas lieu de se féliciter d'avoir réussi dans leurs premières démarches ; les inconvénients que la sauvegarde royale eut pu prévenir se produisirent de toutes parts. Le corps du commandeur de Condat venait à peine d'être déposé dans son tombeau, que son frère, Jean de Montarnal,

[1] Dictionnaire d'architecture.
[2] Arch. Condat, L. IX.

religieux de l'Ordre de Saint-Augustin, Prieur de Rudelle, en dépit des règles qui attribuaient à l'Ordre toutes les *dépouilles* de ses chevaliers, s'empara dans la chambre mortuaire, « de « certains anneaux garnis de rubis et autres pierreries, valans « mil escus. » Encouragée par cet exemple, une bande de voleurs s'abattit sur cette riche proie. Le chef de cette association, J. Escaffre, « desroba plusieurs d'iceulx biens à la « dicte Capelle, valans deux mile escus en or content, chaînes, « pierreries et autres choses. Il prit plusieurs lettres et escri- « tures fort nécessaires, appartenant à la dicte religion et, « qui plus est, trouva moyen d'avoir les clefs de la maison « du Temple de Bourdeaux ; illec se transporta et trouva « moyen de ouvrir certain tronc, qui est en l'esglise de la « commanderie et autres avec lui ses complices et y prinsta « grant quantité de biens, en or et argent content autres et « choses valans dix ou douze mile escus. » Craignant de se voir découvert l'auteur de ces entreprises criminelles fit transporter son butin à Figeac, « dans l'hostel de Guillaume « Sobressit » homme considérable de la ville, jouissant d'une grande popularité et qui parait avoir été l'instigateur de cette affaire. A la nouvelle de tous ces méfaits, messire Guy de Blanchefort, conseiller et chambellan du Roi, Grand-Prieur d'Auvergne, Procureur Général de l'Ordre en France, s'émut et porta ses plaintes en la chancellerie du Parlement de Bordeaux. Immédiatement est expédié l'ordre d'informer contre G. Sobressit. Mais les officiers de justice se refusent à procéder contre le coupable, prétendant « qu'il estoit grant amy « parent ou affin d'Antoine de Murat, lieutenant du sénéchal « au siège de Figeac. » Nouvelles lettres ordonnant au juge de Montauban de poursuivre l'affaire. Ce dernier fit en effet appréhender G. Sobressit au lieu de Saint-Antoine de Marcelles et donna l'ordre de le diriger sous bonne escorte vers Montauban. Cependant' son commissaire, accompagné de Bernard de Gros et de Bernard de Montlezun, chevaliers de l'Ordre de Saint-Jean, après avoir déposé l'accusé dans les prisons de Drulhe qui se trouvaient sur son passage, se rendit à Figeac pour procéder à son enquête. Mais dans cette ville les attendait une longue suite d'aventures extraordinaires. Ecoutons le récit qu'en font les lettres patentes adressées par le Roi à son sénéchal de Quercy et datés de Saint-Leu-les-Angers, le 23e jour de juin 1488 :

« Et incontinent qu'ils furent arrivés audict lieu survint
« en leur logis, ung nommé G. Darias, soy-disant sergent,
« lequel arresta lesdicts commandeurs et tous leurs gens,
« biens et chevaulx, de part le viguier du dict Figeac. Auquel
« arrest, les commandeurs se opposèrent et demandèrent
« coppie du mandement par vertu duquel on les arrestoit,
« mais ledict sergent fist response que il n'en avoit aulcun
« et que ce estoit par le commandement du viguier du dict
« lieu. Quoy voyant, ledict commissaire qui estoit venu illec
» pour mettre à exécution nos dictes lettres et que ce que le
« sergent faisoit n'estoit que ung abuz, il arresta ledict ser-
« gent jusqu'à-ce qu'il sauroit si ledict viguier le advoueroit.
« Après lequel exploit, survint incontinent illec ung nommé
« Pierre de Comba, soy-disant syndic et consul de la ville de
« Figeac et ung nommé de Calmo, soy disant procureur de
« G. Sobressit, avec cinq ou six autres. Lequel consul, tout
« furieux et par grant arrogance dist audict commissaire
« qu'il avoit abusé d'avoir ainsi arresté ledict sergent et
« aussy luy dist qu'il avoit prins et arresté G. Sobressit, ce
« qui estoit contre les privilèges de la ville, car aux consuls
« en appartenoit et qu'il vouloit savoir où il l'avoit mené, en
« jurant le sang de Nostre-Seigneur que, avant que il partit
« de la ville il le rendroit, en cousteroit mille livres à la
« ville. Et lors ledict commissaire, voyant la fureur dudict
« consul, lui respondist que ils estoient bons et saiges et se
« garderoient de mesprendre et néantmoings, afin qu'il n'en
« prétendist cause d'ignorance il lui monstra nos lettres de
« commissions. Lesquelles vues par icelluy consul, il res-
« pondist ben malicieusement qu'il savoit bien ce que ce
« estoit que de commissions, et en ce faisant, survint illec
« ung autre nommé Aymeric Badit, soit disant nostre sergent.
« lequel, par mandement dudict viguier, comme il disoit,
« arresta ledict commissaire et ses gens, chevaulx, pareilhe-

« ment lesdicts Commandeurs. Et non contents de ce, ledict
« consul et autres consuls et habitants dudict Figeac firent
« grant assemblée de gens et les mirent aux portes pour
« empescher que icelluy commissaire et ceulx de sa com-
« pagnie ne partissent d'illec et leur furent les portes
« fermées ; et aussy environ l'ostellerie, où estoit logé ledict
« commissaire, furent mis gens pour garder lui et lesdicts
« Commandeurs, comme se fussent crimineulx, en manière
« que ils furent arrestés certains jours, pendant lesquels
« leur furent faicts et dicts plusieurs opprobres et injures ;
« mesmement Maistre P. Plegavant, aussy consul de la ville
« et soy disant nostre procureur, adverty que ledict
« G. Sobressit estoit par auctorité de nos dictes lettres détenu
« prisonnier, il fist ung merveilleux et grant bruit et tumulte
« en icelle ville, en regnyant le nom et en jurant les plaies
« de Nostre-Seigneur, disoit que jamais ledict commissaire
« ni lesdicts chevaliers ne yssiroient de la ville que ils ne
« eussent rendu ledict prisonnier, jà soit ce que il ne eust
« esté prins en ladicte ville et que ce seroit bien faict que on
« les mit tous en pièces ou que on les mist dans un mortier
« et que on les pillast comme saulce, et plusieurs autres
« paroles déshonnêtes et malsonnans contre l'auctorité de
« nous et de justice ; mesmement feignant vouloir mettre le
« feu audict logeiz, en disant que ils avoient bien chastié
« aultres commissaires. Pour crainte desquelles choses et
« menasses, iceulx commissaires et Commandeurs ne eussent
« osé partir de leur logeiz sans très grant dangier de leurs
« personnes, et tellement fut en ce procédé par lesdicts
« consuls et aultres habitants de ladicte ville que ledict
« commissaire, pour le grant force et violence et oultraige
« que on luy foisoit, et pour esviter le grant dangier de sa
« personne et de ceulx de sa compagnie et à plus grant
« scandalle fust constrainct d'envoyer quérir ledict prison-
« nier et le faire admener audict Figeac, ce qui fut faict. Et
« icelluy Sobressit, illec arrivé, accompaigné de cens ou
« six vingt hommes qui se mirent avec lui, vint devers ledict
« commissaire et parla à luy bien arrogamment, et lui et

« aultres dirent plusieurs atroces injures contre ledict com-
« missaire et lesdits Commandeurs; en appelant iceulx
« Commandeurs traistres, manans et que ils n'estoient pas
« chevaliers, mais villains et fils de villains, et plusieurs
« aultres graves et énormes injures et détestables. Et certains
« jours après ces choses ainsi faictes, fust dict audict com-
« missaire et aux dicts Commandeurs que jamais ils ne
« partiroient de ladicte ville, sinon qu'ils voulsissent donner
« nos dictes lettres de commission. Laquelle chose conviet
« faire audict commissaire par force et violence, aultrement
« ne fust eschappé. Au moyen desquelles rébellions et
« désobéissances et aultres qui sont de très maulvaise
« conséquence, nos dictes lettres sont demeurées et demeurent
« inexécutées et ont esté les dictes choses faictes en grant
« esclandre, lésion et mespris de justice... »

L'autorité royale, ainsi méconnue et outragée, exigeait une répression solennelle et exemplaire pour cette ville en insurrection. Aussi le Roi, « ne voulant pas telles forces et violences
« contre luy et sa justice avoir lieu ni tolérer, mais telle et
« si griefve pugnicion estre faictes des délinquants que ce
« soit exemple à tous aultres », ordonne d'appréhender au corps G. Sobressit, en quelque lieu que l'on puisse le trouver « hors le lieu saint, » pour le ramener dans sa prison et de se saisir également des consuls et autres complices, ainsi que des voleurs des dépouilles du Commandeur Guy de Montarnal [1].

En dehors de ces embarras momentanés, ici comme ailleurs, les commandeurs furent souvent obligés d'entrer en luttes avec leurs voisins pour la défense de leurs droits. Nous voyons s'élever tout d'abord une discussion entre le Précepteur. Bertrand de Pierre, chevalier de Saint-Jean, et l'abbé de Terrasson au sujet de leurs droits respectifs sur la forêt de Condat; la sentence arbitrale de 1291 vient y mettre un terme [2]. Une question de limites troubla aussi la paix dans le xv° siècle entre le commandeur Jean de Léoncel et Hélie de Bonnac, abbé

[1] Arch. Condat, L. IX
[2] Arch. Condat, L. III.

de Saint-Amans ; elle fut tranchée par la fixation définitive des bornes séparant le territoire de Condat et ceux de Couly et de Saint-Amans (1490) [1]. Mais c'est surtout avec les évêques de Sarlat que la lutte fut longue et sans cesse renaissante ; d'après les bulles des Papes, et les privilèges concédés par les rois de France, les biens de l'Ordre de Saint-Jean étaient exempts des cotisations ordinaires. Ce privilège, les évêques de Sarlat ne consentirent pas sans difficulté à l'admettre. Il fallut qu'à bien des reprises les chevaliers de Saint-Jean obtinssent du Roi de France la confirmation de cette exemption (1512, 1535, 1544, 1550, 1554) [2].

Pendant les guerres de religion, le Périgord faisait partie des seigneuries du sire d'Albret ; ses principales places, Turenne, Balthezar, Neuvie, Beynac, Bergerac, Sainte-Foy la Grande, Castillon, étant occupées par des garnisons huguenotes, semblaient envelopper la commanderie et ses dépendances dans un immense cercle de fer ; il n'est pas surprenant qu'elle ait été dévastée à plusieurs reprises et que son commandeur ait pu exposer dans la requête de 1588 que dans les deux années précédentes toutes ses récoltes avaient été détruites complètement et prouver ces désastres par le témoignage de plusieurs habitants considérables du pays [3]. Les procès-verbaux des visites de la commanderie viennent à leur tour nous parler des désastres de cette période, en répétant pour un grand nombre de ses églises ou chapelles cette indication dont la monotonie ne manque pas d'éloquence, « démolie jadis par les Religionnaires [4]. »

Les Ordres de l'Hôpital et du Temple ne sont pas les seuls que la Terre-Sainte ait vu fonder dans un but presque identique, pendant la période des croisades. Plusieurs rejetons prirent naissance à leur ombre ; mais, après avoir rendu quelques services dans le principe, ils finirent par végéter et se fondre dans les deux premiers. Citons l'Ordre des chevaliers de Saint-Lazare et du Montcarmel, réuni bientôt à celui

[1] Arch. Condat, L. III.
[2] Arch. Condat, L. VI.
[3] Pièces justificatives n° II.
[4] Visites générales, registres

de Saint-Jean et que, dans le xvie siècle, plusieurs papes avaient tenté inutilement de rétablir : il paraissait condamné à un oubli éternel, lorsque des circonstances fortuites vinrent lui rendre une existence passagère. Louis XIV, tout en témoignant une grande sympathie pour les chevaliers de Saint-Jean ne devait pas voir sans un certain déplaisir la puissance du Grand-Maître s'exercer, en dehors de la sienne, sur une partie de son royaume et sur l'élite de sa noblesse ; quoique l'influence française fut en général prépondérante dans les conseils de Malte, elle était quelquefois contrebalancée par celle des nations rivales ; état de choses qui pouvait créer des difficultés à la politique royale et devait dans tous les cas lui donner de l'ombrage. Ce furent sans doute ces considérations qui inspirèrent au grand Roi l'idée de reconstituer, pour la noblesse française exclusivement, l'Ordre de Saint-Lazare et de Montcarmel ; il devait, dans sa pensée, se substituer, dans le royaume, à celui de Malte. Afin de lui donner une vie qu'il croyait durable, il fut obligé de lui créer des ressources, par un édit de 1672, et de lui concéder un certain nombre de possessions en France. Sur cette liste figurait, sans doute par erreur, la commanderie de Condat. Mais, quand les chevaliers du Montcarmel vinrent pour en prendre possession, ils se trouvèrent en présence du Commandeur, Aymé de Calvisson qui refusa énergiquement l'abandon de ses droits et exhiba les titres de ses archives. Malgré la protection de Louis XIV et du marquis de Louvois, leur Grand-Maître, les nouveaux chevaliers furent contraints de se désister de leurs prétentions (1677) [1].

De Condat, l'autorité du Commandeur s'étendait sur tout le Périgord, où étaient disséminées les localités relevant de sa seigneurie : Sarjac, La Caneda, Fontanilles, Traullac, Naussanès, Falgueyres, Cours, Saint-Aubin, Montguiard, le Fraisse, Bonnefare, Saint-Avit, Bonneville, Puylautier, la Salvetat-Grasset, Douville, Audrivaux, et ses annexes Chantegeline, Dourles et Escoubeys, Combarenche, le Temple des Essards,

[1] Arch Condat, L V

Soulet, Mortemart, Château-Missier, Pontarnaud, Puymartin, Jumillac, Excideuil, la Roche Saint-Paul, le Temple-de-l'Eau et le Temple-le-Sec. Le revenu de la Commanderie s'élevait en 1752 à 20,635 livres, et ses charges à 5,218 livres.

§ 2. — Sarjeac.

A une petite distance de Condat, en suivant les sinuosités de la Vézère, nous trouvons le village de Sarjeac, un des membres les plus importants de la Commanderie que nous étudions. C'était dans le principe un florissant établissement des Templiers ; ils en avaient fait dans les derniers temps la résidence des Maîtres de leur Ordre en Périgord. Le plus ancien acte que nous fournissent ses archives est un accord conclu le jeudi avant la Noël de l'année 1275, entre Hélie de Rudel, seigneur de Bergerac et de Montignac, et Gérard de Lavergne, précepteur du Temple en Périgord ; le premier cédait au second tout ce qu'il possédait à Sarjeac et recevait en échange le *mas de Bersac*[1]. Quelques années plus tard, un certain nombre de bienfaiteurs vinrent donner au nouveau Temple de Sarjeac une véritable importance : pendant que Raymond d'Imbert, damoiseau, faisait libéralement cession de tous ses fiefs situés sur ce territoire, Réginald de Pons, gendre d'Hélie de Rudel, se désaisissait en faveur des Templiers et du précepteur Géraud de Lavergne, de tous ses droits sur Sarjeac, de la haute justice, etc., réservant seulement, en signe de suzeraineté, le paiement d'un marabotin d'or à chaque mutation de seigneur de Montignac et de Grand-Maître du Temple (1295)[2]. En effet, la suite des archives nous fournit plusieurs actes d'hommages faits par différents Commandeurs, d'abord aux comtes de Périgord, et accompagnés de l'offrande du marabotin d'or.

[1] Arch. Sargeac, L. I
[2] *Id*

Mais, si les chevaliers se montrèrent fidèles à leurs engagements, il ne semble pas qu'il en ait été de même pour leurs suzerains. Déjà en 1367, le précepteur Arnaud de Rivière avait dû protester énergiquement contre le prévôt de Montignac, qui prétendait exercer la haute juridiction sur Sarjeac, au nom du comte Roger-Bernard de Périgord. Après la mort de ce dernier, les difficultés devinrent bien autrement sérieuses. Nous arrivons à une période où toute cette contrée fut en proie aux malheurs de la guerre générale et aux troubles d'une lutte intérieure. Archambaut IV, dit *le Vieux*, fils de Roger-Bernard, s'était allié aux Anglais. A la tête des bandes ennemies, il avait causé beaucoup de mal aux armées françaises ; battu, obligé d'aller se réfugier à Londres pour éviter le châtiment qu'il avait mérité, il vit ses biens confisqués et le Périgord réuni à la couronne de France, en 1396. Son fils Archambaud V, dit *le Jeune*, qui avait partagé sa révolte, signa un nouveau traité avec les Anglais ; grâce à leurs secours, il put recommencer la lutte et porter la désolation dans tout le Périgord. Le maréchal de Boucicaut marcha contre lui à la tête d'une armée française, l'assiégea et le força à capituler dans sa citadelle de Montignac ; c'est ainsi que le dernier représentant de la famille des anciens comtes de Périgord fut emmené prisonnier à la Bastille de Paris, où le Parlement fut chargé de le juger (1398).

Le Grand-Prieur de Toulouse vint de son côté implorer du Conseil du Roi le redressement des torts dont le comte Archambaud s'était rendu coupable envers les chevaliers de Saint-Jean, pendant qu'il occupait de force les domaines confisqués à son père. Comme nous l'avons vu, les vassaux de l'Hôpital étaient exempts du paiement des tailles, des services de guet et de garde, et des autres servitudes dans le comté de Périgord. Mais ces privilèges ne faisaient pas l'affaire d'Archambaud, qui, pour soutenir la lutte terrible où il s'était engagé, avait besoin de beaucoup d'argent et de beaucoup de bras pour défendre les murailles de Montignac. Aussi, sans vouloir entendre aucune réclamation, ordonna-t-il d'employer la violence contre les récalcitrants :

« Les dicts hommes et subjects, eux sentans aggravés des
« dictes exactions, appelèrent du dict Archambault, ses gens
« et ses officiers. Non obstant le dict appel et en hayne et
« contempt d'icelluy, icelluy Archambault prinst ou fist
« prendre plusieurs des dicts hommes et fist mettre en ses
« prisons et, avant que ils en pussent partir, leur convint eulx
« rançonner et composer au dict Archambault et aussy prinst
« et fist prendre en sa main la dicte Commanderie et tous les
« biens meubles et ustensiles qu'il trouva en icelle et les fist
« mener au dict chastel de Montignac, et se efforça de
« prendre frère Arnaud de Rivière, Commandeur de la dicte
« Commanderie de Sarjeac. Mais il se absenta pour doubte
« du dict Archambault, qui avait commandé que on le luy
« menast mort ou vif, pour le gouverner à sa guise, si
« comme il disoit... »

Par ses lettres patentes, datées de Paris, le 17 février 1399, le roi Charles VI ordonnait au sénéchal de Périgord de faire restituer au Commandeur de Sarjeac tout ce qu'on lui avait enlevé et de citer à sa barre tous ceux qui ne voudraient pas se conformer à cet ordre [1].

Dans ces époques troublées, ces tentatives d'usurpations violentes n'étaient pas choses rares ; il arrivait quelquefois que les vassaux eux-mêmes se chargeaient de s'y opposer. Les officiers de noble dame Françoise de Bretagne, comtesse de Périgord, avaient voulu, comme leurs devanciers, soumettre les habitants de Sarjeac aux tailles exigées de tous ceux qui résidaient dans la châtellenie de Montignac. Mais les vassaux de l'Ordre protestèrent énergiquement et chargèrent leur syndic, Pierre de Marignac, de déclarer devant le sénéchal qu'ils ne se reconnaissaient justiciables que du Commandeur de Condat et nullement de la comtesse Françoise, à qui ils ne paieraient aucune taille (31 août 1459) [2].

Le château de Sarjeac fut-il détruit pendant les guerres de religion ? Nous l'ignorons ; toujours est-il que les

---

[1] Arch Sargeac, L II
[2] Id

procès-verbaux de visite ne mentionnent dans cette localité que l'église, les fours seigneuriaux et le port sur la Vézère, importante source de revenus dans cette contrée productive et commerçante.

§ 3. — *Saint-Nexans*.

Dans les environs de Bergerac, les Hospitaliers possédaient un établissement dont l'origine nous est inconnue. A la fin du XIII siècle, nous voyons le *noble baron Messire En Bernat de Montleyder seigneur de Montclar*, reconnaître en faveur de *l'honorable et savant seigneur Pierre de Balbeyo*, précepteur de l'hôpital de Saint-Nexans, une dette de 50 livres de la monnaie courante et lui donner, pour se libérer, certaines rentes qu'il possédait dans le territoire de l'hôpital; cet acte fut passé le 4 avril 1296, en présence d'Hélie Bertrand, d'Hélie de Campsegret, d'Aymeric de *Balbeyo* et d'Hélie de Labarthe, damoiseaux[1].

La ville et le territoire de Saint-Nexans appartenaient entièrement à l'Ordre, ainsi que la haute juridiction de cette localité. Cette maison, dont la prospérité croissait tous les jours, dont les dépendances, Naussanès, Cours, Saint-Aubin, Lembrat, étaient répandues dans toute la contrée voisine, avait à certains points de vue une position désavantageuse, provenant de son voisinage avec une ville considérable dont les seigneurs allaient lui créer de sérieuses difficultés. C'étaient les sires de Bergerac, dont les ancêtres avaient dû, selon toute probabilité, fonder l'hôpital de Saint-Nexans, et qui ne voyaient pas alors sans dépit ce riche et populeux territoire enlevé ainsi à leur juridiction par la piété de leurs aïeux. Prévoyant les dangers de cette situation, les Hospitaliers avaient demandé et obtenu pour leur établissement de Saint-Nexans la sauvegarde royale. Mais cette précaution ne fut pas suffisante pour détourner l'orage qui se préparait, En 1316, nous voyons le précepteur de Saint-Nexans et le

[1] Arch Saint-Nexans, L II

procureur du Roi venir porter à la cour du sénéchal du Périgord leurs plaintes sur la tentative criminelle exécutée contre l'hôpital par Pierre Bermond, bailli de Bergerac. Voici la traduction du récit fait par les plaignants.

« ... Le bailli et les sergents du seigneur de Bergerac,
« illicitement armés de lances, de traits, d'arbalètes et d'arcs,
« couverts de leurs casques, gorgerins, côtes de maille,
« cuirasses, jambards, etc., et accompagnés d'un grand
« nombre de complices, sont venus en ennemis, enfreignant
« les édits de paix, au lieu de Saint-Nexans, le samedi après
« les dernières fêtes de Noël, enfoncèrent les portes de la
« Commanderie et les détruisirent. Méprisant les protes-
« tations des hommes du Précepteur, ainsi que la sauvegarde
« royale, ils firent une violente irruption dans la maison, bri-
« sèrent les portes du cloître et celles de la prison, en enle-
« vèrent un détenu qu'ils emmenèrent enchaîné au préjudice
« du Précepteur... »

Le sénéchal condamna les coupables à payer solidairement 50 livres tournois au Trésor royal et 50 autres livres au Précepteur. Il confirma en même temps la sauvegarde et ordonna que, pour enlever à l'avenir tout prétexte d'ignorance, on dresserait les panonceaux royaux sur la Commanderie, ainsi que sur l'église (le mercredi après la Saint-Valentin 1316-16 février 1317) [1].

Outre la ville de Bergerac, le Commandeur de Saint-Nexans avait dans son voisinage la célèbre abbaye de Cadouin ; et, pendant que les seigneurs de la première ville disputaient aux Hospitaliers leur juridiction temporelle, ces derniers étaient obligés de défendre contre les moines les droits spirituels qui leur appartenaient dans la paroisse de Naussanès. Après un long procès, le Commandeur Arnaud de Bordes et l'abbé Jean de Bocher signèrent une transaction, par laquelle les chevaliers de Saint-Jean devaient continuer à jouir en seuls de la dîme contestée, en s'obligeant à payer

[1] Arch Saint-Nexans, L. I.

annuellement à l'abbaye *une pipe de froment, mesure de Montignac* (30 mai 1444)[1].

Ce ne fut pas du reste la seule difficulté que ces dîmes de Naussanès suscitèrent aux Commandeurs de Condat, à qui l'administration de Saint-Nexans et de ses dépendances avait été confiée vers l'année 1480 ; elles leur furent disputées environ à cette époque par les chanoines de l'église collégiale de Saint-Avit. Ayant appris que le Commandeur Jean de Lioncel venait sur l'ordre du Grand-Maître de partir pour Rhodes, et qu'il était mort en route, Gudifer Bonneyton, syndic du chapitre de Saint-Avit, crut l'occasion favorable pour trancher la question à son avantage. « Il fist grant « assemblée de lacais, bandoliers, jusques au nombre de « vingt ou trente, armés et embastonnés de plusieurs armes « invasibles, avec lesquels il se transporta sur les terres de « Naussanès et prinst par violence jusques au nombre de « deux cens gerbes. » Le lieutenant du sénéchal, saisi de l'affaire, ordonna au syndic de restituer les gerbes enlevées et lui défendit de troubler désormais le Commandeur dans ses droits (18 juin 1499)[2].

Les siècles et les désastres des guerres dont ce pays avait été le théâtre firent disparaître de bonne heure la vieille demeure des Commandeurs de Saint-Nexans. Au XVIIIe siècle, elle était remplacée par un élégant château moderne, « recouvert de tuiles à crochet, » dont les procès-verbaux de visites nous donnent avec complaisance la description[3].

§ 4. — *Montguiard.*

Les Hospitaliers possédaient encore, à une petite distance de Saint-Nexans, une autre Commanderie, qui avait, malgré sa faible importance, une existence distincte. Mais aucun document ne vient nous en dévoiler l'origine. Ils étaient seigneurs

---

[1] Arch. Naussanès, L. I.
[2] Arch. Naussanes, L. I
[3] Visites générale- 1752, registre

spirituels et temporels de la petite ville de Montguiard, ainsi que de quelques membres situés dans les environs. Les archives ne commencent à parler de cet établissement que vers la fin du xiiie siècle. A cette époque on voit le bailli du roi d'Angleterre disputer au précepteur Pierre de Valbéon la juridiction de cette localité, ainsi que de ses dépendances, Falgueyrac et Dujac (?). Le Grand-Prieur de Saint-Gille, G. de Villaret, qui faisait alors l'inspection de sa province, vint trouver Edouard Ier, alors en Guyenne, et réclama de lui le maintien des droits de son Ordre. Le roi chargea *son cher et fidèle clerc*, maitre Bonnet de Saint-Quentin, prêtre d'Angoulême, d'étudier la question avec le précepteur ; quelques jours après, les deux arbitres rapportèrent un projet d'accord, par lequel les Hospitaliers devaient conserver le droit de haute et basse justice, et la seigneurie sur le territoire de Montguiard et de ses membres ; le précepteur reconnaissant de son côté qu'il tenait cette seigneurie du roi d'Angleterre, et s'obligeait envers lui à l'hommage, accompagné d'une redevance de 4 sols. Le roi d'Angleterre et le Grand-Prieur de Saint-Gille ayant approuvé les conditions de cet accord, en firent dresser une charte qu'ils scellèrent de de leurs armes à Condom, le 12 avril 1289 [1].

Cette Commanderie, qui, outre les membres déjà cités, comprenait ceux de Bonneville, du Fraisse, les tènements de Puylautier et de Graulet et à laquelle on avait joint, à la fin du xive siècle, la seigneurie de la Salvetat-Grasset et de Douville vint se fondre, en même temps que celle de Saint-Nexans, dans la circonscription de Condat.

Les guerres contre les Anglais avaient répandu la désolation dans toute la contrée. Le Fraisse, paroisse dépendante de la seigneurie spirituelle de l'Ordre, s'était vue tellement dévastée, que pendant de longues années, elle était restée sans vicaire perpétuel. Après la paix, le Commandeur de Condat s'empressa de remédier à ce fâcheux état de choses. Mais, quand le religieux pourvu de ce bénéfice voulut

---

[1] Pièces justificatives n° LXXXVIII.

prélever les dîmes accoutumées, il rencontra une vive résistance de la part des habitants qui s'étaient facilement déshabitués du paiement de leurs redevances ordinaires; après de longues négociations, les paroissiens du Fraisse promirent de se conformer, touchant les questions des dîmes, aux usages de Montguiard (1489) [1].

Ce dût être aussi à la même époque que furent dévastés le château et l'église de la Salvetat-Grasset. Au xvie siècle, ils n'étaient déjà plus que des ruines ; les chevaliers furent obligés de les protéger contre les habitants qui en prenaient les matériaux pour leurs propres constructions (1565) [2] ; dans les procès-verbaux des visites ultérieures, elles ne sont pas même mentionnées.

Au xviie siècle, l'assemblée du clergé de Périgueux révoquant en doute la validité des titres des chevaliers à la seigneurie spirituelle de Bonneville, voulut faire figurer cette paroisse sur le rôle de la levée des décimes ecclésiastiques. Mais le receveur général du Grand-Prieuré de Toulouse, F. de Robin Barbentane, vint protester contre cette atteinte aux droits de l'Ordre et força le syndic du clergé à reconnaître que la paroisse de Bonneville faisait partie de la Commanderie de Condat (1693) [3].

§ 5 — *Bonnefare.*

Les petits bourgs de Bonnefare et de Saint-Avit de Fumadière, situés sur les confins des deux diocèses de Bordeaux et Périgueux, formaient un petit établissement de l'Ordre de Saint-Jean. Les Hospitaliers, seigneurs spirituels et directs de ces deux localités étaient, à cause de cela, tenus à l'hommage envers les archevêques de Bordeaux. Cette petite Commanderie ne cessa d'exister qu'au commencement du xvie siècle, époque où elle fut réunie à celle de

[1] Arch. Fraisse, L. 1.
[2] Arch. Salvetat-Grasses
[3] Arch Bonneville

Condat. La seule particularité que nous trouvions à noter dans ses archives est la saisie des fruits de Bonnefare et de Saint-Avit que fit opérer l'archevêque de Bordeaux pour punir le Commandeur de ne s'être pas acquitté, dans le délai voulu, de l'hommage auquel il était obligé, ainsi que nous l'avons vu tout à l'heure (1634)[1].

§ 6. — *Combarenches-Soulet.*

1º *Combarenches.* — Ce petit établissement que l'Ordre de Saint-Jean possédait à l'extrémité occidentale du Périgord, est mentionné dès l'année 1232. Après la chute du Temple, on adjoignit à cette circonscription le Temple des *Eyssards*, situé dans les environs. La possession de ce membre devint l'objet de longues et vives disputes entre les Commandeurs de Combarenches et ceux de Soulet, qui le réclamaient, chacun de son côté ; un accord conclu entre eux en 1458, décida que le Temple des Eyssards appartiendrait par égale parts aux deux compétiteurs ; ces discussions furent définitivement terminées en 1480 par la réunion simultanée de Combarenches et de Soulet à la Commanderie de Condat.

2º *Soulet.* — Cette petite commanderie composée de Soulet, Pontarnaud, Mortamar, Château-Missié, faisait d'abord partie de la précédente ; elle en fut détachée en 1457 et finit en même temps qu'elle. Dans sa courte existence, nous ne trouvons rien de saillant à noter.

§ 7. *Andrivaux.*

Nous lisons dans le *Gallia Christiana* que l'église de Saint-Maurice d'Andrivaux appartenait jadis à des religieuses, dont le couvent fut supprimé à cause des abus qui s'y étaient introduits ; en l'année 1139, Geoffroy de Cauze,

---

[1] Arch Saint-Avit.

évêque de Périgueux, voulant appeler les frères du Temple dans son diocèse, leur donna cette paroisse et les établit dans le cloître abandonné [1]. Les archives ne contiennent aucune indication sur cet évènement, pas plus que sur les premières années de la nouvelle maison, qui était devenue comme le centre d'où les Templiers rayonnaient sur toute la province du Périgord. Cette lacune nous paraît d'autant plus regrettable que le peu qui nous est parvenu de documents relatifs au xiii° siècle laisse supposer l'importance de ce que nous avons perdu.

Quand la suite des actes nous permet de pénétrer dans le passé de cette commanderie, nous la trouvons très florissante et recevant encore de nombreuses marques de la sympathie des seigneurs du voisinage. Une charte d'Archambaud, comte de Périgord, nous apprend qu'au mois de novembre de l'année 1228, le chevalier Bertrand de Geoffroy donna, en présence de ce prince, à Hélie de la Barthe, Maître du Temple en Périgord et à Guillaume *de Traulegá*, précepteur d'Andrivaux, tous ses droits sur le moulin du *Chambon*. Le comte apposa son sceau au bas du parchemin en présence de fr. P. de Bramanson, cellerier d'Andrivaux, d'Hélie de Saumur, de Simon de l'Isle chevaliers [2].

Pénétrons, le premier dimanche de Carême de l'année 1240, dans les salles de la commanderie d'Andrivaux; nous y trouvons Raymond Ayz, maître du Temple en Périgord et Ebblon, seigneur de Monteyzey (*de Monte-Inciso*), occupés à terminer un long différend au sujet des droits du commandeur sur la forêt de Lancinade; ils avaient choisi pour arbitre de leur discussion le noble et puissant homme, Hélie, comte de Périgord. Ce dernier après avoir pris connaissance de la donation faite jadis par le chevalier Izarn de Monteyzey à l'Ordre du Temple de toute sa seigneurie d'Andrivaux et celle qui fut faite plus tard par son fils Bertrand des droits d'usage, de dépaissance, et de pêche sur toutes ses terres, prononce sa sentence, en présence d'une nombreuse assemblée de cheva-

[1] Gallia-Christ., t. II.
[2] Pièces justificatives, n° LXXXIX.

liers de damoiseaux et de clercs : le Précepteur aura la faculté de prendre dans la forêt de Lancinade tout le bois qui lui sera nécessaire, à la condition d'en avertir à l'avance le seigneur de Monteyzey : celui-ci, pour donner un gage de sa sincère réconciliation, profite de la circonstance pour ratifier solennellement les donations de ses ancêtres; en reconnaissance de quoi, le chevalier Raymond Ayz lui donne douze livres tournois [1].

Ce même baron, Ebblon de Saint-Astier, seigneur du château de Monteyzey, assistait, quelques années plus tard, à une importante donation faite au Temple d'Andrivaux. Cinq frères, Pierre, Elie, Gérard, Ebblon et Milon de Saissac et Bertrande leur sœur, pour réparer les dommages que leur père, le chevalier Pierre de Saissac, avait causés à l'Ordre du Temple, faisaient donation de la maison d'Andrivaux de leurs fiefs *des Cortils* situé dans la paroisse de la *chapelle de Gonaguet*, en promettant de ne porter dans la suite aucun obstacle à l'accroissement de la population de ce territoire. Pénétré de reconnaissance pour cete libéralité, le chevalier Sicard de la Roque précepteur d'Andrivaux. « donna, autant « qu'il dépendait de lui, l'absolution à l'âme du chevalier « défunt pour tous les excès dont il s'était rendu coupable « envers les Templiers » et remit en outre, séance tenante, aux donateurs la sommede trente-huit livres et dix sols de la monnaie du Périgord. Le chapelain d'Andrivaux Wilhelm de Chastanet, qui avait fourni cette somme, reçut en paiement l'usufruit de ce fief jusqu'à sa mort; après quoi, les Templiers s'engageaient à prélever sur les revenus une rente de vingt sols qui devait subvenir aux frais d'un service anniversaire pour le repos de son âme, plus une pareille rente qu'il pourrait léguer dans son testament à qui il le voudrait. Ebblon de Monteyzey, de la seigneurie duquel relevait ce fief, après avoir donné l'investiture au précepteur et exempté les futurs habitants de toute servitude autre que celle de la réparation des barrières de son château, fit dresser de tout ce qui précède une

[1] Arch. Andrivaux, L. IV.

charte qu'il scella de ses armes, le 11e jour des kalendes de décembre 1252, en présence de fr. Itier de Périgueux, chevalier du Temple, de son fils Itier de Périgueux, d'Itier Ayz, damoiseau, de fr. P. de la Barre et de fr. W. de Chastanet, prêtres de l'Ordre [1].

Grâce aux facultés accordées par les donateurs et aux dispositions prises par les Templiers, ce territoire ne tarda pas à se peupler et quelques années plus tard nous y voyons construire le petit village de *Chantegéline*, annexe d'Andrivaux.

Dans la suite, Gérard de Chabans, chevalier de l'Isle, donna au Temple le tènement de *Pressegarots* situé sur le territoire de Massignac (jour des Ides de juillet 1276) [2], et dix ans plus tard il entra dans l'Ordre avec son fils, en faisant donation d'une rente de 3 sétiers de froment, de 14 sols et d'un *banquet*, à prendre sur leurs terres (5e jour des kalendes de février 1286). Au bas de cette dernière charte fut appendu pour en assurer la validité, le sceau de la cour de Périgord.

D'autres donations, dont nous ne possédons pas les chartes, ajoutèrent à la commanderie les dépendances suivantes : *La Roche-Saint-Paul, Pontarnaud, Puymartin* avec son vieux donjon et enfin les deux villes voisines, *le Temple-le-Sec*, où les chevaliers jouissaient de la seigneurie spirituelle, des droits de Viguerie, de taxe sur la viande, le pain et le vin, de *leyde* et de *plaçage* pour les denrées portées au marché les jours de fêtes votives et *le Temple de l'Eau* (de *L'Aygo*) ou de *Saint-Martial*, dans lequel tous ces droits appartenaient aux seigneurs de Hautefort, mais où les vassaux de l'Ordre étaient exempts de guet et de garde au château de leur suzerain.

Les Hospitaliers, après avoir reçu cette riche portion des dépouilles des Templiers, lui conservèrent son titre de commanderie, et lui adjoignirent diverses possessions qu'ils avaient eux-mêmes dans la partie du Périgord située sur la rive droite de l'Isle, telles que Saint-Jean d'Excideuil, Jumilhac, etc.

Bientôt après, ils s'occupèrent à régler certaines difficultés qui avaient surgi entre eux et les habitants d'Andrivaux. Une

[1] Pièces justificatives n° XC.

charte concédée par le commandeur en 1325, fixait à 9 charges de froment, 3 d'avoine, 6 livres de la monnaie courante les redevances annuelles qu'il exigeait de ses vassaux [1]. En 1467 les chevaliers concédèrent aux habitants de la Roche-Saint-Paul le droit de dépaissance dans leurs bois moyennant une rente annuelle de deux deniers [2].

Nous trouvons vers la fin du xve siècle le commandeur interposant son autorité pour protéger ses vassaux du Temple de Layguo contre les vexations des seigneurs du voisinage, qui, malgré les privilèges concédés par les rois de France et ceux d'Angleterre, voulaient les forcer à venir porter leurs blés à leurs propres moulins (1487) [3]. Quelques années après, Archambaut de Bourdeille, seigneur de Monteyzey, disputait aux hospitaliers la haute juridiction d'Andrivaux ; mais, comme il ne pouvait guère alléguer, pour soutenir ses prétentions, autre chose que son envie de revenir sur la donation faite par les anciens seigneurs de Monteyzey, les chevaliers de Saint-Jean n'eurent pas de peine à déjouer ses efforts Après ce procès, les chanoines de Saint-Astier vinrent à leur tour disputer la haute justice du lieu de Chantegéline, tentative qui n'eût pas un meilleur résultat que la précédente (1526) [4].

Dès la première moitié du xve siècle, la commanderie d'Andrivaux avait été réunie à celle de Condat. A partir de cette époque, l'histoire de cet ancien établissement des Templiers perd tout caractère et ne nous offre rien de particulier à signaler.

1° Liste des Commandeurs de Condat.

1291-1294. Bertrand de Pierre ou Perrin.
1306-1307 Raymond de la Valette
1309-1310 Raymond de Sacquet
1321-1327 Jornig de Montlaur.
1330-1331. Jean de *Borgia*.
1367-1401. Arnaud de Rivière.
1409-1411 Raymond de Salanac.
1421. Arnaud de Bordes.
1441-1456. Garsias-Arnaud de la Mole

---

[1] Arch Andrivaux, L IV.
[2] Arch. La Roche-Saint-Paul, L. I.
[3] Arch. Layguo, L XII
[4] Arch. Andrivaux, L IV.

1460-1469. Pierre-Raymond de Gueis de Castelnau.
1478-1487. Guy de Moutarnal.
1489-1499. Jean de Léoncel.
1501-1519. François Flotte.
1524-1523 Jean de Boniface.
1543-1554. François de Touchebœuf-Clermont.
1560-1566 Louis de Lespine,
1570-1576. Jacques de Glandevès-Cuges.
1577-1579. Balthazar de Vintimille d'Auriols.
1586-1606. André de Martin Peuplobrier, receveur du Grand-Prieuré.
1609-1610. Jean de la Valette-Parizot

1612-1614. Horace de Castellane de Thournon
1617-1644. Honoré de Quiqueran-Beaujeu.
1650-1656. Jean de Verneuil-Villeneuve, Pailli de l'Aigle.
1656-1677 Aymé de Nogaret de Calvisson
1680-1693. Henri de Thomas de Lavalette
1694-1712. François de Beausset
1713-1730. Joseph de Cayx.
1731-1743. N. De Bourbon-Malause.
1744-1765. Jean-Louis de Guérin de Tencin.
1783-1786. René de Léaumont, Grand-Prieur de Toulouse.
1789-1790. N. de Belmont.

2° Liste des Commandeurs du membre de La Caneda.

1396-1400. Guillaume de *Lado*, prêtre. | 1474-1475. Hugues Escaffier.

3° Commandeur du membre de Fontanille.

1519 Ambroise Gotholin.

4° Liste des Commandeurs de Sargeac.

TEMPLIERS :	HOSPITALIERS :
1275-1295. Géraud de Lavergne, Maître en Périgord.	1316-1326. Guillaume de Crèmirac.
1298-1299. Bernard de Tayac.	1362-1366. Arnaud de la Coste.
1300-1306. Gérard de Lavergne (2e *fois*).	1368-1410. Arnaud de Rivière.
	Vers 1410, réunion de Sarjeac à Condat.

5° Liste des Commandeurs de Saint-Naxens.

1294-1295. Pierre de la Val.
1296-1297. Pierre de *Balbeyo*.
1316-1328 Aycard de Miramont de Gavarret.
1370-1372. Jourdain de Laurac.
1381. Hélie de Ruster.

1444. Jean d'Aurias de Bordes.
1449-1450. Pierre Barentelle.
1451-1575. Bernard de Bélac.
Vers 1480, réunion de Saint-Nexans à Condat.

6° Liste des Commandeurs de Montguiard.

1289. Pierre de Valbone.
1472. Raymond Gotholy.

Vers 1480, réunion à Condat.

7° Liste des Commandeurs de la Salvetat-Grasset.

1377. Pierre de Bornazel.
1404. Jean de Chalemand.

Réunion à Montguiard.

8° Liste des Commandeurs de Bonnetare.

1321. Hugues de Caylus.
1470. Salvat de Porquet.
1475-1477 Bernard de Gros.
1480-1482 Pierre de Roquedragon, prêtre.

1486. Bertrand de *Lassacamba*, prêtre.
1492-1504. Antoine Martin, prêtre.

9° Commandeur du membre de Saint-Avit.

1497-1498. Guillaume de Saint-Lary

10° Liste des Commandeurs de Combarenches.

1232. Hugues *Guidonis*.
1295. Pierre de Valbéon.
1313. Isaac de Rayssac.
1314. Géraud de la Nougarède
1331. Bernard de Brugier.
1335. Hugues de la Masquerie
1342. Robert de Campmartin.
1347. Pons Benoît.

1364. Pierre de Chapluc.
1397. Jean de Fraxines, prêtre.
1407-1417. Guillaume de Sabonèze.
1444 1445 Guy d'Arpajon.
1448-1457. Hélie de la Colrière, prêtre.
1458-1480. Géraud de la Rollandie.

En 1480, réunion à Condat

11° Liste des Commandeurs du membre de Combarenches.

1500-1509. Jean de Lioncel.
1509-1522. Bérenger de Lioncel.
1523-1524. Jean de Saint-Lary prêtre
1536 N. de Vento.

1577-1578 Jean-Pierre Moscheti, vice-prieur de l'eglise de Malte.

12° Commandeur du Soulet.

1458 1466 Hélie de la Colrière.

En 1480, réunion à Condat.

12° bis Commandeur du membre de Soulet.

1691 Jean de Rolland Relhanette.

13° Commandeur de Mortamar

1607 Antoine Dupuy, prêtre

14° Liste des Commandeurs d'Andrivaux.

TEMPLIERS	HOSPITALIERS.
1228. Guillaume de *Traulega*.	1324-1346. Arnaud de Serres.
1252. Sicard de la Roque.	1364. Raymond de Saint-Paul.
1296-1297. Gérard Druilhe.	1370-1375. Jean de Marquefave.
1297-1306. Gérard de Lavorgne, Maître en Périgord.	1378-1388. Jean Clary.
	1398-1412. Arnaud de Mauléon.
	Vers 1440, Réunion à Condat.

15° Liste des Commandeurs du membre d'Andrivaux

1513. Jean de Lioncel.   1530-1534. Hélie Boniface.

16° Liste des Commandeurs du membre de Chantegéline.

TEMPLIERS.	HOSPITALIERS
1252-1253 Wilhelm de Chastanet.	1417. Hélie Gérard.

17° Commandeur du membre de Layguo.

1323-1324. Pierre Vascons.

18° Liste des Commandeurs du membre de Puymartin.

1187-1194. Guillaume de Saint-Lary   1505-1506. Jean de Saint-Lary.
1496-1504. Bernard de Lacoste.

19° Liste des Commandeurs du membre de la Roche-Saint-Paul.

1467-1486 Jean de Passarieu.   1500. Jean de Flotte

CHAPITRE XXXI

**Couvent des Religieuses de l'Ordre de Saint-Jean
dans le Grand-Prieuré de Toulouse.**

Comme nous avons eu plusieurs fois l'occasion de le mentionner, il y avait dans l'Ordre de Saint-Jean des religieuses qui joignaient leur dévouement charitable à celui des Hospitaliers. On leur affectait une partie des locaux des maisons de l'Hôpital; elles pouvaient y recueillir et y soigner les femmes étrangères, dénuées de secours, et surtout celles qui, nombreuses alors, avaient entrepris les longs et pénibles pèlerinages de Rome ou de la Terre-Sainte, sans autres ressources que celles de la charité publique. Dans certains cas, nous avons vu le gouvernement de quelqu'une de ces communautés mixtes confié à une de ces religieuses. Mais cette institution, qui présentait forcément beaucoup d'inconvénients, et donnant naissance à de fâcheux abus, ne tarda pas à disparaître ; à partir du XIVe siècle, nous ne trouvons plus d'exemples de maisons de l'Ordre, comprenant en même temps des religieux et des religieuses dans son personnel. Toutefois, l'Ordre de Saint-Jean compta toujours des religieuses dans ses rangs; mais elles vivaient complètement à part, dans des maisons qui leur étaient spécialement affectées, où elles étaient soumises à l'autorité et à la direction des Grands-Maîtres. Vivant sous la règle de Saint-Augustin et observant une très stricte clôture, elles portaient, comme les chevaliers, le manteau noir à croix blanche ; quand elles n'eurent plus de pèlerins à soigner. elles se consacrèrent à l'éducation de la jeunesse.

Toulouse possédait un établissement de ce genre. Nous voyons en effet les *Dames Maltaises* occupant la maison de *la Cavalerie*, située près de la Garonne, dans le faubourg Saint-Cyprien, et qui avait été donnée en 1180 à l'Ordre de Saint-Jean par B. de Saint-Romain[1]. Ces vastes locaux, étant restés sans destination définie entre les mains des chevaliers, furent affectés dans le courant du xvii° siècle au logement des religieuses qui vinrent à cette époque s'établir à Toulouse, ainsi que nous le verrons tout à l'heure.

Pour trouver l'origine de ce monastère, il faut que nous nous transportions au fond du Quercy. A moitié distance entre la ville de Gramat et le château de Thémines, on voit les ruines d'une construction féodale; ce sont celles de l'*Hôpital de Beaulieu*. Cet établissement, desservi, ainsi que ses annexes de Fieux et de Martel par des religieuses de Saint-Jean, devait se détacher de l'Ordre au commencement du xvii° siècle; mais une colonie, fidèle à ses vœux et à l'autorité des Grands-Maîtres, vint se réfugier à Toulouse, après avoir abandonné le monastère que l'esprit de révolte avait perdu.

§ 1. — *Beaulieu.*

Dans la première moitié du xiii° siècle, un puissant seigneur de la contrée, Guibert de Thémines et dame Aygline, sa femme, avaient fondé, pour le service des pauvres, un hôpital, entre Gramat et Thémines, sur le territoire de la paroisse d'*Issendolz*. Ayant terminé la construction de cet établissement, ils résolurent d'en faire donation à l'Ordre de Saint-Jean, qui se chargeait de remplir leurs vues charitables. Aussi, sur leur invitation, le quatorzième jour du mois de juillet 1259, *dans la salle neuve située au dessus du dortoir* du monastère de Figeac, en présence d'une brillante assemblée, où l'on remarquait à côté de l'abbé de ce couvent, de nombreux chevaliers et gentilshommes du pays, les deux

[1] Pièces justificatives n° XCI

nobles époux se dépouillèrent de leur hôpital de Beaulieu, dont ils remirent la possession au chevalier P. de Gérard, précepteur des maisons de l'Ordre dans le Quercy ; ils stipulèrent que les revenus du fief dépendant de la maison seraient affectés *au service des pauvres de Jésus-Christ et à l'entretien de la communauté*, à l'exception d'un marc d'argent qui devait être versé annuellement, à titre de responsion, dans le trésor de l'Ordre pour le secours de la Terre-Sainte ; le Précepteur s'engagea de son côté à laisser aux donateurs, leur vie durant, la jouissance et la direction de cet hôpital, qui devait revenir après eux à la libre disposition des Grands-Prieurs de Saint-Gille [1]. En 1298, Guibert et Aygline de Thémines étaient morts. Avant de quitter son Prieuré de Saint-Gille, pour aller prendre possession du Magistère qui venait de lui être décerné, G. de Villaret convoqua pour le mois d'avril de cette année, dans son château de la Tronquière, un chapitre général de l'Ordre. La maison de Beaulieu députa à cette assemblée quatre de ses religieuses, Aygline de Thémines, fille des fondateurs, Anne Bonafosse, Galiane de Vielscamps et Amigues de Vaux. Le chapitre approuva les dispositions de la donation de 1259, concéda aux religieuses, dont le nombre fut fixé à 39, pour leur entretien, les maisons de *Martel*, de *Barbaros*, de *Fontanes* et de *Sainte-Lébole*, sous la charge d'une responsion annuelle de 21 livres tournois : le Grand-Maître confia la dignité prieurale à la sœur Aygline de Thémines ; il fut décidé qu'à l'avenir, immédiatement après la mort d'une Prieure, les religieuses nommeraient sa remplaçante, après avoir invoqué les lumières du Saint-Esprit et entendu la messe ; mais que la nomination ne serait valable qu'après avoir reçu l'approbation du Grand-Prieur de Saint-Gille [2].

Franchissons maintenant l'espace de trois siècles et voyons ce qu'est devenu au commencement du XVIIe siècle cet hôpital, dont nous venons de dire l'origine. Comme beaucoup d'autres couvents, à cette époque, le monastère de Beaulieu avait

[1] Pièces justificatives n° XCIII.
[2] Arch Dames Maltaises, L X.

abandonné sa régularité primitive ; oubliant leurs vœux et leur sainte mission, les religieuses, s'affranchissaient du joug de la règle ; et on les voyait, violant la clôture, vivre, au grand scandale de tous, dans les châteaux du voisinage, au milieu des fêtes et des joies mondaines. Les Grands-Maîtres gémissaient d'un pareil état de choses et cherchaient à y porter remède; plusieurs tentatives de réformes avaient échoué. En 1601, Antoinette de Beaumont, Prieure de Beaulieu, se démit de sa dignité, à cause de son âge avancé, et confia l'autorité, avec le titre de coadjutrice, à une de ses religieuses, dame Galiotte de Gourdon de Genouilhac. Cette dernière, issue d'une des plus puissantes et plus illustres familles du Quercy, résolut de tenter un énergique effort pour ramener à la règle primitive le monastère de Beaulieu, ainsi que celui de Fieux, qui lui avait été réuni par une bulle du pape Pie V en 1608. Grâce a sa fermeté, à sa vertu, à l'influence que lui donnait sa noble origine, la dame de Genouilhac put mettre un terme à bien des abus ; et, jusqu'à sa mort, arrivée en 1617, le couvent de Beaulieu reprit son ancienne régularité et sa première ferveur. Mais de si heureux résultats n'étaient pas du goût de tout le monde et *l'ennemi, semeur de zizanie*, dit le Grand-Maitre de Paoulo, dans sa bulle de 1633, *ne pouvant supporter l'œuvre d'une si sainte réforme, suscita le trouble et la division parmi les religieuses*. Pendant que la plus grande partie de la communauté élisait canoniquement pour Prieure la sœur Françoise de Sainte-Croix de Mirandol, désignée par ses vertus pour continuer l'œuvre de sa devancière, un petit groupe de religieuses, attendant le moment favorable pour secouer le joug, refusèrent de reconnaître la validité de cette élection et mirent à leur tête une femme aussi ambitieuse qu'entreprenante, sœur Antoinette de Couderc de Vassal. Celle-ci étant appuyée par la noblesse du pays et surtout par messire Louis de Gourdon Genouilhac, comte de Vaillac; quoique frère de la sainte Prieure, ce dernier avait des vues d'ambition personnelle sur Beaulieu, s'empara du monastère et de l'autorité, et soumit à toutes sortes de vexations les religieuses qui refusaient de reconnaître son pouvoir illégitime, voulant garder leur règle et observer leur clôture. Les plaintes de ces dernières arrivèrent aux oreilles du Grand-Maître ; celui-ci donna à frère Anne de Naberat, Commandeur d'Ayen, Prieur de Saint-Jean d'Aix et aumônier ordinaire du Roi, la mission de se transporter sur les lieux et de veiller par lui-même au maintien de la réforme. A la vue de la conduite arrogante de la dame de Vassal et de ses quatre religieuses, Anne de Naberat fulmina contre elle une sentence d'excommunication. Mais les rebelles ne se découragèrent pas et finirent, à force de menaces et de promesses, par gagner à leur cause celui-là même qui était venu pour les combattre; bientôt après, il annula tous ses actes précédents et reconnût la validité de l'élection de la dame de Vassal, menaçant de ses rigueurs les religieuses réformées dont la protection lui avait été confiée. Dans l'impossibilité de vivre en paix derrière les murailles de Beaulieu, ces pauvres filles abandonnèrent cet asile où elles avaient espéré pouvoir consacrer leur existence au service de Dieu et du prochain. Nous verrons plus loin comment elles furent recueillies par l'Ordre de Saint-Jean à Toulouse.

Le départ des religieuses réformées ne mit point fin à la guerre et aux désordres qui agitaient depuis tant d'années le monastère de Beaulieu. Quoique n'habitant plus cette maison les dames Maltaises de Toulouse y avaient laissé leurs dots ; il était de toute justice qu'une portion de ces revenus leur fut attribué. Plusieurs arrêts du Parlement de Toulouse fixèrent le chiffre de la pension annuelle qui devait leur être allouée. Mais, forte de la puissance de ses alliés, la dame de Vassal refusa obstinément de répondre aux diverses sommations qui lui furent faites à ce sujet.

Si nous voulons avoir une idée de ce qu'était le monistère de Beaulieu à cette époque, suivons cet huissier, qui, au mois de juillet 1631, s'en va, à la réquisition des religieuses de Toulouse, signifier la sommation de paiement à la terrible Prieure. Dans les environs, aucun des habitants, auxquels il demande des renseignements, ne veut répondre à ses ques-

tions, *par l'apprehension qu'ils avoient, tant du sieur comte de Vaillac, que du sieur évesque de Tulle son frère, à qui ils disoient le dict monastère appartenir.* A son approche du couvent, dont les abords sont gardés, comme ceux d'une place de guerre, il se voit entouré d'une foule menaçante : « ... ils se seroient de plus en plus fort rués sur nous, s'estant
« armés de hallebardes, pertuisancs et battons ferrés à deux
« bouts ; et après eux seroit sortie une grande multitude de
« gens du monastère, tant hommes que femmes, estant au
« nombre de soixante à octante, les femmes apportant en
« leurs devantins des pierres pour nous meurtrir, les hommes
« reniant et blasphémant le nom de Dieu, disant qu'il nous
« falloit tuer et que nous n'étions que parfumes, charlattans
« et comédiens... » Etant arrivé, malgré tous les obstacles, à la porte du couvent, l'huissier demande à parler à la Prieure, sous peine de dix mille livres, au nom du Parlement et de Mgr le duc d'Espernon gouverneur de la province ; « A
« quoy ils respondaient qu'ils se mocquoient du Parlement
« et du duc d'Espernon. Et pendant ce, nous aurions entendu
« une voix qui leur criait : *Donnez ! Donnez ! Tuez le tous !*
« Et ayant levé les yeux sur le dict monastère, aurions vu
« une religieuse qui estoit montée sur une haulte tour et deux
« filles autour d'elle, qu'on nous auroit dict estre la dicte
« dame Anthoinette de Couderc. » Voyant l'impossibilité d'accomplir sa mission, l'huissier se retire, échappant à grand peine à la fureur de la population qui voulait le mettre en pièces [1].

Cependant les liens n'avaient pas été tout d'abord rompus entre l'Ordre de Saint-Jean et le Prieuré de Beaulieu. En 1620, dans une transaction conclue entre P. d'Esparbès Grand-Prieur de Saint-Gille et la dame de Vassal, cette dernière promettait, pour elle et pour toutes celles qui lui succéderaient à l'avenir, de reconnaître les Grands-Maîtres comme leurs supérieurs et de payer les responsions accoutumées ; en revanche le Ch. d'Esparbès la confirmait sa vie durant dans sa

[1] Arch Dames Maltaises, L. XIV.

dignité prieurale et lui conférait la Grand'Croix de l'Ordre. Mais cet accord ne devait pas avoir un effet durable. Le comte de Vaillac, mêlé d'une manière si active à toute cette affaire était guidé par un intérêt tout personnel. Ce riche prieuré, qui avait déjà vu à sa tête plusieurs Prieurs appartenant à son illustre famille, il l'ambitionnait pour sa fille, encore enfant. Il avait rendu d'assez éclatants services à la dame de Vassal, pour que celle-ci crût pouvoir déroger en sa faveur aux règles établies ; et la jeune Galiotte de Genouilhac fut admise, avec l'autorisation du frère de Naberat, à faire ses vœux ; en 1635, elle fut proclamée Prieure, la dame de Vassal s'étant démise de sa dignité en sa faveur. Les Grands-Maîtres eurent beau faire entendre leurs protestations, rappeler et disgracier le frère de Naberat, le sommer de rendre compte de sa conduite devant les tribunaux de Malte, la dame de Genouilhac resta en possession de son Prieuré et rompit définitivement tous les liens qui la rattachaient encore à l'Ordre de Saint-Jean.

§ 2. — *Fieux.*

C'est encore à la famille de Thémines que cet établissement doit sa fondation. Pendant la durée du chapitre provincial tenu à Fronton en 1297, le Grand-Prieur G. de Villaret conclut avec le chevalier Barascon de Thémines un traité, par lequel ils faisaient l'échange de leurs biens respectifs ; ce dernier s'obligeait dans cette convention, approuvée par le chapitre, à fonder sur le territoire de *Fieux*, un hôpital qui serait servi par douze sœurs de l'Ordre de Saint-Jean ; il affectait à l'entretien de cet hôpital, outre les revenus du territoire circonvoisin, 100 setiers de blé à prendre sur les paroisses d'Albiac, de Bio, de Thémines ou de Rodas ; la responsion annuelle de la nouvelle maison était fixée à un demi-marc d'argent, qui devait être remis au chapitre provincial de Toulouse *pour le service des pauvres d'outremer*[1]. Dans le cha-

---

[1] Pièces justificatives n° XCIII

pitre général tenu à *Limisso*, où les religieuses de Fieux s'étaient fait représenter, leurs constitutions furent approuvées, et Jourdane de Villaret, sœur du Grand-Maître, fut nommée première prieure. La suite des archives nous apprend peu de choses sur l'histoire de cette maison. Nous voyons seulement en 1355, le chevalier Olivier de Mier et ses deux frères, Ebbles, évêque de Vaisons, et Guillaume, abbé de Mas-Granier, donner leur petit dîmaire de *la Calmète* à la maison de Fieux, laquelle, en retour, s'obligeait à recevoir et à entretenir quatre religieuses, que leurs descendants auraient droit d'y faire entrer gratuitement, et à faire célébrer à perpétuité deux grands messes par an pour le repos de leurs âmes. La Prieure de Fieux était une proche parente des donateurs, elle souscrivit à ces conditions, qui ne tardèrent pas à devenir très onéreuses ; le couvent chercha dès lors à se dégager. De là une longue série de procès et de transactions, jusqu'à ce qu'enfin François, seigneur de la Roquebouillac et de Mier, consentit à renoncer à une prérogative ruineuse pour le monastère : il lui laissa le fief en question, n'exigeant en retour que la continuation des prières pour les membres de sa famille [1].

Le relâchement que nous avons signalé plus haut pour le monastère de Beaulieu s'était également introduit dans celui de Fieux et y avait produit les mêmes abus. Sa prieure, dame Adrienne de Labrosse, déjà parvenue à un âge avancé, se démit, en 1608, de sa dignité en faveur de Galiotte de Genouilhac, qui était déjà à cette époque coadjutrice de Beaulieu ; elle réunit ainsi dans ses mains le gouvernement des deux Prieurés [2]. Cette nomination, les religieuses ne la virent qu'avec une certaine appréhension, craignant qu'elle ne fût un danger prochain pour leur autonomie ; dans leur chapitre de 1608, elles exigèrent de dame Galiotte, avant de la reconnaître pour Prieure, la promesse de leur conserver tous leurs droits et tous leurs biens [3]. Malgré cette précau-

---

[1] Arch. Dames Maltaises, L XIX.
[2] Arch Dames Maltaises, L XIII
[3] *Id.*

tion, la réunion des deux monastères ne tarda pas à devenir définitive ; ce qui précipita le mouvement fut l'état peu prospère où se trouvait la maison de Fieux à cette époque. Dévastée pendant les guerres de religion, à peine relevée de ses ruines, elle était à peu près inhabitable. Aussi, à l'exemple des religieuses de Beaulieu, celles de Fieux n'y faisaient guère leur résidence. En présence de ce triste état de choses, après avoir obtenu le consentement du chevalier de Villeneuve-Mons, Commandeur de la Tronquière, l'official de Cahors vint, au nom de son évêque, prononcer, le 5 mai 1612, la réunion définitive des deux monastères. A partir de ce moment, Fieux suivit les destinées du couvent de Beaulieu, dont il ne fut plus qu'une annexe.

§ 3. — *Martel.*

Les archives ne nous fournissent que peu de détails sur la maison de *Saint-Marc* ou de *Sainte-Croix* de Martel. Nous lisons seulement dans un mémoire, composé par ces religieuses, que leur établissement fut fondé vers l'an 1200, pour l'entretien de seize religieuses sous la direction des consuls de Martel[1]. Nous venons de voir qu'il avait été donné en 1298 comme annexe à l'hôpital de Beaulieu ; et depuis lors l'élection de ses prieures était soumise à l'approbation de celles de ce monastère. Pendant les guerres du XVIe siècle, le couvent de Martel fut abandonné par ses religieuses, en 1587, et les consuls de la ville profitèrent de la circonstance pour usurper tous ses biens. Après la fondation de la maison de Toulouse, le Grand-Maître Lascaris chargea, en 1654, une religieuse de ce dernier monastère, Françoise de Mirandol, nièce de la première Prieure, d'aller prendre possession de cette maison abandonnée. Elle y vint avec quelques compagnes et eut à lutter contre beaucoup de difficultés, soit de la part des usurpateurs, soit de la part de l'autorité épiscopale ; l'évêque

---

[1] Arch Dames Maltaises, L X

de Cahors fit menacer de son excommunication la sœur de Mirandol, si elle ne quittait immédiatement son diocèse [1]. A force d'énergie et d'habileté, cette dernière parvint à triompher de tous ces obstacles. En 1685, elle obtint des lettres patentes du Roi et cette même année le Grand-Maître de Malte lui octroya des constitutions semblables à celles des Dames de Toulouse [2]. Mais cette maison ne devait jamais prospérer et ne put se relever complètement de l'épreuve qu'elle avait subie. Témoins les cris de détresse que les religieuses de Martel faisaient parvenir de temps en temps à Toulouse ; en 1776, elles les suppliaient de venir à leur aide, leur église et leur monastère menaçant de les engloutir dans un bref délai sous leurs ruines et les obligeant à jeter malgré leur pénurie les fondements d'un nouveau couvent.

§ 4. — *Toulouse.*

Suivons maintenant la colonie, qui, partie sous la conduite de la Prieure Françoise de Sainte-Croix de Mirandol, va chercher un asile, où elle puisse continuer à vivre dans la pratique de la piété et l'observation de la règle. Reçues d'abord dans le couvent de Sainte-Claire à Cahors, les religieuses durent bientôt reprendre leur vie errante ; car l'évêque de ce diocèse, chaud partisan de la dame de Vassal, les expulsa de cet asile, en les menaçant de son excommunication. Le Grand-Maître de Paulo avait envoyé de Malte une bulle, par laquelle il enjoignait aux religieuses de Beaulieu d'aller rejoindre leurs compagnes : il confiait en même temps la protection des malheureuses persécutées au chevalier Denys de Polastron-la-Hillère, qui mit tout en œuvre pour améliorer leur déplorable situation et chercha à leur procurer une résidence définitive dans la ville de Toulouse.

Il avait tout d'abord jeté les yeux dans ce but sur la maison du Temple de Toulouse, dépendant de la commanderie de

[1] Arch Dames Maltaises, L. X.
[2] *Id*

Garidech et connue sous le nom d'*Hôtel de Béarn* ; il soumit cette idée au Grand-Prieur, J. de Montaigut, qui assembla extraordinairement son chapitre provincial le 7 septembre 1624. Après avoir décidé que le Temple était insuffisant pour être transformé en couvent, le Grand-Prieur et le chapitre proposèrent d'affecter à cet usage le local de la *Cavalerie*, situé dans le faubourg Saint-Cyprien. Cette offre ayant été acceptée par le Grand-Maître, la dame de Mirandol amena à Toulouse la colonie de ses fidèles religieuses sous la conduite du chevalier de Polastron. En attendant que le monastère fut construit, elles louèrent une maison à côté de de l'église Saint-Jean et y observèrent la règle et la clôture. Plein de zèle pour la mission qui lui avait été confiée et muni des autorisations du Grand-Maître, et du cardinal de Lavalette, archevêque de Toulouse, le chevalier de Polastron activa la construction du monastère, qui fut terminée en quatre ans et dont la dépense s'éleva à 46,121 livres fournies par le Grand-Maître et divers dignitaires [1].

Le 13 septembre 1628, les religieuses purent s'y transporter et depuis cette époque, *elles y ont constamment observé*, comme nous l'apprend un mémoire de la fin du XVIIIe siècle, *la reforme qu'elles avaient embrassée ainsi que la cloture et la discipline monastique, à la grande satisfaction du public, de leurs supérieurs et des chevaliers leurs frères, sous les yeux desquels cette communauté vit à Toulouse avec la plus grande edification* [2]. Voyant que, sourdes à l'injonction qu'ils leur avait faite par sa bulle du 7 novembre 1623, la dame de Vassal et ses religieuses persistaient dans leur conduite, le Grand-Maître de Paulo, par une seconde bulle datée du 22 mai 1626, approuva solennellement la translation de Beaulieu à Toulouse, réforma certains points de la règle qui auraient pu occasionner dans l'avenir le retour des inconvénients présents : la charge des prieures, au lieu d'être à vie, était seulement triennale et leur élection devait toujours être soumise aux Grands-Maîtres, de l'autorité et de la direction desquels dépendait

---

[1] Arch Dames Maltaises, L X.
[2] *Id.*

immédiatement le couvent; ces derniers devaient désigner un chevalier, chargé, sous le titre de *protecteur des Dames Maltaises*, de prendre en main les intérêts de cette maison [1]. Une bulle du Pape Urbain VIII, une ordonnance de Mgr de Monchal, archevêque de Toulouse, et des lettres patentes du roi Louis XIII vinrent successivement approuver le nouvel établissement.

En 1644, la chapelle des religieuses était construite, ainsi que nous l'apprend une lettre, qui leur fut adressée par le Grand-Maître Lascaris et dans laquelle il les félicitait *d'avoir accomply le basliment d'une cité de Dieu qui a pour fondement Jésus-Crist, pour rempart leurs vertus, et pour gardes les anges*. Pour les aider à supporter les frais de cette construction, il promettait de leur servir, sa vie durant, une pension annuelle de 200 escus. Quelques années plus tard, Denys de Polastron, devenu Grand-Prieur de Toulouse, reçut du Pape, comme témoignage de sa bienveillance, de précieuses reliques; il chargea son *vicaire général*, le chevalier Jacques d'Esparbès, d'en faire la distribution entre diverses églises de son Prieuré: le corps de saint Damien fut déposé dans l'église collégiale de Saint-Jean, celui de saint Septime fut transporté à Fronton et les Dames Maltaises de Toulouse reçurent celui de sainte Dorothée (1659) [2].

A l'exemple des Grands-Maîtres, un grand nombre de chevaliers de la province vinrent au secours de ces religieuses, que leur départ de Beaulieu laissait absolument sans ressources. Le Bailli de l'Aigle leur donna un hôtel qu'il avait acquis à Malte du Grand-Maître de Paulo et qu'elles vendirent en 1657 au prix de 5,500 écus; Denys de Polastron versa dans leur caisse la somme de 21,000 livres. Certaines religieuses apportèrent à leur entrée dans la maison de Toulouse plusieurs domaines importants : sœur Marie de Touges, celui de *Mauzac* (1695) et sœur Marguerite de Sainte-Marie de Vico, celui *des Roches* près de Grenade. Divers achats

---

[1] Arch. Dames Maltaises, L. I
[2] Arch. Dames Maltaises, L. XXII.

vinrent successivement ajouter à ces possessions les terres de *Portet* (sur la Garonne) et de *Saurimont* (Gascogne).

Accablée par l'âge et les infirmités, la Prieure Françoise de Mirandol, après avoir maintenu au milieu de tous les orages l'intégrité de la discipline et la pureté de la règle dans la communauté confiée à ses soins et s'être définitivement installée dans le couvent de Toulouse, demanda à être déchargée du poids de la charge prieurale, où elle avait été constamment réélue et qu'elle occupait depuis 1618. En reconnaissance des services qu'elle avait rendus à l'Ordre, le Grand-Maître ordonna de lui assigner un lieu convenable dans la clôture, pour y vivre séparément et en tranquillité et y garder ses vœux (1644) [1].

L'église du couvent n'avait été construite que provisoirement ; les Dames Maltaises attendaient d'avoir pu réunir des ressources suffisantes pour élever un édifice religieux en rapport avec l'opulence de l'Ordre. Se voyant dans l'impossibilité de réaliser ce projet qui leur paraissait urgent, elles adressèrent à l'Ordre tout entier un appel qui fut entendu. Le commun trésor de Malte leur alloua une forte subvention et tous les commandeurs de la province apportèrent avec empressement leurs offrandes à leurs sœurs dans le besoin. Ayant réuni de la sorte des fonds en quantité suffisante, les Dames Maltaises se mirent à l'œuvre et confièrent à l'architecte Rivalz la construction de leur église, qui fut terminée en 1753 ; elle leur coûta la somme de 35026 liv. 18 s. 4 d. [2].

La direction que les Grands-Maîtres s'étaient réservée sur le couvent des Dames de Toulouse, n'était pas une pure affaire de forme et de suprématie nominale. Les archives ont conservé la très-nombreuse série des lettres qu'ils écrivirent à ce sujet et l'on n'est pas peu surpris en lisant ces pages remarquables par la sagesse de la direction et par leur haute spiritualité ; ces hommes, qu'on se figure ordinairement plus habiles à manier l'épée que la plume et plus occupés des affaires temporelles que des pensées surnaturelles, donnaient aux

[1] Arch. Dames Maltaises, L. III
[2] Arch Dames Maltaises, L XXI.

religieuses des conseils que n'eussent pas désavoués les théologiens les plus versés dans la conduite des âmes. Tantôt les encourageant dans la pratique de la piété, dans l'exacte observance de la règle et tantôt les réprimandant, quand l'esprit du siècle tentait de s'infiltrer dans le couvent, de réveiller des ambitions, ou de susciter des discordes à propos de quelque élection, nous les retrouvons toujours à leur poste, attentifs et vigilants. Signalons la lettre que le Grand-Maître Pinto écrivit le 15 septembre 1764 pour défendre l'introduction dans le couvent du bréviaire de Paris, que l'esprit janséniste de l'époque voulait substituer au bréviaire romain :
« *Vous ne pouvez ignorer*, écrit-il, *que nostre Religion attachée*
« *toujours et scrupuleusement aux usages de l'Eglise Romaine,*
« *en a conservé jusqu'à ce jour le bréviaire, que les innovations*
« *sont toujours dangereuses et que nous ne pouvons, sans les*
« *raisons les plus fortes, les tolerer* [1]. »

Comme ce qui précède a pu nous l'apprendre, le couvent des Dames Maltaises de Toulouse était loin d'être opulent ; c'est à peine si les dots des religieuses et le prix de la pension de leurs élèves pouvaient suffire à l'entretien de la maison. Souvent un accident imprévu venait apporter une nouvelle perturbation dans leur budget et rendre critique une situation déjà très précaire. Le couvent, bâti non loin de la Garonne, se trouvait exposé parfois, au terrible fléau, dont ce même faubourg de Saint-Cyprien, et notamment ce quartier de la *Cavalerie* ou de *Peyrolade*, ont naguère subi les épouvantables désastres. Nous citons ici un extrait du registre des délibérations du Chapitre provincial tenu dans la grande salle de l'hôtel Saint-Jean le 21 juin 1781.

« Au moment ou le chapitre finissait son travail et allait
« clore son registre, il a été instruit que le faubourg Saint-
« Cyprien était inondé par un grand débordement de la
« Garonne et que le monastère des Dames Maltaises, ainsi que
« plusieurs autres maisons religieuses ou particulières,
« estoient en danger de crouler ; le Chapitre, conjoinctement

[1] Arch Dames Maltaises, L. III.

« avec Monsieur le Commandeur de Mongey, protecteur, ont
« de suite chargé Monsieur le chevalier d'Aufréry d'aller au
« secours de ces religieuses. Monsieur le Grand-Prieur a
« envoyé ses carosses. Sur les représentations et même les
« instances des officiers de police, des principaux magis-
« trats et chefs de ce parlement que cette calamité avait
« attirés sur les lieux, Monsieur le chevalier d'Aufréry, après
« avoir mis à couvert les ornements et les vases sacrés et les
« autres effets précieux de ce monastère, après y avoir appelé
« différents ouvriers et pris les précautions convenables, a
« conduit les religieuses à l'hostel du Grand-Prieuré. Le
« chapitre assemblé les a accueillies en bons frères et leur a
« de suite donné les secours que la circonstance exigeait de
« son zèle et de son humanité. Ces dignes sœurs ont pris
« séance et, pénétrées de reconnaissance, elles se sont unies
« aux capitulants et ont récité avec eux les prières d'usage
« qui terminent le Chapitre [1]. »

Quoiqu'il ne paraisse pas que les bâtiments aient été détruits, le monastère ne se releva qu'avec peine de cette terrible épreuve et les cris de détresse que les Prieures poussaient vers Malte pour implorer des secours, se renouvelaient presque sans interruption. Mais les ressources de l'Ordre étaient assez limitées, et les archives contiennent une nombreuse série de lettres dans lesquelles les Grands-Maîtres exprimaient leurs regrets de ne pouvoir envoyer les secours demandés. Quoique donnant une éducation très soignée, et très recherchée aux jeunes filles nobles de la province, la maison des Dames Maltaises de Toulouse ne fit que végéter jusqu'à la fin. Elle se composait en 1780 de 32 religieuses divisées en 3 classes : 1º Les *religieuses de chœur*, qui, comme les *chevaliers de justice* de l'Ordre de Saint-Jean, se recrutaient dans les rangs de la noblesse du pays et étaient tenues à fournir devant des commissaires spéciaux les mêmes preuves de l'illustration de leurs races ; 2º Les *religieuses servantes d'office*, qui, à l'instar des *frères conventuels et servants d'armes*, devaient faire leurs

[1] Arch. Dames Maltaises, L. X.

preuves de bourgeoisie. 3° Les *sœurs converses*, correspondant aux *frères d'obédience*. A cette époque le pensionnat comptait 20 jeunes filles, toutes sœurs, nièces ou parentes de chevaliers de l'Ordre; leur pension était fixée à 24 liv. ce qui suffisait à l'entretien, dit le mémoire qui nous fournit ces détails, mais ne produisait aucun profit pour la maison ¹.

Les Dames Maltaises possédaient en dehors de leur monastère de Toulouse, des domaines d'ailleurs peu considérables à Portet, à Mauzac (diocèse de Rieux) et à Sauvimont (diocèse de Lombez). Leurs revenus annuels ne dépassaient pas la somme de 6981 liv.

Prieures de Beaulieu.

1259. Aygline I de Thémines.
1298. Ayglins II de Thémines.
1322. Béraude de Saint-Clar.
1458. Bertrande de la Garde.
1475. Marie de Castelnau.
1480-1530. Catherine de Foucaud.
1530. Anne de Castelnau.
1535. Gabrielle de la Queuille.
1540. Jacquette de Gourdon-Genouilhac.

1585-1601. Antoinette de Beaumont.
1601-1618. Galiotte I de Gourdon-Genouilhac.
1618-1631. Antoinette de Couderc-Vassal.
1661-1640. Galiotte II de Gourdon-Genouilhac
En 1640, rupture de Beaulieu avec l'Ordre de Saint-Jean.

Prieures de Fieux.

1298 Jourdaine de Villaret.
1353. N. de Mier.
1492. Jeanne de Vayrac.
1600-1608 Adrienne de Labrosse.

1608-1612. Galiotte de Gourdon-Genouilhac.
En 1612, réunion de Fieux à Martel

Prieures de Martel, annexe de Beaulieu.

1452. Delphine de Botz.
Vers 1648 rétablissement de la Maison de Martel.

1613-1687. Françoise de Sainte-Croix Mirandol.

---

¹ Arch. Dames Maltaises, L. X.

Prieures de Toulouse.

1623-1644. Françoise de Sainte-Croix Mirandol.
1645-1647. Gabrielle de Tillet de Touron.
1647-1653. Marie de Cairon.
1654-1657. Caussidie de Touges de Mauvezin.
1657-1663. Marie de Narbonne Fimarcon.
4663-1666. Julie de Castellanne d'Alus.
1666-1669. Marie de Narbonne (2e fois).
1669-1684. Caussidie de Touges (2e fois).
1585-1691. Julie de Castellane (2e fois).
1691-1694. Marguerite de Cadrien-Pillones.
1694-1703. Gabrielle de Paulo.
1703-1706. Françoise de la Motte-Saubens.
1706-1712. Jeanne de Loubie.
1727-1730. Anne de Madron.
1730-1733. Marie de Séguier.
1733-1736. Marguerite de Favre-Saint-Maurice.
1749-1755. Gabrielle de Génibrouse de Saint-Amans.
1755-1761. Anne-Françoise de Puget.
1761-1764. Gabrielle de Génibrouse (2e fois).
1764-1767. N. de Prohenques.
1768-1774. Gabrielle de Montlezun.
1774-1784. Anne d'Aldéguier de Sirac.
1785-1789. Marie-Thérèse-Gabrielle-Fortunée de Gudane de la Salle.

SUPPLÉMENT.

Un certain nombre de commanderies de la région appartenant au Grand-Prieuré de Saint-Gille avaient leurs archives déposées à l'Hôtel Saint-Jean de Toulouse, où les commandeurs les avaient plus facilement à leur disposition. Nous allons donner un résumé succint de l'histoire de ces circonscriptions de l'Ordre et mentionner rapidement les chartes les plus importantes de leurs archives.

Commanderie du Bastit (Quercy).

Ancienne circonscription de l'Ordre du Temple dans la partie septentrionale du Quercy : origine inconnue.

1265. Pierre de Lavaur rend à Adhémar de Peyrusse, précepteur du Temple du Bastit, ses mas de Lavaur, de Lavaysse et du Puy, situés dans la paroisse de Bessol, au prix de 4,000 sols cahorsins : acte passé dans la Bastide de Fortanier de Gourdon, en présence de Barthélemy, évêque de Cahors.

1293. Sentence du Sénéchal du Quercy maintenant le Commandeur du Bastit en la justice haute moyenne et basse de la paroisse de Saverguède, qui lui était disputée par les gens du roi d'Angleterre.

1295 Lettres patentes du Roi de France, confirmant au commandeur la justice haute, moyenne et basse du lieu du Bastit.

1311. Sentence rendue à la requête des curateurs des biens des Templiers, obligeant les habitants du Bastit à payer au nouveau commandeur les redevances accoutumées.

22 mars 1491. Le commandeur B. de Gros inféode aux habitants tout le territoire du Bastit avec ses usages, libertés et franchises, moyennant une censive générale de 300 livres tournois, 46 sétiers de blé et 3 d'avoine, à la condition qu'ils viendront se construire une maison et fixer leur résidence dans la ville ; ils devront en outre certaines redevances personnelles, le service de guet et de garde au château du Commandeur qui leur abandonne le haut de l'église pour enfermer leurs grains en temps de guerre.

1532. Sentence du Sénéchal fixant les droits de fouage dûs par les habitants du Bastit au Commandeur.

Cette commanderie, dans laquelle étaient venus se fondre successivement plusieurs petits établissements voisins, comprenait, outre le lieu du Bastit et son territoire, dans la paroisse de Bessol, les mas de Larcux, de Lavaysse et du Puy, les seigneuries spirituelles et temporelles de Beaussen et de Cras, des rentes à Gramat, Martel, Cabaniac, Nadilhac, Leymé et Vaillac, les dîmes de Saint-Vezian et de Camburat, et enfin des fiefs à Assier, à Prio, à Cossanus et à Foissac. Son revenu brut de 9593 livres était réduit par ses charges à la somme de 6844 liv. en 1764.

Liste des Commandeurs du Bastit.

TEMPLIERS :

1250. Raymond du Buisson.
1264. Adhémar de Peyrusse.
1276-1280. Raymond Rotbert.
1298. Jean de Pouberet.

HOSPITALIERS :

1311-1313. Guillaume de Lespinasse
1319. Bernard de Rossier.
1320-1337. Guillaume d'Alquier.
1340. Robert de Quitinhac.
1344. Jourdain de Chaldayrac.
1345. Bernard de Doais.
1351-1359. Jean de Nogaret.

1360-1378. Guillaume du Jardin.
1404. Géraud Teyssandier.
1416-1419. Raymond de Roquefeuil.
1431. Pierre Castel.
1432. Raymond de Ramos.
1435. Jean Picaret.
1444-1469. Guillaume de Ricard.
1469-1490. Jean de Ricard.
1491-1494. Bernard de Gros.
1497-1516. Jean de Valon.
1519-1529. Guyot de Panat.
1530-1541. Jean de Macaman.
1556-1560. Louis de Lespine.
1561-1563. Jean de Lavalette-Parizot

1567-1570. Hugues de Louben-Verdalle, Grand-Prieur de Saint-Gille.	1668 François de Foresta-Collongue.
1597. Raymond de Gozon-Mélac	1677-1685 Pierre de Martin de Puylobrier.
1611-1621. Antoine de Villeneuve-Mons.	1690-1693 Gaspard de Villages.
1632. Jean de Porcelet-Malcamié.	1696-1702. Jean-Georges de Caulet.
	1717. Chr de Séguiran d'Auriban.
1643-1650. Aymard de Grignan.	1731. Chr de la Raynarde.
1657-1667. Jean-Jacques de Verdelin	2750. Chr de Reauville,

Commanderie de La Tronquière.

§ I. La Tronquière.

Le château de la Tronquière, situé dans la Vte de Turenne était le centre d'une des principales circonscriptions de l'Ordre de Saint-Jean dans le Quercy. Nous avons vu ailleurs que ce fut là qu'en 1298, Guillaume de Villaret, nommé Grand Maître de l'Ordre, convoqua un chapitre général de l'Ordre.

5 novembre 1301. Accord entre le vicomte de Turenne et et le commandeur P. de Raymond, au sujet de la juridiction de certains villages situés dans le voisinage la Tronquière. Le vicomte approuve les acquisitions de l'Ordre de Saint-Jean dans sa châtellenie de Saint-Céré et le commandeur promet de tenir de lui le donjon de la Tronquière en fief franc et noble.

1326. Accord du commandeur avec les habitants de Gorsse fixant leurs droits d'usage et de depaissance dans les bois de l'Hôpital et leur accordant la faculté d'y chasser toute espèce de gibier, sauf les perdrix et les lapins.

1468. Transaction pour les réparations du fort de la Tronquière.

1633. Arrêt du Parlement de Toulouse défendant aux huguenots du lieu de Gorsse de continuer la construction de leur Temple.

1701. Le Commandeur de Palastron achète au prix de 220 l., des commissaires du Roi, les droits de lods et échanges dans les paroisses de la Tronquière, de Gorsse, de Bouxat et de Drulhe.

Le Commandeur de la Tronquière était un des plus puissants seigneurs de la contrée ; il avait le titre de baron et l'entrée aux Etats de la province, où il occupait le troisième rang. De son vieux château féodal relevaient les seigneuries spirituelles et temporelles, avec juridiction entière, de la Tronquiere, de Bouxat, de Gorsse, les oblations faites à la chapelle de Notre-Dame de Verdalle et plusieurs fiefs disséminés dans la partie orientale du Quercy, auxquels était venue s'adjoindre, à la fin du xviiie siècle, la vieille commanderie de Drulhe, avec ses dépendances à Maleville, Saint-Jean de Sabadel, Saint-Ygest, Loupiac, Salvaignac, Capdenac, Bès, Saint-Pierre, Villefranche, Saint-Vinssa et Salles-Courbatiers. En 1760, la commanderie de la Tronquière produisait un revenu brut de 13080 l., et un revenu net de 10350 l.

§ 2. — *Drulhe*.

1166. Echer de Mirabel donne aux Frères du Temple la ville de Drulhe et tous les droits tant spirituels que temporels qu'il y possédait [1].

1229. Oalric de la Roque donne à l'Ordre du Temple la personne de son frère Guillaume, dont il est le tuteur, avec tous ses droits sur la ville de Drulhe.

1254. Bertrand de Capdenac et Nayceline sa femme donnent au Temple de Drulhe les mas du Caire et du Cer.

1260. Aimard de Peyrusse donne la moitié du village de Rocairol.

1271. Accord entre le Commandeur et les habitants pour le règlement des droits du casuel et des dîmes.

---

[1] Pieces justificatives n° XCIV.

1510. Transaction entre commandeur, les autres conseigneurs de Drulhe et les habitants de cette ville pour le service de guet et de garde en temps de peste.

Liste des Commandeurs de La Tronquière.

1276. Arnald Borser.
1298. Pierre de Raymond
1311. Raymond Maurin.
1350-1357. Sicard de la Tour.
1401. Bérenger d'Alon.
1433. Folquet de Caritat.
1449-1456 Pierrre de Montlezun.
1468. Guillaume de Ricard.
1544-1550. Louis du Pont.
1550-1554. Charles du Pont.
1600-1630. Claude de Thézan-Vénasque.
1631-1632. Georges de Castellane d'Alluys.
1657. Jean de Mons-Lavasse.
1679-1682. Jean-Louis de Caminade.
1684-1698. Frédéric de Berre-Collongue.
1713-1716. Georges de Taraud.
1720. Ch^r de Grille.
1740-1745. Charles de Roquefort-Marquein.
1750-1752. Joseph de Robin Barbentane.
1760-1765. Louis-Hippolyte de Varagne - Bélesta-Gardouch.
1769-1771. Louis de Leydet de Sigoyer.
1787-1789. François-Henri-Auguste de Catelan.

Liste des Commandeurs de Drulhe.

1166. S. de Maleville.
1170. Elie de Montbrun.
1229. Doat Garsie.
1253-1254. Willelm du Puy.
1254-1255. Bermond de Cordes.
1258-1259. Pierre de Lin.
1260. Gaillard de Pradines.
1265. Guillaume Aramond.
1270. Arnald de Calmont.
1273-1282 Hugues de Santhès.
1286-1288. Hugues de Laborie.
1301. Bernard Arnaud.
1304. Guillaume Fabry.
1325. Bernard du Bosc.
1334-1347. Pierre de Vergely.
1391-1397. Jean Genton.
1404-1418. Durand de Maliane.
1423-1435. Bertrand d'Arpajon
1437-1444. Pons de Cardaillac.
1449-1452. Pierre de Montlezun.
1459-1460. Jean de Castelnau
1460. Antoine de Murat
1476 Jean d'Arlande.
1499-1510. Bertrand d'Esparbès-Lussan.
1556 Marc de Plane-Cassagne.
1571-1580. Jean de Montaigut.
1616-1619. Jean de Mars-Liviers.

Commanderie de Durbans.

Petite circonscription que l'Ordre de Saint-Jean possédait dans le Quercy et dont nous ignorons l'origine. Elle comprenait les châteaux et les juridictions de Durbans et de Salomès, et la seigneurie spirituelle des paroisses voisines d'Espedaillac et de Grèzes.

1307. Donation par noble Géraud de Sonac à l'hôpital d'Espedaillac de rentes sur le tènement de Cloup.

1447. Arbitrage entre Pierre de Montlezun, Commandeur de Durbans, et noble Raymond de Cardaillac, seigneur de Cardaillac et de Thémines, au sujet de certains fiefs situés dans Espedaillac.

1490. Coutumes octroyées aux habitants de Salomès.

1526. Accord entre le commandeur et les consuls d'Espedaillac au sujet des droits d'usage et dépaissance.

1548. Nouvel accord entre les mêmes : les consuls reconnaissent que leur communauté doit payer au commandeur une redevance annuelle de 13 setiers de froment.

Liste des Commandeurs de Durbans.

1448-1456. Pierre de Montlezun.
1485. Antoine de Murat.
1509-1513. Claude de Poitiers.
1514-1515. Gaston de Verdusan.
1518-1519. Gabriel de Pomeyrols.
1524-1539. Bertrand de Rousset du Colombier.
1545-1547. Jacques de la Touge-Lafaige.
1548-1598. Charles d'Urre-Ventarol, Grand-Prieur de Saint-Gille.
1623-1626. Honoré de Quiqueran-Beaujeu.
1640. Melchior de Barras-Clamens.
1655-1656. Ch^r de Mont.
1657-1641. Marcel de Galleau-de-Chasteauneuf.

Commanderie de La Capelle-Livron.

§ 1. — *La Capelle*.

Cette commanderie, que les Templiers possédaient dans la partie méridionale du Quercy, était désignée dans le principe sous la dénomination de *grange* ou de *cabane de Monson*. C'est aux précepteurs de cet établissement que furent faites dans la première moitié du xiii⁰ siècle de nombreuses donations qui, en accroissant son importance, firent changer son nom.

1225. Donation par Grimals de Livron de sa seigneurie de La Capelle [1].

1227. Raymond VII, comte de Toulouse, se déssaisit en faveur du Temple de sa juridiction sur la ville et le territoire de la Capelle [2].

1230. Arnaud-Jourdain, vicomte de Saint-Antonin, fait donation du lieu de Saint-Peyronis [3].

1231. Guiscard de Villevayre donne sa seigneurie de Pech d'Auzon.

1233. W. Comtesse de Peirafort donne la seigneurie de Lagarde, située près de la Capelle.

1234. Jean Imbert, religieux de la Caze-Dieu et prieur de Lusnac, confirme aux Templiers la cession qui leur avait été faite par son prédécesseur W. de Carlat, des églises de Saint-Peyronis et de Saint-Albi.

1235. V., abbé de Conques, donne l'église de Saint-Pierre de Sailhagol [4].

1236. Sentence arbitrale entre le Prieur de Fons et le commandeur de la Capelle confirmant à ce dernier la possesion des églises de Loze, de Jamlusse qui avaient été données à l'Ordre par le couvent de Fons [5].

1268. Charte de coutumes octroyée aux habitants de La Capelle par le commandeur R. du Buison.

1299. Les Templiers achètent des commissaires du Roi, au prix de 1,000 livres de petits tournois, l'abandon de leurs prétentions sur les juridictions de La Capelle, Mouillac, Crozilles, Casnac, Trevaix et Montricoux.

[1] Pièces justificatives n° XCV.
[2] Pièces justificatives n° XCVI
[3] Pièces justificatives n° XCVII.
[4] Pièces justificatives n° XCVIII.
[5] Pièces justificatives n° XCIX.

De cette commanderie dépendaient les seigneuries spirituelle et temporelle de Saint-Peyronis, la paroisse de Loze avec ses deux églises de Saint-Martin et de Saint-Pierre de Saillagol; celles de Lagarde, de Jamlusse, de Saint-Laurent; le territoire de Mouillac, la forêt de Crosilhes, les ruines du château de Cas, l'église de Saint-Amans de Promilhargues, des rentes à Caylus et à Parizot, le château de Trévaix avec la juridiction de son territoire et la paroisse de Casnac.

§ 2. — *Trévaix.* — *Casnac.*

Ces deux membres de la commanderie formaient primitivement une circonscription du Temple.

Vers le milieu du XII⁰ siècle, Gérard, évêque de Cahors, donna au Temple l'église de Casnac; G. de Gourdon, Izarn de Luzech et Gaubert de Durfort, la seigneurie de ce territoire et plusieurs fiefs qu'ils y possédaient.

1242. Donation au Temple par les deux sœurs Magne et Sybille de tout l'héritage de leur père Pons de Genouillac, à l'exception du fief de Capdenac.

1255. Barthélemy, évêque de Cahors donne au Temple les églises de Cras et de Saint-Laurent [1].

1301. Raymond, évêque de Cahors, confirme l'Ordre du Temple la possession des églises de Montricoux, de Saint-Benoît de Castras, de Saint-Laurent, de la Capelle, de Jamlusse, de Casnac, de Cras, de Nadaillac, de Loze, d'Alvergne et des Pyliers.

1370. Lettres du Sénéchal du Quercy, ordonnant la restitution aux commandeurs des seigneuries de Casnac et de Trévaix dont ils avaient été indûment dépouillés par le sénéchal anglais, Thomas de Balbefère.

Liste des Commandeurs de la Capelle-Livron.

1225-1230. Doat Garsie, Précepteur de la Cabane de Monson.

1231-1233. Arnald de Bosc, Précepteur de la Cabane de Monson.

[1] Pièces justificatives n⁰ CI.

1237-1238.	Amiel de Sils, Précepteur de la Cabane de Mouson.
1239-1255.	Gaillard de Pradines.
1257-1259.	Raoul de Sosnac.
1259-1260.	Raymond de Montaigut.
1263-1264.	Hugues de Valon.
1264-1277.	Raymond du Buisson.
1277-1278.	Pons de Parlatge.
1279-1286.	Hugues de Santhès
1287 1290	Athon de Salvagnac.
1290-1294	Ratier de Lemosin.
1313	Raymond de Caylus.
1314-1318.	Olivier de Penne.
1318-1332.	Pierre de la Vie.
1340-1341.	Guillaume de Gozon.
1345-1351.	Dieudonné de Gozon.
1356-1374.	Raymond de Lescure.
1383-1388.	Jean de Lescure.
1400-1401.	Bertrand d'Entraygues.
1402-1404.	Scot de Lescure.
1450-1456.	Pons de Cardaillac.
1457-1469.	Jean de Castelnau, Grand Commandeur.
1469-1470.	Bernard de Montlezun.
1470-1477.	Pierre de Ferrand, Grand Commandeur.
1477-1480.	Jean d'Ariande, Grand Commandeur.
1485-1493.	Pierre d'Aubuisson, G^d-Maître.
1500-1509.	Bertrand d'Esparvès-Lussan.
1524-1542.	Raymond de Ricard, G^d-Commandeur.
1549-1550.	Bégon de Gabriac.
1556-1560.	Gaspard de Malet.
1560-1581.	Hugues de Loubens-Verdalle, Grand-Commandeur.
1598-1602.	Jean de Marsa-Solhac.
1617-1619.	Antoine de Paulo, Grand-Maître.
1652 1672.	Jean-Jacques de Verdelin, Grand Prieur de Saint-Gille
1675-1681.	François-Paul de Béon-Masses-Cazaux, Grand Prieur de Toulouse.
1710.	Claude de Moreton-Chabrillant.
1722-1723.	Antoine de Sade-Eyguière.
1730-1740.	Henri de Boucaud.
1772.	François de Guiran-La-Brillane.

Liste des Commandeurs de Casuac.

1247.	Jacques d'Aramon.
1331-1335.	Foulques de Chaldayrac.
1381-1395.	Jean Vernhes
1480-1488.	Pons de Coalhac.
1512-1613.	Bernard de Montlezun.

Commanderie d'Espinas.

Petite circonscription d'origine hospitalière, située dans les environs de la ville de Saint-Antonin ; après avoir été rattachée à la Capelle-Livron, elle forma une commanderie distincte affectée aux frères conventuels et aux servants d'armes de l'Ordre de Saint-Jean. Au commencement du xiiiᵉ siècle, les Hospitaliers partageaient la juridiction de cette ville avec le Roi et avec plusieurs seigneurs du voisinage ; plus tard, les consuls de Caylus exerçaient en seuls, au nom du Roi, la justice à Espinas.

1532. Donation par Pierre Cayrols à la commanderie de certaines terres pour la fondation d'une chapelle dans l'église d'Espinas.

1663. Transaction entre le commandeur et les consuls de Caylus au sujet des honneurs dans l'église d'Espinas : la préséance est reconnue au commandeur, bien que les consuls aient seuls l'exercice de la justice.

Cette circonscription comprenait la seigneurie spirituelle de la paroisse d'Espinas, où les commandeurs percevaient les dîmes et possédaient, autour de leur château, un domaine considérable, celles de la Salvetat et de Saint-Sernin d'Ambres. Son revenu total était, au xviiiᵉ siècle, de 1310 l. et se réduisait par les charges à 1026 l.

Liste des Commandeurs d'Espinas.

1391. Jean Sicard.
1400. Hugues de Pechdoue.
1447. Guillaume Maljam.
1500. Raymond Roli.
1516-1533. Jean Cayrols.
1552-1555. Guillaume de Balmès

1597-1601 Esprit Grossi, Servant d'armes.
1663 1667. Helie de Moulac.
1713. Arnaud d'Hupais, Servant d'armes.
1787 1789. Etienne, Prévôt.

Commanderie de Vahours ([1]).

Lés Templiers s'établirent vers 1140 dans la châtellenie de Penne, où ils possédèrent tout d'abord le territoire des *Albis* et où ils construisirent peu après le château de Vahours. De nombreuses donations firent en peu de temps cette commanderie l'une des plus importantes circonscriptions de l'Ordre dans le Midi.

---

[1] Les savantes études faites sur cette Commanderie par M. Devals et par M. Rossignol nous permettent de nous borner à de simples et sommaires indications.

1155. Donation par Frotard, vicomte de Saint-Antonin, au commandeur de Vahours, du territoire de Montricoux.

1174. Donation par l'abbé d'Aurillac de l'église de Trévan.

1178. Donation par Raymond, comte de Saint-Gille, de ses droits sur le territoire de Castras.

1181. Cession par Etienne, Prieur de Saint-Antonin, et tous les chanoines de son couvent, à l'Ordre du Temple des églises de Castras, de Mairessi et de Montricoux.

1182. Izarn, vicomte de Saint-Antonin, confirme toutes les acquisitions des Templiers dans sa seigneurie et leur concède des droits de dépaissance sur ses terres.

1190. Donation par plusieurs chevaliers du lieu de Montaigut de la chapellenie de cette ville.

1196. Amiel de Penne exempte les Templiers des leudes et des péages dans toute sa chatellenie.

1275. Coutumes concédées aux habitants de Montricoux par Roscelin de Foz, Maître du Temple en Provence.

1276. Sentence arbitrale entre les Templiers et les chanoines de Saint-Antonin, au sujet des dîmes des paroisses de Montricoux, de Saint-Maurice et de Castras ; elles sont adjugées aux premiers moyennant une redevance annuelle de 24 sétiers de froment et de 16 d'orge.

1351. Raymond, évêque de Cahors, confirme aux Templiers la possession de plusieurs églises de son diocèse, parmi lesquelles Montricoux et Saint-Benoît de Castras.

1331. Echange entre les chevaliers de Saint-Jean et Arnaud, vicomte de Carmaing ; ce dernier cède la place et la juridiction de Peyriac (Bas-Languedoc) et reçoit le lieu de Montricoux, où l'Ordre ne conserve que la seigneurie spirituelle et les dîmes.

1456. Transaction entre le commandeur Jean de Castelnau et Antoine de Cardaillac, seigneur de Bioule, pour la limitation de leurs territoires respectifs.

1482. Transaction avec les habitants de Vahours, portant règlement des droits de fouage et de fournage et des journées de corvée ; le commandeur devra, en temps de guerre, offrir asile dans son château aux personnes et aux meubles de ses vassaux, qui seront tenus de lui fournir un service de garde et de guet.

1523. Procès contre les consuls de Vahours qui avaient tenté d'usurper l'exercice de la justice dans cette ville et des droits d'usage dans la forêt du commandeur.

1655. Arrêt de la Cour des Aydes de Montpellier, défendant aux consuls de Saint-Beauzille de soumettre à la taille les biens de l'Ordre de Saint-Jean.

1703. Le commandeur, G. de Pontevès, achète des commissaires royaux, au prix de 400 l., la justice haute, moyenne et basse de la paroisse de Saint-Amans, démembrée de la juridiction de Molières.

Le commandeur possédait à Vahours un château-fort, la seigneurie entière, spirituelle, temporelle et foncière de cette ville et de son territoire, une partie de la dîme de Saint-Pantaléon et de Saint-Michel, des fiefs et des rentes au Frau, à Fontblanque, Saint-Julien, Vayrevigne, Saint-Antonin, Lentin, Louvers, Audillac, Sestayrols. Les divers membres de la circonscription étaient : Saint-Martin de Sesquière, au diocèse de Cahors (1/2 dîme et un petit domaine), la Madeleine, près de Penne (seigneurie spirituelle, dîmes), Montricoux (id.), Bioule, au diocèse de Cahors (moitié de la dîme), Saint-Amans (château, seigneurie entière), la moitié des dîmes de Saint-Simon et de Saint-Maurice et enfin la chapelle de Saint-Jean, près de Montcuq, en Quercy. Le revenu net de cette commanderie était, en 1782, de 16,998 l.

Liste des Commandeurs de Vahours.

TEMPLIERS

1150-1160. Fort Sauz.

HOSPITALIERS

1448-1468 Pierre de Raffin.
1478-1469. Jean de Castelnau.
1477 1484 Pons de Maleville

1488 1497. Charles d'Alemand de Rochechinard.
1498-1499. Pierre de Raffin.
1538-1539. Raymond de Ricard.
1545. Estaut de Milhan.
1550-1551. Esnard de Montarsy.
1552-1554. Pierre de Beaulac-Tresbons.

1582-1585. Pierre de Roquelaure-Saint-Aubin.
1610-1614. Jean de Marcillac.
1614-1615. Pierre de Blancard-Naites
1622. Jean de Vidos.
1623-1632. Richard de Niny-Claret.
1634-1637. Honoré de Villeneuve-Villevieille.
1638. Louis de Bagarries.
1652-1660. Antoine de Glandevès-Castelet
1661-1655. Jacques d'Esparbès-Lussan-Carbonnaux.
1682-1687. Jean de Villeneuve-Villevielle.
1688-1715. Gaspard de Pontevès-Bargème, Grand-Prieur de Toulouse.
1730-1746. Paul Alphéran de Bussan, évêque de Malte.
1764-1767. Philippe de Cruzy-Marcillac.
1782-1789. Pierre-Antoine de Raymond-d'Eaulx.

Commanderie de Rayssac.

§ 1. — *Rayssac. — Saint-Antonin. — Puygozon, etc.*

Les Hospitaliers s'étaient établis dans l'Albigeois avant la fin du xi° siècle. Le cinquième jour des Kalendes de septembre de l'année 1085, en présence de l'Evêque d'Albi, Guillaume Agambert donna à l'Hôpital de Saint-Jean de Jérusalem, l'église de Saint-Antonin de Lacalm et tous les droits qui y étaient attachés ; Gaubert de la Roque, le mas de Mont-Bertrand, Izarn Durant, l'église de Saint-Michel dans la ville d'Ambialet, avec le fief ecclésiastique et la viguerie; Pierre Raymond d'Assa et Guibert de Vitro, l'église de Notre-Dame de Robeiro [1]. Dans le courant du siècle suivant, ils s'établirent sur leur fief de Rayssac, où ils élevèrent leur château seigneurial.

1120. Donation par Guillaume Salomon à l'Ordre de Saint-Jean de l'église Saint-Geniès de Puygozon [2].

1174. Sentence arbitrale entre Guillaume, évêque d'Albi, et Guiscard, prieur de l'hôpital dans l'Abigeois, au sujet des droits épiscopaux (synodes et parades), que le premier

---

[1] Il est regrettable que les archives ne contiennent que la mention de la charte de cette donation, l'une des plus anciennes faites à l'ordre de Saint-Jean en Europe.

[2] Pièces justificat. n° CII.

revendiquait sur les églises de l'Ordre dans son diocèse, Gourgues, Bar, Combejac, Saint-Cirq, Nouvelle, Benaine, Saint-Geniez, la Capelle, Escandeliers, Aussabaisse, Gil, Ambres, Saint-Antonin et Rayssac.

1195. Inféodation à Bertrand de la Capelle par le commandeur de Rayssac, de la ville de la Capelle, du fort, situé entre ceux de la Guépie et de Saint-Marcel et de tous les droits de l'Ordre sur cette paroisse, sous la censive de 50 sols melgoriens ; il est réservé que, quand le Prieur de l'hôpital se rendra à la Capelle, le feudataire sera obligé de l'héberger avec sa suite une fois l'an.

1220. Sentence arbitrale de l'Evêque d'Albi entre le commandeur de Raysac et le chapitre de Castres, au sujet de l'église de Saint-Benoît de Gourgues, qui fut adjugée à l'Ordre de Saint-Jean.

1252. Transaction entre le Prévôt du Chapitre d'Albi et le commandeur, au sujet des dîmes que le premier réclamait sur le territoire de Rayssac, situé dans la commune du Cambon; il fut convenu que, moyennant le paiement d'une redevance annuelle de 16 sétiers de froment, le commandeur percevrait sans conteste la dîme en question.

1332. Tansaction entre Bérald, évêque d'Albi, et le commandeur Foulques de Caldayrac, au sujet de la juridiction du lieu de Rayssac ; elle est reconnue à l'évêque, qui s'engage à ne faire aucune exécution criminelle sur ce territoire et à ne pas y établir de fourches patibulaires ni autres marques de justice.

1370. Bulles du Pape accordant des indulgences à ceux qui visiteraient 3 fois la semaine pendant tout le carême les deux églises de Saint-Jean de Rayssac.

1569. Le commandeur B. de Valhausan requiert MM. les députés du clergé et de la noblesse du diocèse d'Albi, d'avoir à lui délivrer la somme de 300 escus sols « qui lui avoient été
« octroyée en reconnaissance de la capture par lui faicte de
« dix séditieux et rebelles portant les armes contre le Roy et
« qui furent condamnés à mort. »

1573. Commission du gouverneur d'Albi pour la garde du château de Rayssac ; sommation aux habitants du Cambon et de Grèzes d'avoir à y participer.

1655. Achat pour l'Ordre par Jean de Bernuy Villeneuve, bailly de l'Aigle, de la terre et seigneurie de Guitalens au prix de 50,500 l.

La commanderie comprenait le château de Rayssac, des fiefs dans la paroisse du Cambon, les tènements de Lanel et de Babardel, un tiers de la dîme de l'ancienne paroisse de Saint-Blaise de Bonaval, dont l'église était en ruines depuis la guerre des Albigeois, des censes dans la ville et les environs d'Albi, la seigneurie spirituelle des deux églises de Puygozon, de Saint-Pierre des Forts, de Saint-Cirq et de Saint-Benoît de Gourgues (près de Lautrec), de Saint-Antonin de la Calm, du Cambon du Temple, de Saint-Pierre de Combejac, de Bar, de Saint-Pierre de Gil et de la Capelle-Segalar, les anciennes églises de Saint-Jean de Malemontade, de Saint-Jean de Linas et de Saint-Jean de la Nouvelle, le patronat de la fondation d'une messe dans l'église abbatiale de Saint-Michel de Gaillac, le sanctuaire de Notre-Dame de Mazières sur le Tarn, une chapelle dans l'église paroissiale de Guitalens, où les chevaliers possédaient encore une résidence seigneuriale, une portion des dîmes de Carmenel, de Sainte-Superie et des Cinq-frères (près de l'Isle).

§ 2. — *Le Cambon du Temple.*

Les Templiers avaient dans le voisinage de Rayssac quelques possessions qui furent naturellement unies à cette commanderie lors de la suppression de leur Ordre.

1171 Donation par Bernard At à l'Ordre du Temple de l'église du Cambon.

1171. Cession par Izarn de la Valette du mas de Salvagnes au prix de 2,000 sols melgoriens.

Liste des Commandeurs de Reyssac.

1150. Aymeric d'Aygenbère.
1174. Guiscard.
1236. Dorde de Caylus.
1250. Etienne de Lemozin.
1251-1262. Borrel Audigier.
1263-1264. Jourdain de Cabrairol.
1270-1277. Guiraud de Colomb.
1282-1283. Déodat de Chiffied.
1283-1291. Dorde Guifre.
1296-1315 Raymond d'Olargues.
1327. Olivier de Penne
1323-1354. Foulques de Caldayrac.
1392-1393. Pierre de la Borme.
1409. Astoul de Lescure.
1414-1419. Pierre d'Hornac.
1441 Arnaud de Banes.
1450. Hugues d'Arpajon.
1459-1465, Guillaume de la Borme
1491-1493. Tristan de la Borme
1496-1507. Bertrand d'Esparhès-Lussan Carbonneau.
1504. Jean de la Bormé.
1514-1529. Jean de Boniface.
1529. Olivier de Léoncel.
1538-1541. Guyot de Marcilhac.
1561-1563. Aymeric de La Pierre.
1569-1576. Bernard Blanc de Valhausan.
1582 1596. Claude de Thézan-Venasque.
1603. Honoré de Pagès-Chastuel.
1617. Tristan de Villeneuve-Maurens.
1647. Antoine de Glandevès-Castelet.
1655. Jean-Philippe du Cos de la Hitte.
1662. Charles de Villages.
1675 1677. Jean François de Verdelin.
1679-1682. Louis de Forbin-Gardanne.
1687. Louis-Imbert de Rabot.
1699-1702 Jean de Rolland-Relhaunette.
1710-1715 Jean-François de Polastion-Lahillière-Saint-Cassian.
1723-1729 Pierre-Félix de la Raynarde.
1738. Michel d'Albert de Sainte-Croix.
1744-1746. Joseph de Chalvet-Rochemoutès.
1760. Ch^r de Raousset.

Liste des Commandeurs du Cambon du Temple

1760. Guillaume Folquier.
1289. Raymond de Posquières.
1293. Bernard de Rotbald.
1301-1302. Pons de Saint-Just.
1314. Etienne Mostier.
1318. Arnaud de Borren.
1330. Raymond de Suejols.
1336. Guiral Jolia.

Commanderie de La Selve.

Important et ancien établissement des Templiers, situé dans la partie méridionale du Rouergue, près de la ville de Cassagnes. Les archives mentionnent son existence dès le milieu du XII° siècle ; elles contiennent, en effet, les actes de plusieurs donations, qui, quoique non datées, doivent remonter à cette époque, ayant été faites entre les mains du chevalier Elie de Montbrun, qui gouverna l'Ordre du Temple, en Rouergue, de 1148 à 1165. Parmi ces dernières, nous citerons celle de l'église de Rullac, par Dieudonné et Estolz de Gag [1], celle de l'église et de la ville de Bégon, par Guillaume Alamanz, et enfin celle du territoire de Beringuière et du bois de Longue-Faisole, par Pons de Miramont.

1162. Donation par Ademar de Cadars et plusieurs autres seigneurs de leurs droits sur le territoire de la Selve [2].

1173. Donation par Bertrand Lops de ses droits sur l'église d'Auras.

1206. Donation par Richard, fils du comte de Rodez, seigneur de Salmiech, du fief d'Espinous, situé dans la paroisse de Collongue (seigneurie dite *des Montagnes*).

1222. Huc de Peyrebrune donne au Temple de la Selve les mas du Puy, de la Combe, de la Bruguière, de Solacroup et du Bousquet.

1247. Dame Uga, fille de Raymond de Salmiech et femme d'Arnal des Oles, partage entre l'abbaye de Bonnecombe et le Temple de la Selve ses fiefs d'Alratos et de Cantegril.

En 1247, fut conclue une transaction entre l'abbé de Vabres et le commandeur de la Selve, au sujet de l'église de Rullac : les Templiers devront payer aux Bénédictins la censive annuelle de 2 sols et 6 deniers, fournir le logement à l'abbé et aux moines de Vabres, toutes les fois que ces derniers auront l'occasion de passer par la Selve.

[1] Pièces justificatives n° CIII.
[2] Pièces justificatives n° CIV.

1263. Guillaume et Huc Finelas donnent au Temple de la Selve leurs droits sur le château de Tannus, situé dans le diocèse d'Albi, entre les territoires de Montauriol et de Cabrespine. A ces premières possessions vinrent s'en adjoindre de nouvelles, entre autres, la seigneurie spirituelle de la paroisse de Saint-Sauveur-de-Lautrec, et plusieurs fiefs en dépendant.

Les archives contiennent, en outre, les traces de longues discussions entre les commandeurs de la Selve et les officiers royaux de Cassagne, au sujet de la juridiction des localités voisines, malgré une sentence de 1287, qui reconnaissait aux Templiers l'entière seigneurie de la Selve et sur laquelle nous aurons l'occasion de revenir [1]. En 1290, protestation du commandeur contre la sentence obligeant ses vassaux à payer un subside pour l'entretien de l'armée levée contre le comte de Foix et les rois de Navarre et d'Aragon. L'année suivante, protestations des Templiers contre l'érection de fourches patibulaires, par le juge de Cassagnes, sur le territoire de la commanderie et contre la présence d'un sergent royal et d'une garnison dans le lieu de la Selve.

En 1333, le sénéchal de Rouergue exempte des droits de leude et de péage le commandeur de la Selve et ses gens, auxquels le roi de France accorde des lettres de sauvegarde en 1337.

Au mois de juin 1504, Louis XII accorde au commandeur de la Selve des lettres patentes portant établissement dans cette ville de trois foires par an (le 17 janvier, le 1er juin et le 6 octobre) et d'un marché le lundi de chaque semaine, avec la *pancarte* des droits à percevoir pour les diverses marchandises : 1 denier pour chaque tête de gros bétail, 4 deniers pour chaque douzaine de menu bétail, 2 deniers pour chaque charge de toiles, de sel ou d'huile. Les habitants demeuraient exemptés de ces droits.

En 1525, le commandeur Gailhard de Marcillac fut exempté de l'obligation de foi et d'hommage, par Mgr Charles, duc

---

[1] Voir Espalion.

d'Alençon, pair de France, comte d'Armagnac, du Perche, de Rodez, de Fezensac, de l'Isle-Jourdain, vicomte de Lomagne, de Fezensaget, de Creyssel, seigneur des Montagnes, des quatre chatellenies de Rouergue et des autres vicomtés, baronies, terres et seigneuries de la maison d'Armagnac.

Cette comanderie comprenait l'entière seigneurie spirituelle et temporelle des lieux de la Selve, de Bégon, les seigneuries spirituelles de Rullac et de Lautrec, les fiefs des Montagnes, de Sauganètes, de Broquiès, d'Ayssènes et de Faussergues. Le château des commandeurs n'a disparu que depuis peu d'années. La Chapelle est devenue l'église paroissiale de la Selve.

Liste des Commandeurs de la Selve.

1135-1162. Hugues Guiral.
1235. Estrebat.
1836. Welhelm Ainal.
1250. Pons de Magalas.
1256. Hugnes du Valon.
1259-1260. Guillaume de Cardaillac.
1261-1262. Guillaume de Roquefort.
1263-1278. Raymond de Posquières.
1281. Raymond de la Bote,
1283. Raymond de Plauzolhes.
1284. Bernard de Salvagnac,
1316. Foulques de Jouilhet
1317-1318. Arnaud de Toyran.
1320-1334. Raymond de Suéjols
1335-1350. Marc de Gozon.
1359-1360. Arthur de Gozon
1371-1386. Hugues de Gozon
1392-1427. Bertrand d'Arpajon
1438-1450. Hugues d'Arpajon.
1457-1479. Guillaume de Ricard.
1480-149.. Ardoin de la Plane.
1491-1512 Jean de Rafin.

1551-.525. Gaillard de Marcillac.
1539-1545. Guy de Marcillac.
1560. Henri de la Valette-Parisot.
1578. Jacques de Loubens-Verdalle.
1584-1600. Laurent de Raymond.
1609-1610 Hercule de Vintimille-Revest.
1611-1623. Claude de Gyrente la Bruyère.
1636-1639. Jacques de Glandevès
1663-1667. Charles de Comminges-Guitaud.
1686-1691. Albert de Riqueti-Mirabeau.
1721-1722 Charles d'Ayguières-Frignan.
1733 1741. Octave de Galéan.
1747-1749. Henri Louis de Chalvet.
1772-1773. Chr de Raymond d'Eaulx.
1788-1799. Victor-Nicolas de Belmont-Vachou.

Espalion.

§ 1. — *Espalion*.

C'était un ancien établissement des Templiers que nous trouvons possesseurs d'une chapelle, située hors du faubourg de ce nom, et de plusieurs fiefs dans les environs, sans que les archives nous aient conservé la trace des donations primitives. A cause de l'importance de la ville et du nombre des possessions de l'Ordre du Temple dans cette partie septentrionale du Rouergue, Espalion devint une de leurs principales circonscriptions.

A la fin du xiii⁰ siècle, Henri, comte de Rodez, prenant ombrage de la puissance des Templiers dans le pays, éleva des prétentions multipliés contre cet état de choses et les accusa d'avoir usurpé, au détriment de sa propre juridiction, les droits de justice dans leur fief d'Anglars, dépendant de la châtellenie de Cabrespine, à Albignac, dépendant de celle de Boadou, à Banhars, dans le district d'Entraygues, à Lavaysse, dans celui d'Hautpuech, à Limouze, dans celui du Bourg de Rodez, à Frayssine, dans celui de Camboulaset, à Las Martines, dans celui d'Aubin, et à la Selve, dans celui de Cadars. Le Grand-Maître de l'Ordre en Provence, Pons de Brohet, proposa au comte une transaction, et les deux parties remirent la question à l'arbitrage de Rostang, abbé de Bonneval, et d'Hugues de Santès, précepteur de la Capelle-Livron. Ceux-ci rendirent, le 14 janvier 1287, leur sentence arbitrale, qui adjugeait aux Templiers l'entière juridiction de leur seigneurie de la Selve et décidait que, dans les autres localités, le droit de justice serait réservé au comte pour les crimes entraînant la mort ou l'exil perpétuel, et reviendrait au commandeur dans tous les autres cas.

1288. Transaction entre les commandeurs d'Espalion et le chapitre de Rodez pour le partage des dîmes de la seigneurie des Landes.

2 septembre 1460. Sentence rendue par le lieutenant du comte d'Armagnac à la requête de Jean de Castelnau, commandeur d'Espalion, et exemptant les habitants d'Anglars du service de garde auquel voulait les astreindre le capitaine du château de Cabrespine, noble Odet Deydie.

3 janvier 1574. Lettres patentes de Charles IX pour obliger les habitants de Limouze à payer au commandeur les dîmes des blés et autres grains.

Cette commanderie comprenait des membres disséminés dans tout le nord du Rouerge, Albignac, Les Landes, Anglars, Limouze, les fiefs de Mendailhe, de Canteperdix, du Cambon, de la Bayssière, de Pralis, des rentes à Villecomtal, Mousset, Saint-Félix-de-Sénergue, Campnat, Saint-Geniez, Estaing, Sempiac, Pruine; dans le courant du XVII⁰ siècle elle s'était accrue par l'adjonction de celle d'Ausitz. Elle produisait un revenu net de 10,000 livres environ.

§. 2. — *Ausitz*.

Ancienne commanderie de l'Ordre de Saint-Jean. Vers la fin du XII⁰ siècle, Baudoin de Lugan donna à l'hôpital de Jérusalem et à la maison d'Ausitz tous ses droits sur la ville de Lugan [1]. Depuis cette époque, les commandeurs ayant établi leur résidence habituelle sur ce dernier point, cette circonscription fut en général désignée sous le nom de commanderie de Lugan.

On lit dans les annales de Villefranche qu'en 1250, Vivian, évêque de Rodez, donna au commandeur d'Ausitz les fiefs d'Alteserre, Rulhe et Lugan, en échange de ceux de Veuzac et de Cabanes, près de Morlhon.

1255. Transaction entre le commandeur d'Ausitz et le Prieur de Bournazel, au sujet des dîmes du mas de Roselargue et de Bormonet.

1261. Accord entre le commandeur d'Ausitz et les quatre frères Bernard, Imbert, Arnaud et Raymond de Mirabel, damoiseaux, au sujet de la possession du mas de Vignac. Ces

[1] Pièces justificatives n° CV.

derniers renoncent à leurs prétentions moyennant 300 sols rodanais, payés par les Hospitaliers.

1308. Transaction entre le commandeur et les habitants d'Ausitz pour régler le casuel du curé. Pour les enterrements les droits se montaient à 10 sols rodanais, si le défunt était un chef de famille, et à 5 sols, dans le cas contraire. Si le défunt était noble de père ou de mère, le commandeur aura le droit de choisir dans sa garde-robe son meilleur habit. Le prêtre aura droit pour les mariages à recevoir les *arres* et les *oblations* accoutumées et à aller prendre part, avec son clerc, au dîner et au souper de noces.

1454. Échange entre le commandeur P. de Montlezun, Grand-Prieur de Toulouse, et noble Raymond d'Aldoyn, cosseigneur d'Ausitz. Ce dernier cède à l'Ordre de Saint-Jean une rente de 3 setiers de blé qu'il percevait à Lugan, et en reçoit une maison dans le fort de Lugan.

1705. Jugement des requêtes obtenu par le commandeur d'Espalion et condamnant les habitants d'Ausitz à réparer la nef de leur église.

Liste des Commandeurs d'Espalion.

1237. Gaucelin de Saint-Jory.
1331. Beringuier de Rotbald
1351. Hélion de Montcalin.
1371-1374. Jean d'Armagnac.
1386-1393. Raymond de Cazillac, Grand-Prieur de Saint-Gille.
1393-1398. Durand de Maliane.
1404-1423. Bernard de la Fitte.
1430. Bernard de Marrast.
1437-1447. Bertrand d'Arpajon.
1450-1454. Pierre de Montlezun, Grand-Prieur de Toulouse.
1454-1463. Jean de Castelnau.
1470-1471. Bernard de Berenger.
1512-1513. Jean de la Valette Parisot.
1419-1524 Guyot de Castelnau.
1530-1530. Pons d'Urre.
1540-1543. Begon de Gabriac.
1544-1545. Guyot de Gabriac.
1550-1551. Antoine de Rodez Montalègre.
1583-1603 Pierre de Roux-Belbeze.
1606-1619. Jean-Jacques de Mauléon-La-Bastide.
1630-1640. Jean Baptiste de Lambert.
1647-1654 Philippe de Lespine-d'Alan.
1654-1655. François de Villeneuve-Clamens.
1657-1658 Jacques de Pichon.
1658-1659 Claude de Villeneuve-Tourette.
1665-1690. Raymond de Villeneuve de Recuquelle.

1691-1714. Joseph Félix de la Raynarda.

1719-1721. Antoine de Sade-Ayguière.
1762-1789. Gabriel-Joseph de Lordas.

Liste des Commandeurs d'Albignac

1328 Guillaume Boissonade,
1432. Guillaume de Reynis.

1447-1458. Raymond de Ville.
1503. Bertrand de Conillac.

Liste des Commandeurs des Landes.

1411. Durand de Maliane.
1426-1440. Guillaume de Caylus.

1460-1472. Simon Bernard.

Commanderie de Lugan.

Nous avons vu tout à l'heure la donation de la ville de Lugan à l'Ordre de Saint-Jean et son adjonction à la commanderie d'Ausitz. Cette circonscription, qui comprenait, outre les deux seigneuries d'Ausitz et de Lugan, les fiefs de Malleville, de Narrines et de Foissac, fut démembrée dans le courant du XVII siècle. Ausitz et ses dépendances furent réunis à la commanderie d'Espalion et remplacés dans celle de Lugan par le membre de Saint-Jean-du-Planté, situé dans le diocèse de Rieux et détaché de Montsaunès.

Liste des Commandeurs d'Ausitz et Lugan.

1180. Austorg.
1254. Raymond.
1272. Bernard Peyre.
1285-1299. Pierre de Raymond
1343 Raymond d'Olargues.
1315. Bernard d'Auriac.
1418. Berenger d'Alon.
1420. Durand de Maliane.

1424-1456. Pierre de Montlezun.
1479. Jean de Castelnau.
1499. Durand de Patras.
1572. Jean de Montaigut-Frogières.
1582. Joachim de Montaigut-Fromigières.
1617-1623. Jules de Montmorency.

Liste des Commandeurs de Lugan.

1639 1667. Annibal de Castelanne-d'Aluys.
1693 Gauthier d'Eyguine.
1678. Jean-Jacques de Verdelin.
1723. Jean Pons de Vissec-Latude-Ganges.

1742. Ch^r de Sabran-Pontevès.
1751-1752. René de Léaumont.
1763. Antoine Apollinaire de Moreton-Chabrillant.
1783-1789. Louis-Charles-Regis de Coriolis-Espinouse.

Commanderie de Canabières.

§ 1. — *Canabières*.

Ce château, situé sur la montagne de Levezou (actuellement dans le canton de Sulles-Curan), est un des plus anciens établissements de l'Ordre de Saint-Jean dans le Rouergue. Adémar, évêque de Rodez, donna à l'hôpital de Jérusalem et à Gérard, *serviteur de Dieu et procureur des pauvres de Jésus-Christ*, l'Eglise de Sainte-Marie-de-Canabières, qui dépendait de la mense épiscopale. Or, Gérard étant mort en 1120, c'est à une date antérieure que nous devons faire remonter cette donation : cette dernière fut complétée par la cession que fit Aldebert de Malvass de ses droits sur ce territoire; l'évêque Adémar et Raymond de Luzençon y ajoutèrent la seigneurie du *Pered* (Bouloc) [1].

1152. Donation par Hugues de Cambolas de ses droits sur le lieu de Sarlit.

1172. Donation par Raymond de Saint-Michel de la moitié du mas de la Fagette.

1185. Donation par Echer de la Roque du fief du *Mazel*, et par Gat de Peirebrune de ceux de Condal, du Mont et du Fau.

Par un acte, daté de *la maison de l'hôpital de Saint-Jean-d'Acre*, Henri, comte de Rodez, sentant sa fin approcher, fait donation à l'Ordre de Saint-Jean de Jérusalem, entre les mains du Grand-Maître Guérin de Montaigut, de la ville de Canet, de ses droits sur la Bastide de Sauveterre (de Pradines),

[1] Pièces justificatives n° VI.

des mas qu'il possédait à Frontignan, près de Canabières et près de Bouloc (15ᵉ jour des kalendes de novembre 1221)¹.

1305. Accord entre nobles Berenger et Hugues d'Arpajon et Bernard Peyre, commandeur de Canabières, au sujet de leurs droits de justice sur le mas de Toyrac, situé dans le mandement de Durenque.

1326. Sentence arbitrale entre Arnaud de Lendorthe, vicomte de Cadars, et le commandeur Pierre de Mandailles, au sujet de la juridiction du lieu de Bellegarde.

1456. Accord entre Raymond Ricard, Grand-Prieur de Saint-Gille et commandeur, de Canabières, et le procureur de *l'œuvre* de Sainte-Marie de Rodez, pour leurs droits respectifs sur le territoire de Malevielh.

1644. Arrêt du parlement de Toulouse maintenant le commandeur de Canabières, contre les prétentions du chapitre de Rodez, dans l'exemption de la dîme pour le territoire d'Aboul.

Cette commanderie comprenait la seigneurie spirituelle et temporelle du lieu de Canabières et de ses dépendances, Saint-Jean-de-Bouloc, Canet, Bellegarde, le domaine de Bolhac, le fief d'Aboul, la seigneurie spirituelle et temporelle de la paroisse de Tauriac, de son annexe, Saint-Martial, et enfin de *la Clau*, ancienne commanderie réunie à celle des Canabières au XVᵉ siècle.

§ 2. — *La Clau.*

Au moment de partir pour Jérusalem (peut-être pour la deuxième croisade, en 1147) Virgile de Vesins et Begon son frère, donnent aux Templiers et à Elie de Montbrun, leur fief de Frontinet et leurs droits sur le territoire d'Asinières ².

1148. Donation par Pierre, abbé de Vabre, de la moitié de la dîme de la Besse ³.

1171. Donation pas Aimeric de Montclarat et Raolz son fils, de leurs droits sur le fief et la ville de la Besse.

---

¹ Pièces justificatives nº CVII.
² Pièces justificatives nº CVIII.
³ Pièces justificatives nº CIX.

Le 8 des ides de septembre 1234, Grimald de Salles et Aygline sa femme, fille de Begon de Vezin, donnent à l'Ordre du Temple la ville forte ou bastide de *La Clau*, avec toutes ses dépendances [1].

Toutes ces diverses possessions formèrent une commanderie qui fut conservée même après la chûte de l'Ordre du Temple. A la fin du xviii° siècle, le vieux château des Templiers subsistait encore avec ses deux grandes tours auprès de la ville de Vesins.

Liste des Commandeurs de Canabières.

1120. Pons.
1192. Gérald de Montalègre.
1209. Benoit.
1216 1218 Rostaing de Collonges.
1220. Pierre d'Espirac.
1223. Julien de Castries
1234. Pierre de Gabriac.
1256-1257. Guillaume de Roques.
1260-1267. Pons de Raymond.
1266-1270. Guillaume de Montaut.
1276-1280. Pons Guillaume.
1280-1281. Raymond de Tournel.
1282-1284. Guillaume du Luc.
1300-1306. Bertrand Peyre
1313-1315. Pierre de Caldayrac.
1321-1320. Pierre de Maudailles.
1333 1351. Roger de Montaut
1366-1383. Raymond de Cazillac.
1386. Pierre de Caylus.
1396-1404. Guillaume de Prunet
1414-1417. Berenger d'Alon.

1438-1456. Raymond de Ricard, Grand-Prieur de Saint-Gille.
1519-1531. Guyot de Marcillac.
1548-1551. Pierre de Gozon.
1560-1561. André de Demandols.
1626-1627. Jean de Bèvre.
1634. Jean-Baptiste de Gallan-Castelnau.
1640. Jean-Gille de Fougasse-Bertalasse.
1657-1658. Claude de Villeneuve-Tourette.
1658 1666. François de Verdelin.
1699. Joseph de Saignes.
1723. Pierre de Thibaud Saves.
1770-1775. Louis-François de Raymond-Modène.
1781-1789. Dominique-Gaspard-Balthazar de Gaillard-d'Agoult.

Commanderie de Millau.

§ 1. — *Saint-Jean-de-Millau.*

Vers le milieu du xii° siècle les Hospitaliers possédaient déjà un établissement dans le faubourg de la ville de Millau,

---

[1] Pièces justificatives n° CIX.

en avant de la porte de Layrolle, et en avaient fait le chef-lieu d'une commanderie.

A peu près vers cette époque, donation par Guillaume-Pierre de Saint-Léon, aux frères de l'Hôpital, de tout l'honneur franc, viguerie et bénéfice qu'il avait en la paroisse de Saint-Germain.

1183. Testament d'Eiguine de Creissel, par lequel elle lègue aux Hospitaliers ses droits sur le mas de Nogayrolles, plusieurs rentes et tous les meubles de sa maison.

1192. Donation par dame Averosa à l'Ordre de Saint-Jean de plusieurs jardins situés dans la ville de Millau.

1291. Donation par Bernard de Lévezou du mas de Lasfons, situé dans la juridiction de Castelmus.

1317. Transaction entre Gaston d'Armagnac, au nom de son fils Gérard, vicomte de Creissel, et Hélion de Villeneuve, Grand-Maître de l'Ordre de Saint-Jean. Le premier cède aux Hospitaliers la seigneurie du lieu de *Plane Selve* (située entre le château de Montclarat et la Bastide de Pradines), plusieurs autres fiefs et une rente annuelle de 133 livres à prendre sur le péage du Pont vieux de Millau; il en reçoit en échange la place de *Pins,* située dans la vicomté de Fezensac, près de la ville de Goutz (11e jour des kalendes de septembre).

1432. Transaction entre le commandeur et les consuls de Millau, ces derniers agissant comme recteurs de l'*hôpital Mage* de la ville, au sujet des limites des territoires de Lasfons et de Marsac.

Pendant les guerres de Religion, la maison de l'hôpital de Millau fut détruite par les Huguenots (1568). Autorisé par le Grand-Maître, le commandeur François de Mars-Liviers céda plus tard ce terrain aux Capucins; ceux-ci y construsirent leur couvent et s'obligèrent à faire dire à perpétuité deux messes chaque semaine, dans une chapelle dédiée à Notre-Dame, qu'ils s'engagèrent à faire construire et à entretenir à leurs frais, et où les chevaliers de l'Ordre devaient avoir leur sépulture.

Cette commanderie comprenait, en outre, le Temple de Millau, la seigneurie spirituelle et les dîmes des paroisses de

Castelmus et de Saint-Germain, les domaines de Las Fons, de Joux, de la Bourette, une chapelle de dévotion à Savilières, la juridiction des villages de Luc et d'Aluech en paréage avec le Roi et enfin le membre de Meyrueis.

§ 2. — *Temple de Millau.*

La commanderie du Temple de Sainte-Eulalie avait plusieurs dépendances dans la ville de Millau ou ses environs immédiats.

1168. Donation par Berengère du Prat et Huc Mir son mari, à Élie de Montbrun, Maître du Temple en Rouergue, du mas Senal.

1189. Echange conclu entre Pierre, abbé de Bonneval, et les Templiers de Sainte-Eulalie. Le premier cède aux seconds la grange de Lescure et les maisons que son couvent possédait à Millau, et en reçoit un territoire situé près de la rivière du Dourdou.

1195. Donation par Raymond de Saint-Véran à Eymeric de Salles, Maître de Sainte-Eulalie, de plusieurs fiefs situés dans la paroisse de Saint-Veran.

1341. Accord entre le commandeur du Temple de Millau et le Prieur de l'église Notre-Dame de cette ville, au sujet de la juridiction d'un territoire, situé dans la paroisse de Saint-Amans-de-Trossit.

En 1504, le Grand-Maître E. d'Amboise, détacha de la commanderie de Sainte-Eulalie pour la joindre à celle de Saint-Jean de Millau, le membre du Temple de cette ville.

§ 3. — *Meyrueis.*

Petite commanderie de l'Ordre de Saint-Jean, située sur les confins du Rouergue et du Gevaudan, et consistant en un hôpital sis au faubourg de la ville de Meyrueis et en plusieurs domaines environnants; les archives mentionnent son existence à partir du milieu du xiiie siècle.

1245. Donation par B. Cassé, à l'hôpital de Meyrueis, d'une partie des fruits du territoire de Caussanel.

1263. Transaction, entre Henri, comte de Rodez et baron de Roquefeuil, et Raymond du Luc, commandeur de Meyrueis, au sujet de la juridiction du village de Luc, situé dans la paroisse de la Balme; la basse justice appartient au commandeur, et la haute doit être partagée entre lui et le comte de Rodez.

A la fin du XVe siècle réunion de la commanderie de Meyrueis à celle de Saint-Jean de Millau.

Liste des Commandeurs de Millau.

1192. Raymond de Cornuz.	1512-1515. Pierre de Prunet.
1245. Pons Guilhem.	1522. Bernardin de Laux.
1251. Hugues de Saulède.	1540 1552. Bernard de Castanet
1255. Bernard Gas.	1553-1556. Jean de Montaigut-Fromigières.
1259-1560. Foulque de Villaret.	
1260-1263. Pons de Raymond.	1561-1566. Denys de Guiran.
1273. Pierre Gaucelin.	1595-1614. Jean de Radulphe-Beauvezer.
1288. Pierre Bœuf.	
1291. Bernard Pavy.	1622. Georges de Castillon-Saint-Victor.
1306 Pierre de Reynès.	
1311-1315. Pierre de Caldayrac.	1630. Henry de Lates-Entraygues.
1322. Guillaume de Mandailles	
1334. Raymond de Suéjols.	1632-1636. François de Mars-Liviers.
1341. Pierre de Sobiran.	1658 1661. François de Foresta-Collonges.
1346. Raymond de Caylus.	
1409. Pons de Monteyrolles.	1691-1693. César de Villeneuve-Tourens.
1428. Hugues de Ricard.	
1422-1440. Raymond de Ricard.	1724. Joseph de Rolland Beauville.
1466. Jean de Ricard.	
1481-1500. Pierre de Bessode.	1776-1789. Louis Dominique de Gras-Préville.

Liste des Commandeurs de Meyrueis.

1249. Bernard de Peyralade.	1341-1341. Pons de Tinac.
1263 Raymond du Luc.	1674. Pierre de Caylus.
1277. Hugues de Grandlieu.	1385-1339. Etienne Fabre.
1273. Pierre Gaucelin.	1417. Raymond de Reyniès.
1286. Raymond de Caylus	1454. Guillaume de Ricard.
1299. Jean d'Auraigne.	1480-1492. Urbain de Reyniès.
1303-1333. Armand de Bourren.	

Commanderie de Sainte-Eulalie.

§ 1. — *Sainte-Eulalie*.

La maison de Sainte-Eulalie était le plus important établissement de l'Ordre du Temple dans tout le Midi. Déjà au milieu du xii⁰ siècle, nous trouvons les chevaliers possesseurs de domaines nombreux disséminés sur les plateaux du Larzac ou dans les vallées avoisinantes.

1140. Raymond de Luzençon donne à l'Ordre du Temple avec sa personne des vignobles dans les dépendances de son château de Luzençon et une résidence près de l'église de Saint-Georges.

Les archives contiennent une série de chartes de donation que, bien qu'elles ne soient pas datées, nous croyons pouvoir attribuer à la même époque ; voci la mention des principales :

L'abbé de Saint-Guillaume du Désert donne au Temple, à Elie de Montbrun, Maître en Rouergue, la moitié de la dîme du mas Sénal.

Guillaume et Adhémar d'Auriac donnent leurs droits sur le mas de Frayssinel.

Raymond Guirard et Bringuier de Peyrebrune donnent leurs droits sur le mazage del Villar (Viala de Pas de Jaux).

Geoffroy de Tournemire et Hugues son fils donnent leurs droits sur le mas dels Gatis (Saint-Paul).

Ricarde, femme de Pierre d'Adhémar, vend aux Templiers ses droits sur la Cavalerie du Larzac et les biens qu'elle y possédait.

1151. Raymond, abbé de Saint-Guilhem du Désert, avec le consentement de ses religieux et l'approbation de Pierre, évêque de Lodève, et de Pons, évêque d'Agde, donne au Temple l'église de Sainte-Eulalie avec toutes ses dépendances, moyennant une rente annuelle de 80 sols melgoriens et de 6 fromages, qui devait être portés à l'abbaye le jour de la fête des Rameaux. En 1162, Richard qui avait succédé dans le gouvernement de l'abbaye à Raymond, nommé évêque d'Uzès, déchargea les Templiers de cette rente, moyennant le paiement immédiat d'une somme de 2,000 sols melgoriens et d'un mulet harnaché et à la charge d'une redevance annuelle de 2 livres d'encens qui devaient être déposées à chaque fête de la Pentecôte sur l'autel de Saint-Guillaume.

1153. Odon, abbé de Sainte-Foy de Conques, donne tout ce que son couvent possédait à Flaniac et au mas de Carnalag (Sainte-Eulalie).

1159. Raymond Bérenger, comte de Barcelonne, roi d'Aragon donne au Temple, à Elie de Montbrun, maître en Rouergue, la ville de Sainte-Eulalie et la terre appelée le Larzac, sise dans son Comté de Millau, avec la faculté d'y construire des villes et places fortes. Cette charte est datée de Gironne et porte avec la signature du comte, celle des évêques de Saragosse et d'Osca et des principaux seigneurs de Catalogne et d'Aragon [1].

1179. Son fils Alphonse, roi d'Aragon, comte de Barcelonne, marquis de Provence, prend l'Ordre du Temple, les villes de Sainte-Eulalie et autres du Larzac sous sa protection et confirme aux Templiers la juridiction tant civile que criminelle dans tout ce territoire.

1167. Arnaud de Molnar, dame Laurence, sa femme, et Arnoux leur fils, donnent le mas de La Caze (Saint-Caprais).

1177. Bérenger et Guillaume d'Auriac donnent l'église du Gal (Saint-Paul).

1181. Raymond, abbé de Conques, donne l'église et la ville d'Alsobre sous la rente de 50 sols rodanais, payables au monastère de Conques le jour de la fête de Sainte-Foy, ou d'un marc dargent fin, *si la monnaie rodanaise etait détériorée.*

1182. Richard de Montpaon donne ses mazages de la Convertoirade, de Cabanix et de Polaporquié (La Convertoirade).

[1] Pièces justificatives n° CX.

1183. Bringuier de Molnar donne les mazages de Lescaille, de la Blaquière et de Gogule (La Convertoirade).

1184. Sanche, comte de Provence, donne les mas de La Tailhades, de Regembert, de Lazenarol et de Nogairol (La Salvatge).

1187. Hugues, comte de Rodez, donne aux Templiers de Sainte-Eulalie l'aleu et la seigneurie de tout ce qu'ils avaient acquis dans son comté, exempte eux et leurs vassaux de tous droits de leude et de péage, de toutes tailles et questes et leur permet de fortifier leurs villes et leurs églises.

1187. Guillaume de Revel donne tous les pâturages qu'il avait dans la paroisse de Saint-Etienne du Larzac.

1189. Bérengère, veuve de Dardé de Cornus, donne les dîmes et la seigneurie de Saint-Capraize du Larzac.

1189. Hugues, évêque de Rodez, confirme les donations faites aux Templiers dans son territoire de Saint-Georges, les privilèges et seigneuries spirituelles concédées à l'Ordre dans son diocèse [1].

1211. Guillaume de Severac et dame Aldiars, sa femme, donnent les pâturages du Larzac depuis Saint-Baulize jusqu'à la Dourbie.

1213. Arnaud du Molnar donne ses droits sur la paroisse de Saint-Etienne du Larzac.

1221. Jacques, roi d'Aragon, comte de Barcelonne et seigneur de Montpellier, met la commanderie de Sainte-Eulalie sous sa sauvegarde et enjoint à ses baillis et officiers de protéger les personnes et les biens des Templiers comme les siens propres.

1255. Transaction entre Guillaume abbé de Saint-Guilhem du Désert et le commandeur de Sainte-Eulalie pour les droits de paccage sur le territoire de Saint-Capraize.

1257. Procès par devant le sénéchal du Rouergue entre le commandeur de Sainte-Eulalie et les seigneurs de Roquefeuil, au sujet de la juridiction de la paroisse de Nortre-Dame du Luc et des déprédations commises par ces

[1] Pièces justificatives n° CXI.

derniers sur les terres de la commanderie. Transaction entre les deux parties qui promettent d'exercer la juridiction en commun et de partager les revenus.

1269. Sentence arbitrale entre le commandeur et G. de Saint-Maurice au sujet de la juridiction du territoire de Gardiole et du mas de la Souquète, que le dernier prétendait lui appartenir comme dépendances de ses châteaux de Laval et de Sorguès.

1277. Sentence arbitrale entre les Templiers et Henri, comte de Rodez, qui prétendait à la seigneurie de la ville de Sainte-Eulalie et des places de la Cavalerie et de la Convertoirade : les arbitres reconnaissent l'entière juridiction des commandeurs sur leurs possessions de Larzac et ne réservent au comte de Rodez que l'estrade et le péage du chemin de Millau au Caylar.

1286. Sentence arbitrale entre le commandeur et Raymond et Pierre Jourdain, écuyers de Creissels, qui disputaient aux Templiers la juridiction de la portion du Larzac, située près de Tournemire et avaient commis divers excès contre leurs personnes et contre leurs propriétés.

1316. Le commandeur P. de Caldayrac, inféode à la communauté de la Cavalerie les devois de Nogairol, de las Tailhades, de Puech Blacous et des Olmières, moyennant une redevance de 50 livres.

1330. Le Viguier du Vigan ayant fait élever des fourches patibulaires au Luc, le commandeur le cite au tribunal du Sénéchal de Beaucaire.

1333. Lettres patentes de Philippe VI, roi de France, aux Sénéchaux de Beaucaire, de Carcassonne, du Rouergue et du Périgord, leur mandant de maintenir le commandeur de Sainte-Eulalie en la justice haute, moyenne et basse du Larzac.

1340. Lettres du même Roi exemptant la maison de Sainte-Eulalie du ressort de supériorité de la ville de Millau et l'unissant à celui de Roquecérière.

1346. Le commandeur porte plainte au juge de Saint-Affrique contre le bailli de Saint-Paul qui, malgré la sauvegarde royale, avait fait enfoncer les portes de la grange du Gal et l'avait livrée au pillage.

1352 Transaction entre le commandeur de Sainte-Eulalie et les consuls de Millau, à raison des droits de dépaissance sur le Larzac.

1356. Compromis avec le Chapitre de Rodez au sujet des dîmes de la paroisse de Saint-Martin-des-Prix.

1377. Prise et pillage de la ville de Sainte-Eulalie par Raymond de Roquefeuil.

1442. Reconstruction des fortifications de cette ville.

1479. Le commandeur Raymond de Ricard, en considération des dommages causés dans le pays par le passage des gens de guerre, réduit de 50 à 45 livres la cense due par les habitants de la Salvetat et de la Blaquererye. Deux ans plus tard, l'émigration continuant à se produire par suite des misères du temps, le même commandeur réduit cette même cense à 40 livres.

1497. Le commandeur Charles d'Allemand accorde des droits d'usage et de dépaissance dans la forêt de la Salvatge aux habitants de la Cavalerie.

1503. Le syndic du Vigan ayant voulu astreindre les habitants du Luc à la taxe pour l'entretien de l'armée du Roussillon, le commandeur proteste au nom des privilèges de l'Ordre.

La commanderie comprenait la ville de Sainte-Eulalie avec son château à trois grosses tours, la seigneurie et la juridiction de tout ce territoire, les places fortes de La Cavalerie et de la Convertoirade, des censes et des domaines à Saint-Paul de-Fonts, au Viala-de-Pas-de-Jaux, au Luc, à la Salvatge, à Saint-Georges de Luzençon, à Roquefort, à Clermont-de-Lodève, à Mayonnette, à Montels, etc., les seigneuries spirituelles de Saint-Sernin, Roquosel, Saint-Martin des Urbattes. Elle rapportait 41,000 livres, revenu que les charges réduisaient à 31,466 l.

§ 2. — *Montels.* — *Saint-Sernin.*

Petite circonscription de l'Ordre du Temple, dont nous trouvons l'existence mentionnée dès le milieu du xii⁰ siècle et qui, dans le courant du siècle suivant, fut réunie à la commanderie de Sainte-Eulalie.

1169. Donation par Eudie de Copiac à Sainte-Marie de Montels et au commandeur P. Gérald, du fief des Cabanes.

1306. Le commandeur de Sainte-Eulalie porte plainte au Pape contre le vicaire de la chapelle de Notre-Dame d'Orient, annexe de l'église de Saint-Sernin, qui se refusait à lui payer ses droits sur les vêtements et dépouilles des défunts.

1318. Le commandeur de Sainte-Eulalie inféode aux habitants le devois de Montels sous la redevance de 30 gelines.

Du consentement de l'Ordre de Saint-Jean et pour faciliter le service religieux dans la contrée, l'Evêque de Vabres avait établi un chapitre de chanoines séculiers à Saint-Sernin. En 1459, Raymond de Ricard, Grand Prieur de Saint-Gille et commandeur de Sainte-Eulalie, régla avec les chanoines l'exercice de leurs privilèges respectifs; il fut convenu que les commandeurs auraient le droit de nommer à l'office de sacriste et à deux canonicats, et que l'élection de prévôts se ferait avec leur licence et approbation ; les chanoines promirent de plus que tous les ans ils célébreraient dans l'église de Saint-Sernin deux messes solennelles, l'une, le premier dimanche de mai, pour les frères vivants de l'Ordre ; l'autre, au jour de la décollation de saint Jean-Baptiste, pour les frères trépassés.

§ 3. — *Mayonnette.*

Les Templiers possédaient encore de l'autre côté du Larzac, dans le Bas-Languedoc plusieurs domaines rattachés depuis longtemps à Sainte-Eulalie.

1147. Pierre de Lodève et Anne, sa femme, donnent au Temple de Salomon, à Pierre de Montlaur et Hugues de Pézenas, *frères et ministres de l'Ordre*, le Campmas de Roquosel, situé dans la paroisse Notre-Dame de Seilles.

1240. Transaction entre Bernard, évêque de Béziers et Pierre de Campfait, commandeur de Sainte-Eulalie, au sujet de la paroisse de Roquosel ; le commandeur aura le droit de présentation et l'Evêque celui d'institution pour le vicaire perpétuel qui, pour son entretien, percevra les dîmes de la paroisse.

Liste des Commandeurs de Sainte-Eulalie.

1140-1150 Pons de Luzençon, Maître en Rouergue.

1152. Bégon de Verrières, Maître en Rouergue.

1153-1164 Elie de Montbrun, Maître en Rouergue.

1161 Etienne de Malleville. Maître en Rouergue.

1175-1176. Begon de Sarbazac, Maître en Rouergue.

1176-1177. Galy de Montalt, Maître en Rouergue

1177-1178. Guillanme de Saint-Hilaire, Maître en Rouergue.

1179-1192. Bernard Eschaffred, Maître en Rouergue.

1195. Eymeric de Salles, Maître en Rouergue.

1200. Guichard des Eyssines, Maître en Rouergue.

1203-1223. Guillaume Arnaud.

1223. Raymond de Saint Maurice.

1236. Raymond de la Bruguière.

1239-1255. Pierre de Campfait.

1258-1262. Pierre de Raymond.

1268-1276. Hugues de Semthès.

1276 1278. Frédol de Laissian.

1269-1280. Raymond de Posquières.

1281-1286. Guillaume d'Hugolin.

1286-1286. Gigon d'Adhémar.

1294-1295. Guillaume de Navas.

1298 Rostang del Mas.

1316-1317. Pierre de Caldayrac.

1320 1324. Raymond d'Olargues.

1325-1327. Aymeric de Thuey.

1330-1331. Raymond Jourdain.

1331-1346. Guillaume de la Relhanie, Grand-Prieur de Saint-Gille.

1346-1347. Gaucelin de Peyramale.

1349-1357. Astorg de Caylus, Grand-Prieur de Navarre.

1372-1377. Sicard de Murviel, Grand-Prieur de Saint-Gille.

1404 Jean Flotte, Grand-Prieur de Saint Gille.

1410 Raymond de Lescure, Grand-Prieur de Toulouse.

1426-1443. Bertrand d'Arpajon, G^d-Prieur de Saint-Gille

1450-1470. Raymond de Ricard, G^d-Prieur de Saint Gille.

1470 1471. Pierre de Ricard, Grand-Prieur de Saint-Gille.

1470-1495. Seillon de Demaudolx Grand-Prieur de Saint Gille.
1497-1503. Charles d'Allemand de Rochechinard, Grand-Prieur de Saint-Gille.
1517-1526. Jean de Vidous, Grand Prieur de Saint-Gille.
1533-1536. Jacques de Manas, Grand-Prieur de Saint-Gille.
1546. Robert d'Albe de Roquemartine, Grand-Prieur de Saint-Gille
1553-1556. Philippe du Broc, Grand-Prieur de Saint-Gille.
1571. Claude de Glandevès, Grand-Prieur de Saint-Gille.
1600-1603. Antonio de Paulo.
1627-1629. Jean-Paul de Lascaris-Castelar.
1638-1646. Jean de Bernuy-Villeneuve
1659-1660. N. de Flotte
1661-1663. Antoine du Puget.
1665-1667. Antoine de Roubin Graveson.
1686-1687. François de Seydre-Caumon.
1695-1697. Christophe de Baroncelly-Javon.
1714 Ignace de Clermont-Chatte.
1768-1789. Jean-Antoine-Joseph-Elzear de Riqueti-Mirabeau.

Liste des Commandeurs de Montels.

1166. Pierre Gerald.
1248. Raymond de Montfort.
1263. Raymond de Posquières.

Liste des Commandeurs de Mayonnetes.

1147. Pierre de Montlaur.
1351. Barthélemy Guercy.
1480-1492. Pierre Maignan.
1532. Penavayre de Sales.

Commanderie de Saint-Félix de Sorgues.

Les chevaliers de Saint-Jean qui, comme les Templiers, avaient des possessions importantes sur le Larzac, avaient établi à Saint-Félix le centre de leur commanderie. L'origine de cette dernière est inconnue, mais son existence est mentionnée dès le milieu du XII° siècle.

1154. Transaction entre le commandeur de Saint-Félix et l'abbé de Sylvanès, au sujet de certaines dîmes.

1182. Testament de Pierre de Caylus, qui donne à l'Ordre de Saint-Jean tout ce qu'il avait au lieu de Moussac, ses droits sur la paroisse de Saint-Privat et la faculté de dépaissance pour leurs troupeaux dans tout le reste de ses terres.

1203. Bernard Barnié, abbé de Joncels, vend au commandeur de Saint-Félix tous les droits que son couvent avait à Prugnes, au prix de 110 sols melgoriens.

1204. Lubée de Brusque donna à l'Hôpital tous ses droits sur la ville de Saint-Félix.

1208. Eimeric Alaman et ses frères donnent tous leurs droits sur le territoire de Saint-Félix, depuis la paroisse de Saint-Amans jusqu'à celle de Versols.

1210. Henri, comte de Rodez, confirme la charte de privilèges accordée par le comte Hugues, un de ses prédécesseurs, et exemptant les frères de Saint-Jean des droits de leude et de péage dans toute la terre du Rouergue.

1221. Par une charte, déjà citée pour la commanderie de Canabières, le même comte se dessaisit en faveur de l'Ordre de ses droits sur la Bastide de Sauveterre (ou de Pradines) [1].

1241. Guillaume de Combescure donne la dîme de la paroisse de Saint-Laurent-de-Martrin, située entre Curvalle et Coupiac.

1247. Pierre de Saint-Rome et Berenger son fils vendent au commandeur de Saint-Félix le mas Houdounenc, situé dans la paroisse de Saint-Jean-d'Alcapias.

1253. Beg de Brusque donne la terre et la seigneurie qu'il avait à Saint-Capraize et à Druilhe.

1262. Deodat Guifre donne ce qu'il possédait au mas de Salèles, dans la paroisse de Saint-Bauzille et à Saint-Martin-de-Montagnol.

1263. Echange conclu entre le commandeur et l'abbé de Joncels ; ce dernier cède l'église et la paroisse de Saint-Christophe-de-Druilhe, et en reçoit celles de Clapiers.

1287. Hugues de Montagnol donne les trois quarts de la terre de Montagnol et ce qu'il avait dans les dépendances de Saint-Paul et de Roquetriboul.

1337. Lettres patentes de Philippe VI, roi de France, prenant le commandeur de Saint-Félix sous sa sauvegarde et lui reconnaissant la juridiction du lieu de Carnus.

[1] Pièces justificatives n° CVII.

1345. Transaction avec le syndic des habitants de Valsergue, qui s'engagent à payer au commandeur une redevance annuelle de 34 setiers de blé, plus une géline et 3 journées de travail pour chaque habitant.

1399. Arbitrage entre Pons de Panat, commandeur de Saint-Félix, et Bernard, abbé de Sylvanès, pour les limites du territoire de Gorgola.

1438. Prise du château de La Bastide, par Guillaume Eralh, chevalier de l'Ordre d'Aubrac ; le sénéchal le fait restituer aux chevaliers de Saint-Jean.

1457. Transaction avec les habitants de Roquefort au sujet d'une *cabanne* (cave) que le commandeur réclamait pour tenir et apprêter ses fromages.

1459. Le commandeur, pour favoriser les foires qui se tiennent dans la ville de Saint-Félix, accorde pour ces jours-là l'exemption des droits de leude, de péage et autres ; les marchands seront tenus de payer 5 deniers tournois pour droit de *taulage*. Le commandeur s'oblige à faire faire à ses dépens les sceaux pour marquer les draps qui se fabriqueront au dit lieu, et percevra 2 deniers par pièce pour droit de marque.

1503. Transaction avec les habitants de Martrin, qui sont maintenus dans leurs droits de dépaissance sur les devois de la commanderie.

1514. Lettres patentes de François Ier, accordant au commandeur la faculté d'établir deux foires annuelles dans le lieu de Martrin.

1577. Prise de Saint-Félix et pillage de la commanderie par les Huguenots.

1620. Arrêt du Parlement de Toulouse condamnant les habitants de Saint-Félix à fournir les manœuvres pour les réparations du château des commandeurs.

1631. Transaction entre le commandeur et les habitants de Saint-Félix. Ces derniers s'obligent à payer au chevalier 2,000 livres pour réparer les détériorations causées à la commanderie par les Protestants, et autres 2,000 livres dûes, tant à raison des manœuvres pour la réparation du château, que pour les arrérages de la rente de 35 cetiers de blé, non payée pendant toute cette période.

1687. Transaction entre Vincens de Forbin, Commandeur de Saint-Félix, et noble Louis de Pascal, seigneur de Saint-Juery, au sujet de la juridiction de Montagnol, dont un quart est reconnu à l'Ordre de Saint-Jean.

La commanderie comprenait les villes de Saint-Félix, de la Bastide de Pradines, de Cornus, de Saint-Capraize, de Martrin, avec son château, résidence habituelle des commandeurs, des domaines et des censes à Moussac, Montagnol, Ferrairol ; elle avait été augmentée, à la fin du xv⁰ siècle, de la commanderie de Campagnolles et de ses dépendances : Milhan, Cazouls, Caillan et Cajan, sis dans la vicomté de Béziers

§ 2. — *Campagnolles.*

Cet établissement de l'Ordre de Saint-Jean remonte aux premières années du xii⁰ siècle. Le 4⁰ jour des kalendes de mai 1108, Guillaume Pons de Campagnolles, Ermeiruz sa femme, et Adalaisce de Pignan, donnèrent à l'Ordre de Saint-Jean les deux églises de Saint-André-de-Campagnolles et de Saint-Pierre-de-Polignan ; cette donation fut faite avec l'assentiment et en présence d'Arnaud, évêque de Béziers, et du chapitre de Saint-Nazaire [1].

1144. Pierre de Campagnolles vend au commandeur ses droits sur les dîmaires de ces deux églises.

1149. Dame Ricarde Laurette donne au commandeur de l'hôpital de Campagnolles ses droits sur la ville de Milhan.

Au mois de mai de l'année 1190, Roger, vicomte de Béziers, et la comtesse Adalaisce sa femme, donnent à l'Ordre de Saint-Jean le château, la ville et le territoire de Campagnolles, avec toute la juridiction et toutes les albergues qu'ils y percevaient ; ils ajoutent le privilège d'y élever autant de places fortifiées qu'ils le voudront [2].

[1] Pièces justificatives n° CXII.
[2] Pièces justificatives n° CXIII.

1200. Cécile, son mari Pierre de Castries et leurs enfants donnent à l'hôpital de Campagnolles tous les droits qu'ils pouvaient avoir sur les biens possédés par l'Ordre de Saint-Jean dans l'archevêché de Narbonne et l'évêché de Béziers.

1240. Guillaume de Puyserguier donne les droits seigneuriaux qu'il avait sur la ville de Milhan et son territoire.

1276. Sentence arbitrale entre le commandeur et les habitants de Campagnolles d'une part, et de l'autre le Prieur du monastère de Fontcaude, au sujet des dîmes de la paroisse; elles sont adjugées au commandeur; le couvent devra de plus laisser aux habitants l'eau du ruisseau de Corbeyrac 4 jours et 4 nuits par semaine, pour abreuver leurs bestiaux et arroser leurs prés.

1300. Transaction avec l'évêque de Béziers pour les limites des territoires de Campagnolles, de Cazoul et de Romejean.

1305. Arnaud de Borrasque vend au commandeur des censes sur certaines terres, situées auprès de l'église de Notre-Dame-des-Prés, de Pézenas, au prix de 1,700 livres.

Liste des Commandeurs de Saint-Félix de Sorgues.

1200-1203. Bringuier de Campagnol.
1211. Arnaud de Boussagnes.
1225. Guillaume de Milhan.
1243. Raymond de Camaras.
1250-1254. Guillaume de Castries.
1255-1256 Raymond de Mèze.
1260-1265. Pierre de Boutenac.
1271-1272. Geraud de Jauriac.
1272-1305. Pierre de Raymond.
1305-1306. Raymond de Gros.
1407-1308. Vital de Montauson.
1326. Bertrand de Gourdon.
1327-1243 Pierre de Clermont.
1362-1366. Berenger d'Esparron.
1394-1399. Pons de Panat.
1416 Bertrand d'Arpajon.
1420-1422. Gaillard de Montet.
1444-1467 Raymond de Ricard.
1467-1489. Seillon de Demaudolx.
1500-1524. Tristan de Salles.
1532-1535. Pierre de Grâce de Montauson.
1512-1543. Antoine de Pènes.
1570-1578. Etienne d'Arzac.
1582. Arnaud d'Estuard.
1579-1599. Breton de Crillon.
1611-1632 Philippe de Soubiran-Arifat.
1632-1645. Jacques de Glandevès-Cuges.
1662-1681. Jean-Paul de Lascaris-Castelar.
1687. Vincens de Forbin-Lafare.
1705 Laurens de Villeneuve-Maurens.
1719-1733. Jaques de Fontanille.
1734-1744. Jean-Charles de Romieu.
1745-1750. Antoine - Dauphin de Saint-Mayme.
1785-1789. Gaspard-François de La Croix de Seyve.

Liste des Commandeurs de Campagnoles.

1109. Raymond de Fendelles.	1293-1308. Pons Rogier.
1144. Bernard de Puysuiran.	1303-1320. Pierre de Caylus.
1218. Raymond Eymeric.	1321-1324. Guillaume de Savignac.
1227 Raymond Bayle.	1371. Nicolas de Solier.
1249. Pierre de Cabanes.	1390. Raymond de Cazillac.
1253-1258. Pons de Saint-Marcel.	1439-1459. Raymond de Ricard.
1258-1259. Pierre Rogier.	1474-1477. André de Crozillac.
1237. Jourdain de Caldayrac.	1479-1480. Pierre de Ricard.

Commanderie de Douzens.

Les Templiers eurent, dès les premières années de leur établissement en France, de nombreuses possessions dans la partie du Bas-Languedoc, située aux environs de la ville de Carcassonne. Ils en formèrent une commanderie, dont la ville de Douzens fut le chef-lieu.

Le jour des kalendes d'avril de l'année 1132, les trois frères Roger de Béziers, Raymond Trencavel et Bernard Athon, avec l'assentiment et le conseil de la comtesse Cécile leur mère, donnèrent à l'Ordre du Temple un mas situé aux pieds des murs de Carcassonne avec ses habitants [1].

Le 3ᵉ jour des Ides d'avril de l'année 1133, donation par Bernard de Canet, Aymeric de Barbayrac et autres seigneurs, à l'Ordre du Temple de la ville de Douzens et de son territoire [2].

1132. Roger de Villery donne aux Templiers la ville de Brucafel avec toutes ses dépendances, plus une terre située aux faubourgs de Carcassonne, sous la porte Tolosane.

1138. Donation par Raymond et Arnaud de Gaure de tous les fiefs et droits qu'ils possédaient dans la ville de Gaure, et la juridiction de Pomas.

1139. Donation par Guillaume Amiel, aux Templiers, de fiefs dans le territoire de Montredon.

---

[1] Pièces justificatives nº CXIV.
[2] Pièces justificatives nº CXV.

1147. Donation à l'Ordre du Temple, par Roger, vicomte de Béziers, de la ville de Campagne [1].

1151. Donation par Bernard Raymond de tout ce qu'il possédait dans le comté de Carcassonne et de la seigneurie du lieu de Cabriac.

1153. Donation par B. de Canet et Aymeric de Barbayrac de l'église de Saint-Jean-de-Carrière.

1171. Donation par Raymond de Cabanac de tous ses droits sur la ville et le territoire de Molières.

1230. Transaction entre le commandeur de Douzens et Guillaume Amiel, au sujet de la juridiction de la ville de Montredon et de son territoire.

1250. Lettres du Pape Innocent IV au comte de Poitiers, pour le prier de faire restituer aux Templiers certaines terres dont ils avaient été dépouillés par le sénéchal de Carcassonne.

1256. Sentence du sénéchal de Carcassonne défendant aux habitants de Monna, de Carbonnat, de Villemaury et de Cazilhac, de couper des arbres dans les bois du Temple à Fajac.

1261. Bernard de Clermont et Cécile sa femme vendent aux Templiers les territoires de La Calin, d'Escande et de Cabrits, situés dans la juridiction de Cours.

1291. Le commandeur de Douzens inféode aux habitants de Cours le droit de dépaissance dans le devois du Temple.

1298. Transaction passée entre les commissaires royaux et le commandeur, au sujet des juridictions de Douzens, de Cabriac et de Cours; les premiers renoncent à leurs prétentions moyennant le paiement de 900 livres tournois.

1315. Appel du syndic du chapitre de Carcassonne, de la sentence d'excommunication portée contre les détenteurs des biens des Templiers.

1325. Sauvegarde royale accordée à la commanderie de Douzens et à ses membres Cours, Brucafel, etc.

1331. Echange entre l'Ordre de Saint-Jean et Arnaud,

---

[1] Pièces justificatives n° CXVI.
[2] Pièces justificatives n° CXVII.

vicomte de Carmaing : celui-ci donne le lieu de Peyriac et reçoit la seigneurie et le territoire de Montricoux.

1364. Lettres patentes du gouverneur du Languedoc, disant que le château et la ville de Peyriac, ayant été usurpés par les ennemis, furent recouvrés par le maréchal d'Audenham, qui les remit aux chevaliers de Saint-Jean.

1366. Accord entre le commandeur et les habitants de Douzens pour les fortifications de la ville qui devront être construites à frais communs; les habitants devront élire pour leur fort un capitaine qui prêtera serment au commandeur; ils garderont les clés de ce fort, à la condition qu'à l'avènement de chaque commandeur, ils les lui présenteront et reconnaîtront qu'ils les tiennent de lui.

1402. Le Commandeur concède aux habitants de Saint-Conas le droit de dépaissance dans le territoire de Cabriac, moyennant la redevance annuelle d'une livre de cire.

1582. Transaction entre le commandeur et les habitants de Peyriac; ces derniers s'obligent à payer annuellement une cense de 40 livres d'argent et une redevance de 6 fioles sur chaque charge d'huile qui sera vendue dans la ville.

Le commandeur avait la seigneurie temporelle, foncière et directe, avec toute juridiction, des villes de Douzens, de Cabriac, de Fajac, de Saint-Jean-de-Molières, de Magrié, de Campagne, de Peyriac, la seigneurie spirituelle de Salles, de Notre-Dame-de-Vaux, de Cours, des fiefs et des rentes à Limoux et à Montredon; son revenu net, en 1751, était de 6,055 livres.

Liste des Commandeurs de Douzens.

TEMPLIERS :
1132-1133. Hugues de Rigaud.
1138. Armand de Bedous.
1152. Pierre de Sainte-Suzanne.
1165. Jean de la Selve.
1173-1178. Bertrand de Mayrac.
1182-1184. Izarn de Molières.
1210. Guillaume de Moissac.
1344. Guillaume Othon.
1248-1251. Pons de Castelnau.
1274. Hugues de Santhès.
1289-1291. Bernard de Combret.
1298 Ithier de Rochefort.

HOSPITALIERS :

1322-1327. Jean de Bogie.
1331. Jean de Villeneuve.
1334. Bernard Olit.
1375. Bernard de Gaujac.
1390. Pierre de Boysson, Prieur de Rhodes.
1407. Pierre de Vabe.
1421-1427. Gaillard de Capdenac.
1476-1477. Bernard Tabolh.
1478-1490. Jacques du Pin.
1506-1518. Bernard de Montlezun.
1527-1528. François de La Tour le Bran.
1528-1545. Foulques de Caritat
1545-1552. Martial de Corneillan.
1567. Octavien de Baschi.
1582-1598. Jean de Villeneuve-Chastuel.
1616. Jules de Montmorency.
1623-1626. Christophe de Seytre-Caumon.
1644-1652. Honoré de Grosse-Montauzon.
1665. Joseph de Panisse-d'Oiselet.
1678-1679. Thomas de Villages.
1687-1691. Cosme d'Estuard-Valéon.
1698-1705. Gaspard de Vente de Pennes.
1711-1715. Jean-George de Caulet.
1716-1718. Charles de Fabre de Mazan.
1734-1738. Bernard de Roquette-Buisson.
1746. François de Raymond-d'Eaulx.
1750-1751. Louis-Hippolyte de Varagne-Belesta-Gardouch.
1771-1785. Chr de Lezay-Marnésia.

Commanderie d'Homps.

§ 1. — *Homps.*

Circonscription voisine de la précédente et d'origine hospitalière. Le 7ᵉ jour des ides de mai de l'année 1140, Arnaud, archevêque de Narbonne, donna à l'Ordre de Saint-Jean l'église de Saint-Etienne-d'Homps (*de Ulmis*)[1]. Déjà avant cette époque, les Hospitaliers étaient établis dans le pays ; en 1123, Arnaud de Fenouilhet leur avait laissé, par son testament, la ville pe Prunhanes, située dans les environs d'Aleth.

1153. Donation par Pierre, archevêque de Narbonne, de l'église de Saint-Julien-de-Bacam.

1156. Donation par Gaucelin de Jouarres de fiefs dans la juridiction de Jouarres.

1167. Donation par le Prévôt de la maison de Saint-Michel-d'Anausse de fiefs dans la juridiction d'Albas.

[1] Pièces justificatives n° CXVIII.

1190. Berenger Assalit de Cabarets, ses frères, Assalit de Conques et Guirald de Montserrat, font cession à l'Ordre de Saint-Jean de leurs droits sur le château et la ville de Jouarres.

1208. Aymeric, vicomte de Narbonne, donne à l'Hôpital ses terres à Albars.

1307. Sentence du sénéchal interdisant aux habitants d'Olonzac les droits d'usage et de dépaissance dans le territoire de la Garde-Rolland, dépendant de la commanderie d'Homps.

1343. Accord entre le Roi, le commandeur et et les autres conseigneurs d'Homps, pour l'exercice de la justice; elle sera exercée, non plus par le juge de Minervois, mais par un juge choisi par les conseigneurs.

1401. Sauvegarde royale accordée à la commanderie et à ses membres.

1453. Transaction entre le commandeur et les habitants, pour régler les redevances dûes par ces derniers.

1529. Transaction entre le chapitre de Narbonne pour les droits seigneuriaux dans la ville d'Homps.

1544. Lettres du vice-légat exhortant tous les prêtres à faire restituer à la commanderie tous les actes qui en avaient été enlevés.

Les commandeurs possédaient à Homps un château, l'église de Saint-Michel, des terres, des dîmes, le tenement de la Garde-Rolland près d'Olonzac, la seigneurie spirituelle des paroisses de Couslonge, de Jonquières, d'Albas, de Rouayroux et de Cavarède (ces deux dernières situées dans le diocèse de Castres), des domaines à Roque-de-Fa, à Massac, à Roquefort.

§ 2. — *Roque-de-Fa.*

Petite circonscription provenant des Templiers et rattachée dans le principe à la commanderie de Peyrusse.

1178. Donation par Catherine de Soulatge du mas de Roque-de-Fa.

1272. Olivier de Termes vend aux Templiers de Peyrusse ses droits sur Roque-de-Fa et Massac.

1270. Donation par Vésiade, veuve de Raymond d'Albars, de ses droits sur le château de Carcassès.

Liste des Commandeurs d'Homps.

1148. Bernard de Puysiuran.	1538-1546. Jean de Saint-Martin.
1162. Gaucelin.	1554. Claude d'Albe.
1172. Jean de Raymond.	1603. François Isoard.
1190. Pierre Mir de Capestang.	1610. Joseph-Annibal d'Esclangon.
1222. Pierre Cabas.	1617. Phllippe Seguier de la Gravière.
1272. Gaucerand.	
1307. Raymond de Mayres.	
1328. Guillaume Aysse.	1631. Melchior de Barras-Clamens.
1340-1348. Reambauld d'Alaman.	
1390-1691. Bernard du Faur.	1652. Louis d'Estuart-Besaure.
1391-1405. Garnier de Gavaldan.	1801. Chevalier d'Ayguebère.
1407-1418. Jean Raynard.	1711-1712. Jacques de Villages.
1488. Manhault de Vicomont.	1713-1717. Jean-Augustin de Grille.
1497. François Flotte.	1722-1730. Chevalier d'Hautpoul.
1520-1523. Philippe du Broc.	1730-1731. Louis-François de Crucy-Marcillac.
1529-1531. Guillaume de la Valette-Parisot.	1735-1740. Elzear-Trophime de Romieu.

Commanderie de Narbonne.

Cette circonscription se composait des anciennes possessions de l'Ordre de Saint-Jean dans les environs de cette ville et de l'ancienne commanderie de Saint-Vincens, qui lui avait été adjointe dans la suite. Elle était affectée aux prêtres conventuels.

§ 1. — *Narbonne.*

1142. Testament de Guillaume de Raymond, qui lègue à l'hôpital de Jérusalem tous ses droits sur la ville de Cutiac et les fiefs qu'il possédait dans ce territoire.

1190. Gerald de La Redorte vend à l'Hôpital des terrains dans l'intérieur de la ville de Narbonne.

1205. Aimeric, vicomte de Narbonne, donne à l'Ordre de Saint-Jean ses droits sur un mas, près de Narbonne. Il confirme toutes les donations faites à l'Ordre dans sa vicomté.

1214. Dame Aude de Gatpadencs donne à l'Ordre son château et sa ville de Gatpadencs, et est reçue sœur de l'Hôpital. Le vicomte Aimeric de Narbonne confirme cette donation [1].

1220. Guillaume de Bagis confirme la donation faite par son aïeul, Pierre-Raymond de Bagis, de ses droits sur les villes de Castelmaur et d'Enfeste.

1619. Le commandeur cède la chapelle de Saint-Jean-Baptiste, que l'Ordre possédait dans la ville de Narbonne, à la confrérie des Pénitents bleus, pour y faire leurs exercices, à la condition de placer toujours derrière l'autel l'image du patron de l'Ordre, de célébrer solennellement sa fête et de payer au commandeur une redevance annuelle de 15 livres.

Le commandeur possédait, dans la ville de Narbonne, outre cette chapelle, située dans le quartier Saint-Jean, derrière l'église de Saint-Just, une maison dite *de la commanderie* et des rentes foncières et directes; il avait, en outre, la seigneurie spirituelle et les dîmes de la paroisse de Saint-Vincens, située dans le diocèse de Saint-Pons, des fiefs au Fraysse, à Albaignet, à Costeforte, à Olargues. En 1648, son revenu n'était que de 880 livres.

§ 2. — *Saint-Vincens*.

1157. Pons d'Olargues donne à l'Hôpital l'église de Saint-Vincens [2].

1166. Donation par Amblarts Cairels du mas de Caille.

1228. Testament de Pons d'Olargues, qui demande à être enterré dans le cimetière de l'hôpital de Saint-Vincent et lègue le mas de Baignes, destiné à fournir l'entretien à

---

[1] Pièces justificatives n° CXVIII.
[2] Pièces justificatives n° CXIX.

perpétuité, dans cette église, d'un prêtre pour prier et célébrer la messe à l'intention de tous les membres de sa famille.

Liste des Commandeurs de Narbonne.

1145. Bernard Pilon de Cat.
1167. Guillaume d'Alagnan.
1205-1221. Pierre de Laumière.

1214. Bernard de Beziers.
1367. Jacques de Jean.

Liste des Commandeurs de Saint-Vincens.

1157. Pierre de Cancenoiol
1199-1206. Arnaud du Tilleuil.
1207-1208. Raymond Guilhem.
1223 Bernard de Censenon.
1245. Borel Audigier.
1264. Guillaume de Castries.

1271. Bernard de Bacairan.
1274. Hugues de Graulhac.
1279. Deodat de Maravis.
1319. Déodat Aimeric.
1343. Austorg de Caylus.

Liste des Commandeurs de Narbonne et de Saint-Vincens.

1347. Jacques d'Amat.
1455. Pierre Bosquet.
1528-1530. Pierre de Gauthier.
1602. Vincens Aupery.

1616-1621. Albert Pinson.
1648. Christophe Granier.
1659. François Deydies.
1722-1628. Antoine Augarde.

Commanderie de Grézan.

Cette circonscription comprenait les différentes possessions que l'Ordre de Saint-Jean avait dans le voisinage de Capestang, avec quelques membres détachés dans la suite de la commanderie de Sainte-Eulalie.

1160. Berenger, archevêque de Narbonne, donne à l'hôpital de Jérusalem l'église de Saint-Nazaire, à la condition que l'administration en soit toujours confiée à un prêtre de l'Ordre, né et ordonné dans la province de Narbonne.

1161. Ermengarde de Seisac, fille d'Isaac Jourdain et de Guillaume de Visac, donne à l'Ordre de Saint-Jean ses droits sur les villes de Ventenac et de Saint-Nazaire.

1181. Ermengaud de Rochebrune et Douce sa femme donnent tous les biens qu'ils possédaient, tant dans la ville que dans le territoire de Saint-Geniès-de-Grezan.

1193. Adhémar de Murviel donne tous ses droits sur le territoire de Preissan et sur l'étang de Capestang.

1262. Transaction entre le commandeur et l'abbé de Fontfroide, pour le terroir du Villar, dont la possession est reconnue à l'Hôpital.

1269. Sentence arbitrale entre le commandeur et l'archiprêtre de Saint-Just, de Narbonne, au sujet des dîmes de Saint-Jean-de-Tersian et de Saint-Pierre-de-Tropiac, qui sont adjugées à l'Ordre.

1306. Ordonnance de l'évêque de Béziers autorisant l'établissement d'un cimetière à Caprairol, annexe de Causanéjol.

1584. Sentence du sénéchal de Béziers maintenant le commandeur dans la franchise des dîmes pour ses terres de Marseillan, contre les réclamations de l'évêque et du chapitre d'Agde.

Le commandeur possédait à Grézan un château seigneurial et un très vaste domaine dans la paroisse de Rustique, de Saint-Nazaire, de Cassaméjols, de Cabreiroles, la seigneurie spirituelle et les dîmes, des censes et des fiefs à Marcorignan, Capestang, Castinhac, Saint-Marcel, Ginestous, Salèles, Pezenas, la Madeleine de Clermont, Marseillan, Fabrègues et Montblanc.

Liste des Commandeurs de Grézan.

1489-1492. Bertrand d'Esparbès. || 1693. Laurons de Villeneuve-Maurens.

PIÈCES JUSTIFICATIVES

PIÈCES JUSTIFICATIVES

I

EXTRAITS D'UN VIEUX CARTULAIRE DES POSSESSIONS DE L'ORDRE DE SAINT-JEAN AU COMMENCEMENT DU XIIe SIÈCLE DANS LES ENVIRONS DE TOULOUSE [1].

Ramundus Dox et fratres ejus Bernardus et Ademarus et Arnaldus de Garimonte dederunt Deo et hospitali Ihrlm et Geraldo et totis confratribus hospitalis totum honorem Sancti Clarii, intus cruces ad salvetatem faciendam et boscum ad explectum et aquas et molinaria, loca et erbam et exitum et introitum, liberaliter, pro amore Dei et pro remedio animarum suarum et omnium parentorum suorum.

Odo de Iscio et Guillermus filius Escoti et fratres ejus Odo et Escotus et Flandina mater eorum, dederunt liberaliter Deo et hospitali Irhlm et Geraldo et totis fratribus hospitalis Ecclesiam *de Linare* et hoc quod ecclesiæ pertinet et totum honorem inter ambos rivos de *Planomonte* usque ad *Valescuram* et terram ad unum par boum ad arandum, excepto vineas et boscum devezum et dederunt expletum bosqui et pascua et aquas et exitum atque introitum, pro amore Dei et redemptione animarum eorum et parentorum suorum.

Filii Dodonis Sancti Ylarii, scilicet Bernardus, atque Girbertus, et mater eorum dederunt honorem de Sancto Ylario in primis Deo ac sepulchro ejus et hospitali Irhlm et Geraldo et fratribus suis ad salvetatem faciendam.

Dodo de Flacededo et Rogerius frater ejus et P. de Flacededo et Ursetus de Podio et Rossa de Flacededo et Domina de Pino et Gualardus filius ejus et P. de Exarto et W de Podio dederunt Deo et Sancto Sepulcro et hospitali ejusdem loci et dompno Geraldo hospitalario et confratribus suis ecclesiam de *Toge-Monasterio* et hoc totum quod ad ecclesiam pertinet et totum honorem, qui est infra cruces, liberaliter, pro redemptione animarum suarum et omnium parentum suorum, ad salvetatem faciendam. Et W de Podio et P. de Exarto promiserunt hobedientiam Deo et hospitali de Irhlm in eadem villa et, si eam frangebant, emendent se laudatione proborum hominum et ibi ambo habeant victum et vestitum.

Bilisem Darandana et infantes ejus dederunt Deo et hospitali de Irhlm et Geraldo hospitalario et ceteris fratribus honorem de *Savère*, scilicet herbam et aquam, ligna, boscos et loca molinaria et omnes homines et medietatem totius agrarii et totum honorem, ad villam faciendam.

Fortanerius comes de Benca dedit Deo et hospitali de Ihrlm et Geraldo et Fortoni et ceteris fratribus, pro redemptione animarum patris sui et matris et omnium parentum suorum dominacionem ecclesiæ de *Luceano* et hoc totum quod pertinet ad ecclesiam

---

1. Arch. St-Clar. L. II.

et in mercato dedit in unâquâque justiciâ clamoris IV denarios justiciam... Arnaldus Ranmudus d'Espel dedit Deo et hospitali de Ihrlm et fratribus hospitalis, liberè, hoc totum quod habebat honoris infrà lapides terminarias et vestigia Sancti Martini, XII perticas de ambobus partibus per viam, ad casalia salvetatis facienda et terciam partem decimi prædictæ Ecclesiæ. Et Odo abbas de Lesato, consilio congregationis Sancti Petri, dedit Deo et hospitali de Ihrlm et confratribus hospitalis totam ecclesiam de Luceano et hoc totum quod pertinet ad ecclesiam, excepto terciam partem decimi et terciam partem agrariorum et terciam partem cimiterii de parochianis naturalibus illius villæ.. Hoc donum fuit factum in presentia Dompni Archiepiscopi Ausciensis et Episcopi Convenæ Signavit Garsia, abbas de *Pariciano*.

Arnaldus Ramundus de Baolag et Bartella et Senero de Vincetto et Jordanus de Taurineano et Arnaldus de Barta et Porcellus et Bellotus dederunt Deo et hospitali de Ihrlm et Geraldo et ceteris fratribus hospitalis, pro redemptione animarum suarum in honore de *Aneraco* tot casalia quot hedificare poterint, unumquidque de XX perticis, licet de Podio Rivelli usquè ad portam Castelli Bartæ; et casales habeant de longo XX perticas, VI de lato..

Et Ramundus W. abbas de Sto Saturnino et allii seniores illius loci dederunt Deo et hospitali quod semper habeat comestionem in claustro de Aneraco unus hospitalarius.

Notum sit hominibus legentibus et audientibus quod Fortanerius, Comes de Burgiaco, et Ramundus W. et P. Ramundus dederunt honorem de *Bulsano*, vel de *Peraro*, quod ubi habeant, justiciam et scapulum atque cimarum, de totâ venatione apris et cervi, et aquas et piscaria et memora, Deo et hospitali de Ihrlm et Geraldo.. Hoc fuit factum cum consilio B. Convenarum Episcopi, regnante Rogerio comite.

II

RÉCLAMATIONS DES CHEVALIERS DE SAINT-JEAN RELATIVEMENT A LA RUINE DES COMMANDERIES DU GRAND-PRIEURÉ DE TOULOUSE PENDANT LES GUERRES RELIGIEUSES DU XVIᵉ SIÈCLE (1588) [1].

Jean de Lavalette seigneur de Cornusson, des Montetz, Lestaing, Parisot et autres lieux, gentilhomme ordinaire de la Chambre du Roy, cappitaine de cinquante hommes d'armes de ses ordonnances seneschal de Thoulouze et d'Albigeois, a tous ceulx qui ces présentes verront, salut, savoir faisons et attestons huy datte des présentes à l'issue du conseil du matin, par devant Me Jean de Loppe, conseiller du Roy nostre sire, son juge et magistrat presidial en nostre sénéschaulcée, avoir comparu M Fr. Andre de Puylobrier, chevalier de l'ordre hospital Saint-Jean de Jerusalem, commandeur du Condat, recepveur et procureur général dudict Ordre ou Prieuré de Thoulouze, lequel, en présence de Me Jean Dupuis, procureur du Roy en nostre dicte seneschaulcée, auroit dict et remonstré que par contract passé en l'universel clergé de France solempnellement estipulé le 3ᵉ jour du moys de juing 1586, icelluy clergé impose sur tout ledict clergé de France la somme de 13,000 livres tournois., revenans à 12,639 escus pour la composition part et portion de Roudiens, que sont les commanderies et leurs dependances appartenans audict Ordre, que se leveront par chescune année aulx termes accoustumés durant dix années..., soulz la convention que au cas où aulcung chevalier commandeur soit expolié de sa commanderie et revenu d'icelle par hostillite et viollance à l'occasion des troubles, déduction et descharge luy en seroit faicte au prorata de l'expoliation.. Auquel temps du contract et despuis, les troubles se sont esleves en plusieurs endroits du Prieuré de Thoulouze et aultres lieux où sont assizes les commanderies et membres en dependants par les ennemys de Dieu et du Roy, qui ont leve les armées fortiffié les villes et forts, font levée de gens de guerre tenans la campagne, pilhé rançonné et font tous les autres actes d'hostilité, inhumanité et exécrables et à cette occasion occuppé presque toutes les commanderies audict Prieuré de Thoulouze :

1. Arch. Golfech. L. IV.

ayans les dicts heretiques prins les fruicts decimaux de l'année 1586 et de l'année 1587 des commanderies et lieux suivans : Dudict seigneur commandeur de Condat les fruicts qu'il a accoustumés prendre au chef de sa dicte commanderie et ses membres Sargeac, Puymartin, La Roche Saint-Paul, Combarenches, assis en Perigord près Turenne et du fort Baltezard, Beynac, Nenny et plusieurs aultres lieux que les ennemys tiennent, comme aussy les membres de Fontanilles, Trulhac, Naussanès, Saint-Nexent, Cours, Saint Chalvy, Lambrac, le Fraysse, Saint-Avil de Fumadieres. tous membres dependans dudict Condat que les heretiques possedent pour estre tous joignant de Bergerac, Sainte Foy la Grande et Castilhon. La Commanderie d'Argentens, les fruicts qu'il a accoustumé prendre au chef de ladicte commanderie et ses membres de Barbefere, Fortégulhe, Cours, tout joignant Nerac et Casteljelous, La Commanderie de Caignac et ses membres d'Aignes, metterie de Siraguel, Saint-Jean del Tord, La Cavalerie de Pamiés, Saint-Quire et Saint-Gyrons proche dudict Pamiés, Caumont, Mazères, Saverdun, Gibel villes occupées par les heretiques. La Commanderie de Golfech avec ses membres de Gimbrède, proches et joignant de Lectoures et Puymirols. La Commanderie de Renneville avec ses membres de Fonsorbes, Saint-Sulpice et Orfons, proches voisins de Mazères, Caumont, le Mas Saint-Espuel, Gibel et l'Isle-en-Jourdain occupés par les ennemys Les Commanderies de Caubins et Morlans, sont assizes en Bearn pres Paul, païs du Roy de Navarre, ne pouvant jouir aulcunement des fruicts des dictes Commanderies et de ses membres pendant ses guerres La Commanderie de Goutz et ses membres de La Romival, Montetz, est ès environs de Lectoure, Montauban, Villemur occupés par les heretiques La Commanderie de Gabie, Cappoulet, et ses membres de la Tour, de Sezan. est dans le conté de Foix près Pamiés, Saverdun, où les huguenots sont à présent les maistres. Et d'autant que les dictes villes et lieux de Turenne, Baltezard, Beynac, Nenny, Bergerac, Sainte-Foy-la Grande, Castilhon, Nerac, Casteljeloux, Pamiès, Caumont, Mazères, Saverdun, Gibel, Leytores, Le Mas Saint-Espeul, l'Isle-en-Jourdain, Paul-en-Bearn, Montauban, Villemur et Puymirol, sont tenus et occuppés par les heretiques et par ce, comme dict est, notoirement et actuellement occupées et le divin service n'y est remis, joint que pour rayson de ce n'est possible auxdicts seigneurs commandeurs faire la vérification sur les lieux, moins recouvrer tesmoings des parroisses.. , et pour estre tout ce dessus notoire et veritable et à l'effet de ladicte verification nous a présenté en tesmoings Noble Hugues de Mares, Escuyer seigneur de Lunel en Périgord, Aymé de Grezel, habitant de Sarlat. Me B Beziat, notaire royal de Plezac, Estienne de Chavarre, escuyer du lieu de Montignac, tous du païs de Perigord, noble Pierre de Lacoste, seigneur de Charmi-en-Condomois, pres la ville de Nérac, Me Loys de Paulo, lecteur et advocat en la court du Parlement de Tholouze, seigneur du lieu de Monjay, Me G. de Raymond, docteur et advocat en ladite court. lesquels tesmoings estant en age et de qualité requises, par le d. de Loppe, commissaire depputté ouys sur ce dessus moyennant serment, l'uneg après l'autre et touts d'uneg commun accord, ont dict et attesté estre chose véritable, notoire en ce païs que ceulx de la nouvelle oppinion tiennent et occupent les dites villes et lieux de Turenne, etc., que dans les dictes villes et lieux il y a eu ordinairement garnison tant de pied que de cheval tenans la campaigne au temps de la cueilhette des fruicts, faisans lever par force les dixmes et aultres choses appartenants aux dicts Commandeurs et aux paisans et iceulx empourtés dans leurs villes et forts, ensemble le bestial aratoire, avec meurtre, saccagemens et bruslemens ; pour rayson de quoy, lesdicts Commandeurs n'ont rien jouy de ceulx qui sont occupés de leurs revenus. Et à cause des ravages, invasions, volleries, meurtres et aultres inhumanités perpétrées et faictes par lesdicts heretiques tenans despuys ces derniers troubles la campagne, leurs adherans et aultres perturbateurs du repos public ont prins de force les fruicts et revenus des dictes commanderies, ce qu'ils disent savoir, tant en partie pour l'avoir vu que pour avoir envoyé aux champs leurs gens, serviteurs, domestiques, par lesquels ont esté certiffiés des occupations, non-jouissances et aultres cruels depportemens des dicts heretiques. Et sur ce ouy le procureur du Roy et avoir déclaré ne rien vouloir contredire. Ce 14e jour du moys de mars 1588.

III

DONATION DE L'EGLISE SAINT-REMY A L'HOPITAL SAINT-JEAN DE TOULOUSE [1].

In nomine Domini nostri Jesu Christi, Patris et Filii et Spiritus Sancti. Amen.
Ego Tosetus de Tolosa et Domina Giula mater mea et Poncia uxor mea et infantes nostri donamus Deo et hospicio Ihrlm et Geraldo hospitalario et ceteris fratribus iherosolimitanis ecclesiam Sancti-Remigii de Tolosà, cum omni suo ecclesiastico quod nos habeamus et quod dare possumus, cum uno casale, quod est juxtà frontem predictæ ecclesiæ et cum uno casale quod fuit Atonis Adhemarii; quod casale ipse Ato Adhemarius et filii sui Bonus et Peregrinus dederunt Deo et hospitali et laudaverunt, et cum dimidio hospitali, quod est ante ecclesiam Sanctæ-Mariæ Dealbatæ. Hæc omnia supradicta dederunt ità pro remedio animarum eorum et omnium parentum suorum. Et insuper dedit hanc prædictam ecclesiam, cum suo ecclesiastico, Petrus Garcinus de Altaripa et uxor sua, pro se et pro suis filiis, Deo et hospitali Ihrlm. Hoc donum fuit factum coram Domino Ameliano Tolosano Episcopo et Arnaldo Ramundi, Preposito, et Aicardo, Archidiacono, et Arnaldo Ramundi de Bedocio. Signaverunt Ramundus Stephanus de Vineariis, Geraldus de Labeia, Poncius de Labeia, et Poncius de Castromaurone et al'ii quamplures, qui hujus rei sunt testes Facta donatio tempore Lodoico Francorum Rege et W. Pictavæ Tolosano Comite, et Filippâ Comitissâ suâ uxore. Facta carta in mense madii, sub die feria IV. Vitalis scripsit.

1. Arch. Toulouse L II.

IV

CHARTE D'AMELIUS, EVÊQUE DE TOULOUSE EN FAVEUR DES HOSPITALIERS. (1121) [1].

In nomine Domini. Hæc est noticiæ carta de conventione, quæ facta est inter Dominum A Tholosanum Episcopum et A Prepositum et clericos Tholosanœ sedis et inter G., levitam, Priorem hospitii iherosolimitani hujus terræ cæterorumque fratrum cum eo degentium, scilicet Bernardi Podii-Siurani et Ramundi Umberti et P, d'Andusiæ et Poncii de Montelauro et aliorum multorum, conventio vero talis est. Ego Amelius, licet indignus Tholosanæ sedis Episcopus, cum clero nostro, tibi, Geralde, Priore, ceterisque fratribus, sive successoribus tuis concedimus et damus libertatem adquirendi à fidelibus christianis, qui in episcopatu nostro sunt, quidquid justè et utiliter, tam in seclaribus quam in ecclesiasticis rebus, adipisci poteris. Item aliam damus libertatem hominibus, qui in vestris salvitatibus manent, ut, interdicto nostro episcopatu, ipsi inter dictioni non subjaceant, ni hi qui propriè foris fecerint, neque in comoniam veniant, nisi propriâ causâ earumdem salvitatum vel ecclesiæ nostræ maximâ lesione. Hoc totum quod nos tibi, Geralde, in presenti concedimus, pro te, Domino Geraldo, quamvis defuncto, qui hujus rei extitit auctor, Rogerio qui eodem fungitur officio, et Petro (Priori) Barcelioniæ, ceterisque successoribus eorum firmamus et corroboramus. Ego verò Geraldus, hâc libertate à vobis benignè susceptâ, consilio Domini nostri Geraldi, et Domini Rogerii, successoris ejus, Petrique, ceterorumque fratrum, vestræ ecclesiæ filius, tàm presentibus quàm futuris, damus in unâquaque salvetate, excepto uno meliori, meliorem hominem, ut totum vobis impendat quod nobis impendere debet, exceptâ justiciâ, cimiterio ac primitus. De salvetate verò, quæ vocatur Legavi, VII solidos omni anno, in festivitate sancti Thomæ reddi præcipimus. Hâc de re verò tantâ utimur familiaritate, ut bonum, quod per se quisque studet agere, pro aliis impendere velit; pro

1. Arch. Toulouse. L. X.

defunctis verò Tholosæ sedis clericis, brevis iherosolimitano hospicio dirigatur, et ipsi, sicut pro suis, officium celebrent; eodem modo et fratres, per mundi partes divisi, audito ali cujus nostrorum obitu, faciant; clerici verò sedis pro fratibus sancti hospicii similiter faciant. Facta carta ista anno ab Incarnatione Domini MCXXI, XII kalendas octobris feriâ 11, Lunâ [1111, Regnante Lodovico Rege Francorum. Iherosolimis Balduino secundo. Signantibus Amelio Tholosano Episcopo, Aicardo Preposito, qui cartam istam scribere rogaverunt et manibus propriis firmaverunt Signante Willelmo de Murel, S. Bernardo, S Arnaldo, S. Geraldo Priori, S Bernardo Podii-Siurani, S. Petro d'Audusà, S. Poncio de Montlaur.

V

DONATION A L'HOPITAL PAR LE COMTE ALPHONSE-JOURDAIN DE TOULOUSE (1146) [1].

In nomine Domini nostri Jesu Christi — Ego Dominus Ildefonsus, Comes Tolosæ, amore Dei et redemptione peccatorum parentumque meorum, dono Omnipotenti Deo et hospitali sancto de Jerusalem et omnibus pauperibus presentibus et futuris et Fortoni hospitalario totum illum honorem cultum et heremum, quem Benedictus, heremita, habebat de eodem Domino Comite ad Blagnacum in illo loco ubi appellant *ad Torones*, juxtà condamina.. Et egomet Benedictus, heremita ex bonâ et propriâ voluntate, dono, laudo, et concedo corpus meum hospitali de Jerusalem et omnibus pauperibus ibi habitantibus et venturis et hunc supradictum honorem et quicquid habeo aut unquàm in anteâ acquirere potuero. Doni hujus prefati fuerunt testes Petrus Guillelmus, frater Pilistortus, Radulfus, Rotbertus de Burgo et Poncius Vitalis, qui hanc cartam scripsit in Castro Narbonense, feriâ III, mense madii, anno ab Incarnatione Domini MCXLVI.

1. Arch. Toulouse. L. II

VI

LIBERTÉ DU FOUR ACCORDÉE AUX HOSPITALIERS PAR LE COMTE RAYMOND V (1175) [1].

Quùm humana fragilitas labilis est ad peccandum et dies hominis breves sunt, Prophetâ testante : « *Homo sic fenum et dies ejus sicut flos agri;* et Jacobus apostolus, *quod est vita nostra super terram, nisi vapor ad modicum parens;* ob hoc Dominus nos hortatur dicens : « *Vendite et* « *date quæ possedetis et facite vobis* « *thesauros in cœlo non deficientes* » Idcircò ego, Ramundus. per Dei gratiam Comes Tolosæ, Dux Narbonæ, Marchio Provinciæ, in Dei nomine, considerans multitudinem peccatorum meorum, pro redemptione animæ meæ et pro animâ patris mei et matris et parentum meorum, dono et donando concedo liberam facultatem Deo et Petro Sti-Andreæ, priori hospitalis Iherosolimitani Tolosæ et omnibus habitatoribus ejus dem loci presentibus et futuris ut faciant furnum in qualicumque loco voluerint, in honore hospitalis et coquant ibi suum panem et quod coquere voluerint, liberè et sine aliquo censu et usu quod alicui non faciant. Itâ et tali modo, Dominus Ramundus Comes dedit Deo et Petro Sti-Andreæ Priori hospitalis et habitatoribus illius loci presentibus et futuris, ut faciant furnum in honore hospitalis in qualicumque loco voluerint et habeant et possideant semper illum furnum liberè sine aliquo censu et usu; itâ dedit istud Dominus Ramundus Comes sine aliquo retentu, quod ibi non fecit. Hujus rei sunt testes. Petrus de Tolosâ, minister miliciæ Templi, Guillelmus vicarius, Ispaniolus subvicarius, et Bernardus de Gavalda, et Petrus de Trevila, et Poncius de Viridario et Arnaldus de de Cabanis et Bernardus de Podio-Siurano. hospitalarii, et Arnaldus Ferruceius qui cartam istam scripsit mense octobris, feriâ V, Regnante Lodojco Rege Francorum et eodem Ramundo Tolosano comite, episcapali sede vacante, anno ab incarnatione Domini MCLXXV.

1. Arch. Toulouse L. X.

VII

CHARTE DE PRIVILÈGES ACCORDÉE AUX HOSPITALIERS PAR LE COMTE RAYMOND V DE TOULOUSE (1177) [1].

In nomine sanctæ et individuæ Trinitatis. — Notum sit omnibus sanctæ matris ecclesiæ filiis tam presentibus quum futuris, hoc legentibus et audientibus quod anno Dominicæ Incarnationis MCLXXVII, Ego Ramundus, gratiâ divinâ, Comes Tolosæ, Dux Narbonæ, Marchio Provintiæ, intuitu pietatis et misericordiæ, et pro redemptione animæ meæ et parentum meorum solutione, concedo sanctæ domui hospitalis Iherosolimitani et pauperibus, ibidem incessanter et perpetuò exhibendis, et fratribus predicti hospitalis presentibus et futuris, nec non et irrevocabiliter dono per totam terram, meo dominio subditam, plenissimum et liberrimum jus pascendi pecora sua et armenta, eorum tamen pastores et armentorios cautos et pervigiles esse volo, ne talam faciant, id est segetes alienas non depascant, Item eâdem ratione, concedo et dono hospitali prefato ut liceat fratribus ejusdem per omnes partes, meo dominio subditas, sive per terra, sive per acqua, sine omni inquietatione, aut alicujus exactionis, ut potè *pedatici, telonei, portanaqui, leudæ vel usatici*, veratione sive molestiâ, res suas aportare, reportare et exportare. Similiter, in mundinis et mercaticis, res suas vendendo et alienas emendo, sive permutando, ab omnimodâ prestatione prædictis fratribus immunitatem concedo. Ad ultimum possessiones suas, ubique ampliare, dilatare, vel augmentare, seu de novo adquirere sibi, quoque donationis vel quolibet relicti titulo destinata vel collata et ad se modis quibusque devoluta, memoratis sepedictis hospitalis fratribus petere, vel exigere licent et adepta sibi efficaciter cuncta detinere, exceptis tummodo capitibus castelorum, quæ michi reservanda decerno, salvis quoque meis justiciis vel exercitus mandamento et feudis rusticorum.

1. Arch. Toulouse. L. XV.

VIII

AUTRE DONATION PAR LE MÊME RAYMOND V (1184) [1].

Notum sit omnibus hominibus. cartam audientibus aut legentibus atque futuris quod Dominus Ramundus, Dei gratiâ, Comes Tolosæ, Dux Narbonæ, Marchio Provinciæ, suâ propriâ et spontaneâ volontate et suo bono animo, absolvit atque divisit Deo et Domino Ramundo Garsiæ, Priori domus hospitalis Jherusalem Tolosæ et omnibus fratribus ejusdem domus presentibus atque futuris et eorum ordinio, totum, quantum ipse Dominus Comes petebat aut requirebat, sive petere aut requirere poterat ullo modo in omnibus illis decimariis aut in decimis quas fratres predicti hospitalis domus Sti-Remigii habebant et tenebant, et possedebant, aut ullo modo habere debebant aut possidere, circà fluvium Garonæ ubicumque sint, totum ab integro absolvit et reliquit eis Dominus comes predictus per se et per omne suum ordinium, sine ullâ retentione quam ibi non fecit. Hâc absolutio factâ, Dominus Ramundus Dei gratiâ Comes Tolosæ, Dux Narbonæ. Marchio Provinciæ, laudavit atque recognovit atque feualiter dedit domino Ramundo Garsiæ, Priori domus hospitalis Jherusalem domus Sti-Remigii Tolosæ et omnibus aliis fratribus ejusdem domus presentibus et futuris et eorum ordinio omnes illas decimas, quas ipsi fratres predicti hospitalis habebant et tenebant, aut habere, aut possidere debebant ullo modo aliquo jure aut aliquâ ratione, vel aliquis per eos, aut ex illis ... Tali pacto recognovit et dedit illi hoc feodum ut semper in unoquoque anno, in vigiliâ Sti-Remigii, fratres predicti hospitalis faciant unam candelam I libræ de cerâ et faciant eam ardere et vigilare ante altare Sti-Remigii et in die de festo Sti-Remigii faciant ibi cantare missam de Sanctâ Trinitate, ideo ut Dominus Deus Omnipotens, Pater et Filius et Spiritus Sanctus, et beata Dei genitrix Maria, cum omnibus sanctis Dei custodiant atque defendant ipsum Dominum Comitem ab

1. Arch. Toulouse. L. I.

omni malo et omnium inimicorum suorum det ei victoriam et in futura sæcula dignet ei et omni suo generi condonare omnia peccata sua et vitam sempiternam dare Insuper cum isto censu et usu ibi retento sine amplius, Dominus Ramundus comes predictus laudavit facere bonam et firmam garenciam de omnibus amparatoribus, Domino Priori predicto et omnibus fratribus ejusdem domus predicti hospitalis presentibus atque futuris, de toto hoc predicto feodo. Hujus doni et istius absolutionis et hujus rei prescriptæ sunt testes Guillelmus Scilanus et Bernardus Scilanus et Petrus S^{ti}-Andreæ hospitalarius et Petrus Grimoard de Castro-Sarraceno et Bernardus de Podio-Siurano et alii qui ibi alerant et Guillelmus qui hanc cartam scripsit in mense septembris feriâ V, Regnante Philippo Francorum Rege, Ramundo Tolosano Comite, prædicto anno ab Incarnatione Domini MCLXXXIIII

IX

Testament du comte Raymond VI en faveur des Hospitaliers et des Templiers de Toulouse (1218) [1].

Hoc est testamentum Comitis.

Quum labilis est memoria hominum et dies ultimus incerta, idcirco Ego Ramundus, Dei gratiâ Dux Narbonæ, Comes Tolosæ, Marchio Provinciæ, Dominæ Reginæ Constanciæ filius, de ultimo die judicii considerans et valdè timens, meum facio testamentum et dispositionem et in presentiâ venerabilis et dilecti consanguinei mei Bernardi Comitis Convenarum, Dalmatii de Creissclo et Rogerii Bernardi et Ramundi de Recaldo : in primis Ramundus, Dominus Comes, dispono ut omnes explectæ, quæ exierint in hoc anno de omnibus meis boariis de Tolosano, mittantur in potestate domus hospitalis Jerosolimitani et domus miliciæ Templi, et illæ explectæ distribuantur et dividantur pauperibus, amore Dei et in redemptione peccatorum meorum, cognitione fratrum predictarum domorum et Domini

B. Comitis Convenarum et Rogerii Bernardi et Dalmatii predicti et R. de Recaldo et consulum Tolosæ. Omnia alia mea bona et jura, mobilia et immobilia, quæcumque sint et ubicumque sint, dono et dispono Ramundo meo filio, ad faciendum in totum suam voluntatem. Et dimitto Bertrandum filium meum in Dei misericordiâ et suâ Cum hoc testamento, disrumpo omnia alia testamenta, quæ fecerim, et volo ut istud firmiter habeatur et teneatur in perpetuum. Hujus rei sunt testes B Comes Convenarum, Rogerius Bernardus, Dalmatius de Creisselo, Ramundus de Recaldo, Doatus Alamanus, Magister Stephanus, Jordanus de Supraco et Petrus Arnaldus, qui, mandato Domini Comitis, cartam istam scripsit, II die exitus madii, anno MCCXVIII ab Incarnatione Domini.

X

Réception du comte Raymond VI dans l'ordre de St-Jean (1218) [1].

Quià est labilis memoria hominum et diesultimus incertus, idcircò ego Ramundus, Dei gratiâ, Dux Narbonæ, Comes Tolosæ, Marchio Provinciæ, Dominæ Reginæ Constanciæ filius, videns, considerans beneficia et elemosinas quæ in Domo Hospitalariorum Hierusalem quotidiè Christi pauperibus largientur, et de postremo die judicii valdè timens, pro salute animæ meæ et remissione peccatorum meorum, dono me ipsum et concedo, scilicet corpus meum Domino Deo Omnipotenti et beatæ Mariæ genitrici ejus et Sancto Joanni et hospitali Hierosolimis in honore ipsius fondato; et profiteor et in veritate recognosco quod hoc predictum donum jamdudum feceram et promitto Domino Deo et vobis, A. de Cabanis, præceptori Domus Hospitalis Hierosolimitani, quæ est in Tolosâ, quod nullum alium habitum recipiam nisi in predicto Hospitali; et, si fortè contigerit, antequàm recipiam, volo me sepiliri in Domo Hospitalis predicti. Et ego A. de Cabanis, predictus, pro Domino Bertrando Priore S^{ti}-Egidii

---

1 Arch Toulouse L I

1. Catel-Histoire des comtes de Tolose. L. II

et pro omni conventu predicti Hospitalis, recipio te, Dominum Ramundum, per fratrem dicti Hospitalis et participem omnium bonorum, tam spiritualium quam temporalium, quæ in domibus Hospitalis Hierosolimitani tam citrà mare et ultrà faciontur ; er pro Domino Bertrando Priore S^{ti}-Egidii et pro omni conveutu, promitto vobis, Ramundo Comite jamdicto, quod, cum habitum Religionis recipere volueris, quòd fratres prædicti Hospitalis illum vobis donent et per fratrem vos recipiant, secundùm formam prædicti Hospitalis. Ad majorem autem cautelam et firmitatem presentem paginam cum sigillo meo muniri et corroborari precepio. Actum est Tolosæ V die introitus mensis Julii, feria V Regnante Philippo Rege Francorum, eodem Ramundo Tolosæ comite, anno MCCXVIII ab Incarnatione Domini. Hujus rei sunt testes Dalmacius de Creissolo et Aribertus, Capellanus Domini Comitis, et P. de Recaldo, et Doatus Alamanus, et frater Hieronimus Papais hospitalarius et Petrus Arnaldus, notarius Domini Comitis, qui, mandato suo, cartam istam scripsit.

XI

CHARTE DE PRIVILÈGES ACCORDÉE PAR LE COMTE RAYMOND VII AUX HOSPITALIERS (1222) [1].

In nomine Domini nostri Jesu Christi. Pateat universis tam presentibus quam futuris, presentem cartam legentibus aut audientibus, quod nos Ramundus Dei gratiâ Dux Narbonæ, Comes Tolosæ, Marchio Provinciæ, filius Reginæ Johanæ, pietatis intuitu et misericordiæ, visâ et cognitâ utilitate animæ nostræ et parentum nostrorum, concedimus, merâ liberalitate, sanctæ et religiosæ domui Hospitalis Tholosæ et pauperibus ibidem degentibus et tibi, fratri Emmanueli, ejusdem Hospitalis in S^{to}-Egidio Priori et ceteris fratribus, tam presentibus quam futuris, et irrevocabiliter donamus per totam terram, nostræ juridictioni et dominio subditam, plenissimam potestatem ac liberum jus pascendi

pecora sua et armenta et pecora et armenta partaria et etiam pecora et armenta pastorum et armentatorum suorum ; itâ tamen quod pastores et armentarii sint cauti et pervigiles, ne talas faciant, idest ne segetes nostras aut alienas depascant. Item, eadem ratione, ut lucidius provideamus animæ nostræ et parentum nostrorum, concedimus et donamus irrevocabiliter præfato hospitali ut liceat fratribus ibidem morantibus. per omnes partes, nostro dominio et juridictioni subditas, sive per terram, sive per acquam, remota omni inquietatione, sine aliquo contradictu et sine aliquâ petitione aut exactione, ut pote pedatici, telonei, portonagii, leudæ vel usatici, expulsâ penitùs omni vexatione et molestiâ, res suas liberè ubiquè defferre, reportare et exportare Concedimus et donamus jamdicto Hospitali et fratribus ejusdem ut in mundinis nostris et mercaticis res suas vendere et alienas emere et permutare vel alio quolibet modo alienare liceat et ab omnimodâ prestatione sint penitùs exclusi Ad ultimum liceat fratribus sæpedicti Hospitalis possessiones suas ubiquè amphare, dilatare, augmentare et de novo aquirere ; liceat etiam memorato Hospitali et fratribus ejusdem, destinata vel collata, vel aliùs devoluta donationis titulo, vel emptionis et quolibet relicti titulo. petere et exigere sine morâ et adepta eis efficaciter cuncta detinere et pacificè possidere ; exceptis solummodo capitibus castrorum, quæ nobis reservamus et feudis rusticorum, salvis etiam nobis justiciis, et salvâ gratiâ expeditionis et salvo nobis exercitus maudamento. Datum Vauro, VII Nonas octobris, anno Dominicæ Incarnationis MCCXXII. Ego Johanes scripsi, vice Raimundi de Lacu, cancellarii Domini Comitis.

XII

DONATION DE L'ÉGLISE DE LARAMET A L'ORDRE DU TEMPLE (1134) [1].

In nomine Domini nostri Jesu Christi. Ego Amelius, Dei gratiâ,

---

1. Arch. Toulouse. L. X.

1. Arch. Laramet. L. I.

Tolosanæ sedis Episcopus et Aicardus Prepositus ecclesiæ sancti Stephani, concilio et auctoritate conventus predictæ ecclesiæ, donamus liberaliter omnipotenti. Deo et militiæ Templi Domini Iherosolimitani et habitatoribus ejusdem loci manentibus ibi, presentibus et futuris, capellaniam Ecclesiæ sanctæ Mariæ *de Rameto*, cum totis pertinentiis quæ ad capellaniam pertinent; et eo modo donamus liberè et annuimus liberè decimam totius terræ, quæ est infrà flumina *Togii* et *Alsavi* et affranquimus decimam deteiris vestræ bovariæ, scilicet ad II paria boum et decimam de VIII arpentibus vinearum donamus eo modo et affranquimus; sed in Salvitate *de Ramet* retimus censum de meliore casale, quod in villâ fuerit, exepto unum casale; sed justicia nostri casalis sit predictæ Miliciæ, et retinemus in capellaniâ synodum omni anno VI denarios; et capellanus, qui ibi fuerit, nostro concilio et auctoritate fiat Et donamus quòd hæc ecclesia prædicta non fiat vecata neque excommunicata pro ullâ excommunicatione Tolosanæ patriæ. Facta carta et donatio mense septembris feria IIII, Regnante Lodoico Francorum Rege et Idefonso Tolosano Comite, anno ab Incarnatione Domini MCXXXIIII. Sign. Bernardi Jordanis et Bernardi Barravi. Vital scripsit.

XIII

DONATION DU TERRITOIRE DE LA RAMET AUX TEMPLIERS (1134) [1].

Sciendum est quod W. Ausciencis Archiepiscopus et Vital de Iscio frater ejus et Bernardus Jordanus et Willelma uxor sua et Jo anus corum filius et frater suus dederunt Domino Deo et miliciæ Templi Salonius ecclesiam Sanctæ Mariæ *de Ramed*, cum pertinentiis et cum toto ecclesiastico et totum honorem quem ibi habebant, aut ullus homo aut femina per eos, infrà flumina Togii et Alsavi et terram foràs flumina ad dua paria bonum per anolharem. — Et Bernardus Jordanus et uxor sua et filii corum dederunt V aripenta vinearum. — Et Vitalis de Iscio III aripenta vinearum dedit — Hæc omnia predicta dederunt libenter, eorum spontaneâ voluntate sine enganno, Vital de Iscio et Bernardus Jordanus et uxor sua et fiilii eorum, in manu Domini Amelii Tolosæ Episcopi, in ecclesia Sancti Jacobi, pro redemptione animarum suarum et omnium parentum suorum, S. Bernardi Comitis Convenarum, in cujus manu fecerunt. S. Maurini de Murello, S. Gizellini fratris sui S Bernardus Barraui — W. Ausciensis Archiepiscopus fecit donum apud Montemaltum, in presentia prioris de Montealto. —

— Bernardus de Campiano, prior de Sti-Michaelis-de-Castel dedit liberaliter, sine ullo retentu, totum justum et rationem, quam habebat in hoc predicto honore, miliciæ Templi Salomonis. eâdem convenientiâ, quæ superiùs est scripta Teste Bernardo Jordano et Isarno fratre suo

— Pilistortus et Bernardus Ramundus frater ejus et Petrus W, dederunt liberaliter prædictæ miliciæ hoc totum quod habebant et casalem majorem qui est sub ecclesiâ habetali ad feuum de militibus Templi, tali modo quod omni anno reddant inde censum unam caudelam ad Ecclesiam Sanctæ Mariæ Teste Bernardo Jorda et Bernardo Barravi

— Toti homines ceperunt ad feum meditatem horum casalum de militibus Templi et quisque debent inde reddere censum omni anno IIII denarios militibus Templi et hoc fecerunt in manu Dominorum suorum Toti Domini predicti et Ramundus de Saisses habent Deo et miliciæ predictæ datum, quod, si homines illorum stabant in hoc predicto honore, non capiant eos nec eorum pecuniam, donec dicant illo Domino qui hunc predictum honorem tenuerit, et si homines volebant justum facere, justum illius Domini capiant; si facere noluerint, ille Dominus habeat illos ejectos foras villam cum suâ pecuniâ et mobilia, ad caput mensis quo clamorem receptum habuerit. Testes sunt isti predicti testes. Vital scripsit, anno MCXXXIV Hoc donum fecerunt in manu Geraldi de Nocura fratris Templis Salomonis

1. Arch Laramet L. I.

XIV

DONATION DE L'EMPLACEMENT POUR CONSTRUIRE LA VILLE DE LARAMET (1134) [1].

In nomine Domini nostri Jesus Christi Sciendum est quod Ramundus de Saises et A. Ramundus, filius suus, pro remedio animarum suarum et omnium parentum suorum, dederunt liberè XLVI casales, de III perticis, Domino Deo et militibus Templi Salomonis presentibus et futuris, sine ulla retentione, cum ripis mollinorum, infrà Togum et Alsavum ad crescendam villam et hedificandam, quæ vocatur *Ramed* et dederunt eo modo dominationem de toto illo honore, quem Baronus ibi dederit; sed in hâc predictâ villâ retinuerunt R. de Saises et Arn. Ramundus suus filius, IIII casales, de quibus debent censum IIII denarios et decimum et primiciam et justiciam, ut alteri casales. Hujus rei sunt testes Bernardus Jordanus et Vitalis de Iscio et Arnaldus de Podio Siurano et Bernardus Barravus

Ego Baronus de Quaterpodio et filii mei laudamus et concedimus hoc donum supradictum, quod R. de Saises et Ar Ramundus suus filius fecerunt; et, post positâ omni occasione, damus libere Deo et eisdem militibus Templi, consilio Ramundi de Saises et Ar. Ramundi sui filii, prope istos predictos casales, alteros XL et VI casales de IIII perticis in termino, quod supradiximus, inter utrasque aquas cum ripis mollinorum, sed in hoc predicto honore retinuerunt IIII casales Baronus et filii sui, de quibus facerint hospicio Templi censum et usum, ut alteri casales Hujus rei sunt testes Ramundus, Prior sante Mariæ Deauratæ et Bernardus Jordanus et Petrus de Brolio. Facta donatio hujus cartulæ, mense octobris, feriâ II, Lunâ XXVIII, regnante Lodovico Rege Francorum et Ildefonso Tolosano comite et Amelio Episcopo Anno ab incarnatione Domini MCXXXIII.

Notum sit quod ego Ramundus, Prior sante Mariæ, consilio conventus ejusdem loci, dono et concedo, liberè et sine enganno, militibus in Templo servientibus, presentibus et futuris, decimam et primitiam et dominationem, quam Ecclesia sanctæ Mariæ Deauratæ habebat, vel habere debebat, in illo honore, quem Ramundus de Saises et Baronus de Quaterpodio et filii eorum eisdem militibus dederunt et totum justum quod Ecclesia predicta habebat in mollinare, similiter dono predictis militibus; de quo predicto honore milites predicti Templi dederunt mihi Ramundo Priori et conventus sanctæ Mariæ Deauratæ IIII casales, quicquid de IIII perticis, tali convenientiâ quod de unoquoque casale reddamus Deo et militibus quoque anno denarium et decimam et primitiam et omnes usaticos, sicuti alii habitatores villæ de Ramed fecerunt, et dederunt unum locum propè ecclesiam, ad faciendam domum, de quâ reddamus omni anno I denarium censum Hujus rei sunt testes Bernardus-Jordanus et Petrus de Brolio et Maurinus de Legavino

XV

DONATION A L'ORDRE DE SAINT-JEAN DU DIMAIRE DE SAINT-CLEMENT DE CASSARAC (CORNEBARRIEU) (1129) [1].

Petrus de Pibraco dedit tres partes Ecclesiæ sancti Clementis de *Cassaraco*, quod est in alodio de *Cornebarul*, et tres partes tocius ecclesiastici et tres partes primitiarum Domino Deo et Hospitali Hierosolimitano et Bernardo de Laissaco, hospitalario, et ceteris fratribus hierosolimitani hospitii, pro remedio animæ suæ et omnium parentum suorum. Et tamen B de Laissaco dedit ei per hoc donum XV solidos morlanenses. Et Petrus de Pibraco debet indè garentiam facere de totis amparatoribus, legitime et sinè enganno Et Petrus de Pibraco retinuit ibi quod hospitalarii recognoscant cum pro dominacione quam ibi habet. Signavit Hugo de Pomareta, et Esquatus de Yscio et filii ejus R. et Rogerius, qui hujus donacionis testes sunt. Facta carta mense decembris, feriâ III, Regnante Lodoico Rege, Ildefonso Tolosano Comite et Amelio Episcopo, anno ab Incarnatione Domini MCXXVIIII Vital scripsit.

[1] Arch Laramet L I

[1] Arch. Pibrac I I

XVI

DONATION DE LÉGUEVIN A L'ORDRE DE SAINT-JEAN (1108) [1].

Sciendum est quod Baros de Caterpey et sorores ejus pro remedio animarum suarum et parentum suorum dederunt et donando firmaverunt ad alodem, absque ullâ reservatione, Deo et sancto Ospitali Iherosolimitano atque Geraldo Priori, aliisque fratribus illi deservientibus, presentibus et futuris, omnem onorem, qui est in territorio de Legavino inter duos rivos. Indè supradicti donatores debent facere garenciam istius doni de totis amparatoribus legitime et sine enganuo.

Eâdem conveniencia W. de S... et frater ejus Fortius Anerii et Ugo de Fabricâ et Ramundus Atonis frater ejus et Lupa, filia Rogerii, dederunt et donando firmaverunt ad alodem Deo et supradicto ospitali Ihrusalem et Geraldo atque supradictis fratribus honorem, qui est contrà Tolosam, ex duabus partibus plateæ, LX scilicet perticas, terminus ejus de rivo usque ad crucem quæ contrà Tolosam est posita. Hujus rei sunt testes Amelius Episcopus Tolosæ, Arnaldus Ramundi, Prepositus, et Bernardus de Maiestagno, et ceteri, qui circumstantes aderant. Anno MCVIII ad Incarnatione Domini, Regnante Lodovico, Francorum Rege.

XVII

TRAITÉ DE PARÉAGE POUR LA BASTIDE DE LÉGUEVIN ENTRE LES HOSPITALIERS ET BERNARD JOURDAIN DE L'ILE (1309) [2].

Noverint universi, presentem paginam inspecturi, quod, diù est tractatus fuisset habitus inter nobilem virum Dominum de Insulâ militem, quondam tempore quo vivebat, et post inter nobilem virum Dominum Bernardum Jordani, filium suum, dominum de Insulâ, ex parte unâ et fratres Hospitalarios Hospitalis sancti Johanis Jerusalem, ex parte alterâ, super novâ bastidâ de novo construendâ in loco de Legavino, et super quibusdam punctis discordaretur inter dictas partes super novâ bastidâ de novo construendâ in loco supradicto; et dictus Dominus Bernardus Jordani jam cepisset novam bastidam vocatam de sancto Martino facere ultrà dictum rivum de Legavino, extrà decimarium sancti Johanis predicti et palum jam fixisset; et, intervenientibus amicis et tractatoribus, hinc et indè tractaretur inter duas partes, quòd dicta bastida, de loco, ubi erat incepta et palus fixus fuerat, mutaretur in loco de Legavino, ultra dictum rivum à parte forestæ Boconæ, in decimario sancti Johanis de Legavino, fieret et etiam transferetur. Frater Bernardus de Girondâ, Præceptor domus Hospitalis sancti Johanis Iherusalem de Legavino, ex commissione sibi factâ per Religiosum virum Dominum fratrem Aymericum de Turino, tenentem locum Religiosi ac venerabilis viri Domini fratris Draconeti de Montedracono, Prioris domorum Hospitalis sancti Johanis Hierosolimitani in prioratu sancti Egidii, de concilio et assensu fratris Bernardi de Villario Præceptoris domus sancti Johanis de Renavillâ, ibidem presentis, videns, considerans et attendens utilitatem prædictæ suæ domus, tam in temporalibus quàm in spiritualibus, si predicta bastida vocata sancti Martini de loco ubi palus fixus erat, amoveretur, fieret et etiam mutaretur infrà perrochiam sancti Johanis de Legavino, in loco predicto de Legavino, circà alias domos dicti loci de Legavino, et, ut predicta fierent et complerentur, et predicta bastida in loco de Legavino infrà dictum decimarium sancti Johanis predicti mutaretur et fieret, ut est dictum, obtulit atque dedit Bernardo de Goffas domicello, senescallo et procuratori, ut dixit, dicti Domini Bernardi Jordani ibidem presenti et recipienti pro dicto Domino Bernardo Jordani et michi notario infrascripto, vice et nomine dicti Domini B. Jordani absentis sollempniter stipulanti, medietatem tocius terræ, quam habet dicta domus seu hospitalis sancti Johanis dicti loci in loco predicto de Legavino, versus dictum locum seu castellare de Legavino et medietatem predii seu fandi, quod est ante domum hospitalis prædicti, dedit etiam dicto Bernardo de Goffas, nomine quo suprà recipienti, omnes

---

1. Arch. Léguevin L. I
2. Arch. Léguevin. L. I

oblias, quas dicta domus seu hospitalis sancti Johanis habet et habere consuevit in loco de Legavino et pertinenciis ejusdem cum omnibus aliis dominationibus, dictis obliis pertinentibus Item dedit eidem Bernardo de Goffas, nomme quo suprà recipienti, furnum et fabricam et messegariam dicti loci de Legavino, quatenus tangunt partem et jus dictæ domus seu hospitalis et tangere possint et consueverunt temporibus retroactis; salvo et retento per dictum Preceptorem nomine dictæ suæ domus et domui dicti hospitalis, in futurum, ante dictam donacionem et in ipsâ donacione et post, quod dictus Preceptor et sui successores, nomine dictæ domus hospitalis de Legavino, valeant in perpetuum accere volue= rem suum sive relham et facere omnia alia, quæ necessaria erunt ad suum fratrum in fabricâ dicti loci seu bastidæ sancti Martini de novo construendæ, liberè, illius, qui tenebit in posterum fabricam dictæ bastidæ propriis sumptibus et expensis prout consueverunt temporibus retroactis; et salvo etiam et retento per dictum Preceptorem, quod fratres domus predictæ et eorum pastores ac boerii et alia familia dictæ domus et eorum animalia, sive pecora, qui vel quæ nunc sunt in dictâ domo et erunt in futurum, sint immunes, quiti et liberi ab omni prestatione et solutione justiciæ sive messegariæ ubicumque, in locis prohibitis et defensis, inveniantur per messegarium seu gardiam dicti loci, dumtamen emendant dampnum passo, ad notitiam et cognitionem consulum seu proborum hominum dictæ villæ; hoc excepto quòd, si videretur et posset probari ydoniâ quòd dicti boerii, pastores et familia dictæ domus, qui nunc sunt in dictâ domo et erunt in posterum, scienter et fraudulose mitterent et relaxarent dicta animalia, sive pecora, in dictis locis prohibitis et deffensis; quod in illo casu dicti pastores, boerii, familia justiciam, sive messegariam, de eorum solidatâ solvere teneantur Item, salvo et retento per dictum Preceptorem quod messegarius dictæ bastidæ de Sto-Martino de novo construendæ, qui nunc est et erit in futurum, teneatur custodire et gardiare blada, vineas, prata, nemora et alia diffensa dictæ domus seu hospitalis, quæ nunc habet aut habebit in futurum, infrà messegariam dictæ bastidæ liberè. Item et salvo et retento per dictum Preceptorem quod in dictâ domo seu hospitali dictus Preceptor et sui successores habeant et habere possint, tenere et construere furnum suum, in dictâ domô seu etiam hospitali, liberè ad coquendum suum panem et familiæ dictæ domus seu hospitalis dicti loci, prout sic consueverint temporibus retroactis ,.

Quamquidem donationem, ut promittitur, dictus B. de Goffas senescallus et procurator dicti Domini B. Jordani, nomine et vice ipsius Domini B Jordani quo suprà et pro ipso gratenter acceptavit, et promisit et convenit ibidem, nomine procuratorio dicti Domini B, Jordani et pro ipso, dicto fratri Bernardo de Gironda, Preceptori predicto, ibidem presenti et recipienti pro se et Domino Priori domorum hospitalis Sti-Johanis prædicti et pro Domino Magistro dicti hospitalis et aliis fratribus dicti hospitalis Sti Johani Ihrosolimitani et michi notario infrascripto, nomine omnium predictorum absencium solempniter stipulanti et recipienti, mutare et transfeire, facere et construere seu ad construendum dare dictam bastidam Sti-Martini infrà dictum rivum et circà alios domos de Legavino et infrà perrochiam et decimarium Ecclesiæ Sti-Johanis dicti loci de Legavino et eam non mutare nec transferre in posterum extrà dictam perrochiam et decimarium Ecclesiæ Sti Johanis dicti loci et omnia et singula superius retenta et expressata per dictum Preceptorem tenere, attendere et inviolabiliter observare Item promisit et convenit insuper dictus B. de Goffas, nomine dicti Domini B. Jordani, quo suprà, dare ad culturam et infeudare hominibus venientibus et habitare volentibus in dictâ bastidâ territorium vocatum *de Paatorta*, prout est limitatum et confrontatum in instrumento consuetudinum dictæ bastidæ Item fuit actum, pactum et conventum inter duas partes contrahentes, ante dictas donationes conventiones, seu ordinationes, et in ipsis donationibus, 'conventionibus. ordinationibus et post, quod omnia privilegia concessa et libertates et franchesiæ concessæ fratribus dicti hospitalis Sti Johanis Ihrosolimitani et dictæ domui et eorum familiæ à Romanis Pontificibus, nec non et per Dominum Jordanum de Insulâ patrem dicti Domini Bernardi Jordani, bonæ memoriæ et per quos dam alios à temporibus retroactis dictis fratribus dicti hospitalis S^{ti} Johanis Ihrosolimitani et dictæ domui et eorum familiæ, tam in proprietate quam in pocessione salva remaneant et in nullo aliqualiter diminuta sed perpetuo sint valida et roboris obtineant firmitatem et dictis franchesiis et libertatibus gaudeant integraliter, prout tempore presentis concessionis et ordonationis eis lem utebantur seu etiam fruebantur... .

Hoc fuit factum Tholosæ, in hospicio venerabilis et discreti viri Domini Arnaldi de Villario, illustris Domini nostri Franciæ Regis clerici, canonici et operarii in Ecclesiâ Caturcensi II die exitus mensis novembris, regnante Domino Philippo Francorum Rege, Gailhardo Episcopo Tholosano, anno ab incarnatione Domini MCCCIX.

XVIII

DONATION DU FIEF D'ESTAQUEBIAU A L'ORDRE DE SAINT-JEAN (1138) 1.

Ego, Arnaldus Adalbertus et Arnaldus filius meus, nostrâ propriâ voluntate, pro remedio animarum nostrarum, de toto illo honore *de Estacebove*, donamus liberaliter, in vitâ de me, Arnaldo Adalberto majore, medietatem tocius decimæ et, post obitum meum, totum decimum donamus Deo et hospicio irhosolimitano et Arnaldo de Garrigodocto et Ramundo Umberto, et ceteris fratribus ihrosolimitani hospicii ibi modo manentibus et futuris. Facta carta hujus donacionis, mense Julio, feriâ III, regnante Lodoico Rege Francorum, Ildefonse Tolosano Comite, anno ab incarnatione Domini Mil. C. XXXVIII. Sign. Wilh. de Claustro, et Poncius Ariberti et Olivarius de Garrigodooto qui hujus rei sunt testes.

XIX

DONATION DU FIEF DE BOLENES A L'ORDRE DE SAINT-JEAN (1141) 2.

Sciendum est quod Stephanus Caraborda, filius Fabrici Caraborda,

1. Arch. Estaquebiau L 1.
2. Arch. Estaquebiau L. l.

pro Dei amore et remedio animæ Oalrici patris sui et matris suæ, pro remedio animæ ejusdem Stephani Caraborda et mulieris suæ et infantium suorum et parentum, et quod Deus omnipotens dimittat eis peccata sua, dedit decimam tocius honoris, quam habebat ultrà flumen *Yrcii*, de blado, de vino, in feuo *de Bolenes*, sicuti tunc melius habebat vel anteà acquisiverit, Domino Deo et hospicio Ihrosolimitano et Bernardo de Podio-Siurano et omnibus clericis et pauperibus hospicii ihrosolimitani, ibi manentibus et futuris. Facta carta hujus donacionis, Kalendas Julii, feriâ III, Regnante Lodoico Francorum Rege, Ildefonso Tolosano Comite et Ramundo Episcopo, Anno ab Incarnatione Domini M. C. XL. I. Sign. Boni Mancipii Maurani, S Bernardi de Bolenes. S. Petri de Margaritis frater Templi et Vitalis, scriba, qui scripsit hanc certam. S Arnaldi de Garrigodocho et alii qui ibi aderant,

XX

DONATION DE ST-PIERRE DE SALNEIRE (GARIDECH) A L'ORDRE DE SAINT-JEAN (Vers 1134) 1.

In nomine Domini nostri Jesu Christi. — Ego Petrus Aguassa et Ramundus Aguassa fratres, donamus Domino Deo et Sanctæ Dei genitrici Mariæ et hospitali et pauperibus de Jerusalem et Bernardo Ugo de Frontono IIII cestarios de nostrâ hereditate, quæ nobis advenerit; hoc est in decimo de parte nostra de Ecclesiâ quæ est fundata in honore S^{ti} Petri de Salneiras, quæ est in pago Tolosano, scita secus litus Gironis fluminis. Et, si non erant ibi IIII cestarii sint de aliis bladis vel de fabis, vel de mesturâ. Hoc autem donum facimus propter remedium animarum nostrarum seu parentum nostrorum fidelium, qui jam ex hoc seculo migraverunt et migraturi sunt, ut Deus misereatur illis et nobis. Et Bernardus Ugo, unâ cum concilio et voluntate Domini Bernardi de Graniag et Geraldi d'Espinaceiros et Poncii de Labeia et Willelmi Geraldi, qui ibi

1. Arch. Toulouse. L 1.

aderant Facta carta ista mense octobris, XII Kalendas Novembris, Lunâ XXVIII Epactâ IIII, regnante Lodoico Rege Francorum. Hoc fuit factum in tempore Ildefonsi comitis Tolosæ, anno Dominicæ incarnationis MCXXXIIII.

XXI

Extraits d'un ancien cartulaire de la Maison du Temple de Toulouse (Vers 1134) [1].

In nomine Domini nostri Jesu Christi, — Ego Ramundus Rater us, filius dictus Toseti de Tolosâ, Dertrannus Estroubi frater meus et sorores meæ, Bruna et Sibilia et viri sui, videlicet Geraldus Engilbertus et Ramumdus Sarracenus, pro remedio omnium peccatorum nostrorum et omnium parentum, donamus Domino Deo et domui Templi Iherosolimitani et Hugoni Magistro et omnibus militibus et pauperibus predicti Templi presentibus et futuris, qui illam domum defenderint et adjuvarint, totum illum honorem quem habebamus ab Ecclesiâ Sta Mariæ Dealbatæ usque ad carrariam et usque ab aliam carrariam quæ transit ante Ecclesiam S^{ti} Remigii; justum totum quod ibi habebamus liberaliter donamus

W. de Vadesi dat omni anno, in Adventu Domini, XII denarios, et, ad obitum, XXII; hoc laudat Templi in suo honore et pecuniâ.

Poncius Vasco dat ibi omni anno XII den tolos, et, ad obitum mortis, C solidos tol et laudat illos in suo honore et pecuniâ.

W. de Manso, XII den et post suum obitum, Johanem Andream et suam tenentiam

R Sarracenus XII den. et, ad obitum suum, equum suum et arma, et, sinon haberet, C sol tol.

Berengarius Ramumdus XII den. et ad obitum mortis, equum et arma, vel C sol. tol. in suo honore et pecuniâ.

Petrus Willelmus equum et arma vel C solidos tol ad helectionem hospitalarii; et, in hoc medio, XII den, omni anno.

Bastardus, XII den. omni anno, et, ad suam mortem, equum vel L sol.

Hector de Galag XIV den. et ad obitum suum equum et arma vel C solidos carturcenses.

Petrus de Rouis, VI den. in festo S^{ti} Ylarii et ad obitum, X sol. tol.

Arnaldus Gilabertus, VI den. in toto suo honore et ad obitum, X sol. tol

Domina uxor Arnaldi Gilaberti, camisiam et bracas omni anno, et, ad obitum suum, mantellum.

Rorretius, XII den. et ad obitum suum, meliorem equum et arma, et si non habet equum, XXX sol. tol

Adalbertus XII den et ad obitum, meliorem equum et arma vel XXX sol tol. super suum, honorem

Pilistortus XII den et ad obitum, suum meliorem equum et arma vel L sol super totum suum honorem.

Aicardus, Prepositus S^{ti} Stephani, XII den. omni anno in vitâ suâ.

Margareta uxor Pilistorti camisiam et bracas et, ad obitum suum, meliorem mantellum

Domina uxor Pontii de Villanova. camisiam et bracas et, ad obitum, suum meliorem mantellum.

Curvus de Turribus, in finem, equum suum meliorem et arma, vel C sol tol. si non habuerit equum et laudat hoc super bovariam suam de Pabulvillâ, et, si dereliquerit seculum, laudat se per fratrem domui Templi et non ad altrum veniat habitum

Pontius Vitalis in fine suâ, arma et equum, si habebat et si non habebat equum, XX sol. et laudat hoc super malœlam de Clauso de Ulmo.

Uxor Pontii Vitalis suum meliorem pallium.

XXII

Donation de la ville de Fontanille au Temple de Toulouse (1162) [1].

Sciendum est quod W. Assaliti et Yzarnus frater ejus, pro amore Dei et redemptione suorum peccatorum et pro salvatione suarum animarum, dederunt Deo et domui Templi et fratribus ejusdem domus tam pre-

---

1. Arch. Toulouse. L. 1 b.s.

1. Arch. Toulouse. L. 1 bis.

sentibus quam futuris, per omne tempus, terram duobus paribus boum per anolharium, ad Fontanillas et II den. morlan in uno quoque anno, ad festum Omnium Sanctorum, de uno quoque foco villæ predictæ et pascua omnibus animalibus eorum quæ illis in predicta villa fuerint necessaria Eodem modo Vitalis Porquerii et frater ejus dederunt illis teriam uni pari bonum per anollarium. . Et pro his supradictis donis, fratres Templi debent custodire et manutenere et defendere de omnibus malefactoribus villam de Fontenillas et habitatores ejusdem villæ, cum omnibus suis rebus secundum suum posse et secundum suum Ordinem. Hoc totum, ut supra scriptum est, fuit factum in manu Domini Ramundi, Comitis Tolosæ et Jordani de Isla, qui concesserunt et laudaverunt supradictum donum fratribus Templi, Deide Giiberti, scilicet, qui tunc aderat Magister Tolosanæ domus Templi, Duranno fratri ejusdem domus et omnibus aliis fratribus futuris et presentibus Facta carta mense marcii feria IV, Regnante Lodovco Rege Francorum, Ramundo Tolosano Comite, Ramundo Episcopo Anno MC LX II incarnationis Domini Hujus rei sunt testes Vitalis Porquerii clericus et Vitalis Porquerii ejus consanguineus et L. Clerici et P de Montana et B. Pages. Ugo scripsit

XXIII

INVENTAIRE DU MOBILIER DE LA MAISON ET DE L'ÉGLISE DU TEMPLE DE TOULOUSE LORS DE LEUR REMISE AUX HOSPITALIERS (1313) [1].

1º Maison

.... Auctoritate et vigore et mandato dictæ commissionis idem Deodatus de Roaxio, commissarius, reddidit et restituit Domino fratri Petro de Castlucio, procuratori Religiosi viri Domini fratris R de Olarguis, tenentis locum Domini Magistri hospitalis Sti Johanni Ihrosolimitani in Sti-Egidii prioratu . videlicet.

Quamdam archam, quæ erat in camera Preceptoris, in quâ erant pluria scripta.

[1]. Arch. Toulouse L. IV bis.

Item restituit de bonis inventis in camerâ thesaurariæ, videlicet quamdam archam, in quâ erant plures saqueti cum pluribus scriptis.

Item II gambaishones, ad perticam dictæ cameræ. de malha

Item unam coperturam equi de malha.

Item IIII clipeos et III penas saguminis.

Item II capellos ferri.

Item unum cofre ferratum cum pluribus instrumentis et privilegiis.

Item XIV selas quæ sunt nullius valoris.

Item V bosellas et unum croc.

Item uram balistam de cornu et II balistas ligni quasi nullius valoris.

Item II cofres, item I albrerum ligni.

Item II coperios de corio ubi sunt cupæ

Item unum cofretum de supres cum pluribus scriptis et cum balsano.

Item unum perpunh signatum signis Leonis.

Item unum *Alexander*.

Item quasdam cintecas de plata albas. Item quasdam cintecas de plata copertas cum veluto rubeo.

Item quasdam camberias et unam plumbatam et unum boclerium.

Item quodam manubrium cultelli de os.

Item unum bacinetum parvum de cupro.

Item unam malam de corio et II bursas de panno bruno.

Item unam violam.

Item quamdam magnam taulam in dictâ aulâ.

Item IIII camberias ferri. Item unum par denolheriarum.

Item IIII estrupe ferri. Item unum ensem.

Item unum escagium de panno viridiaco cum IIII vetis

Item I sunhellum de corio. Item quamdam tunicam albam.

2º Eglise

.... Dictus procurator dixit et asseruit se recepisse de bonis dictæ domus Templi, per manum dicti commissario, bona quæ secuntur videlicet de capellâ dictæ domus.

Suprà altare quamdam ymaginem beatæ Mariæ cum quodam velo viridi.

Item quamdam crucem in **ligno** deargentatam, in quâ dicebantur esse de ligno S¹ᵃ Crucis in duobus locis, cum quibusdam lapidibus diversorum colorum, usquè ad summam XLV lapidum inter parvas et magnas.

Item quamdam aliam crucem magnam de cupro.

Item IIII candelabra de cupro.

Item quamdam navem de cupro, in quâ tenetur tus, cum quodam coqueari de cupro.

Item unam parvam custodiam de cupro ad tenendum corpus Christi.

Item unum parvum minhocum, super quo ponitur liber altaris.

Item tres pixidæ, in quibus tenentur hostiæ.

Item unam parvam esqui'etam.

Item II manutergia altaris cum crucibus aurifresatis

Item unum pali ante altare de purpurâ

Item IIII cortinas, quæ erant circà altare in vergis ferreis pendentes.

Item quamdam cortinam nigram quæ erat ante dictam ymaginem, pendentem in filo ferreo.

Item unum tapit, qui erat ante dictum altare.

Item quedam caudelabra ferrea ab utrâque parte ecclesiæ, ad tenendum cereos; in quorum quolibet erant octo platæ, ad tenendum candelas, super duas colonas fnsti.

Item IIII caligeflata seu ventallia.

Item II ymagines ceræ, cum unâ manu, pendentes in dictis columpnis fusti

Item camisias parvulorum.

Item unam pelvim pendontem ante dictum altare et alium existentem in lavatorio, cum quodam vase de cupro, in quo ponitur aquabenedicta.

Item II canetas stangni.

Item quodam turribulum de cupro.

Item III lampades pendentes in Ecclesiâ.

Item II campanetas parvas, quæ erant suprà pilarium infrà dictam capellam.

Item II magna candelabra de ferro ad tenendum candelas in dictâ capellâ, quando funera sint ibi.

Item I copertorium de sergiâ albâ cum unâ cruce rubeâ in medio.

Item II cathedras de ligno, et sedes in coro ecclesiæ, circum quo sunt

Item socum ubi ponuntur helemosimæ dictæ ecclesiæ.

Item I pulpitum cum pede et duo alia cum pedibus ab utrâque parte dicti cori...

Item unum vestimentum seu garnimentum capellani, cujus capa erat rubea cum castellis deauratis in campo livido.

Item alind vestimentum cum capâ fotratâ depano viridi

Item alind vestimentum minutum cum capa de samico folrata de panno viridi.

Item aluid vestimentum cum capâ de boccarano cum barrâ aureâ in medio positâ

Item sexdecim capas processionales de purpurâ debiles, diversorum colorum ..

Item in quâdam longâ archâ unum frontale altaris de argento deauratum, in quâdam poste, in quâ se tenet munitum cum panno lineo.

Item IIII paramenta altaris diversorum colorum

Item quodam vexilhum cum signo rubei Leonis.

Item octo manutergia altaris diversorum colorum.

Item III toalhas altaris.

Item unum parvum vexillum cum cruce rubeâ in medio.

Item I calicem cum suâ patellâ de argento deauratum et pomellum deauratum cum opere cum cruce in pede, ponderis unius marchæ cum dimidio

Item in quâdam archâ retro altare I calicem de argento intus et foris cum platinâ suâ, ponderis II marcharum cum dimidio

Item I turribulum argenteum, ponderis I marchæ cum dimidio minùs V sterlinis.

Item quamdam crucem de argento, ut dicebatur, in quâ erant, ut dicebatur, II cruces parvæ de ligmo S¹ Crucis, in quâ erant X lapides, appositæ antè, et à tergo VII, cum suo scogio

Item II vasa eborea cum reliquiis; ut videbatur

Item quamdam magnam crucem de cristallo cum suo scogio.

Item II candelabra de cristallo.

Item II manhocos de syndone.

Item unum vestimentum capellani cum capâ panni de sedâ deauratâ, involutum in quodam panno lineo Barberii.

Item aliud vestimentum munitum cum capâ folratâ panni viridi cum signo Comitis Tolosæ.

Item II dalmaticas viridas ; item II nigras folratas panni viridi ; item alias II dalmaticas de purpurà folratas panni crocii.

Item aliam dalmaticam purpuream, cum signo Regis.

Item III toalhas virgatas in quolibet capite.

Item II manipulos et I stolam et I colare capellani.

Item I pecten de ebore.

Item I capam missalem deauratam cum signis de Pinhis.

Itum unum indumentum sacerdotale munitum deauratum.

Item I camisiam romanam debilem.

Item II superpelicia nova.

Itnm quasdum mappas altaris.

Item I vellum deserico album. .

XXIV

Etablissement d'un hopital dans l'ancienne maison du Temple (1508) [1].

Frater Philibertus de Nailhaco, Dei gratrâ, sacræ domus hospitalis Sancti Johanis Hierosolimitani Magister humilis, pauperumque Jesus Christi custos et nos, Conventus domus ejusdem, universis et singulis presentes litteras visuris et audituris, salutem in Domino sempiternam. Notum facimus quod, cum Religiosus in Christo nobis charissimus frater Raymundus de Lescura, Prior Tolosæ, præceptor Cipri, et ceteri fratres Liguæ Provinciæ, tam dicti Prioratus, quàm Prioralus S^{ti} Egedii, in nostro Rhodi conventu degentes, nobis exposuerunt quòd in civitate Tholosanâ plures infirmi, tam peregrini, ad S^m-Jacobum et alibi proficiscantes, quòd non nulli alii, affluent aliqnandò non habent s ubi sua reclinent capita ; et ideo, operibus misericordiæ inclinati, nobis supplicaverunt ut in domo nostra Templi Tholosæ, de nostrâ licentiâ et mandato, constituatur quædam domus in infirmatiâ sue hospitali in quâ debent Christi pauperes, ad ipsum confluentes recipi et, in ipsâ infirmariâ seu hospitali sibi providere

[1]. Arch. Garidech de Toulouse.

lectis, lectisternis, linteaminibus, coperturis et familiaribus, ad ipsis serviendum opportunis; insuper quòd ad substantationem dictæ infirmariæ seu hospitalis et aliorum præmissorum et pro victu hospitalarii dictæ infirmariæ seu hospitalis et aliis omnibus, dictæ infirmariæ incumbentibus facilitùs supportandis, præceptoriam seu baiuliam de Garidech dicti nostri Prioratus Tholosæ, solutis priùs annuis responsionibus dictæ baiuliæ et aliis omnibus suppportatis, nec non et XXV quartones frumenti ad mensuram Tholosæ, in quibus dicta baiulia de Garidech anno quolibet tenebatur baiuliæ S^{ti} Johanis Tholosæ cameræ dicti Prioris. eidem infirmariæ seu hospitali confirmare dignaremur : ità tamen quòd dictus Prior Tholosæ et ejus successores in perpetuum, de et cum consilio fratrum præceptorum dicti Prioratus in suo capitulo Provinciali. instituere debet in dictâ infirmariâ seu hospitali fratrem unum domus nostræ sufficientem et ydoneum ad reginem dictarum infirmariæ, seu hospitalis, et baiuliæ et qui illius baiuliæ responsiones et alia onera ditæ baiuliæ èt infirmariæ incumbentia benè solveret et supportaret, rursumque quod dictus Prior et sui successores et præceptores dicti Prioratus, in dicto capitulo existentes, debeant et teneantur anno quolibet dictam infirmariam seu hospitale visitare, et, casu quo hospitalarius dictæ infirmariæ ipsam bonè non regeret, quòd idem Prior et omnes successores cum consilio dictorum fratrum præceptorum, in dicto capitulo existentium eidem baiuliæ et imfirmariæ de alio domus nostræ fratri sufficienti et ydoneo providet et providere possit : nihilominùs quod collatio et institutio dictarum infirmariæ et baiuliæ ad dictum Priorem et ejus successores, cum consilio dictorum fratrum Præceptorum, dùm casus vacationis occurreret, pleno jure , spectaret et pertineret. Igitur nos considerantes circà curam et hospitalitatem Christi pauperum.. prædictam Infirmariam seu hospitale in dicta domo Templi Tholosæ, in loco dictis Priori et Præceptoribus viso utiliori, invicem deliberato consilio et de nostrâ certâ scientiâ et speciali gratiâ, dicto fratre Raymundo Priori præmissa persequenti, ex nunc in perpetuum constituimus et ordinamus ; necnon omnia et singula, præmissa, quæ superius sunt scripta, divisa et narrata, volumus et concedimus dictæ infirmariæ seu hospitali et ipsius hospitalariis perpetuò prædictam baiuliam de Garidech, cum omnibus et singulis membris et pertinentiis et juribus, ad eam spectantibus et pertinentibus ac spectare et pertinere debentibus, habendam, tenendam, regendam, gubernandam augmentandam et meliorandam, in spiritualibus et temporalibus, tam in capite quam in membris, sub annuâ resolutione et aliis omnibus impositis rationabiliter secundum comunem cursum aliarum baiuliarum Prioratus prædicti in capitulo provinciali Prioratus ipsius, annis singulis infaillibiliter exsolvendis, acque de dictâ baiuliâ de Garidech provideatur, ut superiùs est expressum, nec non et XXV quartones frumenti, dictæ nostræ domo Sti Johanis Tholosæ anno quolibet, ut dictum est, debitos, conferendo, donando et perpetuo concedendo, benefaciendo in dictâ infirmariâ et baiuliâ, dictumque hospitalarium, et ejus successores Præceptorem et Commendatorem in dictâ constituimus baiuliâ. Et etiam ordinamus committentes dicto hospitalario et ejus successoribus perpetuùm circa curam, regimen et administrationem ac comodum dictarum baiuliæ et infirmariæ ac bonorum et jurium earumdem defensionem et recuperationem, tam in agendo quam in defendo, vices nostras Quocircò universis et singulis fratribus, sororibus et donatis, sub virtute sanctæ obedientiæ, ac hominibus et vassalis et quibusvis aliis nobis subditis in dictâ baiuliâ et infirmariâ constitutis, presentibus et futuris, sub sacramento fidelitatis et homagii, quo nobis et nostræ domui sunt adstricti, precipimus et mandamus ut dicto hospitalario, tanquam eorum superiori, præceptori et majori, reverenter pareant, obediant, et intendant, sibique suum præbeant auxilium, consilium et favorem in omnibus concernentibus utilitatem dictarum baiuliæ et infirmariæ, quoties opus fuerit et eos duxerit requirendos, necnon universis et singulis fratribus domus nostræ, quâcumque auctoritate, dignitate vel officio fungentibus, presentibus et futuris, ne contra præmissa vel præmissorum aliqua aliquathenus facere vel venire præsumant, quinimò ea studeant, juxtà eorum mentem, inviolabiliter observare, inhibentes dicto hospitalario, districtis sub virtute sanctæ obedientiæ supradictis, ne, pretextu præmissorum, aliqua de rebus, bonis, aut juribus dictarum infirmariæ et baiuliæ vendat, det, obliget, impignoret, permutat, alienet distrahat seu in emphiteosim perpetuam concedat, aut, quocumque alio colore quæsito extrà nostram Religionem transferrat, sine nostrâ speciali licentia et mandato, et, si contrà inhibitionem nostram hujusmodi aliquod vel aliqua illa operare vel facere contingat, illud et illa, ex nunc presens ex tunc et ex tunc presens ex nunc, cassamus, annullamus, ac decrevimus irritum et inane, nullius quo valoris vel efficacitatis penitus existere. In cujus rei testimonium bulla nostra communis plumbea presentibus est appensa. Datum Rhodi die XXIV mensis novembris anno incarnationis Domini M·CCCC·XIII.

XXV

Donation de Renneville a l'Ordre de Saint-Jean (1230) [1].

In nomine Patris et Filii et Spiritus Sancti — Tam presentibus quam futuris notificatur quod ego Ugo de Lasces, Lauragensis Dominus, reddo et dono animam meam et corpus meum Domino Deo et beatæ Mariæ Virgini et sancto Johani et Dominis pauperibus et fratribus sanctæ domus hospitalis Iherosolimitari et tibi fratri B de Capolegio, Priori Tholosæ, in vitâ et in morte, ita quod, divinitùs inspiratus, cùm habitum Religionis recipere velim, prædictæ sanctæ domus habitum me profiteor et assero receptarum et ad nullum alium habitum profiteor me posse extendere propter ipsum introitum. habito scilicet nondum assumpto, si fortè contingeret quod corpus meum morte occuparetur, ipsum ad cimiterium domus antedicti hospitalis prego et supplico deferendum. Ibidem similiter pietatis intuitu, cum prædicto dono, pro animæ meæ salute et omnium peccatorum meo-

---

[1] Arch. Renneville, L. I.

rum remissione, dono et pago jamdictis Dominis pauperibus et fratribus præfatæ sanctæ domus et tibi fratri B. de Capolegio, Priori Tholosæ, forcium et municionem *Ranavillæ*, homines scilicet et femnas, terras, herba, prata, cultum et incultum, aquas et nemora, egressus ingressus, et quicquid ibi pertinet vel pertinere debet, nullo mihi penitùs et omnibus prædictis retento dominio vel alio jure. Quæ omnia, ut prædictum est, laudo et approbo et in perpetuum concedo jamdictis Dominis pauperibus et fratribus et præfato Priori Tholosæ, in pace possidenda — Ego frater B. humilis Prior Tholosæ, de consilio et consensu nostrorum fratrum, colligo, recipio te. Ugonem de Lasces, in omnibus beneficiis presentibus et futuris quæ præfato hospitali a principio usquè in finem mundi facta sunt.. velut nostrum fratrem, et cùm, divinâ gratiâ preveniente, hatum nostrum sumere volueris in prætaxatâ domo panem et aquam atque pannos humiles tibi concedimus diligenter.

XXVI

DONATION DE SAINT-PIERRE A L'ORDRE DE SAINT-JEAN [1].

Odo, Lesatensis Abbas, dedit Deo et sancto Sepulcro et hospitali Jerusalem et Geraldo et fratribus ejus Ecclesiam *Sancti Petri de Velaco* et hoc totum quod Ecclesiæ pertinet, excepto tertiam partem decimæ, quam ibi retinet, et dedit totam villam liberè ad salvetatem faciendam, consilio conventus Sti Petri de Lezato. Sign. Calvetus de Velaco et fratres ejus Rogerius atque Dodo qui hujus rei sunt testes. Et ibi Conebreunus de Pino et Calvetus de Velaco et Rogerius et Dodo fratres ejus dederunt similiter Deo et hospitali liberè agrarium et terram inter priores terminos et deinceps usque ad Crucem..

XXVII

CHARTE D'ALPHONSE DE POITIERS EN FAVEUR DE L'ORDRE DE SAINT-JEAN AU SUJET DE SAINT-SULPICE ET AUTRES LIEUX (1279) [1].

Alfonsus, filius Regis Franciæ, Comes Pictaviæ et Tholosæ, universis presentes litteras inspecturis salutem in Domino. Meritorium fore credimus si supplicantium desideria, quibus favor Religionis et rei repetitæ qualitas suffragantur, ad exauditionis gratiam admittamus ; notum itaquè facimus quod nos, intuitu pietatis necnon ob specialem devotionem, quam habuimus et habemus ad Magistrum et fratres Sanctæ domus hospitalis Sti Johanis Jherosolimitani, dilectis in Christo, fratri Guillermo de Villareto ejusdem domus... diaperio ac venerabilis Magistri hospitalis ejusdem et Prioris in Prioratus Sti Egidii locumtenenti et fratribus ejusdem hospitalis in Prioratu Sti Egidii, pro se et suis successoribus recepientibus, liberaliter concedimus ut quæcumque largitione fidelium seu quovis alio justo titulo, per se et per suos, adquisiverint usquè in tempus presentis concessionis, transactionis et compositionis in Tholosanensi, Agenensi, Caturcensi, Albiensi, Ruthenensi civitatibus et diocesi et ubicumque in toto comitatu nostro Tholosæ ac in senescalliâ Venessini, tam in feudis, retrofeudis, possessionibus, proprietatibus, justiciis, juridictionibus omnimodis, mero et mixto imperio, censivis, castris, villis, mansis et eorum territoriis, cultis et incultis, forestis, aquis, aquarumque decursibus, pratis, pascuis, dominiis utilibus et directis et in rebus aliis quibuscumque, habeant, possidant, explectent et uteantur suo jure in perpetuum pacificè et quietè. Nos enim acquisita hujus modi ubicumque in dictis civitatibus, diocesi et comitatu nostro Tholosæ ac in senescalliâ Venessini et in quibuscumque rebus aut juribus corporalibus seu incorporalibus consistant, dictis fratri G. Vice Priori et fratribus prefatæ domus hospitalis Sti Egidii, eorumque successoribus, pro se et suis successoribus recepientibus, pro nobis et heredibus et successoribus nostris, spontaneâ voluntate et exactâ scientiâ, in perpetuum confirmamus, volentes et concedentes ut dicti Vice-Prior et fratres, seu

---

[1]. Arch. Saint-Sulpice, L. I.

[1]. Arch. Saint-Sulpice, L. I

aliquis ex eis qui modo sunt aut pro tempore fuerunt, per nos, heredes aut successores nostros, compelli non possint. Nos verò in acquisitionibus suis predictis, incursus heret'corum, calvacatam et resortum nobis et nostris heredibus tumnnodò retinemus. Et calvacata fiat secundùm quod fiet communiter in illis partibus, in quibus dicta loca erunt. Ità tamen quod hommes dicti hospitalis extrà comitatum nostrum et senescalliam Venessini, ratione calvacatæ prædictæ, nos sequi minimè teneantur. Resortum autem sic intelligimus quòd si fratres dicti hospitalis in reddendà justicià fuerint negligentes, cum per nos vel senescallum nostrum fuerint super hoc requisti, quòd in illo casu tantum et in illà vice, in quo et in quà negligentia reperta fuerit per nos vel senescallum nostrum, supplere possimus negligentiam antedictam ; et quòd, si contigerit appellari à baiulo hospitalis ex aliquà causà et in quocumque casu, primò ad Preceptorem loci, in quo casus appellationis evenerit, appellatur, deindè à nos appellatio devolvatur ; sinon a Preceptore ex aliquà causà primò fuerint appellatum, deindè ad Priorem S^ti Egidii appelletur et ab ipso Priore, ad nos; ità scilicet quòd semper ad nos secunda appellatio devolvatur et quòd, si dicti Prior et fratres ab aliquo realiter convenirentur super contentis in territoriis castrorum et villarum prædictarum quæ tenent et possident, directè teneantur in nostrà curià respondere. Ad hœc bona, actiones et jura, quæcumque fuerint, Tiburgis, uxoris quondam Sicardi de Novillà, de heresi, ut dicitur condamnatæ, quæ bona dicebamus ad nos pertinere, fructusque ex eisdem bonis perceptos per XXII annos et, ampliùs à dictis fratre Guillelmo Vice-Priore et fratribus nobis debere ex integro restitui, necnon quandam condaminam sitam inter Bastidam de Villafranca et Avinionetum et inter iter Gallicum et Maresium, quam tenent et tenuerunt fratres hospitalis, in nostrum prejudicium detinere ; preterea possessiones vel jura, dominium, justiciarum et leodarum de Frontono, de Varlaco, de Orgolio et de Noyco et pertinenciarum predictorum locorum, asseremus injustè usurpata in nostrum prejudicium et gravamen à dictis Vice-Priore et fratribus, ea que nobis abeisdem restitui peteremus ; eis ex adverso dicentibus predicta universa se licitè possidere et habere. Tandem, commutato bonorum consilio, providà deliberatione præhabità, bona quæ quondan fuerunt dictæ Tiburgis, cum fructibus indè perceptis, condominam prædictam, necnon quicquid juris nobis competebat seu competere poterat in prædictis locis de Frontonio, de Varlaco, de Orgolio, de Noyco et pertinenciis eorumdem, præfatis fratri Guillelmo de Villareto, Vice Priori et fratribus dicti hospitalis plene damus et ex causà transactionis concedimus et expressè remittimus et quittamus ac cedimus et in eos, eorumque successores, nomine dictæ domus hospitalis transferimus pleno jure, volentes quod nihil de prædictis vel aliquo prædictorum, per nos vel successores nostros peti possit vel exigi in futurum, exceptis hereticorum incursibus, calvacatà et ressorto, quæ in dictis locis et suis pertinentiis nobis et nostris successoribus tummodò retinemus. Insuper, cùm frater Guillelmus Vice-Prior et fratres prædicti asserent nos eisdem injuriosos existere circà factum Bastidæ S^ti Sulpicii propè Lezatum, diocœsis Tholosæ, in dominio, jurisdictione, mero et mixto imperio et aliis juribus dictæ bastidæ, quæ omnia dicti Vice-Prior et fratres, nomine dictæ domus, ad se pertinere dicebant, et concessionem seu associationem dudùm nobis factam per fratrem Jacobùm tunc Vice-Preceptorem domus ejusdem hospitalis Tholosæ, esse invalidum et nullius etiam fuisse momenti ; demùm pro bono pacis, volentes potiùs juri nostro distrahere quàm alienum in dubio retinere, cum prædictis Vice-Priore et fratribus ordinavimus et composuimus et ex causà transactionis convenimus in hunc modum : videlicet quòd prædicti Vice-Prior et fratres, nomine domus hospitalis præfatæ habeant medietatem pro indiviso prædictæ bastidæ de S^to Sulpicio, dominii, juridictionis et meri et mixti imperii et omnium jnrium dictæ bastidæ et territorii ejusdem, statutorum, libertatum et consuetudinum ac obventionum, quæ exindè proveneiint in dictà bastidà et ejus territorio ; quæ omnia volumus nobis dicto hospitali esse communia in futurum, aliam medietatem bastidæ prædictæ, juridictionis, dominii, meri et mixti imperii et omnium jurium dictæ bastidæ et territorii ejusdem nobis et nostris successoribus retinentes, exceptis spiritualibus, quæ ad se in solidum dicti fratres asserunt pertinere. Nosque, pro nobis, unum ballivum et Præceptor dictæ bastidæ, pro se, alium, ponemus in dictâ bastidâ et ejus territorio : qui baiuli jurabunt senescallo nostro et Præceptori domus hospitalis dicti loci, quòd in officio suo fideliter se habebunt et de hiis, quæ nobis et Præceptori dicti hospitalis prædicti, pro indiviso obvenerint, ratione eorum, quæ communiter explectari debebunt, fideliter compotum reddent et legitimam rationem Et quòd senescallus noster et Præceptor dicti loci creent communiter et instituant ibi consules, judices, nuncios, bannerios et alios officiales necessarios et communes et juramenta eorum communiter recipient, quod fideliter suo officia exercebunt.

Et, si dicti baiuli vel aliquis eorum seu officiales, qui ibi pro tempore fuerunt vel aliquis ex eis, aliquâ de causâ, delinquerit, baiulus noster per nos vel senescallum nostrum puniatur et banilus hospitalis per Præceptorem dicti loci puniatur. alii vero officiales, creati et instituti communiter per senescallum nostrum et per dictum Præceptorem, communiter puniantur. In prædictis siquidem universis et singulis expressis locis et non expressis, calvacatam et resortum, necnon incursus hereticorum, sicut prædictum est, nobis et nostris successoribus tantummodò retinemus, ità saltem quòd, si propter dictorum hereticorum incursus bona aliqua immobilia ad nos devenerint, ea infrà annum extrà manum nostram teneamur ponere in feodatarium competentem, qui prædicto hospitali reddat ex hiis usatgium et servicia consueta. Per hanc autem ordinationem, transactionem seu compositionem, aliis transactionibus præcipuè super facto Villadei et de Sto Romano et aliis, si quæ factæ fuerunt inter nos et hospitalem prædictum, non intendimus derogare. In cujus rei testimonio presentes litteras fecimus sigilli nostri munimine roborari salvo in aliis supra contentis et nobis retentis jure nostro et salvo in omnibus jure quolibet alieno.

Nos autem Johana, Tholosanensis ac Pictavensis Comitissa, concessionem, confirmationem, remissionem, acquittationem, ordinationem transactionem, compositionem prædictas et alia universa et singula, prout superiùs sunt expressa, rata et grata habemus et ea pro nobis, heredibus et successoribus nostris, voluntate spontoneâ et ex certâ scientiâ, approbamus, volumus pariter et laudamus et fratri G. Vice-Priori Sti Egidii supradicto, pro se et nomine dicti hospitalis recipienti, cedimus, concedimus et quitamus. Et ad majoris roboris firmitatem, sigillum nostrum unà cum sigillo carissimi Domini Comitis supradicti, viri nostri, præsentibus litteris duximus apponendum.

Datum apud Armanicas propè Aquas Mortuas. Anno Domini MCCLXX mense junii.

XXVIII

Donation de Fonsorbes a l'Ordre de Saint-Jean par Sanche Comte d'Astarac [vers 1096] [1].

In nomine Domini nostri Jesu Christi. Incipit carta de illo honore qui dicitur Fonsorbas, quem dedit Sancius Astarencis Comes, dimidiam. videlicet, partem quam ipse habebat in ipso allodio, totum dedit Deo et Sancto Sepulcro, pro se et filius ejus Bernardus ; hoc quod ipsi habebant sine ullo clamore, et decimam et primicia et omnia quæ ad ecclesiam et ad villam pertinent, totum dederunt pater et filius, pro redemptione animarum suarum, ab integro, Deo et Sancto Sepulcro et hospitali Jerusalem et habitantibus ibi. Et hoc donum fuit factum in illo loco, inter duas vias, quæ in se dividunt, una ad Salvetatem Stæ Mariæ de Bonaquiete et alia ad Salvetatem Stæ Fedis. Visores verò fuerunt isti Arnaldus Bernardus de Becannâ et Cyprianus de Basol et Guillemus de Toy et multi alii. — Hunc verò honorem Forto de Altafaia à Comite Astariacense Deo et Sancto Sepulcro adquisivit et brieve hujus acquisitionis coram supradictis testibus confirmatum Domino Geraldo Jerusalem presentavit Forto ; propter hoc factum à Domino Geraldo, ut hujus honoris a

[1] Arch. Fonsorbes, L 1

se acquisiti breve sibi faceret Geraldus noluit, sed ad Sanctum Egidium venire fecit ad Dominum Durandum et quod ipse ei faceret ex suâ parte concessum esset Prædictus verò Forto, ad Sanctum Egidium ad Dompnum Durandum veniens et rem istam per ordinem pendens, retulit hæc Fortoni dicens quicquam de helemosinâ in tali honore ità vasto nolle expendi suo consilio : si verò quilibet homo per se Deo indè servire vellet et locum hedificaret, hoc libens concederet. Hoc audiens Forto promisit se Deo servire et censum hospitali, secundùm quod Deus ei præberet, quamdiù viveret et sub dompno Durando hoc benefactum, dum viveret, pro redemptione animæ suæ, Deo servaret Et, hoc à Fortone promisso, Dompnus Durandus misit me ad Comitem Astariacensem ut honorem prædictum demonstrare faceret. Comes verò misit me ad Sancium Forto de Toy et Sancius Forto duxit me Fortonem et honorem mi demonstravit de decimario de Cos-monasterio usque ad Meterolas et de decimario de Condomol usque ad Font inillas, proùt decimæ erant divisæ. Carta hæc et donum hujus honoris factum fuit apud Cinorram in presentiâ Dompni R. Ausciensis archiepiscopi Visores hujus rei fuerunt Bernardus Bartela, Arnaldus Dissa, Calvetus de Samata et alii multi.

Et Arnaldus Astariacensis dedit similiter, pro amore Dei, quemadmodum Dodo de Samatan dedit, Salvetatem Ste Fedis francament dedit hunc prædictum honorem Posteà penitens retinuit agrarium, accaptationem terrarum, excepto casales, et illic aliud cum casalibus et honoribus liberaliter dedit

Et Forto de Altafaia, qui hunc locum adquisivit, postquam regressus est ad Jherusalem, censum lauuat et affermat omnibus diebus usque ad consummationem seculi, Deo et Sancto Sepulcro assiduè tribui in pauperum helemosinam. Si quis autem de censo illi aliquid retinuerit, in inferno sepultus sit Fiat. Fiat. Amen Amen.

XXIX

Donation de Diosovol a l'Ordre de Saint-Jean (vers 1115) [1].

In nomine Domini nostri Jesu-Christi. — Notum sit omnibus hominibus presentibus et futuris quod ego Folperius Faiardi et Folperia mater mea, et Garsia W. filius meus, nos insimul, pro nobis et pro nostris successoribus, damus et concedimus Domino Deo et beatæ Mariæ et Sancto Johani Baptistæ et domui hospitalis Jerusalem et fratri Geraldo hospitalario et omnibus aliis fratribus presentibus et futuris pro redemptione animarum nostrarum atque parentum nostrorum terram et honorem quæ vocantur *Diosorol*, libenter sine omni rétentione quam ibi non facimus, scilicet decimam, primitias, cultum et incultum, intradas et exidas, boes, aquas, pratz et pastencz, homines et fominas qui in ipso loco pertinerint, qui vocatur à Diosovol. Totum fuit factum et ità positum in manu Amelii Episcopi Tholosæ, qui donat et concedit hospitali Jherusalem locum de faciendi Ecclesiam à Diosovol

XXX

Restitution a l'Hopital d'Orfonds par Raymond de Dournac (1236) [1].

Noverint universi presentem paginam inspecturi quod ego Ramuncis de Dornhano non coactus nec deceptus sed mea propriâ voluntate duco verum est et confiteor quod villarum et villa de Orfons cum omnibus terris, sicut includitur a crucibus et limitibus salvitatis ejusdem loci sunt et fuerunt à tempore, quo ego natus fui, et ante, de proprietate et dominio hospitalis Sti Johanis Iherusalem et nec ego nec aliquis homo, præter solum hospitale prædictum, habemus vel habere debemus aliquid in dicto villario vel in villâ, vel in terris, quæ dictis crucibus vel limitibus includuntur et dominatione eorumdem, sed omnia sunt de proprietate individuâ hospitalis. Dico etiam et inde me peccatorem esse cognosco, quòd quicquid ego ibi actenùs amparavi, totum feci per violenciam, sine jure, quod ibi non habebam. Ex nunc, propter remissionem peccatorum meorum, dictam violenciam revoco et quicquid ibi amparaveram vel habueram aliquo modo, absolvo et

1. Arch l'onsorbes, L 1

1 Arch Arfonds, L. (

restituo in pespetuum et, si quid juris extrà ibi habere poteram, dono ex liberâ et plenâ donatione Domino Deo et beatæ Mariæ et beato Johanis et fratribus dicti hospitalis et specialiter fratri Guillelmo, Commendatori hospitalis S^{ti} Remigii Tolosæ, hoc pro posse suo et fratribus hospitalis recipientibus : et de omnibus supradictis quod ego injustè invaseram ibi et tenueram, eos cum hâc presenti cartâ revestio et eis corporalem possessionem refero et mando quod aliquis de meo ordinio vel successione, vel nomine meo, in predictis non possit amparare amodo vel habero. Hanc autem recognitionem facio cum consilio Hugonis de Andusa, baiuli Domini Comitis Tolosani et Hugonis d'Alfaro, in presentiâ eorumdem. Hujus autem rei recognitionis et restitutionis seu donationis testes constituo et mando fieri Hugonem de Alfaro et Hugonem de Andusâ predictos et in manu Domini de Castronovo et magistri Guillelmi de Podio-Laurentio, et magistri Guillelmi ejus filii et fratre Magistro Ramundo Ricart Commendatore Rennevillæ, Bernardum Fabrum de Saxico et Arnaldum Martinum donatorum domus Tolosæ et Johanem G tim qui hoc scripsit, anno ab Incarnatione Domini MCCXXXVI, XVII Kalend Julii mense, feriâ I^a, Lodovico Rege Francorum et Ramundo Comite Tolosano et Ramundo Episcopo .

XXXI

Donation de Caignac a l'Ordre de Saint-Jean [1].

Hæc est carta de Caniaco, de principio salvetatis et bastimento Castelli.

In Dei Nomine — Gilabertus de Laurag, uxor sua Nava et filii sui Gilabertus et Sicardus et Gausbertus et Ugo donant illum honorem quem vocant Acamag, ecclesiam et la Salvetad infrà cruces, sic facient donationem et guirpectionem, sine ullâ retentiâ, Domino Deo et Sancto hospitali Iherusalem, in manu Ramundi de la Brogera et Isarno de Pugsura, pro remissione omnium peccatorum suorum, in tali ratione et in tali solutione ut habitatores illius salvetatis haberent libertatem ut non darent civatam, nec paleam nec ova, nec caseum, nec boves, nec asinos, neque caulos, neque poiros, nec aliquid de substanciâ eorum... nec ire ad castrum fodere nec boves ducere à careg.. et ut essent amparatores et defensores hominibus illius villæ.

Petrus verò Ramundus de Goirovillâ et uxor sua et infantes sui ipsam hereditatem et ipsam partem, quam habent in ecclesiâ suprascriptâ in decimis et in primitis et in oblationibus et in cimentario et in ecclesiasticis, donat Deo et Sancto Sepulcro Ierhusalem et habitatoribus ipsius, in manu Isarni de Pugsura et fratribus presentibus et futuris. sine ullâ retentione, pro redemptione animæ suæ et remissione omnium peccatorum suorum ; in alio vero honore, qui est infrà cruces, donavit ad allod II pesas terræ et omne quod est heremum, sicut ipse demonstravit supradictus Petrus; et in toto alio honore, l'*agrer* et in uno quoque casale IIII denarios et I sesterium de civadâ et unum prandium duobus militibus et duobus clericis et justicias et fabricas villæ et furnos et pastorices et aquas et herbas et sylvas et las intradas et las issidas et donationem casalium ubicumque voluerit Ysarnus.

XXXII

Confirmation de la donation précedente (1171) [1].

In nomine Sanctæ et Individuæ Triditatis. — Notum sit omnibus hominibus tam presentibus quam futuris quod ego Sicardus de Lauraco et mei infantes videlicet, Sicardus, et Guillelmus Petrus atque Gilabertus et Ugo Bonafos, nos insimul, bonâ ac gratuitâ voluntate, recognoscimus et concedimus inprimis Domino Deo et beatæ Mariæ Virgini et Sancto Johani Baptistæ et hospitali hierosolimitano et tibi, Geraldo de S^{to} Andreâ, Priori existenti, quod meus pater Gilabertus de Lauraco et egomet Sicardus et mei fratres scilicet Gilabertus atque

[1] Arch Caignac L. I.

[1] Arch. Caignac, L. I.

Gausbertus et Ugo dedimus, diffinimus totum ab integro. sine aliquâ retentione, quam ibi non fecimus, et garpivimus Domino Deo et sancto hospitali de Iherusalem totum honorem et jus et dominium, quod habuimus in loco quod vocant *Acaniag* et usatica et adimpriva ; et hoc fecimus ad faciendam ibi salvitatem et pro remissione omnium peccatorum nostrorum. Nunc verò Sicardus de Lauraco et mei filii prædicti, scilicet Sicardus atque Guillelmus Petrus et Gilabertus et Ugo Bonafos, nostrâ spontaneâ voluntate, volumus, precamus, recognoscimus et concedimus Domino Deo, Sto Hospitali de Ihrusalem et tibi Geraldo de Sto Andreâ Priori existenti et ejusdem hospitalis de Caniaco omnibus habitantibus, tam presentibus quam futuris, quod in villa de Caniaco seu in villare, quo vobis loco in vestro alode magis placuesit, castellam ibi pro vestro dominio et forcias faciatis, liberum et absolutum et separatum ab omni nostrâ dominatione et ab omnibus aliis hominibus et ut vos villanos mercatores, clericos, quoscumque poteritis, ibi collectis. qui vobis et prædicto hospitali census et usatica et adempriva et oblias per unumquemque annum faciant et reddant. Insuper omnia, recognoscimus et concedimus vos ibi habere furnos et fabricam et custodiam pastorum, cum mercede sic debitâ, ut vos nullos raptores sive latrones et adhuc gueratores ibi recipere non debeatis, quoscumque verò recognoscere poteritis, citò vos et habitatores illius castelli, sive nocte sive in die istud evenerit, vestro bono jure si poteritis, forás ejiciatis Hæc omnia ut itâ fiant et serventur in omnibus et per omnia sic volumus et precamus; et si opus auxilii fuerit, in hoc et in aliis necessitatibus, promittimus et convenimus et damus nos mandatores Domino Deo et sancto hospitali prædicto et habitantibus Castelli Si verò homines, in hoc Castello manentes, Ramundi Matfredi de Calvomonte et ejus fratrum, sive etiam infra crucem habitantes. et etiam homines Ein essindæ de Sto Mikaeli et Yzarni Ademarii et homines filiorum Guillelmi Bertranni de Gibello servicia debita dominis suis facere noluerint, domini non constringant eos, sed adeant Priorem hospitalis tunc existentem, si presens ibi fuerit, et spectent eum per VIII dies ; si interdùm non venerit, dicant ea priùs ministro domus hospitalis et ipse minister et habitantes cogant eos ut reddant debita servicia illius anni dominis suis, et de die illâ manera; donec sint accordantes dominis suis homines illi non possint laborare de Castello illos honores, quos tenuerint à dominis suis, sive sint infrà cruces, sive non; ut in omnibus hatantibus Castelli et infrà cruces manentibus, habeatis fiduciam et justicias à vobis constitutas super eos, qui inculpati fuerunt. Et similiter recognoscimus vobis paschua, adempriva in nostris nemoribus et in silvis et guarricis et egressus et fontes et aquas et aquatoria ; et ut, si guerram habuerimus cum aliquo, non possimus indè facere guerram, nec movere ad guerram, neque de gueriâ ibi redire. Hæc omnia, sicut superiùs dicta et recognita sunt, ego Sicardus de Lauraco et mei filii. Sicardus et Guillelmus Petrus et Gilabertus et Hugo Bonafos, servabimus et tenebimus, prout meliùs poterimus, et, ut firmiùs et stabiliùs sit in perpetuum, juramus Domino Deo et Sancto hospitali de Iherusalem super hæc sacrosancta Dei Evangelia Hujus totius rei sunt testes Arnaldus de Varanat, R. Hugo, A. de Villafaulenc et W. de Pino et Bernardus capellanus de Arsaco et P de Altaripâ, qui hanc cartam, precibus prædictorum, scripsit, mense Septembris feriâ VIIa, anno Incarnationis Christi MDLXXI Regnante Ledoico Rege apud Francos.

XXXIII

PRIVILÈGES ACCORDÉS PAR LE VICOMTE DE BÉZIERS A L'HOPITAL DE BOULBONNE (1161) [1].

Ego Raimundus Trencavellus Vicecomes Bitterencis, per me et per omnes posteros meos, laudo et dono Deo Omnipotenti et pauperibus atque fratribus hospitalis iherosolimitani et domui eorum de Bolbonâ et vobis, Bernardo de Azilano ac Poncio de Lordado, fratribus et ministris pauperum atque fratrum præfati hospitalis, omnibusque aliis

1. Arch. Caignac, L. IV.

fratribus tam presentibus quam futuris, sub ordinatione illius hospitalis Deo servientibus, licentiam transferendi x saumadas de sale per meam terram in unoquoque anno ad opus domus præscriptæ de Bolbonâ; itâ ut amodò, per illas x saumadas in unoquoque anno per meam terram transeuntes, toltam neque forciam sive leddam aliquo modo donetis, neque deindè requiratur à vobis, sicut superiùs est dictum, Sic donum antedictum laudo et dono Deo et beatæ Mariæ et hospitali ihercsolimitano, in remissione meorum peccatorum, maneatque firmum ac stabile in perpetuum. Cujus doni mando esse testes Ceciliam, Comitissam de Fuxo, filiam meam, et Geraldum de Salas et Petrum Guillelmum de Lordado et Tomam meum servientem. Arnaldus de Clairano hoc scripsit, jussione Domini R. Irencavelli Vicecomitis, omniumque testium prædictorum, vᵃ feriâ mensis Marcii, Rege Lodovico Regnante, anno MCLXI Incarnationis Dominicæ.

XXXIV

Donation de Bonnac a l'hopital de Boulbonne (1212) 1.

In nomine Domini Notum sit omnibus quod Bernardus de Duroforte et frater ejus Poncius Azemar, eorum propriâ ac bonâ voluntate, dederunt et concesserunt se ipsos Domino Deo et beatæ Mariæ et beato Johani et domui hospitalis Iherusalem Bolbonæ et Bernardo de Durban, Præceptori prædictæ domus, et omnibus fratribus ejusdem domus præsentibus et futuris, medietatem toti is illius castri vel villæ de Bonaco, cum omnibus suis pertinentiis, scilicet terras cultas et incultas, prata, pascua, maleolos, vineas, boscos atque barthas, homines et feminas, census et usus, questas, redditus hominum sive dominium hominum et feminarum, oblias et dominationes, agrarios, tasquas, feoda, pignora, alodia, emciones, successiones, escazitas aquas, erbatges, introitus et exitus, totam medietatem, quicquid sit vel ubicumque sit, mobile aut immobile, intrà

1. Arch. Saint-Jean-du-Thor, L 1

Bonaco, vel extrâ Bonacum vel in omnibus pertinenciis de Bonaco. Actum est mense Augusti, feriâ VIᵃ anno Incarnationis Christi MCCXII.

XXXV

Donation de Saint-Michel de Lanès a l'hopital de Rival. (1175) 1.

In Dei nomine. Sciendum est quod ego Yzarnus de Cominiano, bonâ mente, solvo et relinquo et dono et concedo gratuitâ mente sine ulla retinentiâ, omnia jura mea tam mobilia quam immobilia, scilicet homines et feminas, terras et vineas, heremum et cultum, fontes et aquas, exitus et introitus, census et usatica et adempriva, quomodo meliùs habeo et habere debeo, in terminio sancti Michaelis de Landes et in terminio Sancti-Felicis similiter de Landes. Domino Deo et sancto hospitali Iherusalem Sancti Johanis de Rivali et tibi, Poncio de Cominiano et Dominæ Aicellinæ, cunctis que fratribus ac sororibus, tam presentibus quam futuris Et propter hoc donum, itâ ut prescriptum est, ego, Yzarnus prescriptus, recipio à te per hunumquemque annum, sine ullâ retinentiâ in oblias, in terminio de Cominiano, XVI den. tol. et itâ, ut prescriptum est, ego Yzarnus prescriptus ero bonus giuiens vobis prescriptis. Testes hujus rei sunt B. de Barciano, et Johanes de Cominiano Facta carta ista in Iᵃ hebdomadâ Madii in feria IIIᵃ Anno Incarnati Christi MCLXXV, Regn Lodoycho Rege, et Ramundo Comite Tolosæ, et Ramundus de Valle scripsit hanc cartam jussu prædictorum.

XXXVI

Donation de la Nougarède (Pamiers) a l'Ordre du Temple (1136) 2.

In nomine Dómini nostri Jesu Christi Ego Rogerius Comes Fuxensis et ego Eyssamana conjux ipsius per nos et per infantes nostros, donamus in perpetuum, pro remissione

1. Arch. Saint-Michel, L 1.
2. Arch. Pamiers, L. 1.

peccatorum nostrorum et parentum nostrorum, Domino Deo et sanctæ Mariæ et militiæ Ierosolimitanæ et vobis, Arnaldo de Bedos et Ramundo de Gaures, fratribus predictæ militiæ, totum honorem nostrum de *Nugareta* per francum alodium et ad totam vestram voluntatem faciendam, quæ villa amodo Villadei vocabitur; ità videlicet quemadmodum predictus honor est vobis monstratus et conterminatus et per manus Amelii, Tolosanensis Episcopi in Salvitate Dei positus et firmatus atque crucibus consignatus, de Lundos nemoris Silvæ Cortæ intùs usque ad fluvium Aregiæ, quod appellatur Aregia. Iterum concedimus et donamus Domino Deo et sanctæ Mariæ et fratribus prædictæ militiæ presentibus et futuris et hominibus in hac salvetate manentibus, ut habeant, quantum ipsis necesse fuerit, usum et proficuum aquarum, nemorum et pascuarum totius mei honoris, absque usatico et servitio, et ut ipsi et eorum homines habeant liberum exitum et reditum, et tam in caminis quam in mercatibus ad nos pertinentibus, ipsi nec eorum pecuniæ, nec homines eorum, nec pecunie eorum non dent leudam nec passaticum, neque aliquid usaticum. Item huic dono adjicimus in villa de Anogato casalem Guillelmi Tolosani cum hominibus et feminis et omnibus sibi pertinentibus, in villa de Eorum, casale Augerii cum hominibus et feminis et omnibus sibi pertinentibus. Suprà memoratum honorem totum integritei, sine inganno et omni retentione, donamus nos præfati, ego Rogerius prædictus Comes et Essemana, conjux ipsius, Domino Deo et sanctæ Mariæ et pauperibus militibus Templi Salomonis Ierosolimitani Deo servientibus, presentibus et futuris per francum alodium, per jus perpetuum, ut semper ipsum honorem habeant et possideant fratres prædictæ militiæ, sine blandimento et retinentia nostrorum infantum, cunctorumque hominum. S. Rogerii prædicti comitis et Essemanæ, uxoris suæ, qui hoc donum fecimus et hanc cartam fieri jussimus et testes firmare rogavimus. S. Amelii predicti Tolosanensis Episcopi. S. Rogerii de Dulbeno. S. Guillelmi de Asnava. S. Arnaldi de Vernoli filii ejus. S. Poncii Gramondi. S. Bernardi Otheris d'Estodal. S. Bolengarii de Brugolli.

Scripta fuit hæc carta VI Kalendas Novembris feria IIIª, regnante Lodoico Rege, anno Dominicæ Incarnationis MCXXXVI. Petrus scripsit.

XXXVII

Donation de Canens a l'Ordre du Temple (1156) [1].

Conoguda sia als presens, els endevenidors e qui aquesta carta vezera ne oira legir, que yo Arramonat de Espel, caver, doni à Dies e a madona sancta Maria de Monsaunès e a la mayson del Temple de Monsaunès e à la Orde de la Cavalaria del Temple de Ierusalem, soes a saber lo castel de Canens, ela vila, els homes, que ara son ne seian, e totas las terras eremas et condretas, boses, e bartas, e poyas, e erbas, e mel, e emperi maestum, e totas senhorias autas e baisas, aisi cum io las tengui en autres castels mes, ne hom per mi, e done la gleysa del Castel de Canenhs e las dermas elas primicias e totas autras dreyturas que a la gleysa aitenen e tota sa cum es sobredit en mielh, si mielh podia esse entendut a bonafe. Io Aramonat sobredit salvi e quiti e desampari per ara e pe. tot temps me e totz los mes, que aia son ne ia i seian, et vesti vos, fray Guilhem de Verdune, recebens per vos e pels autres frayres, que ara i son ne ia i seran; loqual done io Aramonat a tener e a salvar per tot temps. Aquest done et aquesta aumoyna, io Aramonat faci per ma arma e de mone payre et de ma mayre, e per tot mo lignage, per aquels que ara i son ne ia i seran pel totz temps per salvament io doni à madona sancta Maria de Montsaunès e a la taula e als frayres de l'avantdit loc, per los grans servicis que io e pases en loc e per aiso volg que sia deu loc e de la taula de Monsaunès, e, si per aventura le Comando, ol Maestre, o alguna autra persona a l'avant dig castel de Canens pertii ne li va de la mayso de Monsaunès ne de la taula del covente Monsaunès, yo Arramonat sobredit, o quique fos senhor de Espel po ena per sa autoritat mesesa cobrare possidir, aissi cum es sobredit, o ses contrast, per lines e, si,

[1] Arch. Canens, L. 1.

dens lo mes, aquey, que fayt auria aquest, a revogag e tornag à la taula de Monsaunès; e, si per aventura aquel Maestro que feyt ac aura non era arequerit dens I mes, si doncs non era otrà mar e quel mesage pogues esser vengut e si per aventura quant fos vengut non volia revocar dens I mes quant ne sera arequerit, que io e mos eretes le posca crubar per los metesses lo dit castel e a retenir per tot temps, aisi cum de sobre es dit, et possedir cum la lor causa. E qui aquest donc volera trencar ne franger, ne ac saiara, que sia maladit de Nostre Senhor Jesus-Christ et de madone sancta Maria et de los IX Ordes deus Angels et de los IV Evangelistas e dels XII Apostols e de totz los Martirs et de totz los Cofessors e totas las Verginas e de tota la cort celestial e sia partit de la terra dels... e sia sobig assi sorbie Datan et Zabulon. Aquest donc do ayssi, cum desus es sobredit ni pausat, io Aramonat de Espeg a la mayso de Monsaunès e als frayres que ara i son in la i seran.. Aqui so donc autrejan e lausan les mes fils Arnaut-Aramon e Aroger de Espeg. per li meteses e per lor orden, à la sobredita mayso de Monsaunes. Feyta la carta l'an d la Encarnacio Nostre Senhor Dieu Jesus-Christ MCLVI, lo mes de juin, lo dia de disapte, luna IV, regnante Lezoic rey de Fransa, aussens, autrejens Arnaut-Aramon e A Roger de Espeg, que essamens, cum lor pay, tot aquest scriut ad onor del Temple e a la mayso de Monsannès deren e feren manar Aqui metetz lauzeron en testimoni de fray Pey de Comenge, e en Roger de Tersac et Ot de Castelho e en Jordane de Balaguer e Arnaut Amiol de Salanc e Pey Mornac e Guilhem de Praglone e 10 Robert presbyter qui aquesta carta scrivi.

XXXVIII

Donation de Peñora a l'Ordre de Saint-Jean (vers 1100)[1].

Domino nostro auxiliante et salvatori Jesu Christo, nos peccatores, quamvis indigni, cogitantes de passionibus et de injuriis et de doloribus et de penuriis, quas sustinent pauperes Christi in civitate Jerosolima, nos audientes et considerantes volumus adimplere dominicum preceptum illud quod Dominus precepit in Evangelio : « Date et dabitur vobis — Esurivi et dedistis mihi manducare; sitivi et dedistis mihi bibere. » — Igitur nos insimul ego Guislabertus et Petrus Rodgarius et Petrus de Saisago et Rodgarius frater ejus et Raimundus Poncius et Bernardus Miro et Bernardus d'Alamandus et Vilelmus et Ademaius frater ejus et Vilelmus de Sales et Asalitus et Bernardus Miro de Pebrense, nos omnes insimul, cum adfirmatione et laudatione laicorum et clericorum, qui aliquit abent in ipsâ salvatione, quomodo cruces sunt dispositæ et firmatæ, pro remissione peccatorum nostrorum, desiderantes in die judicii consequi in Ecclesiam Dei et audire vocem suam desiderabilem, quando dictuius erit justis : « Venite benedicti, — (et cetera), » idem damus nos ipsam salvitatem et villam de Podio Superiano, quæ est in pago Tolosano, per alodem, quantum mensuratum vel dispositum est, terras ermas et cultas et agrarios, cum decimis et primitiis de ipsis terris, pratis pascuis, ductibus et reductibus aquarum, exus et regressibus, in manu Domini Episcopi Izirni et in manu Prioris Jerosolimitani Johanis Boniou Nos autem, positas manus super sanctum lignum Domini et super reliquias Sancti Sepulcri et Sti Laurentii et aliorum sanctorum, damus, laudamus et derelinquimus ipsum honorem ad Sepulcium Domini nostri Jesus Christi vel ad dispendium peregrinorum fratrum, qui odiè sunt in Jerusalem et in anteà erunt, per convenienciam. ut si aliquis filius noster, neque ullus ex credibus nostris, neque omo vel femina, aliquid de hâc donacione vel salvatione frangere aud inrumpere voluerit, per ullum dominium, per vichariam, per bailliam, neque per occisionem, ullum ingenium, ab Omnipotente Deo sit maledictus et excommunicatus et beatæ et gloriosæ Virginis Mariæ et omnium Angelorum et Arcangelorum et beatorum Apostolorum Petri et Pauli et omnium sanctorum Martyrum, Confessorum, Virginum et omnibus sanctis Dei et cum Judâ traditore et Datan et Abi-

[1] Arch Puysubran, L. XII.

ron abeat participationem in infernum.

Ego Ramundus Poncius et Petrus de Saisag damus CX modiatas de terra erma, ad victum et ad vestitum clericis S^{ti} Sepulcri per alodem, cum agrariis et primitiis, in alode de Vilanova, justa cruces et justa salvationem.

Ego Villelmus Fortius et Poncius Vilelmus, ideò quod non potui peregrinationem atendere quod promisi, dono terram meam, quæ vocatur *Pradalz* justà crucem per alodem Domino Deo et Sancto Sepulcro et clerciis ejusdem loci.

Ego Izarnus, Episcopus Tolosæ, acceptis literis à dilectis Domino Paschale Papa et Domino Patriarcha Dagoberto, laudo ac firmo hunc donum et hanc salvationem, ut stabilis et firma permaneat omni tempore. Et precipio clericis presentibus et futuris ut serviant Deo et ospicio Jerusalem et ibidem servientibus obediant, tamen salvā obediensiā meā et Sancti Stephani. Et, si aliquis hoc irrumpere voluerit, ero semper defensor et rogo successoribus meis ut faciant.

Ego.... clemosinarius Sancti Sepulcri, comito hanc salvationem et hunc honorem Petro Ramundo et Ramundo Poncio capellano ad regendum et disponendum, ut faciant monasterium ; et per totam salvationem unaquæque brazada redat denarium unum melgoirensem

Et ego Bertrandus Comes Tolosæ, cum Vicecomitissā Carcassonæ et cum supradicto Episcopo Tolosæ, laudamus et firmamus hanc salvationem. Et, si aliquis frangere voluerit, justiciam LX solidorum donet et insuper iram Dei abeat,

Nomini Domini nostri Jesus Christi et beati Sepulcri, Ego Papa Paschalis et Dagobertus Patriarcha, necnon Geraldus, qui sum servus ospitalis, necnon. . et Geraldus, qui sumus missi a supradictis, damus in penitentiam et in remissionem animarum parentum illorum, qui auxilium prebuerint fratri nostro Petro Ramundi in ope Salvationis, ut sint absoluti et liberati a cunctis peccatis suis à Domino Patre Omnipotente et ab Jesu Christo filio ejus et à Spiritu Sancto et beatissimæ Virginis Mariæ et omnium sanctorum Dei.

Sig.. Guislaberti S... Facta carta Regnante... Rege, ista diebus Domino Papā Paschali,

Domino Patriarchā Dagoberto, qui omnibus benofactoribus istis loci absolverunt et benedicunt ab omni vinculo delictorum suorum, ipso adjuvante, qui cum Patre et Spiritu Sancto vivit et regnat in secula seculorum, Amen.

In nomine Dei. Gelabertus de Lauracho donat Deo et Sancto Sepulcro et Dominis Podii-Superiani II quarterios de sale in unā quāque die Veneris, de foro de la Sala pro redempcione peccatorum suorum ; et Bernardus de Alamam donat similiter 11 quarterias de sale. S. Geraldi Prioris. S Ramundi de la Bruguiera S. R Poncii de Camplong — Guillelmus scripsit,

In nomine Domini. Ego Poncia de Saisa et mei fratres Miro, Guitardus atque Petrus, nos donamus Domino Deo atque Sancto Hospitali Iherusalem illas terras quas habemus de intùs cruces Salvetatis Podii Superiani, in tali convencione, ut seniores prædicti hospitalis Iherusatem istas terras habeant et teneant omni tempore. Et sunt ad capud de illā prædicta Salvitate Podii-Superani, de parte Altani Et hoc donum facimus pro remissione peccatorum nostrorum. Nam, sicut suprascriptum est, sic laudamus et auctorihamus, sine enganno et sine omni retinentiā VII Idus Mai, E.XX, ab Incarnatione Domino anno MCII. S. Geraldi hospitalarii. S Ramundi Poncii, archidiaconi. S. Gilaberti de Lauraco. S. Willelmi Fortis. S. Petri Rogerii Regnante Lodoico Rege. Petrus scripsit.

XXXIX

DONATION DU TERRITOIRE D'ASNAVE A L'ORDRE DE SAINT-JEAN (1149)[1].

In nomine Domini Ego Ramundus Rogerii, cum consilio et voluntate nepotum meorum, Rogerii Comitis Fuxensis et Bernardi Rogerii fratris ejus, pro redempcione peccatorum meorum, dono casalem G. R. de Mercus Domino Deo et Iherosolimitano hospitali et omnibus fratribus ipsius ospitalis tam presentibus quam futuris. Hoc totum facio in manu

1. Arch. Gabre, cartulaire, L. 1.

Arnaldi Messagge Prioris hospitalis S^{ti} Egidii et Bernardi de Adila, sine ullâ retinentiâ vel revenenciâ ad me vel aliquem parentum meorum. Facta cartâ ista mense Julii, feriâ II^a, anno ab Incarnatione Domini MCXLIX, regnante Lozovico rege Francorum, videntibus Arnaldo de Blancafort et Guillelmo d'Amenag. R. levita scripsit.

XL

DONATION DU RESTE DE CE TERRITOIRE (1177) [1].

Notum sit omnibus hominibus quod ego W. d'Asnava dono et absolvo Deo et fratribus hospitales Iherosolimitani homines, et feminas presentes et futuros casalis R. J. de Lugat. Et domus hospitalis dedit mihi, W. d'Asnava, XLV sol tol. caritatem pro prædicto dono et absolutione Istius doni et istius absolutionis sunt amparatores Poncius de Malpas et W. de Rabat et Porcellus, qui debent facere, tenere, habere prædictum donum et absolutionem; et suprà omnes istos, est amparator Rogerius Bernardus Comes Fuxi, qui debet facere, tenere et habere prædictum donum et absolutionem fratribus domus hospitalis. Hujus rei sunt testes Poncius de Malpas, W. de Rabat, R de Lariva de Luzat. Facta carta ista mense Madii, Lunâ I^a, VI^a feriâ regnante Lodoico Rege in Francia, anno ab Incarnatione Domini MCLXXVII

XLI

PRIVILEGES ACCORDÉS PAR PONS DE FRANCAZAL AUX TEMPLIERS DE MONTSAUNÈS (1183) [2]

Notum sit omnibus hominibus quod Poncius de Franco-Casale, vocatus Mor, dedit, per se et per omnes suos, Deo et Sanctæ Mariæ Montissalnensis et militibus de Templo et Augerio, Comendatori ejusdem domus, et habitatoribus ejusdem loci presentibus et futuris, aquas, herbas, introitum et exitum per totam suam honorem. Dedit etiam quod omnes mulieres, quæ, sine viris, voluerint venire ad maritum, in honore militum fratrumque de Templo liberè voniant. Hoc fuit factum, anno Incarnationis Christi MCLXXXIII, regnante Philippo Rege Francorum, Bernardo Comite Convenarum et R Episcopo. Hujus rei sunt testes Sancius de Salinas et frater Ramundus Bernardus de la Parrochâ, et frater Yzarnus monachus Bonifontis, qui hanc cartam scripsit,

XLII

PRIVILEGES ALCORDÉS AUX MÊMES PAR ODON COMDE DE COMMINGES (VERS 1180) [1].

Similiter, Dod Comes Convenarum, Deo et Sta Mariæ Montissalnensis dedit unum donum, quod nullus homo, qui sit de domo militiæ Templi, non donet leudam in nullo loco, in terrâ de suis filiis nec suorum fratrum per comprar ni per vendre. Et hoc altrya Bernardus filius ejusdem Dod Convenarum. Videntes fuerunt A. R. qui erat Episcopus Convenarum, Odo de Castilhone, Bernardus de Benchâ et G. de Quaquaredt. Et W. de Martras scripsit istam cartam.

XLIII

RECEPTION DU COMTE ODON DE COMMINGES DANS L'ORDRE DES TEMPLIERS (VERS 1180) [2].

Sciendum est quod Dod, Comes Convenarum, reddidit se Deo, et domui miliciæ Templi et fuit frater in vitâ suâ et fecit caritatem præcipuè domui scilicet Montissalnensis; pro amore Dei et suæ animæ, dedit prædictæ domui ipsum casalem Petri Laurencii de Salinas et casalem de Planis Decanis et casalem R Odi de Penosa Samatani et dedit similiter v. solidos de censu annuatim in prædictâ villâ. Totum hoc supradictum dedit liberè supradictæ domui, pro animâ suâ et amore Dei, itaque aliquis ex suâ progenie non requiret

---

1. Arch. Gabre, L. 1.
2. Arch. Montsaunès, L. 1. (cartulaire).

1 Arch. Montsaunès, cartulaire, L. 1.
2. Id.

aliquid super isto dono. Hoc fuit factum ante presentiam et voluntatem sui filii Bernardi Comitis Convenarum. Et Bernardus accepit, pro se et pro suis, pro suâ fide, quod itâ teneret et quod defenderet ab omni malo, secundum suum posse et hoc supradictum donum faceret tenere prædictæ domui Montissalnensis. Hoc donum supradictum fuit factum in manu Episcopi Convenarum, Arnaldi Rogerii, et in manu Episcopi de Coseran fratris ejus, Odi, et hoc donum accepit, Od. de Bazus qui erat Comandator Montissalnensis in illâ die et Petrus d'Astuguâ et Fort de Linag et Bernardus de Stellâ et Bernardus d'Ausans et totus conventus Montissalnensis et fuit factum mense Madii in feriâ II[a],

XLIV

DONATION PAR BERNARD V AU TEMPLE DE MONTSALNES (VERS 1200) [1]

Sciendum est quod est Comes Convenarum, nomine Bernardus nepos Comitis de Tolosâ, dedit Deo at domui Montissalnensis et in manu Augerii de Cuno, qui erat Comandator in illâ die ipsius domus, et aliis fratribus, qui sunt presentes, et futuris, usque ad finem seculi, omnia jura, quæ habebat vel habere debebat, pro se et pro suâ progenie, in ipsâ terrâ Beraldi et Marthæ de S[to] Gaudenzio. Et hoc fuit factum et fecit Bernardus Comes Convenarum, pro amore Dei et pro animâ sua et pro animâ patris sui et pro indulgentiâ peccatorum suorum et debet esse prædictæ domui bonus garens et fidelis et bonus imperator contrà omnes homines, Hoc donum fuit factum in capitulo S[ti] Gauden in manu Assivi Daujon, Episcopi Convenarum Testes hujus rei sunt B de Malleo, Garnier de Sent Beud, B. de Benchâ, Geraud Barrau, A de Ste Justo, G. de Lunag.

XLV

DONATION A L'HOPITAL DE SERRES PAR LA COMMUNAUTE DE LAVELANET (VERS 1250) [2].

Noverint universi quod nos R. Micerii, Poncius de Bolbo, Arnaldus Baiulus, consules de Avellaneto, et nos universitas dicti loci, vel maior pars et sanior dictæ universitatis.. .., non inducti dolo, neque vi, neque circonventi fraude aliquâ, neque seducti, aut metu compulsi, set gratis, ex certâ scientiâ, pro nobis et universitate de Avellaneto, dimittimus et relinquimus quicquid habebamus vel habere debebamus aliquo jure consuetudinario seu civili, vel usu vicinali, in honoribus, vineis, casalibus, aquis, pascuis. terris cultis et incultis salvetatis de Serris, suarumque pertinentiarum vobis Domino fratri Petro de Portu, Comandatori domus hospitalis de Serris... Nos dicti consules, unâ cum prædictis de universitate, sigilli nostri munimine illud facimus insignari.

XLVI

DONATION DE SOYEIX AUX TEMPLIERS PAR LA COMTESSE DE COMMINGES (1256) [1].

In nomine Domini Amen — Noverint universi pariter et futuri quod Domina Grisa, uxor Domini Rogerii Convenarum, in suâ bonâ memoriâ ac spontaneâ voluntate, pro se et pro suis, in perpetuum, pro redemptione animæ suæ et tocius sui generis, dedit et donando concessit et dereliquit Domino Deo et beatæ Mariæ et domui miliciæ Templi Montissalnesii et fratri Arioli d'Espet Præceptori de Montesalnesio et aliis fratribus, casalem dals Ferraugs et casalem de Molera, cum hominibus et mulieribus, eisdem casalibus pertinentibus, cum terris cultis etincultis, pratis ac pascuis aquis, piscariis, cum censibus, agreriis, cum introitibus et exitibus, cum omnibus aliis juribus, eisdem casalibus pertinentibus. De hoc dicta Domina Grisa legalem guerentiam de omnibus inquisitoribus mandavit domui Montissalnesiis et habitatoribus ejusdem domus presentibus et futuris, ut melius dici vel intelligi potest Factum est hoc in Ecclesiâ Montissalnesii, die Veneris proximo post festum S[tæ] Luciæ. A. Episcopo Convenarum et B Comite Convenarum, Lodoico Rege Francorum, anno Domini M.CC.LVI.

---

1. Arch Montsaunès, cartulaire, L. 1.
2. Arch. Serres, L. 1

1 Arch. Soyeix, L. 1.

XLVII

DONATION DE POUCHAPRAMET A L'ORDRE DE SAINT-JEAN (1112) [1].

Anno ab Incarnatione Domini MCXII, scilicet VI kalend. Madii. Notum sit cunctis presentibus et futuris quod Aimericus de Murello dedit Deo et Sancto Sepulcro et hospitali ejusdem loci et Dompno Geraldo hospitalario atque omnibus contratioas suis ecclesiam de Fustelano et omnia pertinentia, quæ ad eam pertinent vel pertinere debent et tot casalia quot in salvetate Podii-Remigii hædificare poterint et silvam et aquam, pascua et erbam et XX modiatas de terrâ et exitum et introitum et loca molinaria cum omnibus suis pertinenciis et cum omnibus illis quæ ad prædicta pertinent vel pertinere debent. Hoc totum dedit libère sine ulla retinencia, sicuti superius scriptum est. Et ille, qui voluerit infrangere hanc salvitatem et retrovertere predictum donum, sit excommunicatus et maledictus et positus in anathema, sicuti Judas proditor, qui Deum XXX argenteos tradidit, donec ad veram penitenciam et ad emendationem ibi perveniat. Sign. Amelius Tolosanus Episcopus et Guillelmus de Murello archidiaconus et Petrus Dox et plures alii qui hujus rei sunt testes.

XLVIII

CONFIRMATION DE LA CHARTE PRÉCÉDENTE (1168) [2].

Manifestum sit omnibus, hanc cartam legentibus seu audientibus quod Aimericus de Murello, filius dictus Aimerici de Murello, suâ bonâ ac spontaneâ voluntate, amore Dei et in remissione peccatorum suorum, recognovit et concessit atque concedendo confirmavit Deo et hospitali Jherosolimitano et Folchoni de Nissâ, Magistro et hospitalario ejusdem hospitalis, quod habetur in partibus Tolosæ, et omnibus fratribus ejusdem hospitalis, presentibus et futuris, omnia illa dona, quæ Aimericus pater ejus dederat prædicto hospitali et fratribus hospitalis, videlicet Ecclesiam de Fustelano et omnia pertinencia ad ipsam Ecclesiam, scilicet casales omnes, quæ in villa de Podio-Remegio prædictum hospitale habet vel in anteâ habuerit et boscos, et aquas, et pasturabia et erbas et exitus et introitus et molinaria et XX modiatas de terrâ, quas Aimericus pater ejus dederat prædicto hospitali et fratribus hospitalis. Hæc omnia recognovit et concessit Aimericus prædicto hospitali. Item recognovit et concessit idem Aimericus illud donum quod fecerat prædicto hoshitali et Bernardo de Azilano, Magistro ejusdem hospitalis, et fratribus hospitalis, scilicet terras, quantas potuerint laborare cum IIII paribus boum, ultrà prædictas XX modiatas terræ, quas Aimericus pater ejus ibi dederat... Item Aimericus de Murello solvit et reliquit Deo et hospitali jamdicto et Folchoni, Magistro hospitalis, et fratribus illius hospitalis presentibus et futuris, omnes homines et feminas habitantes vel advenientes in villâ de Podio-Remigio, qui ibi sunt vel in anteâ venerint habitare, ad totam voluntatem eorum faciendam, sine ullâ retentione, quam in illis Aimericus non fecit, nisi essent sui propri homines de Aymerico. Item recognovit et concessit Aimericus quod in domo hospitalis de Podio Remegio neque in bonis hospitalis aliquid non habebat, neque aliquid petere poterat, nomine dominii, neque ullo alio modo, ipse, neque homo, neque femina per eum, neque de eo, et quià Aimericus in bonis hospitalis aliquid petierat vel amparaverat, recognovit Aimericus se malè et injuste fecisse et contrà jus, et propter hoc reddidit et recognovit se culpabilem Deo et dedit semetipsum. emendationem eo et hospitali et Folchoni Magistro hospitalis et fratribus hospitalis. Hoc itâ facto, Aimericus mandavit et firmo pacto convenit Deo et hospitali et fratribus hospitalis tam presentibus quam futuris quod in predicto hospitali neque in rebus hospitalis aliquid non petet neque amparet neque aliquam forciam ibi faciat, neque aliquid ultrà eorum voluntatem ibi quærat vel habeat, sed hos prædictos honores et prædictas donationes, de se et de patre suo factas, faciat habere, tenere, ac quietè possidere præfato hospitali et fratribus hospitalis, presentibus et futuris, et eos et res hospitalis ab

1. Arch. Poucharramet, L. 1.
2. Arch. Poucharramet, L. 1.

omnibus inimicantibus fideliter manuteneat et, omni dolo remoto, defendat et hoc pro bono et fide et de omnibus prædictis honoribus tam à se quam à patre suo datis, Aimericus convenit facere bonam et firmam guirentiam hospitali supradicto et habitatoribus ejusdem hospitalis, presentibus et futuris, de homnibus amparatoribus liberè Et hoc totum mandavit et promisit tenere et persequi Aimericus, ut superiùs dictum est, sacramento fidei suæ et juravit hoc super sancta Evangelia. Et propter hoc, Folcho Magister hospitalis et fratres hospitalis, qui ibi erant presentes, susceperun Aimericum in orationibus et beneficiis hospitalis sicut unum de fratribus hospitalis. Facta carta hujus recognitionis et solutionis atque donationis, mense Novembris feriâ V^a, Lo doyco Rege Francorum regnante et Ramundo Tolosano Comite et Geraldo Episcopo, anno ab Incarnatione Domini MCLXVIII. Hujus rei sunt testes Guillelmus de Castello novo, frater hospitalis, et Aicelinus de Campis et Ramundus Poncii et Amelius d'Asnava et Bernardus de Podio-Siurano, qui omnes sunt fratres hospitalis et sunt ejusdem rei testes, Amelius-Bernardus de Felgare, qui cum Aimerico ibi venerat et Arnaldus Poncius filius dictus Poncii de Lezato et Andreas de Legavino ; in presentiâ quorum testium, Aimericus hæc omnia, ut superiùs dictum est, laudavit et concessit et juravit apud S^m Remigium, in pato claustri ejusdem domus, ubi omnes isti erant presentes. Stephanus, qui ibi erat presens et hujus totius prædicti testis est, cartam istam de mandato Aimerici de Murello scripsit.

XLIX

Donation a l'hopital de Cabas par G. de Panassac (1257) [1].

Notum sit cunctis, presentibus et futuris, quod nos Galaubias de Panasac, de assensu et voluntate filiorum nostrorum, scilicet Gastonis, Galaubiæ et Simonis et aliorum amicorum nostrorum qui ad hoc erant vocandi, pro redemptione animarum nostrarum et parentum nos-

1. Arch Cabas, L. I.

trorum et specialiter pro animâ dilectissimi et karissimi filii nostri, Ramundi Gassiæ, per nos et per omnes nostros, damus III sol. morlan, annuatim in festo Pentecostes, Deo et sancto Johani et domui de Cabaas et fratri W. de Lalana, Comendatori dictæ domus, et habitatoribus presentibus et futuris in dictâ domo comorantibus Et dicti hospitalarii debent celebrare divinum officium annuatim post octabam Sanctæ Trinitatis, die Lunæ proximâ, pro animâ dilectissimi et karissimi filii R. G. notati et exire super ejus sepulturam et facere ordinem orationis, sicut consuetum est à predecessoribus nostris Et donamus insuper vobis et concedimus pascua et herbagia, liberum introitum et exitum, sine lesione fossarum et omnem explectam necessariam, videlicet glandem et fajam et omnes fructus, cujuscumqu^e generis sint, et omnia quæ sunt pastoribus et animalibus necessaria, venationem quoque cunctorum animalium silvestrium diversi generis, apes et volucres, ligna et nemora per terram nostram Actum est hoc die Lunæ proximâ post dominicam Sta Trinitatis, apud Panasac, anno Domini M.CC LVII, regnante Ledovico Francorum Rege, Domino B. Astariaci Comite et Domino Ispano Auxitanensi Archiepiscopo.

L

Donation par le comte de Comminges a l'Ordre de Saidt-Jean de la seigneurie de Saint Clar (1224). [1]

Notum sit cunctis quod Dominus Bernardus, Dei gratiâ Comes Convenarum, suâ spontaneâ voluntate, dedit et concessit et absolvit in perpetuum Omnipotenti Deo et beatæ Mariæ et hospitali de Podio-Ramedio et fratri P. de Biscos, Comendatori ejusdem hospitalis et omnibus hatantibus ejusdem loci, presentibus et futuris, totum jus et rationem, quam ipse Dominus Comes habebat et tenebat et habere et tenere debebat aliquo jure vel aliquâ ratione in toto castro de S^{to} Claro, quod est situm inter flumen, quod vocatur *Saldrum*, et flumen, quod vocatur *Tod*, et in alodio et in pertinenciis

1. Arch. Saint-Clar, I.

ejusdem castri, scilicet homines et feminas, si ibi sunt, et dominationes et justicias, domos et loca, et vineas et casalia et terras cultas et incultas et introitus et exitus et generaliter omnia alia jura et totum illud quicquid sit, quod ipse prædictus dominus Comes habebat et tenebat et habere et tenere debebat, aliquo jure vel aliquâ ratione, in prædicto castro de Sto Claro et in alodiis et pertinenciis ejusdem castri. Et de toto prædicto jure et ratione, cujuscumque modi sit, et de toto hoc quod prædictus Dominus Comes habebat et tenebat et habere et tenere debebat aliquo jure vel aliqua ratione in toto prædicto castro de Sto Claro et in pertinenciis ejusdem castri, debet et convenit et mandavit prædictus Dominus Comes Convenarum esse giurens et facere bonam et firmam giurenciam de omnibus amparatoribus prædicto hospitali Sti-Johanis de Podio-Ramedio et prædicto fratri Petro de Biscos et ejus successoribus et omnibus aliis habitatoribus ejusdem hospitalis presentibus et futuris ; tali pacto et tali couvencione quòd habitatores prædicti hospitalis, presentes et futuri, statuant in perpetuum quemdam sacerdotem in prædicto hospitali et teneant ipsum ibidem ad suam missionem, qui pro animâ ipsius Domini Comitis et parentum ejus serviat Deo in ipso hospitali, in missis, videlicet, et in horis canonicis et in orationibus aliis, bonâ fide ; si præceptor et ejus successores, secundum usum et consuetudinum Ordinis eorum, mutabant et amovebant dictum sacerdotem à prædicto hospitali, debent statim alium ibidem mittere et statuere sacerdotem, qui continuè et successivè pro animâ Domini Comitis et pro animabus parentum suo um serviat Deo in officio supradicto. Hoc fuit factum III die ab exitu Augusti, feriâ III, Lodovico rege Francorum, Alphonso Comite Tolosæ, R. Episcopo, anno ab Incarnatione Domini MCCLIIII. Hujus rei sunt testes B. de Crozilh archipresbiter, capellanus Samatani, et Dominicus Capellanus de Sabonnas et Galardus de Seados et Vital de la Garda publicus notarius et juratus de Samatano, qui cartam istam scripsit

XLVIII

DONATION DE LA TOUR DE SERRELATE AUX TEMPLIERS PAR LES HOSPITALIERS DE GAVARNI (1213) [1].

In Dei nomine. — Notum sit cunctis hæc audientibus quod ego, frater Guilhelmus de Sertz, Prior Gabarniæ et frater Petrus de Sancto Exuperio et frater Bernardus de Pulchro-Podio et frater P. de Sterrâ et frater Petrus de Ylarda et frater Sancius de Pontis et frater Sancius Ancr et frater Yspaniolus de Sassis et frater Sancius de Sertz et frater R. bort de Villar, et frater R. G. de Sterrâ et frater B. de Zalobera et frater G. de Zera et frater G. d'Assun et frater G d'Arrens, nos habito consilio et voluntate atque assensu gratuito omnium aliorum fratrum nostrorum domus præfatæ, donamus et concedimus in perpetuum, per nos et per omnes nostros, Domino Deo, et domui miliciæ Templi, Ramundo Berengarii, Vice-Magistro in Provincia et partibus Hispaniæ, et fratri de Aquabella Præceptori Monsonis et fratri Amiel et fatri Fortono Capellano, et fratri B. de Minha et fratri Ramundo de Almis, et fratri B. de Simanâ et omnibus aliis fratribus ejusdem domus presentibus et futuris, quicquid habemus vel habere debemus, dono, vel emptione, vel quolibet alio modo, in Turre de *Serra lata*, quæ est in *Literâ*, videlicet tres partes ipsius turris et omnium terminorum ejus, cum omnibus sibi, vel intùs vel extrà, pertinentibus ullo modo, ad omnem suam suorum que voluntatem indè faciendam, cum omnibus terminis, herbis, et proplatis, et petris, et plantis, aquis, et etiam hominious et feminis permanentibus, cum molendinis, pascuis, et cum ingressibus et egressibus et omnibus suis pertinentiis, infra turrem et in omnibus terminis ejus, sicut melius dici et intelligi potest, ad omnem suam suorumque utilitatem et bonum, per secula cuncta, sine omni nostri nostrorumque retinemento, francum, liberum et ingenium de nostro jure et potestate cessimus et, per presenti cartâ perpetuo valiturâ, in eorum ponimus jure et dominio semper pacificè, jure hereditario possidendum, omnem videlicet proprietatem et dominium, quod ibi habemus ullo modo vel habere debemus ; tali verò conditione, quòd ipsi et sui successores

[1]. Arch. Gavarni, L. 1.

donent nobis proindè annuatim semper ad festum S^{ti}-Michaelis X cophissa de blado, medium tritici et medium ordei, ad mensuram Monsonis, in villâ Monsonis et unam casam cum suo corrali, quam nobis jam tradiderunt et assignaverunt. Nos, ad majorem sui suorumque securitatem et cautelam, donamus ad fiduciam salvetatis de præfatis tribus partibus turris prænominatæ, cum omnibus suis pertinentiis, Arnaldum de Castro, filium Sanciæ de Alcaleno, qui huic domui et omnibus fratribus ejus semper faciat habere et in pace tenere et possidere. Et ego, præfatus Arnaldus de Castro hanc fiduciam libenter facio et concedo. Est autem terminus præfatæ turris ex unâ parte in terminis *Turris Ferrariæ*; ex aliâ, in terminis *Turris Comitissæ* et *Turris Hospitalis Rubei*, ex aliâ, in terminis de *Agrafols* et ex quartâ, in terminis *Turris de Almaterni*. Nos itaque frater R. Berengarii, domus Templi Vice-Magister, et B. de Aquabellâ, Præceptor Monsonis' consilio et voluntate prædictorum fratrum nostrorum conventus Monsonis, per nos et per omnes nostros, volumus et promittimus dare vobis annuatim ad festum S^{ti} Michaelis x cophissa de blado medium tritici, medium ordei ad mensuram Monsonis et, in villâ Monsonis, unam casam cum suo corrioli, et damus vobis et vestris fidanciam salvitatis de omnibus supradictis, Marcum de Castro Et ego, Marcus de Castro. hanc fiduciam libenter facio et concedo. Actum est hoc XIII kalend. novembris. anno Incarnationis Christi MCCXIII.

LII

DONATION DE SAINT-MARCEL A L'HOPITAL DE GAVARNI (1144) [1]

In Dei nomine et ejus gratiâ, Ramundus Guilhelmus de Bencâ, inspirante Spiritu Sancto, propter redemptionem animarum mei patris et matris et aliorum parentum et propter remissionem peccatorum meorum, dono Deo et sanctæ Mariæ de Gavernia medietatem et totum meum directum de illo podio *S^{ti} Marcelli*, cum toto suo terminio, de illo ponte S^{ti} Marcelli usque ad illum rivum de *Boriaget*, intrà suos terminos... Dono quod illi homines de *Belpino* veniant ad Sanctum Marcellum, secundum anticum usum, cum suo debito, ad Ramos Palmarum, ad Parascevom, ad Sabbatum Pascale. Ipse R. G. donavit et concessit istud donum ad illos dominos de Gavernia, apud sanctum Gaudentium, in manu Rogerii Episcopi Convenarum, in illâ die. quandò batalia fuit de Bertio Geraldi et de Sancio de Jaca. Et, ut hoc donum firmum et indissolubile semper permaneat, ego R. G. hoc signum * facio. Et ego Rogerius Convenarum Episcopus hoc episcopalis autoritatis huic donationi impono. Facta est carta hujus donationis anno ab Incarnatione Domini MCXLIV. Rogerio Convenarum Episcopo, Bernardo nobilissimo Comite dominante in terrâ Convenarum, in Saves, in Couseranis et in Aranno.

LIII

DONATION DU BURGAUD A L'ORDRE DE SAINT-JEAN, PAR L'ABBÉ D'ANIANE (1123) [1].

Pateat cunctis hominibus presentibus atque futuris quin ego, Ermengardus, gratiâ Dei, S^{ti} Aniani Abbas, et Ramundus Adalberti, Prior, et Ramundus Sacricastos, cæterique nostri cœnobii fratres pariter damus et in hâc paginâ tradimus Omnipotenti Deo et sancto hospitali Iherosolimitano et priori Guiraldo presenti, successoribusque ejus et pauperibus Iherusalen et baiulis, quos illic prioralis ac fratrum prudentia constituerit, ecclesias duas, quas nostrum monasterium in Tolosanensi Comitatu et nos habemus et tenemus ac possidemus; nomen unius, Sta *Maria Mourent* et alterius, Sta *Maria Folcarda*. Totum quantum habemus vel habere debemus in prædictis Ecclesiis, cum earum decimis et primiciis et omnibus sibi adjacentiis et terminis et hominibus et feminis, integriter et absque ullâ diminutione, pauperil us Iherusalem, ut prædiximus, damus. Ita tamen, ut, per singulos annos, baiuli qui has ecclesias et hos ho-

---

1. Arch. Saint-Marcel, L. I

1 Arch. Burgaud, L. I

nores tenebunt, in adventu seu redditu de Capitulo quod fratres hospitalis, in partibus S^{ti} Egidii, in diebus Pentecostes tenuerint, xx solidos nobis, nostrisque successoribus, denariorum bonorum melguerensium persolvant ; quod si facere noluerint, aut xxx diebus post Capitulum denarios dictos dare distulerint, præedictos honores et ecclesias per nuntium abbatis, vel monachorum vetemus ad hospitalarios, et, si tenere voluerint et quietos honores nobis vel hospitalariis non dimiserint, pignoremus eos in omnibus rebus, usquequo xx solidi nobis persolvantur Facta hæc carta hujus definitionis, IIII Nonas Junii, anno dominico MCXXII, regnante Rege Lodovich Sign. + Ermangardi Abbatis et R Prioris. Sign. + omnium monachorum Sig. + Dompni Guiralli Prioris et Ramundi Ymberti et Adalberti et Ramundi de Fendela et aliorum fratrum, qui omnes hanc cartam laudamus et firmamus. Et videntes signant et firmant visionem nostram Guirallus Johanis, et Bernardus Taigetus et Bernardus Deodati et Johanes, qui scripsit visionem monachorum et hospitaliorum.

LIII

DONATION DE FRONTON A L'ORDRE DE SAINT-JEAN. (1122) [1].

In nomine Domini nostri Jesu Christi. Hæc est carta memorialis Sciendum est quod Poncius Bernardus de Lapenchà et uxor ejus, Alamanda, et Paganus de Prato et infantes eorum dederunt Domino Deo et hospitali iherosolimitano totum quod habebant, vel aliquis homo vel femina per illos, in Ecclesià S^{ti} Johanis Baptistæ de Fronton, et habere poterant, cum omnibus eidem ecclesiæ pertinentibus, id est, oblationibus, cimiteriis et decimis et primitiis omnium rerum, quantum ad dominium eorum pertinet, totum integraliter donaverunt et reliquerunt et absolverunt, ut supradictum est. Domino Deo et beato Johani Baptistæ et hospitali Iherosolimitano, necnon omnibus habitatoribus ejusdem hospitalis tam præsentibus quàm futuris, excepto quòd de omni proprio suo laborato, quod homines de Fronton laboraverint in terrâ Poncii Bernardi et Pagani et infantium eorum, quæ terra fuerit foràs cruces, hoc est ultrà Salvetatem, prædicti laboratores habeant octo garbas et Poncius Bernardi et Paganus de Prato et infantes eorum habeant nonam garbam ; et de vindemiâ quam habuerint homines de Fronton de suis propriis vineis, quas plantaverint vel habuerint in terrâ Poncii Bernardi et Pagani et eorum infantium, quæ terra fuerit ultrà cruces, hoc est ultrà Salvetatem, præfati homines habeant sex saumadas prædictæ vindemiæ et P. Bernardi et Paganus et infantes eorum habeant septimam saumadam. Hospitalarii vero Ecclesiæ de Fronton habeant decimas et primicias, tam de prædictis octo garbis bladi hominum quam de nonis garbis Poncii Bernardi et Pagani et infantium eorum ; sex vero partes vindemiæ sunt illorum, quorum sunt vineæ, septima verò pars Poncii Bernardi et Pagani de Prato et infantium eorum, præter decimas et primicias prædicti bladi et vindemiæ, quæ sunt hospitalariorum tam partis Poncii Bernardi et Pagani, quàm parcium hominum. Si autem prædicti homines fecerunt latrocinium, vel furtum Poncio Bernardo et Pagano et infantibus eorum de prædicto blado vel de prædictâ vendemiâ, debent se clamare hospitalariis, si probare poterunt hoc crimen ; et hospitalarii debent eis facere judicari et fieri quod rectum sit de illis latronibus. Ipsi autem hospitalarii habeant suam justiciam quæ ad eos pertinet, de illis latronibus.

Præterea Poncius Bernardi et Paganus et infantes eorum donaverunt ccc casalia de IV sextairatis, ejus magnitudinis unumquidque prædictorum casalium, cujus magnitudinis erat casale Gausberti Guitardi, quod est ad portam de *Rajols* ; intrà cruces, hoc est intrà Salvetatem, donaverunt illa ccc casalia Deo et hospitali de Fronton, liberè et sine ullâ retentione, quam ibi non retinuerunt. Præterea Poncius Bernardi et Paganus prædicti et infantes eorum donaverunt boscum hominibus de Fronton, qui boscus erat foras Salvetatem, ad totam voluntatem hominum, excepto quòd, si voluerint facere fusta ad vendendum, reddant Poncio Bernardo et Pagano

[1]. Arch Fronton L. 1.

et infantibus eorum IIII denarios in anno .. Si clamorem habuerint hospitalarii de Poncio Bernardo et de Pagano de Prato et de infantibus eorum, debent fidejussionem habere de illis et justiciam, si aliquid injustè fecerint contrà hospitalarios et contrà homines præfatæ Salvetatis. S. Arnaldi Poncii et Bernardi Hugonis de Molag et B de Vacquers et Grimaldi de Saviag et G. Prioris, et Bernardi de Gaujac. Anno ab Incarnatione Domini MCXXII, Regnante Ludovicho rege Bartholomeus scripsit.

LIV

DONATION DE L'ÉGLISE DU BOUSQUET A L'HOPITAL DE FRONTON, PAR L'ABBÉ DE GAILLAC (1170) [1].

Manifestum sit omnibus hominibus hanc cartam legentibus sive audientibus quod ego, Rotbertus, Abbas Ecclesiæ S^{ti} Michaelis de Gallag, in nomine sanctæ et individuæ Trinitatis, Patris, scilicet, et Filii et Spiritus Sancti, consilio et communi consensu Capituli et tocius conventus ejusdem domus, dono et donando concedo Deo et beatæ Mariæ et S^{ti} Johani et hospitali iherosolimitano et omnibus fratribus et habitatoribus ejusdem hospitalis presentibus et futuris et Eschafredo, ministro et hospitalario de Frontonio, Ecclesiam S^{ti} Petri de Bosqueto et omnes ecclesiasticos honores ad ipsam ecclesiam pertinentes, decimas scilicet et primitias, oblationes et cimeteria et omnes illos honores, qui illius Ecclesiæ sint, vel ad ipsam Ecclesiam pertinent et denique omnia jura ipsius Ecclesiæ, sicut Ecclesia de Gallag et nos et conventus, per ipsam Ecclesiam, melius prædictam Ecclesiam del Bosquet et jura illius Ecclesiæ habebamus et possidebamus. Ita ego, Rotbertus præfatus Abbas, consilio et voluntate tocius conventus nostræ domus de Gallag, dono et trado prædictam Ecclesiam de Bosqueto cum omnibus possessionibus et cum omni jure ipsius Ecclesiæ, prædicto hospitali Iherosolimitano et habitatoribus et fratribus hospitalis et Eschafredo hospitalario; et de prædictâ Ecclesiâ de Bosqueto, cum omnibus possessionibus et cum omni jure ipsius Ecclesiæ, ego Rotbertus Abbas et conventus prædictæ Ecclesiæ de Gallag, pro nobis et pro successoribus nostris, mandamus et convenimus facere bonam et firmam guirenciam de omnibus amparatoribus et contradicentibus, exparte prædictæ Ecclesiæ S^{ti} Michaelis, prædicto hospitali et fratribus et habitatoribus ejusdem hospitalis tam presentibus quam futuris et Eschafredo. Et ego Rotbertus, Abbas, retineo censum, unam libram turis in prædictâ Ecclesiâ de Bosqueto et in honoribus ipsius Ecclesiæ, quæ nobis deferetur singulis annis in festo S^{ti} Michaelis per omnia tempora; et debemus illi portatori suum victum dare in domo nostra, sicut uni monachorum, quando attulerit illam, ità concessit hoc Abbas et conventus. Et, si Abbas S^{ti} Michaelis de Gallag vel domini ejusdem Ecclesiæ pergerint vel pertransierint per honorem de Frontonio vel del Bosqueto, ibi hospitentur et serventur, sicut fratres hospitalis; ità hoc totum concessit Eschafredus, pro se et pro fratribus hospitalis presentibus et futuris. Testes hujus rei sunt et videntes Petrus de la Capela, Durantus de Bullo, Ramundus Ademar, Bernardus Bardoin de Rabastens. Facta ca.ta ista mense novembris feria VII, anno ab Incarnatione Domini MCLXX regnante Lodoyco Rege Francorum, Ramundo Tolosano Comite, Geraudo Episcopo. Petrus de Boxedone scripsit cum suprascriptione quæ decet, quandò attulerit illam.

LV

DONATION D'ORGUEIL A L'ORDRE DE SAINT-JEAN (VERS 1120) [1].

Petrus Ramun de S^{to} Audardi dec lo onor de Orguol lo drec e la rado qu'el i avia, ni hom de luy, à Deu e a S^u Sepulcri e a l'ospital de Jerusalem e als seinors, que ospital tenran, ni captenran e a Bernad de Gaujac, per l'arma so pare e sua madre e redemptio de son peccat S Bonæ de S^{ti} Audardi S. Ramun Bernad. S, Ademar de S^{ti} Leofari, so nebod. S. Guirel Bernad de S^{ti} Leofari.

[1] Arch. Bousquet, L. I.

[1] Arch. Orgueil, L I.

LVI

DONATION DE NOHIC A L'ORDRE DE SAINT-JEAN (1120) [1].

In Dei nomine, Bellissenda et infantes ejus et Petrus Hugonis et Genesius frater ejus et Ramundus de Monteacuto et W. Bernardi et Lupus frater ejus et B. de Quintilio et frater ejus, nomine Jordanus, et Ramundus Hugonis atque Geraldus de Espinaceiras, consilo Amelii, Tolosani Episcopi, et Arnaldi Ramundi, Præpositi, et Ramundi Guillelmi, Archidiaconi, et aliorum fratrem Ecclesiæ S^{ti} Stephani Tolosanæ sedis dederunt Deo et hospicio Jerosolimitano et Geraldo hospitalario, ceterisque fratribus hospitalis Ecclesiam S^{ti} Saturnini de *Novigo*, cum decimis et primiciis et oblationibus altaris et cum omni ecclesiastico, totum et ab integrum, sine ulla reservatione, et dederunt etiam totum honorem, ad Salvetatem Dei faciendam, sicut fons de Novigo est et sicut via vetera vadit ad pontem Vauræ.. Facta carta in mense octobris, sub die feria V, Luna XXV, anno ab Incarnatione Domini MCXX regnante Lodoico rege Francorum.

LV

DONATION DES MOULINS DE VILLENEUVE AU TEMPLE DE LA VILLEDIEU (1123) [2].

Noverint universi, presentem paginam inspecturi, quòd nos Ramundus, Dei gratiâ, Dux Narbonæ, Comes Tolosæ, Marchio Provinciæ, per nos et per omnes heredes et successores nostros, amore Dei et intuitu pietatis et pro redemptione animæ nostræ et parentum nostrorum, damus et tradimus Domino Deo et beatæ Mariæ et domui miliciæ Templi Villædei et tibi, G. Petro Montenero, commendatori, et tibi, fratri B. de Fenoleto, et omnibus fratribus presentibus et futuris, videlicet decimam, quam habemus in III rotis molendinorum, qui molendini sunt in flumine Tarni.. Concedimus et donamus vobis supradictis ripas aquæ, quæ necessariæ fuerint dictis molendinis ul cabes de passeria, ad firmandos molendinos. Retindmus tamen quòd, pro supradictis donis, quæ nobis facimus, datis nobis annuatim, in festo Natalis Domini, VI capones bonos. Actum fuit hoc Villædei III Idus Aprilis, anno ab Incarnatione MCCXXIII, in presentiâ et testimonio Ugonis del Faro, et Bertrandi, fratris Domini Comitis jamdicti et Arvieu de Monte Aragonis et Ugonis Johanis, vicarii Tholosæ et Jordanis de Sepiaco Et Johanes Aurioli, scriptor Domini Comitis supradicti, scripsit. Ego Ramundus de Lacu, cancellarius Domini Comitis jamdicti, subscribo . *Deus in adjutorium meum intende*'

LVI

DONATION DE LA VILLE DE CASTERUS AU TEMPLE DE GOLFECH (vers 1200) [1].

Notum sit omnibus tam futuris quam presentibus quod Ramun-Bernat de Durfort, cum omnibus filiis suis, scilicet cum Guillelmo Saiset et R. Bernat et Saisot, dedit Deo et fratribus Templi II casales, qui erant Boneti de Gulfors, auté lo *Cⁱ teror* et *Casterer* similiter et quicquid in ecclesia dare poterat et omnem terram del *Bosc bⁱ umier* de Golfug. Hoc donum et henc elemosinam fecit Ramun Bernat, pro se et suo generi et pro redemptione animæ suæ, caritate receptâ CCCCCCCL solidos morlanes Hoc donum fecit in manu et in presentiâ Fortis Sans de Vidalac, qui erat comendator de Golfeg et frater Arsius et frater A de Caselbiel et W. Arifat et G. Forner erant fratres domus et Narenfes de Montpezat et Austor de Beinas et Bernat Ug qui erat comandator de Curiis. Isti omnes istud donum viderunt et in dono fuerunt. Hujus doni fuerunt fizanses et manumentes B. de la Tor, Pelfort de Gasques, B. de Castel, B. Galter, Nauger Gauter. Hoc vidit abbas S^{ti} Maurini et monachi sui et plures alii.

LVII

TRAITE ENTRE LES HABITANTS DU PAYS DE BRULHES ET CEUX DE LECTOURE (1148) [2].

Conoguda causa sia a tolz homes,

---

[1] Arch. Nohic, L I.
[2] Arch Villeneuve, I I

[1] Arch Golfech, L. I.
[2] Arch Brulhes, I VI

qui aquestas presens letteras veiran ne auziran, quel coseilh de Laitora e tutti altes prohomer de la biela an preza amor e patia, per lor mezis e per tot lo comunal de la ciutat de Laitora, ab lo Prior de Lairag e ab B. de Samaded baîle de Brulhas e ab l'arciprester de la Pluma e ab los jurads de la mezisa biela, per lor mezis e per tot lo comunal de la Pluma e ab tottos autes habitados de la terra de Brulhes, E aiso fo feit en tal maneira que nulhs habitantz de Laitora no dieu far mal en Brulhes, ne coselhar, ne cosentir ab senhor ne ab altru. E, si per abentura neguns passana, qu'els ag divon adobar dens XV dias a tota bona fec, ses mal engan. E per los mezis combentz, li sobreditz prohomer de Brulhes autrejeron, e maneron, e prometeron leialmen e bonamen al coseilh e à totz les autes prohomes de la biela de Laitora, que, si nulhs habitants de Brules faze mal à nulh habitant de Laitora, ne li cosinte, que id dens XV dias los agoassan adobat a bona fec, ses mal engan. E pauzero e enprengeron plus que nuihls hom de Brulhes no sia marquatz ne penheradz à Laitora, si divei, o fider no era. E, si nuihls hom de Brulhes ave rencura de nuilh homei de Laitora, qu'el coseilh l'ag fassa adobar o judiament fai, ses defuita; e, si per abentura nuils hom de Laitora ave rencura de nuilh homer de Brulhes, qu'el sobredit prohome l'ag fassan adobar o judiament far, ses defuita. Aquesta amore, aquesta patia fo preza en tal maneira que cada una de las partidas la divon salvare, gardar lialmen e bonamen E per que aso sia plus fer u, feron ne far aquestas presens lettras, partidas par A.B C e sageradas ab lo saged del coseilh de Laitora e ab lo saged den Bruns de Tilhed, Prior de Lairag, e ab lo saged den B de Sanmaded, baile de Brulhes De istâ causâ testimoni B. de Faur, en W. Escholer, borgues de Lairag, en Jorda, arciprister de la Pluma, en Amigero de Brueilh, en A W. d'Artero, W del Castain, V. Molier, S. den Iraman, F. de Na Genezia, P. del Cabet, qui ladones eran del coseilh de la Pluma Aiso fo feit ei cimiteri de Sent-Mezard, VIII dias al intrat d'Abriel, Anno Domini MCCXLVIII.

LVIII

DONATION DU CHATEAU DE MANCIED AUX TEMPLIERS ET AUX HOSPITALIERS (1223)[1].

Antiquorum prudentia consuevit ritè gesta scripturæ testimonio comendare, ne, fragilitatis humanæ memoriâ subcumbente, illa valeant in dubium revocari, sed in suo pociùs robore perseverint. Ea propter, ego W R. de Monte Katano, Vice-Comes Bearnensis, facio manifestum universis presentibus et futuris quòd, cum assumpto karactere veræ crucis de manu Domini Papæ, pro gravibus et pluribus excessibus meis, teneror in partibus transmarinis cum certo numero armatorum per quinquenninum Domino famulari, peregrinatione nondùm incoatâ, in egritudine constitutus, compos tamen mentis, pro meorum et progenitorum meorum remedio peccatorum, in recompensationem peregrinationis, ad quam tenebar, de consilio Venerabilium Patrum et Karissimorum amicorum meorum, G , Dei gratiâ, Archiepiscopi Auxitanensis, et A. Episcopi Bigorræ et P , abattis Cluniacensis, contuli atque dedi, pro me et successoribus meis, Domino Deo et beatæ Mariæ et hospitalis Iherosolimitani et miliciæ Templi fratribus et domibus locum de *Mencied*, ubi quondàm egregium castrum fuit, et quicquid in territorio vel honore ejusdem habebam, vel habere debebam, ubi centum, et ampliùs, rusticorum esse casalia asserunt, totum, sive cultum, sive incultum sit, cum omni jure, ad me in ipso territorio et dominio pertinente, ab eisdem fratribus perpetuò liberè possidenda. exceptis decimis et aliis juribus ecclesiasticis. ad Ecclesiam Dei pertinentibus ; quæ omnia concessi, restitui et donavi, pro me et successoribus meis, in perpetuum Ecclesiæ Auxitanensi, exepto tamen pedagio viatorum Hanc siquidem donacionem in puram helemosinam liberè et absolutè feci Deo et beatæ Mariæ et prædictis Hospitalis et Templi fratribus et domibus et absque omni retentione, illum hereditatis jamdictæ successorem perhennem constituens et heredem, cujus gratiâ michi concessa fuerant quæ habebam , undè

[1] Arch Sainte-Christie, L. I

volens, sive moriar, sive vivam, præfatam donationem robur perpetuum obtinere, de prædictâ donationis hereditate nominatos Patres, loco Templi et Hospitalis, investivi liberaliter et devotè. Prætereà hoc etiam declarari cupio universis, quòd de consilio Patrum prædictorum, pro salute animæ meæ et parentum meorum, cupiens transeuntium gravamina removere, pedagium supradictum vel guidagium, vel quicquid à mercatoribus vel viatoribus, nomine castri de Mancied vel honoris jamdicti, à me seu antecessoribus exigi consuevit, remitto plenariè atque quitto, volens et statuens, firmiter prohibendo, ne de cetero aliquid à viatoribus exigatur, sed universi liberè transeant viatores, ab omni exactione liberi atque tuti. Ad hæc adjeci, nomine testamenti, quod, si contingat me de hâc vitâ transire omnes proventus terræ meæ, exceptis *Else* et *Demul*, quæ tradidi et obligavi Domino Archiepiscopo memorato in solutionem debiti, quo ei tenebar, videlicet XVII millium morlanensium solidorum, ab ipso tenenda pacificè et quietè quousque de redditibus et proventibus eorumdum totum debitum sit solutum, cedant in solutionem aliorum debitorum meorum, usque ad adventum W. filii mei, et, ex quo venerit, omnibus terræ meæ redditibus computatis, medietas eorundem cedat in solutionem debitorum meorum, quousque omnia sint soluta; quibus solutis eadem medietas, per biennium, in helemosidam, pro remedio animæ meæ, expendatur, Prædictas autem solutionem debitorum et helemosinam volo et statuo fieri ad arbitrium sepedictorum Patrum, Archiepiscopi Auxitanensis et Episcopi Bigorræ; et si ipsi, citrà prædictæ ordinacionis consommationem, viam ingrederentur universæ carnis, fiat ad arbitrium Lascurensis et Olorensis Episcoporum. Volo etiam et statuo quòd hœres meus et alii, qui sunt pro tempore successuri, præstent juramentum pacis Archiepiscopo Auxitanensi, prout in rescripto apostolico continetur, quod ego me recognosco et profiteor me præstitisse. Adjicio etiam et mando quòd W. filius meus villam S^{ti} Martialis, quod ego contuli Ecclesiæ Terragonensi, eidem Ecclesiæ restituat et faciat pacificè possidere et satisfaciat eidem de redditibus, quos ipsi Ecclesiæ abstulit violenter. Et, quià habere non possum memoriam singulorum, præcipio atque mando quòd, si qui de me *fuerint* querelantes, hœres meus ipsis bonâ fide exhibeat justiciæ complementum et ad hoc volo hœredem meum esse, prout justum fuerit, obligatum. Pacique et tranquillitate terrarum mearum intendere cupiens diligenter, inei pacta et federa treugarum, pro me et heredibus meis, usque ad quinquemium firmiter observanda inter me et terram meam et Comitem Bigorræ et terram suam, easdem treugas Domino Archiepiscopo Auxitanensi, pro Comite Armaniacensi, et Domino Episcopo Bigorræ pro Comite Bigorræ, firmantibus bonâ fide et promittentibus inviolabiliter observandas, aut emendandas prout emendari solent treugæ violatæ Adjeci etiam et mandavi quòd testamentum bonæ memoriæ fratris mei Gastonis, quondam Vice-Comitis Bearni, plene et integrè observatur et libertatos et alia dona, quæ Ecclesiis et domibus religiosis contulit et concessit, perpetuam obtineant firmitatem. Et ad prædicta omnia observanda hœredem meum, omnes que successores meos, usquè completa sint universa, volo et statuo teneri et pleniùs obligari. Denique Patribus antedictis, Archepiscopo Auxitanensi et Episcopo Bigorræ et nobilibus viris et fidelibus meis, R. Gassiæ de Navalle, W. Othon d'Audons, W. A de la Guinga et R A. de Caudarasa, meum committo per omnia testamentum, quod etiam protectioni et diffensioni Ecclesiæ Dei subjicio, supplicans et deposcens quòd, si forte hœres meus vel aliquis successorum meorum huic testamento meo in aliquo presumpserit obviare, Prælati per censuram ecclesiasticam et prædicti nobiles, prout fidelius et melius potuerunt, ad observationem testamenti plenariam ipsum cogant Fidelitati etiam prædictorum nobilium totam meam terram comitto, quousquè veniat hœres meus, ità tamen quòd, qui tenent, teneant et custodiant castra mea. Hæc omnia feci, dedi, statui et legavi, prout superiùs est comprehensum, anno ab Incarnatione Domini M C C XXIII, XIII Kalend. Marcii. apud Oloiens, præsentibus testibus et ad hoc vocatis Patribus prælibatis et P. Bertrandi de Saltu, canonico Lascurensi, Augerio d

Caudarasā et Magistro Terreno monachis Gereuz et Magistro Rogerio canonico Aquensi et G. A de Nalle et B. d'Onsa et Berardo d'Arbus et A. W, d'Araus militibus et B. de Montekatano et B. scriptore meo et W. A Aldegerii clerico; quos omnes diligentiùs exoravi, ut super præmissis omnibus testimonium perhibeant veritati. Et, ut hæc omnia robur obtineant perpetuæ firmitatis, præsens instrumentum super prædictis, de mandato meo sigilli mei et sigillorum Patrum sæpius prædictorum feci muminine roborari.

LIX

Extraits du Cartulaire de l'Hôpital du Nom-Dieu.

In nomine Patris et Filii et Spiritus Sancti Amen Notum sit omnibus tam presentibus quam futuris, hanc scripturam videntibus, quod Gasto de Bearn et Domina Gilia soror patris ejusdem, dederunt Deo et beatæ Mariæ et Sᵗ Johani et fratribus hospitalis Sᵗⁱ Johanis tertam de *Percemil*, in quā quidam frater prædicti hospitalis, Bonushomo. D i nomine ædificavit domum in honorem Dei et Genitricis ejus et beati Johanis et adjuvamentum pauperum.

Gastone autem sublato de.. medio, successit ei Gasto de Bearn, nepos suus, filius Mariæ de Bearn et donum istud, quod Gasto, patruus suus prædictus, et Domina Gilia fecerant, Deo et hospitali et concessit et confirmavit. Hujus autem concessionnis testes sunt et visores Arn d'Auteras Arn, del Bruelh. Aners de Moncaub, Wilh Garsias escudier, Arn. Duguetus et multi alii.

Et est verum quod Vicecomitissa de Bovevilla, nomine Gilia. dedit Deo et prædicto hospitali Iherosolimitano et domui quæ vocatur Nomer-Dei, pro redemptione animæ suæ et antecessorum suorum, medietatem francagii, qui dicitur *Tenorencha*, cultum et heremum et omnia, quæ ibi erant, libere in perpetuum, de voluntate et assensu hominum et mulierum, prædictum francagium tenentium, dimitentes eisdem medietatem servicii, quod faciebant sibi Et ipsamet venit ibi et fecit ibi molendinum ad opus prædictæ domus et alia quædam fecit ibi operari suis hominibus cum propriis expensis; et fuit recepta in bonis prædictæ domus, sicut soror

Et prædictam donationem confirmavit prædictus Gasto, nepos Dominæ prædictæ, et fuit receptus in bonis prædictæ domus, sicut frater. Et istud fuit factum tempore Heliæ Castilionensis, Episcopi Agenensis, qui ecclesiam supradicti hospitalis consecravit.

Posteà Dominus Gasto, Comes Bigorræ, Vicecomes Bearni et Gavardani ac Brulhiensis, venit ad domum prædictam et confirmavit omnia prædicta bono animo et spontaneā voluntate et dedit eisdem francagium de Mauremonte, per se et suos, in perpetuum et fuit receptus in bonis prædictæ domus, sicut frater, et istud fuit factum tempore Arnaldi de Ravignan Episcopi Agenensis.

Et supradicti Domini statuerunt quod nullus pignoraret domum supra dictam, nisi pro propriis debitis dictæ domus. Dictarum supradictarum omnium, scilicet donationis, confirmationis et statuti testes sunt Augerius del Poy et Gassias clavei et Anerius de Tornasag et Wilhelmus de Bruelho sacerdotes et Basca et A W. Duglet et Petrus de Castang et Johanes de Tornasag et Brus Hugrhet et multi alii

Item sit notum omnibus hominibus quod ego Gasto, Vicecomes Bearni et Comes Bigorræ, filius Dominæ Mariæ de Bearn et Domini Willelmi de Montecatano, dono et concedo, bono animo, amore Dei et salute animæ meæ et omnium parentum meorum, vobis, fratribus Sᵗⁱ Johanis del *Nom Dieu*, terram et locum, qui dicitur *Oumet*, cum heremis et cultibus, et omnibus, qui ibi pertinent vel pertinere debent Etiam istud concessi amore Willelmi Garssiæ, scutiferi, ità quòd nulli de genere meo, qui sunt vel fuerint, prædictum locum habeant potestatem repetendi. set, si contingerit quòd aliquis veniret, qui debuisset dictum locum jure hereditario possidere, volo quod recuperet dictum locum et terram et res alias dicto loco pertinentes, ità tamen quod de juribus meis et redditibus responddat fratribus hospitalis in omnibus, sicut mihi. Et mando karissimo meo, Guiraldo de Gualard, banilo meo de Brulhes, quod donum istud concedat et confirmet loco meo Hoc donum fuit factum apud Pau, tempore Ramundi Capier, Præceptoris prædictæ domus. Hujus rei testes sunt Arnaldus Willelm de Monlezun, Maurinus de Mile-Sanctis, Willelmus Ramundi d'Abos, Merles d'Aras, Bernardus de Noia, abbas Lucensis, et multi alii.

Item sit notum ceteris quòd nos Willelmus de Montecatano, Vicecomes de Brulhes, pro animâ nostrâ et parentum nostrorum, donamus et concedimus Deo et beatæ Mariæ et domui hospitalis Sti Johanis del Nom Dieu et omnibus fratribus ibi habitantibus et tibi, fideli amico, Sanz Garcest, omnia illa jura, quæ nos habemus vel habere debemus in illo casali de Guiralt Fort, ut ea possidatis et accipiatis omni tempore. Et, ut hæc donatio firma et secura permaneat, litteras nostras tibi, Sancio Garcetz, contulimus et eos roboravimus sigillo nostro. Datum apud Guadapoi, per manum S. notarii Domini W. de Montecatano anno Domini MCCXXIII. Hujus rei testes sunt R. Gassics de Navalle, R. de Cauderasa, R. Arnaldus de Cauderasa, Yspanus dé Mille-Sanctis, Ramonge et Basca, et Cignos de Bruel, et Fortanerius de Ligardès, et Odo de Pardeillan et Bertrandus d'Astafort, Prior de Layrag et Pagezius sacrista ejusdem loci.

Et nos Dominus Gasto, Vicecomes Bearni, filius Domini W. de Montecatano et Dominæ Garssendæ, Dei gratiâ, Comitissæ et Vicecomitissæ Bearni, ob remedium animæ nostræ et predecessorum nostrorum, prædictas donationes et alia suprascripta in perpetuum, ad honorem Dei et beatæ Mariæ et Sti Johannis, fratribus prædictæ domus Nominis Dei confirmamus et concedimus bona fide. Et, ne aliquis contrà supradictas donationes et confirmationem de cetero valeat ullo modo, domui et fratribus ibidem commorantibus hanc cartulam sigilli nostri munimine tradimus sigillatam. Hujus confirmationis testes sunt Dominus Willelmot d'Audongs, Arnaldus Bernardus de Lados, Bertran de Gavaretto, Spagnius de Mille-Sanctis, Ramundus de Bearn, Oliverius de Bordel, Montesinus de Gualard, baiulus de la Pluma et Archipresbiter de la Pluma, Gualardus de Lados et Jacobus notarius Dominæ Comitisse Bearni et multi alii. Actum est hoc apud Castrum de la Pluma, die Dominicâ post festum Sti Barnabæ Apostoli, anno Domini M.CC.XL VI. Ego Vivianus Aldigher, notarius Domini Gastonis supradicti hanc cartam, de mandato ipsius, scripsi et hoc signu+m feci.

LX

CHARTE DE PRIVILÈGES ACCORDÉS PAR GASTON DE BÉARN A L'HOPITAL DU NOM-DIEU (1287) [1].

Noverint universi presentes pariter et futuri quod nobilis vir, Dominus Gasto, Dei gratiâ, Vice comes Bearni, et Brullensis, Dominus Montiscatani et Castriveteris, recognoscens se devotionem et affectum magnum habuisse erga fratres et Ordinem Sti Johanis Jerosolimitani et specialiter domui Nominis-Dei, constructæ in dicto territorio Brullensi et fratribus in dictâ domo existentibus, suâ merâ, liberâ voluntate, donavit et concessit domui Nominis-Dei, fratribus que ejusdem domus et fratri Guillelmo de Luco, militi, comendatori ejusdem domus, presenti et recipienti, pro se et nomine dictæ domus, merum et mixtum imperium, altam et bassam justiciam et omnimodam jurisdictionem in dicto loco del Nom-Dieu et pertinentiis ejusdem loci infrà certos terminos, prout inferius designantur seu confrontantur, sub modo et formâ, condicionibus et retentionibus, quæ in presenti instrumento inferius continentur. Promisit enim et se obligavit dictus comendator, pro se et successoribus suis et fratribus dictæ domus, qui nunc sunt vel qui pro tempore fuerint, nomine dictæ domus Nominis Dei, quòd, in castro de Cialardo nec in territorio seu pertinentiis ejusdem castri, bastidam seu novam populationem non faciant, nec pariagium, seu societatem, nec communionem cum aliquo Domino, seu personâ ecclesiasticâ, seu etiam seculari, nec in aliis locis suis, quæ nunc abent vel in futurum abebunt, videlicet ad mediam leucam circà terram Brulhesii, propter quod dampnum seu diminutio posset devenire dicto Domino Gastoni, vel successoribus suis, domino terræ Brulhesii, seu subditis suis dictæ terræ

1. Arch Nom-Dieu, L. 1

Brulhesii, seu juridictioni suæ. Inimò est sciendum quod, si contingerit quod dictus comendator, qui nunc est vel qui pro tempore fuerit et fratres dictæ domus, vel aliquis superior eorumden de dicto Ordine S^{ti} Johanis, vellent bastidam seu populationem, seu pariagium, seu societatem facere, construere in locis prædictis, teneantur facere cum dicto Domino Gastone, vel successoribus suis, domino terræ Brulhesii, recipiendo seu concedendo sibi partem in prædictis locis populatis seu populandis. Item dictus Dominus Gasto donavit et concessit sub modo et forma et conditionibus et retentionibus in presenti instrumento expressis, quòd homines abitantes, seu morantes in dicto loco Nominis-Dei de rebus seu animalibus, quos vendent inter se in prædicto loco Nominis-Dei, sint quiti, liberi et immunes, adeo, quod peuagium minimè solvere teneantur, nisi prout solverunt et solvere consueverunt homines seu abitatores castrorum militum, domicellorum seu baronium alterius terræ Brulhesii, vel dicti ementes erint revenditores, qui vocantur vulgariter *Revdes* et *cettves*, vel cum dictis rebus transitum fecerint causâ vendendi per illam terram Brulhesii. Est tamen sciendum quod dictus Dominus Gasto sibi et successoribus sui, domino terræ Brulhesii, retinuit et tenesse in dicto loco Nominis-Dei apellationem, resortum, recognitionem fidelitatis et homagii sacramentum de omnibus causis, litibus et negociis quæ nunc sunt et provenient in aduenire et omnia alia jura et devoira, sicut abet in castris terræ torius, seu locis militum domicellorum, seu baronium dictæ terræ Brulhasii et subditorum eorumdem. Dictus comendator seu baïulus suus poterit abere et exercere merum et mixtum imperium justiciam altam et bassam et omnim dam juridictionem, sicut et protenduntur cautum videlicet de rivo vocato *Lodonhon* del Nom-Dieu usquè ad alium rivum vocatum de *Galart*. Si vero contingerit dictum comendatorem, vel successores suos, habere vel de novo acquirere alias terras seu possecciones infrà Vicecomitatur. Brulhesii prædictum, nisi infra dictos terminos superius expressatos, quod in illis nullam juridictionem exerceant nisi feudalem, quam domini non abentes merum neque mixtum imperium nec aliam juridictionem exercere consueverunt, sine voluntate expressâ Domini Vicecomitis terræ Brulhesii. Recognoscens et dicens dictus comendator se tenere dictum locum Nominis Dei et omnia alia temporalia, quæ tenet in dictâ terrâ Brulhesii, à dicto Domino Gastone Vicecomite Brulhesii et quòd predecessores sui tenuerunt et recognoverunt se tenere à dicto Domino Gastone et prædecessoribus suis, promittens dictus comendator, prose et suis successoribus, quòd ipse tradet, iratum vel pacatum, dictum locum Nominis Dei ac omnia alia loca, quæ abet in dictâ terrâ Brulhesii, dicto Domino Gastoni vel successori suo seu successoribus, domino terræ Brulhesii, sicut alii milites, domicelli et barones prædictæ terræ Brulhesii tenentur tradere castra, loca seu fortalicia sua, et quòd dictus comendator et successores sui venient et venire teneantur ad mandatum et curiam dicti Domini Gastonis et successorum ejus, domini terræ Brulhesii, sicut alii milites, domicelli et barones dictæ terræ Brulhesii tenentur venire. Quas donationes et concessiones fecit idem Dominus Gasto, prose et heredibus suis, dicto comendatori presenti et recipienti, prose et successoribus suis, propter grata servicia, dona et munera quæ recognovit à dictâ domo Nominis Dei abuisse et recepisse, et causâ elemosinæ, pro redemptione animæ suæ et parentum suorum, remunerando eamdem domum de prædictis. promittens idem Dominus Gasto quòd contrà prædictas dorationes non veniet in toto nec in parte, et dictus comendato., se tenere et complere omnia prædicta et singula et non contravenire, promittens insuper dictus comendator quòd ipse litteras approbationis et confirmationis omnium prædictorum abebit à Domino Priore S^{ti} Egidii, Ordinis prædicti S^{ti} Johannis Jerosolimitani, sigillo dicti Domini Prioris sigillatas, in quibus litteris tenor tocius instrumenti presentis ponetur seu inseretur. Est tamen sciendum quod actum fuit et conventum per eos quod, nisi prædictam confirmationem aberet et eam traderet dicto Domino Gastoni seu domino terræ Brulhesii, quòd prædicta donatio seu donationes sint cassæ et irratæ et non aberentur pro factis. Item fuit actum interim, antequàm dicta confirmatio sit abita per dictum comendatorem et tradita domino terræ Brulhesii, dictus comendator, seu successores sui, prædictis donatis ne gaudeant nec utantur Actum fuit hoc apud Burdegale XIII die exitus mensis Febroarii, anno Domini MCCLXVXVII. Hujus rei sunt testes Dnus Amaneus de Fossato, Dnus Arnaldus de Montestcacuto, Dnus Armandus de Monteacuto frater ejus, Dnus Arsivus de Navalhas, Dnus Odo de Doizeto, Dnus Vitalis de Savinhaco, Dnus Arnaldus de Savinhaco frater ejus, Dnus Fortius Sancii de Lados, Dnus P. de Lavardaco, milites, magister Bernardus Dampels jurisperitus, Dnus Jordanus de Tornafos, archipresbiter Brulhensis, magister Bernardus de Correrio clericus, Geraldus de la Greuleta, Amaneus de Ladoz, Gasto de Badz, Bernardus d'Ariovinhano, domicelli, et ego Guillelmus de Bieri, comunis notarius de la Pluma qui, de consensu Domini Gastonis, et Præceptoris prædictorum et ad requisitionem et instanciam eorumdem, hanc cartam feci et scripsi et in pu'licam formam redegi, regnante Philippo Rege Franciæ, dominante Gastono Vicecomite Bearni et Brulhensi, Johane Episcopo Aggenensi.

Nos Matha, Dei gratia Comitissa Armaniaci, Vicecomitissa Brulhensis et nos Gasto, ejus filius, eadem gratia, Vicecomes Brulhesii et Fezenaguelli, omnia et singula in hoc instrumento contenta ea laudamus, ratificamus, approbamus et etiam confirmamus et volumus quod abeant robur perpetuæ firmitatis. In cujus rei testimonium, sigilli nostra huic presenti instrumento duximus apponenda Datum Plumæ, in Capdohe ejusdem loci, inte festum beati Laurentii, anno Domini MCCCIV.

LXI.

DONATION DE L'ÉGLISE SAINT-VINCENT A L'ORDRE DE SAINT-JEAN (1199)[1].

Ne à futurorum vel presentium memoria valeat aliquathenus aboleri, universis, volumus, innotescat quod, cum Ecclesia de Layrac haberet quamdam Ecclesiam S^{ti} Vincentii, quæ, per multum temporis in heremum redacta, Ecclesiæ de Layrac penè erat inutilis, B. Prior de Layrac consilio proborum virorum, ipsam Ecclesiam Sancio de Lestrala, ospitalario, tali pacto concessit : quòd idem Sancius et alii ospitalarii, quicumque ipsam Ecclesiam S^{ti} Vincentii tenuerit, XX concas, quarum X erunt frumenti et X fabarum, Ecclesiæ de Layrac annuatim persolvet, ad mensuram Alayriacensem ; hæc autem reddet ad submonitionem Prioris de Layrac ; et, si post terciam vel quartam submonitionis diem, præfatas XX concas ospitalarius non reddiderit, in terra illa tenetur et dampnum ac expensas ospitalarius Priori persolvet. Debet insuper dictus ospitalarius III sol. arnaudensium Priori de Casans, ad procurationem in die S^{ti} Brucii faciendam, annuatim persolvendos, XII denarios arnaud, Priori de Layrac idem hospitalarius in anniversario deri hujus, annuatim persolvendos Prædictas concas inter Assumptionem S Mariæ et Nativitatem, ad submonitionem Prioris, ut supradictum est, idem hospitalarius persolvet Testes hujus rei sunt B Prior de Lairac, B. de Ligardos Stephanus et alii monachi de Lairac, Doienges de Cairug et multi alii — Actum anno Verbi Incarnati MCXCIX, IIII kalend. Augusti.

LXII

DONATION DE BORDÈRES A L'ORDRE DU TEMPLE (1148) [1]

In Christi Nomine — Notum esse cupio omnibus presentibus et futuris quod Petrus Comes Bigoritanus et uxor nostra Benatrix Comitissa atque Sentullus filius noster, bono animo et spontanea voluntate nostra, pro mortuorum et parentum nostrorum remissione peccatorum, Deo et beatæ Mariæ et omnibus presentibus et futuris Templi Jerusalem miliciæ fratribus damus et concedimus et possidendum semper pro voluntate sua tradimus nostrum dominium et alodium nostrum et hereditatem nostram et omnia nostra jura et ab integro tamen illud quod habemus jure hereditario, vel ab aliquo modo, in villâ, quæ vocatur *Bordères*, et

---

[1] Arch. Nom-Dieu, L. I

[1] Arch Borderes, I 1

etiam in totâ illius parrochiâ, scilicet terras cultas et incultas, aquas et aquaria, pascua et nemora, piscationes et venationes et omnes introytus et exitus, sine aliquo retentu alicujus personæ, hæc omnia de nostrâ manu et de nostro dominio in manu et dominio omnium fratrum miliciæ prædictæ tradimus, ut ipsi fratres miliciæ, presentes et futuri, de hoc honore et in hoc honore securè et liberè voluntatem suam faciant per omnia et in omnibus semper et in secula seculorum. Amen.

Similiter nos dicti donatores, Petrus, Comes, cilicet et Benatrix, Comitissa, et Centullus, filius, donamus prædictæ miliciæ fratribus presentibus et futuris quicquid habemus vel habere debemus in domibus suis Sezar-Augustæ et in honore, qui ipsis quasi pertinet, Cesns mojas et omnem illum honorem solvimus prædictis fratribus ad possidendum securè in perpetuum.

Facta est carta ista et hæc donacio in Luidæ Castello, anno ab Incarnatione Domini M.C.XL.VIII, VII Idus Febroarii, sibatto, existentibus atque viventibus P. Comite et Comitissâ Benatrice, cum Centullo eorum filio, in presentiâ Bernardi, Ablatis Scalæ Dei, Petri de Roseâ, Magistri in Provinciâ Miliciæ Templi, fratris Arnaldi de Villanova, qui receperunt hoc donum à prædictis donatoribus, pro se et pro aliis omnibus Templi fratribus presentibus et futuris. S. Ramuudi Guarssiæ de Laveda. S. Arnaldi de Borderiis de Benac. Robertus Sacerdos scripsit die et anno prædictis.

LXIII

DONATION AU TEMPLE DE BORDÈRES PAR LE COMTE GASTON DE BÉARN (1205)[1]

Notum sit omnibus tam presentibus quam futuris quod ego, Gasto, Vicecomes Bearni, Comes Bigorræ, et uxor nostra, filia Bernardi, Comitis Convenarum, liberè, in salutem nostrarum animarum et parentum nostrorum, donamus domui de Borderiis, pro nobis et pro nostro sequenti genere, *Pratum condale* In presenti curiâ nostrâ facta fuit hæc donacio apud Orthesium, ubi erat Domina Comitissa, anno Incarnationis Christi M.CC.V.

LXIV

CHARTE DE PRIVILÈGES OCTROYÉE AU TEMPLE DE BORDÈRES PAR LA COMTESSE PÉTRONILLE (1247)[1]

Peyrona, Dei gratiâ, Comitissa Bigorræ et Vicecomitissa Marciani, omnibus presentes litteras inspecturis salutem in Domino Jesu Christo. Paci et quieti religiosorum virorum, fratrum domus miliciæ Templi de Borderas intendere cupientes, donationes et libertates quas nostri antecessores, videlicet Dominus Petrus de Marsin, quondam Comes Bigorræ, et Domina Beatrix, uxor sua, et Centullus eorum filius, fecerunt Deo et beatæ Mariæ et domui de Borderas et fratribus ejusdem loci, prout in registro dictæ domus pleniùs contineri vidimus, concedimus et presentis scripturæ testimonio confirmamus. Insuper, ne contrà piam antecessorum nostrorum donationem aliqua questio in posterum à successoribus nostris fiat, nos, prædicta Comitissa, damus sponte et concedimus, pro redemptione animæ nostræ et omnium antecessorum nostrorum et successorum nostrorum, sine aliquâ retemptione, totum illud jus quod nos habemus vel habere debemus, vel possumus, aliquâ ratione in villâ de Borderas et habitatoribus, sive pro homicidio, sive pro furto sive pro plagâ legali, vel incursione, vel pro quocumque aliquo casu secundùm quod meliùs et pleniùs ad utilitatem et libertatem prædictorum fratrum et hominum possit intelligi. Hoc donamus fratri Vitali d'Orteys, Præceptori de Borderiis et omnibus fratribus dictæ domus presentibus et futuris, pro nobis et successoribus nostri presentibus et futuris in perpetuum. Facta donacio apud Tarviam, in camerâ Domini Episcopi, in presentiâ venerabilis Patris Arnaldi-R. Dei gratiâ, Episcopi Bigorræ, et nobilium virorum Domini Peregrini de Lautaniâ et Vitalis de Baziliaco et G. Arnaldi Filhe et Guillelmi Fuere d'Oson et Magistri G. R. Dadæ. Anno Domini

[1] Arch. Borderes, L. II

[1] Arch. Borderes, L. II

MCCXLVII. In cujus rei testimonium et robur, sigillum nostrum presentibus duximus apponendum.

LXV

RESTITUTION D'OSSUN AU TEMPLE DE BORDÈRES (1248) [1]

Noverint universi presentes pariter et futuri quòd nos, Augerius, Dominus de Ossum, recognoscimus, confitemur, et concedimus, coram vobis venerabili Patri A. Ramundi, Dei gratiâ, Episcopo, et dilectis in Christo Capitulo Tarviensibus et Domino P. de Burdegale, senescallo Bigorræ et tenente locum Comitis et curiâ Bigorræ, quod Dominus Augerius et Dominus Ramundus de Ossu, avus et peravus nostri et alii nostri antecessores dederunt in puram et simplicem helemosinam, pro remedio peccatorum suorum, et omnium parentum suorum, Deo et beatæ Mariæ et domui et fratribus Miliciæ Templi de Borderiis, Ecclesiam et grangiam circà Ecclesiam et decimas de Ossuno, salvo jure Episcopi ; et dederunt similiter domui et fratibus antedictis medietatem decimarum in Ecclesiâ d'Araest, et quòd nos aliquandò venimus contrà prædictas donationes. Recognoscimus nos peccâsse graviter et teneri ad restitutionem omnium perceptorum per nos vel de mandato nostro post dictam donationem, sine fratrum voluntate de Borderiis. Et nunc liberâ et spontaneâ voluntate, de consensu et voluntate Domini Episcopi, nos absolvimus, per nos et per omnes successores nostros. et quitamus et damus omne jus, si quid habemus, vel debemus, vel possumus habere in grangiâ, Ecclesiâ et decimis supradictis, Deo et beatæ Mariæ et domui et fratribus Templi Miliciæ de Borderiis Et juramus suprà sancta Dei Evangelia quòd nec nos, nec successores nostri, promissione, vel assensu facto, vel mandato unquàm contrà istas donationes veniemus, nec permittemus aliquem, pro posse nostro, contravenire. Et Ego Gurauda, uxor Domini Augerii, hoc idem facio et concedo Et Ramundus, filius eorum, illud idem facio et promitto. Et omnibus hominibus de Ossu, in memoriam prædictorum, facimus hoc jurare. Et renunciamus omni juri scripto, vel non scripto, canonico, vel civili et omni actioni et juris auxilio, quod nos possit juvare in aliquo et fratribus de Borderiis nocere. Et rogamus Dominum Episcopum et Capitulum Tarviense et Dominum Petrum de Burdegale, senescallum Bigorræ, quòd sigilla sua apponant, ne de li possit dubitari in posterum huic cartæ Et nos A. R. Episcopus et Capitulum Tarviense et P. de Burdegale, senescallus Bigorræ, presentem cartam, ad preces prædictas, sigillorum nostrorum munimine fecimus roborari. Actum fuit hoc, in claustro Tarviæ, die Sabatti proximâ ante festum Natalis Domini, anno Domini M CC. XL. VIII, in presentiâ Domini A R. Episcopi et Capituli Tarviensis et Domini P de Burdegale senescalli et Domini Peregrini de Lavetano et A. Vicecomitis d'Aster, et Augerii de Sarrignaco, judicum curiæ Bigorræ et Domini F. abbatis Sancti Sevini et Filippi, Prioris Mahlburgeti, et Augerii de Loid, Prioris de Benac, et Domini Bosonis Tizo et Domini Casei de Anglus et Vitalis Darag et Peregrini Aymerici, et R. de Ponces et A de Clarag et G de Serres et plurium aliorum et fratris Vitalis d'Ortex, Præceptoris tunc temporis de Borderiis, qui hanc donationem et absolutionem accepit, et fratris W Fuert d'Oson et fratris V, capellani de Borderiis et fratris B. Præceptoris de Perregero et G R Daden, scriptoris Domini Episcopi. qui, de mandato et voluntate partium, hanc cartam scriptam fecit, anno, die et loco supradictis

LXVIII

RESTITUTION DE BAUSSAESI (PINTAG) AU TEMPLE DE BORDERES (1215) [1].

Conogude cause sie à totz homes que A. de Lavedan, segnor de Bencen, e na Navarre, sa molher, que afranquin e que asoben e que den bonaments e agradeiraments, per pure almosne, per los animes de lor mezis et de tot lor liggiadge, qui fo, ni es, ni sera per tots temps del

---

1. Arch. Ossun, L I.

1. Arch. Pintac. L. 1.

mon, tot ço, que an, ni aver devon, e tote la sejorie, que i an ni aver i deven, senes nulle retenence que no si artigon, tot lo bieladge et tote la terre, ab totz sos dreitz, que a ni aver diu, que hom apele Bausaest, que es el comtad de Begor entre Seubanea e Quintilag et de Quintilag entrò Borderes et de Borderes entrò Ordz, lo colt, el no colt, las terras e las aigas, los intiads, els eisids, lo fust, el fruit, e la fulhe, la erbe, e la peire, et tot quant terre leve del cel tro terre et de terre tro la jus abisme, a Dieu, à la maison del Temple de Borderes et a frai Bidal, qui laore ere comandador de l'avantdite maison, e a totz los frais, qui laore i eren ni ia i seran, en tal maneire que l'avantdite maison e aqueds que la maison goernaran del Temple de Borderes, que posquen far a tot lor voluntad en quenieque maneire far bolan, ab coseil dels frais de la maison E l'avantdit A. de Lavedan e na Navarre, sa molher, aqui meis quels ag liuran ab fust e ab terre, els no bestin, els i don tote aquere poestad, aisi cum ed la tenen, lo die ni tier la deven, e tote la sejoria que i aven, ni aver i deven ; tot en aisi ag liuran à fray Bidal, qui laore ere comandador de Borderes e als frays autres quiqui aqui eren presentements. Aquest don e aqueste aumosne, qui avantdits es aisi cum devantdit es, dis l'avantdit A. de Lavedan, que ave feit A. d'Aragon, qui ere sos aviols, de cui l'avantdite terre ere, pro cui ed la tie. E l'avantdit A de Lavedan dis que pro alguns mals e pro alguns puseuls, que en l'avantdite terre ave feit a l'avantdite maison de Borderes, que conoge que pecad ave mortalment e que gran tort faze e ave feit, quare en l'avantdite terre age feit nul mal ni nul passeul à la maison de Borderes, e l'avant dit A de Lavedan que dis qu'es cosella per paor que ago de sa anime, qu'en fos perdude, e de la anime de A d'Aragon, qui fo son aviol, e so ligiadge qui apres lui sere E per car troba certea sabence, cum per strumentz de certes e per anfian testimonis, que l'avantdite maison de Borderes no mustrare, que n'ave, que l'avantdit sos aviols, de cui la cause ere, ag ave dad, aisi cum avantdit es, per aumosne de si e de totz sos ligiadge e per da rezençon de sos pecads; e que dis l'avantdit A. de Lavedan que ave agut son coseil ab l'avantdite Navarre, sa molher, e ab son fils e ab de sos parents e ab de sos amigs ; e qu'el coselhan que ed mezis afresquis lo don el fes que ia ere estad feid per son aviol e que queris perdon del tort e del mal que feit ave en l'avantdite terre à la maison del Temple de Borderes E ab aitant l'avantdit A. de Lavedan que bongo a Borderes, ab Navarre sa molher e ab sos amigs e que son entrant en la gleise en lo poder de l'avantdit comandador e dels frais de la maison ; e aqui l'avantdit A de Lavedan ab sos amigs e ab de sos parents, que aqui ago amenads, que quere perdon à frai Bidal, qui laore ere comandador e als autres frais, qui aqui eren e quendo de jols en terre dejant lo comanai e qu'il quere qu'il perdoas lo mal el tort que conosse que feit ave en l'avantdite terre à la maison del Temple de Borderes e ab aitant lo comanai, els frais, qui aqui eren, qu'el perdoan; per ço cai ed los confirmave, els avo afresquit, els afresquic ades l'avantdit don e l'avantdite aumosne de la avantdite terre que son ligiadge ave ja feit. e aiço feit, l'avantdit A. de Lavedan e na Navarre, sa molher, que juran sobre la Crodz e sobre los sants Auvangelis, per lor mezis e per ligiadger, que laore aven ni gia auran, que ni ed mezis, ni lor ligiadger. ni autre hom per lor, ab leg, ni sans leg, nuls temps del mon contra l'avantdite donation no fesen ri no anasen, ni no dissosen, auts disen sobre lo sagrament, que feit n'aven, que tant, cant bius fosen, ag faren bon à la maison de Borderes, e, quan id ni fosen, ag leissrrem manad e ordenad a lor ligiadger qui apres lor sorc, que totz temps del mon ne portasen ferme garence, en fosen ferms audors ; els ag fesen bon de totz los homes del mon laore, que obs los sere ades, si per abonture obs los ere E aiço dit e fait, l'avantdit A. de Lavedan, que queri aqui mezis al comandai e als frais qui aqui eren, que l'arcebossen en los bees de la maison, el comandai, els frais, qui aqui eren, que l'arcebon per parcoei de totz los bes que la maison del Temple de Borderes ave feitz, ni faze ades, ni fara già nulhs temps decà mar ni delaa mar ; e l'avantdit A. de Lavedan, aqui mezis qu'els mana ferme obedience e leial qui tendre a l'avantdite maison de Bordères, tant quant biu fos, e que observare lo don e l'aumosne, qui avantdit es, que son ligiadger dize que ave feite e ed mezis que l'ave afresquid ades; e l'avantdit A de Lavedan, per que totz temps fos tengud ferme, mes de boas manadors e bones fizances à l'avantdit comaudador et à la maison del Temple de Bordère, çò es per saber : Pelegri de Lavedan, Formadges dels Agles, Boos Tizon, en tal maneire, que, si nuls hom bive, ni dize, ni faze contre l'avantdite donatio, ni faze nulle aren, qui fos contre l'avantdite maison de Bordères, per pleid de gleize, ni per pleid seglau, ni per nulle autre maneire, l'avant dit A de Lavedan los ne portas ferme garence e ag pleideras, els ag defessos a si mezise mesion en qualque maneire contre l'avantdite donacio bengos hom laore, que obs los sere ades, pero, si nols ag fan bon aisi, cum avantdit es, que mana et que s'obliga els autieia à los avantdites fizances sobre si e sobre tote sa cres tad e sobre totes sas causas mobles e no mobles que a ni avera, or que les aio per totz logs, per amonde e per drece de l'avantdite donacio e de l'avantdite aumosne, si bone nols ag, face, que las avantdites fizances ne pagassen CC marcs d'argent a l'avantdite maison del Temple de de Bordères e als frais, qui laores seren, e las avantdites fizances que manan bonaments à frai Bidal, qui laore ere comandador de Bordères quo, si l'avantdite donatio ne fazen bone, cum avantdit es, que CC. marcs d'argent pagaren a lui o aquods qui apres lui seren comandadors de l'avantdite maison laore, qu'els ag domandasen à lor boluntad, si l'avantdite donatio nols poden far bone. Aquestes fizances, qui avantdites son, fon amendas à Tarba, al cab del Pont de Lador, prob la *Mesoria*. E aqui que fo Fortanier, fil de l'avantdit A. per ço car à Bordères no podon estre ensems ab las fizances. Or l'avantdit A. e na Navare, sa moller, ag den aisi cum avant lit es, a testimoni de A R de Coarase, Abesque de Begore e A. de Coarase, Bescons d'Aster, e de n'Auger d'Osun, A de Gaioo, n'Arnaud B. de Laured, W. R. del Mont, W. R. Dader. B, Capera de Bordera, Marii de Bordères, frai Fortz cambrei, frai R de Pezenas, frai R. de Coest claver, frai Père A Sabater. que vengo a Tarbe l'avant dit A. de Lavedan e son fil Fortaner; e aqui aisi, cum avantdit es, l'avantdit Fortaner, que ag liura a foer e a costume de la terre e que i de totz sos dreitz, que i ave ni aver i deve, à Dieu e à la maison del Temple de Bordères, tot en aisi ag liura à l'avantdit comandai, e aiço feit, l'avantdit A. e son fil Fortaner bonements e agradeiraments qu'en den e qu'en meton las avantdites fizances, aisi cum avant dit es, a l'avant dit comandai, e qu'els manan que id las ne guararen de tout dann ; e, aiço feit, l'avantdit A de Lavedan e son fil Fortaner que pregan a A. R. de Coarase, Abesque de Begore, e a Pelegri de Lavedan, e a A de Coerase Bescons d'Aster e à Boos Tizon, que en aqueste carte metesen lors saieds e id que a for. Aquestes testimonis fon aperads en aiço A R. de Coarase Abesque de Begore, A. de Coarase, Bescons d'Aster, R. G. de Lavedan, Pelegri de Lavedan, A. R. d'Asped, R. A. d'Asped, W. A. de Laaspoi, B. Civade de Reisag, R. de Cassagie Guassio de Serres, W Ponts de Laneule, R de Pomees, Bi Contod, P de Bielenbids, A Guallad de la Ciutad. Aquestes testimonis bin e auzin quand l'avantdit A. de Lavedan e son fil Fortaner ag den aisi, cum avantdites, e que meton las avantdites fizances, perque totz temps ag fesen bon aisi cum a vantdit es. Actum anno Domini MCCLI. Factum fuit in mense febro arn. Symone de Montefortı tenente locum Comitis Bigorie, A. R. de Caudaiasa Episcopo Bigorre, A. de Clarag notarius civitatis Tarviæ scripsit hoc utriusque consensu

LXVII

DONATION DE GEYS A L'ORDRE DE SAINT-JEAN (1300) [1].

In nomine Domini nostri Jesu Christi Amen. — Conoguda causa sia als presens e als abiederes que mosenhor Em. Ber Bescons d'Aster, en A W, soo frai e Ber. d'Astor filh d'ol davantdit Vescons e donzels, per lor e pels lors e après de lor en

[1] Arch. Salles et Billon.

F. de la Abadie, rector e caperan de la gleise d'Aste, e W. Ar. de Domecg donzel d'Aste, e Ber. de Naolavere e Domenge Poey e A. de Taverne e Vidal de Casanbo e Johan de Casanboo, bezins, habitans d'Aste e tote l'autre bezian d'Aste, item de Jerde, Johan Anclado, e F. de Sent-Julia e Ber de Sent-Julia e W de Binhembedz e Ar, de Peire et tot l'autre bezian de Jerde e d'Aste, aperads ad aqueste cause cadaun a lors maisos, segont qu'el davantdit mosenhor lo Vescomde auteia ab so messadge e ab lo segon de la gleise, present l'avantdit Vescomde e soo fraire e soo filh avantditz e ames las ditas bezians d'Aste e de Jerde enssems amassadz aus de la misse en porche de la gleise d'Aste, los senhors e las bezians d'Aster e de Jerde, no forsadz ni enganadz ni decebudz, ni costreitz ni enduitz per dejuna persone, ui per paor adaiso amenadz, mais francamens e agradable de lors proprios voluntads, assoubon e quitanc e dereliquin per totz temps a Dieu e à Nostre Done Sante Marie e a la maiso del hospital de Jerlm de Sent-Jehan d'Oltramar e especialmens e nomeade à la maison de l'hospital de la Artigue de Jeix e à totz los frais e las serors habitadors presens e habiedens del dit hospital de Jeix e als habitadorz del dit hospital, donadz e conades presens e habiedes e especialmens an frai L. Sole de Guxen comanador de la dita maiso de Jeix, que ed ere aquest die, que aques carta fo enqueride totes aqueres domanes e questios e controversias quel davantdit Vescomde ni sos davantdit frai, davant dit filh, ni las davantditas bezians d'Aster e de Jerde, ensemps e de partids fazen o entenem à far per degun dreit ni per deguna razo canonie ni civilh, en lang, que es aperade *Estiacles* dejos nomeads, loqual lang aven donad e benud lo Vescons d'Aste e las bezians d'Aste e de Jerde, segon que escriut ere en carte de testimoniadge, entro lo flum que es aperad Ador e de la riude Badnere entron assicum talhen las penes den Calhod que entren en la Ador sobre Peyrenau... Aquest absolument fen los senhors d'Aste e las bezians d'Aste e de Jerde per amor de Dieu; car lors predecessors eren arcebudz en totz los bens espiritaus del avant dit hospitaue temporamens e sober tot aisso qu'en aven agut lo senhors Vescoms d'Aste, qui fon, CC sol de boos morlaas e dues baques Aiso fo feit emma d'en P Gras bailo de la begarie de Banhères dels dreitad ges que Madone Agnes comptesse de Begorre a foros los dix de Banhères. Actum fuit hoc die in introitu Madii anno Dni MCCC Philippo Rege, F. dom, nante Comitatum Bigorræ, R Ai. de Caudarazā Episcopo existente.

LXVIII

Extraits du cartulaire du Temple d'Argenteins [1].

A — *Donation du fief d'Argenteins* — In nomine Domini nostri Jesu Christi. Amen — Ego Ainaldus d'Argenten, eligens magis abjectus esse in domo Dei quam habitans in tabernaculis peccatorum, implens illud dominicum preceptum : « Si vis perfectus esse, vade et vende omnia « quæ habes et da pauperibus et se- « quere me, » confero me et mea domui Templi, scilicet quicquid habeo domorum et servicii infra muros Neriaci et quicquid habeo extra hæc videlicet culturam quæ est sub Ecclesia Stæ Mariæ d'Argenten et boscum et vineam et casalia quæ sunt contigua bosco et castas de Cornod Guirallus Emerig, cognatus prædicti Arnaldi et soror ejus, Jordana, cum omni parentela sua, hoc donum memoratum affirmaverun, atque consense'unt in manu fratris Augeri de Bedeisan, tempore illo custodis domus Templi in Gasconia. Hujus rei testes sunt Johanes de Laiscian, Amaneus de Salas, Guillelmus de Arte et alii plures, Memoriæ præsentium et futurorum notum sit istud donum factum esse tempore Adrianæ Papæ, Heliæ de Castelhono Agenensis Episcopi, Andrici, Regis Anglorum, Ducis Normanorum et Equitanorum, Comitis Audegavorum.

B — *Donation de l'eglise d'Argenteias* — Donum quod factum est militibus Templi de Ecclesiâ Stæ Mariæ de Argenten — Garsia Marra et uxor ejus, Anera, et eorum filii, de salute animarum magis quàm corporum curam habentes, Sti Spiritus dono ac-

1. Arch. Argenteins, L. I.

censi, cupientes fieri participes beneficiorum quæ fiunt in domibus fratrum Templi, Ecclesiam Stæ Mariæ d'Argenten et quicquid juris in eâ habebant, in manu Augerii, Magistri, fratris, et Arnaldi de Argenten, fratris, et Guillelmi del Bois, fratris, pro redemptione animarum suarum et parentum suorum, fratribus Templi dederunt Quod donum, ut firmius teneretur, post mortem Magistri fratris Augerii, qui, recenter hoc dono facto, obiit, Magister Helias successor prædicti Magistri, CCC solidos morl. monetæ, Garsiæ Marræ et uxori et filiis eorum, qui hoc donum, sicut diximus, bono animo et bonâ voluntate fecerunt, dedit Hujus doni fidejussores et visores extiterunt Garsio-Arnalt d'Albion et fratres ejus, Bernard de Laverdag, Per de Bedeisan, Seior de Filartiga, Aramon Guilhem de Nezered. Hoc viderunt Guillelmus de Arte et Petrus, Archipresbyter, et Forto, filii ejus, et Garsiana Capellanus dictæ Ecclesiæ et fratres ejus et parentes ejus, qui decimam Ecclesiæ, pro quâ erant homines Garsiæ Marræ, qui eos deseruit fratribus Templi, dederunt eisdem fratribus. Hoc donum factum est mense aprili, XI Kalend. may, Lunâ 1ª, tempore Heliæ de Castellione Agenensis Episcopi, Andrici Regis Anglorum, Comitis Andegavorum, Ducis Normandorum et Aquitanorum

C. *Donation du Fossat.* — Notum sit omnibus quod Arsiu de Port et fratres sui dederunt Deo et militibus Templi, in manu Heliæ Focaldi, quamdam culturam terræ integram quæ dicitur *al Fossat*, inter Argenten et Corned, pro animabus suis et parentum suorum... Et ut donum istud firmum perhenniter sit, vendiderunt ipsis militibus C nona genta solidos morlanensis monetæ Si quis autem, ausus temerario jure, hoc pactum et donum perumpere gestierit, primitus reddat militibus Templi II sol. morl., quibus redditis, à supradictis militibus, quod justicia dictaverit, consequantur. Facta carta Neriaco, III Kalendas Januarii. Epacta XI concurrentis anno MCLX, Regnante Henrico Rege Anglorum, Duceque Normandorum, Comite Andegavorum, Principe Aquitanorum et diebus Domini Heliæ de Castillon, bonæ memoriæ, Agenensis Episcopi et Domini Ugonis ejusdem Ecclesiæ Archidiaconi.

Hujus verò doni fuerunt testes, visores, et auditores, *clerici*, Per d. Lart archipresbiter et Capellanus de Nerac, Garsiana d'Argenten.. et *milites*, Amaneu de Salas, Bidal de Salas, Aramon-Guilhem de Nezered, P. de Nezered Garsia-Arnalt d'Aubion, Sejor de Filartiga, Garsia-Maria de la Roca (isti milites fidejussores et coadjutores), *burgenses* verò Guilhelmus de l'Art et Bidon et Bernard-Bidal de Lauseian et alii quam plures.

Donation de Sainte-Quitterie de Rives. — Certa res est quod n'Ug de Rocafort et Arnaldus W. suus filius dederunt Deo et domui Templi terram d'*Arrivet* Post longum tempus annuit Arnaldus Guillelmus Eliæ Folcaudi, Magistro do num tocius Vasconiæ, in domo Agenensi manente comendatore Jordan de la Contrariâ, Gastons de Castedmauron comendatore de Gimbrède. Quo tempore Pictavensis Consul insedit Castillon, Eliâ de Castillon manente Episcopo Agenensi

LXVX

DONATIONS D'AMANIEU VI D'ALBRET AU TEMPLE D'ARGENTENS ET A L'ORDRE DE SAINT-JEAN (1245) [1]

Conoguda causa sic a tos homes qui aquest present carte veiran ne auziran, que nos A. de Lebred havie dad la terre de *la Come*, els fius, tot quant nos i havien ni haver i devem, à Diu e a la maison del Temple d'Argentins, ab nostre memorie e ab bone voluntad, per nostre anime e de nostre linadge, per nos e pels qui son e per los qui seran, nie e per totz temps Aquest don fo feit en lo temps que n' Arn. R de la Mote ere Comendair de les maisons del Temple de Comanement d'Agenes. Testes sunt B d'Arremicon, P. de Melian Od. de Noalian, F. de Padern, fratres d'Argenten oron fr. R. de Pene claver, fra. A. n. de Borderes, fr. Eidz de Pompeiac qui ere Comandador de Cortz e trop d'auties, Hæc donacio facta fuit anno Domini MCCXLV Datum apud Castrum Jelosum, VI Kalende januarii E per maior aformence, ha en ne donat aqueste present carta sagelade

[1] Arch Argentens, I I

ab lo nostro saged et ab lo saged del communal de Casteljalos

2º *Droit de dépaissance*. — Conoguda causa sie a totz selsque aquesta carta veiran, que nos n'Amaneus de Lebret ave recognogut que nostre paps e nostre paire doneron à Dieu e a la maison del Temple d'Argentin las erbas, e las aigas, e las glens, e la fuelha, e les lenhes, que puescon per totz terres paisor totz lurs avers ses tota messon. E nos n'Amaneus de Lebret ho lauzen e ho autreiam à vos, fraire Bernat Guilhelmi Comendaire de las maisons del Temple d'Aganès e als fraires d'Argentin, soes a saber à fr. Gualard de Beresem comandaire de Corz. Guirens ne so en Pei de Mellinha, en Fortanier Cazonava, en Senhoron de Maur, en Bertrand de Sant Aralha, en Arnaut de Lissa... E aisso fo feit en Argenten, al semeteri, en l'An de l'Encarnacion de Nostre Senhor MCCXLVIII, el segon jorn de genier. E nos n'Amaneus de Lebret per maior fermetat i pauzen nostre sagelle

3º *Donation d'un maison noble a Nérac*. — Notum sit quod omnibus hominibus hanc cartam legentibus vel audientibus, presentibus et futuris, qu'el senhor n'Amaneos de Lebret, per amor de Deù e de sa ma e de la anima de totz sos parents, per si e per toz sos successors, donec e autrejec, per almonia durable, à Deu e a Sancta Maria e a servizi dels senhors malautes de la maio del hospital de San Johan de Jherusalem e a frai Jordan de San-Andreo, comandador de las maios del avandig hospital que son en Agenes e en Caerci e en Lomanha, e a totz los autres fraires del predig hospital presens e endevenedors, per aras e per totz temps en durabletat e sens tot revocament, que li fraire del hospital, quels que aras son ne ne per avant i seran, aio maio franca dins la vila de Nerac e que lor a donat lezer e planer poder que pusco conquerir, per comprar, o per don, o en autra maniera, e aquela que conqueran, que aio e tengo bonament en patz e senes tot contrast e deliora e senes tot embargament ; salves los dreitz del senhor, de cui hom la devrio tenir ; so es a saber, que li fraire del sobrescriot hospital ne paguesso los servicis, del aquei de cui hom la tenria, aisi cum li autre prohome de Neirac paguo los servicis, ad aquels de cui teno lors fieus. De rescaub, lo senher n'Amaneos de Lebret pres en garda e em amparansa de si e de tots sos amixs la maio del hospital avandig e totz los homes e las femnas del hospital e totas las cauzas dedins e de foras; e dec lor que luhus hom de sa terra no n'a lezer de penhorar las cauzas del hospital, si li fraire del hospital volo fermar qu'el fazo dreit la on deio. Hoc fuit ità factum et concessum IIº die exitus mensis Februarii, anno MCCXLIII ab incarnatione Christi. Hujus rei sunt testes Fort de Padern, en B. de Malhina, en B. de Nazare... E per maior fermetat, lo senher n'Amaneos de Lebret fec aquestes lettres sagelar ab so sagel.

LXX

Donation de La Gardère au Temple d'Argentens (1260) [1].

Notum sit que la nobla Dona La Daurada, molher del noble senhor n'Od de Lomanha, senhor del Fiumarcon, en W. Astanava, donced, filh de la dita dona e del mezis senher n'Od de Lomanha, an quittat e guerpit e leissat per lor plana voluntat, per lor e per totz los lors, per tots temps, à la maison d'Argenten e a frai W. Cambrer de la mezissa maison d'Argenten, tenen loc de frai B. W. d'Aspel, Comanador dela dita maison d'Argenten, per nom dela dita maison e pels frais, qui en la mezissa maison i son e per avant i seran, aisso recebent, tot lo droit e la racion e la part, que avian, e aver devian, e demandan e requiere podian en nulha maneira, en la coutura aperade de *Gardera* e en la terra cota e herma aperade de *Marfants* Laqual coutura de Gardera predita ess inter la gleisa de San Johan de Gardera e la maison d'Argenten avantdita, e la terra de Marfanh es enter lo bodad de la Grauled, que est del senhor en W. R. de Pis d'una part e le rieu aperad de Fieus, d'autra. E lo an tot laissat, e guerpit, e quitat per ara e per tot temps simplamen, per non revocabla donacion entreis vieus, en pura almoina, per amor de Dieu, de los animas a de lor liadge. Item l'avantdita dona La Daurada,

1. Arch. La Gardère, L 1

en W. Astanava son filh avandit, an donat à la maison d'Argenten e a la maison de Poifertagulha e als frais qui son e per avant seian en las ditas maisons espleit e padoensa e herbadge e pastenc obs a tot lor propi bestiar gros e menud, que sia de las ditas maisos, sobre totas las terras cotas e non cotas e hermas e per totz los boscs e las bartas, que l'avantdita dona La Daurada e son filh predit an e tenen e possedissen e aver deven per razo de la mezzissa dona, de la rieu aperada *La Ossza* entrò la rieu aperada *Aulnent*, e sobre terra, herba berda e seca e de folha e d'aglais, e d'avarge, e d'aga, e de totas autras causas que son a bestiar à pastencar necessarias, e donan lor mais, en la a mezissa donacion, aga e busca e leia berda e seca, sobre las ditas terras, obs als foez de las ditas maisons e obs dels pastors, qui lodit bestiar garderan ; e mais cercles, caredz, obs dels vaisseds e obs da las cortas de las maisons avanditas... Actum fuit hoc XVIa die ab introitu Augusti. Testes sunt R. B. de la Tor, domicellus, V. Lacai, R. Darroeda et ego J. de Villa, communis notarius de Lavardaco, qui hanc cartam scripsi, anne Domini MCCLX, regnante Domino Alphonso Comite Tholosæ et Guillelmo Episcopo Agenensi.

LXXI

EXTRAIT DU CARTULAIRE DE COURS [1].

Ramundus de Blogonio, frater Ramundi de Pinis, dedit Deo et domui Templi, quam possidebat, terram de Curiis, pro se et suo genere, recepta caritate CCL. morlanenses, quâ de causâ fidejussor extitit R. Bernard de Revinhan et uxor ejus, soror Ramundi de Blogonio, qui similiter donum istud concesserunt et firmaverunt pro suo genere et pro se ipso. Similiter fidejussores extiterunt Stephanus de Caumont, Sans Aner de Caumont, G. Ramundi de Piis Hoc autem factum est tempore quo Helias Focalt Magister de Curiis existebat et in tempore fratris G. Esperi et fratris O. de la Faia et D. de la Gleiza.

Memoriæ presentium et futurorum notum fieri volumus quatenùs Amaneus de Lebret, declinans à malo et faciens bonum, pro redemptione animæ suæ, dedit Deo et fratribus domus Templi omnem terram, quam habebat ad portam, quæ vocatur posterla. Hoc donum fecit consilio et voluntate amicorum suorum, Petri scilicet d'Aldemir, qui villicus suus existebat, et R. de Radecausa. Testes fuerunt P. del Greiset, A. de Noalhan, S. d'Aldemir, R. Troian, R. de Sen Quintin, Johan de Ausac et plures alii. Hæc elemosina et hoc donum fuit factum in manu Heliæ Focalt, qui tempore illo Magister Vasconiæ existebat et fratris G. Esperii et fratris A. de la Faia et fratris Gastonis de Castelmaurun qui comendator de Curiis existebat.

LXXII

DONATION DE SAINT-HILAIRE DE CAVANAC (ROMFSTANG) AUX TEMPLIERS (vers 1160) [1].

In nomine sanctæ et individuæ Trinitatis, ego R. de Blogonio et ego Amaneus, ejus filius, damus et concedimus mediam partem decimæ Sti Hilarii de Cavanag, pro salute sui et parentum suorum, Deo et militibus Templi Jerosolimitani, in manu fratris Augerii et Heliæ Folcaldi. Hoc donum fecimus in die Natalis Domini, apud Blogonium, testibus preordinatis Petro Comite de Begorre et Santio Amantio de Blogonio et quam pluribus aliis. Quod donum, ne in posterum deleri possit, confirmamus in manu Wuilhelmi, Vasatensis Episcopi et Vitalis Cambnelli et Petri Scotelli canonicorum suorum, et in presentia quoque Stephani, abbatis Fontis Guilhelmi.

LXXIII

DONATION DE CASTELJALOUX ET DE CAZALIS A L'ORDRE DE SAINTJEAN (1141) [2].

In nomine Sanctæ et Individuæ Trinitatis. scilicet Patris et Filii et Spiritus Sancti Notum sit universis Ecclesiæ matris filiis, tam presentibus quam futuris, quod nos, Ama-

---

1. Arch. Cours, L. I.

1. Arch Romestang, I. I.
2. Arch Casteljaloux, L. I.

neus de Lebreto, concedimus et confirmamus Domino Deo et beatæ Mariæ, semper Virgini et beato Johani Baptistæ et fratribus Hospitalis Jerosolimitani decimas molendinorum Castrigelosi et Castrinovi de Sarnàs, quas, sicut audivimus et pro certo didicimus à pluribus fidedignis, predecessores nostri, qui hospitale de Cazalis fundaverunt, donaverunt et juridictionem et justiciam super homines infra salvetatem de Cazalis et alibi, in terrà dicti hospitalis, ubicumque inhabitant, hospitalariis præfati loci donaverunt et concesserunt, concedimus pleno jure, promittentes fratribus supradictis, per nos et per successores, quod contrà hanc donacionem et confirmationem nostram nec veniemus nec venire faciemus aliquo modo, sed omnia jura dicti hospitalis et bona custodiemus et deffendemus à nobis et ab aliis nostro posse Damus etiam et concedimus, pro redemptione animæ nostræ et parentum nostrorum decimam medietatis molendini nostri de Cazanovà. Et ad hoc, ut hæc omnia supradicta fortiùs et meliùs habeantur, hanc presentem paginam sigillo nostro duximus roborandam. Hujus rei testes sunt Cenebrunus de Melinhan, en Arnaut Gassia de Sescas, en B. de Pompeiac, en Od de Noalhan en Lumhart de Socassa. Hoc datum apud Castrumgelosum, Anno Domini MCCXLI

LXXIV

DONATION A L'HOPITAL DE CAUBINS (vers 1180) [1]

Notum sit omnibus presentibus et futuris quod Bernardus de Abbatià de Ortes obtulit s· et suam uxorem, Caritas nomine, ad hospitale de Carbii, in presentià Donati de Ancgueis, qui erat comendator domus, et Bernardus erat frater de Ortes, et dedit liberè, sine querimonià deus desmes senioribus domus, Cazaubon ad mensam, cum Puey deu Borg ad pauperum substantionem; et, de oblatione quæ venit ad altare in manu sasserdotis, dedit totum hoc quod offertur in paropside vel in conchà ad pauperum reffectionem in Adventus Domini usque ad... Domini et

[1] Arch. Castelviel, L. I

diem Innocentium et à feriâ IIII quæ est capud Jejunii usquè ad sabbatum Paschæ. Tali tamen pacto se obtulit senioribus ejusdem sanctæ domus, ut, quandò vellet intrare domum, equalem senioribus ei exhiberent reverentiam, exceptis sacerdotibus. Hoc donum dedit pro redemptione peccatorum suorum, suorumque parentum præsentium et futurorum, et, ut ille et filii sui atque fratres et sorores in oratione acciperentur sine aliquo sensu, exceptis V solidis qui dentur in morte pro sepulturà. Hoc fuit factum in presentià Sanzanerii Episcopi Lascurensis et hoc fuit confirmatum in manu de Guillelmot et de Arnalt fratris

LXXV

DONATION DE L'EGLISE DE NOTRE-DAME D'USCLADES (vers 1210) [1].

Notum sit omnibus presentibus ac futuris quod Naguiraut de Garos et Bernardus filius suus dederunt ecclesiam beatæ Mariæ de Uscladià et totam decimam et omnia quæ ad ecclesiam pertinent, a l'espital de Calvi, liberè et absolutè pro se et pro suo genere, in redempcione suorum peccatorum atque parentum. Et l'espitals dedit illis CC.LX. solidos et recepit eos fratres, scilicet Guirautum et Bernardum. Et hoc factum fuit et confirmatum in manu Guilen Od d'Audons et de son fil e dederunt fidejussores Gualard de Teze et Bernard de Catfranc Willelmo d'Algar, Præceptori Calvini, R. de Benac Lascurensi Episcopo existente Visores hujus rei fuerunt Giulus de Castelo, Espanol de Sales, et alii multi

LXXVI

TRAITÉ DE PARÉAGE ENTRE LES HOSPITALIERS ET LA VICOMTESSE DE MARSAN POUR LA BASTIDE SAINT-JUSTIN (1280) [2].

Notum sit universis presentibus et futuris quod nos frater Guilhel-

[1] Arch. Usclade, L. I
[2] Arch Saint-Justin, L. I

mus de Villareto, Prior humilis Sti Egidii Ordinis Sti Johanis Iherosolimitani, de consilio et concensu fratrum nobis circumstancium et tocius capituli apud Frontonium celebrati et fratrum et sororum domus sive ospitalis de Corbino, diocesis Adurensis, damus et concedimus, ad villam seu bastitam faciendam, nobili Dominæ Constanciæ, Vicecomitissæ Marsani, et ordinio suo terram et locum Sti Justinii, cum pertinenciis suis et juribus universis.

Item damus et concedimus eidem Dominæ supradictæ totam terram, quam habemus vel habere debemus cum juribus et pertinenciis suis in loco appellato lo Garbay.

Item concedimus eidem Dominæ medietatem tocius terre quam habemus vel habere debemus in parrochiâ Sti Martini de Gontaut et in parrochiâ Sti Johanis de Somboeriis.

Et pro prædictis concessionibus dicta Domina Constancia debuit procurare cum Domino Episcopo Adurensi, ut concederet hospitali et fratribus prædictis Ecclesiam Sti Justinii, Adurensis diocesis, quæ est prope domum de Corbino, cum omnibus juribus et pertinenciis et obventionibus ecclesiasticis, dictæ Ecclesiæ pertinentibus.

Item Dominus Gasto, Vicecomes Bearni et dicta Domina quitaverunt II solidos Morlanorum, quos faciebat domus de Corbino et fratres prædictæ domus annis singulis pro feudis de Garbay et Sti Justinii, Item prædictus Dominus Gasto et dicta Domina quitaverunt X solidos morlanorum, quos faciebat domus de Gaulos et fratres ejudem domus pro amparantiâ eisdem apud Castrum de Gavaretto.

Item ospitale et fratres debent abere decimam in molendinis faciendis in aquâ, quæ appellatur Lucuosi, in parrochiâ Sti Justinii et Sti Johanis de Somboeriis.

Item ospitale et fratres possunt et debent habere unam paxeriam in dictâ aquâ Lucuosi, ubi voluerint, pro piscariâ, dum tamen non noceat molendinis.

Item dicta Domina, per se et per alium, non debet prohibere hominibus vel feminis, volentibus venire ad molendina ospitalis, sed homines vel feminæ vadunt liberè, ubi voluerint, molere blada sua in molendinis ospitalis.

Item dicta Domina debet defendere et amparare domum ospitalis de Corbino et fratres et familias et bona dictæ domus de Corbino et debent habere ospitale et dicti fratres cum omni bestiario suo, cujuscumque generis sit, adimprivum, tallivum, per omnia loca, per quæ homines dictæ bastidæ habebunt.

Item dictus Dominus Gasto et dicta Domina concesserunt et dederunt quòd fratres ospitalis de Corbino sint liberi et immunes à prestationibus pedagiorum et leudarum et aliarum exactionum de omnibus bladis, bestiariis et bonis suis per totum Vicecomitatum Marsani.

Item retinemus nos et dicti fratres in terrâ ospitalis, ubi sit Bastita, propè ecclesiam, locum apertum ad ecclesiam, ad cimiterium, ad acram sive aram, ad ospicium, ad oicum et alias officinas domui necessarias.

Item fuit concessum per nos et fratres ospitalis quòd homines tenentes terras vel feuda communiter à nobis et à dictâ Dominâ, ratione feudorum communium, pro medietate de dictis feodis, terris et legibus feodorum, respondeant coram nobis et leges seu punimenta communiter fiant inter nos et dictam Dominam, et nos habeamus medietatem condempnationis et ipsa aliam.

Item fuit concessum per dictam Dominam et à fratribus prædictis retentum quòd in parochii beati Johanis de Somberiis omnis jurisdictio alta et bassa sit communis inter dictos fratres ospitalis et Dominum supradictam.

Item retinemus nobis et fratribus et domui prædictæ in parochiâ beati Johanis de Somboeriis duos rivos, quorum alter vocatur rivus de Corbin et alter rivus de Larivol, cum molendinis ibi factis et faciendis, itâ quòd nullus alius facere debeat vel possit molendina, sine voluntate ospitalis

Item fuit concessum dictæ Dominæ quod possit facere voluntatem suam in aquâ appellatâ Lucuosâ, domui ospitalis, ut dictum est, rettentis decimis molendinorum faciendorum et paxeriâ prædictie, itâ quod nullus alius ibi facere debeat molendina vel paxeriam sine voluntate Dominæ prædictæ.

In cujus rei testimonio, nos prædictus Prior sigillo nostro, unâ cum sigillis dicti Domini Gastonis et sigillo prædictæ Dominæ Constanciæ hanc presentem litteram fecimus munire. Datum in capitulo, apud Frontonium celebrato, die Dominica ante festum Ascensionis Domini, anno ejusdem MCCLXXX

LXXVII

PARIAGE ENTRE LES HOSPITALIERS ET LE COMTE DE BEARN POUR LA BASTIDE DE MAUVEZIN (1353) [1].

Conogude cause sie a tots, als presens et abedlers que lo noble en Mossen Arn Guillem de Bearn, donzel, loctenent en Bearn en quel temps per lo Noble, Excellent e Poderos senhor en Gaston, per la gracie de Deu, compte de Foix, bescompte de Bearn, de Marsan e de Gabardan, de una part e Mossen Belenguer de Sent-Felis, comandador deus espitans de Sendetz e de Caubin, d'aute part, per lo poder a luy danat per en fray Marques de Gozon, Prior de Tolosa.

So es a saber que lodit Mossen Arn. Guillem de Bearn, loctenent deu senhor, cum sobredit es, e lodit Mossen en Belenguer, per lo poder sobredit a luy donat, tractan, acorden e feu pariatge deu territorii, deu Serni, ajustador e metedor lodit territorii. bastida de Lombine aperade de Maubezin Enter los gentz deudit Mossen lo Compte, aqui present, ledit Mossen en Belenguer comandador de Cendetz e de Caubis, fo feyt, tractat, e ordenat, autrejat lodit pariatge, en la maneira, forma e condition que dejus se sec, ni es escriut, so es a saber:

Que la senhorie major de tot lo territorii de Serny sie de Mossen lo Compte, e Vescompte per enther, e de tot son heret desi en dabant endehendors per totz temps .. La ley petita, capsols, losquoaus se faran per lodit territorii ni en aquet e X sols de Morlas de fiu que l'abat de Serny deu far annualment, segon que digon, al comandador de Noarriù e la senhorie deudit abat de Serny sien, la meytat deudit Mossen lo Comte e de son heret, e l'autre meytat de l'espitau de Noarriu; e que lo molin, quant se bastisca nes contrusca, sia feyt e costruit a commus despens, pagedors en la meytat per lodit Mossen lo Comte e l'autre meytat per lo dit hospitau de Noarriù

e que los profficchs sien preguts per la meytat per lodit Mossen lo Comte e l'autre meytat per lodit hospitau. E asso dessus fo dit, accordat, apuntat per lo sobredit Mossen Arn. Guillem de Bearn e per lodit Mossen en Belenguer de Sent Felis.

Asso fo feyt V die en l'entrat d'Abriù l'an MCCCLIII. senhoregrant en Bearn Mossen en Gasto per la gracie de Diù Comte e Vescomte deudit comtat e bescomtat, Mossen en Perard d'Arostan, canonge, Mossen Galhart d'Espalungue, Mossen Arnaut de Duras, Per Solier, thesaurer de Bearn, Bertran Lop de Mirapeys, Jacqmes de Gayet.

LXXVIII

DONATION AU TEMPLE DE SAINT-LÉON (1271) [1].

Notum sit quod B. de Rovinha cavalers, senher de Calapia, a donat e autrejat de son bon grat e de son propie cert movement, e ben certificats de son drechs, en titol de prefecha e pura e no revocabla donacio facha entrels vius, per se e per sos successores, en almoina, per amor de Diù, per sa amina e per las animas de son linhatge traspassat, à las maizos de la Cavaleria del Temple d'Argenten e de Sent Leu e als frais de las meissas maizos tots los fruchs e totz los esplechs e totz los proventenz e totas las obvencios que lodit B. ni sos antecessors ni alcu de lor, ni alcunas autras personas, per lor ni per aleu de lor, an agut ni pres ni receubut, de la terra ni dels boscs appelat *dels Lescars*, ni de totas e singlas causas, sien terras coutas, bosc e bartas, agas, dreituras, devers o senhorias que lo meiss en B. a ni aver deu en las parroquias de las gleizas de Sent-Johan de Perchet e de Sent Pei de Conborase de Sent-Miquel e de Sent-Cric, e de Sent-Leu. Aisso fo faich VIII dias al issit de iunh Testes hujus rei sunt B. de Peissac, Arn de Pujols Fortz de Prunet, Narn, de la Carrera. Anno Domini MCCLXX Regnante Alphonso comite Tholosano, Petro Agenensi Episcopo.

---

1 Arch. Morlas, L. I.

1 Arch. Saint-Léon, L. I.

LXXIX

Accord entre le Chapitre de Saint-André et les Hospitaliers de Bordeaux au sujet de la chapelle DU BOUT DU PONT (1224)[1].

R., Dei gratiâ, Petragoricensis Episcopus .., abbas Petrosæ et A. Samathiæ Archidiaconus Petragoricensis, omnibus presentibus et futuris, presentem cartulam inspecturis, salutem et veritati testimonium perhibeo. Antiquorum sollers sagacitas sapienter monuit scriptis apponere quod , primi parentis vicio, à relabenti mente hominis consuevit faciliter resilire. Proindè, cum questio verteretur coràm nobis auctoritate apostolicâ inter Decanum et Capitulum Burdigalense ex unâ parte, et hospitale Ierosolimitanum, ex alterâ, super quodam oratorio, quod fratres dicti hospitalis erexerant ad *Pontem novum*, apud Burdegale, in prædictorum Decani et Capituli prejudicium et gravamen; viris bonis precantibus, de voluntate et assensu nostro, sic res fuit deducta ad pacem et concordiam : quod, propter hoc prejudicium et gravamen, quod ex constructione illius oratorii Ecclesiæ supradictæ fieri videbatur, præfatum hospitale teneatur dampnum canonicorum compensare in LX solidis, annuatim persolvendis, XXX in festo S[ti] Michaelis, vel infrà diem octavii, et XXX in festo Paschæ, vel infrà diem octavii, postpositâ omni morâ. Si verò præfatis terminis prædictos denarios dictum hospitale persolvere nuncio dicti Decani et Capituli obmiserit, clavem et ornamenta dicti Oratorii, sine reclamatione et molestatione aliquâ accipere et secum defferre et observare liceret. Et, si fortè placeret dictis Decano et Capitulo quod ibidem facerent celebrari, quicquid exindè perceperint, quousque dictam pecuniam, prout præfatum est, persolvissent, esset totum Burdigalensi Ecclesiæ supradictæ, nec propter hoc summa dicta in aliquo minoretur. Si verò hospitalarii oratorium illud omninò dimitterent, essent liberi a præfati census solutione, quamdiù locum illum pro deserto habuerit. Si vero alibi apud Burdegale oratorium, vel Ecclesiam, vel cimiterum, eosdem aliquandò habere contigerit, medietatem omnium oblationum et redditum, ratione altaris et cimiterii provenientium, percipiant dicti Decanus et Capitulum et aliam, Hospitalarii : hoc tamen excepto quod, si equi, vel panni, vel armaturæ, vel terræ, vel domus, vel vineæ, vel pecunia, in subventionem Terræ Sanctæ eisdem dimittantur, totum erit dictorum Hospitalariorum : ità tamen quòd omnis fraus et dolus amoveantur et ne maliciosa procuratio fiat ex parte Hospitalariorum, ut redditus et proventus altaris et cimiterii exindè minuantur, sed bona fides Ecclesiæ Burdigalensi in omnibus observetur. Ad servicium autem oratorii vel ecclesiæ, vel cimiterii, si eos aliquid habere contigerit, dicti Decanus et Capitulum nichil debent facere. Si verò alicui sæculari, sive vir, sive femina fuerit, extrà hospitale ægrotanti, habitum Religionis dictum Hospitale contulerit, et ex illâ ægritudine non convaluerit, similiter medietatem percipient dicti Decanus et Capitulum Burdigalense, nisi pedibus suis et sine alicujus adjutario in assensu et dessensu et sine adjutorio in equitando, ad Hospitale se contulerit, bonâ fide, prout superiùs, Ecclesiæ Burdigalensi in omnibus observatâ. De fratribus autem et pauperibus et servientibus eorum, propriis commensalibus, similiter nichil percipient dicti Decanus et Capitulum Ad majorem autem hujus rei certitudinem, presentis cartulæ, per alphabetum divisæ, sigillorum nostrorum et Warin de Montacuto, Magistri Hospitalis Ierosolimitani et Decani et Capituli Burdigalensis et P. de Lupâ, Preceptoris Hospitalis Ierosolimtani Burdigalensis, fuerunt munimine roboratæ. Nos autem, auctoritate Domini Papæ nobis concessâ, cum assensu parcium, omnem personam, quæ contrà prescriptas formas pacis obviare in aliquo, vel contrà attemptare præsumerit, excommunicationis vinculo innodavimus. Datum apud Burdigale, anno Domini MCCXXIV, feriâ II[a] post Pascha Domini, F. Litterâ concurrente, Epactâ VIII, Pontificatus Honorii Papæ anno octavo, Domino Willelmo Burdigalense Archiepiscopo , Domino Ludovico Rege Francorum in primo anno regnante.

[1]. Arch. Bordeaux, L I.

LXXX

DONATION DE SAINT-PIERRE D'AR-
VEYRES AUX TEMPLIERS (1170)[1].

Bertrandus, Dei gratiâ Burdegalensis Archiepiscopus, sedis apostolicæ Legatus, omnibus tam presentibus, quam per succedentia tempora futuris, in perpetuum (salutem).
Cum in omnibus et per omnia nulla
major certitudo habeatur quam quæ
per auctorizabilis scripturæ monu-
mentum cauta esse dinoscitur, patet
profectò ea non sine scrupulo manere
ambiguitatis, quæ, licet facta sint,
scripta tamen comendata non fuerunt. Undè providâ parentum nostrorum decretum est prudentiâ eâ,
quæ fidelibus vel ecclesiis conce-
duntur, litterarum custodiæ comendare, ne posteri oblivionis incom-
modo vel malignâ pravorum calli-
ditate detrimentum aliquod pacian-
tur. Hoc nimium intuitu, per hanc
paginam, nostri impressione sigilli
communitam, universitati tam presentium quam futurorum notum fieri
volumus quod ego Bertrandus, Burdigalensis Archiepiscopus, sedis
apostolicæ Legatus, justi karissimorum in Christo filiorum nostrorum, Willelmi scilicet Panct, Magistri militiæ Templi et Ramundi
Willelmi de Fronciac desideriis ac
petitionibus benignum favorem pres-
tans, do illis et universis fratribus
Templi, tam presentibus quam per
secula postfuturis, Ecclesiam Sti
Petri d'Arbeyres, cum omnibus ad
eam partinentibus, liberam et abso-
lutam, consilio et assensu B Archidiaconi nostri et clericorum nos
trorum et eam ipsis perpetuis in
pace temporibus habendam et possidendam concedo Acta est autem
hæc donatio nostra et concessio, presentibus fratri nostro Aemaro Xan-
tonensi Episcopo, Magistro W. de
Cormerio et Garsia Arnaldo, clericis
nostris, anno ab Unigeniti Incarnatione MCLXX, Epactâ Iª Indic-
tione IIª Concurrente IIIª, Regnan-
tibus Ludovico Rege Francorum et
Henrico Rege Anglorum et Duce
Aquitaniæ et Comite Andegaviæ.

1 Arch Arveyres, L. I

LXXXI

DONATIONS DE LALANDE ET POMEY-
ROLS A L'ORDRE DE SAINT-JEAN
(FRAGMENTS D'UN CARTULAIRE) [1].

Notum sit omnibus tam presentibus quam futuris quòd Aichardus
et Bernardus de Sellas dederunt
canonicis Sti Stephani *del Perrot* terram et landam de rivo de Comparras
usque ad Bretes, in presentiâ..
Vicecomitis de Castellione, de quo
ipsi habebant et ipse, illorum dominus, hoc donum concessit Postea
canonici, ibi non valentes habitare,
quicquid juris in loco habebant,
dederunt hospitali de Jerusalem,
tempore Geraldi Audoini, Ademaro
et Aiquilino de Gesta et Geraudo
Ugone videntibus, in manu Vicecomitis de Castellione, qui hoc
donum et alia dona, quæcumque
hospitalarii acquirere possent, Deo
et hospitali Iherusalem, sine omni
contradictione in perpetuum habenda
concessit .

LXXXII

DONATION DU MOULIN DE LA FAGE AU
TEMPLE DE MARSANES (1250) [2].

Conoguda causa sia à totz cels
homes que aques a presens carta
veiran ni auziran que Ne Hel. W.
Cavoers de Vilagoria a donat here-
talment, per ara e per totz temps, lo
molin veil de la Faya, el bosc e la
terra e la ferma e l'aigal, am las
autras apertensas deldit molin, a la
maison de la Cavalerie del Temple
de Marsanès, am VI solz e demei
d'esporle de la moneda corsabla de
la terra a cambiament de senhor ode
Maestre d'Otra-mar e cum VI deneis
de servizi a cadan al dinar gras aldit Hel W, o son her, o à son
hestar à Vilagoria. E la dita maion
deu tenir lo dit molin molent e def-
fendre e garantir de totz homes de
forssa, cum las autras causas de la
maion : e deu la dita maion mettre
monnier aldit molin, que deu jurar
leiautat al comandador. Aisso fo

1 Arch. Aveyres, L. I.
2 Arch. Marsanès, L. I.

feit per davant ne Hel. de Paissiers cavoers, e Naycart Faure, capela de Senta Genofeva, el temps que G. era arcebesque de Bordel et Henrics per la Gracia de Dia era Reis d'Anglaterra e frai W. de Pairessac era comendayre de Caynac e de Marsenes. mense Novembris Anno Domini MCCL

LXXXIII

DONATION DE LA JUSTICE SALLEBRUNEAU (1280).

Nos Johanes de Greilly, miles Bonagiarum et Castelhionis Dominus, notum facimus universis presentes litteras inspecturis quod cùm controversia vertaretur inter nos, ex parte unâ, et priorem et fratres domus hospitalis Sti Johanis Jerosolimitani in prioratu Sti Egidii pro domo de Salebrunent, ex altera, super hoc quod nos dicebamus nos habere et diù possedisse altam justiciam et bassam in loco dicto Salebrunent et in ejus territorio seu districtu, prædictis fratribus contrarium asserentibus Tandem, attendentes pium propositum et amorem sincerum, quem Religiosus vir, Guillelmus de Villareto, Ste domus hospitalis Sti Johanis Iherosolimitani Prior St Egidii et fratres domus præfatæ habent ad nos et nostros, pro purâ elemosinâ et in redemptione nostrorum peccaminum et amicorum nostrorum, Omnipotenti Deo ac beatæ semper Virgini Mariæ atque beato Johani Baptistæ et domui prædicti hospitalis et vobis, venerabili et religioso viro, fratri G. de Villareto, Priori dicti hospitalis in Prioratu Ste Egidii, recipienti pro dicto hospitali, vestrisque successoribus, totam illam justiciam altam et bassam, quam habebamus seu habere dicebamus, seu visi eramus habere in loco dicto Salabrunent infrà cruces seu metas consuetas, remittimus perpetuò et donamus per nos heredes et nostros omnes successores, absque nostri et nostrorum heredum seu successorum revocatione ; nos et nostros successores penitus indè devestientes, vos et vestros, recipientes nomine dicti hospitalis investimus ; vosque inde verum dominum facimus et legitimum possessorem, seu quasi ; hoc tamen nobis et nostris successoribus excepto, quod, si aliqua persona in prædicto loco de Salabrunent et ejus territorio infrà cruces seu metas consuetas deliquerit, judex hospitalis de forefactis illius delinquentis cognoscat et judicet delinquentem ; et si delinquens fuerit ad mortem vel ad truncationem membri seu sanguinis per hospitalis judicem condemnatus, hospitale ipsum delinquintem nobis vel baiulo nostro seu servienti, ad faciendum exequtionem judicis, tradere teneatur, quem delinquentem, nobis oblatum per hospitale prædictum. si nos aut successores nostri vel noster baiulus refutaremus recipere, hospitalarii vel eorum curia sentenciam per hospitalis judicem latam contrà delinquentem illum possint per se, absque nostrâ, nostrorum que successorum et baiulorum contradictione, in illo casu executioni mandare ; quod tamen prejudicare non possit aliàs nobis seu nostris. paratis de delinquente, sic nobis oblato, exequtionem sentenciæ latæ per hospitalis judice adimplere. Quo delinquente nobis seu successoribus nostris vel nostro baiulo ab hospitale tradito, nichil in bonis ipsius deliquentis nos aut successores nostri petere, nec exhigere valeamus sed omnia bona sua, tam mobilia quam immobilia, ad hospitale prædictum libere devoluantur. In cujus rei testimonium sigillum nostrum presentibus litteris eximus apponendum. Actum et datum Tholosæ, die sabbati post festum beati Hylarii, annuo Domini M.CC.L.XXX mense januarii.

LXXXIV

DONATION DE BÉNON A L'ORDRE DE SAINT-JEAN (1155) [1].

+ Signum Garsionis quod fecit in œdem Sti Simphoriani. Notum sit tam futuris quam presentibus quod Garsius de Marchâ, pro animæ patris sui salute et suæ, terram, quam

---

[1]. Arch Sallebruneau, L. I.

[1]. Arch. Bénon, L. I.

tempore illo possedebat, terram de Benon ., quam pater ejus in viâ Iherosolimis emoverat, Deo et hospitali Sancto Iherosolimitano liberè et absolutè dedit .. Regnante Ludovico Rege Francorum et regnante Aenrico Rege d'Angloterra et Galfredo Archiepiscopo Burdigalensem Ecclesiam gubernante. VI Idus Aprilis

LXXXV

DONATION DE LA GRAYANES A L'ORDRE DE SAINT-JEAN (1168)[1].

Universis presentes inspecturis, G Archepresbiter Sparræ salutem, in Domino sempiternam Ut quæ geruntur in tempore firmiora permaneant et quâcumque noticiâ propagentur, in posteros litterarum solent memoriâ preservari. Unde est quòd, quando Dominus Sparræ et Dna Aupays, uxor ejus, fundaverunt domum hospitalis de la Grayanes, donaverunt et quittaverunt Deo et pauperibus hospitalis Iherosolimitani et fratribus ibidem comorantibus omnem dominacionem, omnem justiciam et juridictionem, quam ille habebat in loco jamdicto de la Grayanes et super omnibus habitantibus in eodem. Insuper, pro se et successoribus suis, dedit in puram elemosinam et concessit omnem jus et omnem dominium, quod sibi pertinebat et pertinet, omnem potestatem, omnes libertates et liberas consuetudines, quas dictus Dominus Sparræ conferre potest in omnibus, ut habeant et teneant omnes res et pocessiones et universas pertinensias suas, quas in presenti possident et in futuro possidebunt benè et in pace, liberè et quietè, integrè plenè et honorificè, in terris, in agris, in vineis et in censibus, in vendicionibus, in villicationibus et in latrociniis et in raptu mulierum et in incendiis et in murtritudinis, in plagiis et in metis, in domibus et in mensuris, et in viis. Et ità volumus et firmiter precipimus quod homines prædicti hospitalis sint liberi et quieti de exercitu et de thaloneo et pagio, pontonagio, passagio, vinagio, foagio et de omnibus vendicionibus et de omnibus querelis. placitis, auxiliis. et thalagiis et de omnibus operationibus castellorum et villarum, ut pacem habeant in omnibus. Similiter si aliquis horum fratrum prædictorum sit immerciatus erga nos vel ergà ballivos nostros pro quâcumque causâ, vel aliquo delicto, vel foresto mercia et merciamento pecuniæ, prædictis fratribus sine dilacione aliquâ reddantur; prohibemus etiam ne de aliquo ponantur in placitum, nisi coram prædictis fratribus dicti hospitalis de la Grayanès Hæc omnia prædicta et omnes exitus, qui indè provenire poterunt. concessimus et confirmamus, cum aliis habitantibus et liberis consuetudinibus suis et cum universis rebus, ad prænominatam domum et fratres et homines prædicti S^{ti} hospitalis Iherosolimitani in totâ terrâ nostrâ. Insuper dedit et concessit dictus fratribus ad usum domus prædictæ, landas et nemora *deus Mons* et pascarium porcorum, baccarum et omnium bestiarum pascua, introitum et exitum et calfagium ad omnem usum dictæ domus, vel ubicumque sit, nobis vel successoribus nostris nichil retinentes nec heredibus nostris, nisi tantium orationes et bona espiritualia sepedictæ domus S^{ti} Johanis Iherosolimitani. Hoc totum factum est in presentiâ Stephani et Ayquilini hospitaloriorum, mense Novembris, Lunâ XXVIII[a], Epactâ VII[a], anno graciæ MCLXVIII Regnante Henrico Angliæ Rege, Bertrando Archiepiscopo Burdigalense

LXXXVI

EXTRAITS DU CARTULAIRE DE VILLEMARTIN [1].

Frater W^{ms} Maester, servus pauperum Christi, omnibus ad quos litteræ istæ provenerint salutem in Domino. .

. Ramon Marti, Prior de Berafont dedit Deo et hospitali la Capella de Villemartin e aquo que avia en la parupia de Moliedz, per consel del capitle de Berafont, en la man de W. de Beliac, qui fraire era de

---

[1] Arch. La Grayanes, L. I.

[1] Arch. Villemartin, L. I.

l'hospital, ab II sols d'ublias lo dia de Sᵗᵃ Maria Magdalena o lendomani; Testes Fortz de Moliedz, sacerdos, W. Garcias fraire de l'hospital, Aiquem de la Motha fraire del hospital.

— Petrus Arnulphus dedit in Jerusalem hospitali se ipsum et terram suam de Villemartin, tali pacto ut hospitale persolvat CXXV solidos. Testes Vigoros de Villemartin; P de Genciaco milites, Pe de Bordel, Aruphat de Montreto.

— Noscant presentes et futuri quod Vigoros de Villemartin dedit se ipsum et totam terram suam Deo et hospitali; et uxorem suam, ipsâ volente hospitali secum dedit, Stephano de Salabrunent tunc præceptore.

— Notum sit omnibus hominibus quòd Helias Rudel, Dominus de Bragayrac et de Gensac, fecit multa mala ad domum de Villemartin, recto numero X millia solidorum; de quo malefacto fuit dies assignatus apud Sanctum Fremerium. Promisit se emendaturum in manu W. Amaneu de Boglon, Præceptoris Burdigalensis et promisit omnem decimam tocius parrochiæ de Pajolz. In super concessit domum hospitalis de Villemartin manutenere et defendere ex omni injuriâ et violenciâ, pro se et suis successoribus Hanc compositionem juravit super sacrosanctum corpus beati Fremerii, coram abbate ejusdem Ecclesiæ et supradicto præceptore.

— Notum sit omnibus hominibus quod Petrus de Gavarred Vicecomes de Bedannes fecit multa mala domibus hospitalis de Villemartin et de Sallabrunet, recto numero IX millia solidorum; de quibus malis promisit se emendaturum, et cum magnâ humilitate deposcens ab eis indulgentiam, pro emendatione promisit DCCL solidos super homines d'Auled, qui debent ei communiter L solidos annuatim, donec habeat DCCL solidos recuperatos. Insuper promisit omnes domus hospitalis defendere pro posse suo. Hanc compositionem juravit super sacrosanctum corpus Christi et super IIII Evangelia et super altare beati Jacobi apostoli et supra vexillum crucis, in hospitale quod est apud Sᵗᵐ Macharium foris muros. Hujus rei sunt testes Wuillelmus Gombaut, abbas Sᵗᵃ Crucis Burdigalensis, R. de Segur, abbas Blaviimontis, R. de Bedad, abbas Sᵗᶦ Fremerii, Sans, Prior de la Reule, W Amaneu Præceptor Burdigagalensis, in cujus manu fecit compositionem prædictam et jusjurandum, Arnaldus de Loissag Præceptor de Villemartin et plures alii.

— Notum sit quod P., vicecomes de Castellion depredavit domum hospitalis, quod est a Castellion, recto precio C.C.C.C. solidorum; de quo malo promisit se emendatarum, et, cum magnâ humilitate poscens ab Arnaldo de Loissac, Præceptore domus, indulgentiam, pro emendatione hujus rei promisit C solidos et juravit, in Ecclesiâ Sᵗᶦ Symphoriani martiris, super altare beatæ Mariæ, quòd domum defenderet pro posse suo et de cetero nullum malum in domum hospitalis de Villemartin faceret. Post jurandum fecit 11 aubergadas, unam de CCCC homines cum equitibus suis et garcificris et aliam de CXX cum equitibus, Papæ; de hâc injuriâ promisit reddere C solidos et XL mordurcires de mestura. Hujus rei sunt testes R. abbas Blavii montis, Pictavinus archipresbiter de Gamasès, Arnaldus de Loissag, Præceptor de Villemartin.

— G., Dei gratiâ Vasatenis Episcopus, presentibus et futuris in perpetuum.. Presentibus itaque scriptis notum fieri volumus nos Ecclesiam Sᵗᶦ Saturnini de Mauriag, cum pertinentiis suis, fratribus hospitalis Iherosolimitani perpetuò donasse et, ut donatio perpetuum robur obtineat, sigilli nostri munimine roborasse.

LXXXVII

DONATION DE LA HAUTE-JUSTICE DE CONDAT A L'ORDRE DE SAINT-JEAN (1376) [1].

In Dei nomine — Noverint universi et singuli quòd anno Domini M.CCC.LXX.VI, die primâ mensis Marcii, apud Sarlatum, regnante excellentissimo principe Domino Karolo, Dei gratiâ, Francorum Rege, in presentiâ mei infra scripti notarii et testium infrastriptorum, personaliter constituti egregius et

1. Arch. Condat, L. I.

potens vir, Dominus Reginaldus Dominus de Pontibus, miles, Vicecomes Cartlatensis et, pro parte, Turennæ, ex una parte, et nobilis ac religiosus vir, Dominus Arnaldus de Riperia, miles Ordinis Sti Johanis Iherosolimitani, Comendator et Pr ceptor domus, sive hospitalis de Condato ejusdem Ordinis Sti Jo' nis Iherosolimtani, ex parte alter , dictus Dominus Vicecomes gra i s, et spontè, et sine deceptione quacumque, et certus, et consitus de jure et facto suo plenius, habitoque secum consilio et diligenti tractatu super omnibus et singulis infrascriptis cum pluribus bonis viris, nobilibus, militibus et aliis quampluribus sapientibus et discretis, pro se, suisque heredibus et successoribus universis, tam præsentibus quam futuris attendens et considerans Religionem prædictam et Ordinem Sti Johanis Iherosolimitani semper sibi Domino Vicecomiti et suis esse et fuisse suorum prædecessorum omnium subditum et quòd dictus Ordo, Religio et presbiteri ejusdem Ordinis continuarunt et de presenti continuant Deum in missis et orationibus eorum deprecare pro dicto Domino Vicecomite et suis et habere dictum Dominum Vicecomitem et omnes predecessores suos vivos et defunctos in prædictis missis et orationibus eorumdem in commemorationem continuè et frequenter retinere et habere, attendens et considerans magnam devotionem et affectum, quam et quod idem Dominus Vicecomes pro prædictis habet ergâ prædictum Ordinem et Religionem, intimâ karitate et sinceris affectibus excitatis, ideò præmissorum intuitu et obtentu, volens et cupiens et affectum eidem Ordini Sti Johanis Iherosolimitani in aliquo remunerare de et pro præmissis, et ut in eisdem ad perpetuum continuè perseverare habeant, ne futuris et presentibus erga ipsum Ordinem et Religionem Sti Johanis Iherosolimitani ingratitudinis vicium incurrere videatur nec ingratus existat; ea propter, dictus Dominus Vicecomes gratis et spontè, ex suâ notâ scientiâ et omni suâ propriâ et liberâ voluntate, in recompensationem omnium præmissorum factorum jam et in futurum faciendorum, verè dedit, cessit, contulit et donavit, et titulo veræ, puræ, simplicis, irrevocabilis et perfectæ donationis ad perpetuum transtulit, ad utilitatem ac nomine et ad opus ejusdem Ordinis Sti Johanis Iherosolimitani et dicti Domini Arnaldi de Ripperiâ, militis dicti Ordinis, Commendatoris de Condato et successorum suorum, totam et omnem jurisdictionem altam et merum imperum, quos et quæ dictus Dominus Vicecomes habebat et habere poterat et debebat et sui predecessores tenuerunt et tenere potuerunt quoquo modo, titulo, sive causâ, in loco et parrochiâ ejusdem loci de Condato et ejus pertinentiis universis. hoc tamen salvo expressè et retento per dictum Dominum Vicecomitem sibi et suis successoribus quòd XX libræ, sibi Domino Vicecomiti debitæ per homines et habitatores ejusdem loci de Condato in II casibus, videlicet pro novâ militiâ vel pro eundo ultrâ mare, monetæ terræ illius, sibi et suis heredibus et successoribus universis persolvantur ad perpetuum dicto Domini Vicecomiti, dûm casus evenerint, per dictos homines et habitatores ejusdem loci de Condato, prout antiquitus fieri usitatur. Item etiam quòd dictus Arnaldus de Riperiâ, miles, comendator et præceptor prædictæ domus sive hospitalis de Condato et alii successores sui debeant et teneantur tenere a dicto Domino Vicecomiti et successoribus suis quibuscumque dictum locum de Condato cum omnibus suis pertinentiis et jurisdictionem, conditionibus superiùs expressatis et inferiùs expressandis et de eisdem facere homenagium et recognitionem debitam, prout est consuetum fieri. Item quòd pro præmissis in dicto loco sive ecclesiâ de Condato erigatur una capella sufficiens, quam debet dictus Dominus Arnaldus de Riperiâ, comendator aut præceptor, facere depingi cum armis dicti Domini Vicecomitis; in quâ capellâ sit unum altare, sub quo et in quo pro dicto Domino Vicecomiti et patri et matri ipsius et animabus tocius generis sui ipsius Vicecomitis ad perpetuum quidam presbyter seu capellanus sufficiens ejusdem Ordinis teneatur cantare et celebrare missas et Deum rogare et deprecare pro eisdem et de eis commemorationem facere... Acta fuerunt hæc, anno, die, loco, regnante quibus suprà, testibus presentibus, ad præmissa vocatis et rogatis nobilibus viris Dominis Bernardo de Ferreriis, Arnaldo del Castanet, Guillermo de S^{ti} Riperio, militibus, et pluribus aliis.

LXXXVIII

CESSION DE LA JURIDICTION DE MONT-GUIARD FAITE AUX HOSPITALIERS PAR LE ROI D'ANGLETERRE (1289)[1].

Edoardus, Dei gratiâ, Rex Angliæ, Dominus Iberniæ et Dux Aquitaniæ et frater Guillermus de Villareto, Prior S^{ti} Egidii domorum Hospitalis S^{ti} Johanis Ierosolimitani, omnibus ad quos presentes litteræ pervenerint, salutem et fidem presentibus adhibere Noveritis quòd, cùm dissencio esset inter baiulum nostrî, Regis, ex unâ parte, et fratrem Petrum de Vallebeoni, Præceptorem nostrî, Prioris, domorum Hospitalis S^{ti} Johanis Ierosolimitani dyocesis Petragoricensis, ex alterâ, super hoc quod idem frater Petrus dicebat se et predecessores suos esse et fuisse in possessione, vel quasi, utendi et exercendi altam et bassam justiciam in villâ et parrochiâ de *Monteguiardo*, Petragoricensis dyocesis, scilicet in omnibus membris et primò in hospitale de Falgueyraco cum omnibus juribus et pertinenciis suis universis à tempore de cujus contraria memoria non existat A dicto baiulo prædicto contrariè asseritur. Per dilectos et fideles clericos nostrî, Regis, scilicet Magistrum de S^{ti} Quintino clericum de Engolismâ et fratrem Petrum, Præceptorem nostrî, Prioris, talis promissio coram nobis extitit : videlicet quòd alta et bassa justicia villæ et parrochiæ et omnium membrorum, hominum, terrarum et pheodorum dictorum hospitalium, scilicet mutilacio membrorum, ultimum supplicium, bannimentum, relegatio et quælibet pena, membris vel corporibus infligenda, et quod incurrimentum obvenerunt, vobis, Præceptori prædicto, remaneant, cum omni juridictione terrarum, pheodorum, et retropheodorum, itâ quòd nos, Rex, volumus quòd dictus Præceptor teneat et possideat dictam altam et bassam justiciam,

de nostro consensu, in loco et parrochiâ et hospitale supradictis, seu ejus membris, cum omnibus juribus et pertinenciis suis universis. Item cognitio et juridictio fratrum et familiæ in domos et hospitales dicti Præceptoris infrà cruces de Monteguiardo et hospitalis supradicti vel alibi, et etiam exitus furnorum et molendinorum dicti Præceptoris seu gardatgium de terris, pheodis, et retropheodis ipsius hospitalis supradicti infrà parrochiam de Monteguiardo et ipsos hospitales, ad ipsum Præceptorem solumundò pertinebunt. Et in prædictis idem Præceptor recognovit nos, Regem, esse dominum et recognovit tenere in pheodo à dicto Domino Rege cum homatgio IIII solidorum Nos igitur, Rex et Prior, prædictam promitionem approbantes et in eâ consentientes, eam volumus et præcipimus per nostros subditos inviolabiliter observari In cujus testimonio Nos, Rex et Prior, prædictis sigilla nostra presentibus duximus apponenda Datum Condomi XII^a die mensis Aprilis, anno Graciæ M.CC LXXXIX et regni nostrî, Regis, XVII.

LXXXIX

DONATION AU TEMPLE D'ANDRIVAUX (1228)[1].

Arcambaldus, Comes Petragoricensis, omnibus ad quos litteræ istæ pervenerint salutem, et veritatem diligite. Quùm ea, quæ perpetuitatem desiderant, scripturis autenticis condecet annotari, per presentes litteras universis et singulis duximus significandum quod Bertrandus Gaufredi, miles, et Wilhelmus Bertrandi, frater suus, in nostrâ presentiâ constituti, dederunt in helimosinam, pro salute animarum suarum, Deo, domui et fratribus Templi d'*Andrivals* et habendum perpetuò concesserunt quicquid juris habebant vel habere poterant in molendino de *Chambo*, qui fuit B Gacli et omnibus aliis pertinentibus ad illum molendinum, promittentes et concedentes coràm nobis se ratam et firmam perpetuò habituros donationem istam Nos, ad

1. Arch. Montguiard, L. 1.

1. Arch. Andrivaux, L. I.

requisitionem et preces dictorum Bertrandi et Wilhelmi fratris sui, presentes litteras, sigillo nostro roboratas, Heliæ de la Barda, Magistro, G de Traulega, Præceptori, et aliis fratribus dictæ domus, in testimonium duximus concedendas. Actum Anno Verbi Incarnati M.CC XXVIII, mense Novembris. Hujus donacionis testes sunt P. Bramansionis, cellerarius d'Andrivals, Helias de Saumur, S et B. de la Yla, milites

XC

AUTRE DONATION AU TEMPLE D'ANDRIVAUX (1252) [1].

Ebblo de S^{to} Asterio, dominus de Monteinciso, universis presentes litteras inspecturis, salutem in Domino. Notum facimus universis quod Petrus, Helias, Geraldus, Ebblo et Milo de Saishac fratres et Bertranda, soror ipsorum, filii et filia quondam P. de Saishac, militis, in nostrâ presentiâ constituti, plenam habentes securitatem, liberam voluntatem, pro salute animarum suarum, pro restitutione et satisfactione eorum, quæ dictus pater eorum fecerat Ordini miliciæ Templi, dederunt perpetuò et concesserunt in helemosinam domui de *Andrivals* ejusdem Ordinis bordariam vocatam *deus Cortils* sive *Dagonaguet*, sitam in parochia *Capellæ de Gonaguet*, cum omnibus pertinenciis ejus bordariæ, tam homini̇̂n quam pratorum, terrarum et rerum aliarum mobilium et immobilium et heredes ipsius bordariæ cum omni posteritate ipsorum et cum omni jure et dominio quod idem fratres et soror eorum habebant vel habere poterant in eis, quâlibet ratione, adjicientes eidem donationi et concessioni quod, si quis heredes dictæ bordariæ ab eâ bordariâ recesserant in terris ipsorum vel alibi commorantes, ad bordariam illam rrdire possint cum rebus suis, ibidem moraturi et quod dicti fratres super hoc eos et etiam dicta soror, per se vel per alios, aliquo modo vel aliquo engennio non impediant, vel faciant impedire. Præterea dicti fratres et eorum soror

1. Arch Andrivaux, L. 1.

devestiterunt se penitùs in nostris manibus de dictâ bordariâ cum pertinenciis suis prædictis et de omni jure, quod habebant in eis et hominibus et heredibus prædictis. Nos, ad requisitionem ipsorum, investivimus corporaliter de eisdem et constituimus verum dominum et pacificum possessorem de eisdem fratrem Sycardum de la Rocha, militem, domus prædictæ præceptorem, nomine ipsius domus. Præterea ipsi fratres et eorum soror, prose et suis, super omnibus bonis suis, promiserunt dicti præceptori, nomine dictæ domus, bonam et firmam facere garentiam in perpetuum de omnibus super dictis contrà quemlibet, qui donum prædictum vel homines, tenenciarios, aut heredes dictæ bordariæ super eis moveret aliquo tempore questionem. Dictus vero præceptor, piâ consideratione motus, et ex conventione præhabitâ inter eos, propter meritum helemosinæ præmissæ, dedit in recompensationem præfatis fratribus et sorori ipsorum XXXVIII libras et X solidos, petragoricensis monetæ, quam idem fratres et soror recognoverunt se habuisse à Wilhelmo de Chastaneto, capellano ecclesiæ de Andrivals, nomine dicti præceptoris et domus prædictæ. Et præterea dictus præceptor, pro se et successoribus suis, nomine dictæ domus, absolvit quantium poterat, animam dicti militis ab omnibus dampnis quæ fecerat eidem domui, absolvens nichilominus dictos fratres et sororem ipsorum ab omni actione quam ipse vel alius quilibet nomine Templi, occasione patris sui prædicti possit habere contrà eos. Omnia vero præmissa tractata fuerunt et consummata inter fratres prædictos et sororem ipsoruæ et dictum præceptorem et fratres domus jamdictæ et capellanum prædictum; tali modo et talibus pactis et conventionibus, ipsi capellano factis a dicto Præceptore et fratribus, et filiis et filiâ militis prædicti, quod idem Capellanus, qui de suo proprio solvit dictos XXXVIII libras et X solidos in dictâ bordariâ et hominibus et heredibus et tenenciariis et aliis pertinciisprædictis, quandiù vixerit, habeat et possideat pacifice usumfructum et quod heredes et tenenciarii illi omnimodo al vitam suam de illis sibi respondeant, sicut dictis filiis et filiæ ante donationem prædictam consueverant respondere; hoc ampliù addito de voluntate et assensu Præceptoris et fratrum dictæ domus quòd Ecclesia de Andrivals habeat et percipiat perpetuò ex illâ bordariâ cum pertinenciis et tenenciariis prædictis xx solidos renduales singulis annis pro anniversario ipsius Wilhelmi et parentum suorum annuatim faciendo ; et dictus Wilhelmus habeat ibidem alios xx solidos renduales, quos pro salute animæ suæ in testamento suo vel præter testamentum suum pro voluntate suâ ordinare potest vel legare, contrariâ voluntate cujuslibet non obstante. Et hæc dicti fratres et eorum soror super sancta Dei Evangelia juraverunt se perpetuò inviolabiliter tenere et contrà per se vel per alium non venturos, renunciantes omni actioni et exceptioni rei et personnæ et specialiter doli et minoris ætatis et pecuniæ non nummatæ et beneficio restitutionis in integrum et omni juri et privilegio et consuetudini et statuto, per quæ venire possint contrà præmissa, vel aliquid præmissorum. Et nos de cujus dominio seu feiudo dicta bordaria existit, omnia præmissa approbantes et acceptantes ea volumus et concedimus habere perpetuam roboris firmitatem, manobrâ nostrâ ad opus tantùm clausuræ Castri de Monteinciso retentâ. In quorum omnium memoriam et munimem, presentes literis sigillo nostro sigillatas præfatis Præceptori et Capellano d'Andrivals duximus concedendas. Actum xi kalendas decembris, anno domini M.CC.LII. Super hoc fuerunt testes vocati et rogati frater Iterius de Petragoris, miles et frater Poncius Anta et frater P. de la Barra, presbyter et Iterius de Petragpris miles, filius prædicti fratris Iterii et Iterius Ayz donzellus et B. del Chastanet clericus.

XCI

Donation de la Cavalerie (Toulouse) a l'Ordre de Saint-Jean (1180) [1]

Quoniam humana fragilitas labilis ad peccandum et dies hominis breves, Prophetâ testante, qui ait : *Homo sicut fenum et dies ejus sicut flos agri.* Et Jacobus apostolus *quæ est vita nostra super terram nisi vapor ad modicum apperens* Et dominus in Evangelio *vendite et date quæ possidetis et facile vobis thesauros in cælo non deficientes.* Idcircò ego Bernardus de Sto Romano et ego Bernarda, uxor ejus, considerantes multitudinem peccatorum nostrorum, pro Dei amore et redemptione animarum nostrarum et parentum nostrorum, donamus nosmet ipsos Domino Deo et beatæ Mariæ Virgini et sancto Johani et Hospitali Iherusalem et tibi Poncio de Lordad, Priori domus Sti Remigii Tolosæ et successoribus tuis et omnibus fratribus prædicti Hospitalis presentibus et futuris, illam curiam et domos, cum omnibus pertinentibus ædificiis, quæ habemus ultrà Garunnam, inter honorem R. Guidonis et honorem Atonis de Cumio et carrerias publicas. et tenetur de carreriâ quæ vadit versùs Muretum usque ad aliam, quæ vadit versùs prata Sti Martini ; istos supradictos honores, sicut includuntur inter prædictas adjacentias, donamus, ego Bernardus de Sto Romano et ego, Bernarda, uxor ejus, tibi Pontio de Lordad, prædicto priori, et successoribus tuis et omnibus habitatoribus hospitalis Hierusalem presentibus et futuris. pro totâ voluntate exindè faciendâ ; reliqua vero omnia bona, mobilia et immobilia quæ habemus aut in posterum habituri sumus, nobis pro totâ voluntate faciendâ retinemus Et ego, Pontius de Lordad, in nomine Domini Dei nostri Jesus Christi, cum consilio fratrum prefati hospitalis. te Bernardum de Sta Romano et Bernardam uxorem tuam, pro fratribus prædicti hospitalis accipio ac participes facio omnium spiritualium et temporalium bonorum prædicti hospitalis, ac retentionem, quam facitis de vestris honoribus et de vestrâ pecuniâ et bonorum vestrorum, pro me et pro meis successoribus, vobis concedo et mando et convenio vobis, et, quando domum prædicti hospitalis ingredi volueritis ac habitum accipere, ego recipiam vos et faciam vobis necessaria, sicut aliis fratribus et sororibus ejusdem hospitalis. Arnaldus Ferontius scripsit cartam istam, mense Februario, Feriâ IIa regnante Philippo Rege Francorum et Raymundo Tolosano Comite et

---

1. Arch. Dames Maltaises, L. XIII.

Fulcrando Episcopo, Anno ab Incarnatione Domini MCLXXXVI.

XCII

DONATION DE L'HOPITAL DE BEAULIEU A L'ORDRE DE SAINT-JEAN (1259) [1].

Noverint universi pariter et futuri has presentes litteras inspecturi quod nos, Guibertus de Theminis, miles, et Ayglina, ejus uxor, fondatores hospitalis nostri, quod est situm et factum publicum inter villam de Theminis et villam de Gramet in parochiâ Ecclesiæ d'*Issendoluz*, in territorio quod vulgariter vocatur *Postvilausen*, bonâ fide et absque dolo non decepti nec ab aliquo circumventi, pro nobis et heredibus et successoribus nostris presentibus et futuris, ex merâ liberaliiate nostrâ et spontaneâ voluntate, pro salute animarum nostrarum et parentum et heredum nostrorum, damus et concedimus purè et liberè, donatione irrevocabiliter factâ inter vivos, Deo et beatæ Mariæ virgini et Ordini Hospitalis et vobis fratri Petro Geraldi, recipienti nomine eorumdem, hospitale nostrum prædictum, cum omnibus pertinenciis suis et jutibus universis, quæ possidet, habendum, tenendum et perpetuò possidendum, cum omni subditioni et obedienciâ, in vestro Ordine consuetâ. Itaque in dicto loco subditionem et correctionem, et reformationem et institutionem et destitutionem ac obedientiam, tam vosquam successores vestri, in fratres et sorores, qui ibidem pro tempore fuerint, perpetuò habeatis, sicut in aliis domibus Ordinis hospitalis ; et unam marcham argenti, ad opus dictæ domus hospitalis Sti Johanis Hierusalem, annis singulis, et non ampliùs, percipiatis et habeatis ibidem, pro reaponsionibus, in subsidium Terræ Sanctæ. Sic que nos, dictus Guibertus et dicta Ayglina de prædicto hospitali cum pertinentiis suis universis, juribus et bonis, quæ in præsentim possidet et omnia nostra prorsùs devestientes, et cum hâc presenti chartâ, in perpetuum valituiâ, vos fratrem Petrum Geraldi, Preceptorem domo-

rum hospitalis in Cadurcinio, investimus, et quasi, de omnibus supradictis. Prætereà frater Petrus Geraldi voluit et concessit quòd nos dictum locum, cum omnibus juribus suis et pertinenciis universis, gubernaremus, et nobis et fratribus et sororibus, qui ibidem nobiscum sunt, de fructibus et proventibus dicti loci in necessitatibus provideremus Ite n promittimus vobis, dicto Præceptori, quòd locum prædictum dimittimus ab omni debito liberum et immunem ; et, si fortè esset dictum hospitale aliquibus creditoribus obligatum, nolumus quò l propter hoc aliæ domus hospitalis aut Ordinis vestri aut alia bona Ordinis vestri ad hoc teneantur Item nolumus quòd post decessum nostrum, nostri heredes aut eorum successores ibidem aliquid possint petere vel habere, sed quod Preceptor Hospitalis in Cadurcinio, aut Major Magister ac Prior Sti Egidii in Provinciâ et successores sui de illo loco possint disponere, instituere, destituere et ordinare pro suâ liberâ voluntate, sicut de aliis domibus Ordinis prædicti. Item volumus quòd, post decessum nostrum, fratres, qui in dicto hospitali pro tempore fuerint, omnes redditus et proventus in usus suos rationabiliter expendant et de residuo hospitalacium pauperibus Jesus Christi faciant, reservatâ tantummodò pro responsione unâ marchâ argenti, prout superiùs est expressum ; et, si quid ultrà hoc residuum fuerit, quod expendatur et ponatur in meliorationem hospitalis prædicti, prout Præceptori loci ad commodum et utilititatem loci videditur expedire Nos frater Petrus Geraldi, Præceptor domorum hospitalis in Caturcinio recipimus, nomine sanctæ domus hospitalis Sti Johanis Hierusalem et pauperum ibidem degentium et Reverendissimi Dni nostri, fratris Feraldi Barati, Preceptoris domorum hospitalis Sti Johanis Hierusalem citrà mare, prædicta universa et singula laudamus et approbamus, pro ipso, prout superiùs sunt expressa promittentes, pro nobis et successoribus nostris, universa et singula suprâdicta observare et tenere perpetuò. In quorum omnium prædictorum fidem et testimonium, nos dictus Guibertus de Theminis et nos dictus frater Geraldi, Præceptor hospitalis, ut dictum est, in Cadurcinio, presentem chartam sigillorum nos-

[1] Arch. Dames Maltaises, L XIII

trorum munimine duximus consignaandam. Acta fuerunt hæc, in camerâ novâ super dormitorium monasterii Figiacensis, anno dominicæ Incarnationis MCCLIX, mensis Julii die videlicet XIVa. presentibus, ac rogatis in testimonium Dno, Dei gratiâ, abbate Figiacensi, fratre Bertrando de Sonnac, Guillelmo d'Eynac milite, Guillelmo et Barascono de Theminis fratribus, Dno Ramundo de Camboulito milite Guillelmo Lavernha et Ramundo del Foir, domicellis.

XCIII

EXTRAITS DE L'ACCORD ENTRE G. DE VILLARET, Gᵈ MAITRE ET BARASCON DE THEMINES, AU SUJET DE L'HÔPITAL DE FIEUX (1293) 1.

... Præfereà sciendum est quòd dictus nobilis (Barasco de Theminis) exigente pio devotionis affectu pro salute animæ suæ, et in suorum peccaminum remissione, ad honorem Dei et beatæ Mariæ semper Virginis et beati Johanis Baptistæ, promisit nobis et convenit nobis præfato Magistro et Præceptori stipulantibus, de assensu et voluntate nostri capituli prædicti, ædificare, facere et construere seu fundare domum et locum religiosum, in terrâ et baroniâ suâ, ubi magis sibi visum fuerit utile et sororibus ibidem instituendis et collocandis videbitur expedire vel in loco de Fieux, si sibi magis placuerit : in quo quidem loco ponantur et instituantur per nos Magistrum et nobilem supra dictos, XXI sorores residentes, et non plures, deferentes nostri Ordinis habitum regularem ; ita quòd, unâ eorum defunctâ, alia loco ipsius defunctæ ponatur ibidem. In quo quidem loco Priorissa præficiatur eisdem sororibus, per nos, dictum Magistrum et nobilem, instituatur hâc vice Item fuit actum et per nos dictum Magistrum consensum, quòd mortuo dicto nobile, sorores prædictæ de loco eodem possint eligere Priorissam, confirmandam per Priorem nostrum Sti Egidii ..

1. Arch. Dames Maltaises, LXIII.

XCIV

DONATION DE LA VILLE DE DRULHE AUX TEMPLIERS (1166) 1.

Conoguda causa sia à totz homes que eu Echer de Mirabel, fils des L, doni pe · Deu e per m'arma e per l'arma de mon paire e de ma maire à Deu e als fraires del Temple, qui aias son ni per adevan isseron, la vila de Drulla. ella paroquia, ella honor e tot quant eu i avia, ne hom de me : e aquesta vila sobredicha per nom Druilla es bastida, el Capmas Guillemotie e ella Bretatia e el Engordanenc : el fieus della Bretatia dona XII deners als senhors per alo. E aquest dos es fahz è ma den S. de Malavila lo Maestre, autre Nescafro d'Albi, en Berengueis de Salas, en S. del Bosc, en P. della Rocca de Peirussa, en Azemais della Garda, en P. lo Capellos qui la gleia tenia. Regnante Lodoico Rege Francorum, en P. es Evesque de Rodez, en Uc lo Coms, lo fils Nugo, anno ab Incarnatione MCLXVI.

XCV

DONATION DE LA VILLE DE LA CAPELLE LIVRON (1225) 2.

Notum sit omnibus hominibus presentibus et futuris que Grimalz de Lhivron, que fo filh de Pons de Lhivron, a vendut e donat e livrat per aora e per totz tems, à la maion del Temple, soes à saber, à fraire Doat Garssia comandador del bestial de la cabana de Monson, e als autres fraires del Temple presens e endevenedors, tota la terra qu'el avia, e la honor, ni aver devia, en la vila de la Capela, e tot quant avia en la vila de la Capela, o rendes, o cens, o quisque causas... Actum anno Domini MCCXXV. mense mai, el puech de la Capela prop Castluch, Honorio Papa Romæ, Loooico Rege, Willelmo Episcopo Caturcensi.

XVI

DONATION DE LA JURIDICTION DE LA

1. Arch Drulhe
2. Cartulaire de La Capelle.
3. Arch La Capelle, L. VII.

CAPELLE PAR RAYMOND VII, COMTE DE TOULOUSE (1227)[1].

Pateat universis presentibus et futuris quod nos, Raymundus, Dei gratiâ, Dux Narbonæ, Comes Tholosæ Marchio Provinciæ, Dominæ Reginæ Johanæ filius, gratis et bonâ fide, per nos et per omnes heredes et successores nostros, donamus et concedimus et, cum plenâ juris et facti possessione, tradimus Domino Deo et beatæ Mariæ at domui miliciæ Templi et fratribus ejusdem domus presentibus et futuris et Doato Garciæ, Preceptori baiuliæ de Monson et tibi, fratre Raymundo de Deseux, recipienti hoc donum pro ipsâ domo, videlicet Capellam cum omnibus pertinentiis suis ; donamus siquidem, ex causâ puræ et perfectæ donationis, irrevocabiliter tradimus domui supradictæ Capellam et totum quicquid ibi habuimus in hominibus et feminis, qui ibi sunt modo et erunt et toltis et questis et justiciis et firmanciis et nemoribus et acquis et adimprivis et terris heremis et condirectis et in omnibus aliis, hic expressis et non expressis, ad dictam Capellam pertinentibus, proùt meliùs potest dici, scribi, seu intelligi, aut excogitari, ad vestram utilitatem... Totum quicquid in ipsâ Capellâ et in ejus terminis habere debebamus, donamus fratribus supradictis domus miliciæ Templi presentibus et futuris, integrè et sine aliquâ diminutione in perpetuum, in redemptionem animæ nostræ et parentum nostrorum Cedimus etiam fratribus militiæ Templi presentibus et futuris omnia jura, petitiones, actiones et exceptiones, quæ pro dictâ villâ nobis competebant, vel competere poterant aliquo modo. De quo prædicto dono, nos et nostri, vobis et vestris omnibus presentibus et futuris, erimus bene guirentes et deffensores ab omnibus amparatoribus. Et itâ hoc donum et hæc omnia prædicta et singula teneamus et observamus in perpetuum et nunquàm contravenicmus, nec faciemus aut sustineamus veniri, per nostram bonam fidem promittimus solemni stipulatione promissâ. Et ad perhennem hujus rei memoriam et majorem firmitatem, presentem paginam sigilli nostri munimine fecimus

roborari. Anno Incarnati Verbi MCCXYVII. Testes sunt abbas Candelli, Arnaldus Barrast, Hugo del Faro, Bertrandus frater Dni Comitis predicti, Petrus de Galliaco, Sicardus Alamanus, Ar. de Montearagone et Johanes Auroli notarius Dni Comitis, qui, mandato ipsius, hoc scripsit et sigillavit.

XCVII

DONATION DE LA VILLE DE SAINT-PEYRONIS AU TEMPLE, PAR LE VICOMTE DE SAINT-ANTONIN (1230)[1].

Notum sit omnibus, tam presentibus quam futuris, que eu, A Jordas, Vescons de San Antoni e senher del Castel de Paris, per amor de Deu e per salut de ma arma, ei donat e autrejat à la maio del Temple, a fraire Doat Garssia comandador e als autres fraires, als presens e als avenidors, per aora e per totz temps, tota la senhoria e tota la drechura qu'eu avia, ni aver devia, en la gleia, ni en la vila, ni en la onor de S. Peironi e doni loro bonamen e francamen, senes tota reteguda qu'eu no i fas, e d'aici en avan nos lor i querrei re ni lor i farei contraria dire, ni om, ni femna per me ; e prometi lor eu bona e ferma garencia a drech de totz homes, e desvesti m'eu e vesti eu les sobredichez fraires del Temple de tota la drechura qu'eu avia en la onor sobredicha de S. Peironi, qu'eilh la tengo e la possedisco per totz temps cum la lor causa dominia. D'aisso son testimoni fraire Bego de Calcomer, fraire W. de Loberz, Gibertz de Balaguer, B. Aolricz. Actum Anno Domini MCCXXX mense Augusti.

XCVIII

DONATION DE L'EGLISE DE SAINT-LAURENS AU MONASTERE DE SAINT-ANTONIN (1097)[2].

Notum sit omnibus hominibus de illo dono quod fecerant Raterius Seguinus et Ramos Raterius, filius ejus, Deo et Sancto Martiri Antonino, pro animabus suis et pro ani-

---

[1]. Arch. La Capelle, L. VII.

[1]. Arch. Saint-Peyronis, L. I.
[2]. Arch. Saint Laurens.

mabus parentum suorum. Raterius Siguinus et R. Raterius, filius ejus, donaverunt Deo ac Sancto Martiri Antonino et clericis presentibus et futuris, scilicet G. Heliano, caputscolæ, et Domno Sigfredo atque Domno Arrado, totum illum honorem, quem de illis tenebant in parrochia S^{ti} Laurentii de Mairessi, et totos illos usagges et totum servicium, quod de illo honore eis exiebat. Et, propter hoc donum, clerici supràscripti laxaverunt eis tenere in vitâ suâ medietatem de arbergis, cessals et de moltonibus et de accaptis et de justiciis in quibus nullam partem habebant. Et ex alterâ parte, laxaverunt eis similiter tenere in vitâ suâ illud pratum, quod est juxtà boscum Ratairench et illud boscum qui vocatur Gairardesch et Ambones, qui tenent usquè in stratam et usquè in rivum, in quibus ipsi nullam partem habebant. Post mortem verò suam, laxaverunt totum istum honorem suprascriptum Deo ac Sancto Martiri Antonino et clericis, absquè omni retinenciâ, quam in honore non fecerunt Et clerici suprascripti promiserunt quòd, si Ramos Raterius haberet filium mulieris, qui esset clericus, ut facerent canonicum sine toto aver Hoc donum suprascriptum fuit factum Deo ac Sancto Martiri Antonino et clericis suprascriptis, per testimonium Adalgrini, sacristæ Ecclesiæ de Biule et Domni Bernardi Aimardi et Amelii Baldini et Baldoini et Ramundi Baldini, aliorumque plurimorum qui ibi aderant Facta carta anno Dominicæ Incarnationis M x (C) VII, Inductione X^a, Urbano Romano Pontifice, Philippo Rege Regnante.

Sig✝num Petri qui hanc cartam scripsit

XCIX

DONATION AU TEMPLE DES EGLISES DE LOZE ET DE JAMLUSSE (1236)[1].

Anno ab Incarnatione MCCXXXVI, II^a Kalend Octobris, Regnante Ludovico Rege, conoguda causa sia à totz home, als presens e als endevenidors, qu'en Peire dels Plas, Prior de Fons, en Uc dels Seps,

1. Arch. Loze, L. I.

Sagrestas de Fons, en Roca Aizida, morgues de Fons e Prior de Sain Meart, toih trei per lor e per tot lo covent del mostier da Fons, davas la una part, en Arnals de Bosc, Templeir e commandaire de la Cabana de Mosso, davas l'altra part, per cosentement e per volontat dels fraires de la dicha cabana e de la Capela de Livro, per lor proprias volontatz, se mezero, eis compromizero ambas las partz à maestre Bertrand de Mespoles et maestre Guillen Fabre, que es Prior de Capdenac, de totz los contras e de las querelas e dels demans, que avio ni podio aver entre lor per occaio de la gleia e de la vila de Lozer e dels apertenemens, e de Rocafumada, e de la gleia de la Tavia, que apelo Talvia-Clota o Canatellas, e de la gleia de Jamlussas e de la capela de la Barta e de lors appartenamens, ni per occacio de totz los bens, ni de las possessios, ni dels dreihs, que avio o devio aver pel mostier de Fons entre Olt e Aveiro, del Castel da Monbru e de Vilanova e del Castel de Najac, eniusqua el Castel de Luzeih, eniusqua el abadia de la Garda-Deu, que es del Cistel, eniusqua à Monricos, queque agueso dins aques termenatz. Eil dih albirador, Maestre Bertrand de Mespoles e Maestre Guillem Fabre, vistas e auzidas las razos de la una part e de l'altra, somament dissero e retraisero fozen transactio per compositio ab consentiment d'ambas las partidas, per be de patz, dissero e lauzero qu'el dihz Priors de Fons, et dihz sagrestas, en Roca Aizida per los e pel dih covent da Fons, solseso e quiteso e doneso e autrejeso al dih Arnal de Bosc e à sos successors e als fraires del Temple, que so ni seran per aora e per totz temps, pel covent e pel mos ier da Fons, la vila et la gleia de Lozer ab totz apertenemens per totz locvs, e Rocafumada, e la gleia de la Tavia e la gleia de Jamlussas, o la Capela de la Barta ab totz lors apartenamens e totz los bes e totas las possessios, sio ermas, o vestidas, o bos, o pla, o praih, o aigas, o homes, o femenas e tot lo dreih que avio ni aver devio ni podio, entre la diha aiga d'Olt e Avairo e del castel de Monbru e de Vilanova e del castel de Najac eniusca el castel de Luzeih e eniusca el abadia de la Garda Deu, que es del Cistel, e eniusca la vila de Monricos. El dihz Priors da Fons, el dihz sagrestas, en Roca Aizida, per lors e pel dih covent da Fons bè lauzero e anterguero tot aiso sobredih e o tegro per bon e per ferm e per leial, e volgro que agues tenezo totz temps e tot en aici, com es escrih de sobres, o donero e o autreiro, per lor e pel dih covent, al dih Narnal de Bosc e à la maio del Temple e als fraire, qui so ni seran per totz temps; e l'en mezero de tot aiso davandih en pazibla e en corporal tenezo e enquasi dels demans e dels dreih, que i avio, ab aquest present escrih. E jurero toih trei lo dihz Priors da Fons, el dihz sagrestas, en Roca Aizida, sobre IIII sains Avangelis, que tot aiso sobredih tenrio ferm totz temps, per lor e pel dih covent, e iá non venrio encontrà per neguma occaio, ni per re. E, per tal que aiso sobredih sia plus ferm e aia maior fermetat, lo dihz Priors da Fons, el dihs sagrestas per lor e pel dih covent, confermero aquestas dichas cartas ab lor propris sagels ; eil dih albirador, maestre Bertram de Mespoles e maestre Guillelm Fabre, confermero tot aiso sobredih ab lor sagels. Hujus rei sunt testes fraire Raimons del Cer, en Raimons Corregiers, capela de la Cabana, en Pons de Granoillet, en Rainals Seguis, en B. de Grezas, en B Fabre, en B. Goris, en B. de Monmainho, qui hoc scripsit. E aiso fo faih à Fijac ela cort dels Polverelz, que es lonc la capela.

C

Donation de l'église de Sailhagol au Temple par l'abbé de Conques (1235) [1].

Notum sit universis presentem paginam inspecturis vel audituris quod nos V., Dei gratiâ, Conchensis abbas, de communi fratrum nostrorum consilio, Ecclesiam nostram Sti Petri de Salhagol, cum omnibus juribus et pertinenciis suis, tibi fratri Arnaldo de Bosco, Templario, Preceptori Cabanæ domus Miliciæ Monzonis, comendamus et concedimus habendam et possidendam omnibus diebus vitæ tuæ, quamdiù nobis et successoribus nostris obediens extiteris et fidelis. In cujus rei testimonium, presentem paginam sigilli nostri munimine fecimus roborari. Actum Capellæ de Livro, Kalendas Mai, Anno Domini MCCXXXV.

CI

Donation des églises de Cratz et de Saint-Laurens aux Templiers par l'évêque de Cahors (1235) [1].

Bartholomeus, Dei gratiâ, Caturcensis Episcopus. universis Christi fidelibus presentes litteras inspecturis, salutem in Domino. Attendentes magnam familiaritatem, quâ nos et predecessores nostri fuimus temporibus retroactis conjuncti fratribus domus militæ Templi et magnam affectionem, quam, suis meritis exhigentibus, semper habuimus ergà eos et specialiter ergà fratrem Raembaudum de Carone, Magistrum domorum militiæ Templi in Provinciâ, cum dignum sit ut illi exequantur stipendium, qui pro tempore suum reperiuntur comodasse obsequium, pro Deo et pro salute animæ nostræ et prececessorum nostrorum, de voluntate et consensu expresso Capituli nostri Caturcensis, dedimus et concessimus dicto Magistro, nomine et contemplatione Ordinis domus Templi, Ecclesiam villæ de Cratz, quæquidem villa est domus Templi, Ecclesiam Sti Laurencii, quæ est prope vilam de Long cum suis pertinentiis, et nichilominùs Ecclesias supradictas, de voluntate et consensu predicti capituli, perpetuo dedimus et concessimus Ordini domus Templi, salvo tamen et retento nobis jure instituendi capellanos in Ecclesiis supradictis, quotiescumque contingerit eas vacare, ad presentationem fratrum Templi Preceptorum, quibus erunt Ecclesiæ supradictæ subjectæ et salvis et retentis procurationibus nostris et aliis juribus episcopalibus in eisdem. Item, volentes dictæ domui Templi et fratribus Templi liberalitatem facere ampliorem, Ecclesiam Sti Genezii, quæ est juxtà Montemricotz, Ecclesiam de Bretos, Ecclesiam de Lozer Ecclesiam de Montricotz et omnes alias Ecclesies, quas habent et te-

---

1. Arch Loze, L II

1 Arch Carnac, L 1

nent in diocæsi nostrâ fratres domus Templi, cum eorum pertinentiis universis, de concessu et voluntate ejusdem capituli nostri, eisdem fratribus et Ordini Templi dedimus et concessimus et, auctoritate ordinariâ, duximus in perpetuum confirmandas, presertim cùm eas habuissent et possedissent passificè et quietè à temporibus, à quibus memoria non extabat. In quorum omnium prædictorum et singulorum testimonium ac munimen, sigillum nostrum, unà cum sigillo nostri capituli Caturcensis, presentibus litteris duximus apponendum Datum Caturci, in vigilia beati Mathei Apostoli et Evangelistæ, anno Domini MCCLV.

CII.

DONATION DE L'EGLISE DE PUCHGOZON A L'ORDRE DE SAINT-JEAN (1120) [1].

In nomine Domini nostri Jesù Christi et in honore sanctissimi hospitalis, ego, Guillelmus Salamonis. et uxor mea et infantes mei, donamus Deo et sanctæ Mariæ et sancto Hospitali d'Iherusalem Ecclesiam, quæ est fundata in honore Sti Genesii martiris et totum feudum quod ad Ecclesiam pertinet, sine ullà retinentiâ. Hoc totum et integrum damus sine enganno, in manu Poncii, Prioris Sti Egidii, et suorum fratrum Aicelini, Gerardi, Sicardi. Geraldi, in presentia Domini Aldegarii, Episcopi, cujus consilio hoc facimus. Nos damus et laudamus supradictam Ecclesiam, cum suo ecclesiastico, pro redempcione animarum nostrarum et parentum nostrorum Et isti seniores, Poncius et alii fratres Hospitalis, susceperunt nos et animas nostras in parte orationum et beneficiorum sanctissimi Hospitalis de Iherlem, in vitâ et in morte

Per ipsam convenientiam, Isarnus de Boissadono donat istam Ecclesiam, quam dicebat esse suum alodium. Similiter Ramundus Eichardus, Guibertus Guirfredus et Isarnus Vassali, cum suis fratribus, isti omnes donaverunt et laudaverunt et firmum fecerunt hoc donum, in manu prædicti Prioris Poncii, in presentiâ Aldegarii Episcopi. Et de isto dono fecerunt convenientiam inter se quòd, si aliquis istorum donatorum, vel eorum successorum, aliquam injustitiam faceret sancto Hospitali, quòd omnes alii adjutorium ferrent Priori et fratribus Hospitalis, donec injuriam per laudamentum Episcopi, seu aliorum virorum bonorum, recognoscerent. Facta est donatio ista, anno ab Incarnatione Domini MCXX, kal. Januarii, Regnante Philippo Rege Francorum Testes sunt Aldegarius, Episcopus, et Poncius, supradictus Prior, et idem donator s dicentes si quis hoc donum infregerit, in infernum cadat

CIII.

DONATION DE L'EGLISE DE RULLAC AU TEMPLE DE LA SELVE (1150) [1]

Conoguda causa sia a totz homes que en Deusde Gat e eu Estolz, donam à Deu et à sancta Maria e als Cavalers del Temple de Ihrlm, ad aquel que ara iso ni azenant i seran, la gleiza de Rutlac e tot quant avian ella parochia, ni om de noi, e tot quant à la gleiza pertara, senes tota reteguda, que nos i fam de re, per l'arma de mo paire e de ma maire e per redemecio de nostres pecats. Et deu ne hom cantar mesa et matinas à la Selva e revidem lo cementeri (al) die Inventio Ste Crucis E si Deusde Gag moria en esta terra, deu lo sebelir a la Selva. Aquest do feiro e la ma de Nugo Guiral : el da lor ne LXX sols de caritat.

CIV.

DONATION PAR LE Vte DE CADARS DE SES DROITS SUR LA SELVE (1262) [2].

Conoguda causa sia à totz homes que eu, Ademars de Kadars, e eu Pons Ramon e eu Bernat Remeg e eu Arnal Arendiage e eu Ramon Pons, nos toig essem, per nos e per totz los nostres, donam e lausam e guirpem, per aro e per totz temps, ses tota reteguda, que no i fam de re,

1. Arch Reyssac, L 1

1. Arch La Selve.
2 Id.

ab aquest present carta, à Deu e a sancta Maria e alls cavalers del Temple de Ihrlm, ad aquels que ara i so ni azenant i seran, e propriament à la maizo del Temple de la Selva, pro redempcio de nostres pecatz, e pro redempcio de nostres paires et de nostras maires e de tot nostre linnatgue, tot quant avian affar ni devian à la Selva, l'herm, el vesti, els boscz e las ginesta's, els homes, ellas femnas, els rius, e las aiguas, e totas las cassas, els autorz, els esparviers, tot aquo que poiretz conquerre de nostres feuzals tot so que demandar i podem per neguna oquaio... Aisso avem jurat sobre IIII sans Evangelis tocatz Aquest do fo faigz els me Nbeling de Montbru, que era Maestre de las Maisos del Temple de Rozergue, e de Nhugo Guiral que era comandaire de la Maizo del Temple de la Selva. E els fets lor ne caritat de v cens sols de melgoires e de v cens sols de rodanes Anno Domini MCCLXII, Autor Nugo l'archiprester, e Bernat de Kastelpers, en R. Guillelm de Kassanhas, en R. de Colpac, W. Peiro de la Gleiola, en R. de Malvin, en R. de Vilarzel, en Durant de Balaster. E aisso fo faig en la gleia de Sta Maria de la Selva.

CV.

Donation de la ville de Lugan a l'Ordre de Saint-Jean (1180)[1].

Conoguda causa que eu D. Baldois do a Deu e à l'hospital de Ierlm e à la maio d'Audiz, per sebultura e dom de karitat totas las mias drechuras, las cals eu avia ela vila de Lugan, ni mos paire ni mas maire i agio, ni om ni femena hi a de me. Aquest do faz per ma arma e de mo paire et de ma maire e de mo linnatge, elas mas Austorc, le Comandador de la maio d'Audiz e des altres fraires, qui era i so ni per adedevant i seran. Aquest do autorguet Nauga sa moller e ses efanz. Austorc B. lo Capella. En B. d'Abirac. En Ugo de Maurlo. En Oliver.

CVI.

Donation de l'Eglise de Canabières a l'Ordre de Saint-Jean par Adhémar, Evêque de Rodez (avant 1120)[1].

Notum sit omnibus sanctæ Dei Ecclesiæ filiis et fidelibus tam presentibus quam futuris, quod ego, Ademarius, sanctæ Ruthenensis Episcopus Ecclesiæ, unà cum consilio Archidiaconorum et canonicorum ejusdem prædictæ Ecclesiæ, condono et concedo Hospitali pauperum, quod abetur in sancta civitate Ihrlm et Domino Geraldo, Dei servo et procuratori pauperum Christi et successoribus ejus, in manibus Poncii Prioris et Ugonis Juliani, illam ecclesiam quæ est constructa in honore Beatæ Mariæ delas Canabieiras, quæ fuit antiquiter juris altaris nostræ sedis. Similiter ego Aldebertus de Malvass et uxor mea, Ana, et filii nostri, Petrus et Bernardus et alii omnes donamus et relinquimus Dno Deo et Sancto Sepulcro et ad ospitale Ihrlm totum hoc quod nos habemus in ipsa Ecclesia sanctæ Mariæ de las Canabieiras, terram, feuum, mansiones, ortos, prata, vicarios, homines, feminas, totum et ab integrum, sicut nos melius habemus vel alii homines per manum nostram... Istud donum facimus pro redempcione animarum nostrarum et animabus patrum nostrorum, sine ulla retinencia quod non facimus — Et Ego Ademarius Rutenensis Episcopus, cum consilio supradicto, condono et concedo Hospitali pauperum Ihrlm illam terram, quæ vocatur Pered et Peredet ad alode. Ego Ramundus de Levedone hoc quod abeo in Pered dono per ipsam convenienciam.

CVII.

Donation de la ville de Canes, de la Bastide de Pradines et de fiefs a Canabières et a Bouloc, par Henri Cte de Rodez (1221)[2].

Anno Domini MCCXXI, Inductione VIII, XV kal. novembris, manifestum sit cunctis quod ego Henricus, Dei gratiâ, Comes Rutenensis, apud Acon, gravi detentus infirmitate,

1. Arch. Lugan.

1. Arch. Canabières.
2. Arch. Canabières, L. I.

compos tamen mentis et ordinator. dono et in perpetuum irrevocabiliter trado, in helemosinam, Deo et Domui sancti Hospitalis Ihrlm, in manu fratris Garini de Monteacuto, ejusdem domus venerabilis Magistri, pro redempcione peccatorum meorum et antecessorum et successorum meorum, villam meam de Caneto, cum omnibus pertinenciis suis, sicut michi pertinet et pertinuit. Dono et in presenti trado eidem Hospitali omnes mansos meos de Frontignano et quidquid habeo vel habere debeo in Bastida de Sauvaterrà et in omnibus suis pertinenciis, ità quòd de cetero dicta domus Hospitalis dictam Bastidam cum omnibus suis pertinenciis habeat liberè et quietè: et dono eidem Hospitali omnes homines, quos in eâdem Bastidâ habeo, et mansos omnes, quos circà et juxtà eamdem Bastidam habeo, et mansos meos omnes, qui sunt circà et juxtà Canabieiras, et mansos omnes meos, qui sunt circà et jnxta Bonum-Locum. Omnia prædicta, sicut michi et meis antecessoribus pertinent et pertinere debent, aliquo modo dono, laudo et concedo et perpetuo irrevocabiliter trado Deo et sanctæ domui Hospitalis Ihrlm, ità quòd habeant, teneant, possideant liberè et quietè. Et est sciendum quòd de prædictâ sanctâ domo multa et magna recepi servicia, quamdiù moram in partibus Siriæ feci. Volens et desiderans bonorum omnium, quæ fient et facta sunt, esse participem et consortem, in die obitus mei, volo suscipere habitum ejusdem domus et in suo cimiterio meam elegi sepulturam. Unde rogo Dominam A. Comitissam, uxorem meam karissimam, et H filium meum karissimum, ut de prædictâ helemosinâ, sine omni contradictione, dictum invest ant Hospitale, ad omnes suas voluntates faciendas. Actum est hoc Accon, in domo Hospitalis Hujus rei sunt testes Guillelmus, Venerabilis Burdegalensis Archiepiscopus, magister Bertrandus et Petrus Maurini, Bertrandus de Mazeiolas, miles, Gribertus del Bos, M ronus de Ruppe m ltes. Et ego Bernardus de Villafrancâ, imperialis aulæ publicus notarius, interfui et, rogatus, scripsi et, ejus præceptis, suis sigills propriis roboravi etiam

CVIII.

Donation au Temple des fiefs de Frontinet en d'Asinières (vers 1147) [1].

Conoguda causa sia à totz omes que ego Vergelis de Vezin, quant volc anar in Ihrlm, donei, e fetz o donar à Bego mo fraire, a Deu e alla maiso del Temple, lo mas de Frontinet e deman que faziam en Aseneiras, ni far i podiam per nos o per Bermon de Vereiras, nostre cosi. Aquest do fasem dal tal guisa, eu Vergilis e Beg mos fraire, nos ne despolem e revestim ne la maiso del Temple el mas d'Elias de Monbro, sas tot retenemenz el seu entendement. A sancto Leoncio, el gimel de sancto Petro. Hujus rei sunt testes Deusde Capellanus Sti Leoncii et Deusde Vergelis e Uc de Morers e Peyre Bernat de Vezin, en Guiral Gaucelin.

CIX

Donation de la ville de La Clau au Temple (1234) [2].

In nomine Domini nostri Jesu Christi Anno Incarnationis ejusdem MCCXXXIV, VIII Idus septembris. Sit notum cunctis, hoc scriptum audientibus, quod ego Grimaldus de Salis et ego Aiglina, uxor ipsius, filia quondam Begonis de Vezin, nos ambo insimul recepti in confratres et donatos domus miliciæ Templi, per Guillelmum Fulchonem. tenentem locum Magistri Majoris Provinciæ et Hispaniæ, videlicet Fulchonis de Montepezato, astantibus et consentientibus Guillelmo Arnaldo, Præceptore de Pedenacio, Bertrando de Salis, Præceptore domus Silvæ et Limosæ .. Receptione supradictâ factâ, purè, liberè et simpliciter, sine prece et precio, spontè, merâ liberalitate, pro amore Dei et redemptione nostrarum animarum et parentum nostrorum et pro helemosinâ, damus et concedimus tibi, præfato Guillelmo Fulchonis, recipienti nomine supradictæ domus miliciæ Templi, et dictæ domui et fratribus

1 Arch. La Clau.
2. Id.

ipsius domus presentibus et futuris, villam et mun cionem, seu bastidam, quæ dicitur Clavis cum omnibus pertinenciis suis, sive s nt homines, sive hedificia, sive terræ heremæ, vel cultæ, prata, vel nemora, vel aquæ, et quicquid aliud circà dictam villam, seu forciam, habemus, vel hab ere debemus. Item donamus tibi, recipenti nomine ipsius, totam terram illam et honorem et quicquid emimus à Poncio de Petraval milite. Supradictas donaciones ità fecimus scilicet, retento nobis, quamdiù post vixerimus usufructum. ità quòd, post utriusque nostrorum mortem, ususfructus ad proprietatem liberè revertantur, promittentes firmiter et jurantes super Dei iiii santa Evangelia, a nobis corporaliter tacta, quod dictas donaciones ratas, firmas habebimus et quòd nunquam contràveniemus. Hæc omnia, prout superiùs dictum est fuerunt acta apud supradictam bastidam, quæ dicitur Clavis, in presentià supradictorum præceptorum et fratrum ipsius domus ; et interfuerunt testes, ad hoc vocati et rogati, Guillemus Rostagni miles, B. A merie, Stephanus Poncii, Deodatus Peirola, miles de Boazo.

CX.

Donation de la ville de Sainte-Eulalie et du territoire du Larzac au Temple par Raymond Berenger, Cte de Barcelonne (1159) [1].

In Dei nomine, ego, Ramundus Berengarius, Comes Barchiniens s et, Dei gratiâ, Regni Aragonens s princeps, pro remissione peccatorum meorum et salute animæ patris mei, qui fuit miles et frater sanctæ miliciæ Tem pli Salomonis, dono et concedo Deo et fratribus dictæ miliciæ et tibi fratri, Hel æ de Montebruno, in partibus Rutenensibus Magistro, villam sanctæ Eulalæ et terram quæ dicitur Larzach. quæ sita est in comitatu meo Amilianensi, salvis tamen cunct s ibidem possessoribus suis possess onibus. Et liceat vobis terram prædictam habere in perpetuum, in alodium, et adquerere ibi per emp onem vel denac onem,

vel alium modum. Et possitis ibi facere villas et forcias et alias ut litates dictorum fratrum. Nulla persona militaris, vel alia, presumat invadere, seu molestare d ctos fratres, vel eorum pecora, seu violare domus eorum. Si quis autem contravenire presumpser t, iram Omnipotent s Dei incurret Quod est actum apud Gerundam, anno Dominicæ Incarnat onis MCLIX, n ense Decembris S + RAIMDI COMS. S+ Bernardi Episcopi Cesagustani. S+ Arnaldi Mironis Com t s Pala ensis. S + Bernardi de Cormungo Com t s. S+ Gauceraudi de Pinos. S + Petri Bertrandi de Bello loco. S+ de Mataplana. S+ Poncii, clerici Barchinionsis Ecclesiæ, scriptoris Comitis, qui hoc scripsit.

CXI.

Privileges concédés aux Templiers de Sainte-Eulalie par Hugues, Evêque de Rodez (1189) [1].

Anno Dominicæ Incarnat onis, MCLXXXIX, mense aprili, ego Ugo, divinâ dignat one Ruthenens s Episcopus, cum consensu et voluntate capituli Ruthenensi dono et concedo et in perpetuum liberè habere permitto fratribus miliciæ Templi, presentibus et futuris, in manu Bernardi Eschafredi, gubernatoris ejusdem miliciæ infra Rhuthenense, omnia, quæ possident, vel ex pristinâ adquisitione possidere debent, in parochiâ S^{ti} Georgii, vel infrà terminos ejusdem. Confirmo eisdem fratribus omnia privilegia sua et ecclesias, quas in Ruthenensi Episcopatu possident. Remitto et illis omnes querelas, quas adversùs eos habebam, et nominatim relaxo eis quicquid ex occasione Decreti exigere poteram, de donis, vel legatis, sive helemosinis, quas parochiani mei ipsis fecerunt, vel de cetero facturi sunt. Ego quoque B. Eschafredi, cum consilio et voluntate Magistri mei, R. de Caneto, et tocius capituli Sanctæ Eulaliæ, remitto Domino Ugoni, Ruthenensi Episcopo, omnes querelas, quas domus Templi adversùs eum habebat, vel habere poterat. Hoc autem factum est in capitulo Ruthenense,

1 Arch. Sainte Eulalie.

1 Arch. Saint-George.

presentibus et partes suas interponentibus W. Archidiacono, Aimerieho, Præposito, W. de Vaureliis.. testibus quoque existentibus W. della Roqua, W della Barreira, Rigaldo Ambiardi. G. del Mercadil, R. de Tozena, G d'Arpaio, P. Bonecio qui cartam scripsit.

CXII.

DONATION DES EGLISES DE CAMPAGNOLLES ET DE POLIGNAN A L'ORDRE DE SAINT JEAN (1109)[1].

In nomine Domini. Anno MCVIII, Rege Lodoico Regnante, facta fuit hæc carta, kal III madii et feria vi. Manifestum sit omnibus hoc audientibus, et certum quod ego Guillelmus Poncii de Campanol et ego Ermeiruz uxor ejus, nos ambo per nos et per omnes nostros heredes, et ego Aladaiscia de Pignano, per me et per omnes meos heredes, nos omnes insimul, intuitu pietatis, in remissione peccatorum nostrorum et parentum nostrorum, bonâ fide, sponte, sine dolo et sine omni nostro, nostrorumque retentu et sine omni nostro servicio, quod ibi non retinemus nobis neque nostris, cum consilio et auctoritate Domini Arnaudi, Bitterrensis Episcopi, et canonicorum Ecclesiæ Sti Nazarii, scilicet Audiberti, Archidiaconi, et Ermengaudi de Circio, Sacristæ et Ramundi de Naiiano, Camerarii, et R. Signerii et R Frotardi et Deodati de Castluz et aliorum canonicorum ejusdem Ecclesiæ, bonâ fide, in perpetuum donamus et offerimus in hereditatem animarum, per alodium, Domino Deo et Hospitali pauperum Iurlm, et tibi, Ramundo de Fendella Magistro domus Hospitalis Biterrensis et Ramundo de Labvada, hospitalario, et Ramundo de Nasignano, hospitalario, et ceteris fratribus Hospitalis, presentibus et futuris, illas duas ecclesias, quas habemus, per alodium, in Episcopatu Bitterrensi, scilicet Ecclesiam Sti Andreæ de Campanol, cum toto suo ecclesiastico, quod ei pertinet et pertinere debet, et cum toto suo preiveirile et cum omnibus his quæ pertinent ad preveirile et pertinere debent et

[1] Arch. Campagnoles.

totas decimas tocius nutrimenti, quod ibi fuerit nutritum ex hâc die in antea ab ipsis hospitalariis habitantibus in domibus de Campanol et in totis terminis de Campanolis. Similiter donamus, pro amore Dei, et offerimus per alodium omni tempore. Domino Deo et Hospitali pauperum Ihrlm, illam Ecclesiam nostram Sti Petri de Poliniano, quam habemus per alodium in Episcopatu Biterrensi, cum omni suo ecclesiastico, quod ei pertinet et pertinere debet, cum toto suo preveirile, cum omnibus quæ ad preveirile pertinent et pertinere debent, totam decimam tocius nutrimenti, quod ibi fuerit nutritum ex hâc die in antea ab ipsis hospitalariis de Campanol, et totam decimam, quæ pertinet ad preveirile et ad suum ecclesiasticum. Preterea promittimus et convenimus Domino Deo et dicto Hopitali Ihrlm et per nostram fidem nos omnes prænominati donatores, per nos et per omnes nostros heredes, quod contrà hoc donum, ad irrumpendum, nunquàm veniemus, neque venire faciemus, ullo nunquàm tempore, sed ita firmum et stabile semper habebimus omni tempore et ita instituimus nostros heredes omni tempore tenere sicut scriptum est.

Et ego Arnaudus, Biterrensis Episcopus, ex meâ merâ liberalitatis munificentiâ, communi assensu dictorum canonicorum Ecclesiæ Sti Nazarii et aliorum canonicorum ejusdem loci, pro amore Dei, dono, volo, laudo et concedo et affirmo, nunc et semper, ambas Ecclesias dictas, cum omnibus drecturis earum, ut dictum est superius, Domino Deo et Hospitali pauperum Ihrlm et vobis jam dictis hospitalariis; et totum supradictum donum, per me et per omnes successores meos et per omnes canonicos Sti Nazarii, volo esse firmum et stabile, nunc et semper, ad utilitatem et proficium Hospitalis Ihrlm, sicut melius potest dici et intelligi ad proficium Hospitalis Ihrlm et Hospitalarorum. Si quis, vero ausu temerario, contrà hanc donacionem, ad irrumpendum eam, venerit aut aliquid fraudulenter defraudaverit Hospitali Ihrlm, ipse, ex parte Dei Omnipotentis et ex nostrâ, tamdiù anathemati subjaceat, quousquè ad presentiam Domini Papæ, nudis pedibus, peniteus perveniat et ab eo sit emendatus et castigatus. Ad corroborationem verò hujus rei et causâ majoris auctoritatis et firmitatis perpetuò valituræ, hanc cartam meo sigillo confirmo et corroboro.

Hujus donationis et affirmationis sunt testes Ferrandus de Casule, Guillelmus de Casule Mandato G. Pontii de Campanolis et uxoris ejus, Ermeiruz, et Aladaiscæ de Pignano, et mandamento Domini Arnaudi, Bitterrensis Episcopi, et dictorum canicorum atque testium, Pontius de Baissano, Succentor Ecclesiæ S^{ti} Nazarii, scripsit hanc cartam.

CXIII.

DONATION DU CHATEAU ET DE LA VILLE DE CAMPAGNOLLES PAR LE Vte DE BEZIERS (1190) [1].

In nomine Domini. Anno Nativitatis ejusdem MCLXXXX, Regnante Rege Philippo, mense maii, ego Rogerius, Vicecomes Bitterris per me et per meos, bonâ fide, sine dolo, cum hâc cartâ dono et trado et disamparo nunc et in perpetuum, titulo perfectæ donationis, pro alodio, sine ullâ meâ meorumque retentione, pro salute animæ meæ et patris mei et matris meæ et parentum meorum, Domino Deo et Hospitali Ihrlm et tibi Arnaldo de Campanolis, Magistro ejusdem Hospitalis in Bitterrensi et Agathensi, et fratribus ejusdem Hospitalis presentibus et futuris quicquid habeo et habere debeo, vel homo, aut femina habet de me, vel per me, in Castello de Campanolis et in ejus terminis, in firmancis, in justiciis, in homicidiis, in adulteriis, in latrociniis, in alberguis (pro quibus alberguis debet mihi facere albergam v militum Bernardus de Piniano et Petrus de Campanolis, v militum et Alcherius, filius quondam Arnaudi Poncii, v militum). Et, si aliquid amplius in Castello de Campanolis et in ejus terminis habeo, vel habere debeo, vel su cessores mei, vel homo, vel femi a habent de nobis, vel per nos, totum illud Deo et Hospitali et fratribus ejusdem dono in perpetuum et desamparo. Et promittimus ego, Adalaicis, uxor ejus, Comitissa, quòd de prædicto Castello et de omnibus rebus prædictis ad ipsum Castellum pertinentibus, erimus Deo et Hospitali et vobis, in perpetuum, boni defensores et fideles ab omnibus hominibus et feminis. Et concedimus vobis et donamus similiter in perpetuum, ut, in ipso Castello et in ejus terminis, possitis facere forciam, vel forcias, quam, vel quas volueritis, vel quicquid ibi face e volueritis. Hæc omnia sicut meliùs dici vel intelligi ad vestram possint utilitatem, tenebimus et observabimus firmiter et fideliter e' nunquam contraviemus vel veniri faciemus aliquo modo; nec aliquid fecimus vel faciemus quominus hæc predicta vel aliquod eorum firma permaneant Sic Deus nos adjuvet, et hæc sancta iv Evangelia ' Hujus rei sunt testes Ramundus Trencavelli, Arnaudus Ramundi, vicarius Bitterris, Petrus Vassali, Ramundus Leddarius, Guillelmus Ramundi Sellarius, Petrus Ermengaudi, Petrus de Alanis, Faber subvicarius, Guillelmus de Claromonte, Poncius de Clairaco, Guillelmus Baronus et Bernardus Cota, publicus Bitterris notarius, qui, jussione Domini Rotgerii et Comitissæ et testium, hoc scripsit et, causâ majoris auctatis, sigillavit.

CXIV.

DONATION AU TEMPLE D'UN FIEF PRES DE CARCASSONNE PAR LE Vte DE BEZIERS ET SES FRERES (1132) [1].

In nomine Omnipotentis Dei, Partris et Filii et Spiritus Sancti — Nos fratres Rogerius de Bitterris, et Raimundus Trenchavelli ac Bernardus Atoni, cum consilio et voluntate matris nostræ, Ceciliæ Comitissæ, propter remissionem et absolutionem atque remedium patris nostri animæ, Bernardi Atonis, et propter remissionem peccatorum ejus atque nostrorum et posteritatis nostræ, donatores sumus Deo et sanctæ miliciæ Jherosolimitanæ Templi Salomonis et fratribus ibidem Deo in deffensione Christianitatis militantibus, in manu Domni Ugonis Rigaudi, confratris societatis eorum; donamus etiam et tradimus atque omnibus modis concedimus quemdam homi-

1 Arch Campagnolles

1. Arch Carcassonne.

nem, videlicet Poncium Guale et uxorem et infantum ejus et omnem posteritatem ab eis exituram, et mansum in quo hodie stant, qui est subtus murum Carcassonæ, in nostrâ condaminâ, qui affrontatur de Altano in via, dề meredie, in eâdem condaminâ, de Circio, in tenentiâ G. Coqui, de Aquilone, in stratâ publicâ. Sicut superius scriptum est, sic nos prenominati fratres Rogerius, et Raimundus Trenchavellus atque Bernardus ac etiam et ego jamdicta genitrix eorum, Cecilia vicecomitissa, cum laudamento et firmamento baronum nostrorum, hæc præfata omnia cum omnibus meliorationibus et augmentationibus, quas ibi et in omnibus aliis locis Deus dederit, propter remedium et absolutionem animæ præfati patris nostri Bernardi Atonis, vicecomitis, et propter indulgentiam et remissionem omnium peccatorum ejus atque nostrorum, prœlibatæ miliciæ, fratribusque ibidem Deo militantibus, presentibus atque futuris, per francum et liberum alodium, donamus et laudamus atque omni modis confirmamus sine omni retento et posteritatis nostræ, prædictum hominem et uxorem et infantes ejus et omnem posteritatem ab eis exituram, cum prædicto manso et cum meliorationibus et augmentationibus, quas eis Deus dederit in Carcassonâ et in omnibus aliis locis, ubi manere voluerint sic ad vestram cognitionem tradimus tibi, Ugoni Rigaldo, fratri et conservo præfatæ miliciæ et omnibus aliis fratribus presentibus atque futuris ibidem Deo servientibus, habendum et possidendum, vestramque voluntatem faciendum ac disponendum secundum institutionem Ordinis miliciæ suæ, in perpetuum; tali pacto, ut nos fratres Rogerius et Raimundus Trencavelli et Bernardus Atoni, aut posteritas nostra, nec ullus vicarius noster, vel aliquis bajulus, nec in præfatum hominem, nec in posteritati suæ, nec in possessionibus illorum, ullum scensum, aut ullum usaticum, aut hostem, vel cavalgada, aut justiciam, vel fidanciam, sive aliquod blandimentum, non habeamus in ipso, sive in posteritate ab eo exiturâ, nec ullo modo in perpetuum requiramus; sed itâ in omni loco, ubi manere voluerint, sint excussi à nostrâ servitute et nostro seniorivo in omni tempore et sit voster ad faciendum vestram voluntatem. Hoc quippè omnia facimus, ut omnipotens ac misericors Deus in bonâ perseverenciâ nos et posteritatem nostram vivere faciat et, post hujus vitæ cursum, in bonâ fine et confessione de hoc sæculo suscipere dignetur. Amen. Sanè vero quod minimè credimus esse venturum, si quis homo aut femina hanc donationis nostræ oblationem violare voluerit, nos et posteritas nostra ipsum donum vobis manuteneamus ac fideliter defendamus in totâ nostrâ patriâ; et adhuc à liminibus sanctæ Ecclesiæ et societate sanctæ Christianitatis separatur, et, nisi cito resipuerit et ad emendationem pervenerit, cum Juda traditore et sequacicibus suis in infernum sepeliatur.

Actum est hoc kalendas aprilis, feriâ VI anno M°C°XXX°II° Incarnationis. S Domini Rogerii, Vicecomitis, et Ramundi Trencavelli atque Bernardi, matrisque eorum Ceciliæ Vicecomitissæ, qui sic istam cartam et hoc donum ore et manibus laudaverunt et confirmaverunt et subscriptos testes firmare rogaverunt. S Bernardi de Tresmals, vicarii Carcassonæ S Guillelmi Comitis, avunculi Domini Rogerii jamdicti, et jamdictorum fratrum eorum S. Guillelmi Mancipii, judicis Carcassonæ. Guillelmus Adalverti scripsit, jussione Domni Rogerii jamdicti et jamdictorum fratrum suorum, die et anno qui supra.

CXV

DONATION AUX TEMPLIERS DE LA VILLE DE DOUZENS (1133)[1].

+ In nomine Omnipotentis Dei, Patris et Filii et Spiritus Sancti Ego Bernardus de Caneto et uxor mea Rama et filius noster Bernardus et ego Aimericus de Barbairano et uxor mea Galburgis et filius noster Aimericus et fratres mei Guillelmus Chabberti et Ramundus Ermengaudi et Arnaudus et mater nostra Beatriz, nos omnes insimul, donamus Deo et sanctæ miliciæ Iherosolimitani Templi Salomonis et fratribus ibidem Deo in defensione Xristianitatis militantibus in manu Domni Hugonis Rigauldi, confra-

1 Cartul Douzens.

tris societatis eorum, ipsum Castrum nostrum, quod vocamus Dozenes, cum omnibus fortezis et munitionibus, quæ hodiè ibi sunt et in anteà factæ erunt, et totum hoc quod in ipso Castro et in ipsâ villa de Dozenes et in omnibus terminis ejus nos habemus et habere debemus homines scilicet et feminas, terras et vineas, mansos et mansiones, ortos et ortales, prata pascua, boschos et garrigas, aquas et riparias, vias et viarum ductus atque reditus, census, usaticos, albergas et adempramenzes, ballias et convenientias, rustica et suburbana, hoc est rusticalia et militaria, et totum aliud quod in prædicto Castro et in ipsâ villâ et in omnibus munitionibus et fortezis eorum et in omnibus munitionibus et fortezis eorum, et in omnibus terminis suis nos prædicti habemus et habere debemus, cum exitibus et reditibus et fundis et limitibus eorum atque possessionibus et cum toto hoc quod ibi homines vel feminæ tenent de nobis et hereuum et condirectum, divisum vel dividendum totum, sicut dictum est, vel meliùs dici potest, sicut facimus vel meliùs facere possumus, totum sine ingano et sine omni nostrâ retinentiâ, prædictæ miliciæ et confratribus ibidem Deo militantibus, presentibus atque futuris, donamus atque laudamus et omnimodo concedendo auctorizamus, in manu prædicti Hugonis Rigauldi, prædicti confratris societatis eorum.

Actum est hoc III Idus Aprilis, feriâ III, anno Cº XXXº IIIº post millesimum Dominicæ Incarnationis, Regnante Lodoico Rege.

CXVI

DONATION A L'ORDRE DU TEMPLE DE LA VILLE DE CAMPAGNE PAR LE LE VICOMTE DE BEZIERS (1147)[1].

In nomine Domini Jesu Christi. — Pateat cunctis, hoc audientibus, quod ego Rogerius, vicecomes Biterrensis, ut Deus Omnipotens dimittat mihi omnia peccata mea et misereatur animæ Domini patris mei, B. Athonis, et Dominæ Ceciliæ, matris meæ, cum consilio et voluntate ipsius matris meæ et fratrum meorum, scilicet R. Trincavelli, atque B. Athonis, dono et offerro Domino Deo et miliciæ Templi Salomonis Iherosolimitani et fratribus ibidem Deo servientibus, tam presentibus quam futuris, totam ipsam villam meam, quæ appellatur Campania, quæ est in comitatu Reddensi, sita super ripam fluvii, qui nominatur Auden, sicut ipse fluvius dividit eam transeundo per medium ; et est ipsa villa in utrâque ripâ, cis ipsum fluvium et citrà. Dono eamdem villam Domino Deo, cum omnibus hominibus et feminis, ibidem modo sive deinceps habitantibus et cum omni eorum progenie succedente, scilicet cum mansis et mansionibus, cum censibus et usaticis, cum condominiis et laborantiis, cum pratis et pascuis et cum omnibus cultis et heimis, cum aquis et aquæductibus, cum omnibus molendinis et molendinariis et pescatariis, cum exitibus et reductibus suis et cum omnibus ad ipsam villam pertinentibus et pertinere debentibus, videlicet cum omnibus illis quæ ibidem ego habeo, sive homo vel femina in ipsâ villâ per me habet vel habere debet. Insuper dono et concedo Domino Deo et domui Templi et fratribus, ut in manso eorum de Carcassonâ habeant furnum ubi coquent panem suum proprium et non aliorum hominum. — Et dono quod jam in totâ terrâ meâ fratres Templi de suo dominio vel de rebus propriis domus eorum, non donent leddam, neque usaticum, nec pedaticum, vel passaticum, mihi, nec meis, nec alicui ex genere meo. Similiter, in prædictâ villâ de Campaniâ, neque in alio honore, quod ego fratribus Templi et eorum domui, dono, ut jam superius dictum est, nullus ex propinquis meis, vel ex successoribus meis, neque aliquis vicarius, sive baiulus meus, vel successorum meorum, nunquàm accipiat ibi justiciam aliquam, nec faciat ibi forciam vel violenciam, nec homines istius honoris prædicti jàm non eant in exercitum vel in cavalgatam, nec in aliquam expeditionem, sed, sicut permanentes, serviant Deo et domui Templi et fratribus in perpetuum. Hæc omnia supramemorata sicut ipse prænominatus Rogerius vel B Hato frater meus, sive homo vel femina de toto genere meo meliùs nunquàm et liberius usque in hodiernum diem habuimus et possidimus nos, sive homo, vel femina pro nobis,

[1] Arch. Campagne.

itâ sicut meliùs dici vel intelligi potest, sine enganno, ad honorem Dei et ad salutem animæ meæ et animarum patris mei et matris meæ, ad habendum semper et possidendum, per franchum alodium et per jus perpetuum Si verò aliquis vel aliqua ex propinquis meis, ità oblitus Domini Creatoris sui, hanc meam donationem, Deo et domui Templi liberaliter et misericorditer à me factam, in aliquo dirrumpere vel annullare voluerit, ab omni meo honore privatur et exheredatur : cum diabolo et sequacibus ejus perpetuam in inferno capiat hereditatem. Hæc mea donatio perpetuis temporibus maneat firma et stabilis conservetur. Scripta fuit hæc carta anno Dominicæ Incarnationis M C XLVII, XIV kalend. Augusti, feriâ IIª. Regnante Lodoyco Rege Francorum.

CXVII

DONATION A L'ORDRE DE SAINT-JEAN DE L'EGLISE D'HOMPS PAR L'ARCHEVÊQUE DE NARBONNE (1148)[1].

In nomine Domini Ego Arnaldus Narbonensis Ecclesiæ servus, cum consilio et voluntate archidiaconorum meorum, Poncii et Rotgerii, dono et concedo Hospitali Iherosolimitano et Bernardo de Podiosiurano Priori, et omnibus fratribus ejusdem Hospitalis, presentibus et futuris, Ecclesiam Sti Stefani de Ulmis, cum omnibus suis pertinenciis, tali conventione, ut prædictus Bernardus Prior teneat ipsam Ecclesiam et curam animarum de manu meâ, omnibus diebus vitæ suæ, post mortem verò ejus, Prior, qui honorem, quem idem Bernardus tenet, de Hospitali tenuerit, eligat capellanum in prædictâ Ecclesiâ unum de fratribus Hospitalis, natum et ordinatum de provinciâ nostrâ, qui statim antè presenciam meam, ve' successorum meorum, adductus, obedientiam nobis promittat et curam animarum de manu nostrâ suscipiat et in omni reverentiâ, obedientiâ et servicio fidelis nobis existat et ab ea, absque consilio nostro, nullo modo removeatur Hoc donum supradictum facio ego Arnaldus Narbonensis Ecclesiæ servus, salvâ in omnibus reverentiâ, obedientiâ et servitio ordinato Ecclesiæ, sicut in aliis Ecclesiis ejusdem Narbonensis Ecclesiæ subditis. Facta carta ista, VII Idus Maii, Anno Domini MCLVIII, Regnante Lodoico Rege in Franciâ.

+ Signum Domni Arnaldi Narbonensis Archiepiscopi qui hanc cartam fieri jussit et manibus firmavit sigillique sui impressione munivit. Sign Poncii et Rogerii, Archidiaconorum. S. Petri Prioris Sti Justi. S. Guillelmi, Præpositi Sti Pauli. S. Poncii de Biuniaco S. Bernardi de Podio Siurano, Prioris. S. Atonis Augerii et Gaucelini, et Aimerici, fratrum Hospitalis Iherosolimitani Willelmus, Cantor Ecclesiæ Sti Pauli Narbonensis, scripsit.

CXVIII

DONATION DE LA VILLE ET DU CHATEAU DE GATPADENCS A L'ORDRE DE SAINT-JEAN (1214)[1].

In nomine Domini. Anno Incarnationis ejusdem MCCXIV, Rege regnante Philippo, XI kalend. aprilis. Notum sit omnibus hoc audientibus, quòd ego, Auda de Gatpadencs, filia quæ fuit Petri de Gatpadencs et uxoris ejus Sicarz, bonâ fide et spontaneâ meâ voluntate, non inducta vi vel dolo. pio amore Dei et salute animæ meæ ac peccatorum meorum remissione, per me, omnesque heredes ac successores meos, dono et, titulo meræ et perfectæ donationis, cum hâc valiturâ cartâ, sine ullo retentu, irrevocabiliter trado Domino Deo et Stæ Mariæ et Sto Johani Baptistæ et Hospitali Iherosolimitano et domui specialiter ejusdem Hospitalis Sti Johanis de Narbona et tibi Bernardo de Biteiris domus Sti Petri de Mari et domus Narbonæ curam et administrationem tenenti, et successoribus vestris, omnibusque fratribus ibidem degentibus Deo servientibus, presentibus et futuris ad omnes domus Hospitalis et fratrum utilitates et voluntates faciendas, videlicet totum castrum meum et villam de Gatpadencs, cum hominibus et feminis, cum usaticis et foriscapiis, cum mansis et mansionibus, cum patuis et casa-

---

1. Pièces just n° CXVII.

1 Arch Narbonne.

libus, cum campis et terris et vineis et vinealibus, cum ortis et ortalibus cum agreriis, cum heremis et condirectis, cum locis cultis et incultis, cum pascuis et nemoribus, cum aquis et rivis, cum seniorivis, cum firmanciis et justiciis, serviciis et ademprivis, boariis et asinariis et omnibus aliis causis et rebus, hic expressis et non expressis, ad usum hominum et animalium in Castro et villâ de Gatpadencs et ejus terminalibus, confiniis et adjacentiis, juribus et pertinenciis, mihi meisque pertinentibus et pertinere aliquo modo debentibus, sicut melius et plenius ego et antecessores mei unquàm habuimus et habemus et habere debemus Hoc, inquam, castrum meum totum et villam de Gatpadenes, cum suis terminiis, ut supradictum est, et pertinenciis et juribus et totum quicquid tam in Castro et villâ et ejus terminiis ubiquè habeo et habere debeo, Deo et dictæ domui Hospitalis dono et trado et de meo, meorumque jure et proprietate in jus et proprietatem Hospitalis transpono. Renuntio scienter et consultè omni jure quo hæc contrà venire possem. Et, quòd hoc totum ità semper teneam et observam et contrà nunquam veniam, nec faciam, vel sustineam veniri ab aliquo et hæc omnia domui Hospitalis sint semper firma, meâ bonâ fide, Deo, quem heredem meum instituo, et fratribus Hospitalis, sollempni stipulatione promitto et insuper, tactis sacrosanctis, in manu dicti fratris Rainaldi, juro, Evangeliis. — Et ego frater Rainaldus, assensu et mandato Domini Prioris S^{ti} Egidii, Martini de Andos, et Bernardi de Biterris comendatoris, et aliorum fratrum, recipio te, Dominam Audam, sociam et participem nostram in spiritualibus et corporalibus bonis et habitum Religionis et crucem suscipere tibi concedo. — Ego, Auda, rogo quoque et volo Dominum Aimericum Vicecomitem Narbonæ, ut hoc totum domui Hospitalis et fratribus concedat.

Et ego Aimericus, Vicecomes Narbonæ, precibus et voluntate Dominæ Audæ, et per me ipsum et omnes successores meos, et quia domum Hospitalis et fratres diligo, cujus sum donatus et receptus confrater, hoc donum et hæc omnia, jure et auctoritate potestatis, laudo et confirmo et totum servicium sive albergam, quæ debet et consuetum est mihi fieri, amore Dei, in remedium corporis et animæ meæ, meorumque antecessorum et successorum pro libero et franco alodio, domui Hospitalis S^{ti} Johani Narbonæ et fratribus specialiter dono, laudo et concedo in perpetuum, cum plenâ juris et facti possessione, ipsam domum hodie et deinceps in perpetuum investiendo.

Hujus rei sunt testes Johanes Bestani, Bernardus Amelii, Guilmus de Pauliniano, Raimundus Landrici, canonicus S^{ti} Justi, Ramundus de Armiciano. Petrus Martini, scriptor publicus Narbonæ et Domini Aimerici Vicecomitis Narbonæ notarius, scripsit.

CXIX

DONATION DE L'ÉGLISE DE SAINT VINCENT A L'ORDRE DE SAINT-JEAN (1157)[1].

Quùm fragilitas generis humani pertimescit extremi diei venturâ; opportet unumquemque ut non sine aliquod opus bonum migret de seculo, sed, dùm in suâ vire et potestate persistit, provideat tempus, per quod ad æternum pervenire valent regnum. Quamobrem ego, in Dei nomine, Poncius de Olargio, cum consensu et voluntate uxoris meæ Guillelmæ et filii mei Engelberti, in vita et in prosperitate meâ, cum rectâ memoriâ et bonâ animi devotione, pertractatus tàm de Dei timore quàm de reverentiâ sanctorum eorum, dono et laudo, pro animæ meæ redemptione et peccatorum remissione, necnon et omnium parentum meorum, Domino Deo et beato Johani et ospitali sanctorum pauperum Christi, quod est in Ihrlm, cunctisque ejusdem ospitalis ministris, tam presentibus quàm futuris, non occulte sed publicè, more legitimo, donatumque in perpetuum esse volo · hoc est, Ecclesiam S^{ti} Vincentii, cum toto hoc quod ad illam Ecclesiam pertinet vel pertinere debet, cimiterium, primicias et decimas. Dono etiam, sine ullo retentu, eidem hospitali et omnibus ejusdem habitantibus, ortos qui circà

1. Arch. Saint-Vincent.

prædictam Ecclesiam sunt; sed de castaneis tantumodò medietatem retineo et omnes alios arbores fructiferos et non fructiferos jamdicto ospitali dono et concedo. Et dono et concedo et laudo jamdicto ospitali totum honorem quem feudales mei prædictæ Ecclesiæ Sti Vincentii et confratribus, ibidem Deo servientibus, donare, laxare, dividere, vendere, seu impignorare voluerint, sine ullâ inquietatione heredum meorum et contradicto. Adhuc etiam dono et concedo et volo, quod homines et fœminæ de meo honore, qui ad ospitale Iherosolimæ se donare voluerint, ut eant et intrant absoluti et liberi, cum rebus suis mobilibus et hoc ad Ecclesiam prædictam Sti Vincentii, absque ullâ heredum meorum contràappellatione et disturbatione. Ego Poncius de Olargio, cum consilio et voluntate Guillelmæ uxoris meæ et filii mei, Engelberti, Domino Deo et beato Johani et ospitali Iherosolimæ, ejusdemque ospitalis confratribus, futuris et presentibus ministris, quatenùs illi hunc prædictum honorem per liberum alodium habeant, teneant et in perpetuum liberè possideant, dono, laudo et, sine ullo retentu, concedo. Et hoc donum in æternum firmum et stabile, per me et per omnes meos, permanere confirmo ; sic quòd ego, neque heredes mei amodò, ullo numquàm tempore, propter hanc prædictam donacionem a prædicto ospitali, neque ab eisdem ministris, usquè in sempiternum, censum neque usaticum petere vel demerdare minimè poterimus Si tamen, quod absit' ullus de heredibus meis, sive homo, sive femina, ad disrumpendum hanc donacionem præscriptam præsumpserit. ab omni honore meo exheredatur et repellatur et ab Deo Omnipotenti et beatâ Mariâ virgine et Sto Johani et omnibus sanctis Dei maledicatur et interdicatur quousquè ad satisfactionem et dignam emendationem venerit. Hanc præscriptam donationem fecit Poncius de Olargio, in manu Petri de Cancenorol, bonæ memoriæ viri et in manu Bernardi de Preniano. Hujus donationis, mandati et rogati à Poncio de Olargio, sunt testes idonei Ademarus de Mercoirol, et Sicardus frater ejus, Guillelmus Ermengaudi, Bernardus de Brocel, Vidianus de Caprairola, Deodatus de Caprairola, Poncius de Villamagnâ. Actum est hoc, anno ab Incarnatione Domini MCLVII, regnante Rege Lodowico Jussione Poncii de Olargio et præscriptorum testium, Roberius, Sti Martini servus, apud Villamanagnam, hanc cartam scripsit.

TABLE DES MATIÈRES

	Pages
Introduction	III
I. — Hospitaliers	IV
II. — Templiers	VIII
CHAP. Ier. Grand-Prieuré de Toulouse	1
§ 1. Prieurés de l'Ordre de Saint-Jean dépendant du Grand-Prieuré de Saint-Gille, avant l'érection de celui de Toulouse.	ibid.
§ 2. Baillies de l'Ordre du Temple, dependant de la maîtrise de Saint-Gille, avant la suppression des Templiers	6
§ 3. Grand-Prieuré de Toulouse (1815-1790)	7
CHAP. II. Commanderie de Saint-Jean de Toulouse-	29
§ 1. Toulous.e	ibid.
§ 2. Laramet	51
§ 3. Pibrac	54
§ 4. Léguevin	55
§ 5. Estaquebiou	59
§ 6. Verfeil	60
§ 7. La Devèze	ibid.
§ 8. Pechabou. Pompertuzat	61
CHAP. III. Commanderie de Garidech	63
§ I. Garidech	ibid.
§ 2 Temple de Toulouse	69
§ 3. Cornebarrieu	82
§ 4. La Barthe. Flamarens. Albefeuille	ibid
CHAP. IV. Commanderie de Renneville	85
§ 1. Renneville	ibid.
§ 2. Fonsorbes	93
§ 3. Saint-Sulpice de Lézat	103
§ 4. Arfonds. Puylaurens	110
CHAP. V. Commanderie de Caignac	117
§ 1. Caignac	ibid.
§ 2. Rival. Saint-Michel de Lanès. Saint-Jean-de-Caprescorjade.	125
§ 3. Viviers Nailloux. Ciuraguel	127
§ 4. Marquain. La Garde. Gardouch. Copadet, etc	128
§ 5. Thor-Boulbonne	ibid.
§ 6. Aignes. Cintegabelle	132

	Pages
§ 7. Saint-Quirc. Saverdun. Salles................................	135
§ 8. La Cavalerie de Pamiers ou la Nougarède................	139
§ 9. Canens...	142
§ 10. Saint-Girons. Audinat. Sallan..............................	143
CHAP. VI. Commanderie de Pexiora (Puysubran)..............	147
§ 1. Pexiora (Puysubran)...	ibid.
§ 2. Saint-Martin de la Salle. Baux. Besplatz.................	156
§ 3. Avignonet...	157
§ 4. Le Pin..	ibid.
CHAP. VII. Commanderie de Plagnes............................	161
CHAP. VIII. Commanderie de Gabre.............................	165
§ 1. Gabre...	ibid.
§ 2 Capoulet..	171
§ 3. Saint-Hugues..	175
CHAP. IX. Commanderie de Montsaunès.......................	177
§ 1. Montsaunès...	ibid.
§ 2. Aussein. Couts...	192
§ 3. Plagnes...	193
§ 4. Serres. Lavelanet. Saint-Cyrac.............................	195
§ 5. Salles...	196
§ 6. Cadeillan. Saint-Jean de Planté............................	197
§ 7. La Fitte-Toupière...	198
§ 8 Saint-Gaudens..	199
§ 9. Soyeix..	ibid.
§ 10. Figarol..	200
CHAP. X. Commanderie de Poucharramet.....................	205
§ 1. Poucharramet..	ibid.
§ 2. Saint-Romain. Lautignac....................................	211
§ 3. Castelnau de Picampeau....................................	ibid.
§ 4. Saint-Marcet...	212
§ 5. Frontes et Juzet...	213
§ 6. Vallée d'Aure...	215
CHAP. XI. Commanderie de Boudrac............................	217
§ 1. Boudrac..	ibid.
§ 2. Lalane-Arqué...	221
§ 3. Cabas. Sabaillan. Sauveterre, etc.........................	222
§ 4. Saint-Clar...	223
§ 5. Campbernard...	227
§ 6 Moncassin...	229
§ 7. Gavarni. Gèdre Luz..	232
CHAP. XII. Commanderie de Larmont..........................	237
§ 4 Larmont..	ibid.
§ 2. Marestang. L'Isle-en-Jourdain..............................	241
CHAP. XIII Commanderie de Burgaud..........................	247
§ 1 Le Burgaud..	ibid.
§ 2. Aussiac. Belleserre..	254
§ 3. Pelleporc...	ibid.
§ 4. Drudas, Puységur...	256
§ 5. Fajolles...	ibid.
§ 6. Saint-André de Cortibals....................................	262

	Pages
CHAP. XIV. Commanderie de Fronton	265
§ 1. Fronton	ibid.
§ 2 Saint-Pierre du Bousquet. Castelnau-d'Estretefonds	276
§ 3. Orgueil. Reyniès	277
§ 4. Nohic	281
§ 5. Dieupentale. Grisolles	283
CHAP. XV. Commanderie de Verlhaguet	287
CHAP. XVI. Commanderie de la Villedieu	293
§ 1. La Villedieu	ibid.
§ 2. Castelsarrasin	300
§ 3 La Bastide du Temple	303
§ 4. Ventillac. — Villeneuve	305
CHAP. XVII Commanderie de Goutz	309
§ 1. Goutz	ibid.
§ 2. La Romival	311
§ 3. Montech	312
CHAP. XVIII. Commanderie de Golfech	315
§ 1. Golfech	ibid.
§ 2. Casterus. Hautvillar	324
§ 3. Gimbrède. Rolhac. Lieux	325
§ 4. Saint-Pastou	334
CHAP. XIX. Commanderie du Temple d'Agen ou de Brulhes	337
§ 1. Temple de Brulhes	ibid.
§ 2. Sainte-Quitterie d'Agen	342
§ 3. Salvaignas	344
§ 4. Sainte-Foy de Jérusalem	346
§ 5. Saint-Sulpice de Rivalède. Saint-Jean de l'Herme	347
CHAP. XX. Commanderie de la Cavalerie	351
§ 1. La Cavalerie. Ayguetinte	ibid.
§ 2. Sainte-Christie. Saint-André-d'Esquerens. Saint-Jean-de-Barcanères	353
§ 3. Riscle	357
§ 4. Abrin	359
§ 5. Saint-Jean-de-Somonville (Lectoure)	ibid.
§ 6. Nom-Dieu. Saint-Vincent	360
§ 7. Bonnefond	365
CHAP. XXI. Commanderie de Bordères	369
§ 1. Bordères. Pintac. Ossun. Tachoires, etc	ibid.
§ 2. Aurelhan. Sarouille, etc	376
§ 3. Geys et Bouchet	379
CHAP. XXII. Commanderie d'Argenteins	381
§ 1. Argenteins	ibid.
§ 2. Nérac	388
§ 3. Puyfortaiguille	390
CHAP. XXIII. Commanderie de Cours	395
§ 1. Cours	ibid.
§ 2. Romestang	401
§ 3. Bouglon	403
§ 4. La Tour-d'Avance	404
§ 5. Asques et Barbefère	ibid.

	Pages
CHAP. XXIV. Commanderie de Casteljaloux......................	407
§ 1. Casteljaloux...	ibid.
§ 2. Cazalis..	408
§ 3. Sainte Marie-de-Veyriès. Sarpouras. Saint-Jean d'Angenès. Montréal..	411
CHAP. XXV. Commanderie de Saint-Blaise-des-Monts...........	413
CHAP. XXVI. Commanderie de Caubins et Morlas................	417
§ 1. Caubins...	ibid.
§ 2. Morlas..	422
§ 3. Noarrieu..	424
§ 4 Saint-Léon...	425
CHAP. XXVII. Commanderie de Bayonne...........................	431
CHAP. XXVIII. Commanderie de Bordeaux.........................	437
§ 1. Temple de Bordeaux..	ibid.
§ 2. Hôpital Saint-Jean de Bordeaux.........................	440
§ 3. La Grave d'Ambarès.......................................	443
§ 4. Aveyres. Cadarsac. Fargues..............................	444
§ 5. Lalande, Pommeyrols.....................................	447
§ 6. Marcenais. Queynac. Saint-Michel-de-Rivière......	450
§ 7. Sallebruneau..	454
§ 8. Bénon. La Grayanès.......................................	458
§ 9. Cunctis. Parentis..	460
CHAP. XXIX. Commanderie d'Arceins................................	463
§ 1. Arceins..	ibid.
§ 2. Montarouch..	466
§ 3. Villemartin..	491
§ 4. Saint-Avit-de-Solège.......................................	496
§ 5. Pécorade...	497
§ 6. Sautuges. Planquetorte...................................	500
CHAP. XXX. Commanderie de Condat..............................	503
§ 1. Condat..	ibid.
§ 2. Sarjeac..	513
§ 3. Saint-Nexans..	516
§ 4. Montguiard..	518
§ 5. Bonnefare..	520
§ 6. Combarenches-Soulet.....................................	521
§ 7. Andrivaux...	ibid.
CHAP. XXXI Couvent des Religieuses de l'Ordre de Saint-Jean dans le Grand-Prieuré de Toulouse..........................	529
§ 1. Beaulieu..	530
§ 2. Fieux..	535
§ 3. Martel...	537
§ 4. Toulouse..	5 8
Supplément..	547
Commanderie du Bastit (Quercy)..	ibid.
Commanderie de la Tronquière...	549
§ 1. La Tronquière..	ibid.
§ 2. Drulhe..	560
Commanderie de Durbans..	552

	Pages
Commanderie de La Capelle-Livron.............................	552
§ 1. La Capelle...	ibid.
§ 2. Trévaix. Casnac..	554
Commanderie d'Espinas...	555
Commanderie de Vahours.......................................	556
Commanderie de Rayssac.......................................	559
§ 1. Rayssac. Saint-Antonin. Puygozon, etc...................	ibid.
§ 2 Le Cambon du Temple.....................................	561
Commanderie de la Selve.......................................	563
Commanderie d'Espalion..	566
§ 1 Espalion..	ibid.
§ 2. Ausitz..	567
Commanderie de Lugan...	569
Commanderie de Canabières	570
§ 1. Canabières..	ibid.
§ 2. La Clau...	571
Commanderie de Millau...	572
§ 1. Saint-Jean-de-Millau......................................	ibid.
§ 2. Temple de Millau...	574
§ 3. Meyrueis...	ibid.
Commanderie de Sainte-Eulalie.................................	576
§ 1. Sainte-Eulalie..	ibid.
§ 2. Montels. Saint-Sernin.....................................	581
§ 3. Mayonnette...	ibid.
Commanderie de Saint-Félix de Sorgues.........................	583
§ 1. Saint-Félix...	ibid.
§ 2. Campagnolles...	586
Commanderie de Douzens.......................................	588
Commanderie d'Homps..	591
§ 1. Homps..	ibid.
§ 2. Roque-de-Fa..	592
Commanderie de Narbonne......................................	593
§ 1. Narbonne...	ibid.
§ 2. Saint-Vincens...	594
Commanderie de Grézan..	595
Pièces justificatives..	599

Toulouse. Imprimerie Saint-Cyprien, Allée de Garonne, 27.

TOULOUSE. — IMPRIMERIE SAINT-CYPRIEN

www.ingramcontent.com/pod-product-compliance
Lightning Source LLC
Chambersburg PA
CBHW050106230426
43664CB00010B/1455